311 教育学
考点演练
（试题册）

主编　Lucky 学姐

配套大纲考点导图
内含 **1000+** 道题

中国教育出版传媒集团
高等教育出版社·北京

图书在版编目（CIP）数据

311教育学考点演练. 试题册 / Lucky 学姐主编. -- 北京：高等教育出版社，2024.7. -- ISBN 978-7-04-062430-4

I. G40-44

中国国家版本馆 CIP 数据核字第 2024J2P582 号

311 教育学考点演练
311 JIAOYUXUE KAODIAN YANLIAN

| 策划编辑 | 遆琪琪 | 责任编辑 | 邓 玥 | 封面设计 | 贺雅馨 | 版式设计 | 李彩丽 |
| 责任绘图 | 邓 超 | 责任校对 | 吕红颖 | 责任印制 | 耿 轩 | | |

出版发行	高等教育出版社	网　　址	http://www.hep.edu.cn
社　　址	北京市西城区德外大街4号		http://www.hep.com.cn
邮政编码	100120	网上订购	http://www.hepmall.com.cn
印　　刷	山东临沂新华印刷物流集团有限责任公司		http://www.hepmall.com
开　　本	787mm×1092mm　1/16		http://www.hepmall.cn
印　　张	18.25		
字　　数	420千字	版　　次	2024年7月第1版
购书热线	010-58581118	印　　次	2024年7月第1次印刷
咨询电话	400-810-0598	总 定 价	124.00元

本书如有缺页、倒页、脱页等质量问题，请到所购图书销售部门联系调换
版权所有　侵权必究
物 料 号　62430-00

前言

亲爱的同学们:

大家好!

近年来,教育学考研越来越"火热",考生如何在激烈的竞争中脱颖而出呢?这是每位同学需要思考的问题。根据教育学考研大纲的要求,考生必须掌握扎实的专业知识,而专业知识的掌握,必须通过系统的、针对性的练习来实现。因此,在我们教育学考研备考中,适量的刷题是必不可少的,做好针对性的练习,是教育学考研拿高分的保障。

为了帮助更多的同学精准把握考研大纲要求的考点与重点,我在深入研究教育学历年真题的基础上,编写了《311教育学考点演练》。这本书倾注了我大量的时间与心血,希望通过此书,帮助同学们巩固基础知识,提高备考效率。

在使用本书之前,需要做以下几点说明:

第一,紧扣大纲要求。每章习题都有"大纲考点导图",这是根据311教育学大纲来编写的,为了帮助大家回顾相关内容,特意留了一些空白,便于同学们自行检测与回顾。

第二,注重基础练习。本书的习题注重基础知识,覆盖了大纲要求的全部考点,不管是基础阶段用于巩固练习,还是冲刺阶段用于查漏补缺,都是非常适合的。

第三,答案解析详尽。每道题目都有详细的答案解析,尤其一些理解型题目,除了对正确选项进行解析,干扰选项也有详细的分析。

第四,配合使用更佳。本书与《311教育学综合高分笔记》章节目录保持一致,学一章节《311教育学综合高分笔记》,做一章节《311教育学考点演练》,讲练结合,高效复习。

第五,赠送视频讲解。扫描封面底部的二维码,关注公众号/视频号:Lucky学姐教育学;或关注小红书/微博/抖音/B站:Lucky学姐考研教育学,我会不定期分享一部分习题讲解视频,帮助大家复习备考。

时间的力量是伟大的,你花了多少时间和精力去努力,就能从中得到多少相应的进步和改变。这世上最快的捷径,就是踏踏实实、一步一个脚印地去打磨自己的能力。有时候,慢即是快,厚积才能薄发。笑到最后的人,靠的不是运气,而是毅力。只有不急不躁,安心走好每一步,才能最快达成自己的目标。

本书由Lucky学姐编写而成,凝聚了高等教育出版社诸多老师的智慧,可能仍存在不足之处,敬请读者批评指正。如有宝贵建议,请发送至邮箱Lucky0451@126.com。

Lucky相伴,考研上岸,祝同学们都能得偿所愿!

Lucky学姐

目录

第一部分 教育学原理

第一章 教育学概述 / 3

第一节 教育学的研究对象和任务 / 4
第二节 教育学的产生与发展 / 4
第三节 教育学的理论基础 / 5
第四节 教育学的价值 / 5

第二章 教育及其产生与发展 / 6

第一节 教育的概念 / 7
第二节 教育的结构与功能 / 8
第三节 我国关于教育本质问题的主要观点 / 10
第四节 教育的起源与发展 / 10

第三章 教育与社会发展 / 12

第一节 关于教育与社会关系的主要理论 / 13
第二节 教育的社会制约性 / 13
第三节 教育的社会功能 / 15
第四节 当代社会发展对教育的需求与挑战 / 16

第四章 教育与人的发展 / 17

第一节 人的身心发展特点及其对教育的制约 / 18
第二节 人的身心发展的主要影响因素 / 19
第三节 学校教育在人的身心发展中的作用 / 20

第五章 教育目的与培养目标 / 22

第一节 教育目的 / 23
第二节 培养目标 / 26

第六章 教育制度 / 27

第一节 教育制度概述 / 28

第二节　学校教育制度　/　29
   第三节　现代教育制度改革　/　30

第七章　课程　/　32

   第一节　课程与课程理论　/　34
   第二节　课程类型　/　35
   第三节　课程开发　/　36
   第四节　课程改革　/　38

第八章　教学　/　41

   第一节　教学概述　/　43
   第二节　教学理论及主要流派　/　44
   第三节　教学原则　/　44
   第四节　教学模式　/　46
   第五节　教学过程　/　47
   第六节　教学组织形式　/　49
   第七节　中小学常用的教学方法　/　51
   第八节　教学评价及其改革　/　52

第九章　德育　/　54

   第一节　德育概述　/　55
   第二节　德育过程　/　55
   第三节　德育原则　/　56
   第四节　中小学常用的德育方法　/　57
   第五节　德育途径　/　58
   第六节　德育模式　/　59

第十章　教师与学生　/　61

   第一节　教师　/　62
   第二节　学生　/　63
   第三节　师生关系　/　64

第二部分　中国教育史

第一章　官学制度的建立与"六艺"教育的形成　/　69

   第一节　学校萌芽的传说　/　70
   第二节　夏商的教育　/　71

第三节 西周的教育制度 / 71
第四节 "六艺"教育 / 72

第二章 私人讲学的兴起与传统教育思想的奠基 / 73

第一节 私人讲学的兴起与诸子百家私学的发展 / 74
第二节 齐国的稷下学宫 / 75
第三节 孔丘的教育实践与教育思想 / 75
第四节 孟轲的教育思想 / 77
第五节 荀况的教育思想 / 77
第六节 墨翟与墨家的教育思想 / 78
第七节 道家的教育思想 / 79
第八节 法家的教育思想 / 79
第九节 战国后期的教育论著 / 79

第三章 儒学独尊与读经做官教育模式的初步形成 / 81

第一节 秦朝的教育政策与措施 / 82
第二节 汉朝的文教政策 / 82
第三节 汉朝的学校教育制度 / 83
第四节 汉朝的选士制度 / 84
第五节 汉朝的教育思想 / 84

第四章 封建国家教育体制的完善 / 86

第一节 魏晋南北朝官学的变革 / 87
第二节 隋唐时期教育体系的完备 / 88
第三节 科举考试制度建立 / 89
第四节 中外教育交流 / 89
第五节 颜之推的教育思想 / 90
第六节 韩愈的教育思想 / 90

第五章 理学教育思想和学校的改革与发展 / 92

第一节 科举考试制度的演变与官学的改革 / 93
第二节 书院的发展 / 95
第三节 私塾与蒙学教材 / 96
第四节 朱熹的教育思想 / 96
第五节 王守仁的教育思想 / 97
第六节 理学教育思想的批判与反思 / 98

第六章 近代教育的起步 / 99

第一节 教会学校在中国举办 / 100

第二节　太平天国的教育举措 / 100
第三节　洋务学堂的兴办 / 101
第四节　留学教育的起步 / 102
第五节　"中体西用"主张与张之洞的教育思想 / 102

第七章　近代教育体系的建立 / 103

第一节　早期改良派的教育主张 / 104
第二节　维新派的教育实践 / 105
第三节　维新派的教育思想 / 105
第四节　清末新政时期的教育改革 / 106
第五节　资产阶级革命派的教育活动 / 107

第八章　近代教育体制的变革 / 108

第一节　民国初年的教育改革 / 109
第二节　蔡元培的教育思想与实践 / 110
第三节　新文化运动时期和20世纪20年代的教育思潮与教育改革运动 / 111
第四节　教会教育的扩张与收回教育权运动 / 112
第五节　1922年"新学制" / 112
第六节　新民主主义教育的发端 / 113

第九章　南京国民政府时期的教育 / 115

第一节　教育宗旨与教育方针的变迁 / 116
第二节　教育制度改革 / 116
第三节　学校教育发展 / 117
第四节　学校教育的管控措施 / 117

第十章　新民主主义教育的发展 / 118

第一节　新民主主义教育方针的形成 / 119
第二节　革命根据地的教育 / 119

第十一章　现代教育家的教育理论与实践 / 121

第一节　杨贤江与马克思主义教育理论 / 122
第二节　黄炎培的职业教育思想与实践 / 123
第三节　晏阳初的乡村教育实验 / 123
第四节　梁漱溟的乡村教育建设 / 124
第五节　陈鹤琴的"活教育"探索 / 124
第六节　陶行知的"生活教育"思想与实践 / 125

第三部分　外国教育史

第一章　东方文明古国的教育　/　129

- 第一节　古代巴比伦的教育　/　130
- 第二节　古代埃及的教育　/　130
- 第三节　古代印度的教育　/　130
- 第四节　古代希伯来的教育　/　131
- 第五节　东方文明古国教育发展的特点　/　131

第二章　古希腊教育　/　133

- 第一节　古希腊的教育阶段　/　134
- 第二节　古希腊的教育思想　/　135

第三章　古罗马教育　/　137

- 第一节　古罗马的教育阶段　/　138
- 第二节　古罗马的教育思想　/　138

第四章　西欧中世纪教育　/　140

- 第一节　西欧中世纪的基督教教育　/　140
- 第二节　西欧中世纪的世俗教育　/　141

第五章　拜占庭与阿拉伯的教育　/　143

- 第一节　拜占庭的教育　/　143
- 第二节　阿拉伯的教育　/　144

第六章　文艺复兴与宗教改革时期的教育　/　145

- 第一节　人文主义教育　/　146
- 第二节　新教教育　/　147
- 第三节　天主教教育　/　147

第七章　欧美主要国家和日本的近代教育　/　148

- 第一节　英国近代教育　/　150
- 第二节　法国近代教育　/　152
- 第三节　德国近代教育　/　153
- 第四节　俄国近代教育　/　154
- 第五节　美国近代教育　/　155

第六节　日本近代教育 / 155

第八章　西欧近代教育思想与教育思潮 / 157

第一节　夸美纽斯的教育思想 / 159
第二节　卢梭的教育思想 / 160
第三节　裴斯泰洛齐的教育思想 / 161
第四节　赫尔巴特的教育思想 / 162
第五节　福禄培尔的教育思想 / 163
第六节　马克思和恩格斯的教育思想 / 164
第七节　西欧近代教育思潮 / 164

第九章　19世纪末至20世纪前期欧美教育思潮和教育实验 / 165

第一节　新教育运动 / 166
第二节　进步教育运动 / 167

第十章　欧美主要国家和日本的现代教育制度 / 169

第一节　英国教育的发展 / 171
第二节　法国教育的发展 / 172
第三节　德国教育的发展 / 173
第四节　美国教育的发展 / 174
第五节　日本教育的发展 / 175
第六节　苏联教育的发展 / 176

第十一章　现代欧美教育思想 / 178

第一节　杜威的教育思想 / 179
第二节　现代欧美教育思潮 / 180

第四部分　教育心理学

第一章　教育心理学概述 / 185

第一节　教育心理学的研究对象和研究任务 / 186
第二节　教育心理学的历史发展 / 186
第三节　教育心理学研究的原则与方法 / 187

第二章　心理发展与教育 / 188

第一节　心理发展一般规律与教育 / 189
第二节　认知发展理论与教育 / 190

　　　　第三节　社会化与人格发展理论与教育　／　192
　　　　第四节　心理发展的差异与教育　／　193

第三章　学习及其理论解释　／　195

　　　　第一节　学习的一般概述　／　196
　　　　第二节　行为主义学习理论　／　197
　　　　第三节　学习的认知理论　／　199
　　　　第四节　建构主义学习理论　／　201
　　　　第五节　学习的人本主义理论　／　202

第四章　学习动机　／　203

　　　　第一节　学习动机的实质及其作用　／　204
　　　　第二节　学习动机的主要理论　／　205
　　　　第三节　学习动机的培养与激发　／　207

第五章　知识的建构　／　209

　　　　第一节　知识及知识建构　／　210
　　　　第二节　知识的理解　／　211
　　　　第三节　概念的转变　／　211
　　　　第四节　知识的整合与应用　／　211

第六章　技能的形成　／　214

　　　　第一节　技能及其作用　／　215
　　　　第二节　心智技能的形成与培养　／　215
　　　　第三节　操作技能的形成与训练　／　217

第七章　学习策略及其教学　／　218

　　　　第一节　学习策略及其结构　／　219
　　　　第二节　认知策略及其教学　／　219
　　　　第三节　元认知策略及其教学　／　220
　　　　第四节　资源管理策略及其教学　／　221

第八章　问题解决能力与创造性的培养　／　222

　　　　第一节　智力的基本理论　／　223
　　　　第二节　问题解决的实质与过程　／　224
　　　　第三节　问题解决的训练　／　224
　　　　第四节　创造性及其培养　／　225

第九章　态度与品德的学习 / 228

第一节　态度与品德的性质 / 229
第二节　态度的形成与改变 / 230
第三节　品德的形成与培养 / 230

第五部分　教育研究方法

第一章　教育研究概述 / 235

第一节　教育研究的界说 / 236
第二节　教育研究的历史、现状和发展趋势 / 237
第三节　教育研究的对象及其特点 / 237
第四节　教育研究的基本原则 / 238
第五节　教育研究的一般过程 / 239
第六节　教育研究方法及其层次 / 239

第二章　教育研究的选题与设计 / 241

第一节　选题的主要来源 / 242
第二节　选题的基本要求 / 242
第三节　研究的设计 / 243
第四节　研究方案的基本内容 / 244

第三章　教育文献检索 / 245

第一节　教育文献概述 / 246
第二节　教育文献的种类 / 246
第三节　教育文献检索的基本过程及主要方法 / 247
第四节　教育文献检索的要求 / 248

第四章　教育观察研究 / 249

第一节　教育观察研究概述 / 250
第二节　教育观察研究的基本类型 / 250
第三节　教育观察研究的实施程序 / 251

第五章　教育调查研究 / 253

第一节　教育调查研究概述 / 254
第二节　问卷调查 / 255
第三节　访谈调查 / 256
第四节　测量调查 / 257

第六章 教育实验研究 / 259

第一节 教育实验研究概述 / 260
第二节 教育实验的基本类型 / 261
第三节 教育实验研究的效度 / 261
第四节 教育实验的变量控制 / 262
第五节 教育实验设计的主要格式 / 263

第七章 教育行动研究 / 265

第一节 教育行动研究概述 / 266
第二节 教育行动研究的基本步骤 / 266

第八章 教育叙事研究 / 268

第一节 教育叙事研究概述 / 268
第二节 教育叙事研究的一般步骤 / 269

第九章 教育研究资料的整理与分析 / 270

第一节 教育研究资料的整理 / 271
第二节 教育研究资料的定量分析 / 271
第三节 教育研究资料的定性分析 / 272

第十章 教育研究报告的撰写 / 273

第一节 教育研究报告的主要类型 / 274
第二节 教育研究报告撰写的基本要求 / 275

第一部分

教育学原理

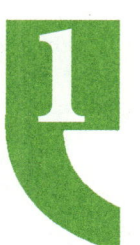

1 第一章 教育学概述

大纲考点导图

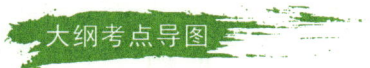

- 第一章 教育学概述
  - 第一节 教育学的研究对象和任务
    - 教育学的研究对象
    - 教育学的研究任务
  - 第二节 教育学的产生与发展
    - 教育学的萌芽
      - 古代中国
      - 古代欧洲
      - 萌芽时期的特点
    - 独立形态教育学的产生与发展
      - 代表人物及著作
      - 独立形态时期的特点
    - 20世纪以来教育学的发展
      - 教育学流派
        - 实证主义教育学
        - ①
        - 实验教育学
        - 文化教育学
        - 马克思主义教育学
        - 批判教育学
        - 制度教育学
      - 教育学分支学科
      - 元教育学
    - （教育家 教育著作 教育思想 教育理论）
  - 第三节 教育学的理论基础
    - 哲学基础
    - ②
    - 社会学基础
    - 生理学基础
  - 第四节 教育学的价值
    - 教育学的理论价值
    - ③

第一节 教育学的研究对象和任务

一、单项选择题

1. 教育学的研究对象不包括（ ）。
   A. 教育问题　　　B. 教育现象　　　C. 教育事实　　　D. 教育规律
2. 作为一门学科,教育学的最终发展目标是（ ）。
   A. 成为一门科学　　　　　　　B. 成为一种哲学
   C. 成为一种思想　　　　　　　D. 成为一门艺术
3. （ ）是推动教育学发展的内在动力。
   A. 教育规律　　　　　　　　　B. 教育价值
   C. 教育原则　　　　　　　　　D. 教育问题
4. 根据经验科学的标准,科学教育学的研究任务是（ ）。
   A. 描述教育现象,揭示教育规律　　B. 揭示教育规律,确立教育理想
   C. 揭示教育规律,规范教育行为　　D. 研究教育实践,解决实际问题

二、辨析题

教育学以社会中存在的教育问题和教育现象为研究对象。

第二节 教育学的产生与发展

一、单项选择题

1. 下列（ ）是实证主义教育学的观点。
   A. 认为直接保全自己的知识最有价值
   B. 教育研究必须采用精神科学的方法
   C. 主张运用实用的方法研究教育问题
   D. 重视古典语言和文学的教育
2. 下列关于实用主义教育学的说法中,错误的是（ ）。
   A. 教育即生活,教育的过程与生活的过程是合一的
   B. 教学过程应重视学生自己的独立发现和体验,尊重学生的个体差异性
   C. 重视系统知识的学习,忽视了教师的主导作用
   D. 师生关系以学生为中心,教师只是学生成长的帮助者

3. 主张把实验心理学的研究成果和方法运用于教育研究,使教育研究科学化的是(   )。
   A. 实用主义教育学				B. 文化教育学
   C. 批判教育学				D. 实验教育学
4. 教育研究必须采用精神科学或文化科学的方法的是(   )。
   A. 实用主义教育学				B. 文化教育学
   C. 批判教育学				D. 实验教育学
5. 关于马克思主义教育学,下列说法中不正确的是(   )。
   A. 教育是一种社会历史现象
   B. 教育起源于生产劳动
   C. 教育的根本目的是促进人的全面发展
   D. 教育的过程是一种历史文化过程
6. 对学生进行"启蒙"教育,以达到意识"解放"的目的的是(   )。
   A. 实用主义教育学				B. 文化教育学
   C. 批判教育学				D. 实验教育学
7. 教育的目的是要实现社会变迁的是(   )。
   A. 制度教育学				B. 改造主义教育理论
   C. 存在主义教育理论				D. 批判教育学
8. 以教育理论自身作为专门研究对象的学科称为(   )。
   A. 教育学				B. 比较教育学
   C. 元教育学				D. 教育哲学
9. 实验教育学和实用主义教育学共同的批判对象是(   )。
   A. 马克思主义教育学				B. 批判教育学
   C. 文化教育学				D. 赫尔巴特的教育学

第三节　教育学的理论基础

单项选择题

教育学的理论基础主要有四大学科支撑,其中不包括(   )。
   A. 心理学			B. 哲学			C. 伦理学			D. 社会学

第四节　教育学的价值

分析论述题

论述教育学的价值。

第二章 教育及其产生与发展

大纲考点导图

- **第二章 教育及其产生与发展**
  - **第一节 教育的概念**
    - 关于"教育"的陈述类型：教育的定义、教育的口号、①
    - 教育定义的类型：描述性定义、纲领性定义和②
    - 教育概念的内涵和外延
      - 内涵
        - 广义的教育
        - 狭义的教育
      - 外延
        - 正规教育与非正规教育
        - ③
  - **第二节 教育的结构与功能**
    - 结构
      - 教育活动的结构（内部）
        - 教育者
        - ④
        - 教育内容
        - 教育活动方式（教育手段）
      - 教育系统的结构（外部）
    - 功能
      - ⑤ 与社会发展功能
      - 正向功能与负向功能
      - 显性功能与隐性功能
  - **第三节 我国关于教育本质问题的主要观点**
    - 教育是上层建筑
    - 教育是生产力
    - 教育具有上层建筑和生产力的双重属性
    - 教育是一种综合性的社会实践活动
    - 教育是促进个体个性化与社会化的过程
    - ⑥

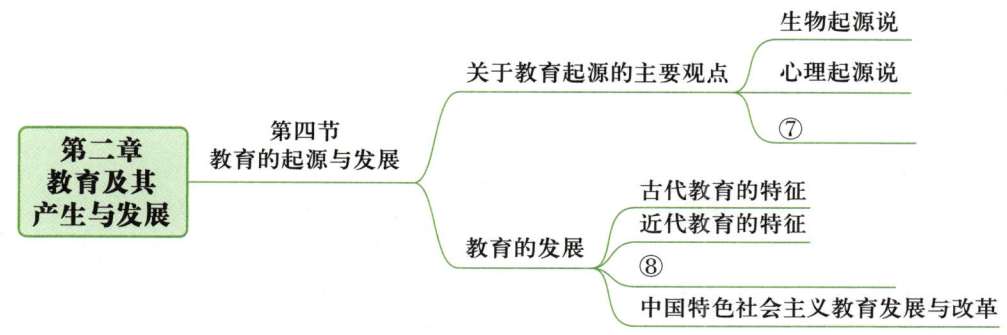

第一节 教育的概念

一、单项选择题

1. 美国分析教育哲学家谢弗勒在《教育的语言》一书中分析了教育研究常用的三种陈述形式,下列不属于的是（　　）。
   A. 教育定义　　　　　　　　　B. 教育的纲领性定义
   C. 教育口号　　　　　　　　　D. 教育隐喻

2. 按照谢弗勒对教育陈述形式的分类,"为中华之崛起而读书"属于（　　）。
   A. 教育定义　　　　　　　　　B. 教育的纲领性定义
   C. 教育口号　　　　　　　　　D. 教育隐喻

3. 陶行知先生曾痛斥"说假话的是骗子,怎么能做教师呢",并提出"真理是太阳,歪曲的理论是黑云,教师要吹一口气把这些黑云吹掉,那真理的太阳就自然而然地给人看见了"。从教育语言上说,这一生动的表述属于（　　）。
   A. 教育定义　　　　　　　　　B. 教育的纲领性定义
   C. 教育口号　　　　　　　　　D. 教育隐喻

4. 当代诗人、文化学者张修林在《谈教育》一文中对"教育"一词的解释如下:"所谓教育,我认为就是指对社会文化的传授与传播。"张修林对"教育"的定义属于教育定义中的（　　）。
   A. 描述性定义　　　　　　　　B. 纲领性定义
   C. 规定性定义　　　　　　　　D. 解释性定义

5. 教育的本质特点是（　　）。
   A. 影响人的身心发展　　　　　B. 促进社会发展
   C. 有目的地培养人　　　　　　D. 完善人的自身生产

6. 下列属于教育活动的是（　　）。
   A. 母鸡教小鸡觅食　　　　　　B. 警察训练警犬追查嫌疑犯

C. 妈妈给孩子哺乳　　　　　　　　　D. 爸爸教孩子跟熟人打招呼

7. "听君一席话,胜读十年书"属于(　　)。
   A. 家庭教育　　　　　　　　　　　B. 学校教育
   C. 狭义的教育　　　　　　　　　　D. 广义的教育

8. 按照教育活动的存在范围,教育可分为(　　)。
   A. 家庭教育、学校教育和社会教育　　B. 正规教育和非正规教育
   C. 校内教育与校外教育　　　　　　D. 校内教育、社区教育与家庭教育

9. 在国家教育部门认可的教育机构(学校)进行的,由专职人员承担的,有目的、有组织、有计划、有系统地以影响受教育者的身心发展为直接目标的培养活动的,是指(　　)。
   A. 非正规教育　　B. 正规教育　　C. 非正式教育　　D. 家庭教育

10. 有关部门在街道宣传栏张贴公益广告,向大家倡导垃圾分类。这种教育活动属于(　　)。
    A. 特殊教育　　B. 社会教育　　C. 学校教育　　D. 通才教育

二、辨析题

1. 母猴带着小猴爬树,说明动物界也存在教育。
2. 凡是能影响人的身心发展的活动都是教育。

三、分析论述题

阅读下列材料,并按要求回答问题。

三千年以前,中国传统文化是从胎教开始,只要女性一怀孕,就开始教育,有一套方法,有一套理论,非常完备的。可是现在人们把它丢了。

现在后天的教育,尤其可笑,把孩子依托给学校教育,更是最大的错误。一个学校只是传授知识的机构,真正的教育不单是吸收知识,一个人的人格思想以及道德的完善,靠知识是转变不了的。所以我最近主张"教育无用论"。这个不止对中国讲,全人类都是如此。

——南怀瑾《南怀瑾与彼得·圣吉》

请结合材料,论述教育概念的内涵和外延。

第二节　教育的结构与功能

一、单项选择题

1. 从教育活动的结构来看,其构成要素包括(　　)。
   A. 教育者、受教育者、教育内容、教育活动方式
   B. 教育的政治、教育的经济、教育的文化、教育的科技
   C. 教育者、受教育者、学习者、教育手段
   D. 教育者、受教育者、教育内容、物质手段

2. 学校教育具有促进个体发展和社会发展的功能。其中,个体发展主要体现为(　　)。
   A. 个性化与道德化　　　　　　　B. 社会化与个性化
   C. 社会化与标准化　　　　　　　D. 个性化与趋同化
3. 现代教育强调培养个体在德、智、体、美、劳各方面全面发展。这体现了教育功能当中的(　　)。
   A. 个体功能　　　　　　　　　　B. 社会功能
   C. 发展功能　　　　　　　　　　D. 和谐功能
4. 美国社会学家默顿提出,从教育作用的方向划分,教育功能分为(　　)。
   A. 个体发展功能与社会发展功能　　B. 显性功能与隐性功能
   C. 正向功能与负向功能　　　　　　D. 内部功能和外部功能
5. 杨老师建议学生在业余时间通过听磁带然后再模仿复述的方式来锻炼英语口语能力,没想到学生不仅把口语练好了,记忆力和听力也得到了提高。这表明教育具有(　　)。
   A. 正向隐性和负向隐性功能　　　　B. 负向隐性和负向显性功能
   C. 正向显性和负向显性功能　　　　D. 正向显性和正向隐性功能
6. 教师仅凭考试成绩来评价学生,从而导致学生产生"书呆子"型成就中心的偏向,这是考试的(　　)。
   A. 隐性负向功能　　　　　　　　　B. 显性正向功能
   C. 显性负向功能　　　　　　　　　D. 隐性正向功能
7. 从性质上看,教育功能可以分为(　　)。
   A. 个体功能与社会功能　　　　　　B. 本体功能与派生功能
   C. 显性功能与隐性功能　　　　　　D. 保守功能与超越功能

二、辨析题

教育对人发展的作用总是积极的。

三、简答题

简述教育的负向功能。

四、分析论述题

阅读下列材料,并按要求回答问题。

为了提高学生成绩,应对即将到来的期末考试,A班班主任决定将音、体、美等非考试科目停掉,将平时的活动时间改为自习背诵时间,考试科目的任课老师也积极配合,对考试知识点和教材应考内容进行了几次集中性的讲解,并在课后安排大量的练习作业。但期末考试过后,A班的成绩并没有明显地提升,却有部分学生产生了逃课、厌学等行为或负面情绪。

为促进学生学习积极性,提升课程参与度和互动感,B班班主任决定引入知识竞赛的教学方式。一段时间过后,确实有的学生在课堂上发言更加主动、回答问题更加积极、参与小组讨论更加活跃,还有部分学生的成绩有了明显的提高。更让他欣慰的是,一些学生在课间休息时和放学回家后,仍旧和同伴、父母进行知识竞赛,以此巩固和充实自己的知识。然而,班主任还发现一些学生为了竞赛名次恶性竞争,甚至有学生在竞赛中用手机作弊、偷藏资料,这让 B 班班主任大为不满。

请结合材料,从教育功能的类型角度,分析 A 班和 B 班的教学现象。

第三节　我国关于教育本质问题的主要观点

一、单项选择题

1. 以下观点不属于教育本质的特殊范畴说的是(　　)。
   A. 教育是一种综合性的社会实践活动
   B. 教育是促进个体社会化的过程
   C. 教育是培养人的社会活动
   D. 教育事业是生产事业,而不是消费事业
2. 认为教育的根本属性是历史性和阶级性,这一观点属于教育本质的(　　)。
   A. 上层建筑说　　　　　　　　　　B. 生产力说
   C. 多质说　　　　　　　　　　　　D. 本质规定说
3. 认为教育的本质是社会性、阶级性、生产性、科学性、艺术性等各种属性的统一的观点,属于教育本质的(　　)。
   A. 上层建筑说　　　　　　　　　　B. 生产力说
   C. 多质说　　　　　　　　　　　　D. 本质规定说
4. 生产性是教育的本质属性,这一观点属于教育本质的(　　)。
   A. 上层建筑说　　　　　　　　　　B. 生产力说
   C. 双重属性说　　　　　　　　　　D. 本质规定说
5. 教育是社会政治和经济的反映,又反过来为社会政治和经济服务。这种教育本质观属于(　　)。
   A. 上层建筑说　　　　　　　　　　B. 生产力说
   C. 特殊范畴说　　　　　　　　　　D. 社会实践说

二、简答题

简述我国关于教育本质问题的三种有代表性的观点。

第四节　教育的起源与发展

一、单项选择题

1. "动物尤其是略微高等的动物,完全同人一样,生来就有一种由遗传而得到的潜在的教

育,其效果见诸个体的发展过程。"这句话的观点属于(　　)。

　　A. 心理起源说　　　　　　　　　B. 劳动起源说
　　C. 生物起源说　　　　　　　　　D. 混合起源说

2. 在古代社会,统治阶级的子弟要按照家庭出身,父兄官职的高低进入不同的学校,这体现了古代社会的教育具有鲜明的(　　)。

　　A. 专制性　　　　　　　　　　　B. 等级性
　　C. 社会性　　　　　　　　　　　D. 世俗性

3. 16世纪至19世纪末,随着世界进入近代社会,教育的发展也步入近代。下列不属于近代教育特征的是(　　)。

　　A. 教育国家化　　　　　　　　　B. 初等教育义务化
　　C. 教育终身化　　　　　　　　　D. 教育法制化

4. 下列不是现代教育特征的是(　　)。

　　A. 现代学校教育与生产劳动相脱离　B. 班级授课成为教学的基本组织形式
　　C. 学校教育与社会发生密切联系　　D. 教育已不局限于学龄阶段

5. "既追求让所有人都受到同样的教育,又追求教育的自由化"体现的是(　　)。

　　A. 教育的全民化　　　　　　　　B. 教育的终身化
　　C. 教育的多元化　　　　　　　　D. 教育的民主化

6. 现代教育不局限于学龄阶段,而是贯穿人的一生,现代教育的改革应该着眼于创造一个适合终生学习的社会,满足不同年龄接受教育者的教育需求。体现了这一思想的是(　　)。

　　A. 未来性　　　　　　　　　　　B. 生产性
　　C. 终身性　　　　　　　　　　　D. 科学性

二、分析论述题

阅读下列材料,并按要求回答问题。

教育不仅仅是为了给经济界提供人才:它不是把人作为经济工具而是作为发展的目的加以对待的。使每个人的潜在的才干和能力得到充分发展,这既符合教育的从根本上来说是人道主义的使命,又符合应成为任何教育政策指导原则的公正的需要,也符合既尊重人文环境和自然环境又尊重传统和文化多样性的内源发展的真正需要。

——联合国教科文组织编《教育——财富蕴藏其中》

请回答:

（1）结合材料,阐述现代教育与传统教育的不同点。
（2）从现代社会的特点,谈谈现代教育的发展趋势。

第三章 教育与社会发展

- 第三章 教育与社会发展
  - 第一节 关于教育与社会关系的主要理论
    - 教育独立论　　代表人物：①
    - 教育万能论　　②　对人的成长起决定性作用
    - 人力资本论　　人力资本的核心是③
    - 筛选假设理论　教育并不能提高人的能力，只是一个筛子
    - 劳动力市场理论　主要劳动力市场与④
    - 再生产理论　　揭示教育系统内隐含着的不公平的社会再生产机制
  - 第二节 教育的社会制约性
    - 生产力对教育的影响和制约　　制约规模和速度、培养规格和结构、⑤
    - 政治经济制度对教育的影响和制约　制约教育的性质、宗旨和目的、教育内容、教育结构和教育管理体制、⑥
    - 文化对教育的影响和制约　　影响教育的内容和水平、背景与模式、⑦
    - 科学技术对教育的影响和制约　　影响教育观念、结构、活动
    - 人口对教育的影响和制约　　人口数量、质量影响教育结构和质量
    - 媒介对教育的影响和制约　　影响发展规模、教学模式、学习体验
  - 第三节 教育的社会功能
    - 教育的经济功能　　可能转变为现实劳动力、直接生产力、⑧
    - 教育的政治功能　　政治社会化、造就人才、提高素质、形成舆论
    - 教育的科技功能　　提供知识积累、培养人才、创造条件
    - 教育的文化功能　　教育对文化⑨
    - 教育的人口功能　　控制人口增长、提高质量、优化结构
    - 教育的生态功能　　树立理念、普及知识、引导活动
  - 第四节 当代社会发展对教育的需求与挑战
    - 现代化与教育变革　　观念、制度、物质层面的现代化
    - 全球化与教育变革　　经济、政治、文化、社会生活等方面在全球范围内形成互动
    - 知识经济与教育变革　　以知识为基础的经济
    - 信息社会与教育变革　　教育信息化
    - ⑩　与教育变革　　全民学习、终身学习
    - 多元文化与教育变革　　文化的多样性和差异性
    - 民主化与教育变革　　教育民主化
    - 本土化、民族化与教育变革　　教育本土化和教育民族化

第一节 关于教育与社会关系的主要理论

一、单项选择题

1. "人受了什么样的教育,就会成为什么样的人"体现的教育理论是(　　)。
   A. 教育独立论　　　　　　　　B. 教育万能论
   C. 筛选假设理论　　　　　　　D. 劳动力市场理论

2. 认为教育只反映个人的能力,并没有增加个人的能力,且由于这种理论强调教育文凭的重要性,又被称为"文凭理论"的是(　　)。
   A. 教育独立论　　　　　　　　B. 人力资本论
   C. 筛选假设理论　　　　　　　D. 劳动力市场理论

3. 教育只是决定一个人在哪个劳动力市场工作的重要因素之一,体现这一思想的是(　　)。
   A. 教育独立论　　　　　　　　B. 劳动力市场理论
   C. 筛选假设理论　　　　　　　D. 教育万能论

4. 人力资本论认为人力资本的核心的是(　　)。
   A. 培训　　　　　　　　　　　B. 教育
   C. 素质　　　　　　　　　　　D. 学历

5. 人力资本论认为,人力资本是经济增长的关键,教育是形成人力资本的重要力量。这一理论的主要缺陷是(　　)。
   A. 把教育当作一种人力资本形成的重要投资
   B. 认为人力资源是一切资源中最主要的资源
   C. 忽视了劳动力市场中的其他筛选标准
   D. 认为人力资本的形成主要靠教育

二、简答题

简述人力资本论。

第二节 教育的社会制约性

一、单项选择题

1. 一般说来,制约教育发展规模、速度和教育结构的根本性因素是(　　)。

A. 生产力发展水平　　　　　　　　　B. 政治经济制度
C. 人口数量和质量　　　　　　　　　D. 社会意识形态

2. 发达国家大多已普及 12 年义务教育,而发展中国家一般仅普及 9 年义务教育。这说明从根本上制约教育发展规模和速度的社会因素是(　　)。

A. 政治经济制度　　　　　　　　　　B. 生产力发展水平
C. 人口数量和质量　　　　　　　　　D. 社会意识形态

3. 决定教育的性质的主要因素是(　　)。

A. 生产力发展水平　　　　　　　　　B. 政治经济制度
C. 社会意识形态　　　　　　　　　　D. 民族文化传统

4. 我国唐代"六学二馆"等级森严的入学条件,充分说明政治经济制度决定(　　)。

A. 教育的领导权　　　　　　　　　　B. 受教育权的分配
C. 教育目的　　　　　　　　　　　　D. 教育性质

5. 文化对教育的制约体现,不包含(　　)。

A. 文化知识制约教育的内容和水平　　B. 文化模式制约教育的背景与模式
C. 文化传统制约教育的传统与变革　　D. 文化制度制约教育的性质和目的

6. 科学技术对教育的影响和制约,不包含(　　)。

A. 科学技术影响教育观念
B. 科学技术影响教育结构
C. 科学技术影响课程体系变革
D. 科技与教育发展水平完全同步

7. 我国自改革开放以来,由于计划生育,适龄儿童逐渐减少。其中,小学生数量减少约 30%,因此小学大量并校。这说明(　　)。

A. 人口数量制约着教育发展的规模与投资,影响着教育发展的速度和质量
B. 人口就业结构制约着教育的内部结构
C. 人口的地域分布制约着学校布局和办学形式,影响着教育投资的效果和发展速度
D. 人口素质的高低制约着教育的发展

8. 媒介对教育的影响和制约,不包含(　　)。

A. 媒介制约教育的发展规模　　　　　B. 媒介改变教师的教学模式
C. 媒介丰富学生的学习体验　　　　　D. 媒介决定教育的发展目的

二、辨析题

教育可以改变政治经济制度发展的方向。

三、简答题

1. 简述生产力对教育的影响和制约。
2. 简述政治经济制度对教育的影响和制约。
3. 简述文化对教育的影响和制约。

第三节 教育的社会功能

一、单项选择题

1. 有研究表明,一个受过初等教育的工人可以使劳动生产率提高30%,一个熟练工人进修一年后,劳动生产率提高1.6倍。这体现了教育的(　　)。
   A. 经济功能　　　　　　　　B. 政治功能
   C. 文化功能　　　　　　　　D. 人口功能

2. 教育能够促进年轻一代的政治社会化和民主化,这体现了教育的(　　)。
   A. 经济功能　　　　　　　　B. 政治功能
   C. 文化功能　　　　　　　　D. 发展功能

3. 教育可以"简化"文化,吸取其基本内容;教育可以"净化"文化,清除其不良因素。这体现了教育对文化具有(　　)。
   A. 选择功能　　　　　　　　B. 发展功能
   C. 传递功能　　　　　　　　D. 保护功能

4. 教育的科技功能,不包含(　　)。
   A. 提供知识积累　　　　　　B. 培养所需人才
   C. 为生产力创造条件　　　　D. 形成社会舆论

5. 随着教育年限的延长,人们结婚和生育的年龄一般会往后推移,而女性结婚越晚,生育子女的数量一般会越少。这体现了教育(　　)。
   A. 减少人口数量、控制人口增长　　B. 促进经济增长
   C. 促进人口结构趋向合理化　　　　D. 促进人口迁移

6. 某老师在政治课上引用党的十九大报告"树立和践行绿水青山就是金山银山的理念,坚持节约资源和保护环境的基本国策,像对待生命一样对待生态环境"来加深学生对我国推进生态文明建设,走可持续发展之路的理解。这体现了教育的(　　)。
   A. 经济功能　　　　　　　　B. 政治功能
   C. 生态功能　　　　　　　　D. 文化功能

二、辨析题

1. 教育必然促进社会的发展。
2. 教育先行是指教育可以先于政治、经济、文化而发展。

三、简答题

1. 简述教育的经济功能。
2. 简述教育的政治功能。
3. 简述教育的文化功能。

四、分析论述题

阅读下列材料,并按要求回答问题。

在唐代,中央政权所办的各类学校,在校学生的总人数为2 681人,其中学习与生产有关的天文、兽医等专业的只有240人,其余2 000余人毕业后都直接充实政权机构,充当国家和地方各级官吏。据统计,美国现有600所大学设管理学院或系科,拥有大学生70万、研究生10万。苏联和东欧国家除了设立专门培养经济管理干部的学院和系科以外,还把中央和地方所属党校都纳入统一的干部教育体系之中。

请回答:

(1)上述材料主要体现了教育的社会功能的哪一方面?

(2)社会政治经济制度对教育有什么影响?

第四节 当代社会发展对教育的需求与挑战

分析论述题

阅读下列材料,并按要求回答问题。

仅从数量上满足对教育的那种无止境的需求(不断地加重课业负担)既不可能也不合适。每个人在人生之初积累知识,尔后就可无限期地加以利用,这实际上已经不够了。他必须有能力在自己的一生中抓住和利用各种机会,去更新、深化和进一步充实最初获得的知识,使自己适应不断变革的世界。

请论述教育应如何主动回应现代社会发展与个人成长需求的挑战。

第四章 教育与人的发展

```
                                                      ①
                           人的身心发展的主要特点 ──── 不平衡性
         第一节                                       阶段性
         人的身心发展特点                                差异性
         及其对教育的制约
                           人的身心发展特点对教育的制约


                           关于影响人的身心发         单因素论与多因素论
         第二节              展因素的主要观点          ②
         人的身心发展的                                内因与外因交互作用论
第四章    主要影响因素         ③      (生理前提)
教育与人
的发展                       环境(外部条件) } 教育属于环境影响
                           ④      (决定因素)


                                                        促进主体意识、个性差异、
                           个体的个性化与       个体个性化   创造性发展
                           社会化(表现)
                                            个体社会化   促进个体意识、行为、⑤

         第三节                                有目的、有计划、有组织地培养人的活动
         学校教育在           学校教育发挥主        ⑥
         人的身心发           导作用(原因)
         展中的作用                             对人的影响是全面的、系统的
                                             有效地控制和影响学生发展的各种因素


                                             ⑦
                           学校教育主导作用       教育自身状况  } 内部条件
                           有效发挥的条件        家庭环境的因素
                                             社会发展状况  } 外部条件
```

第一节　人的身心发展特点及其对教育的制约

一、单项选择题

1. 对童年期的学生,在教学内容上应多讲一些比较具体的知识和浅显的道理;在教学方法上,应多采用直观教具。这体现了教育要适应儿童身心发展的(　　)。
   A. 顺序性　　　　　　　　　　B. 阶段性
   C. 不平衡性　　　　　　　　　D. 差异性

2. 苏霍姆林斯基曾在他担任校长的帕夫雷什中学创立了几十个课外兴趣小组供学生选择。这反映了教育必须适应人身心发展的(　　)。
   A. 顺序性　　　　　　　　　　B. 稳定性
   C. 不平衡性　　　　　　　　　D. 差异性

3. 儿童身心发展存在高速发展期,某一时期某一方面的发展特别迅速而在其他阶段相对平稳。这一现象体现了儿童身心发展的(　　)。
   A. 顺序性　　　　　　　　　　B. 阶段性
   C. 差异性　　　　　　　　　　D. 不平衡性

4. 教育要遵循人的身心发展的顺序性规律,以下哪项最明显地体现了此规律?(　　)
   A. 教师要深入了解每个学生,对个别学生进行特殊培养
   B. 教师要抓住学生身心发展的关键期进行教育
   C. 教师对一年级到六年级不同年龄段的学生一起进行数学培训
   D. 教师在教学时既不能"陵节而施",也不能"揠苗助长"

5. 在儿童身心发展的某一关键期,着力施以相应的教育则能取得事半功倍的效果。这反映了教育应该适应儿童身心发展的(　　)。
   A. 顺序性　　　　　　　　　　B. 稳定性
   C. 不均衡性　　　　　　　　　D. 差异性

6. 身体的发展总是从上到下、从中间到四肢、从骨骼到肌肉;心理的发展也是由机械记忆到意义记忆、由具体思维到抽象思维。这体现了个体身心发展的(　　)。
   A. 差异性　　　B. 顺序性　　　C. 阶段性　　　D. 整体性

二、辨析题

人的身心发展在整个生命过程中是均衡和匀速的。

三、简答题

简述人的身心发展特点对教育的制约。

第二节　人的身心发展的主要影响因素

一、单项选择题

1. "唯上智与下愚不移""生而知之"等反映了影响人的发展因素的哪一理论？（　　）。
   A. 环境决定论　　　　　　　　B. 遗传决定论
   C. 教育万能论　　　　　　　　D. 儿童学理论

2. "给我一打健康的婴儿、一个由我支配的特殊的环境，让我在这个环境里养育他们，我可担保，任意选择一个，不论他父母的才干、倾向、爱好如何，他父母的职业及种族如何，我都可以按照我的意愿把他训练成为任何一种人物——医生、律师、艺术家、大商人，甚至乞丐或强盗。"这个观点是（　　）。
   A. 遗传决定论　　　　　　　　B. 环境决定论
   C. 家庭决定论　　　　　　　　D. 儿童决定论

3. 关于遗传素质在人的身心发展中的作用，下列说法中错误的是（　　）。
   A. 遗传素质具有可塑性
   B. 遗传素质只是为人的身心发展提供了可能
   C. 如果没有遗传素质的前提条件，人的身心发展就无法实现
   D. 人的遗传素质不会随着教育的改变而改变

4. 个体发展的决定性因素是（　　）。
   A. 教育　　　　　　　　　　　B. 遗传素质
   C. 个体的主观能动性　　　　　D. 环境

5. 下列说法中，体现了环境对人身心发展产生影响的是（　　）。
   A. 不登高山，不知天之高也
   B. 非学无以广才，非志无以成学
   C. 省察于将发之际，省察于已发之后
   D. 染于苍则苍，染于黄则黄

6. 在外部条件大致相同的课堂教学中，每个学生学习的需要和动机不同，对教学的态度和行为也各式各样。这反映了下列哪种因素对学生身心发展的影响？（　　）。
   A. 遗传素质　　　B. 家庭背景　　　C. 社会环境　　　D. 个体主观能动性

二、辨析题

遗传在人的发展中起决定作用。

三、简答题

1. 简述环境在人的身心发展中的作用。
2. 简述人的主观能动性及其在人的身心发展中的作用。

第三节　学校教育在人的身心发展中的作用

一、单项选择题

1. 在影响人的身心发展的诸因素中,教育,尤其是学校教育在人的身心发展中起(　　)。
   A. 决定作用　　　　　　　　　　B. 动力作用
   C. 主导作用　　　　　　　　　　D. 基础作用
2. 教育对个体发展的功能,除了具有促进人的个体社会化功能外,还表现在可以促进(　　)。
   A. 人的个体个性化　　　　　　　B. 人的个体职业化
   C. 人的个体现代化　　　　　　　D. 人的个体差异化
3. 教育促进个体个性化的功能主要的表现方面不包括(　　)。
   A. 促进主体意识的形成和主体能力的发展
   B. 开发人的创造性,促进个体价值的实现
   C. 促进个性差异的充分发展,形成人的独特性
   D. 促进个体思想意识的社会化
4. 教育促进个体社会化的功能主要的表现方面不包括(　　)。
   A. 促进个体思想意识的社会化　　B. 促进个体行为的社会化
   C. 促进个体职业和身份社会化　　D. 促进个体知识的社会化
5. 下列关于学校教育在人的身心发展中起主导作用的表现,表述错误的是(　　)。
   A. 学校教育按社会对个体的基本要求对个体发展方向做出社会性规范,同时具有加速个体发展的特殊功能
   B. 学校教育尤其是基础教育对个体发展具有时效性和长期性的特点
   C. 学校教育尤其是基础教育对个体发展的影响具有即时和延时的价值
   D. 学校教育具有开发个体特殊才能和发展个性的功能

二、辨析题

教育对人的发展起主导作用是有条件的。

三、简答题

1. 简述学校教育对个体发展功能的表现。
2. 简述学校教育在人的身心发展中起主导作用的原因。

四、分析论述题

阅读下列材料,并按要求回答问题。

"不能让孩子输在起跑线上。"这是父母、教师们常常挂在嘴边的话,父母们拼命给孩子报各种兴趣班、补习班,让孩子从小背负起自己当年没有完成的心愿。但毕业于清华大学的吴军

博士相信,"教育是一辈子的事情,我们完全不必担心孩子输在起跑线上"。

  吴军的女儿是美国麻省理工学院的学生,吴军夫妇在培养女儿的方式上是独特的。他们努力拼搏,做孩子的学习榜样。在培养女儿的兴趣上,吴军会由着女儿的兴趣,让她学习和从事自己喜欢的事情。当女儿想读小说时,也会让她读一会儿,吴军也会引导女儿读一些有深度的东西。他希望女儿在受教育的过程中,能成为更好的人、更有用的人。他希望女儿把教育看成是实现自己梦想的过程,而不是为未来的生计而学习的过程。从女儿进入高中阶段开始,吴军就和太太一起带着女儿走访了英国和美国的很多名牌大学,让女儿自己去感受那些学校。吴军夫妇对女儿独特的教育方式,最终成就了女儿。

  请回答:

  (1)结合材料,分析吴军夫妇在培养女儿上遵循了哪些身心发展规律。

  (2)从影响人的身心发展因素的角度看,吴军夫妇培养女儿的方式哪些方面值得借鉴?

第五章 教育目的与培养目标

大纲考点导图

- 第五章 教育目的与培养目标
  - 第一节 教育目的
    - 教育目的的概念
      - 教育目的的定义
        - 含义
        - 结构
          - 层次结构 ①
          - 内容结构 ②
      - 教育目的与教育方针的关系
    - 关于教育目的的主要理论
      - 个人本位论与社会本位论
      - 内在目的论与外在目的论
      - 教育准备生活说与教育适应生活说
    - 教育目的确立的依据
      - 时代与社会发展需要（社会依据）
      - ③ （个人依据）
      - 马克思主义关于人的全面发展学说（理论依据）
    - 我国的教育目的
      - 1949年以来各个时期的教育目的
      - 我国教育目的的精神实质
        - ④ （根本特点）
        - "劳动者""建设者""接班人"（基本规定、总要求）
        - ⑤ （质量标准）
        - 培养独立个性
    - 全面发展教育与立德树人
      - 全面发展教育：德育、智育、体育、美育、⑥
      - 立德树人
        - 内涵："立育人之德"与"树有德之人"的有机统一
        - 实施路径
          - 构建学校实施立德树人的主渠道
          - 发挥家庭在立德树人中的奠基作用
          - 重视实践育人，发挥社会合力育人的作用
  - 第二节 培养目标
    - 培养目标的概念及演变
      - 培养目标的定义
      - 培养目标与教育目的的关系
      - 培养目标的演变
    - 我国学校的培养目标

第一节 教育目的

一、单项选择题

1. 教育目的的制定受到诸多因素的影响,其中决定教育目的的性质、方向和内涵的因素是(　　)。
   A. 受教育者的身心发展特点　　　　B. 哲学思想和教育思想
   C. 生产力水平和政治经济制度　　　D. 文化传统和教育传统

2. 把受教育者培养成社会所需要的人的总要求是(　　)。
   A. 教育方针　　B. 教育目的　　C. 培养目标　　D. 课程目标

3. 教育目的要解决的问题是(　　)。
   A. "为谁培养人"和"培养什么样的人"
   B. "为谁培养人"和"怎样培养人"
   C. "怎样办教育"和"培养什么样的人"
   D. "怎样培养人"和"培养什么样的人"

4. 下列对教育目的与教育方针的关系中,理解错误的一项是(　　)。
   A. 教育方针所含的内容比教育目的更多些
   B. 教育方针在对人培养的质量规格方面要求较为明确
   C. 教育目的和教育方针在对教育社会性质的规定上具有内在的一致性,都包含"为谁培养人"的规定性
   D. 教育方针着重解释了"办什么样的教育"以及"怎样办教育"

5. 教育目的的个人本位价值取向的代表人物包括(　　)。
   A. 斯宾塞和福禄培尔　　　　B. 卢梭和福禄培尔
   C. 夸美纽斯和涂尔干　　　　D. 卢梭和涂尔干

6. 德国教育家凯兴斯泰纳曾提出过"造就合格公民"的教育目的。这种教育目的论属于(　　)。
   A. 个人本位论　　　　B. 社会本位论
   C. 集体本位论　　　　D. 阶层本位论

7. "教育即生长"反映的教育目的论是(　　)。
   A. 神学的教育目的论　　B. 社会本位论
   C. 教育无目的论　　　　D. 个人本位论

8. "教育应当教导一个人怎样生活,使他获得生活所需要的各种科学知识,为完满的生活做好准备。"持这种观点的教育家是(　　)。
   A. 斯宾塞　　B. 杜威　　C. 马斯洛　　D. 卢梭

9. 马克思主义认为,实现人的全面发展的唯一途径是( )。
   A. 学校教育与社会教育相结合
   B. 脑力劳动与体力劳动相结合
   C. 教育与生产劳动相结合
   D. 知识分子与工人农民相结合
10. 下列哪一项不是教育目的确立的依据?( )
   A. 生产关系和政治性质　　　　B. 人的身心发展和需要
   C. 未来社会生活的需要　　　　D. 生产力发展水平
11. 确立我国教育目的的理论基础是( )。
   A. 素质教育理论　　　　　　　B. 马克思关于人的全面发展理论
   C. 创新教育理论　　　　　　　D. 生活教育理论
12. 我国当代历史上,第一个以法律形式明确规范教育目的的是( )。
   A. 1982年《中华人民共和国宪法》
   B. 1985年《中共中央关于教育体制改革的决定》
   C. 1958年《中国共产党中央委员会、国务院关于教育工作的指示》
   D. 1986年《中华人民共和国义务教育法》
13. 下列文件中,首次提出"有步骤地实行九年制义务教育"的是( )。
   A.《中国教育改革和发展纲要》
   B.《中华人民共和国教育法》
   C.《中共中央关于教育体制改革的决定》
   D.《中华人民共和国义务教育法》
14.《中国教育改革和发展纲要》提出了教育发展的"两基""两全""两重"目标。其中"两全"是指( )。
   A. 全面普及义务教育,全面扫除青壮年文盲
   B. 全面进行教育改革,全面发展职业教育
   C. 全面改革政府包揽办学的格局,全面深化教育体制改革
   D. 全面贯彻党的教育方针,全面提高教育质量
15. 1999年6月发布的《中共中央国务院关于深化教育改革全面推进素质教育的决定》把教育目的表述为"以培养学生的( )和实践能力为重点"。
   A. 自强精神　　　　　　　　　B. 创新精神
   C. 勤俭精神　　　　　　　　　D. 互助精神
16. 首次明确提出造就"德智体美等全面发展的社会主义建设者和接班人"的文件是( )。
   A.《中共中央关于教育体制改革的决定》
   B.《中国教育改革和发展纲要》
   C.《中共中央、国务院关于深化教育改革全面推进素质教育的决定》
   D.《国务院关于基础教育改革与发展的决定》
17. 我国教育目的的精神内涵,不包括( )。

A. 兼顾社会发展和人的发展需要
B. 培养全面发展的社会主义建设者和接班人
C. 贯彻和实施全面发展教育
D. 建设终身型学习社会

18. 下列关于全面发展教育各组成部分之间的关系的表述中,不正确的是(　　)。
A. 智育是各教育实施的认识基础
B. 美育在全面发展教育中协调各育
C. 劳动教育是实施教育的实践基础
D. 德育是各教育实施的方向和动力

二、辨析题

1. 教育既然是培养人的活动,教育目的就只能按照人的发展需求确定。
2. 全面发展就是平均发展。
3. 美育就是艺术教育。

三、简答题

1. 简述教育目的的个人本位论。
2. 简述我国教育目的确立的社会依据。
3. 简述我国教育目的价值取向。
4. 简述如何处理各育之间的关系。

四、分析论述题

1. 阅读下列材料,并按要求回答问题。

习近平总书记在全国教育大会上强调指出:"要在学生中弘扬劳动精神,教育引导学生崇尚劳动、尊重劳动,懂得劳动最光荣、劳动最崇高、劳动最伟大、劳动最美丽的道理。"

请谈谈劳动教育对促进学生全面发展的意义。

2. 阅读下列材料,并按要求回答问题。

在全面实施素质教育的要求下,怎样评价学生的优、良、中、差呢?为此,某教师制定了这样的标准:一是大纲规定的基础科在60分以上,并能发现自己的特长且有所发展的,视为及格;二是基础科及格或良好,特长科明显超过同年级学生的,视为良好;三是基础科良好,特长科大大超过同年级学生或有所发明创造的,视为优秀;四是仅基础科及格或仅特长科有所发展的,视为不及格;五是仅基础科良好或特长科单方独进的,视为畸形发展,作降格评价。这一评价标准的实施,使绝大部分差生都抬起头来走路,找到了自己成才的优势与途径,也使文化课考试分数高的学生不再自我感觉良好,从而找到了良性互补、和谐发展的新路子。通过一个学期的实践,学生的学习积极性明显高涨,各科学习成绩有了大幅度的提高。

根据材料中制定的评价标准,结合素质教育谈谈自己的看法。

第二节 培养目标

单项选择题

1. ( )是整个国家各级各类学校必须遵守的、统一的质量要求;( )是某级或某类学校的具体要求,后者是前者的具体化。
   A. 培养目标 教育目的
   B. 教育目的 培养目标
   C. 培养目标 课程目标
   D. 课程目标 培养目标

2. 小学教育的根本任务是打好基础,即要求学好语文、数学,打好读、写、算的基础,全面推进素质教育,为全面发展奠定基础等。这是指( )。
   A. 教育目的
   B. 培养目标
   C. 教学目标
   D. 发展目标

3. 关于教育目的与培养目标,下列表述中正确的是( )。
   A. 培养目标是教育的核心问题,是国家对培养人的总的要求
   B. 教育目的是针对特定的教育对象提出的
   C. 培养目标是针对所有的受教育者提出的
   D. 教育目的与培养目标是普遍与特殊的关系

4. 课程目标与几个相关概念正确的层次顺序是( )。
   A. 教育目的——培养目标——课程目标——教学目标
   B. 培养目标——教育目的——课程目标——教学目标
   C. 教育目的——培养目标——教学目标——课程目标
   D. 培养目标——教育目的——教学目标——课程目标

6 第六章 教育制度

大纲考点导图

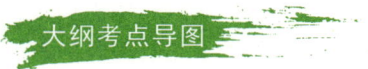

- 第六章 教育制度
  - 第一节 教育制度概述
    - 教育制度的概念
      - 含义
      - 特点
    - 教育制度的形成与发展
      - ①
      - 制度化教育
      - 非制度化教育
    - 我国教育基本制度
  - 第二节 学校教育制度
    - 学制的概念与要素
      - 概念
      - 要素
        - ②
        - 学校的级别
        - 学校的结构
      - 类型
        - ③
        - 单轨学制
        - 分支型学制
    - 学制确立的依据
      - 社会依据
      - 人的依据
      - ④
    - 各级学校系统　⑤
    - 各类学校系统　普通、师范、职业技术、成人教育
    - 1949年以来我国的学制
      - 1951年的学制
      - 1958年的学制改革
      - 改革开放以来的学制改革
        - 1985年
        - 1993年
        - 1999年
        - 2001年
        - 2010年
        - 2019年

第六章 教育制度　第三节 现代教育制度改革
- 义务教育年限的延长
- 普通教育与职业教育的综合化
- 非正规教育的复兴及其对正规教育的影响
- ⑥
- 高等教育的大众化
- 终身教育体系的建构

考点演练

第一节　教育制度概述

单项选择题

1. 教育制度包括国家各级各类实施教育的机构体系及其（　　）。
   A. 组织运行的规则　　　　　　　　B. 教育法律
   C. 教育条例　　　　　　　　　　　D. 教育法规

2. 不同的社会历史时期和不同的文化背景下，教育制度不同，这说明教育制度具有（　　）。
   A. 客观性　　　　B. 强制性　　　　C. 历史性　　　　D. 规范性

3. 学校教育制度在形式上的发展经历是（　　）。
   A. 前制度化教育——制度化教育——非制度化教育
   B. 非制度化教育——前制度化教育——制度化教育
   C. 前制度化教育——非制度化教育——制度化教育
   D. 非制度化教育——制度化教育——后制度化教育

4. 教育学上把以近代学校系统为核心的教育制度称为（　　）。
   A. 非正式教育　　　　　　　　　　B. 前制度化教育
   C. 制度化教育　　　　　　　　　　D. 后制度化教育

5. 下列表述中，不属于前制度化教育特征的是（　　）。
   A. 学校已经产生　　　　　　　　　B. 有相对稳定的活动场所和设施等
   C. 学制的颁布　　　　　　　　　　D. 教育对象相对稳定

6. 《中华人民共和国教育法》（2021年修正）第二章对我国教育基本制度作了具体规定，其中我国学校教育制度包括（　　）。
   A. 家庭教育、学校教育、社会教育、成人教育
   B. 学前教育、初等教育、中等教育、高等教育
   C. 普通教育、特殊教育、专业教育、职业教育
   D. 初等教育、中等教育、高等教育、终身教育

第二节 学校教育制度

一、单项选择题

1. 一个国家各级各类的学校系统,它规定了各级各类学校的性质、任务、修业年限以及它们之间的相互关系,它是(　　)。
   A. 学制　　　　　　　　　　　B. 教育目的
   C. 学校教育　　　　　　　　　D. 课程

2. 现代教育制度的核心部分是(　　)。
   A. 教育管理制度　　　　　　　B. 成人教育制度
   C. 学校教育制度　　　　　　　D. 国民教育制度

3. 学制的基本构成要素不包括(　　)。
   A. 学校的类型　　　　　　　　B. 学校的级别
   C. 学校的结构　　　　　　　　D. 学校的性质

4. 具备"上通下达,左右畅通"特点的学制类型是(　　)。
   A. 单轨学制　　　　　　　　　B. 双轨学制
   C. 分支型学制　　　　　　　　D. 分流制

5. 英国政府1870年颁布的《初等教育法》中,一方面保持原有的专为资产阶级子女服务的学校系统,另一方面为劳动人民的子女设立国民小学、职业学校。这种学制属于(　　)。
   A. 双轨学制　　　　　　　　　B. 单轨学制
   C. 中间型学制　　　　　　　　D. 分支型学制

6. 有利于教育的普及,但教育水平参差不齐、效率低下、发展失衡,同级学校之间教学质量相差较大的学制类型是(　　)。
   A. 双轨学制　　　　　　　　　B. 单轨学制
   C. 分支型学制　　　　　　　　D. 中间型学制

7. 世界各国的学制存在着差别,但在入学年龄、中小学分段等方面具有较高的一致性。这说明学制的建立要依据(　　)。
   A. 社会政治经济制度　　　　　B. 生产力发展水平
   C. 青少年身心发展规律　　　　D. 民族和文化传统

8. 从纵向的施教机构来看,我国的学制包括四个层次,分别是(　　)。
   A. 家庭教育阶段、学校教育阶段、社会教育阶段、成人教育阶段
   B. 学前教育阶段、初等教育阶段、中等教育阶段、高等教育阶段
   C. 普通教育阶段、特殊教育阶段、专业教育阶段、职业教育阶段
   D. 初等教育阶段、中等教育阶段、高等教育阶段、终身教育阶段

9. 1985年《中共中央关于教育体制改革的决定》提出,基础教育的管理权属于(　　)。
   A. 中央　　　　B. 地方　　　　C. 学校　　　　D. 家庭

10. 1993年《中国教育改革和发展纲要》提出的20世纪末我国教育发展总目标中包括了"两基""两全""两重",下列理解不正确的选项是( )。

A. "两基"其一是"基本普及九年制义务教育"

B. "两基"的另一个内容是"基本扫除青壮年文盲"

C. "两全"指的是"全面贯彻党的教育方针,全面普及义务教育"

D. "两重"是指"建设好一批重点学校和一批重点学科"

11. 《中共中央国务院关于深化教育改革全面推进素质教育的决定》中强调指出"全面推进素质教育,根本上要靠( )来保障"。

A. 制度和法治　　　　　　　　　B. 社会和道德

C. 制度和道德　　　　　　　　　D. 法治和道德

12. 《国务院关于基础教育改革与发展的决定》是新课程改革的指导性文件,其中指出,( )是科教兴国的奠基工程,对提高中华民族素质,培养各级各类人才,促进社会主义现代化建设具有全局性、基础性和先导性作用。

A. 学前教育　　　　　　　　　　B. 基础教育

C. 中等教育　　　　　　　　　　D. 高等教育

13. 《国家中长期教育改革和发展规划纲要(2010—2020年)》提出,教育改革发展的核心任务是( )。

A. 育人为本　　　　　　　　　　B. 改革创新

C. 促进公平　　　　　　　　　　D. 提高质量

14. 《中国教育现代化2035》提出到2035年( ),迈入教育强国行列。

A. 基本实现教育现代化　　　　　B. 全面实现教育现代化

C. 深入实现教育现代化　　　　　D. 总体实现教育现代化

二、辨析题

教育制度就是学校教育制度。

第三节　现代教育制度改革

一、单项选择题

1. 《中华人民共和国义务教育法》规定"国家实行九年义务教育制度",要求国家、社会、学校和家庭依法保障适龄儿童、少年接受义务教育的权利。义务教育的基本特征有( )。

A. 强制性、普及性、免费性　　　B. 强制性、基础性、普及性

C. 基础性、普及性、免费性　　　D. 基础性、强制性、免费性

2. 在学校教育制度的发展变革历程中,义务教育制度产生于( )。

A. 原始社会　　　　　　　　　　B. 奴隶社会

C. 封建社会　　　　　　　　　　D. 资本主义社会

3. 职业教育与普通教育具有同等重要地位，我国逐渐开始在普通中学增加职业性课程，在职业技术教育中增加普通教育课程。这体现的现代教育制度的发展趋势是（　　）。

  A．义务教育延长　　　　　　　　B．高等教育大众化
  C．普通教育与职业教育综合化　　D．终身教育体系的建构

4. 根据相关统计数据，2022年我国高等教育毛入学率达59.6%。根据美国学者马丁·特罗的观点，我国高等教育处于（　　）。

  A．精英化阶段　　　　　　　　　B．大众化阶段
  C．普及化阶段　　　　　　　　　D．全民化阶段

5. 终身教育引发了教育内容和师生关系的革新，促进了教育社会化和学习型社会的建立，（　　）的发表标志着终身教育思想的概念化和体系化。

  A．《学会生存》　　　　　　　　B．《论终身教育》
  C．《教育——财富蕴藏其中》　　D．《人的教育》

6. 现代教育制度改革中，不属于高中阶段发展趋势的是（　　）。

  A．高中的多样化发展　　　　　　B．高中与大学衔接
  C．高中的特色化发展　　　　　　D．高中大众化发展

7. 联合国教科文组织在《今日的教育为了明日的世界》中指出，正在使整个世界教育制度革命化的过程中的一种新的观念是（　　）。

  A．终身教育　　　　　　　　　　B．教育民主化
  C．全民教育　　　　　　　　　　D．学习型社会

8. 如果身体或心理存在缺陷的儿童要求进入普通学校就读，普通学校应遵循"零拒绝"的原则，接纳并为其提供适合的教育。该理念称为（　　）。

  A．创新教育　　　　　　　　　　B．全纳教育
  C．平民教育　　　　　　　　　　D．素质教育

二、辨析题

1. 义务教育等同于基础教育。
2. 普通教育与职业教育的综合化是现代教育制度改革的趋势。
3. 终身教育就是成人教育。

三、分析论述题

试述现代教育制度改革的主要趋势。

第七章 课程

大纲考点导图

- 第七章 课程
  - 第一节 课程与课程理论
    - 课程的概念
      - 课程的定义
        - 课程定义的不同看法
        - 课程的定义
        - 古德莱德的课程定义分类
          - 正式的课程
          - 领悟的课程
          - ①
          - ②
          - 经验的课程
      - 课程与教学的关系
    - 课程理论及主要流派
      - 知识中心课程理论
      - ③
      - 学习者中心课程理论
  - 第二节 课程类型
    - 学科课程与活动课程
    - 综合课程与分科课程
      - 综合课程
        - ④
        - 融合课程
        - 广域课程
      - 分科课程
        - ⑤
        - 同学科课程
    - 必修课程与选修课程
    - 国家课程、地方课程与校本课程
  - 第三节 课程开发
    - 课程开发的基本模式
      - ⑥
      - 斯腾豪斯的过程模式
      - 施瓦布的实践模式
    - 课程计划、课程标准与教材
    - 课程目标
      - 课程目标的概念
      - 课程目标的来源
      - 课程目标与培养目标、教学目标的关系
      - 布卢姆的教育目标分类学(修订版)
      - ⑦
      - 我国中小学课程目标及其演变
    - 课程的范围、组织与结构
    - 课程实施
      - 课程实施的取向
        - ⑧
        - 相互适应取向
        - 创生取向(新兴取向)
      - 影响课程实施的因素
      - 课程资源的开发与利用
      - 教师与课程

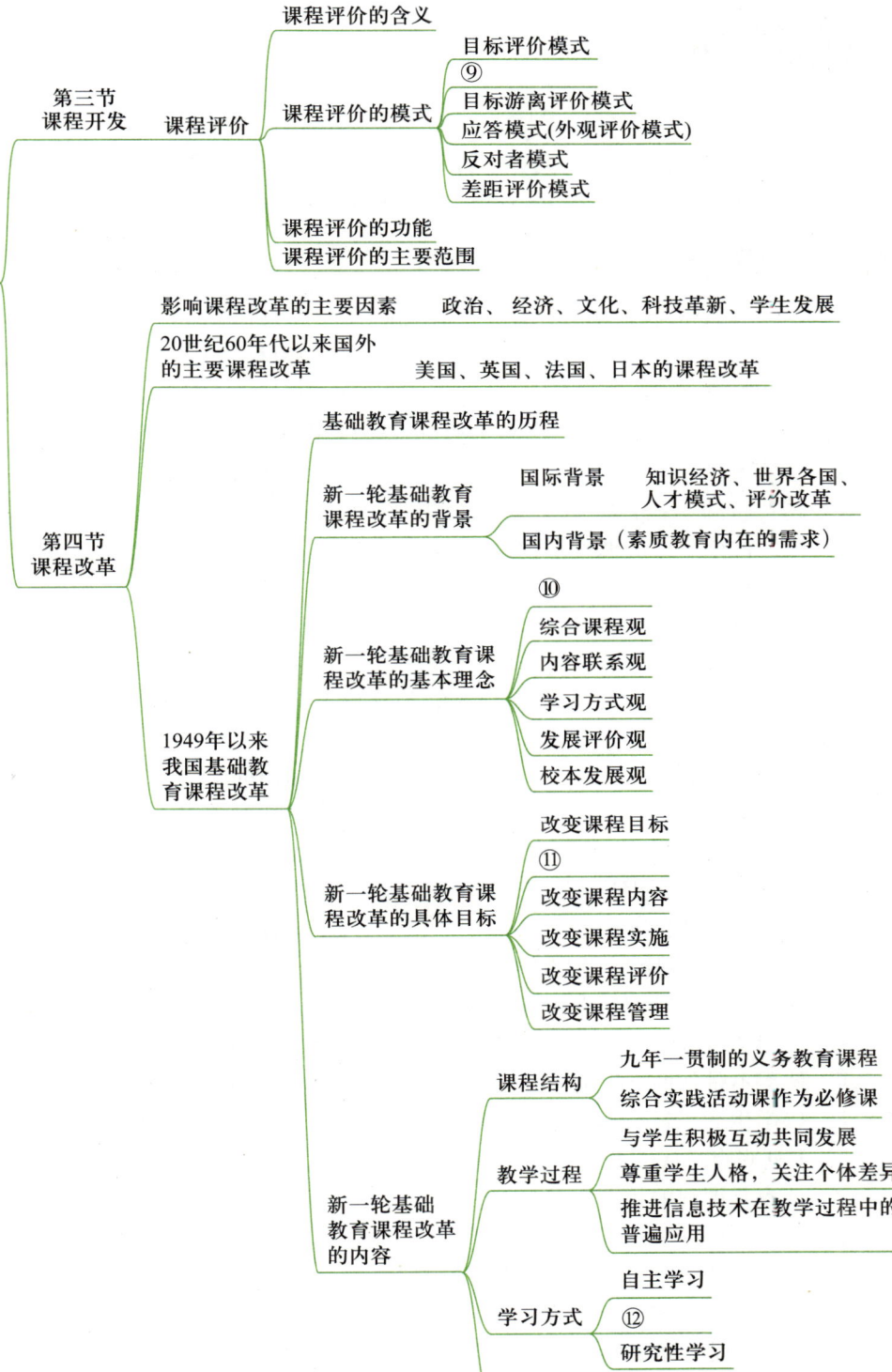

第一节 课程与课程理论

一、单项选择题

1. 在中小学校,教师从事教育教学的"施工蓝图"是( )。
   A. 教育方针 B. 教材
   C. 课程标准 D. 课程

2. 标志着课程论作为独立学科出现,也是教育史上第一部课程论专著的是( )。
   A. 斯宾塞的《教育论》 B. 杜威的《儿童与课程》
   C. 博比特的《课程》 D. 泰勒的《课程与教学的基本原理》

3. 根据古德莱德的课程层次理论,有关课程应该如何设计,应该达到什么样的水平和标准的想法,属于( )。
   A. 经验的课程 B. 理想的课程
   C. 理解的课程 D. 文件的课程

4. 某县级市的教育局规定,各学校必须开设书法课程。根据古德莱德的课程分类,书法课程属于( )。
   A. 理想的课程 B. 运作的课程
   C. 经验的课程 D. 正式的课程

5. 强调知识的内在逻辑和系统性,主张分科教学的是( )。
   A. 存在主义课程理论 B. 学科中心课程理论
   C. 经验主义课程理论 D. 后现代主义课程理论

6. 社会中心课程理论的核心观点是( )。
   A. 按学生的活动组织课程,解决社会问题
   B. 课程是帮助学生适应社会,从而建立一种新的社会秩序与文化
   C. 课程不是帮助学生适应社会,而是建立一种新的社会秩序与文化
   D. 以学生的兴趣与动机作为编制课程的基本点

7. 下列观点不属于儿童中心课程理论的是( )。
   A. 儿童是课程的核心
   B. 学校课程以学科分类为基础
   C. 学校教学应以活动和问题反思为核心
   D. 课程内容应该与儿童的经验相结合

8. 主张课程内容的组织以儿童活动为中心,提倡"从做中学"的课程理论是( )。
   A. 学科中心课程论 B. 活动中心课程论
   C. 要素主义课程论 D. 永恒主义课程论

二、辨析题

课程是课程表中所列出的学科科目。

三、简答题

1. 简述知识中心课程理论的观点。
2. 简述社会中心课程理论的观点。
3. 简述学习者中心课程理论的观点。

第二节 课程类型

一、单项选择题

1. 我国古代教育内容中的"六艺"、欧洲古代教育内容中的"七艺"和工业革命以后出现的物理、化学等课程属于(　　)。
   A. 学科课程　　　　　　　　B. 活动课程
   C. 综合课程　　　　　　　　D. 融合课程

2. 主张课程的内容和组织应以儿童的兴趣或需要为基础,鼓励学生"从做中学",通过手脑并用以获得直接经验。这反映的课程类型是(　　)。
   A. 学科课程　　　　　　　　B. 活动课程
   C. 分科课程　　　　　　　　D. 综合课程

3. 某沿海城市的学校在义务教育阶段全面开设海洋教育课程。这种课程属于(　　)。
   A. 国家课程　　　　　　　　B. 地方课程
   C. 校本课程　　　　　　　　D. 生态课程

4. 具有一定的适应性和参与性,通常以选修课或特色课的形式出现的课程是(　　)。
   A. 国家课程　　　　　　　　B. 校本课程
   C. 地方课程　　　　　　　　D. 拓展课程

5. 学校开设的人口教育课、环境教育课、闲暇与生活方式课等新课程,融合历史、地理、化学、生物、卫生等学科知识。这类课程属于(　　)。
   A. 综合课程　　　　　　　　B. 学科课程
   C. 活动课程　　　　　　　　D. 分科课程

6. 为了加强学科之间以及学科知识与现实生活之间的联系,教育界尝试开发了程度不同的综合课程。按照课程综合程度,由低到高排列,顺序正确的是(　　)。
   A. 核心课程、融合课程、广域课程、相关课程
   B. 核心课程、广域课程、融合课程、相关课程
   C. 相关课程、融合课程、广域课程、核心课程
   D. 相关课程、广域课程、融合课程、核心课程

7. 某地义务教育阶段开设了以"环境保护"为核心内容的新课程。该课程的教育内容如下：一方面，以本地的"森林保护""雾霾治理"等为核心组织教学内容和教学活动；另一方面，围绕上述内容开展参观、绘图、写作等活动，或补充影视、书籍等辅助教材。据此可以推断新开设的课程属于（　　）。

　　A．相关课程　　　　　　　　　　B．广域课程
　　C．融合课程　　　　　　　　　　D．核心课程

8. 2020 年 3 月发布的《中共中央国务院关于全面加强新时代大中小学劳动教育的意见》提出，要在大中小学设立劳动教育课程，其课程性质为（　　）。

　　A．选修课程　　　　　　　　　　B．必修课程
　　C．研究型课程　　　　　　　　　D．拓展型课程

9. 注重加强学生文学、艺术鉴赏方面的教育与提升学生文化素养的课程和艺术团队活动，注重培养学生知识与社会实践相结合的能力及环境保护等方面的课程属于（　　）。

　　A．基础型课程　　　　　　　　　B．拓展型课程
　　C．研究型课程　　　　　　　　　D．学生中心课程

10. 校风、教风和学风是学校文化的重要构成部分。就课程类型而言，它们属于（　　）。

　　A．学科课程　　　　　　　　　　B．活动课程
　　C．显性课程　　　　　　　　　　D．隐性课程

二、辨析题

1. 活动课程优于学科课程。
2. 校本课程就是学校自己组织的活动课程。

三、简答题

简述综合课程的优点。

第三节　课程开发

一、单项选择题

1. 泰勒在《课程与教学的基本原理》一书中提出了课程开发的目标模式，这一模式的主要局限在于（　　）。

　　A．程序不清晰　　　　　　　　　B．过分强调预设性目标
　　C．缺乏逻辑性、系统性　　　　　D．不重视课程评价环节

2. "如何确定这些教育目标正在得到实现？"是"泰勒原理"的课程设计基本程序中的（　　）。

　　A．确定教育目标　　　　　　　　B．选择经验
　　C．组织经验　　　　　　　　　　D．评价结果

3. 指导课程编制过程最为关键的依据是（　　）。
   A. 课程内容　　　　　　　　　　B. 课程方案
   C. 课程目标　　　　　　　　　　D. 课程设计
4. 世界上最早为课程目标模式提供方法论依据的是（　　）。
   A. 课程分析法　　　　　　　　　B. 活动分析法
   C. 认知分析法　　　　　　　　　D. 实践分析法
5. 课程的文本一般表现为（　　）。
   A. 课程计划、课程标准、教材　　B. 课程计划、课程目标、课程实施
   C. 课程目标、课程实施、课程评价　D. 课程主题、课程任务、课程标准
6. 教师进行教学的直接依据是（　　）。
   A. 课程计划　　　　　　　　　　B. 课程目标
   C. 课程标准　　　　　　　　　　D. 教科书
7. 对学校的教学、活动及生产劳动做出全面的安排，包括开设什么课程、开展什么活动，并具体规定课程、活动及劳动的时间要求的是（　　）。
   A. 课程设计　　　　　　　　　　B. 课程标准
   C. 教科书　　　　　　　　　　　D. 课程计划
8. 关于课程目标与培养目标、教学目标的关系，下列说法中正确的是（　　）。
   A. 教学目标是确立课程目标的基础
   B. 教学目标是确立培养目标的基础
   C. 课程目标与教学目标是特殊与一般的关系
   D. 培养目标是确定课程目标的基础
9. 下列不属于确立课程目标的依据的是（　　）。
   A. 学生的心理发展逻辑　　　　　B. 学科的逻辑
   C. 政治经济制度　　　　　　　　D. 社会的需求
10. 在教育目标的分类中，美国教育心理学家布卢姆根据学生学习结果划分的三大领域是（　　）。
    A. 知识、技能和技巧　　　　　　B. 知识、理解和应用技能
    C. 认知、情感和动作技能　　　　D. 认知、应用和评价技能
11. 下列属于布卢姆"分析"层面目标的是（　　）。
    A. 用自己的话去表述上节课的内容
    B. 对数据信息加以说明或概述
    C. 判断实验结论是否有数据的支撑
    D. 能够识别文章作者的观点或倾向
12. 修订后的布鲁姆教育目标分类学中，最高水平的认知学习目标是（　　）。
    A. 评价　　　B. 运用　　　C. 分析　　　D. 创造
13. 在教材编写过程中，课程内容前后反复出现，且后面内容是对前面内容的扩展和深化。这种教材编排方式是（　　）。
    A. 直线式　　B. 螺旋式　　C. 分科式　　D. 综合式

14. 综合课程打破了学科知识的界限，按照学生身心发展的阶段，以社会和个人最关心的问题为依据将内容组织起来。这种组织形式是（　　）。
    A. 垂直组织　　　　B. 横向组织　　　　C. 纵向组织　　　　D. 序列组织
15. "传统教育学派"与"现代教育学派"的最大分歧是课程内容组织方式（　　）。
    A. 直线式与螺旋式　　　　　　　　　　B. 连续式和断续式
    C. 纵向组织和横向组织　　　　　　　　D. 逻辑顺序和心理顺序
16. 持有"课程不是既定的计划，而是教师和学生经验的总和"观点的是（　　）。
    A. 活动取向　　　　　　　　　　　　　B. 忠实取向
    C. 课程创生取向　　　　　　　　　　　D. 相互适应取向
17. 影响课程实施成功与否最关键的因素是（　　）。
    A. 课程本身　　　　　　　　　　　　　B. 教师
    C. 学生　　　　　　　　　　　　　　　D. 地方教育当局
18. 认为评价的重点应从"课程计划预期的结果"转向"课程计划实际的结果"，评价者不应受预期课程目标影响的评价模式是（　　）。
    A. CIPP 评价模式　　　　　　　　　　B. 应答模式
    C. 目的游离评价模式　　　　　　　　　D. 目标评价模式
19. 在进行公开课展讲时，听课老师总会根据当堂达标练习来评价这堂课学生的掌握程度，这属于课程评价模式的（　　）。
    A. 目标评价模式　　　　　　　　　　　B. 目的游离评价模式
    C. CIPP 评价模式　　　　　　　　　　D. 外观评价模式
20. "评价最重要的意图不是为了证明，而是为了改进。"这句话体现的是（　　）。
    A. 目标评价模式　　　　　　　　　　　B. 目的游离评价模式
    C. CIPP 评价模式　　　　　　　　　　D. 应答评价模式

二、辨析题

教材编写的直接依据是课程计划。

三、简答题

1. 简述泰勒原理。
2. 简述课程目标与培养目标、教学目标的关系。
3. 简述直线式课程与螺旋式课程的关系。

第四节　课程改革

一、单项选择题

1. 影响课程改革的主要因素不包括（　　）。

A. 政治因素 B. 经济因素
C. 文化因素 D. 教育因素

2. 要贯彻新课程改革"以人为本"的教育理念,教师首先应做到(　　)。
   A. 传授丰富的知识 B. 培养学生正确的学习态度
   C. 尊重学生人格,关注个体差异 D. 完全遵从学生自由发展

3. 新一轮基础教育改革所倡导的学习方式主要是(　　)。
   A. 自主、合作、探究 B. 参与、合作、活动
   C. 讲授、练习、探究 D. 反思、生成、探究

4. 整体设置九年一贯的课程门类和课时比例,并设置综合课程,这方面改革指向的是(　　)。
   A. 课程目标 B. 课程管理
   C. 课程评价 D. 课程结构

5. 新课程提倡的三维教学目标是(　　)。
   A. 知识、技能和方法
   B. 情感、态度和价值
   C. 知识、技能和情感
   D. 知识与技能、过程与方法、情感态度与价值观

6. 新一轮基础教育课程改革改变了课程管理过于集中的状况,实行国家、地方和(　　)三级课程管理。
   A. 社会 B. 家庭 C. 学校 D. 区域

7. 从学科领域或实际社会生活中选择和确定研究主题,在教学中创设一种类似于学术研究的情境,通过学生自主、独立地发现问题、实验、操作、调查、信息收集与处理等探索活动,获得知识、技能、情感与态度的发展的学习方式是(　　)。
   A. 自主学习 B. 探究学习 C. 合作学习 D. 互动学习

8. 随着实践活动的不断展开,学生的认识和体验不断加深,创造性的火花不断迸发,新的活动目标和活动主题将不断形成。这体现了综合实践活动的(　　)特点。
   A. 综合性 B. 实践性 C. 开放性 D. 生成性

9. 我国《基础教育课程改革纲要(试行)》规定:在课程设置上,高中阶段(　　)。
   A. 以综合课程为主 B. 以分科课程为主
   C. 以实践活动课程为主 D. 设置分科与综合相结合的课程

10. 我国新一轮基础教育课程改革中,课程评价功能更加强调的是(　　)。
    A. 甄别与鉴定 B. 选拔与淘汰
    C. 促进学生分流 D. 促进学生发展与改进教学实践

二、分析论述题

1. 阅读下列材料,并按要求回答问题。

1999年6月颁布的《中共中央国务院关于深化教育改革全面推进素质教育的决定》明确提出:"调整和改革课程体系、结构、内容,建立新的基础教育课程体系"。这是我国政府第一次

正式作出进行本次课程改革的决定。

2001年6月发布的《国务院关于基础教育改革与发展的决定》进一步要求"加快构建符合素质教育要求的新的基础教育课程体系"。新一轮基础教育课程改革中,课程的理念、结构、内容、实施、评价和管理等方面较以前有了重大的突破和创新,这给我国广大中小学教师和教育工作者提出了更高的要求和挑战。

请论述新一轮基础教育课程改革的具体目标。

2. 阅读下列材料,并按要求回答问题。

小刚的成绩在班上一直不好,特别是数学每次考试不是个位数就是十几分。一次考试后,老师说:"小刚真笨!"他一生气,决心下一次一定要考好。于是他加倍努力,终于考了80分,较之前有了很大进步。小刚心想,这次老师一定会表扬我了吧。可是出乎他的意料,老师却说:"别人都考了90多分,你怎么才考了80分?"

结合材料,运用基础教育课程改革的评价理念对案例进行分析。

第八章 教学

- 第八章 教学
  - 第一节 教学概述
    - 教学的概念
      - 教学的定义
      - 教学与教育、智育、上课的区别与联系
    - 教学的主要作用与任务
  - 第二节 教学理论及主要流派
    - 教学理论概述
      - 学习理论及其与教学理论的关系
      - 教学理论与课程理论的关系
      - 教学理论的形成和发展
    - 当代主要教学理论流派
      - ① 认知主义教学理论
      - 人本主义教学理论
      - 社会互动教学理论
  - 第三节 教学原则
    - 教学原则的概念及确立依据
    - 中小学教学的基本原则
      - 直观性原则
      - 启发性(探究性)原则
      - 系统性(循序渐进)原则
      - 巩固性原则
      - 量力性(发展性)原则
      - ②
      - 理论联系实际原则
      - ③

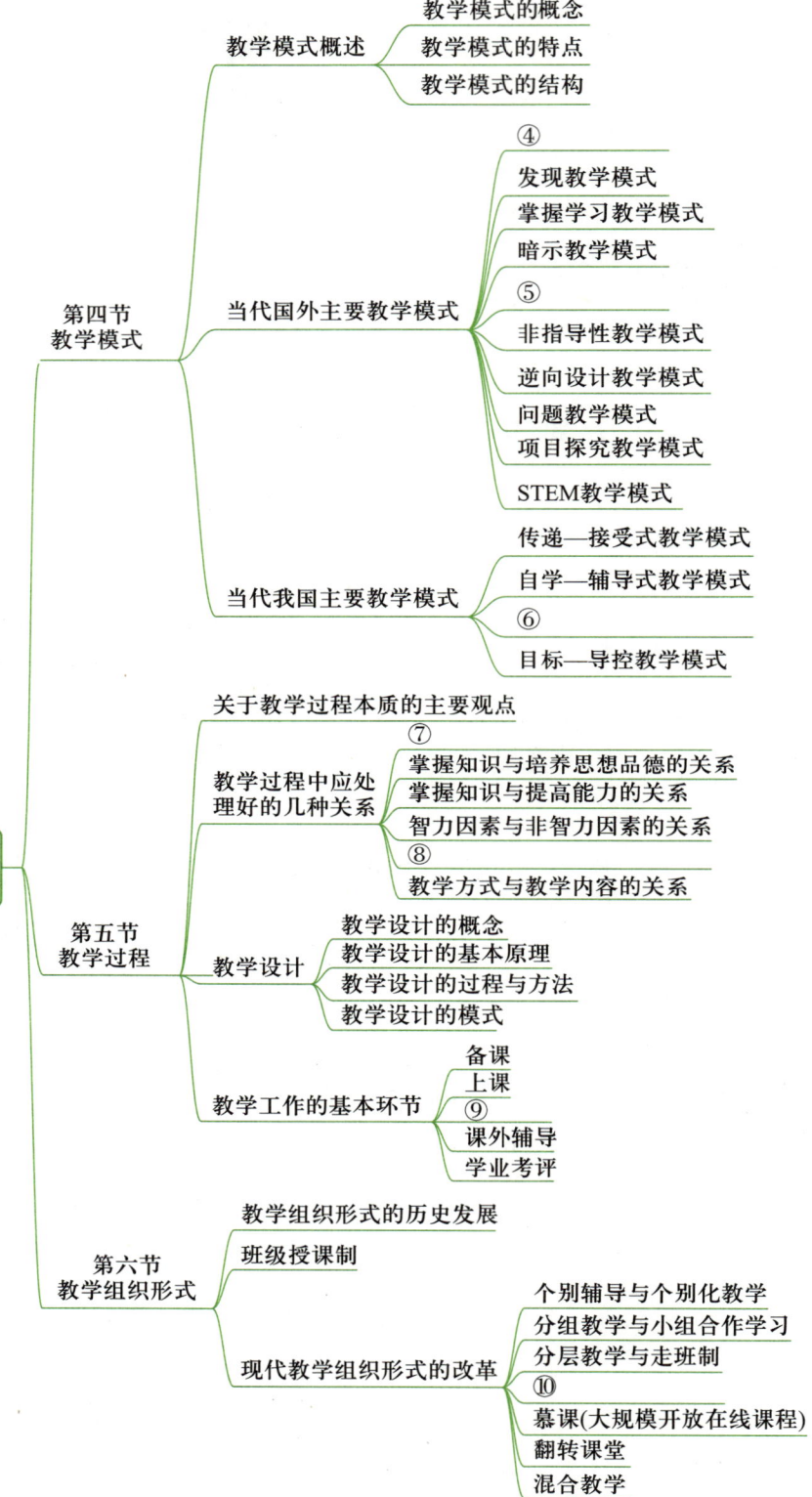

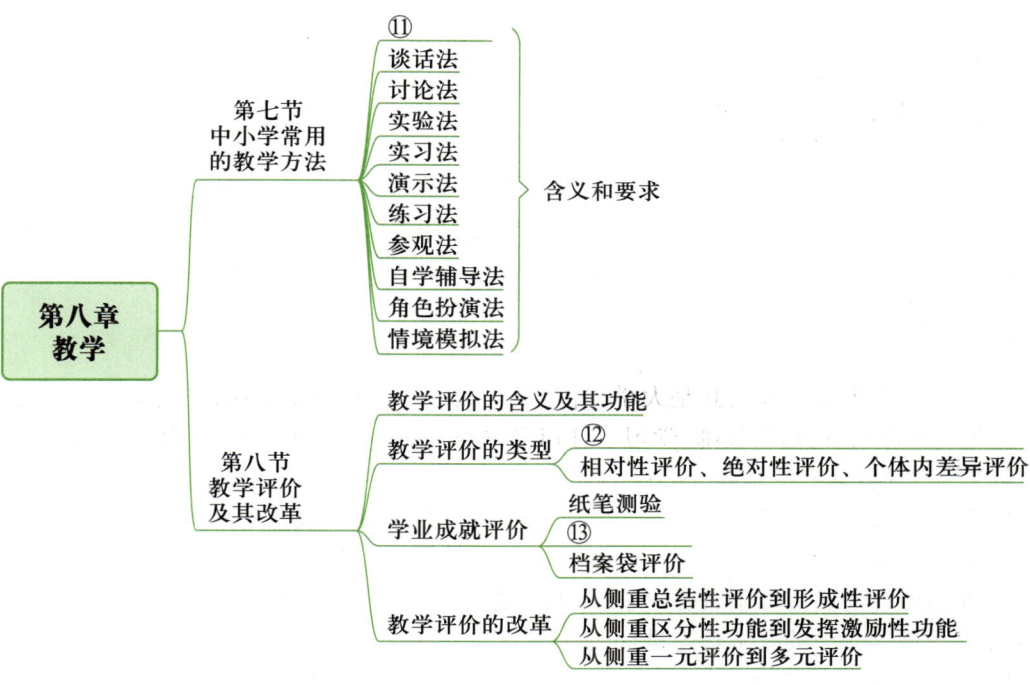

第一节 教学概述

一、单项选择题

1. 关于教学与教育、智育、上课的关系，下列说法中错误的是()。
   A. 教学与教育是部分与整体的关系
   B. 上课是整个教学工作的中心环节
   C. 智育是通过教学全面实现的
   D. 教学工作是学校教育的中心工作

2. 教学和智育是( )。
   A. 同一关系   B. 因果关系
   C. 隶属关系   D. 交叉关系

3. 教学的主要作用，不包含( )。
   A. 教学是促进学生全面发展的基本途径
   B. 教学是提高学校教育质量的有效途径
   C. 教学是推动社会发展的重要手段
   D. 教学可以锻炼教师的教学能力

二、辨析题

教学是学校教育的唯一途径。

第二节　教学理论及主要流派

单项选择题

1. 现在国外很多学校尤其是大学，打破了常规的传授式教学方法，鼓励学生在一定的情境即社会文化背景下，借助教师、学习伙伴以及网络信息手段等的帮助，利用必要的学习资料获取知识。这种教学理论是（　　）。
   A. 行为主义教学理论　　　　　　　　B. 情感教学理论
   C. 认知主义教学理论　　　　　　　　D. 建构主义教学理论

2. 强调理智发展的教学目标、倡导动机—结构—序列—强化原则、注重学科知识结构掌握、主张发现教学方法的教学理论是（　　）。
   A. 行为主义教学理论　　　　　　　　B. 哲学取向的教学理论
   C. 认知主义教学理论　　　　　　　　D. 情感教学理论

3. 非指导性教学假设学生乐于对自己的学习承担责任，学习的成功取决于师生坦率地共享某些观念以及相互间真诚地交流，教学应以人际关系而不是以教材的概念或其他理智来源为基础。该种教学思想属于（　　）。
   A. 哲学取向的教学理论　　　　　　　B. 认知主义教学理论
   C. 行为主义教学理论　　　　　　　　D. 情感教学理论

4. 下列属于斯金纳行为主义教学理论提出的原则的是（　　）。
   A. 动机原则、结构原则、程序原则、强化原则
   B. 高速度原则、高难度原则、理论知识起主导作用原则
   C. 直观性原则、量力性原则、巩固性原则
   D. 小步子原则、低错误率原则、自定步调原则、及时反馈原则、积极反应原则

第三节　教学原则

一、单项选择题

1. 根据一定的教学目的和对教学过程规律的认识而制定的指导教学工作的基本准则是（　　）。
   A. 教学手段　　　　　　　　　　　　B. 教学内容
   C. 教学原则　　　　　　　　　　　　D. 教学方法

2. 加德纳的多元智能理论的提出有力地支持了（　　）。
   A. 量力性原则　　　　　　　　　　B. 循序渐进原则
   C. 因材施教原则　　　　　　　　　D. 启发性原则
3. "君子之教，喻也"，这句话体现了以下哪条教学原则？（　　）
   A. 启发性原则　　　　　　　　　　B. 因材施教原则
   C. 理论联系实际原则　　　　　　　D. 直观性原则
4. 我国古代教育文献《学记》中要求"学不躐等""不陵节而施"，提出"杂施而不孙，则坏乱而不修"，这体现了教学应遵循（　　）。
   A. 启发性原则　　　　　　　　　　B. 巩固性原则
   C. 循序渐进原则　　　　　　　　　D. 因材施教原则
5. 王老师在历史课上讲到民族英雄岳飞时，从历史事实出发，高度赞扬了岳飞的爱国主义精神，使同学们受到了深深的感染。王老师的教学主要体现了哪一教学原则？（　　）
   A. 科学性和思想性相统一原则　　　B. 直观性原则
   C. 启发性原则　　　　　　　　　　D. 因材施教原则
6. 在教学过程中，张老师经常运用形象的语言描述，引导学生形成所学事物、过程的清晰表象，丰富他们的感性知识，从而使他们正确理解知识和提高认识能力。张老师遵循的教学原则是（　　）。
   A. 循序渐进原则　　　　　　　　　B. 直观性原则
   C. 因材施教原则　　　　　　　　　D. 启发性原则
7. 学完"压强"的概念，学生理解了"在同等压力下，受力面积越大，压强越小"的道理。田老师要求学生举例说明这个原理在生活中的运用。田老师贯彻的主要教学原则是（　　）。
   A. 理论联系实际原则　　　　　　　B. 循序渐进原则
   C. 直观性原则　　　　　　　　　　D. 启发性原则
8. 张老师在教授新课内容前，都会组织学生集体回忆上一节课中所学的主要知识点。张老师的这种做法体现了的教学原则是（　　）。
   A. 因材施教原则　　　　　　　　　B. 巩固性原则
   C. 启发性原则　　　　　　　　　　D. 科学性和思想性相统一原则
9. 夸美纽斯曾说："过量的练习和过度需要记忆的功课，使人恶心。"这句话表明教学应遵循（　　）。
   A. 直观性原则　　　　　　　　　　B. 量力性原则
   C. 启发性原则　　　　　　　　　　D. 巩固性原则

二、分析论述题

阅读下列材料，并按要求回答问题。

周老师教高一（5）班数学时，发现学生的知识基础差别较大，于是，她决定对程度不同的学生提出不同的任务和要求。对于学习基础较好的6位学生，周老师特别要求他们到图书馆查找和阅读相关内容的书籍。经过自学，他们不但完成了规定的作业，还选做了一些难度更大的习题。对于其他学生，周老师分别给他们布置了难易程度不同的习题。在课堂教学中，周老师通过创设情境、多媒体教学、小组讨论等多种方式调动学生们学习的积极性和主动性,激发他们对所学内容的兴趣,同时提出问题让学生深入思考。当学生遇到困惑时,周老师耐心地加以辅导,让学生自己动脑、动手,找到解决问题的办法。同学们通过解决问题,获取了知识,很好地完成了学习任务。

请回答:

(1)周老师贯彻了哪些教学原则?

(2)请结合材料对这些教学原则加以分析。

第四节 教学模式

单项选择题

1. 保加利亚学者洛扎诺夫在20世纪60年代创立的一种利用联想、情境、音乐等强化教学效果的方法是(   )。

   A. 非指导性教学模式　　　　　　　　B. 发现教学模式
   C. 暗示教学模式　　　　　　　　　　D. 范例教学模式

2. 美国学者罗杰斯认为,人皆具有先天的优良潜能,教育的作用在于使之实现。由此,他提出了"以学生为中心""让学生自发学习"的教学模式。该模式被称为(   )。

   A. 发现教学模式　　　　　　　　　　B. 情境教学模式
   C. 非指导性教学模式　　　　　　　　D. 程序教学模式

3. 通过典型的内容和方式,使学生从个别到一般掌握规律性的知识和方法,发展独立学习、独立解决问题能力的教学模式是(   )。

   A. 范例教学模式　　　　　　　　　　B. 发现教学模式
   C. 暗示教学模式　　　　　　　　　　D. 程序教学模式

4. 教学遵循的程序是提出问题、创设问题情境、利用材料提出假设、检验假设得出结论,这种教学模式是(   )。

   A. 范例教学模式　　　　　　　　　　B. 发现教学模式
   C. 暗示教学模式　　　　　　　　　　D. 程序教学模式

5. 只要给予足够的时间和进行适当的教学,大多数学生都能达到主要的学习目标。持这种观点的是(   )。

   A. 非指导性教学模式　　　　　　　　B. 掌握学习教学模式
   C. 程序教学模式　　　　　　　　　　D. 范例教学模式

6. 某驾照考试APP在考生学习科目一时,把全部知识分类成若干知识点。考生每学完一个知识点,APP会自动弹出练习题:如果考生答对,直接跳转下一知识点;如果考生答错,APP会呈现正确答案,然后才能进入下一个知识点的学习。那么,该APP采用的教学模式是(   )。

   A. 非指导性教学模式　　　　　　　　B. 掌握学习教学模式

C. 程序教学模式 　　　　　　　　D. 范例教学模式

7. 逆向设计教学模式、问题教学模式、项目探究教学模式、STEM教学模式都体现的教育思想是（　　）。

A. 建构主义教育思想　　　　　　B. 认知主义教育思想
C. 人本主义教育思想　　　　　　D. 行为主义教育思想

8. 在语文课上，张老师和学生明确了"继承和发扬优秀传统文化是重要的"这一共识后，张老师请学生们通过调查和讨论列举哪些内容属于传统文化，同学们完成了"传统文化记录表"，并证实了继承和发扬优秀传统文化的重要性。这一教学模式属于（　　）。

A. STEM教学模式　　　　　　　B. 项目探究教学模式
C. 问题教学模式　　　　　　　　D. 逆向设计教学模式

第五节　教学过程

一、单项选择题

1. 教学过程是一种特殊的认识过程，其区别于人类一般认识的特点是（　　）。

A. 主动性、间接性和引导性　　　B. 探索性、间接性和引导性
C. 间接性、引导性和简捷性　　　D. 间接性、引导性和复杂性

2. 学校教育中的教学过程对学生来说是一个特殊的认识过程，具有不同于人类总体认识的特点。它主要表现为（　　）。

A. 以学习个体经验为主　　　　　B. 以学习间接经验为主
C. 以学习直接经验为主　　　　　D. 以学习群体经验为主

3. 在教学过程中，强调知识传授而忽视能力培养的理论是（　　）。

A. 实质教育论　　　　　　　　　B. 形式教育论
C. 传统教育论　　　　　　　　　D. 现代教育论

4. 在课程与教育理论的发展过程中，曾出现形式教育论和实质教育论之争。这是对（　　）一对关系的争论。

A. 直接经验与间接经验　　　　　B. 知识与能力
C. 分科与综合　　　　　　　　　D. 知识与思想

5. 数学课上，王老师在推导圆的面积公式时，要求学生坐好看黑板，学生举手提问时也不予理会，只顾讲知识。王老师的教学过程违背了（　　）。

A. 传授知识与思想教育相统一的规律
B. 教师主导与学生主体相统一的规律
C. 掌握知识与发展能力相统一的规律
D. 间接经验与直接经验相统一的规律

6. 列宁曾说："我们需要用基本事实的知识来发展和增进每个学习者的思考力。"这揭示了教学过程中（　　）。

A. 传授知识与发展能力的关系　　B. 传授知识与思想教育的关系
C. 直接经验与间接经验的关系　　D. 教师主导与学生主体的关系

7. 教师根据学生的年龄特点和学习需要,以一定的教学目标为向导,运用科学、系统的方法,在教学之前对教学目标、教学内容、教学策略、教学媒体等所做出的计划和安排是（　　）。

A. 教学策略　　B. 教学模式
C. 教学目标　　D. 教学设计

8. 备课是教师教学的起始环节,备好课是上好课的先决条件。对教师而言,备好课可以加强教学的计划性,有利于教师充分发挥主导作用。教师备课要求做好三方面的工作,不包含的是（　　）。

A. 钻研教材　　B. 了解学生
C. 设计教学　　D. 辅导学生

9. 整个教学工作的中心环节是（　　）。

A. 上课　　B. 备课　　C. 辅导学生　　D. 钻研教材

10. 关于作业的布置,以下观点中不正确的是（　　）。

A. 布置的作业要具有代表性　　B. 作业布置的数量越多越好
C. 布置的作业要具有针对性　　D. 布置的作业要考虑学生的个体差异性

二、辨析题

1. 学生在学校学习的主要是间接经验。
2. 强调学生的主体地位必然削弱教师的主导作用。
3. 学生掌握的知识越多,说明学生能力越强。

三、分析论述题

1. 阅读下列材料,并按要求回答问题。

一天,语文老师正在讲课,突然天色大变,狂风呼啸,乌云滚滚,电闪雷鸣,哗哗哗……大雨倾盆而下,学生坐不住了,纷纷窃窃私语。见到这种情景,这位老师干脆放弃原有的教学计划,顺应学生的好奇心,让学生趴在窗前尽情地观察起雨景来,十分钟后才回到座位上。

师：谁能用我们背过的古诗来形容一下刚才的天气？
生：山雨欲来风满楼。
生：碧山还被暮云遮。
生：黑云翻墨未遮山,白雨跳珠乱入船。
师：好,这一句极为贴切。
生：老师,我认为应该是"白雨跳珠乱入窗"才对。
生：改为"乱敲窗"更好,"乱敲窗"说明了雨点大,而且像个调皮的小娃娃,好像也要挤进来和我们一起读书。

改完诗,教师又要求同学们把刚才的雨景和争论都写下来,不一会儿,一篇篇情真意切的诗作便应运而生了。

请结合教学过程的基本特点分析此案例。

2. 阅读下列材料,并按要求回答问题。

材料一:在一次历史课上,一位有着30年教龄的老师在讲课,听课老师听得入了迷,问这位讲课的老师准备了多长时间,讲课老师说:"我准备了一辈子,但这节课的准备只用了15分钟。"

材料二:有人认为,看看教材,翻翻教参(教学参考书),写份教案就是备课。

材料三:苏联一位著名的芭蕾舞大师,在谈到自己的成功经验时说:"当我正式登台演出时,我的劳动实际上早已完成了。"

请回答:

(1)请谈谈上述材料对你教学的启发。

(2)如果你是教师,你觉得如何上好一堂课。

第六节 教学组织形式

一、单项选择题

1. 把两个或两个以上年级的学生编在一个班级,在一节课内由一位教师对学生进行直接教学与布置、完成作业轮流交替的教学组织形式是( )。

A. 合作学习 B. 复式教学
C. 小班教学 D. 分层教学

2. 一种经济有效的、大面积的培养人才的教学组织形式是( )。

A. 设计教学法 B. 班级授课制
C. 个别教学制 D. 分组教学制

3. 刚进入大学的小芳对全专业100多人一起上课很不适应,但老师会将他们分成小组,要求小组内根据上课的课题进行充分的讨论。慢慢地,小芳逐渐适应了这种模式,并提高了合作学习和自主学习的能力。与此同时,小芳有问题还会单独请教老师。与这种教学组织形式最为相近的是( )。

A. 特朗普制 B. 贝尔—兰卡斯特制
C. 道尔顿制 D. 文纳特卡制

4. 某校根据入校测试成绩分出平行班,然后在班级内部根据成绩和能力分成快慢不同的A、B组,两组的教学内容、教学难度和教学进度不同。这种教学组织形式是( )。

A. 能力分组 B. 同质分组
C. 外部分组 D. 内部分组

5. 一名教师在课堂分组教学时,每组都有成绩水平为优、中、低三类的学生,教师要求小组各自独立完成课堂任务。针对该教师的分组教学,以下说法中不正确的是( )。

A. 可以培养学生自主发展的核心素养

B. 会造成一部分学生骄傲,另一部分学生自卑

C. 能促进学生之间的同伴互助

D. 有利于不同水平的学生发展

6. 学生根据个人的需要和兴趣，对某门课可以选择到不同的教室上课。这种教学组织形式被称为（　　）。
   A．小组教学制　　　　　　　　B．导生制
   C．文纳特卡制　　　　　　　　D．走班制

7. 在探索新课改的过程中，某学校在教学中，以教研组为单位，集体研究并制订教学工作计划，分工合作完成教学任务和评价教学效果，甚至还让不同班级教师按各自专长交换上课等。该学校采用的教学组织形式属于（　　）。
   A．协同教学　　　　　　　　　B．现场教学
   C．复式教学　　　　　　　　　D．分组教学

8. 比班级上课更切合学生个人能力水平和特点的教学形式是（　　）。
   A．现场教学　　　　　　　　　B．复式教学
   C．分组教学　　　　　　　　　D．班级授课

9. 任何人都可以在任何地方，任何时刻获得所需要的任何信息的学习方式是（　　）。
   A．泛在学习　　　　　　　　　B．翻转课堂
   C．慕课　　　　　　　　　　　D．混合教学

10. 下列不属于慕课特征的是（　　）。
    A．教学时间短　　　　　　　　B．在线性
    C．大规模性　　　　　　　　　D．开放性

11. 教师不利用课堂时间讲教学内容，而是让学生课前自主学习，课堂上进行交流、答疑。这种教学形式叫作（　　）。
    A．泛在学习　　　　　　　　　B．翻转课堂
    C．慕课　　　　　　　　　　　D．混合教学

12. 将在线教学和传统教学的优势结合起来的一种"线上"+"线下"的教学，通过两种教学组织形式的有机结合，可以把学习者的学习由浅到深地引向深度学习的教学组织形式是（　　）。
    A．泛在学习　　　　　　　　　B．翻转课堂
    C．慕课　　　　　　　　　　　D．混合教学

二、简答题

1. 简述班级授课制的优缺点。
2. 简述当前中小学班级授课制改革的重点。

三、分析论述题

1. 阅读下列材料，并按要求回答问题。

   刚从师范学校毕业的李老师是某中学的班主任，刚接手这个班级时，李老师告诉自己要对班里的学生一视同仁，为班级的所有学生提供均等的学习机会，然而几个月下来，李老师意识到自己在上课时总会不自觉地给予班干部和成绩好的学生更多的积极强化与鼓励。在课堂讨

论以及回答问题时,总是先对他们进行鼓励,对其他学生却关注较少。李老师通过与其他任课老师交流,发现大家都有这种情况,通常都会对班内的优秀学生给予更多的关注和鼓励,而对班内表现平平的学生,就连名字都记不起来。

请回答:

(1) 分析材料中所揭示的问题及其原因。

(2) 为了克服材料中所揭示的问题,可以从哪些方面改进课堂教学组织形式?

2. 阅读下列材料,并按要求回答问题。

李老师为了提高学生的数学成绩,在他执教的初二(3)班进行了教学改革。课前,李老师在深入研究学生和教材的情况下,制作导学案,确定学生的学习任务。而后通过搜集资料录制教学微视频,上传到校园网的学习空间,让学生在课余时间观看教学微视频。课堂上,李老师首先检测学生自主学习的成效,而后给出进阶任务,让学生采用合作学习的方法尝试完成。遇到全班学生都不能解决的问题,李老师统一进行解答,然后根据学生学习的实际情况,对学习内容进行适度拓展延伸。

请回答:

(1) 李老师的教学改革采取了什么教学组织形式?

(2) 请分析此种教学组织形式的特点。

第七节　中小学常用的教学方法

一、单项选择题

1. 常用的教学方法有讲授法、问答法、演示法和练习法等。(　　)是讲授法的主要优点。

A. 有助于增进学生对知识的理解

B. 可以在短时间内传递较多的知识

C. 有助于了解学生的思维过程

D. 为学生提供观察学习的机会,有助于培养学生的观察力

2. 以下关于谈话法的说法中,错误的是(　　)。

A. 有利于培养学生的思维能力　　B. 有利于培养学生的动手能力

C. 便于对教学进行调控　　D. 有助于发展良好的师生关系

3.《学记》指出"独学而无友,则孤陋而寡闻""相观而善"。这启示教师在教学中要善于运用(　　)。

A. 谈话法　　B. 参观法

C. 讨论法　　D. 练习法

4. 教师创设话剧情境,让学生扮演故事中的角色,体验人物的心路历程。该教师使用的教学方法是(　　)。

A. 演示实验法　　B. 谈话交流法

C. 情境模拟法　　D. 读书指导法

5. 陈老师在讲"二氧化碳的性质"。"讲台上放着两瓶没有标签的无色气体,其中一瓶是二氧化碳,一瓶是空气。怎么区分它们呢?"陈老师边说边将燃烧的木条分别伸入两个集气瓶中,告诉学生使木条熄灭的是二氧化碳,使木条继续燃烧的是空气。这种教学方法是( )。

  A. 实验法　　　　　B. 演示法　　　　　C. 讲授法　　　　　D. 谈话法

6. 根据教学任务的要求,在校内或校外组织学生进行实际操作,将理论知识运用于实践,以解决实际问题的教学方法是( )。

  A. 实验法　　　　　B. 演示法　　　　　C. 谈话法　　　　　D. 实习法

7. 某小学老师每天下午都会带着学生去学校附近散步。看见花,老师就告诉学生如何区分雄蕊和雌蕊;看见蜜蜂,老师就告诉学生蜜蜂是如何帮助花朵授粉的。该老师采用的教学方法是( )。

  A. 实验法　　　　　B. 演示法　　　　　C. 练习法　　　　　D. 参观法

8. 一位物理教师在引导学生探索"阿基米德定律"时,把"浮力"和"阿基米德定律"两个课题组成一个教学单元,并把课本中验证性演示实验改为探索性实验,让学生自己探索、发现浮力——阿基米德定律。这位老师使用了( )。

  A. 实验法　　　　　B. 实习法　　　　　C. 练习法　　　　　D. 演示法

二、分析论述题

阅读下列材料,并按要求回答问题。

谢老师在科学课上讲解食物链和食物网的知识时,首先播放一个两分钟的短视频,导入新课后,用PPT展示一些动植物的图片,并提出一系列问题:"这些动植物之间存在怎样的关联?它们能形成一个完整的食物链吗?为什么?"然后让学生自己去发现、分析问题。

在讲解完食物链和食物网的概念之后,谢老师又提供4组动植物名称,要求全班学生分成4个小组讨论并绘制食物网,提高学生分析问题、解决问题的能力。

请回答:谢老师采用了哪些教学方法?请结合案例进行分析。

第八节　教学评价及其改革

一、单项选择题

1. 陈老师在教学中经常通过口头提问、课堂作业和书面测验等形式对学生的知识和能力进行及时测评与反馈。这种教学评价被称为( )。

  A. 诊断性评价　　　　　　　　B. 相对性评价
  C. 终结性评价　　　　　　　　D. 形成性评价

2. 为了更好地因材施教,新学期伊始,在高一化学课上,李老师对所教班级学生的学习情况进行了摸底考试,初步了解了学生已有的知识基础和有关能力。这种考试属于( )。

  A. 形成性评价　　　　　　　　B. 诊断性评价
  C. 总结性评价　　　　　　　　D. 相对性评价

3. 依据学生个人的成绩在该班学生成绩序列中所处的位置来判定其成绩的优劣,而不考虑其是否达到了教学目标的要求。这种教学评价属于( )。
   A. 诊断性评价　　　　　　　　B. 绝对性评价
   C. 总结性评价　　　　　　　　D. 相对性评价
4. 只考虑被评价对象应达到的水平而不受评价对象在其特定整体中位置的影响,这种评价属于( )。
   A. 绝对性评价　　　　　　　　B. 个体内差异评价
   C. 相对性评价　　　　　　　　D. 总结性评价
5. 虽然小明期末测验成绩不高,但与期中相比有所提高,老师颁给他"学习进步奖"。这属于( )。
   A. 相对性评价　　　　　　　　B. 绝对性评价
   C. 个体内差异评价　　　　　　D. 终结性评价
6. 使用书面形式的测验工具,侧重评定学生在学科和认知方面学习成就高低的评价方式,被称为( )。
   A. 纸笔测验　　　　　　　　　B. 档案袋
   C. 相对性评价　　　　　　　　D. 表现性评价

二、分析论述题

阅读下列材料,并按要求回答问题。

"成长记录袋"是从国外引进的一种新兴评价方式,是根据教育教学目标,有意识地将各科有关学生表现的作品及其他证据收集起来,通过合理的分析与解析,反映学生在学习与发展过程中的优势与不足,反映学生在达到目标的过程中付出的努力与进步,并通过学生的反思与改进,激励学生取得更高的成就。

新平中学在2019年7月进行了第四届"'学生成长记录袋'展示交流"活动。学校想通过这样的活动,引导学生对自己的学习进行反思和评价,使学生感受到自己的不断成长与进步,激励他们的学习热情,发挥他们多方面潜能。这次活动促使每个家长和教师都能关注学生的学业成绩,关注学生的创新精神和实践能力,使他们能全面了解学生的学习、生活动态和个性特长,发现学生的闪光点,让家长和教师对孩子进行更好的教育。

校长说:"'成长记录袋'材料不宜过多,但要具有代表性,能表现出该生的特长和才艺,比如学生个性化的自我介绍和成长照片、荣誉证书、作品集、优秀的各种作业、试卷、标本等。内容要丰富多彩,才能真正做到客观评价学生。"

请回答:

(1) 成长记录袋的普遍运用是新课程教学评价观的体现,请根据材料分析成长记录袋体现了布卢姆三类教学评价中的哪种评价。

(2) 成长记录袋体现教学评价的什么功能?

(3) 你认为新课改过程中教学评价改革的趋势是什么?

第九章 德育

```
第九章
德育
├─ 第一节 德育概述
│   ├─ 德育概念
│   ├─ 德育任务
│   └─ 我国学校德育的基本内容
│
├─ 第二节 德育过程
│   ├─ 德育过程的要素
│   └─ 德育过程的规律
│       ├─ 德育过程是教师引导下学生能动的道德活动过程
│       ├─ ①
│       └─ 德育过程是提高学生自我教育能力的过程
│
├─ 第三节 德育原则 ——（含义、必要性和要求）
│   ├─ 集体教育与个别教育相结合原则
│   ├─ ②
│   ├─ 正面引导与纪律约束相结合原则
│   ├─ 发挥积极因素与克服消极因素相结合原则
│   ├─ 严格要求与尊重信任相结合原则
│   ├─ 照顾年龄特点与照顾个别特点相结合原则
│   ├─ 教育影响的一致性原则
│   └─ 教育影响的连贯性原则
│
├─ 第四节 中小学常用的德育方法
│   ├─ ③
│   ├─ 情感陶冶
│   ├─ 实践锻炼
│   ├─ 自我教育
│   ├─ 榜样示范
│   ├─ 品德评价
│   └─ 奖赏与惩罚
│
└─ 第五节 德育途径
    ├─ ④
    └─ 全方位德育与间接的道德教育
```

```
第九章
 德育 ── 第六节   ── 集体教育模式
         德育模式    道德认知发展模式
                   ⑤
                   价值澄清模式
                   社会学习模式
                   社会行动模式
```

第一节　德育概述

单项选择题

1. 德育是指教育者培养受教育者(　　)。
   A. 政治立场和观点的教育　　B. 政治思想品质的教育
   C. 共产主义道德品质的教育　　D. 品德的教育
2. 德育工作的出发点是(　　)。
   A. 德育目标　　B. 德育对象
   C. 德育原则　　D. 德育方法

第二节　德育过程

一、单项选择题

1. 德育过程是对学生知、情、意、行的培养和提高过程,其实施顺序是(　　)。
   A. 以"知"为开始,知、情、意、行依次进行
   B. 以"情"为开始,情、知、意、行依次进行
   C. 以"行"为开始,行、知、情、意依次进行
   D. 视具体情况,可有多种开端和顺序
2. "寓德育于教学之中,寓德育于活动之中,寓德育于教师榜样之中,寓德育于学生自我教育之中,寓德育于管理之中。"这体现的德育过程是(　　)。
   A. 培养学生知、情、意、行的过程
   B. 促进学生思想内部矛盾斗争发展的过程,是教育和自我教育统一的过程
   C. 长期的、反复的、逐步提高的过程
   D. 组织学生的活动和交往,统一多方面的教育影响的过程

二、辨析题

1. 德育过程就是学生思想品德形成的过程。
2. 德育过程中的活动和交往不同于一般的社交活动。

第三节 德育原则

一、单项选择题

1. 德育过程中,体现了马克思主义"一分为二"辩证法和认识论的德育原则是(　　)。
   A. 发扬积极因素与克服消极因素相结合
   B. 理论与实践相结合
   C. 集体教育与个别教育相结合
   D. 严格要求与尊重学生相结合

2. 针对我国目前家庭教育与学校教育中对学生品德要求出现的差异甚至对立的现象,应强调贯彻的德育原则是(　　)。
   A. 发扬积极因素克服消极因素原则　　B. 理论联系实际原则
   C. 教育影响的一致性和连贯性原则　　D. 正面启发积极引导原则

3. "夫子循循然善诱人,博我以文,约我以礼,欲罢不能"体现的德育原则是(　　)。
   A. 思想性原则　　B. 疏导性原则
   C. 连贯性原则　　D. 一致性原则

4. "一把钥匙开一把锁"体现的德育原则是(　　)。
   A. 理论联系实际原则　　B. 长善救失原则
   C. 教育影响的一致性原则　　D. 因材施教原则

5. 王老师所在的班集体中,王金不愿意打扫卫生,认为这是家里保姆才干的活。王老师在班级里组织了一次"清洁小能手"比赛,各个小组还评选了优秀选手。自此,王金同学变得很爱劳动,在班级里主动打扫卫生,令同学们刮目相看。王老师采用的德育原则是(　　)。
   A. 正面教育与纪律约束相结合
   B. 集体教育与个别教育相结合
   C. 尊重学生与严格要求学生相结合
   D. 依靠积极因素、克服消极因素

6. 一位老师在召开主题班会后组织学生去敬老院慰问老年人,帮助老年人打扫卫生,陪老年人聊天,以增进学生的爱心和责任心。这主要体现了德育的(　　)。
   A. 知行统一原则　　B. 正面教育原则
   C. 严格要求原则　　D. 尊重学生原则

7. 张老师很喜欢学生,对学生经常是重赏识轻要求。其做法违背的德育原则是(　　)。
   A. 尊重学生与严格要求学生相结合原则

B. 教育影响的一致性与连贯性原则
C. 长善救失原则
D. 疏导原则

二、分析论述题

阅读下列材料,并按要求回答问题。

上学期初,我们班转来一个学生叫王伟,他沉迷于网络游戏,导致学习不认真,对班级活动漠不关心,还常常旷课。

我对王伟定期家访。在家访中了解到,早在王伟读小学的时候,父母为了不让他到处乱跑,便常给他零花钱去玩电子游戏,以至于形成了网瘾。鉴于此,我建议王伟的父母多抽些时间来与他交流、沟通,并控制好他的零花钱,尽可能地限制他玩网络游戏。

同时,我发动了全班同学利用各种报刊、网络收集资料,并召开了一次题为"网络游戏给我们带来什么"的主题班会。通过激烈辩论,最终同学们得出的结论是:中学生玩网络游戏的弊远远大于利,我们不能沉迷于网络游戏。王伟在班会课后感中写道:"通过主题班会,我才真正意识到经常旷课上网是多么愚蠢。过去我对学习一直不感兴趣,上课听不懂,整天无所事事。为了消磨时间,我就常常逃课去上网……"

针对王伟的情况,我语重心长地与他谈心并采取了一项措施:他每坚持一天不上网,就会有一名同学给他写上一句祝福或鼓励的话。我们班共有50名同学,有49颗火热的心愿意帮助他,我希望他不要辜负同学们的期望。王伟爽快地说:"没问题。"

此外,为了培养王伟对班集体的责任心,我与班委协商,让王伟担任学校清洁区卫生评分员,他也非常乐意地接受了。同时,同学们充分发掘王伟的特长,在每次出黑板报时,就把画报头和插图的任务交给他。班干部们也非常热心,主动担任王伟各科学习的辅导员,常常辅导他做作业。

一学期过去了,王伟不再沉迷于网络游戏,学习成绩比以前明显提高,思想也有了很大进步。

请回答:案例中的"我"贯彻了哪些德育原则?结合材料加以分析。

第四节 中小学常用的德育方法

一、单项选择题

1. 教师引导学生选择有针对性的格言作为座右铭以自励、自律,使其获得教育,这种德育方法是( )。

A. 说服教育法   B. 自我修养法
C. 环境陶冶法   D. 品德评价法

2. 班主任于老师通过委托任务和组织班级活动对学生进行思想品德教育的方法属于()。

A. 榜样示范法   B. 品德评价法
C. 实践锻炼法   D. 情感陶冶法

3. 班主任赵老师经常运用表扬、奖励、批评和处分等方式引导和促进学生品德积极发展。这种方法属于（　　）。

　　A. 说服教育法　　　　　　　　　　B. 榜样示范法
　　C. 情感陶冶法　　　　　　　　　　D. 品德评价法

4. 张老师在工作中，注重以自己的高尚品德、人格魅力以及对学生的深切期望和真诚的爱来触动、感化学生，促使学生思想转变。这种德育方法是（　　）。

　　A. 实践锻炼法　　　　　　　　　　B. 品德评价法
　　C. 自我修养法　　　　　　　　　　D. 情感陶冶法

5. 有同学在班上丢了30元压岁钱，王老师通过讲"负荆请罪"的故事，教育拿了钱的同学像廉颇将军一样知错就改，不久犯错误的同学把钱悄悄归还了失主。王老师采用的德育方法是（　　）。

　　A. 榜样示范法　　　　　　　　　　B. 品德评价法
　　C. 实践锻炼法　　　　　　　　　　D. 自我修养法

6. 通过课堂教学、报告、专题讲座等形式提高学生思想认识和觉悟的德育方法是（　　）。

　　A. 自我教育法　　　　　　　　　　B. 说服教育法
　　C. 情感陶冶法　　　　　　　　　　D. 实践锻炼法

二、分析论述题

阅读下列材料，并按要求回答问题。

杨老师有一次发现班上不少男生头发很长，身为高三毕业班的班主任，他没有简单、粗暴地见错就批。过去遇到这种情况时，他常常是当面指出，但效果往往不佳。现在，杨老师琢磨用什么办法劝告他们，帮助他们真正从思想上提高认识。终于，杨老师想出了一种有效的方法。

一天中午，杨老师特意去了理发店，把自己不长的头发又精心地理了一次。下午上课前，杨老师不露声色地来到班里，召集全班同学开了一个5分钟的交流会。杨老师首先说："看谁最先发现班中有哪些新变化，包括我和你们。"当小明发现并说出老师理发了，杨老师话锋一转："现在，我很想知道老师理发之后你们的感觉怎样。这样好吗？"于是杨老师听到了一片赞扬声。最后杨老师说："有位名家说得好：'真心诚意地赞美别人一句，就能让人多活20分钟！'因此，我感谢同学们今天对我真心诚意的夸奖！"5分钟交流会在愉快的氛围中结束了。杨老师没点任何一个留长发的男生的姓名。第二天，杨老师再去上课时，欣喜地发现那几个男生的长发变短了，有的还剪成了小平头。

请回答：杨老师既不点名批评又能纠错的高招包含了哪些德育方法？

第五节　德育途径

单项选择题

1. 学校德育可以通过多种途径实施，但其中最基本的途径是（　　）。

A．思想政治课和其他学科教学　　　　B．课外和校外活动
C．班主任工作　　　　　　　　　　　　D．共青团、少先队活动

2．在学科教学、学校与课堂管理、辅助性服务工作中以及学校生活的各个层面对学生进行道德教育。这属于（　　）。
A．直接的道德教育　　　　　　　　　　B．私德教育
C．间接的道德教育　　　　　　　　　　D．公德教育

3．下列不属于间接的德育途径的是（　　）。
A．活动育人　　　　　　　　　　　　　B．管理育人
C．道德课程　　　　　　　　　　　　　D．环境育人

4．协同育人的组成主体不包括（　　）。
A．家庭教育　　　　　　　　　　　　　B．学校教育
C．社会教育　　　　　　　　　　　　　D．群体教育

第六节　德育模式

一、单项选择题

1．"学会关心"是下列哪个德育模式所强调的？（　　）
A．道德认知模式　　　　　　　　　　　B．体谅模式
C．价值澄清模式　　　　　　　　　　　D．社会学习模式

2．科尔伯格的"三水平六阶段"道德发展理论从德育模式上归类，属于（　　）。
A．道德认知模式　　　　　　　　　　　B．价值澄清模式
C．体谅模式　　　　　　　　　　　　　D．社会学习模式

3．社会是变化发展的，德育不仅要传授给学生固定的价值观点，还要教会学生如何分析正确的道德价值。这反映的德育模式是（　　）。
A．体谅模式　　　　　　　　　　　　　B．集体教育模式
C．社会学习模式　　　　　　　　　　　D．价值澄清模式

4．主张平行教育原则的德育模式是（　　）。
A．道德认知模式　　　　　　　　　　　B．体谅模式
C．社会学习模式　　　　　　　　　　　D．集体教育模式

5．《生命线丛书》是通过人际—社会情境问题，引导学生的道德情感发生变化。这是运用德育模式中的（　　）而编制的独具特色的教材。
A．道德认知模式　　　　　　　　　　　B．体谅模式
C．价值澄清模式　　　　　　　　　　　D．社会学习模式

6．德育过程要充分认识到社会环境、文化、榜样强化这些因素，重视榜样的作用和强化的方法的运用。这是德育模式中（　　）的观点。
A．道德认知模式　　　　　　　　　　　B．价值澄清模式

C. 社会学习模式 D. 体谅模式

7. 麦克菲尔等人编制了一套独具特色的人际—社会情境问题教材——《生命线丛书》，该书包含的三部分是（   ）。

A.《设身处地》《证明规则》《你怎么办》

B.《设身处地》《证明规则》《学会关心》

C.《设身处地》《你怎么办》《学会关心》

D.《设身处地》《价值与教学》《学会关心》

二、简答题

1. 结合实际简要论述体谅模式在教学中的运用。
2. 简述价值澄清模式在课堂中的应用。

第十章 教师与学生

- 第十章 教师与学生
  - 第一节 教师
    - 教师的概念与类别
    - 教师职业的产生与发展
    - 教师劳动的特点
      - ①
      - ②
      - ③
      - ④
      - ⑤
    - 教师的地位与作用
    - 教师的专业素养与专业发展
      - 教师专业素养的构成与结构
        - ⑥
        - 专业知识
        - 专业能力
      - 教师专业标准
      - 教师专业发展的内涵、取向与途径
    - 教师的权利与义务
      - 专业自主与教师的专业权利
      - 教师职业道德与法律义务
  - 第二节 学生
    - 学生及学生观
      - 学生
      - 现代学生观的内涵
    - 学生发展及年龄特征
      - 幼儿、小学生、初中生、高中生的发展特征
      - 学业发展，个性与社会性发展，生涯发展
    - 学生群体与学生组织
      - 正式群体与非正式群体
      - 青年及少年儿童组织及其建设
      - 学生群体与组织的作用
    - 学生的权利和义务

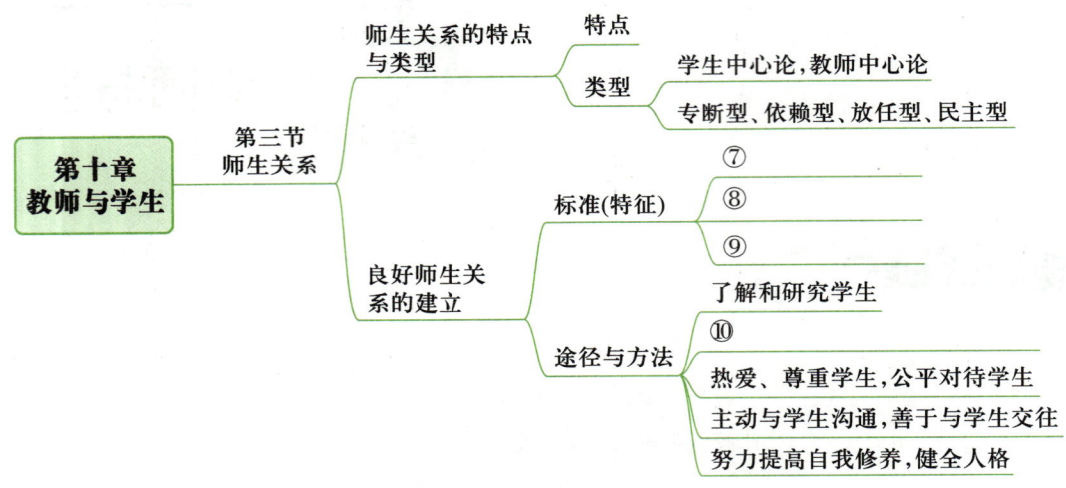

第一节 教 师

一、单项选择题

1. 《中华人民共和国教师法》明确指出：教师是履行教育教学职责的（　　）。
   A. 从业人员　　　　B. 执业人员　　　　C. 专业人员　　　　D. 工作人员
2. "以僧为师、以吏为师""学在官府、官师合一"是教师职业发展的（　　）阶段的特点。
   A. 非职业化　　　　B. 专门化　　　　　C. 职业化　　　　　D. 专业化
3. 教师职业社会地位的内在标准是教师职业的（　　）。
   A. 专业地位　　　　　　　　　　　　　B. 法律地位
   C. 经济地位　　　　　　　　　　　　　D. 政治地位
4. "十年树木，百年树人"，这反映了教师劳动的（　　）。
   A. 示范性　　　　　B. 复杂性　　　　　C. 创造性　　　　　D. 长期性
5. 教师不可能用一种模式、一个标准去塑造千差万别的学生，说明教师的劳动具有（　　）。
   A. 专业性　　　　　B. 创造性　　　　　C. 示范性　　　　　D. 长期性
6. 语文老师王老师是某班的班主任，每天除了正常的教学工作外，还要处理班务，了解每一位同学的发展状况，并积极和家长进行联系，促进每位学生的身心健康发展。这主要体现了教师工作的（　　）。
   A. 复杂性　　　　　B. 创造性　　　　　C. 示范性　　　　　D. 长期性
7. 苏联教育家克鲁普斯卡娅曾说过："教师必须非常谨慎，必须对他的所作所为负完全责任。"这句话充分说明了教师的劳动具有（　　）的特点。

A. 复杂性 B. 创造性
C. 示范性 D. 长期性

8. 一个好的教师,其专业素养包括专业知识、专业能力和(　　)。
A. 专业信念 B. 专业精神
C. 专业理想 D. 专业情意

9. 以下属于教师条件性知识的是(　　)。
A. 教育学知识 B. 学科知识
C. 文化基础知识 D. 实践性知识

10. 教师在实现有目的的行为中所具有的课程情境知识和与之相关的知识是(　　)。
A. 本体性知识 B. 课程知识
C. 实践性知识 D. 教学法知识

11. 关注教师个体知识的增进与技能的提高,主张教师通过正规的培训,向专家学习先进的"学科知识"和"教育知识",以提高教育理性认识水平和教学技能。这种教师专业发展的取向是(　　)。
A. 理智取向 B. 实践反思取向
C. 文化生态取向 D. 创新型取向

12. 教师为履行教育教学职责而必须具备的最基本的权利是(　　)。
A. 教育教学权 B. 科学研究权
C. 管理学生权 D. 获取报酬待遇权

13. 既是教师的权利,又是教师的义务是(　　)。
A. 管理学生 B. 科学研究
C. 教育教学 D. 进修培训

14. 2008年修订的《中小学教师职业道德规范》规定了教师的职业道德,体现了对教师职业道德的本质要求和时代特征,贯穿其中的核心和灵魂是(　　)。
A. "爱"与"责任" B. "终身学习"
C. "教书育人" D. "爱国守法"

二、简答题

1. 简述教师的概念。
2. 简述教师专业发展的内涵。
3. 简述教师劳动的特点。

第二节　学　生

一、单项选择题

1. 教师不得因为各种理由随意对学生进行搜查,不得对学生关禁闭。这是维护学生的(　　)。

A. 人身自由权 B. 人格尊严权
C. 隐私权 D. 身心健康权

2. 学生在学校的各项权利中最主要、最基本的一项是（ ）。

A. 受教育权 B. 生命健康权
C. 不可侵犯权 D. 人身自由权

3. 学生义务不包括（ ）。

A. 尊敬师长 B. 努力学习
C. 遵守学校管理制度 D. 执行国家教育方针政策

4. 小白和小伟因没有把卫生做好而被教导主任带到操场上举水盆罚站。教导主任的这种行为侵犯了他们的（ ）。

A. 生命健康权 B. 人身自由权
C. 人格尊严权 D. 隐私权

5. 现代学生观的内涵不包括（ ）。

A. 未成熟的人 B. 主体性的人
C. 独特性的个体 D. 自由的人

二、分析论述题

阅读下列材料，并按要求回答问题。

君君同学有一句口头禅："不跟你玩了。"他经常用这句话对待他不喜欢的小朋友，陈老师并未在意。后来，西西的家长向陈老师反映，君君经常约其他小朋友对西西说"我不跟你玩了"，导致西西不想上学。于是，第二天陈老师一见到君君就直接训斥他，并让他保证改正错误。不久，在一次体育活动中，陈老师又听到君君说"我不跟你玩了"。那一刻，陈老师非常生气，大声吼道："谁稀罕和你玩，你太讨人嫌了。"并当着全班同学的面训斥君君，还号召其他小朋友不跟他玩。过了几天，君君变老实了，但也沉默了。

结合材料，请从学生观的角度评析陈老师对君君同学的教育行为。

第三节　师 生 关 系

一、单项选择题

1. 朱老师很关心学生，但对学生很严格，常对学生提出各种要求和规定。大部分学生都喜欢朱老师，也能按他的要求去做。朱老师对班级的领导类型属于（ ）。

A. 专断型 B. 放任型
C. 依赖型 D. 民主型

2. "青，取之于蓝，而青于蓝；冰，水为之，而寒于水""弟子不必不如师，师不必贤于弟子"，体现的师生关系是（ ）。

A. 民主平等 B. 尊师爱生

C. 教学相长 D. 心理相容

3. 体现了师生关系的动态性和创造性，是师生关系的最高层次的是（　　）。
A. 尊师爱生，相互配合 B. 共享共创，教学相长
C. 民主平等，和谐亲密 D. 互相尊重，突出权威

4. 有关师生关系的理论一直存在"教师中心说"和"学生中心说"之争。其中，"教师中心说"是以（　　）为代表的一批研究者提出的，属于传统教育学派对师生关系的认识。
A. 美国杜威 B. 德国格特拉克
C. 德国赫尔巴特 D. 捷克夸美纽斯

二、简答题

1. 简述师生关系的特点。
2. 建立良好师生关系的途径与方法。

三、分析论述题

阅读下列材料，并按要求回答问题。

材料一：在某高中，有一位数学老师，教学经验丰富，所带班级学生成绩在全年级也名列前茅，有一次在讲解某道数学题时该老师只讲了一种方法，有的同学提出不同的解法，但比较繁琐，这位老师说：在考试时，没有同学会用你的那种方法的，就按我所讲的解题方法做题就行了，不用多想。于是课堂教学就变成了教师的一言堂，老师讲得很匆忙，学生记得也很匆忙、很紧张。

材料二：有位老师非常尊重学生、爱护学生。在课堂上积极听取学生的建议，学生怎么说老师就怎么做，去顺应学生的兴趣，有时不得不迁就学生、娇惯学生。但是他认为这也是值得的，因为他认为这样有助于活跃学生的思想，发展学生的个性。

请回答：
（1）请分别分析材料一中的教师观和材料二中的学生观。
（2）根据这两则材料谈谈你对教师观、学生观的认识。
（3）谈谈你认为的理想师生关系的标准是什么。

第二部分

中国教育史

第一章

官学制度的建立与"六艺"教育的形成

大纲考点导图

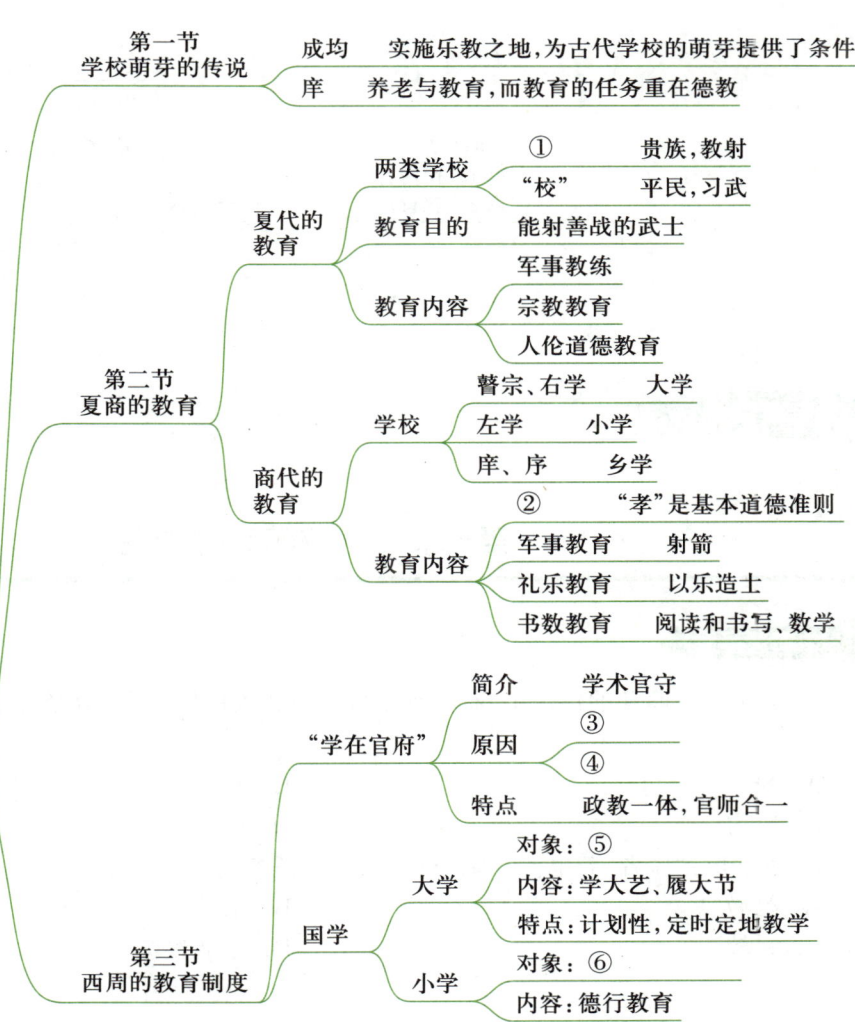

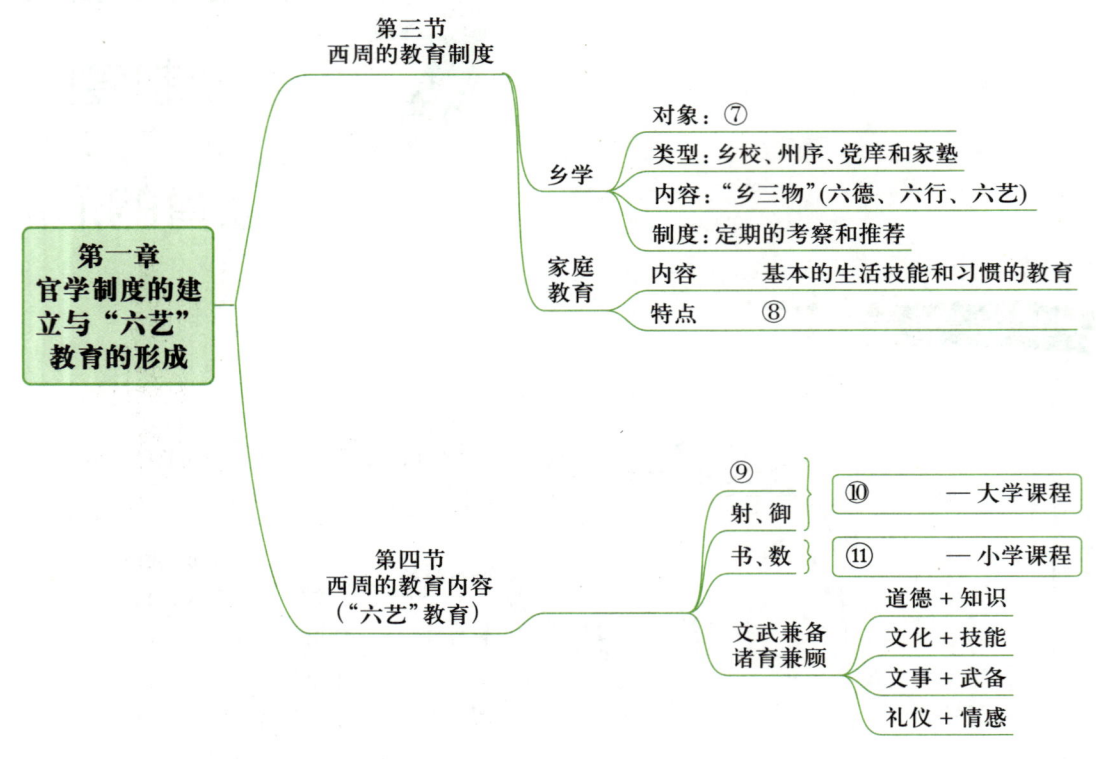

第一节 学校萌芽的传说

单项选择题

1. 关于学校萌芽的传说中,有一种学校教育机构的职能是"实施乐教之地",这个场所是( )。
   A. 校   B. 庠
   C. 成均   D. 序

2. 孟子曰:"庠者,养也。""庠"的主要教育任务是( )。
   A. 德教   B. 乐教
   C. 礼教   D. 生活教育

第二节 夏商的教育

单项选择题

1. 根据文献记载,夏代已经有了学校的设置——序、校。其中,关于"序"的说法错误的是( )。
 A. 孔子认为"序者,射也" B. 序是奴隶主贵族一切公共活动的场所
 C. 非独立的教育机构 D. 教育是序的重要职能
2. 下列关于夏代"校"的说法中错误的是( )。
 A. 校是习武的场所 B. 校是乡学
 C. 校的教育对象是平民甚至是奴隶 D. 校的教育任务是德教
3. 瞽宗是商代大学特有的名称。瞽宗的教育功能是( )。
 A. 实施乐教之地 B. 实施生活教育之地
 C. 实施德育之地 D. 实施礼仪教育之地
4. 据古籍记载,我国学校教育设立"大学"始于( )。
 A. 夏朝 B. 商朝
 C. 西周 D. 汉朝
5. 商代思想政治教育中,奴隶主贵族最强调的基本道德准则是( )。
 A. "仁" B. "礼"
 C. "孝" D. "义"

第三节 西周的教育制度

单项选择题

1. "学在官府"是西周文化教育上的重要特征,形成这种局面的客观原因不包括( )。
 A. 惟官有学,而民无学 B. 惟官有器,而民无器
 C. 惟官有书,而民无书 D. 生产力发展水平低下
2. "惟官有书,而民无书"体现了教育的( )。
 A. 全国性 B. 普及性 C. 阶级性 D. 全民性
3. 在古代文献记载中,西周时期设在王都的小学和大学总称为( )。
 A. 都学 B. 乡学 C. 国学 D. 官学
4. 西周的大学,在不同地址名称不同,天子和诸侯所设大学分别称为( )。
 A. 成均、泮宫 B. 辟雍、庠序 C. 辟雍、泮宫 D. 辟雍、泽宫
5.《周礼·地官司徒》:"师氏掌以媺诏王,以三德教国子,一曰至德以为道本,二曰敏德以

为行本,三曰孝德以知逆恶。"由此可知,西周的小学教育首先强调的是(　　)。

  A．德行教育　　　　　　　　　B．方位观念和时间观念

  C．初级的数的观念　　　　　　D．性别角色教育

  6．《礼记·内则》记载了贵族家庭教育的要求:"六年,教之数与方名。七年,男女不同席,不共食。八年,出入门户,及即席饮食,必后长者,始教之让。九年,教之数日。"体现了家庭教育的(　　)。

  A．计划性　　　　B．预期性　　　　C．目的性　　　　D．启发性

  7．家庭教育的内容不包括(　　)。

  A．基本的生活技能和习惯的教育

  B．军事技术教育

  C．初级的数的观念、方位观念和时间观念

  D．初步的礼仪规则

第四节　"六艺"教育

一、单项选择题

  1．西周"六艺"教育以(　　)教育为中心。

  A．礼、乐　　　　B．射、御　　　　C．书、数　　　　D．礼、书

  2．西周学校以"六艺"为主要课程,根据程度不同分别安排在小学或大学学习,其中,被称为"小艺",安排在小学学习的是(　　)。

  A．诗、书　　　　B．书、数　　　　C．射、御　　　　D．礼、乐

  3．中国历史上最早的儿童识字课本是(　　)。

  A．《三字经》　　B．《千字文》　　C．《史籀篇》　　D．《急就篇》

  4．"六艺"中重在陶冶人的内在精神和情操的是(　　)。

  A．数　　　　　　B．书　　　　　　C．御　　　　　　D．乐

  5．关于西周时期的"六艺",下列说法不正确的是(　　)。

  A．"六艺"体现了文武兼备、诸育兼顾的特点

  B．"六艺"是西周教育的特征和标志

  C．"六艺"是指《诗》《书》《礼》《乐》《易》《春秋》

  D．小学和大学都以"六艺"为基本学科

二、辨析题

  "六艺"教育是指以《诗》《书》《礼》《乐》《易》《春秋》六种典籍教授弟子。

第二章 私人讲学的兴起与传统教育思想的奠基

大纲考点导图

- 第二章 私人讲学的兴起与传统教育思想的奠基
  - 第一节 私人讲学的兴起与诸子百家私学的发展
  - 第二节 齐国的稷下学宫
  - 第三节 孔丘的教育实践与教育思想
    - 创办私学与编订"六经"
    - 教育的作用和地位
      - 教育与社会：①
      - 教育与人：②
    - 教育对象：③
    - 教育目的：④
    - 教学内容：文、行、忠、信
    - 教学方法
    - 道德教育
    - 论教师
    - 历史影响
  - 第四节 孟轲的教育思想
    - 思孟学派
    - "性善论"与教育作用
    - 教育目的：⑤
    - "大丈夫"的人格理想
    - 论教学
  - 第五节 荀况的教育思想
    - 荀况与"六经"的传授
    - "性恶论"与教育作用
    - 培养目标：⑥
    - 以儒经为教学内容
    - "闻见知行"结合的学习过程与方法
    - 论教师
  - 第六节 墨翟与墨家的教育思想
    - "农与工肆之人"的代表
    - "素丝说"与教育作用
    - 培养目标：⑦
    - 教育内容特色：⑧
    - 主动、创造的教育教学方法

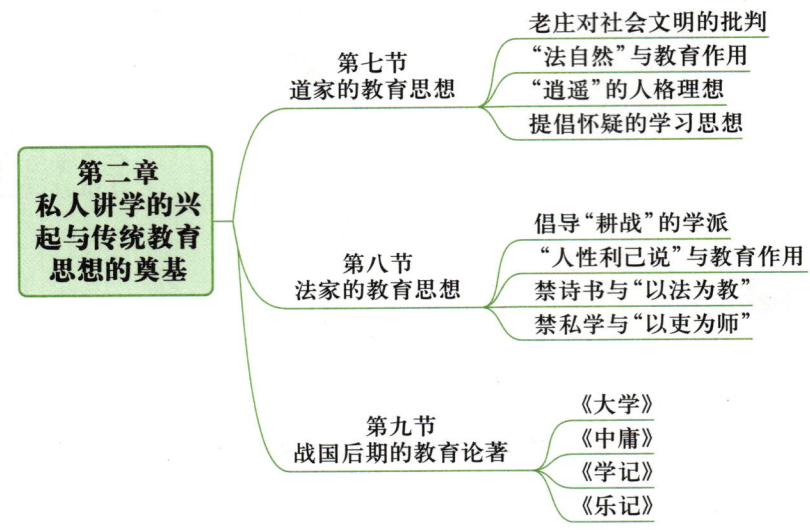

考点演练

第一节 私人讲学的兴起与诸子百家私学的发展

单项选择题

1. 下列不属于私人讲学兴起原因的是（　　）。
   A. 政治经济发展　　　　　　　　B. 官学衰废
   C. 文化下移　　　　　　　　　　D. 地主阶级为了维护稳定

2. 以下关于私学的特点，说法不正确的是（　　）。
   A. 私学的经济基础以新兴地主阶级为主，包括农工商等自由民
   B. 私学是根据社会或个人的需要而设立，它是分散的，即"学在四方"，而非"学术官守"
   C. 私学是政教分离，有独立的组织机构，政治活动和教育活动分开
   D. 私学的教育内容限于"六艺"教育

3. 诸子百家中，被称为"显学"的是（　　）。
   A. 儒家和道家　　　　　　　　　B. 道家和法家
   C. 儒家和墨家　　　　　　　　　D. 墨家和道家

第二节　齐国的稷下学宫

单项选择题

1. 战国时期,养士之风大盛。各家各派都不同程度地开展教育活动。稷下学宫是养士的一个缩影,它是一所由(　　)的学校,其特点是学术自由。
   A. 官家举办、私家主持　　　　　　B. 官家举办、官家主持
   C. 私家举办、私家主持　　　　　　D. 私家举办、官家主持
2. 下列关于稷下学宫的表述中错误的是(　　)。
   A. 稷下学宫是一所集讲学、著述、育才活动为一体、兼有咨议作用的高等学府
   B. 学术自由是稷下学宫的基本特点
   C. 显示了中国古代知识分子的独立性和创造精神
   D. 稷下学宫是战国时期鲁国的一所著名学府
3. 学术自由是稷下学宫的基本特点,具体表现不包括(　　)。
   A. "不治而议论"　　　　　　　　B. 相互争鸣与吸取
   C. 容纳百家　　　　　　　　　　D. 物质待遇丰厚

第三节　孔丘的教育实践与教育思想

一、单项选择题

1. 我国历史上最早论述教育与经济发展关系的教育家是(　　)。
   A. 孔子　　　　B. 荀子　　　　C. 孟子　　　　D. 老子
2. 孔子在我国历史上首次提出"性相近,习相远",这句话的意义不包括(　　)。
   A. 肯定了教育在人的发展过程中起关键性作用
   B. 打破了奴隶主贵族天赋比平民天赋高贵、优越的思想
   C. 人类认识史上的突破,成为人人有可能受教育和应当受教育的理论依据
   D. 肯定了在人的发展过程中,环境对人的发展起决定作用
3. 下列选项中最符合孔子关于教育对象主张的是(　　)。
   A. "唯上知与下愚不移"
   B. "民可使由之,不可使知之"
   C. "学而优则仕"
   D. "自行束脩以上,吾未尝无诲焉"
4. "学而优则仕"为子夏所述,但代表了孔子的教育观点,其中的意思不包括(　　)。
   A. 学习是通向做官的途径

B. 培养官员是教育最主要的政治目的
C. 学习成绩优良是做官的重要条件
D. 国家政治即使没上轨道,也要出来做官

5. "子以四教:文、行、忠、信。"其中,"文"是指文献,是指(　　)。
   A. 道德教育　　　B. 知识教育　　　C. 科技教育　　　D. 思维教育

6. 孔子主张"行有余力,则以学文",说明教学内容居于首要位置的是(　　)。
   A. 道德教育　　　B. 知识教育　　　C. 科技教育　　　D. 思维教育

7. 我国最早的诗歌选集,对个人品德修养和人际交往都有重要作用的是(　　)。
   A.《诗》　　　　B.《书》　　　　C.《礼》　　　　D.《乐》

8. 我国现存的第一部编年史,具有重要的历史价值的是(　　)。
   A.《诗》　　　　B.《书》　　　　C.《易》　　　　D.《春秋》

9. 孔子的教学内容特点不包括(　　)。
   A. 偏重社会人事　　　　　　　B. 偏重文事
   C. 轻视科技与生产劳动　　　　D. 偏重武备

10. 最先提出启发式教学思想,提倡"学思结合"的中国古代教育家是(　　)。
    A. 孔子　　　　B. 孟子　　　　C. 董仲舒　　　　D. 王阳明

11. 孔子主张"不愤不启,不悱不发。举一隅不以三隅反,则不复也"。朱熹对"悱"的解释是(　　)。
    A. 口欲言而未能之貌　　　　B. 开其意
    C. 达其辞　　　　　　　　　D. 心求通而未得之意

12. 我国历史上首倡因材施教的教育家是(　　)。
    A. 孔子　　　　B. 孟子　　　　C. 荀子　　　　D. 墨子

13. "己欲立而立人,己欲达而达人""己所不欲,勿施于人"体现了孔子道德教育思想的(　　)。
    A. "仁"　　　　B. "礼"　　　　C. "义"　　　　D. "信"

14. 孔子强调人必须接受外在社会行为规范的约束,这是一条外铄的道德修养路线。此约束是(　　)。
    A. "仁"　　　　B. "礼"　　　　C. "义"　　　　D. "信"

二、辨析题

孔子提出"性相近也,习相远也",是指当时社会不分贵贱等级,人人都有条件接受教育。

三、分析论述题

1. 论述孔子的教师观。
2. 试比较孔子的启发式教学与"苏格拉底方法"的异同。

第四节　孟轲的教育思想

一、单项选择题

1. 在我国,"教育"一词最早见于"得天下英才而教育之,三乐也"。这句话出自（　　）。
   A.《孟子》　　　B.《大学》　　　C.《论语》　　　D.《中庸》
2. 恻隐之心、羞恶之心、恭敬之心、是非之心,在"四心"中,"恻隐之心"是最基本的,对应"四端"中的（　　）。
   A. 义之端　　　B. 仁之端　　　C. 礼之端　　　D. 智之端
3. "学问之道无他,求其放心而已矣""求则得之,舍则失之",孟子认为教育的作用是（　　）。
   A. 扩充"善性"　B. "行仁政"　C. "明人伦"　D. "得民心"
4. 孟子第一次明确概括出中国古代学校教育的目的是（　　）。
   A. "明人伦"　　　　　　　　　B. "大儒"
   C. "学而优则仕"　　　　　　　D. "兼士"
5. 孟子对"大丈夫"理想人格的描绘是"富贵不能淫,贫贱不能移,威武不能屈,此之谓大丈夫"。实现"大丈夫"人格理想的途径,不包括（　　）。
   A. 持志养气　　　　　　　　　B. 动心忍性
   C. 存心养性　　　　　　　　　D. 深造自得
6. "尽信《书》,则不如无《书》"反映的教学方法是（　　）。
   A. 教亦多术　　　　　　　　　B. 盈科而后进
   C. 深造自得　　　　　　　　　D. 专心致志

二、分析论述题

论述孟子的"性善论"与教育作用。

第五节　荀况的教育思想

一、单项选择题

1. 在中国教育史上,认为人性本恶,教育需要"化性起伪"的教育家是（　　）。
   A. 孔子　　　　B. 孟子　　　　C. 墨子　　　　D. 荀子
2. 荀子认为"化性起伪"需要一定的条件,其中不包括（　　）。
   A. 环境　　　　B. 遗传　　　　C. 教育　　　　D. 个体努力
3. 荀子将儒者分为三个层次,提出教育者应当以培养（　　）为理想目标。

A. 大儒 B. 雅儒 C. 俗儒 D. 鸿儒

4. 荀子以儒经为学习与教育的内容,各经自有不同的教育作用。在诸经中,(　　)是自然与社会的最高法则。

A.《诗》 B.《书》 C.《礼》 D.《乐》

5. (　　)将学习视为一个"闻—见—知—行"的过程,他认为,"不闻不若闻之,闻之不若见之,见之不若知之,知之不若行之。学至于行之而止矣"。

A. 孔子 B. 孟子 C. 荀子 D. 朱熹

6. 把教师的地位提到与天地、祖宗并列的地位,将教师视为治国之本的是(　　)。

A. 孔子 B. 孟子 C. 荀子 D. 韩愈

二、分析论述题

1. 论述荀子的教师观。
2. 比较孟子与荀子教育思想的异同。

第六节　墨翟与墨家的教育思想

一、单项选择题

1. "染于苍则苍,染于黄则黄,所入者变,其色亦变"体现的是(　　)。

A. 墨子"素丝说" B. 荀子"素丝说"
C. 韩非"性三品" D. 韩愈"性三品"

2. 墨子的教育目的是(　　)。

A. 大儒 B. 明人伦 C. 兼士 D. 雅儒

3. 墨子教育内容的特色主要体现在(　　)方面,突破了儒家"六艺"教育的范畴。

A. 道德教育和科技教育 B. 道德教育和思维能力教育
C. 知识教育和科技教育 D. 科技教育和思维能力教育

4. 在中国古代逻辑学史上首先提出了"类""故"的概念,"察类明故"即善于通过类比探明原理,这是(　　)关于在教学中发展逻辑思维的主张。

A. 孔子 B. 孟子 C. 墨子 D. 荀子

5. 下列选项中正确阐述了墨家教育方法的是(　　)。

A. 主动、创造、量力、盈科而进 B. 主动、创造、实践、反求诸己
C. 主动、量力、循序渐进、反求诸己 D. 主动、创造、实践、量力

6. "行"是我国古代教育方法论中的重要范畴。孔子主张"听其言而观其行"。在"行"这方面,主张"合其志功而观焉"的是(　　)。

A. 韩非子 B. 墨子 C. 荀子 D. 庄子

7. (　　)是在中国教育史上首先明确提出"量力"这一教育方法的。

A. 孔子 B. 孟子 C. 墨子 D. 荀子

二、分析论述题

与儒家相比,墨家教育的特点。

第七节 道家的教育思想

单项选择题

1. 道家认为"绝学无忧",对待教育的态度是(　　)。
   A. 取消教育　　　　B. 加强教育　　　　C. 提倡教育　　　　D. 无忧教育
2. 下列不属于道家倡导的人格理想是(　　)。
   A. "逍遥"　　　　B. "上士"　　　　C. "隐君子"　　　　D. "大丈夫"
3. 道家提倡怀疑的学习思想,下列观点中符合的是(　　)。
   A. "虚壹而静"　　　　　　　　　B. "兼陈万物而中悬衡"
   C. "虚而待物"　　　　　　　　　D. "察类明故"

第八节 法家的教育思想

单项选择题

1. "禁私学""禁诗书"的思想主张属于(　　)。
   A. 儒家　　　　B. 墨家　　　　C. 法家　　　　D. 道家
2. 倡导"耕战"的法家人物是(　　)。
   A. 韩非　　　　B. 李悝　　　　C. 商鞅　　　　D. 荀子
3. 提出"禁私学""以吏为师"思想主张的是(　　)。
   A. 墨家　　　　B. 法家　　　　C. 儒家　　　　D. 道家

第九节 战国后期的教育论著

一、单项选择题

1. 《大学》是《礼记》中的一篇,它对大学教育的目的、程序和要求做了完整而明确的概括,大学教育的终极目标是(　　)。
   A. "明明德"　　　　　　　　　B. "亲民"
   C. "止于至善"　　　　　　　　D. "自明诚"

2. "博学之,审问之,慎思之,明辨之,笃行之。"这句话强调的是（　　）。
   A. 学习过程　　　B. 教学方法　　　C. 学习结果　　　D. 教学原则
3. 世界上最早专门论述教育问题的论著是（　　）。
   A.《学记》　　　　　　　　　　　　B.《论语》
   C.《论演说家的教育》　　　　　　　　D.《理想国》
4.《学记》把大学教育的年限定为两段、五级、九年。第一、三、五、七学年毕,共四级,为一段,七年完成,谓之（　　）。
   A. 小成　　　　　B. 小艺　　　　　C. 大成　　　　　D. 大艺
5. 考查学术上的融会贯通和志向上的坚定不移,合格者为"大成"的考试是（　　）。
   A."视离经辨志"　　　　　　　　　B."视敬业乐群"
   C."视论学取友"　　　　　　　　　D."知类通达,强立而不反"
6. "教育工作者应按照发展的顺序施教,做到循序渐进。"这句话与《学记》中的（　　）相对应。
   A. 时教必有正业,退息必有居学
   B. 幼者听而弗问,学不躐等也
   C. 求也退,故进之；由也兼人,故退之
   D. 道而弗牵,强而弗抑,开而弗达
7. "君子之教,喻也"反映的教学原则是（　　）。
   A. 启发诱导原则　　B. 长善救失原则　　C. 循序渐进原则　　D. 藏息相辅原则
8.《学记》对教师提出了严格要求,不包括（　　）。
   A."记问之学,不足以为人师"
   B."言而不称师,谓之畔；教而不称师,谓之倍"
   C."君子知至学之难易,而知其美恶,然后能博喻,能博喻然后能为师"
   D."君子既知教之所由兴,又知教之所由废,然后可以为人师也"

二、分析论述题

1. 论述《学记》的教育思想。
2. 分析材料,回答问题。

材料1：大学之法,禁于未发之谓豫,当其可之谓时,不陵节而施之谓孙,相观而善之谓摩。此四者,教之所由兴也。

材料2：发然后禁,则扞格而不胜；时过然后学,则勤苦而难成；杂施而不孙,则坏乱而不修；独学而无友,则孤陋而寡闻；燕朋逆其师,燕辟废其学。此六者,教之所由废也。

材料3：君子既知教之所由兴,又知教之所由废,然后可以为人师也。故君子之教,喻也。道而弗牵,强而弗抑,开而弗达。道而弗牵则和,强而弗抑则易,开而弗达则思。和易以思,可谓善喻矣。

请回答：
（1）指出这段材料所出自的文献。
（2）分析材料中的教学思想。

第三章 儒学独尊与读经做官教育模式的初步形成

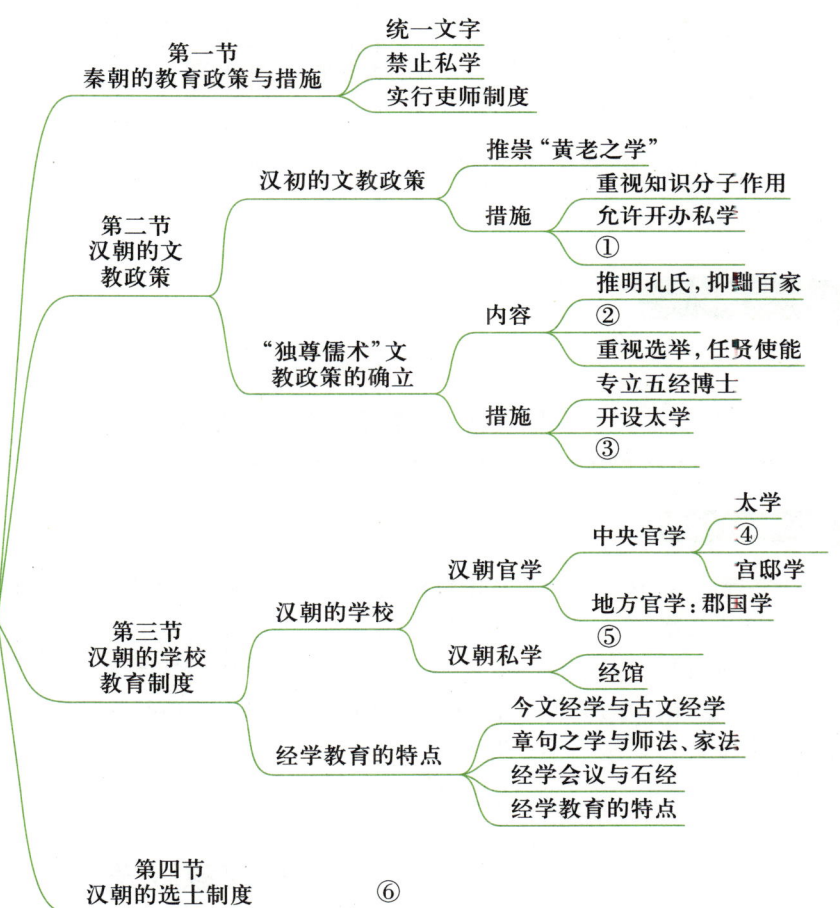

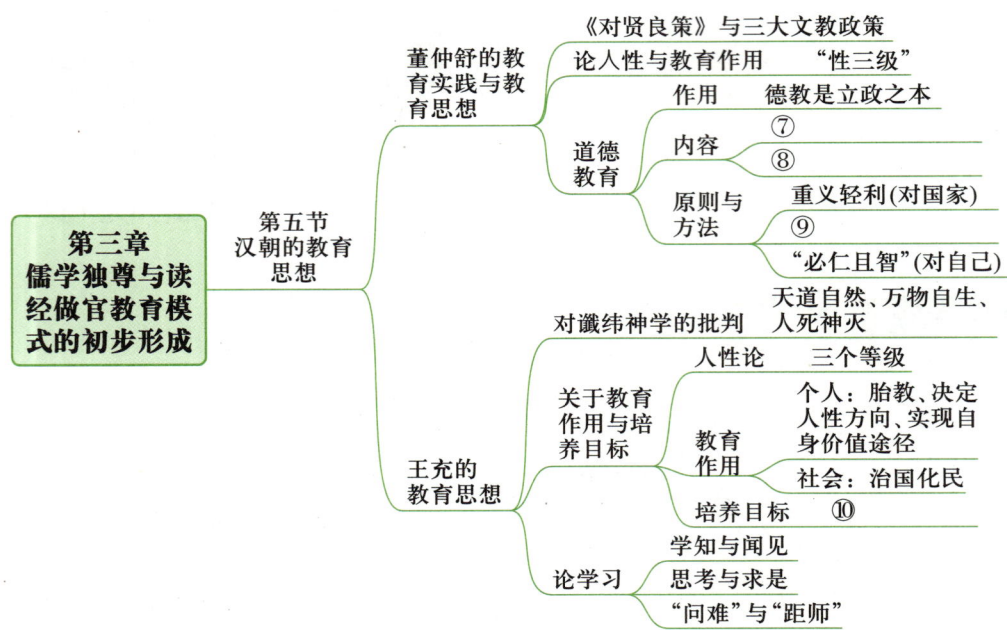

第一节　秦朝的教育政策与措施

单项选择题

1. 秦统一六国后,实行了文化教育改革。下列选项中,不属于秦国文教政策的是(　　)。
   A. 统一文字　　　　　　　　B. 禁止私学
   C. 吏师制度　　　　　　　　D. 独尊儒术
2. 李斯以秦国字形为基础,吸收六国字形,总结出一种新的字体(　　)。
   A. 小篆　　　　B. 楷体　　　　C. 宋体　　　　D. 草书

第二节　汉朝的文教政策

单项选择题

1. 在汉初实际流行的是一种改造过的道家学说,称为"黄老之学"。下列不属于汉初文化教育方面具体措施的是(　　)。

A. 重视知识分子作用 B. 允许开办私学
C. 废除"挟书律" D. "独尊儒术"
2. 下列不属于由董仲舒提出，汉代政府施行的三大文教政策是（　　）。
A. 推明孔氏，抑黜百家 B. 兴太学以养士
C. 重视选举，任贤使能 D. 兴郡国学和鸿都门学
3. 在董仲舒提出《对贤良策》之后，汉武帝采取的文教政策具体措施不包括（　　）。
A. 专立五经博士 B. 开设鸿都门学
C. 开设太学 D. 确立察举制
4. 太学的设立，是中国教育史上的一件大事，以后各代王朝都依例设立，标志太学设立的是（　　）。
A. 博士设弟子 B. 开设鸿都门学
C. 废除"挟书律" D. 确立察举制

第三节　汉朝的学校教育制度

单项选择题

1. 不属于太学教学形式的是（　　）。
A. 个别教学 B. 班级授课
C. 小组教学 D. "大都授"
2. 太学考试采用"设科射策"的形式，其中"策"指的是（　　）。
A. 教师（主考）所出的试题
B. 以射箭的过程来形象描写学生对试题的理解和回答过程
C. 教师（主考）用以评定学生成绩的等级标记
D. 考试时官方采取的策略
3. 世界上最早的文学艺术专门学校是（　　）。
A. 鸿都门学 B. 画学 C. 宫邸学 D. 太学
4. 鸿都门学创办的原因是（　　）。
A. 崇尚文学 B. 倡导艺术
C. 培养专才 D. 培植政派
5. 不属于郡国学办学目的的是（　　）。
A. 培养地方所需的人才 B. 向朝廷推荐地方的优秀人才
C. 宣传地方的独立思想 D. 对地方人民进行道德教化
6. 汉朝私学求学学生众多，不能个个当面传授，故弟子分为不同类别。其中，不属于汉代私学弟子的是（　　）。
A. 及门弟子 B. 授业弟子
C. 著录弟子 D. 蒙学弟子

7. 西汉的儒学流派可归结为两大学术流派：今文经学和古文经学。下列表述中正确的是（　　）。
   A. 今文经学教育发展在先
   B. 古文经学教育更注重师法与家法
   C. 古文经学根据政治需要解释经学，迎合统治意志
   D. 今文经学教育更重视名物考据
8. 为了统一经学教材，作为规范的经学教科书的是（　　）。
   A. 章句之学　　　　　　　　B. 师法
   C. 石经　　　　　　　　　　D. 家法

第四节　汉朝的选士制度

单项选择题

1. （　　）标志着察举制以选官制度的姿态登上了历史舞台。
   A. 设孝廉一科　　B. 博士设弟子　　C. 设博士祭酒　　D. 专立五经博士
2. 汉朝察举中最重要的科目，注重考查德行的是（　　）。
   A. 孝廉　　　　　B. 茂才　　　　　C. 明经　　　　　D. 童子
3. 汉朝察举中主要选拔奇才异能之士的是（　　）。
   A. 孝廉　　　　　B. 茂才　　　　　C. 明经　　　　　D. 童子

第五节　汉朝的教育思想

单项选择题

1. 在董仲舒的人性论中，教育的主要对象是（　　）。
   A. "圣人之性"　　B. "斗筲之性"　　C. "中民之性"　　D. "生而知之者"
2. 董仲舒伦理思想体系的核心，也是其道德教育的中心内容的是（　　）。
   A. "三纲五常"　　B. "明人伦"　　　C. "学而优则仕"　D. "天道自然"
3. 下列关于道德修养的原则与方法中，不属于董仲舒观点的是（　　）。
   A. "正其谊不谋其利，明其道不计其功"　　B. "以仁安人，以义正我"
   C. "必仁且智"　　　　　　　　　　　　　D. "攻其恶，无攻人之恶"
4. 认为教育在发挥社会作用时具有隐效性和间接性的人物是（　　）。
   A. 孔子　　　　　B. 荀子　　　　　C. 董仲舒　　　　D. 王充
5. "人有知学，则有力矣。"这句话包含了"知识就是力量"的思想，提出者是（　　）。
   A. 孔子　　　　　B. 孟子　　　　　C. 王充　　　　　D. 董仲舒

6. 王充将当时的知识分子分成五个级别，即文吏、儒生、通人、文人、鸿儒。在这五个级别的知识分子中，王充思想体系中的培养目标是（　　）。
　　A. 文人、鸿儒　　　B. 儒生、鸿儒　　　C. 通人、文人　　　D. 文吏、儒生
7. 坚持"效验""有证"原则的是（　　）。
　　A. 董仲舒　　　　　B. 王充　　　　　　C. 韩愈　　　　　　D. 墨子
8. "学问之法，不唯无才，难于距师，核道实义，证定是非也。"体现的是（　　）。
　　A. 荀子的师云亦云　　　　　　　　　B. 韩愈的道之所存，师之所存
　　C. 孔子的教学相长　　　　　　　　　D. 王充的问难与距师

第四章 封建国家教育体制的完善

大纲考点导图

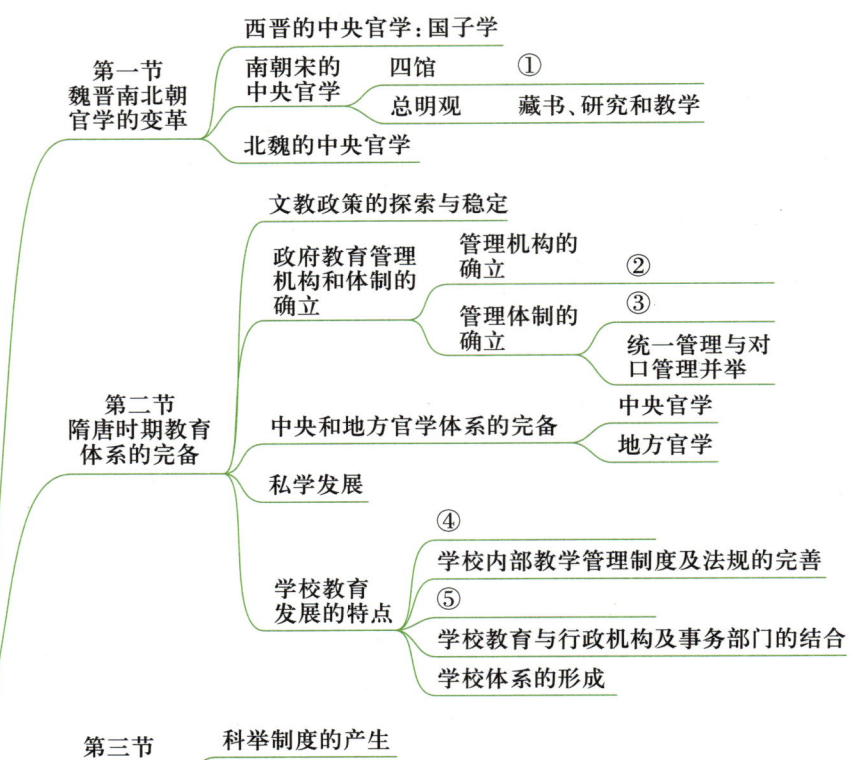

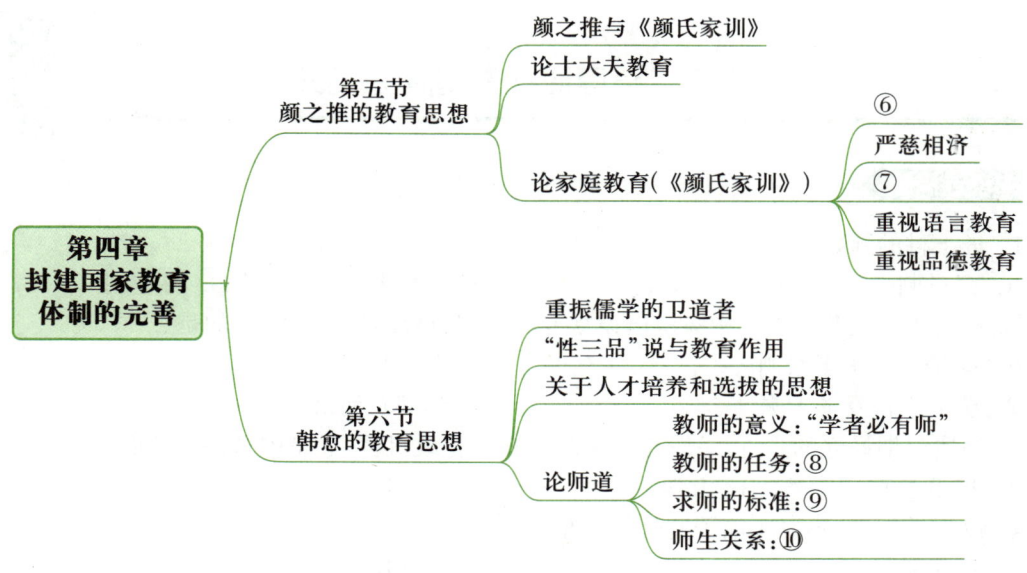

第一节　魏晋南北朝官学的变革

单项选择题

1. 西晋创办的一所旨在培养贵族子弟的教育机构是（　　）。
   A. 太学　　　　　　　　　　B. 国子学
   C. 鸿都门学　　　　　　　　D. 四门学

2. 南朝宋四馆的建立打破了自汉代以来经学教育独霸官学的局面，四馆按照顺序分别是（　　）。
   A. 儒学馆、玄学馆、史学馆、文学馆
   B. 儒学馆、玄学馆、文学馆、史学馆
   C. 儒学馆、玄学馆、史学馆、广文馆
   D. 儒学馆、玄学馆、弘文馆、史学馆

3. 南朝宋时期，集藏书、研究和教学三位一体的机关，且教学已退居次要地位，不是纯粹的教学机构的是（　　）。
   A. 四馆　　　　　　　　　　B. 国子学
   C. 总明观　　　　　　　　　D. 太学

第二节　隋唐时期教育体系的完备

单项选择题

1. 进士科的开始标志着（　　）的形成。
   A. 察举制　　　　　B. 荐举制　　　　　C. 九品中正制　　　D. 科举制

2. 我国历史上第一次由中央政府设立专门管理教育的机构和官员的是（　　）。
   A. 国子寺及国子祭酒　　　　　　B. 太学及博士
   C. 稷下学宫及上大夫　　　　　　D. 学部及尚书

3. 隋唐时期设立的（　　）既是中央政府教育行政机构，又是国家最高学府。
   A. 稷下学宫　　　B. 太学　　　　　　C. 国子监　　　　　D. 学部

4. 以下学校中，不属于国子监管辖的是（　　）。
   A. 国子学　　　　B. 太学　　　　　　C. 广文馆　　　　　D. 弘文馆

5. 唐朝中央官学的主干是国子监领导下的六学一馆，具体包含（　　）。
   A. 国子学、太学、四门学、律学、书学、算学和崇文馆
   B. 国子学、太学、四门学、律学、书学、算学和弘文馆
   C. 国子学、太学、四门学、律学、书学、算学和广文馆
   D. 国子学、太学、四门学、律学、书学、医学和广文馆

6. 唐朝中央官学体系中学习儒家经典的学校主要是（　　）。
   A. 国子学、太学、四门学　　　　B. 国子学、太学、书学
   C. 书学、算学、律学　　　　　　D. 国子学、算学、律学

7. 唐朝出现了完备的官学体系：六学一馆，由国子监管理。其中，六学的入学制度是（　　）。
   A. 平等入学　　　B. 考试入学　　　　C. 等级入学　　　　D. 推荐入学

8. 唐朝六学一馆中主要招收准备参加进士科考试，属于科举应试教育性质的是（　　）。
   A. 国子学　　　　B. 太学　　　　　　C. 四门学　　　　　D. 广文馆

9. 唐朝对申请入国子监的学生都有一定的年龄限制，只有（　　）学生不受年龄限制。
   A. 国子学　　　　B. 太学　　　　　　C. 广文馆　　　　　D. 四门学

10. 唐朝形成了完善的学礼制度，下列不属于唐朝学礼制度的是（　　）。
    A. 束脩之礼　　　　　　　　　　B. 贡士谒见及使者观礼
    C. 国学释奠礼　　　　　　　　　D. 秋学礼

11. 下列选项中不属于唐朝学校教育发展特点的是（　　）。
    A. 崇实尚用的思想
    B. 学校内部教学管理制度及法规的完善
    C. 专业教育的重视
    D. 教育行政体制分级管理的确立

第三节 科举考试制度建立

一、单项选择题

1. 科举考试中的殿试、武举、糊名都产生于（　　）统治时期。
   A. 唐太宗　　　　B. 唐文宗　　　　C. 唐玄宗　　　　D. 武则天
2. 科举生源中，经过中央、地方官学规定的学业考试合格后，选送到尚书省应试的称为（　　）。
   A. 生徒　　　　B. 乡贡　　　　C. 进士　　　　D. 举人
3. 科举考试中经常举行的是常科中的秀才、明经、进士、明法、明字、明算六科。其中，最具代表性，声望最隆，得人最盛的是（　　）。
   A. 秀才　　　　B. 明经　　　　C. 进士　　　　D. 明法
4. 唐朝科举考试的方法有（　　）。
   A. 帖经、口试、墨义、策问、诗赋
   B. 帖经、口试、墨义、策问、质疑问难
   C. 帖经、口试、墨义、诗赋、质疑问难
   D. 帖经、口试、诗赋、策问、质疑问难
5. 针对当时社会经济、政治、文化等方面的问题发表评论，设想解决问题办法的科举考试是（　　）。
   A. 帖经　　　　B. 口试　　　　C. 墨义　　　　D. 策问

二、分析论述题

1. 论述科举考试与学校教育的关系。
2. 论述科举制度的影响。

第四节 中外教育交流

单项选择题

1. 新罗留学生留唐开始于（　　）。
   A. 贞观年代　　　B. 永徽年代　　　C. 开元年代　　　D. 建武年代
2. 新罗初期派遣的留唐学生选自（　　）。
   A. 六头品官的子弟　B. 王族子弟　　　C. 平民百姓　　　D. 僧人
3. 新罗派遣的留唐学生在学期间的费用由（　　）供给。
   A. 新罗政府　　　B. 唐政府　　　　C. 自己　　　　　D. 父母

4. 新罗多数留唐学生学成之后的去向是（　　）。
　A. 回归本国　　　　　　　　　　B. 在唐任职做官
　C. 在唐成为僧人　　　　　　　　D. 在唐成为科技人员
5. 唐朝学校教育对日本文字的影响，其中借汉字的偏旁部首，取其音而形成的文字是（　　）。
　A. 片假名　　　B. 平假名　　　C. 偏假名　　　D. 音假名

第五节　颜之推的教育思想

单项选择题

1. 我国封建社会第一部系统完整的家庭教科书是（　　）。
　A.《训蒙大意示教读刘伯颂等》　　B.《变法通议·论幼学》
　C.《颜氏家训》　　　　　　　　　D.《童蒙须知》
2. 颜之推提出统治人才必须"德艺周厚"，其中"艺"的内容不包括（　　）。
　A. 经史百家　　　　　　　　　　B. 数、医、射、投壶
　C. 琴、棋、书、画　　　　　　　D. 孝悌仁义
3. 下列选项中不属于颜之推的家庭教育思想的是（　　）。
　A. 及早施教　　B. 严慈相济　　C. 均爱原则　　D. 随人分限所及
4. 在儿童教育中要注意语言使用规范，重视通用语言，而不应强调方言的思想家是（　　）。
　A. 王充　　　　B. 韩愈　　　　C. 颜之推　　　D. 王守仁

第六节　韩愈的教育思想

一、单项选择题

1. 在历史上首次提出教师的基本任务是"师者，所以传道、授业、解惑也"的是（　　）。
　A. 王充　　　　B. 荀子　　　　C. 韩愈　　　　D. 孔子
2. "师者，所以传道、授业、解惑也。"其中的"道"是指（　　）。
　A. 儒家仁义之道　　　　　　　　B. 儒家礼乐之道
　C. 儒家天理之道　　　　　　　　D. 儒家礼法之道
3. 韩愈认为求师的标准是（　　）。
　A. 道　　　　　B. 艺　　　　　C. 法　　　　　D. 礼
4. 下列不属于韩愈强调的师生关系是（　　）。
　A. "学无常师"　　　　　　　　　B. "闻道有先后，术业有专攻"
　C. "道之所存，师之所存"　　　　D. "师云亦云"

5. 中国古代第一篇集中论述教师问题的文章是（　　）。
A.《师说》　　　　B.《论语》　　　　C.《大学》　　　　D.《学记》

二、分析论述题

论述韩愈的师道观及其启示。

第五章 理学教育思想和学校的改革与发展

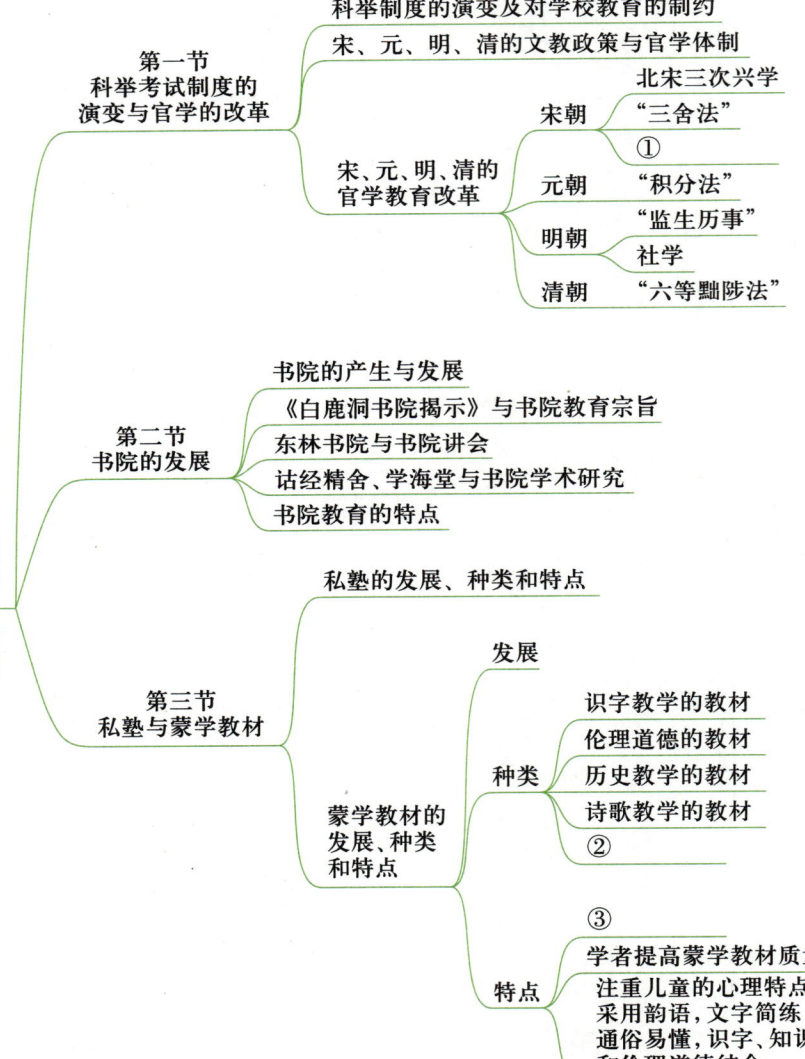

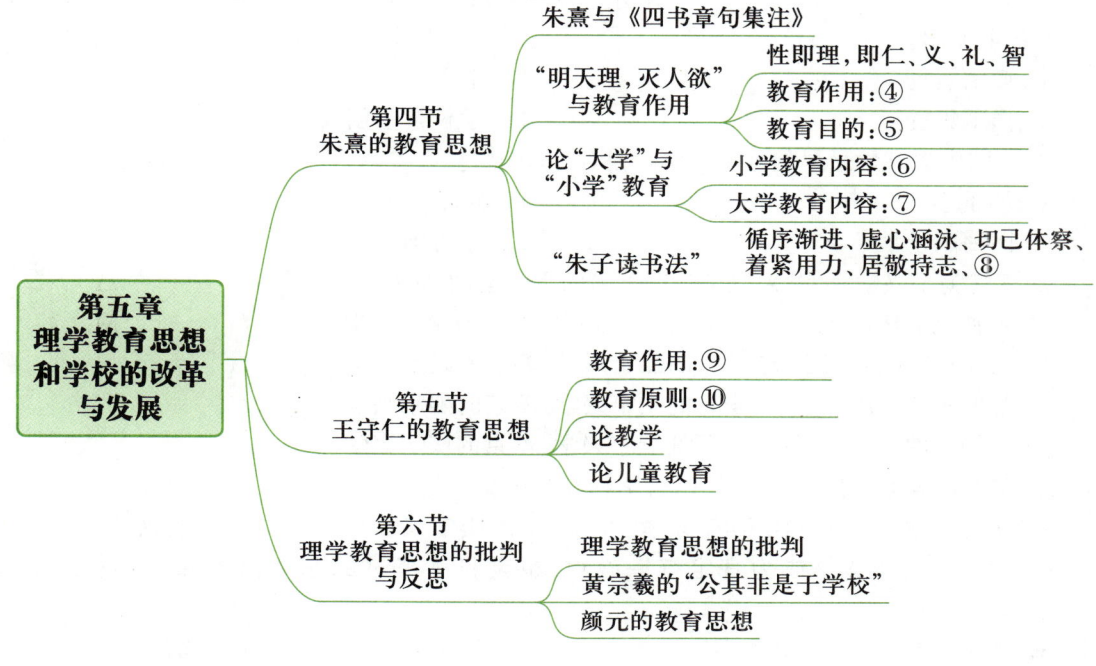

第一节 科举考试制度的演变与官学的改革

一、单项选择题

1. 连续多次应省试而不第的年老举子以本科出身,下列不属于的是()。
   A. 特奏名　　　　B. 特奏名及第　　　C. 正奏名　　　　D. 恩科及第

2. 为了防止作弊,宋朝在科举考试的实践中,建立了一些新制度,下列不属于的是(　　)。
   A. 建立锁院制　　B. 实行别头试　　　C. 采用糊名法　　D. 殿试成定制

3. 元朝将《四书章句集注》作为科举考试的答题标准。其中,《四书》是指(　　)。
   A.《大学》《论语》《孟子》《中庸》　　　B.《大学》《论语》《学记》《中庸》
   C.《大学》《荀子》《孟子》《中庸》　　　D.《大学》《学记》《荀子》《中庸》

4. 下列不属于宋朝的文教政策的是(　　)。
   A. 重视科举,重用士人　　　　　　　B. 采取"遵用汉法"的政策
   C. "三次兴学",广设学校　　　　　　D. 尊孔崇儒,提倡佛道

5. 宋朝兴学育才的重点,也是中央官学的核心的是(　　)。
   A. 四门学　　　　B. 国子监　　　　　C. 太学　　　　　D. 广文馆

6. 宋朝地方学校一般以（　　）作为学校经费的主要来源,这一制度为后来的元、明、清三朝所长期沿用。

　A. 政府资助　　　　　　　　　　B. 学田

　C. 捐献集资　　　　　　　　　　D. 学校自主创收

7. 我国中央官学最早的外国语学校是（　　）。

　A. 国子学　　　　　　　　　　　B. 路学

　C. 回回国子学　　　　　　　　　D. 蒙古国子学

8. 宋代为了兴学育才,采取了三次著名的兴学运动,它们是（　　）。

　A. 范仲淹的庆历兴学、王安石的熙宁兴学、蔡京的崇宁兴学

　B. 王安石的庆历兴学、范仲淹的熙宁兴学、蔡京的崇宁兴学

　C. 范仲淹的庆历兴学、王安石的崇宁兴学、蔡京的熙宁兴学

　D. 范仲淹的崇宁兴学、王安石的熙宁兴学、蔡京的庆历兴学

9. 宋代兴学运动有改革科举考试,罢帖经与墨义的是（　　）。

　A. 庆历兴学　　　B. 熙宁兴学　　　C. 崇宁兴学　　　D. 文翁兴学

10. 使《三经新义》成为官定统一教材,也是科举考试的基本内容和标准答案的是（　　）。

　A. 熙宁兴学　　　B. 庆历兴学　　　C. 崇宁兴学　　　D. 文翁兴学

11. 中国古代唯一开办过画学、设立专门美术学校的是（　　）。

　A. 熙宁兴学　　　B. 庆历兴学　　　C. 崇宁兴学　　　D. 文翁兴学

12. 将平时行艺与考试成绩相结合,学行优劣与学生的任职使用相结合的教学评价和管理制度是（　　）。

　A. "苏湖教法"　　　　　　　　　B. "三舍法"

　C. "积分法"　　　　　　　　　　D. "六等黜陟法"

13. 北宋王安石在熙宁兴学时期,创立太学三舍选察升补之法,主要内容是将太学分为三舍,依次递升。其中,外舍升为内舍的依据是（　　）。

　A. 成绩获得第一、二等者

　B. 成绩获得第一等者

　C. 成绩获得第一等者,再参酌升舍考试

　D. 成绩获得第一、二等者,再参酌平时行艺

14. 累积计算学生全年学业成绩的方法,注重学生平时的考试成绩的是（　　）。

　A. "苏湖教法"　　　　　　　　　B. "三舍法"

　C. "积分法"　　　　　　　　　　D. "六等黜陟法"

15. 监生历事期满经考核,分为上、中、下三等。以下表述中错误的是（　　）。

　A. 上等者依上等用,中等者不拘品级,直接授官

　B. 中、下等者仍历一年再考

　C. 上等者送吏部铨选授官

　D. 下等者回监读书

16. 明朝各地设立数量最多、范围最广的学校是（　　）。

A．武学　　　　B．医学　　　　C．阴阳学　　　　D．社学

17．清朝的地方官学中,对生员进行动态管理,把生员的等级与学业成绩紧密挂钩的是(　　)。

A．三舍法　　　　　　　　　B．六等黜陟法
C．监生历事　　　　　　　　D．苏湖教法

18．开主修与副修制度先河的教学制度是(　　)。

A．三舍法　　　　　　　　　B．六等黜陟法
C．监生历事　　　　　　　　D．苏湖教法

二、分析论述题

论述北宋的三次兴学。

第二节　书院的发展

一、单项选择题

1．作为中国书院发展史上第一个纲领性学规的是(　　)。

A．《白鹿洞书院揭示》　　　B．《衡州石鼓书院记》
C．《东林会约》　　　　　　D．《学海堂章程》

2．朱熹《白鹿洞书院揭示》中的"言忠信,行笃敬,惩忿窒欲,迁善改过"是(　　)。

A．修身之要　　　　　　　　B．处事之要
C．接物之要　　　　　　　　D．为学之序

3．以讲会和关注政治为特点的书院是(　　)。

A．白鹿洞书院　　B．东林书院　　C．诂经精舍　　D．学海堂

4．诂经精舍和学海堂的特点,不包括(　　)。

A．以励品学,非以弋功名　　B．各用所长,因材施教
C．教学与研究紧密结合　　　D．科举考试的完善

5．书院教学的基本精神是(　　)。

A．分斋教学　　　　　　　　B．自由讲学
C．注重考试　　　　　　　　D．藏书读书

6．下列不属于书院注重的培养目标特点的是(　　)。

A．学生人格修养　　　　　　B．道德与学问并进
C．学生的学术志趣　　　　　D．科举出仕

7．下列不属于书院的教学形式的是(　　)。

A．讲会制度　　　　　　　　B．师生质疑问难
C．教师讲授　　　　　　　　D．班级授课

二、分析论述题

论述书院教育的特点。

第三节　私塾与蒙学教材

单项选择题

1. 下列传统蒙学教材中，重在培养儿童道德行为习惯的是（　　）。
   A.《蒙求》　　　　B.《名物蒙求》　　　C.《童蒙须知》　　　D.《三字经》
2.《三字经》《百家姓》《千字文》在蒙学教材中属于（　　）。
   A. 识字教学　　　　B. 伦理道德　　　　C. 历史教学　　　　D. 诗歌教学
3. 按时间先后排序，蒙学教材出现时间排序正确的是（　　）。
   A.《千字文》《百家姓》《三字经》《史籀篇》《急救篇》
   B.《千字文》《史籀篇》《急救篇》《百家姓》《三字经》
   C.《史籀篇》《急救篇》《千字文》《百家姓》《三字经》
   D.《急救篇》《史籀篇》《千字文》《百家姓》《三字经》
4. 下列蒙学教材中，属于名物制度和自然常识教学教材的是（　　）。
   A.《十七史蒙求》　　B.《小学诗礼》　　　C.《名物蒙求》　　　D.《叙古千文》
5. 下列不属于宋元时期蒙学教材特点的是（　　）。
   A. 按专题编写，使蒙学教材在内容和形式上呈现多样化
   B. 注重图文并茂，通过图像直观呈现
   C. 一些著名学者亲自编撰蒙学教材
   D. 注意儿童的心理特点，采用韵语形式，文字简练，通俗易懂

第四节　朱熹的教育思想

单项选择题

1. 朱熹把一个人的教育分为小学、大学两个阶段。其中，小学教育阶段的任务是（　　）。
   A. 识字为主　　　　B. 读书为主　　　　C. 教事为主　　　　D. 明理为主
2. 朱熹认为，重在探究"事物之所以然"的阶段是（　　）。
   A. 小学　　　　　　B. 中学　　　　　　C. 大学　　　　　　D. 蒙学
3. "读书，始读，未知有疑；其次则渐渐有疑；中则节节是疑。过了这一番，疑渐渐释，以至融会贯通，都无所疑，方始是学。"体现的是"朱子读书法"中的（　　）。
   A. 循序渐进　　　　B. 熟读精思　　　　C. 虚心涵泳　　　　D. 切己体察

4. "虚心涵泳"是朱熹的读书法。此处的"涵泳"是指读书时应（　　）。
   A. 反复咀嚼，细心玩味　　　　　　B. 举一反三，融会贯通
   C. 敬守此意，心静理明　　　　　　D. 收敛此心，逐句逐字

5. "切己体察"是朱熹的读书法，其内涵是（　　）。
   A. 精神专一，集中注意力　　　　　B. 量力而行，计划安排
   C. 不可先入为主，牵强附会　　　　D. 不停留在书本上，要身体力行

6. "宽着期限，紧着课程。为学要刚毅果决，悠悠不济事。"体现的是"朱子读书法"中的（　　）。
   A. 循序渐进　　　　　　　　　　　B. 熟读精思
   C. 虚心涵泳　　　　　　　　　　　D. 着紧用力

7. 居敬持志既是朱熹道德修养的重要方法，也是他最重要的读书法。其中"居敬"的确切含义是（　　）。
   A. 对书中的观点要敬畏　　　　　　B. 保持读书场所安静、肃穆的气氛
   C. 精神专一，注意力集中　　　　　D. 读书时保持恭敬的姿态和表情

第五节　王守仁的教育思想

一、单项选择题

1. 王守仁认为，用功求学受教育的目的在于（　　）。
   A. 去除人欲　　　　　　　　　　　B. 获取天理
   C. 博通百家　　　　　　　　　　　D. 求得功名

2. 王守仁认为"心即理""良知即是天理"，下列不属于"良知"特点的是（　　）。
   A. 与生俱来，不学自能，不教自会　B. 为人人所具有，不分圣愚
   C. 不会泯灭，不会消失　　　　　　D. 不会受物欲的引诱，不会受昏蔽

3. 王守仁继承和发展了（　　）"良知"学说，认为"良知即是天理"。
   A. 孔子　　　B. 孟子　　　C. 荀子　　　D. 朱熹

4. 主张"随人分限所及""授书不在徒多，但贵精熟"的人物是（　　）。
   A. 朱熹　　　B. 王守仁　　C. 王安石　　D. 颜元

5. 下列教育家中，不主张"明人伦"教育目的的是（　　）。
   A. 孟子　　　B. 朱熹　　　C. 孔子　　　D. 王守仁

6. 下列不属于王守仁道德修养方法的是（　　）。
   A. 静处体悟　　　　　　　　　　　B. 事上磨炼
   C. 省察克治　　　　　　　　　　　D. 居敬持志

7. 王守仁的修养方法强调"事上磨炼"，其所谓"事"是指（　　）。
   A. 家事　　　B. 农事　　　C. 人事　　　D. 心事

8. 下列王守仁的儿童教育思想中，说法错误的是（　　）。

A. 儿童教育必须顺应儿童的性情　　B. 儿童教育的内容应该是四书五经
C. "随人分限所及",量力施教　　　D. 反对"小大人式"的传统儿童教育方法

二、分析论述题

论述王守仁的儿童教育思想。

第六节　理学教育思想的批判与反思

单项选择题

1. 反映近代议会思想萌芽的是(　　)。
   A. 黄宗羲"公其非是于学校"　　　B. 王守仁"随人分限所及"
   C. 颜元"实德实才"　　　　　　　D. 朱熹"朱子读书法"
2. 明确提出了"正其谊以谋其利,明其道而计其功"命题的是(　　)。
   A. 黄宗羲　　　B. 颜元　　　C. 王守仁　　　D. 董仲舒
3. 颜元主张学校应该培养(　　)。
   A. "实才实德之士"　　　　　　　B. "博学笃行之士"
   C. "读书明理之人"　　　　　　　D. "明体达用之才"
4. 在颜元的漳南书院中分为六斋,其中含"课礼、乐、书、数、天文、地理等科"的是(　　)。
   A. 文事斋　　　B. 武备斋　　　C. 经史斋　　　D. 帖括斋
5. 颜元所说的"习行"教学法,强调在教学过程中应该(　　)。
   A. 轻视书本知识　　　　　　　　B. 强调躬行实践
   C. 重视习惯培养　　　　　　　　D. 注重功课复习

第六章 近代教育的起步

大纲考点导图

- **第六章 近代教育的起步**
  - **第一节 教会学校在中国举办**
    - 学校与教科书委员会
    - 教会学校课程
      - 宗教
      - 外语
      - 西学
      - ①
    - 教会学校的性质与影响
      - 性质
        - 教会学校是西方世界殖民扩张的产物，带有强烈的殖民性质
        - ②
        - 教会学校是中国传统教育向近代教育过渡的促进因素
      - 影响
        - 教会学校的广泛设立，无疑加速了西学在中国的传播进程
        - ③
  - **第二节 太平天国的教育措施**
    - 对儒学的批判　创立"拜上帝教"
    - 改革文字、文风和科举制度
    - 建立普及教育组织，改革教育内容
  - **第三节 洋务学堂的兴办**
    - 洋务学堂的兴办及其类别、特点
      - 兴办：洋务运动的重要组成部分
      - 类别：④
      - 特点：新旧杂糅
    - 京师同文馆
      - 培养目标：专门培养懂翻译、外事的洋务人才，注重学以致用
      - 课程设置：侧重西学西艺，外语居于首位，此外，汉文经学贯穿始终
      - 教学组织形式：⑤
      - 教学方法：⑥
      - 学校管理：以外国人为主，受外国列强控制
    - 福建船政学堂
      - 前学堂专习制造技术
        - ⑦
        - "艺圃" ⑧
        - 培养生产用图纸的制作人才
      - 后学堂学习驾驶和轮机技术

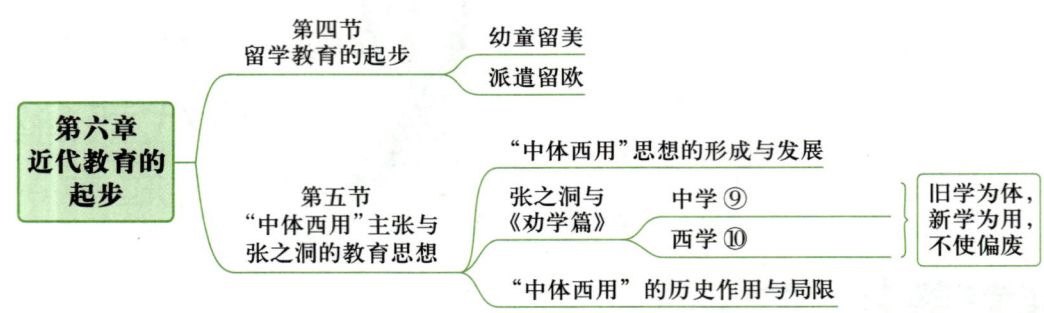

考点演练

第一节 教会学校在中国举办

单项选择题

1. 近代第一个在华基督教教会联合组织是（　　）。
   A. 中华教育会　　　　　　　　　　B. 马礼逊学堂
   C. 学校与教科书委员会　　　　　　D. 英华书院

2. 关于教会学校的课程设置，表述错误的是（　　）。
   A. 教会学校的课程设置经历了由各自为政逐渐走向统一的过程
   B. 课程设置一般包括宗教、外语、西学和儒学经典等
   C. 课程设置中不包含儒学经典
   D. 宗教是教会学校必开的主课

3. 下列不属于教会学校影响的是（　　）。
   A. 教会学校是西方世界殖民扩张的产物
   B. 教会学校是中国传统教育向近代教育过渡的促进因素
   C. 教会学校的广泛设立，无疑加速了西学在中国的传播进程
   D. 教会学校的毕业生是新式学堂教师的重要来源

4. 下列选项中，最能体现中国近代教育半封建半殖民地性质的是（　　）。
   A. 洋务学堂　　　B. 教会学校　　　C. 清末学制　　　D. 幼童留美

第二节 太平天国的教育举措

单项选择题

1. 太平天国的教育举措不包括（　　）。

A．批判儒学　　　　　　　　　　B．改革科举制度
C．创建福建船政学堂　　　　　　D．改革教育内容
2．造成"经史文章尽日烧"的局面是因为太平天国（　　）。
A．对儒学的批判　　　　　　　　B．对文字、文风与科举制度的改革
C．建立普及教育组织、改革教育内容　　D．创建福建船政学堂
3．太平天国颁布的《天朝田亩制度》反映了（　　）。
A．教育专制的教育理想　　　　　B．普及教育的教育理想
C．教育垄断的教育理想　　　　　D．进行传统教育的教育理想

第三节　洋务学堂的兴办

一、单项选择题

1．下列选项中，不属于洋务学堂特点的是（　　）。
A．培养目标是造就各项洋务事业需要的专门人才
B．教学内容以学习"西文""西艺"为主
C．确定学制年限，采用班级授课制
D．改革科举制
2．不仅是第一所洋务学堂，也是我国最早的官办新式学校的是（　　）。
A．京师同文馆　　　　　　　　　B．天津医学堂
C．福建船政学堂　　　　　　　　D．湖北武备学堂
3．最早实行分年课程和班级授课制的官办新式学堂是（　　）。
A．天津医学堂　　　　　　　　　B．福建船政学堂
C．京师同文馆　　　　　　　　　D．天津电报学堂
4．近代中国海军第一所新式学堂，也是洋务运动时期最大的造船产业基地是（　　）。
A．福建船政学堂　　　　　　　　B．天津水师学堂
C．上海江南制造局操炮学堂　　　D．广东水陆师学堂
5．下列选项中关于福建船政学堂的描述，错误的是（　　）。
A．前学堂由法国教师上课，学习制造技术
B．后学堂由英国教师上课，学习航海技术
C．绘事院的培养目标在于培养工程绘图人才
D．艺圃的培养目标是精于制造的娴熟人才
6．开我国近代职工在职教育先河的学堂是（　　）。
A．"绘事院"　　B．"艺圃"　　C．后学堂　　D．上海电报学堂

二、分析论述题

论述洋务学堂的类别和特点。

第四节 留学教育的起步

单项选择题

1. 近代中国正式派遣的留欧学生主要选自（　　）。
   A. 湖北武备学堂　　　　　　　　B. 天津水师学堂
   C. 福建船政学堂　　　　　　　　D. 江南陆师学堂
2. 留欧学生派遣建议的提出者是（　　）。
   A. 容闳　　　　B. 沈葆桢　　　　C. 李鸿章　　　　D. 陈兰彬
3. 洋务时期,留学教育是中国教育走向世界的最名副其实的一步。它的主要意义不包括（　　）。
   A. 传统教育再次受到冲击
   B. 留学教育可以培养一批新式人才
   C. 将西方政治学说、哲学等社会科学介绍到中国,促进了近代中国的思想解放
   D. 拉开了中国教育近代化帷幕

第五节 "中体西用"主张与张之洞的教育思想

一、单项选择题

1. "旧学为体,新学为用,不使偏废。"其中"新学"是指（　　）。
   A. 西政、西史、西文　　　　　　B. 西政、西经、西文
   C. 西政、西史、西艺　　　　　　D. 西政、西经、西艺
2. 下列关于张之洞的"中体西用"思想与实践,表述正确的是（　　）。
   A. 张之洞最早提出了"中学为体,西学为用"的主张
   B. 张之洞一直是坚定的洋务派,致力于兴建洋务学堂
   C. 张之洞的"中学"也称"旧学""四书五经、中国史事、政书、地图为旧学"
   D. 张之洞认为西艺难学,适合于年长者;西政相对易学,适合于年少者

二、分析论述题

张之洞的"中体西用"教育思想的历史作用和局限性。

第七章 近代教育体系的建立

```
第七章
近代教育体系
的建立
├─ 第一节 早期改良派的教育主张
│   ├─ ①
│   ├─ 改革科举制度 ── 完全突破了民族文化本位观念
│   │                 猛烈抨击科举制度,但未彻底否定
│   ├─ ② ── 郑观应勾画出中国近代学制
│   └─ 倡导女子教育 ── 最早关注女性的社会地位
│
├─ 第二节 维新派的教育实践
│   ├─ "百日维新"前的教育改革
│   │   ├─ ③ ┬─ 第一类:培养维新骨干、传播维新思想
│   │   │    └─ 第二类:观念有所突破,领风气之先
│   │   └─ 兴办学会与发行报刊
│   └─ "百日维新"中的教育改革
│       ├─ ④
│       ├─ 废除八股考试,改革科举制度
│       └─ 实力讲求西学,普遍建立新式学堂
│
└─ 第三节 维新派的教育思想
    ├─ 康有为的教育思想
    │   ├─ 维新运动中的教育改革主张
    │   └─ 《大同书》的教育理想
    ├─ 梁启超的教育思想
    │   ├─ 教育作用:⑤
    │   ├─ 教育目的:⑥
    │   ├─ 论师范教育、女子教育和儿童教育
    │   └─ 论学制
    └─ 严复的教育思想
        ├─ "三育论":⑦
        ├─ "体用一致"的文化教育观
        └─ 对传统教育的批评
```

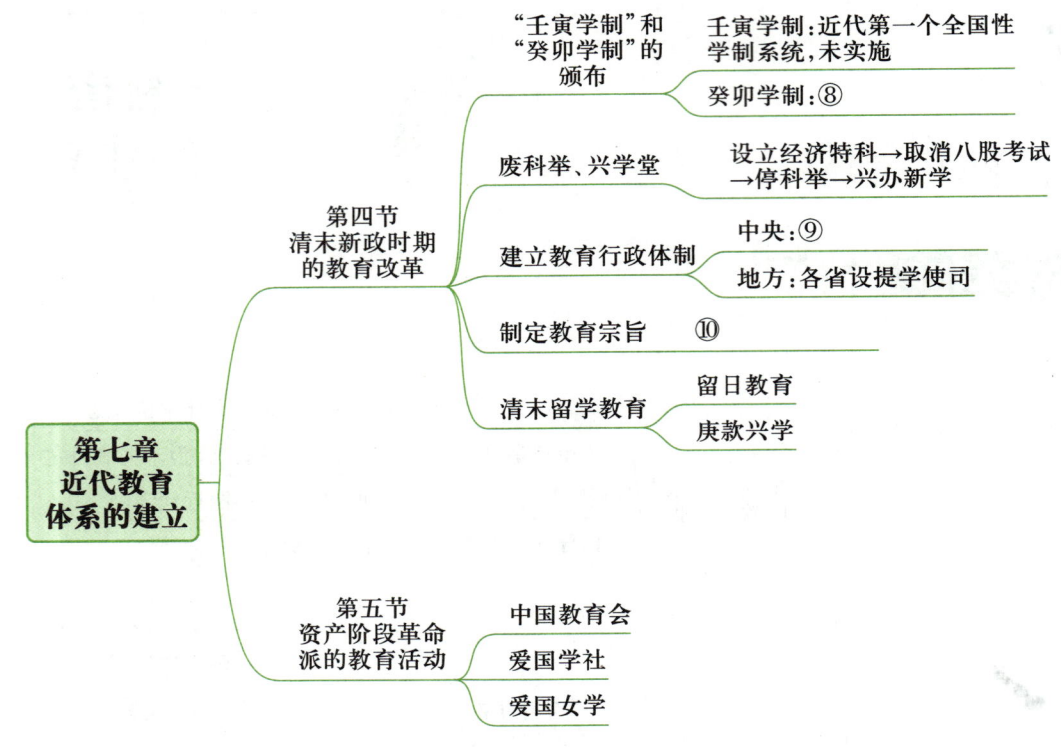

第一节　早期改良派的教育主张

单项选择题

1. 在早期改良派中,较早勾画出中国近代学制轮廓的是(　　)。
   A. 郑观应　　　　　　　　　B. 容闳
   C. 张之洞　　　　　　　　　D. 魏源
2. 国内最早倡导改书院为学堂的人是(　　)。
   A. 梁启超　　　　　　　　　B. 张之洞
   C. 郑观应　　　　　　　　　D. 容闳
3. 对于早期改良派"建立近代学制"表述错误的是(　　)。
   A. 反映了早期改良派要求系统地改革封建教育体制的思想
   B. 超出了洋务派教育实践的水平
   C. 克服了洋务学堂孤立、分散和应急性的特点
   D. 学制设想精细,脱离科举制度系统

第二节 维新派的教育实践

一、单项选择题

1. 维新派开办最早的学校是（　　）。
   A. 万木草堂　　　　　　　　B. 北洋西学堂
   C. 经正女学　　　　　　　　D. 南洋公学
2. 近代第一所国人自办的正规女子学校是（　　）。
   A. 经正女学　　B. 宁波女塾　　C. 文纪女塾　　D. 明德女校
3. 最早采取西方近代学校体系的形式，分初、中、高等级，具有近代三级学制雏形的学校是（　　）。
   A. 南洋公学和经正女学　　　B. 万木草堂和湖南时务学堂
   C. 万木草堂和经正女学　　　D. 北洋西学堂与南洋公学
4. 下列选项中，不属于维新派的实践的是（　　）。
   A. 兴办学堂　　　　　　　　B. 兴办学会
   C. 发行报刊　　　　　　　　D. 创办幼儿教育学校
5. 关于京师大学堂，下列说法中错误的是（　　）。
   A. 不仅是全国最高学府，也是全国最高教育行政机关
   B. 完全摒弃了封建等级性的因素
   C. 办学宗旨是"中体西用"
   D. 在课程设置上，西学比重高于中学
6. "百日维新"对科举制的改革措施不包括（　　）。
   A. 创办经正女学　　　　　　B. 设立经济特科
   C. 取士以"实学实证"为主　　D. 废除八股

二、分析论述题

论述"百日维新"中的教育改革。

第三节 维新派的教育思想

一、单项选择题

1. 有关《大同书》的描述，下列说法中错误的是（　　）。
   A. 没有影响到传统封建教育　　B. 主张男女教育平等
   C. 注重学前教育　　　　　　　D. 带有明显的乌托邦色彩

2. 在梁启超看来,教育的目的是( )。
   A. 开民智　　　B. 伸民权　　　C. 培养"新民"　　　D. 鼓民力
3. 根据当时西方心理学研究成果中的年龄与身心发展的关系理论,列出《教育期区分表》的思想家是( )。
   A. 康有为　　　B. 梁启超　　　C. 严复　　　D. 盛宣怀
4. 中国近代教育史上首次专文论述师范教育问题的文章是( )。
   A. 张之洞的《劝学篇》　　　B. 康有为的《大同书》
   C. 梁启超的《变法通议》　　　D. 严复的《救亡决论》
5. 我国近代最早提倡各科教材教法的教育家是( )。
   A. 康有为　　　B. 梁启超　　　C. 严复　　　D. 盛宣怀
6. 中国近代从德、智、体三要素出发构建教育目标模式的第一人是( )。
   A. 康有为　　　B. 梁启超　　　C. 谭嗣同　　　D. 严复
7. "鼓民力、开民智、新民德"是严复的三育救国理论。下列相关表述中错误的是( )。
   A. "鼓民力"就是发展体育,使国民有健康的身体
   B. "开民智"就是废除八股,学习西学,开发国民智慧
   C. "新民德"就是用资产阶级的道德观念代替封建伦理道德
   D. 体育是智育的基础,最难的是"开民智"
8. 在《救亡决论》中,严复详细分析了八股式教育的三大弊端,其中不包括( )。
   A. "锢智慧"　　　B. "旧文化"　　　C. "坏心术"　　　D. "滋游手"

二、简答题

1. 简述梁启超关于教育作用和宗旨的观点。
2. 简述严复的"三育论"。

三、分析论述题

论述梁启超的教育思想。

第四节　清末新政时期的教育改革

一、单项选择题

1. 中国近代由中央政府颁布并首次得到施行的全国性法定学制系统的是( )。
   A. 壬寅学制　　　B. 癸卯学制
   C. 壬子—癸丑学制　　　D. 壬戌学制
2. "壬寅学制"和"癸卯学制"参照了哪个国家的教育法规?( )
   A. 法国　　　B. 美国　　　C. 英国　　　D. 日本

3. 清末新政时期成立了学部,拟定的教育宗旨是(　　)。
   A. 爱国、尚武、崇实、法孔孟、重自治、戒贪争、戒躁进
   B. 德、智、体、美四育并重
   C. 忠君、尊孔、尚公、尚武、尚实
   D. 公民道德教育、军国民教育、实利主义教育、世界观教育和美感教育
4. "着即自丙午科(1906年)为始,所有乡试、会试一律停止,各省岁考、科考亦即停止。"这句话标志着(　　)。
   A. 设立经济特科   B. 实行经济特科
   C. 施行新学制   D. 科举制的终结
5. 在"退款兴学"后,"游美学务处"着手筹备的留美预备学校是(　　)。
   A. 北京大学   B. 清华大学
   C. 上海圣约翰大学   D. 南开大学
6. 我国最早规定义务教育阶段的学制是(　　)。
   A. 壬寅学制   B. 癸卯学制
   C. 壬子癸丑学制   D. 壬戌学制

二、分析论述题

论述清末新政时期的教育改革。

第五节　资产阶级革命派的教育活动

单项选择题

1. 开我国近代学生罢学并另行设校先河的学校是(　　)。
   A. 爱国学社   B. 中国教育会
   C. 爱国女学   D. 教会学校
2. 提出以"增进女子之智、德、体力,使有以副其爱国心为宗旨"的学校是(　　)。
   A. 爱国学社   B. 中国教育会
   C. 爱国女学   D. 教会学校
3. 表面上办理教育、编订教科书、推行函授教育、刊行丛报等,实际上在暗中鼓吹革命的机构是(　　)。
   A. 万木草堂   B. 中国教育会
   C. 爱国女学   D. 爱国学社

第八章 近代教育体制的变革

大纲考点导图

- 第八章 近代教育体制的变革
  - 第一节 民国初年的教育改革
    - 制定教育方针 —— 第一个实行的资产阶级的国民教育宗旨
    - ① —— 近代第一个资产阶级性质的学制
    - 颁布课程标准
  - 第二节 蔡元培的教育思想与实践
    - 蔡元培与资产阶级革命教育
    - "五育"并举的教育方针
      - 军国民教育
      - ②
      - 公民道德教育
      - 世界观教育
      - 美感教育
    - 北京大学的教育改革实践
      - 抱定宗旨，改变校风
      - ③
      - 教授治校，民主管理
      - 学科与教学体制改革
    - ④
  - 第三节 新文化运动时期和20世纪20年代的教育思潮与教育改革运动
    - 新文化运动促进教育变革
      - 教育观念的变革
      - 教育实践的改革
    - ⑤
    - 工读主义教育思潮
    - 职业教育思潮
    - 实用主义教育思潮
    - 勤工俭学运动
    - 科学教育思潮
    - 国家主义教育思潮
    - 学校教学改革与实验
  - 第四节 教会教育的扩张与收回教育权运动
    - 对在中国的基督教教育的调查
    - 20世纪初教会教育的快速推进
    - 收回教育权运动
    - 教会教育的本土化和世俗化

第八章 近代教育体制的变革

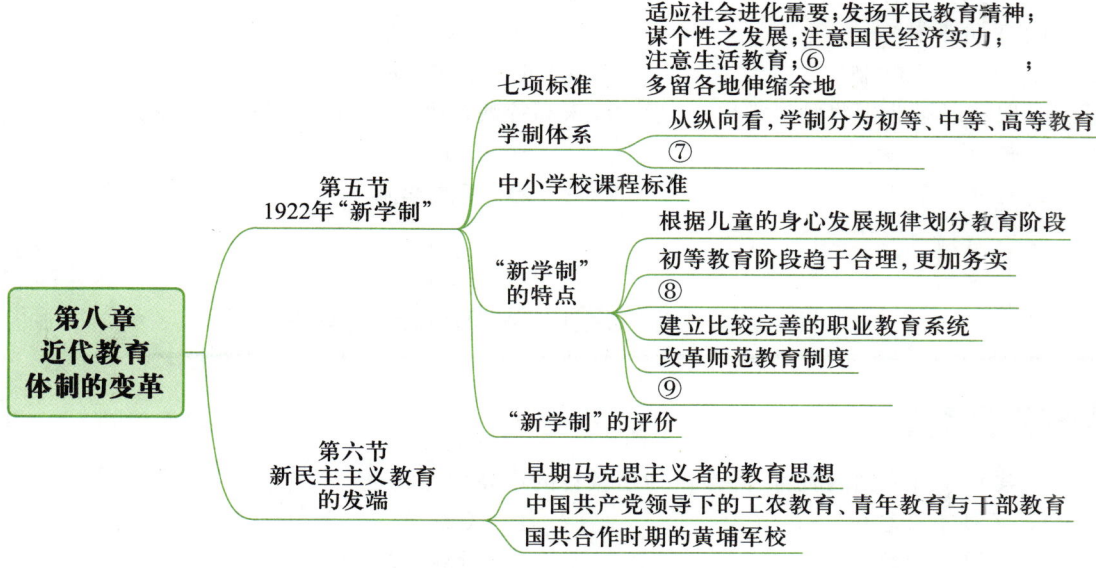

第一节　民国初年的教育改革

单项选择题

1. 中国近代第一个资产阶级性质的学制是（　　）。
   A. 壬寅学制　　　　　　　　B. 癸卯学制
   C. 壬子癸丑学制　　　　　　D. 壬戌学制

2. 下列关于民国出现的教育方针的表述中，错误的是（　　）。
   A. 民国教育方针包含了德、智、体、美四育因素
   B. 这是中国近代第一个实行了的资产阶级的国民教育宗旨
   C. 民国教育方针完全否定了清末教育宗旨
   D. 民国初年的教育方针是忠君、尊孔、尚公、尚实、尚武

3. 1912—1913年，中华民国教育部先后颁布了《小学校教则及课程表》《中学校令》《师范学校课程标准》《高等师范学校课程标准》。这些课程标准的特点不包括（　　）。
   A. 废止了癸卯学制中的"读经讲经"课
   B. 对传统文化采取了批判继承的态度
   C. 提高了唱歌、图画、手工、农业等课程的地位
   D. 男女不平等，不招收女生

4. 在我国近现代学制改革中,明确规定将学堂改为学校,实行男女教育平等,允许初等小学男女同校的学制是( )。

A. 壬寅学制　　　　　　　　　　B. 癸卯学制
C. 壬子癸丑学制　　　　　　　　D. 壬戌学制

5. 取消对毕业生奖励科举出身,废止清末高等教育中的所谓保人制度的学制是( )。

A. 壬子癸丑学制　　　　　　　　B. 癸卯学制
C. 壬寅学制　　　　　　　　　　D. 壬戌学制

第二节　蔡元培的教育思想与实践

一、单项选择题

1. 蔡元培所独创的教育,并被认为是教育的最高境界的是( )。

A. 实利主义教育　　　　　　　　B. 美感教育
C. 公民道德教育　　　　　　　　D. 世界观教育

2. 蔡元培认为"介乎现象世界与实体世界之间,而为津梁"的是( )。

A. 实利主义教育　　　　　　　　B. 美感教育
C. 公民道德教育　　　　　　　　D. 世界观教育

3. 在蔡元培改革北京大学的措施中,从"聘请积学而热心的教员着手"体现的是( )。

A. 改变学生的观念　　　　　　　B. 整顿教师队伍
C. 发展研究所,广积图书　　　　D. 砥砺德行,培养正当兴趣

4. 1918年,蔡元培明确指出:"大学为纯粹研究学问之机关,不可视为养成资格之所,亦不可视为贩卖知识之所。学者当有研究学问之兴趣,尤当养成学问家之人格。"这体现的是( )。

A. 改变学生的观念　　　　　　　B. 整顿教师队伍
C. 发展研究所,广积图书　　　　D. 砥砺德行,培养正当兴趣

5. 1922年,蔡元培在《新教育》上发表了《教育独立议》,阐明了教育独立的基本观点,其中不包括( )。

A. 教育经费独立　　　　　　　　B. 教育行政独立
C. 教育独立于宗教　　　　　　　D. 教育独立于政党

二、分析论述题

论述蔡元培的教育思想与实践。

第三节　新文化运动时期和20世纪20年代的教育思潮与教育改革运动

一、单项选择题

1. 新文化运动中是民主思潮在教育领域里的反映和重要组成部分的教育思潮是（　　）。
   A. 平民教育思潮　　　　　　　　B. 国家主义教育思潮
   C. 科学教育思潮　　　　　　　　D. 职业教育思潮

2. 通过语言文字通俗化、学校教育和社会教育结合、启发民众"自动"的学习，倡导知识分子主动帮助劳苦大众去获取教育。这一主张出自"五四"新文化运动时期的（　　）。
   A. 倡导工学主义的知识分子　　　B. 倡导国家主义的知识分子
   C. 具有共产主义思想的知识分子　D. 资产阶级知识分子

3. 20世纪20年代的"工读主义"思潮中有一派认为，工读主义"不过是靠自己的工作去换点教育经费而已"，算不了什么"了不得"的新生活。这一派的代表人物是（　　）。
   A. 周予同　　　B. 胡适　　　C. 李大钊　　　D. 王光圻

4. 倡导"使工不误读，读不误工，工读打成一片，才是真正人的生活"的教育思潮是（　　）。
   A. 平民教育思潮　　　　　　　　B. 工读主义思潮
   C. 实用主义教育思潮　　　　　　D. 职业教育思潮

5. 中国近代第一个研究、倡导、实验和推行职业教育的专门机构——中华职业教育社，是由谁发起组织的（　　）。
   A. 黄炎培　　　B. 晏阳初　　　C. 陆费逵　　　D. 梁漱溟

6. 具有强烈的资产阶级民族主义色彩，于20世纪初在我国兴起，其内涵为：教育为国家的工具，教育为国家任务。其主旨在于以国家为中心，反对社会革命，通过加强国家的观念来实现国家的统一与独立。这个教育思潮是（　　）。
   A. 国家主义教育思潮　　　　　　B. 职业教育思潮
   C. 科学教育思潮　　　　　　　　D. 工读主义教育思潮

7. 教育及心理测量、智力测验、教育统计、学务调查在20世纪20年代成为中国教育界流行的研究手段。上述以科学的方法研究教育体现了（　　）。
   A. 教育的科学化　　　　　　　　B. 科学的教育化
   C. 科学的平民化　　　　　　　　D. 科学的实用化

8. 清末以来，西方的教学法开始渐次输入中国。其中，输入最早的是（　　）。
   A. 华虚朋文纳特卡制　　　　　　B. 柏克赫司特的道尔顿制
   C. 克伯屈的设计教学法　　　　　D. 赫尔巴特的教学法

9. 我国最先开始实践设计教学法的学校是（　　）。
   A. 北京高师附小　　　　　　　　B. 南京高师附小

C. 上海吴淞中国公学 D. 山海工学团
10. 我国最先试行道尔顿制的学校是（ ）。
A. 上海吴淞中国公学 B. 育才学校
C. 鼓楼幼稚园 D. 北京高师附小

二、分析论述题

论述新文化运动影响下教育观念的变革与教育改革运动。

第四节 教会教育的扩张与收回教育权运动

一、单项选择题

1. 关于20世纪初教会教育的快速推进，表述错误的是（ ）。
A. 客观上促进了中国近现代教育的发展
B. 所有教会学校接受中国教育行政部门的管理
C. 所有教会学校不向中国政府立案注册
D. 所有教会学校严重侵犯了中国的教育主权
2. 下列选项中关于"收回教育权"运动，表述错误的是（ ）。
A. 率先提出"收回教育权"口号的是余家菊
B. 1925年，收回教育权运动在"五卅运动"中达到高潮
C.《外人捐资设立学校请求认可办法》是"收回教育权"运动最大的实际性成果
D. 20年代的"收回教育权"运动达到了取缔教会学校的目的
3. 关于收回教育权运动的最终结果，表述错误的是（ ）。
A. 向政府立案注册，教会学校需依据政府的要求进行改革
B. 改革课程与教学，教会学校里浓厚的宗教有所淡化
C. 加强社会服务，为中国的工农业发展和社会生活提供服务
D. 课程中逐渐减少有关中国本土文化方面的课程

二、分析论述题

论述20世纪20年代收回教育权运动的原因、措施及其成果。

第五节 1922年"新学制"

一、单项选择题

1. 1922年"新学制"又称为（ ）。

A. 壬子癸丑学制　　B. 壬戌学制　　C. 壬寅学制　　D. 癸卯学制

2. 1922年"新学制"中的七项标准,主要体现的是(　　)。

A. 实用主义思想　　　　　　　　B. 勤工俭学思想
C. 工读主义思想　　　　　　　　D. 国家主义思想

3. 第一次将学制阶段的划分建立在对我国儿童身心发展阶段的研究上的学制是(　　)。

A. 壬寅学制　　B. 癸卯学制　　C. 壬子癸丑学制　　D. 壬戌学制

4. 下列关于1922年"新学制"中等教育的表述中,错误的是(　　)。

A. 缩短了中学年限,改6年为4年
B. 在中学阶段实行选课制和分科制,力求使学生有较大发展余地
C. 中学分成初、高中两级,增加了地方办学的伸缩余地
D. 改善了中学与大学的衔接关系

5. 下列关于1922年"新学制"的职业教育系统,表述错误的是(　　)。

A. 小学阶段就规定在较高年级,根据地方情形,增设职业准备性教育
B. 用实业教育替代清末民初的职业教育
C. 初中在实行普遍教育基础上,兼设各种职业科
D. 既注意了普通教育与职业教育的沟通,又加重了职业教育在整个教育体制中的比重

6. 缩短高等教育年限,取消大学预科的学制是(　　)。

A. 壬戌学制　　B. 癸卯学制　　C. 壬寅学制　　D. 戊辰学制

7. 下列选项中,将高等师范学校升格为师范大学的学制是(　　)。

A. 壬寅学制　　B. 癸卯学制　　C. 壬子癸丑学制　　D. 壬戌学制

二、分析论述题

论述1922年"新学制"。

第六节　新民主主义教育的发端

单项选择题

1. 1921年,中国共产党第一次全国代表大会通过的《中国共产党第一个决议》,其作用是(　　)。

A. 形成明确的教育纲领
B. 明确提出党向工人灌输阶级斗争精神,唤醒劳工觉悟
C. 开展工人和农民教育运动
D. 开展普及教育运动

2. 李大钊用历史唯物主义说明教育的本质,表述错误的是(　　)。

A. 提醒人们正确认识教育与社会发展的关系
B. 教育受经济基础和政治制约,首先要解决经济基础问题

C. 通过发动民众、借助革命的手段来实现

D. 主张教育独立,不能与革命双管齐下

3. 恽代英论教育的改造,表述错误的是(　　)。

A. 主张实行儿童公育,设立专门机构

B. 理想的中学教育是使毕业生兼顾升学和就业

C. 反对注入式教学,提倡克伯屈的设计教学法

D. 家庭不是儿童教育的合适场所,父母也不是合适的教育者

4. 不属于黄埔军校办学特色的是(　　)。

A. 实行课堂教学与现实斗争相结合

B. 贯彻"新三民主义"的办学宗旨,把政治教育放在首位

C. 纪律严明,管理规范,从严治党

D. 政治教育和军事教育分开进行

第九章

南京国民政府时期的教育

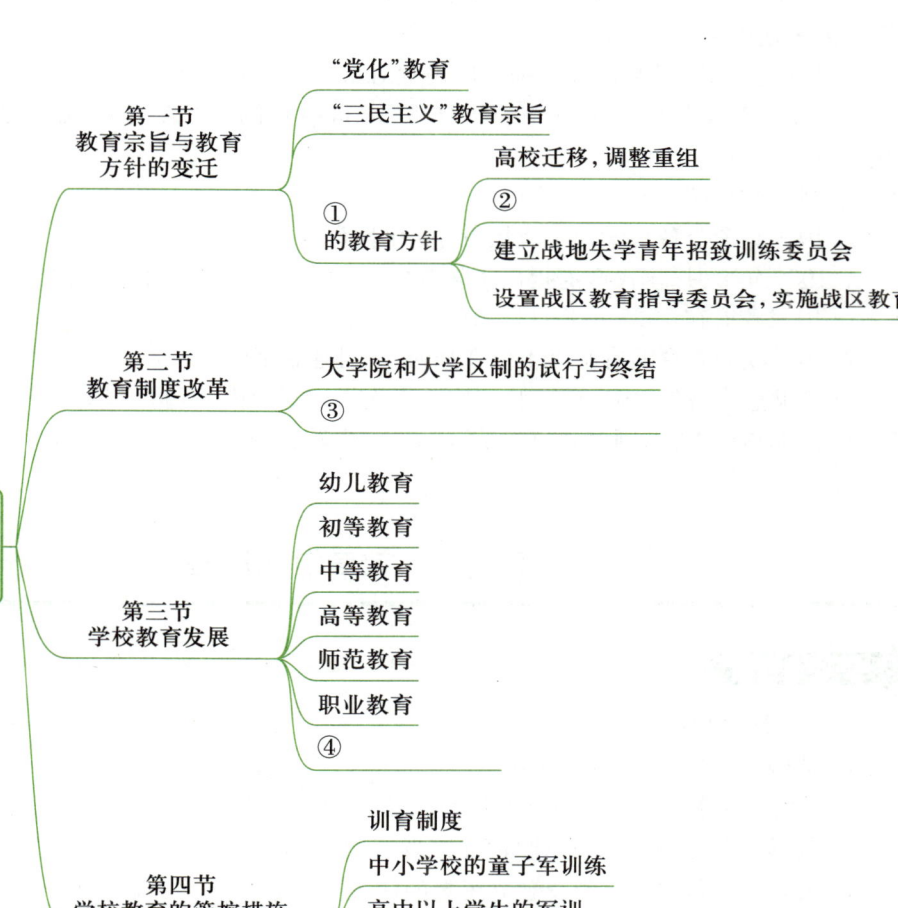

考点演练

第一节　教育宗旨与教育方针的变迁

单项选择题

1. 1927年，国民政府教育行政委员会通过的《国民政府教育方针草案》阐述了"党化教育"，下列表述中错误的是（　　）。
   A. "党化教育"的目的在于强化国民党对学校教育的控制
   B. "党化教育"是在国民党的指导下，求得教育的"革命化""民众化""科学化""社会化"
   C. "党化教育"一直沿用到1945年
   D. 国民党命令各地学校坚决执行"党化教育"

2. 1937年8月，国民政府提出了教育方针，关于这个方针，下列说法错误的是（　　）。
   A. 国民政府在1937年8月提出的教育方针是"战时须作平时看"
   B. 国民政府教育的着眼点不仅在战时，而且还在战后
   C. 遵循这个方针，国民政府将一些重点大学迁至西南、西北
   D. 遵循这个方针，国民政府将部分私立大学转为国立，以收回教育权

第二节　教育制度改革

单项选择题

1. 大学区制仿照的国家是（　　）。
   A. 英国　　　　B. 法国　　　　C. 美国　　　　D. 德国

2. 下列选项中，关于大学区制的表述，错误的是（　　）。
   A. 大学区制先在广东、福建、河北三省试行
   B. 大学区制是蔡元培教育独立思想的体现
   C. 目的是要促进教育与学术相结合，实现教育行政机构学术化
   D. 蔡元培在文化教育领域首倡行政、学术一体化

3. 下列关于戊辰学制的表述中，错误的是（　　）。
   A. 重视义务教育和成人补习教育
   B. 中等教育和高等教育求质量的提高
   C. 各级学校的年限发生了改变
   D. 倾向职业教育

4. 大学采用多院制,取消单科大学的学制是（　　）。
A. 壬寅学制　　　B. 癸卯学制　　　C. 壬戌学制　　　D. 戊辰学制

第三节　学校教育发展

单项选择题

1. 20世纪30年代前后,国民政府对中学教育制度进行了改革,其重要举措有（　　）。
A. 高中不分文、理科,废止综合中学
B. 高中不分文理科,建立综合中学
C. 高中文理分科,建立综合中学
D. 高中文理分科,废止综合中学

2. 1933年,国民政府在《职业学校规程》中规定,不包含的是（　　）。
A. 职业学校的设立以单科为原则,分为初级和高级两种
B. 初级职业学校招收小学毕业生,或从事职业而具有相当程度者
C. 高级职业学校则招收初级中学毕业生或具有相当程度者
D. 中等职业教育还未自成系统,职业教育的学制尚未趋向合理化

3. 抗战时期,我国一批大学迁往西南、西北,调整重组。其中,组成西北联合大学的学校是（　　）。
A. 国立北平师范大学、北洋工学院、中央大学
B. 国立北平大学、北洋工学院、中央大学
C. 国立北平大学、国立北平师范大学、北洋工学院
D. 国立北平大学、国立北平师范大学、中央大学

第四节　学校教育的管控措施

单项选择题

1. 1932年,国民政府教育部开始整顿全国教育,重点在（　　）。
A. 初等教育　　　B. 中等教育　　　C. 高等教育　　　D. 师范教育
2. 最集中体现国民党训育思想的纲领性文件是（　　）。
A.《中小学训育主任办法》　　　B.《中学训育暂行标准》
C.《小学训育暂行标准》　　　　D.《训育纲要》
3. 国民政府对中小学生实施的童子军训练,主要针对（　　）。
A. 小学阶段　　　　　　　　　B. 初中阶段
C. 高中阶段　　　　　　　　　D. 大学阶段

第十章 新民主主义教育的发展

大纲考点导图

- 第十章 新民主主义教育的发展
  - 第一节 新民主主义教育方针的形成
    - 苏维埃文化教育总方针
    - 抗日战争时期中国共产党的教育方针政策
      - 文化工作中的统一战线
      - ①
      - "实行教育与生产劳动相结合"
      - "民办公助"的政策
    - 文化教育方针
      - ②
      - ③
      - ④
  - 第二节 革命根据地的教育
    - 革命根据地干部教育
      - ⑤
      - 干部学校教育
        - 开展最早的干部教育形式
        - 高级干部学校：培养党政高级干部
        - 中级干部学校：为各个部门培养中级干部
      - "抗大"（中国人民抗日军事政治大学）
    - 革命根据地群众教育
    - 革命根据地普通教育
      - 根据地的小学教育
      - 解放区中小学教育的正规化
      - 解放区高等教育的整顿与建设
    - 革命根据地教育的基本经验
      - 教育为政治服务
      - ⑥
      - 依靠群众办学

考点演练

第一节 新民主主义教育方针的形成

单项选择题

1. 1941年,林伯渠在陕甘宁边区政府委员会第四次会议的报告中,明确提出(　　)。
   A. "文化工作中的统一战线"政策
   B. "干部教育第一,国民教育第二"的政策
   C. "实行生产劳动"的教育政策
   D. "民办公助"的政策

2. 1940年,毛泽东发表了《新民主主义论》,第一次明确提出了新民主主义的文化教育方针,是指(　　)。
   A. 民族的、科学的、大众的文化教育
   B. 民办公助的文化教育
   C. 干部教育第一,国民教育第二的文化教育
   D. 生产劳动相结合的文化教育

3. 下列关于"民族的、科学的、大众的"文化教育方针的表述,错误的是(　　)。
   A. "民族的"指反对帝国主义压迫
   B. "科学的"即主张实事求是,主张客观真理
   C. "大众的",指为全民族中百分之九十以上的工农劳苦民众服务
   D. "科学的",指要剔除封建性的糟粕,吸收革命性的精华

第二节 革命根据地的教育

单项选择题

1. 抗日民主根据地教育的重心是(　　)。
   A. 小学教育　　　B. 中等教育　　　C. 高等教育　　　D. 干部教育

2. 最早开展的干部教育形式是(　　)。
   A. 在职干部教育　　　　　　　B. 干部学校教育
   C. 抗日军事政治大学　　　　　D. 华北联合大学

3. 下列关于"抗大"的表述中,错误的是(　　)。
   A. "抗大"的课程主要是军事训练
   B. "抗大"的教育方针是坚定正确的政治方向,艰苦朴素的工作作风,灵活机动的战

略战术

    C. "团结、紧张、严肃、活泼"是"抗大"的校训

    D. "抗大"的任务是为抗日战争培养军事和政治领导干部

4. 下列选项中,不是"抗大"教学方法的是(　　)。

    A. 启发式　　　　　B. 研究式　　　　　C. 笔试　　　　　D. 实验式

5. 抗日民主根据地最受欢迎、最普遍、最广泛的群众教育形式是(　　)。

    A. 夜校、半日校　　B. 冬学和民校　　C. 冬学、识字班　　D. 半日校、识字班

6. 下列选项中,不属于解放区高等教育整顿和建设的是(　　)。

    A. 办抗大式训练班　　　　　　　　B. 解放区原有大学进一步正规化

    C. 创办新大学　　　　　　　　　　D. 解放区原有大学保留原有特色

7. 下列选项中,不是革命根据地教育的基本经验的是(　　)。

    A. 教育为政治服务　　　　　　　　B. 教育与生产劳动相结合

    C. 儿童教育第一　　　　　　　　　D. 依靠群众办学

第十一章 现代教育家的教育理论与实践

大纲考点导图

- **第十一章 现代教育家的教育理论与实践**
  - 第一节 杨贤江与马克思主义教育理论
    - 论教育本质
    - 论"教育功能"
    - "全人生的指导"与青年教育
      - 核心　①
      - 出路　干预政治,投身革命
      - 权利与义务　必须学习
      - 内容　②
      - 宗旨　体魄和精神、知识技能、理想才干、风尚习惯
      - 特征　活动性、奋斗性、多趣性、认真性
  - 第二节 黄炎培的职业教育思想与实践
    - 提倡"学校采用实用主义"
    - 职业教育的探索
    - 职业教育思想体系
      - 作用　理论价值、社会影响、社会作用
      - 地位　一贯的、整个的、正统的
      - 目的　③
      - 方针　④
        - 办学宗旨、培养目标、办学组织、办学方式
        - 职业教育科学化　物质方面、人事方面
      - 教学原则　手脑并用、做学合一、理论与实际并行、知识与技能并重
      - 道德教育　⑤
  - 第三节 晏阳初的乡村教育实验
    - 定县调查与对中国农村问题的分析
    - "四大教育"与"三大方式"
      - "四大教育"　⑥
      - "三大方式"　⑦
    - "化农民"与"农民化"
  - 第四节 梁漱溟的乡村教育建设
    - 乡村建设和乡村教育理论
    - 乡村教育的组织与实施
  - 第五节 陈鹤琴的"活教育"探索
    - 幼儿教育和儿童教育探索
    - "活教育"实验
    - "活教育"理论体系
      - 目的论　⑧
      - 课程论　"大自然、大社会都是活教材"
      - 教学论　"做中教、做中学、做中求进步"

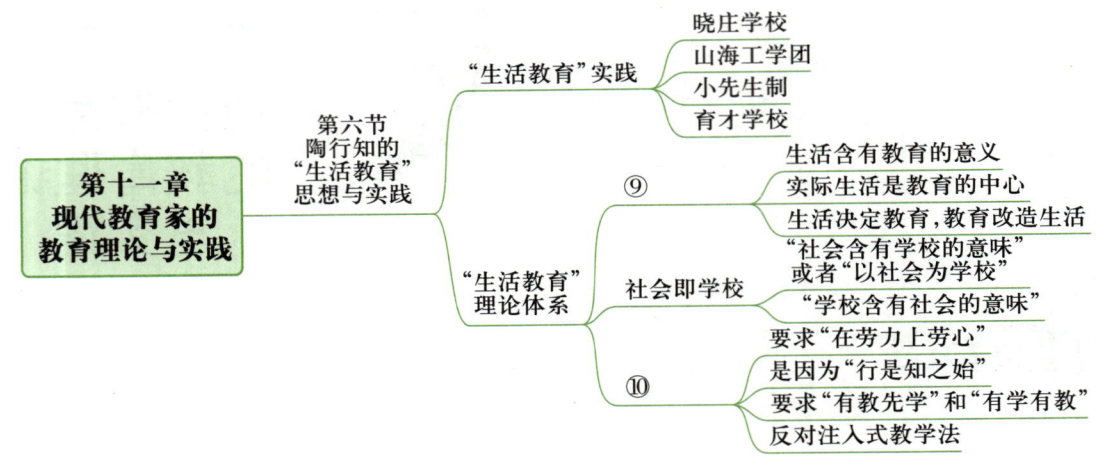

第一节　杨贤江与马克思主义教育理论

一、单项选择题

1. 中国教育史上第一部运用马克思主义论述教育原理的著作是（　　）。
   A.《教育史ABC》　　　　　　　　B.《新教育大纲》
   C.《教育哲学大纲》　　　　　　　D.《教育哲学史》

2. 下列选项中，不属于杨贤江《新教育大纲》中关于"教育的本质"思想的是（　　）。
   A. 教育为"观念形态的劳动领域之一"，即社会的上层建筑之一
   B. 教育的发生植根于当时当地的人民实际生活的需要
   C. 教育既是上层建筑，又是劳动力再生产的手段
   D. 对青年进行"全人生指导"

3. 下列选项中，（　　）是杨贤江青年教育思想的核心。
   A. 指导青年树立正确的人生观
   B. 主张青年要干预政治，投身革命
   C. 教育要指导学生过正常、全面的生活
   D. 强调青年必须学习

4. 杨贤江强调完美的青年生活是多方面的，下列不属于的是（　　）。
   A. 健康生活　　　B. 劳动生活　　　C. 公民生活　　　D. 科学生活

二、分析论述题

论述杨贤江"全人生指导"的思想。

第二节　黄炎培的职业教育思想与实践

一、单项选择题

1. 1913 年，黄炎培发表了《学校教育采用实用主义之商榷》一文对（　　）中的问题做了考察。
   A. 普通教育　　　　B. 中等教育　　　　C. 职业教育　　　　D. 师范教育
2. （　　）标志着以黄炎培为代表的职业教育思潮的形成。
   A.《中华职业教育社宣言书》　　　　B.《学校教育采用实用主义之商榷》
   C.《定县社会概况调查》　　　　　　D.《职业学校规程》
3. 下列关于黄炎培"职业教育的地位"思想表述中，错误的是（　　）。
   A. 建议从初级到高级的职业教育系统
   B. 建立职业指导—职业训练的体系
   C. 有一个独立的职业教育体系外，还需要各级各类学校与职业教育的沟通和联系
   D. 倡导职业教育与普通教育等量齐观
4. 黄炎培提出"大职业教育主义"，强调职业教育与社会的沟通。其中，职业教育社会化的内涵不包括（　　）。
   A. 办学宗旨的社会化　　　　　　B. 培养目标的社会化
   C. 办学组织的社会化　　　　　　D. 领导管理的社会化
5. 下列选项中，不属于黄炎培的职业教育教学原则的是（　　）。
   A. 手脑并用　　　　　　　　　　B. 教学做合一
   C. 理论与实际并行　　　　　　　D. 知识与技能并重

二、分析论述题

论述黄炎培的职业教育思想。

第三节　晏阳初的乡村教育实验

一、单项选择题

1. 20 世纪 30 年代，晏阳初在（　　）开展乡村平民教育实验。
   A. 河北定县　　　B. 山东邹平　　　C. 山东菏泽　　　D. 四川巴中
2. 晏阳初提出了在农村推行"四大教育"的"三大方式"，这三大方式不包括（　　）。
   A. 学校式教育　　　　　　　　　B. 社会式教育
   C. 家庭式教育　　　　　　　　　D. 生活式教育

3. 下列选项中,不属于晏阳初的"四大教育"思想的是(　　)。
   A. 文艺教育　　　B. 生计教育　　　C. 卫生教育　　　D. 道德教育
4. 晏阳初把中国的问题归结为(　　)。
   A. 愚、贫、弱、私　　　　　　　　B. 愚、穷、弱、私
   C. 文化的失调　　　　　　　　　　D. 观念的落后
5. 晏阳初进行乡村建设试验的目标是(　　)。
   A. 化农民　　　B. 农民化　　　C. 化市民　　　D. 市民化

二、分析论述题

论述晏阳初的乡村教育实验。

第四节　梁漱溟的乡村教育建设

一、单项选择题

1. 梁漱溟认为,中国的问题在于(　　)。
   A. 文化失调　　　　　　　　　　　B. 经济落后
   C. 愚、贫、弱、私　　　　　　　　D. 政治制度落后
2. 下列关于梁漱溟的乡村教育运动的表述中,错误的是(　　)。
   A. 村学是乡学的基础组织
   B. 乡村的组织原则之一是"政教养卫合一""以教统政"
   C. 乡村的组织原则之一是学校式的教育与社会式的教育融合归一
   D. 乡农学校的教育内容是《村学乡学须知》
3. (　　)认为中国社会是"理性早启、文化早熟"的社会,也是"伦理本位、职业分立"的社会。
   A. 梁漱溟　　　B. 晏阳初　　　C. 陶行知　　　D. 黄炎培

二、分析论述题

论述梁漱溟的乡村教育建设理论。

第五节　陈鹤琴的"活教育"探索

一、单项选择题

1. 在南京创办我国最早的幼儿教育实验中心——鼓楼幼稚园的是(　　)。
   A. 黄炎培　　　B. 晏阳初　　　C. 梁漱溟　　　D. 陈鹤琴

2. 陈鹤琴"活教育"的目的是（　　）。
   A. "做人，做中国人，做现代中国人"　　B. 以"大自然、大社会为教材"
   C. "做中教，做中学，做中求进步"　　D. "活教育"以"做"为基础
3. 陈鹤琴"活教育"的教学论的基本原则是（　　）。
   A. "做人，做中国人，做现代中国人"　　B. 以"大自然、大社会为教材"
   C. "做中教，做中学，做中求进步"　　D. 实验观察、创作发表
4. 下列关于陈鹤琴的"活教育"步骤的表述中，错误的是（　　）。
   A. 实验观察　　B. 阅读思考
   C. 创作发表　　D. 指导欣赏
5. 下列选项中不属于陈鹤琴"五指活动"的是（　　）。
   A. 儿童健康活动　　B. 儿童社会活动
   C. 儿童文学活动　　D. 儿童音乐活动
6. "做现代中国人"体现了时代精神。陈鹤琴赋予"现代中国人"五方面的要求，其中不包括（　　）。
   A. 健全的身体　　B. 创造的能力
   C. 建设的能力　　D. 批判的能力

二、分析论述题

论述陈鹤琴"活教育"思想体系的三大命题。

第六节　陶行知的"生活教育"思想与实践

一、单项选择题

1. 为了改变农村缺少教育的落后面貌，陶行知探索了乡村师范教育的新模式，教师培养的有效模式是（　　）。
   A. 艺友制　　B. 小先生制
   C. 班级授课制　　D. 聘任教师
2. 1932年，陶行知在上海创办山海工学团，提出"工以养生，学以明生，团以保生"，目的是（　　）。
   A. 平民教育　　B. 职业教育
   C. 普及教育　　D. 工人教育
3. 为了解决普及教育中师资缺乏、经费匮乏、女子教育困难等问题，陶行知提出了（　　）。
   A. 艺友制　　B. 小先生制
   C. 育才学校　　D. 工学团
4. 为了收容战争中流离失所的难童，培养有特殊才能的幼苗，陶行知创办了（　　）。
   A. 晓庄学校　　B. 小先生制

C. 工学团　　　　　　　　　　D. 育才学校
5. 陶行知最早创办的学校是（　　）。
A. 晓庄学校　　　　　　　　　B. 山海工学团
C. 育才学校　　　　　　　　　D. 自然科学院
6. 陶行知"生活教育"理论的核心是（　　）。
A. 生活即教育　　　　　　　　B. 社会即学校
C. 教学做合一　　　　　　　　D. 教育即生活

二、分析论述题

论述陶行知"生活教育"理论。

第三部分

外国教育史

第一章 东方文明古国的教育

大纲考点导图

- 第一章 东方文明古国的教育
  - 第一节 古代巴比伦的教育
    - 古代巴比伦的学校 泥板书舍
      - 负责人　校父
      - 教师　　①
      - 助手　　大兄长
      - 学生　　校子
    - 古代巴比伦学校的教学内容与方法
  - 第二节 古代埃及的教育
    - 古代埃及的学校
      - 宫廷学校
      - 僧侣学校
      - ②
      - 文士学校
    - 古代埃及学校的教学内容与方法
  - 第三节 古代印度的教育
    - 婆罗门教育　公元前6世纪以前的印度教育　最完备、最高级的教育
    - 佛教教育　公元前6—前5世纪的印度教育　主张各种姓平等
  - 第四节 古代希伯来的教育
    - 家庭教育
      - ③　　既是家庭的祭司,又是子女的教师
      - 以培养宗教信仰为最重要的目标
      - 《圣经·旧约》
      - 引导、启发儿童提问和观察事物
    - 学校教育
      - 只有男子可入学校接受教育,女子不能
      - 初等:学习《圣经》
      - 中等:④
      - 高等:宗教理论和法律理论
  - 第五节 东方文明古国教育发展的特点
    - 产生　东方产生了最早的科学知识、文字以及学校教育
    - 性质　⑤
    - 内容　智育、德育及宗教教育
    - 机构　种类繁多、等级性森严
    - 方法　体罚盛行
    - 教师　地位较高
    - 延续性
      - 其他国家:失传或断层
      - 中国:源远流长

第一节　古代巴比伦的教育

单项选择题

1. 在古代巴比伦,发明苏美尔文字的是(　　)。
   A. 祭司　　　　　B. 书吏　　　　　C. 校父　　　　　D. 专家
2. 苏美尔时期,为了管理寺庙财产的需要,产生了训练书吏的学校,即(　　)。
   A. 泥板书舍　　　B. 古儒学校　　　C. 僧侣学校　　　D. 职官学校
3. 教师先在潮湿的泥板上写字,再由学生临摹的教学方法是(　　)。
   A. 个别教学式　　B. 班级授课制　　C. 现场教学　　　D. 师徒传授式
4. 苏美尔和(　　)的文化教育被看作是人类正式教育的起点。
   A. 古代埃及　　　B. 古代印度　　　C. 古代巴比伦　　D. 中国

第二节　古代埃及的教育

单项选择题

1. 与其他国家相比,(　　)的教育制度比较完善,包括了宫廷学校、僧侣学校、职官学校和文士学校。
   A. 古代巴比伦　　B. 古代印度　　　C. 古代埃及　　　D. 古希腊
2. 古代埃及的学校中,(　　)注重科学技术教育,也是学术中心。
   A. 宫廷学校　　　B. 文士学校　　　C. 僧侣学校　　　D. 职官学校
3. 古代埃及的文字是写在(　　)上。
   A. 纸草　　　　　B. 泥板　　　　　C. 布帛　　　　　D. 竹签

第三节　古代印度的教育

单项选择题

1. 古代印度社会最高等的人称为(　　)。
   A. 刹帝利　　　　　　　　　　　　B. 吠舍
   C. 婆罗门　　　　　　　　　　　　D. 首陀罗

2. 婆罗门教育主要以（　　）为主。
A. 社会教育　　　　　　　　B. 家庭教育
C. 学校教育　　　　　　　　D. 社区教育
3. 在公元前8世纪以后出现于古代印度的婆罗门学校中，教师被称为（　　）。
A. 拉比　　　　　　　　　　B. 古儒
C. 校父　　　　　　　　　　D. 专家
4. 古代印度佛教教育中，僧徒一般学习12年，经考验合格者，称为（　　）。
A. 比丘　　　　　　　　　　B. 高僧
C. 僧侣　　　　　　　　　　D. 比丘尼
5. 关于古代印度的婆罗门教育和佛教教育共同点的描述，不正确的是（　　）。
A. 教育目的和人生目的统一，主要是一种道德陶冶
B. 内容大多是消极的、遁世的，缺乏积极的因素
C. 在一定程度上阻碍了印度社会的变革，也阻碍了科学的发展
D. 均带有强烈的贵族性

第四节　古代希伯来的教育

单项选择题

1. 希伯来人将教育当作神圣的事业，教育工作者受到尊重。在希伯来的学校教育中，教师被称为（　　）。
A. "专家"　　　　　　　　　B. "拉比"
C. "比丘"　　　　　　　　　D. "古儒"
2. 下列关于古代希伯来家庭教育的表述中，错误的是（　　）。
A. 家庭组织形式盛行父权为主的家长制
B. 父亲既是家庭的祭司，又是子女的教师
C. 希伯来人视信神为天经地义，以培养宗教信仰为最重要的目标
D. 家长主要以《吠陀》经去教导子女

第五节　东方文明古国教育发展的特点

一、单项选择题

1. 以下关于东方文明古国时期的教育，说法不正确的是（　　）。
A. 古代印度佛教教育以家庭教育为主，教师被称为"古儒"
B. 古代埃及的僧侣学校注重科学技术教育

C. 古代巴比伦的教育为少数人垄断,奴隶不能享受教育

D. 东方文明古国时期的教育注重体罚,阶级性明显

2. 在世界著名文明古国中,能够悠久而又绵延不断、源远而又流长、古老而又风韵常存的是( )。

A. 印度　　　　　B. 巴比伦　　　　　C. 中国　　　　　D. 埃及

二、简答题

简述东方文明古国教育发展的特点。

第二章 古希腊教育

大纲考点导图

- **第二章 古希腊教育**
  - **第一节 古希腊的教育阶段**
    - 荷马时期的教育
    - 古风时期的教育
      - 斯巴达教育
      - 雅典教育
      - 毕达哥拉斯的教育观
    - 古典时期的教育
      - "智者派"的教育活动
      - "智者派"的教育贡献
    - 希腊化时期的教育
      - 古希腊教育制度传播范围广
      - 文化和教育的中心发生了转移
      - 古希腊的初级学校发生蜕变
      - 中等教育同样面临衰微的境地
      - 高等教育得到明显的发展
  - **第二节 古希腊的教育思想**
    - 苏格拉底的教育思想
      - 教育目的论 ①
      - 德育论　美德即知识　德行可教
      - 智育论　广博知识
      - 体育论　注意身体健康
      - "苏格拉底方法" ②
      - 苏格拉底教育思想的影响
    - 柏拉图的教育思想
      - 教育目的论　普遍目的和终极目的
      - "学习即回忆"　学习只是回忆灵魂中已有的知识
      - 《理想国》中的教育观
        - 教育目的 ③
        - 教育作用　通过教育实施
        - 教育内容　"七艺"
        - 女子教育　重视
        - 教育阶段　学前、普通、高等教育
      - 柏拉图教育思想的影响

```
                                                         植物的灵魂、动物的灵魂、人
                                              灵魂论与教育  的生命
                                                          社会  国家职责
                                              教育作用论
                                                          个人  天性、习惯和理性
                     第二节
          第二章      古希腊的     亚里士多德    道德教育论  美好德行
          古希腊教育   教育思想     的教育思想    和谐教育论  ④
                                                             家庭
                                              自然教育与儿童年龄分期论⑤   初等
                                                             中高等
                                              亚里士多德教育思想的影响
```

考点演练

第一节 古希腊的教育阶段

一、单项选择题

1. 古代斯巴达教育的基本特点是强调（　　）。
   A. 智育　　　　　　B. 美育　　　　　　C. 劳动教育　　　　D. 军事体育
2. 雅典高度重视教育，其教育内容是（　　）。
   A. 培养身心和谐发展的公民
   B. 智慧、正义、节制、勇敢四大美德
   C. 军事体育训练
   D. 文法、修辞、辩证法
3. 古风时期雅典青少年一边继续在文法学校和弦琴学校学习，一边为了接受体育训练进入（　　）。
   A. 青年军事训练团　　　　　　B. 体操学校
   C. 埃弗比　　　　　　　　　　D. 体育馆
4. 古希腊时期，斯巴达教育与雅典教育相比，主要区别是（　　）。
   A. 通过国家对教育进行管理和控制
   B. 重视实施"五项竞技"教育
   C. 女子接受与男子同样的军事和体育训练
   D. 公民子女7岁以前在家庭中接受教育
5. 古希腊时期，最早以收费授徒为职业的教师是（　　）。
   A. 苏格拉底　　　　　　　　　B. 智者派
   C. 伊壁鸠鲁　　　　　　　　　D. 拉比

6. 下列关于智者派的描述中,不正确的是(   )。
   A. 智者最关心的是道德问题和政治问题
   B. 智者派有共同的思想特征,表现为相对主义、感觉主义、个人主义、怀疑主义
   C. 西方教育史上长期沿用的四艺由智者首先确定下来
   D. 智者扩大了教育对象的范围,推动了文化的传播,促进了社会的流动
7. 在西方教育史上,古希腊智者派所确立的"三艺"是(   )。
   A. 音乐、修辞学、几何学   B. 文法、辩证法、几何学
   C. 文法、修辞学、天文学   D. 文法、修辞学、辩证法
8. 毕达哥拉斯是古风时期最为重要的教育思想家。下列关于毕达哥拉斯的描述不正确的是(   )。
   A. 黑格尔称他为第一个试图讲授道德的人,亚里士多德称他为古希腊"第一个民众教师"
   B. 毕达哥拉斯主张以数学作为认识万物的本源
   C. 毕达哥拉斯要求为知识而求知
   D. 毕达哥拉斯主张灵魂不死、灵魂轮回

二、简答题

1. 简述"智者派"的教育贡献。
2. 斯巴达教育与雅典教育的异同。

第二节 古希腊的教育思想

一、单项选择题

1. 最早将对人的关注引入到哲学领域,从而实现了从自然哲学向伦理哲学转变的思想家是(   )。
   A. 智者派   B. 柏拉图
   C. 苏格拉底   D. 亚里士多德
2. 苏格拉底认为(   )是道德教育的主要途径。
   A. 情感教育   B. 自然教育
   C. 知识教育   D. 宗教教育
3. 西方最早的启发式教学法是(   )提出的。
   A. 昆体良   B. 苏格拉底
   C. 柏拉图   D. 亚里士多德
4. 关于孔子的启发诱导和苏格拉底的产婆术,描述不正确的是(   )。
   A. 在教育对象上,前者适用于任何人,后者适用于有知识基础和思考能力的成年人
   B. 在具体方法上,前者是启迪性回答,后者是无穷尽地追问学生,再帮助学生总结
   C. 在思维方式上,前者是归纳法,后者是演绎法

D. 在师生对话上,前者是教师被动回答,后者是教师主动提问

5. 在西方教育思想史上,(　　)、卢梭的《爱弥儿》和杜威的《民主主义与教育》被称为教育史上三个里程碑。

　　A. 夸美纽斯的《大教学论》　　　　　B. 赫尔巴特的《普通教育学》
　　C. 柏拉图的《理想国》　　　　　　　D. 昆体良的《雄辩术原理》

6. 柏拉图《理想国》中的四种美德是(　　)。

　　A. 智慧、勇敢、博学、公平　　　　　B. 勇敢、节制、正义、公平
　　C. 智慧、勇敢、节制、正义　　　　　D. 博学、多才、仁爱、礼让

7. "寓学习于游戏"的提倡者是(　　)。

　　A. 苏格拉底　　　　　　　　　　　　B. 柏拉图
　　C. 智者派　　　　　　　　　　　　　D. 亚里士多德

8. 第一次提出以考试作为选拔人才手段的是(　　)。

　　A. 亚里士多德　　　　　　　　　　　B. 苏格拉底
　　C. 智者派　　　　　　　　　　　　　D. 柏拉图

9. 柏拉图提出了(　　)和智者的三艺,合称为"七艺"。

　　A. 算术、几何、天文、音乐理论　　　B. 算术、几何、文学、音乐理论
　　C. 文法、几何、天文、音乐理论　　　D. 算术、修辞、天文、音乐理论

10. 亚里士多德强调"教育应由(　　)规定",这是西方教育史上"教育立法"思想的开端。

　　A. 政治　　　　　　　　　　　　　　B. 政府
　　C. 国家　　　　　　　　　　　　　　D. 法律

11. 教育史上第一次提出按年龄划分教育阶段的教育家是(　　)。

　　A. 亚里士多德　　　　　　　　　　　B. 苏格拉底
　　C. 昆体良　　　　　　　　　　　　　D. 西塞罗

12. (　　)从灵魂论出发,根据人的身心发展的特征,首次提出并论述了教育效法自然的原理。

　　A. 苏格拉底　　　　　　　　　　　　B. 亚里士多德
　　C. 昆体良　　　　　　　　　　　　　D. 西塞罗

二、简答题

1. 简述"苏格拉底方法"。
2. 简述亚里士多德灵魂论的主要内容及其教育意义。

三、分析论述题

论述亚里士多德的教育思想。

第三章 古罗马教育

```
                                              ┌─ 共和早期的教育 ─── 家庭教育、以① ___ 为核心
                             ┌─ 共和时期的    │                    ┌─ 初等教育(② ___ )
                             │   罗马教育     └─ 共和后期的教育 ───┼─ 中等教育(文法学校)
             ┌─ 第一节       │                                    └─ 高等教育(修辞学校)
             │   古罗马的   ─┼─ 帝国时期的 ── 培养忠于帝国的公民和官吏、国立+私立教育
             │   教育阶段    │   罗马教育
             │               │
             │               └─ 基督教的兴起 ┌─ 基督教的兴起
             │                  与基督教教会  │                    ┌─ 初级教义学校
             │                  的教育活动    └─ 早期基督教会 ─────┼─ 高级教义学校
             │                                   的教育活动         └─ 儿童教育
  第三章     │
  古罗马教育─┤                                  ┌─ 目的与任务 ── ③
             │                                  │                ┌─ ④
             │               ┌─ 西塞罗的 ──────┼─ 教育内容 ─────┼─ 在修辞学方面具有特殊的修养
             │               │   教育思想       │                └─ 优美的举止与文雅的风度
             │               │                  └─ 培养方法 ── 练习和模仿、写作
             │               │
             │               │                  ┌─ 教育与天赋 ── 教育适应天性
             └─ 第二节       │                  ├─ 首要品质 ── ⑤
                古罗马的 ────┤                  ├─ 学校教育 ── 最好学习场所
                教育思想     │                  ├─ 学前教育 ── 道德、双语、娱乐
                             └─ 昆体良的 ──────┤                ┌─ 教学组织形式
                                教育思想        │                ├─ 课程设置
                                                └─ 教学理论 ─────┼─ 教学原则
                                                                 └─ 教学方法
```

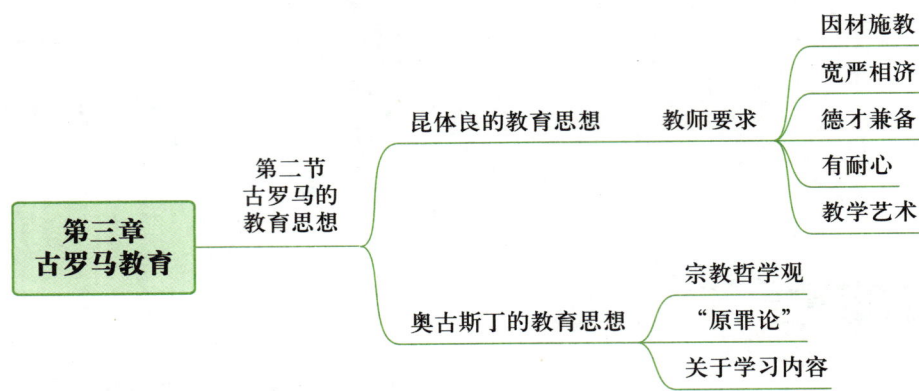

第一节 古罗马的教育阶段

单项选择题

1. 古罗马共和早期教育的主要形式是（　　）。
   A. 学校教育　　　　　　　　　　B. 家庭教育
   C. 社会教育　　　　　　　　　　D. 教堂教育
2. 古罗马共和后期高等教育的主要目的是培养（　　）。
   A. 哲学王　　　　　　　　　　　B. 演说家或雄辩家
   C. 公民和官吏　　　　　　　　　D. 农民和军人
3. 古罗马共和时期的教育中,是希腊化的产物的学校是（　　）。
   A. 文法学校　　　　　　　　　　B. 修辞学校
   C. 初等教育　　　　　　　　　　D. 私人教育

第二节 古罗马的教育思想

单项选择题

1. 西塞罗认为合格的雄辩家应当符合的条件,不包括（　　）。
   A. 要宣传正义,德行比知识更重要
   B. 具有广博的知识
   C. 在修辞方面具有特殊的修养
   D. 优美的举止和文雅的风度

2. 西方第一本专门研究教育理论的著作是（　　）。
   A.《雄辩术原理》　　　　　　　　B.《论雄辩家》
   C.《忏悔录》　　　　　　　　　　D.《论灵魂》
3. 认为学校是儿童最好的学习场所，学校教育比家庭教育优越得多的教育家是（　　）。
   A. 西塞罗　　　　　　　　　　　B. 柏拉图
   C. 昆体良　　　　　　　　　　　D. 普罗泰戈拉
4. 在教育史上第一次提出了双语教育问题：先学希腊语，再学拉丁语，最后两种语言学习同时并进的教育家是（　　）。
   A. 昆体良　　　　　　　　　　　B. 柏拉图
   C. 西塞罗　　　　　　　　　　　D. 普罗泰戈拉
5. 昆体良主张教师根据学生天赋才能的差异来组织和指导他们的学习，体现的教学原则是（　　）。
   A. 教学要适度　　　　　　　　　B. 因材施教
   C. 启发诱导　　　　　　　　　　D. 提问解答
6. 班级授课制思想的萌芽可以追溯到古希腊罗马时期的教育家（　　）。
   A. 苏格拉底　　　　　　　　　　B. 柏拉图
   C. 昆体良　　　　　　　　　　　D. 西塞罗
7. 奥古斯丁根据《圣经》的一句话"我是在罪孽里存在的，在我母亲怀胎的时候，就有了罪"进行思辨演绎，提出了（　　）。
   A. 宗教哲学观　　　　　　　　　B."原罪论"
   C."禁欲说"　　　　　　　　　　D."思辨说"

第四章 西欧中世纪教育

大纲考点导图

- 第四章 西欧中世纪教育
  - 第一节 西欧中世纪的基督教教育
    - 基督教的教育形式、机构和教育内容
      - ① 僧院学校或隐修院学校
      - 主教学校　座堂学校
      - 教区学校　堂区学校
    - 基督教的教育思想
  - 第二节 西欧中世纪的世俗教育
    - 封建主与贵族的世俗教育
      - ② 欧洲主要的世俗教育形式
      - ③ 特殊形式的家庭教育
    - 中世纪大学的形成与发展
      - 中世纪大学兴起的原因
      - 中世纪著名大学
      - 中世纪大学的特权
      - 中世纪大学的特征
      - 中世纪大学的历史影响
    - 新兴市民阶层的形成和城市学校的发展
      - 新兴市民阶层的形成
      - 城市学校的产生与发展

考点演练

第一节　西欧中世纪的基督教教育

单项选择题

1. 中世纪教育的特点不包括(　　)。
A. 宗教化　　　　B. 神学化　　　　C. 世俗性　　　　D. 等级化

2. 以下不属于中世纪早期教会学校的是（　　）。
A. 修道院学校 B. 主教学校
C. 教区学校 D. 宫廷学校
3. 中世纪教会学校的主要学习内容是以《圣经》为主的神学和（　　）。
A. "七艺" B. "四艺"
C. "三艺" D. "骑士七艺"

第二节　西欧中世纪的世俗教育

一、单项选择题

1. 设立在国王或者贵族宫廷中，主要培养封建统治阶级所需要的官吏的世俗教育形式是（　　）。
A. 宫廷教育 B. 骑士教育
C. 主教学校 D. 教区学校
2. 骑士教育是中世纪西欧封建社会的一种特殊教育形式，其性质是（　　）。
A. 社会教育 B. 教会教育
C. 学校教育 D. 家庭教育
3. "骑士七艺"是成为骑士的核心训练内容，其学习的阶段是（　　）。
A. 家庭教育阶段 B. 侍从教育阶段
C. 侍童阶段 D. 骑士仪式阶段
4. 中世纪大学在与教会、城市当局及市民等的斗争中获得了许多特权。中世纪大学的特权不包括（　　）。
A. 居住权 B. 司法自治权
C. 颁发教学许可证的特权 D. 财务自治权
5. 中世纪大学已有学位制度。学生修完大学课程，经考试及格，可得（　　）学位。
A. 学士、硕士 B. 硕士、博士
C. 学士、博士 D. 博士、博士后
6. 关于中世纪大学的说法中，错误的是（　　）。
A. 到14世纪，一般的大学都有文科、法学、医学和神学等4个系
B. 在文科学习数年，学完"三艺""四艺"等课程之后，通过考试和公开答辩后，取得文学硕士学位
C. 获得文学硕士学位后，可以选学法律、医学或神学，之后取得法学、医学或神学博士学位
D. 中世纪的教学方法是记诵和诘问
7. 有关城市学校的说法中，不正确的是（　　）。
A. 城市学校是适应生产的发展、市民阶层的利益需要而出现的新型学校
B. 城市学校是一所学校的名称

C. 打破了教会对学校教育事业的独占权
D. 对处于萌芽阶段的资本主义生产方式的成长起了促进作用
8. 在中世纪时期,随着新兴市民子弟的发展而创办的学校是（　　）。
A. 中世纪大学与城市学校　　　　B. 骑士学校与城市学校
C. 骑士学校与中世纪大学　　　　D. 行会学校与商会学校

二、辨析题

1. 宫廷教育属于世俗教育。
2. 骑士教育是中世纪西欧学校教育形式之一。

三、简答题

简述中世纪大学的特征。

第五章 拜占庭与阿拉伯的教育

大纲考点导图

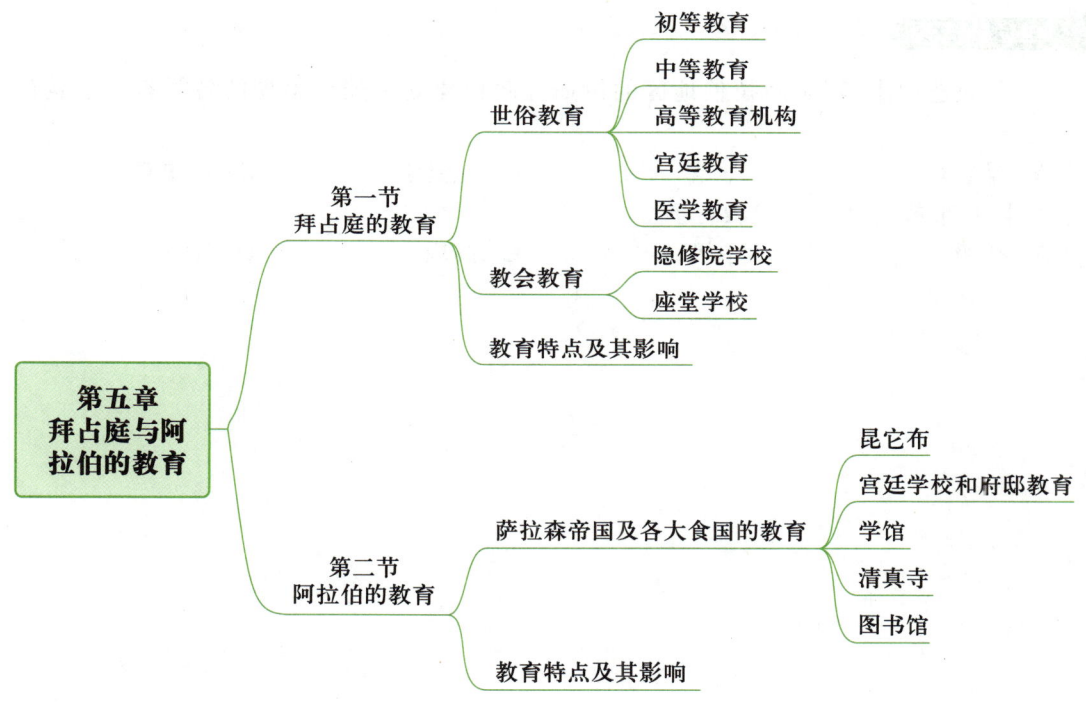

考点演练

第一节 拜占庭的教育

单项选择题

1. 下列关于拜占庭世俗教育的说法中,错误的是(　　)。
A. 拜占庭盛行私人讲学,私立初等学校学习文法、算术、《荷马史诗》《圣诗集》

B. 中等学校主要是文法学校,学习的基本内容是文法和古典作品
C. 拜占庭教育的医学教育比较发达,当时的医学著作流传到阿拉伯和西欧
D. 拜占庭的高等教育重视文学教育

2. 在中世纪,直接继承了古希腊罗马文化教育并使之得以保存和传播的是(　　)。

A. 拜占庭教育　　　　　　　　　　B. 阿拉伯教育
C. 基督教教育　　　　　　　　　　D. 世俗封建主教育

第二节　阿拉伯的教育

单项选择题

1. 下列选项中,不是阿拉伯地区的伊斯兰政权建立后陆续出现的各类教育机构的是(　　)。

A. 昆它布　　　B. 学馆　　　C. 座堂学校　　　D. 图书馆

2. 昆它布是一种(　　)教育场所。

A. 初级　　　B. 中级　　　C. 高级　　　D. 特级

第六章

文艺复兴与宗教改革时期的教育

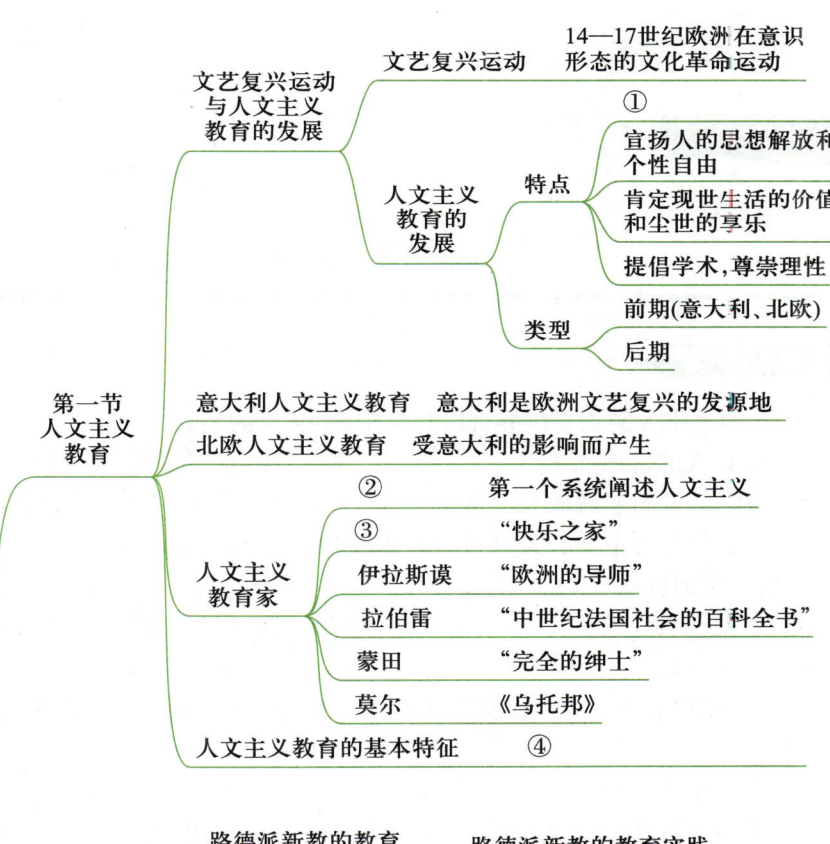

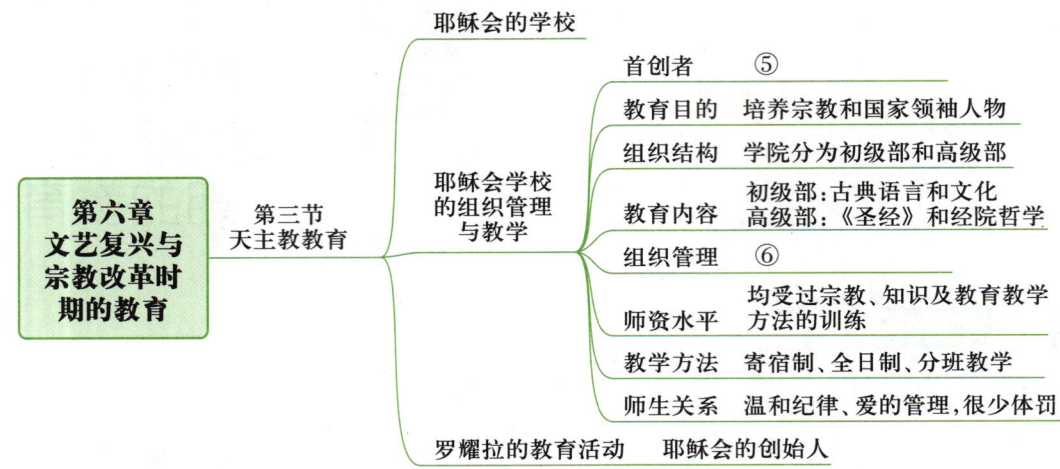

第一节　人文主义教育

一、单项选择题

1. 下列关于人文主义世界观的特点中,不属于的是(　　)。
   A. 赞扬人的价值和尊严　　　　　　B. 提倡学术,尊崇理性
   C. 宣扬人的思想解放和个性自由　　D. 肯定来世生活的价值

2. 意大利人文主义教育强调以个人发展为中心,主张世俗教育。与其不同的是,北欧人文主义教育更加重视(　　)。
   A. 道德和宗教教育　　　　　　　　B. 科学教育
   C. 政治教育　　　　　　　　　　　D. 文化教育

3. 因创办"快乐之家"而被誉为"第一个新式学校的教师"的意大利人文主义教育家是(　　)。
   A. 弗吉里奥　　　　　　　　　　　B. 维多里诺
   C. 卡斯底格朗　　　　　　　　　　D. 格里诺

4. 第一个系统阐述人文主义教育思想的教育家是(　　)。
   A. 弗吉里奥　　　　　　　　　　　B. 维多里诺
   C. 格里诺　　　　　　　　　　　　D. 伊拉斯谟

5. 人文主义教育与中世纪教育的根本区别是(　　)。
   A. 贵族性　　　　　　　　　　　　B. 人本主义
   C. 世俗性　　　　　　　　　　　　D. 宗教性

二、分析论述题

论述人文主义教育的特征、影响和贡献。

第二节　新教教育

单项选择题

1. 强调教育对个人生活、社会生活和宗教生活的意义，被认为是普及教育之父和免费学校的创始人的是（　　）。
   A. 马丁·路德　　　B. 加尔文　　　C. 梅兰克顿　　　D. 莫尔
2. 主张教育内容以《圣经》为主，也学习读、写、算、历史、音乐和体育等科目的是（　　）。
   A. 罗耀拉　　　B. 莫尔　　　C. 马丁·路德　　　D. 加尔文
3. 关于英国国教派的教育主张中，下列表述错误的是（　　）。
   A. 国家通过教会管理学校，认定教师资格，审定教材
   B. 将受教育权利与宗教信仰相结合
   C. 教育内容和方法具有人文主义色彩
   D. 不注重英语教育，古典语言在课程中的地位逐渐下降

第三节　天主教教育

一、单项选择题

1. 耶稣会是反宗教改革运动的先锋和中坚，其首创者是西班牙人（　　）。
   A. 罗耀拉　　　B. 莫尔　　　C. 马丁·路德　　　D. 加尔文
2. 下列关于耶稣会学校的表述中，错误的是（　　）。
   A. 主要教育活动集中在中等教育和高等教育方面
   B. 高水平的师资也是耶稣会学校取得成功的一个重要条件
   C. 学校提倡温和纪律、爱的管理
   D. 制度方法完善，组织管理周密，顺应历史潮流
3. 人文主义教育与新教教育、天主教教育相比，具有较强的（　　）。
   A. 贵族性　　　B. 世俗性　　　C. 宗教性　　　D. 群众性

二、分析论述题

试比较人文主义教育、新教教育和天主教教育的异同点。

第七章

欧美主要国家和日本的近代教育

大纲考点导图

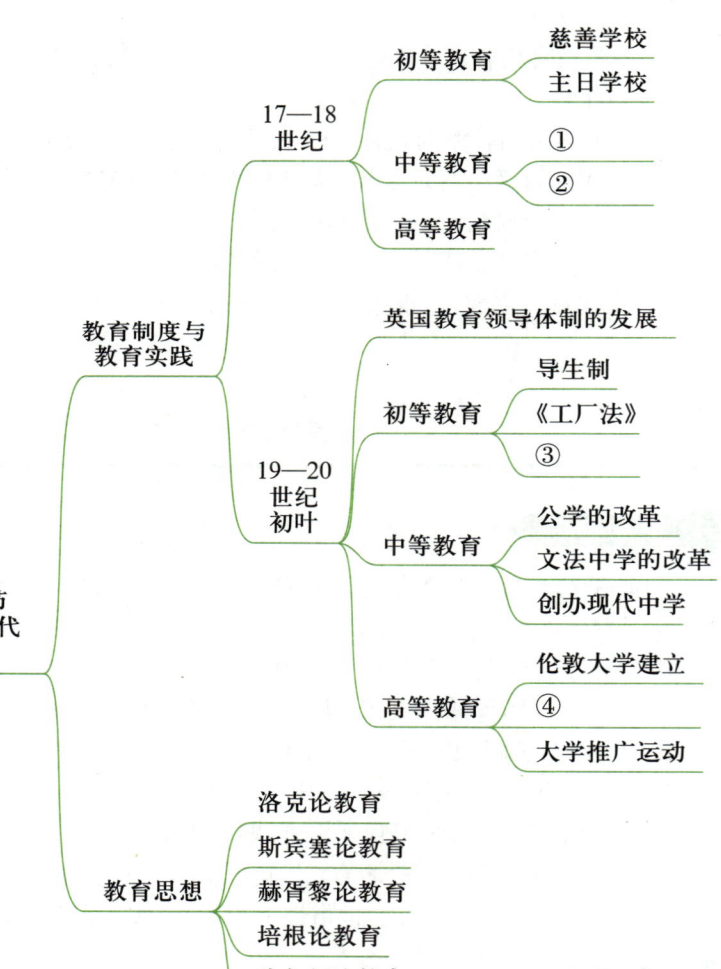

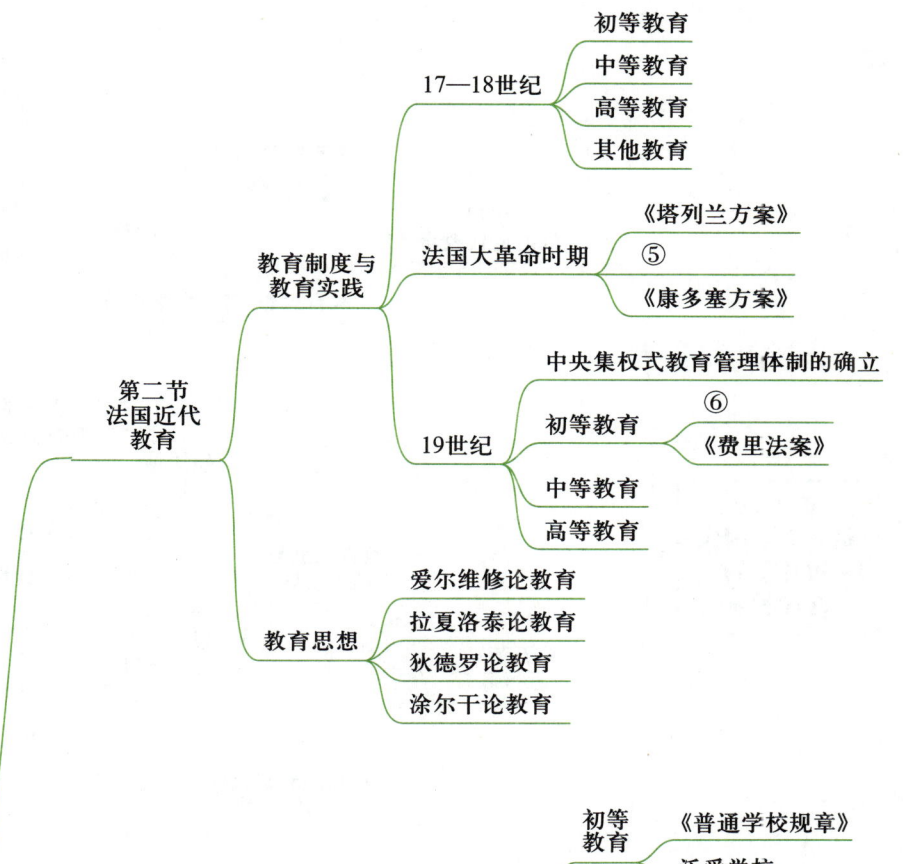
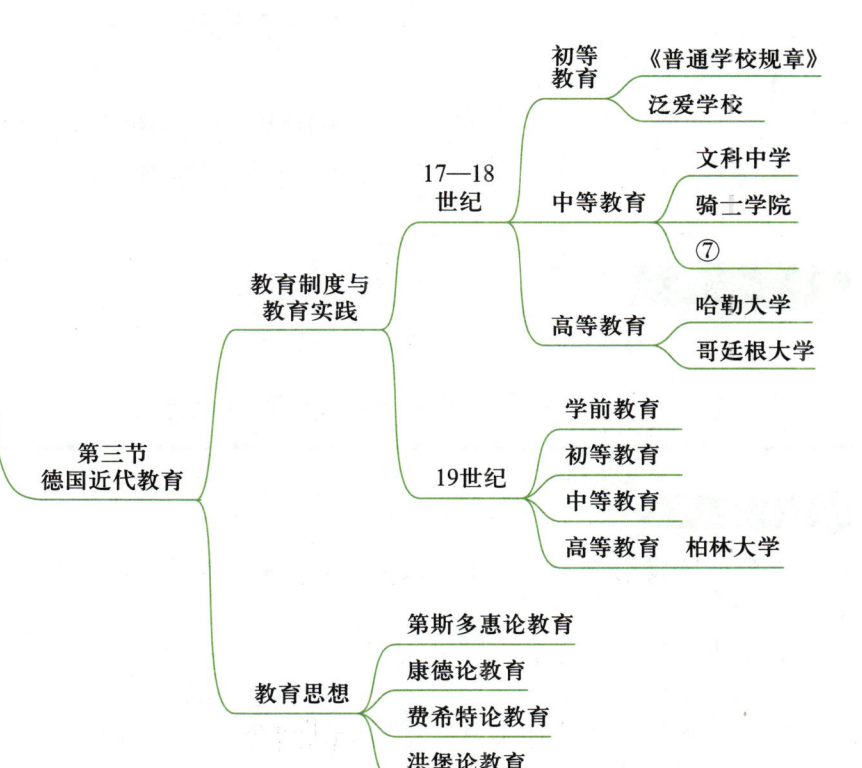

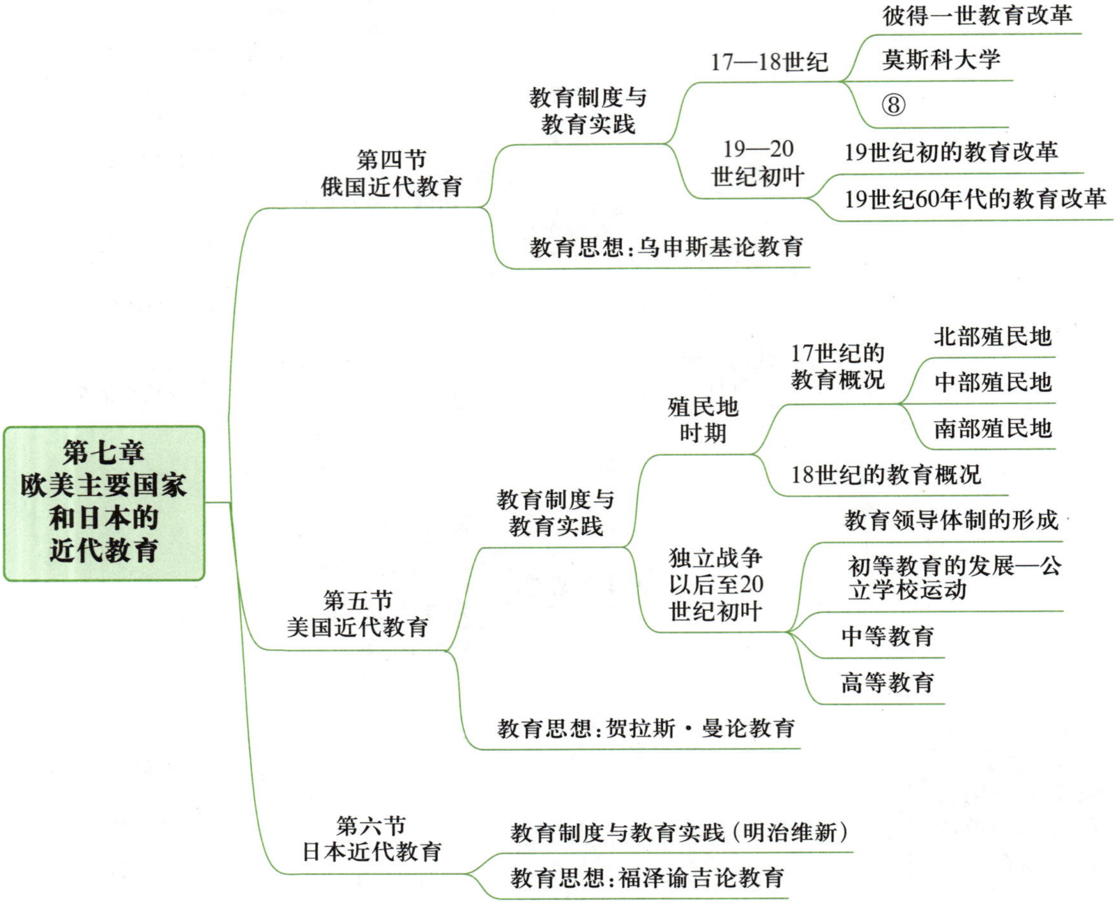

第三部分　外国教育史

思维导图：

第七章 欧美主要国家和日本的近代教育

- 第四节 俄国近代教育
  - 教育制度与教育实践
    - 17—18世纪
      - 彼得一世教育改革
      - 莫斯科大学
      -
    - 19—20世纪初叶
      - 19世纪初的教育改革
      - 19世纪60年代的教育改革
  - 教育思想：乌申斯基论教育

- 第五节 美国近代教育
  - 教育制度与教育实践
    - 殖民地时期
      - 17世纪的教育概况
        - 北部殖民地
        - 中部殖民地
        - 南部殖民地
      - 18世纪的教育概况
    - 独立战争以后至20世纪初叶
      - 教育领导体制的形成
      - 初等教育的发展——公立学校运动
      - 中等教育
      - 高等教育
  - 教育思想：贺拉斯·曼论教育

- 第六节 日本近代教育
  - 教育制度与教育实践（明治维新）
  - 教育思想：福泽谕吉论教育

考点演练

第一节　英国近代教育

一、单项选择题

1. 17—18 世纪，英国一些非国教会的个人和团体创办了一些慈善学校，以下不属于慈善学校的是（　　）。
   A. 贫儿学校　　　　　　　　B. 免费学校
   C. 流动学校　　　　　　　　D. 文法学校

2. 英国在中世纪末期出现了"公学"，关于"公学"的说法中错误的是（　　）。
   A. 公学是为平民阶级服务的　　　　B. 公学由公众团体集资兴办

C. 教学目的是培养一般公职人员　　　D. 注重古典文及宗教课程的学习

3. 由英国传教士贝尔和兰开斯特所创,目的是解决英国近代教育大发展背景下初等教育师资匮乏问题的制度是(　　)。
　A. 导师制　　　　　　　　　　　　B. 导生制
　C. 葛雷制　　　　　　　　　　　　D. 道尔顿制

4. 英国第一个关于初等教育的法案是(　　)。
　A.《初等教育法》　　　　　　　　　B.《基佐法案》
　C.《费里法案》　　　　　　　　　　D.《普通学校法》

5. (　　)的成立,标志着新大学运动的开始。
　A. 牛津大学　　　　　　　　　　　B. 剑桥大学
　C. 伦敦大学学院　　　　　　　　　D. 哈佛大学

6. 下列关于"新大学运动"的说法中,错误的是(　　)。
　A. 采取全日制制度　　　　　　　　B. 私立,男女学生均可进入
　C. 学生多为工商业子弟　　　　　　D. 重视科学、数学和商业

7. 19世纪40年代,英国全日制大学以校内或校外讲座形式,将教育提供给非全日制学生,这就是(　　)。
　A. 新大学运动　　　　　　　　　　B. 大学大众化运动
　C. 大学普及化运动　　　　　　　　D. 大学推广运动

8. 认为家庭教育比学校教育优越的西方教育家是(　　)。
　A. 夸美纽斯　　B. 洛克　　　C. 赫尔巴特　　　D. 昆体良

9. 洛克的绅士教育理论认为,一个合格绅士第一位的品质是(　　)。
　A. 温文尔雅　　　　　　　　　　　B. 学问通达
　C. 知识渊博　　　　　　　　　　　D. 品德高尚

10. 认为"健康的精神寓于健康的身体中"的是(　　)。
　A. 培根　　　B. 弥尔顿　　　C. 洛克　　　D. 斯宾塞

11. 外国教育史上第一次明确提出"教育预备说"观点的是(　　)。
　A. 洛克　　　B. 弥尔顿　　　C. 培根　　　D. 斯宾塞

12. 斯宾塞的课程体系以(　　)为中心,重视个人和社会生活,是教育思想上的一次变革。
　A. 宗教文化　　B. 人文知识　　C. 社会人文　　D. 科学知识

13. 19世纪中叶,主张英国的各类学校必须实施科学教育,以培养有能力利用自然科学的人的教育家是(　　)。
　A. 洛克　　　B. 赫胥黎　　　C. 斯宾塞　　　D. 达尔文

14. 根据人的心智的各种能力,培根把人类知识大致概括为(　　)。
　A. 表现记忆力的历史、表现想象力的文学、表现理解力的哲学
　B. 表现记忆力的历史、表现想象力的诗学、表现理解力的哲学
　C. 表现思维力的理学、表现想象力的文学、表现理解力的哲学
　D. 表现记忆力的历史、表现想象力的诗学、表现创造力的文学

15. 弥尔顿的教育思想主要体现在（　　）。
A.《论教育》　　　　　　　　　　B.《教育漫话》
C.《新工具》　　　　　　　　　　D.《教育论》

二、辨析题

1. 英国"公学"是专为贵族阶级服务的公立学校。
2. 洛克主张通过家庭教育培养绅士。

三、分析论述题

1. 论述洛克的绅士教育思想。
2. 论述斯宾塞的教育科学化思想。

第二节　法国近代教育

单项选择题

1. 法国资产阶级革命时期，雷佩尔提提出让5~12岁的男女儿童免费入学，由国家提供衣食住的条件的教育机构是（　　）。
A. 儿童之家　　　　　　　　　　B. 青年之家
C. 国民教育之家　　　　　　　　D. 劳作学校
2. 下列选项中，不属于法国大革命时期教育改革计划所体现的教育观念的是（　　）。
A. 建立国家教育制度　　　　　　B. 人人享有受教育的机会和权利
C. 教育内容的世俗化　　　　　　D. 教育实施的终身化
3. 法国资产阶级革命后，规定大力发展初等教育和师范教育的法案是（　　）。
A.《雷佩尔提法案》　　　　　　　B.《费里法案》
C.《基佐教育法》　　　　　　　　D.《拿破仑法》
4. 近代法国中央集权式教育管理体制确立的标志是拿破仑第一帝国时期设立的（　　）。
A. 帝国大学　　　　　　　　　　B. 教育部
C. 大学区　　　　　　　　　　　D. 索邦大学
5. 确立了法国初等教育义务、免费、世俗化三大原则的法案是（　　）。
A.《基佐教育法》　　　　　　　　B.《法卢法案》
C.《费里法案》　　　　　　　　　D.《莫雷尔法案》
6. 标志着法国传统"大学"复办的法案是（　　）。
A.《法卢法案》　　　　　　　　　B.《费里法案》
C.《莫雷尔法案》　　　　　　　　D.《国立大学组织法》
7. 提出"教育学对社会学具有明显的依赖性"的教育家是（　　）。
A. 爱尔维修　　　　　　　　　　B. 狄德罗

C. 涂尔干 D. 拉夏洛泰
8. 被称为启蒙运动和百科全书派的领袖人物，否定了爱尔维修"教育万能论"的是（　　）。
A. 爱尔维修 B. 狄德罗
C. 涂尔干 D. 拉夏洛泰

第三节　德国近代教育

一、单项选择题

1. 受卢梭和夸美纽斯教育思想影响而在德国出现的新式学校是（　　）。
A. 劳动学校 B. 泛爱学校
C. 实科学校 D. 文科学校
2. 17—18世纪德国中等学校的主要类型是（　　）。
A. 文科中学 B. 实科中学
C. 骑士学院 D. 文法学校
3. 进入19世纪之后，德国中等教育的重要类型是（　　）。
A. 文科中学 B. 实科中学
C. 文实学校 D. 文法学校
4. 欧洲第一所新式大学是（　　）。
A. 柏林大学 B. 慕尼黑大学
C. 哥廷根大学 D. 哈勒大学
5. 下列不属于柏林大学主要办学特色的是（　　）。
A. 办学自由 B. 聘请名师
C. 服务社会 D. 教学形式
6. 19世纪，德国教育家洪堡创建了柏林大学办学模式，为大学增添了（　　）。
A. 人才培养功能 B. 科学研究功能
C. 社会服务功能 D. 文化传播功能
7. 德国最早的师资培养机构是（　　）。
A. 技术学院 B. 大学
C. 培训学院 D. 师资养成所
8. 第斯多惠认为，（　　）是对教师的基本要求，是一切课堂教学的基本原则，同时也是一切教育教学工作所必须追求的最高理想与境界。
A. 遵循文化原则 B. 遵循自然原则
C. 遵循连续性与彻底性原则 D. 遵循直观教学原则
9. 康德将全部教育分为体育、训育、道德陶冶和（　　）。
A. 智育 B. 美育 C. 联想 D. 管束
10. 主张"政府是实施国民教育的主体"的教育家是（　　）。

A. 康德 B. 费希特
C. 洪堡 D. 第斯多惠

11. 洪堡对大学革新提出的三个基本原则,其中不包括( )。

A. 独立性、自由与合作相统一的原则

B. 教学与研究相统一的原则

C. 自然教育原则

D. 科学统一的原则

二、分析论述题

论述19世纪洪堡对德国高等教育的改革。

第四节 俄国近代教育

单项选择题

1. 俄国史上发布最早的有关国民教育制度的正式法令,标志着俄国教育制度化和法制化开端的法令是( )。

A.《大学附属学校章程》

B.《俄罗斯帝国国民学校章程》

C.《国民教育暂行章程》

D.《国民教育部女子学校章程》

2. 下列选项中,( )不是乌申斯基主张的教学原则。

A. 自觉性与积极性原则 B. 直观性原则
C. 发展性原则 D. 巩固性原则

3. 被誉为"俄国教育科学的创始人""俄国教师的教师"的教育家是( )。

A. 别林斯基 B. 乌申斯基
C. 托尔斯泰 D. 皮洛果夫

4. 乌申斯基认为,教育学是一门最高级的艺术,只有依据许多广泛而复杂的科学所提供的知识建立起来的广义教育学,才能为教育实践提供真正的帮助。在这些知识中,最重要的是( )。

A. 生理学和心理学 B. 心理学和逻辑学
C. 生理学和教育史 D. 教育史和心理学

5. 关于教育的本质,乌申斯基的基本看法是( )。

A. 教育是一门科学 B. 教育是一门艺术
C. 教育是一门文化 D. 教育是一门学科

第五节　美国近代教育

一、单项选择题

1. 19世纪,美国的教育管理实行(　　)。
   A. 中央地方共权制　　B. 中央集权制
   C. 地方分权制　　　　D. 民族区域自治制
2. 19世纪,美国中等教育的机构主要是(　　)。
   A. 实科中学和文科中学　　B. 文法学校和公学
   C. 中学和公学　　　　　　D. 文实中学和公立中学
3. 使美国各州义务教育得到普及,形成现代教育体制的是(　　)。
   A. 公立学校运动　　B. 《莫雷尔法案》
   C. 美国的独立　　　D. 学术大学的创建
4. 美国的第一所现代化大学,重视学术性研究,并在全国首设研究生院的是(　　)。
   A. 哈佛学院　　　　B. 哈佛大学
   C. 弗吉尼亚大学　　D. 霍普金斯大学
5. 被称为"美国公立学校之父"的是(　　)。
   A. 帕克　　B. 贺拉斯·曼
   C. 杜威　　D. 克伯屈
6. 规定联邦政府按各州在国会的议员人数,以每名议员三万英亩的标准向各州拨赠土地的法案是(　　)。
   A.《莫雷尔法案》　　B.《福斯特法案》
   C.《费舍法案》　　　D.《费里法案》

二、简答题

1. 简述19世纪美国实行的公立学校运动。
2. 简述19世纪美国高等教育的特点。

三、分析论述题

论述贺拉斯·曼的教育思想。

第六节　日本近代教育

一、单项选择题

1. 1872年,日本制定并颁布的该国近代第一个教育改革法令是(　　)。

A.《学制令》 B.《教育令》
C.《中学校令》 D.《帝国大学令》

2. 明治维新促进了日本教育的近代化。下列关于明治维新的教育改革措施表述中错误的是（　　）。

A. 废除封建教育体制 B. 普及初等义务教育
C. 建立完善的师范教育体制 D. 不提倡发展职业技术教育

3. 1886 年，日本政府颁布《师范学校令》，将师范学校分为寻常师范学校和（　　）。

A. 普通师范学校 B. 高等师范学校
C. 中等师范学校 D. 初等师范学校

4. 被日本称为"日本近代教育之父""明治时期教育的伟大功臣"的是（　　）。

A. 贺拉斯·曼 B. 赫尔巴特
C. 夸美纽斯 D. 福泽谕吉

二、分析论述题

论述日本明治维新时期的教育改革。

第八章 西欧近代教育思想与教育思潮

- 第八章 西欧近代教育思想与教育思潮
  - 第一节 夸美纽斯的教育思想
    - 论教育的目的和作用
      - 教育目的：达到永生+为现实服务
      - 教育作用：建设国家、改造社会、个人发展、宗教
    - ① 自然界的规则+人的自然本性
    - 论普及教育和统一学制
      - 普及教育 "把一切事物教给一切人"
      - 统一学制 从出生到成年分为四个时期设立相适应的学校
    - 论学年制和班级授课制
      - 学年制：同一时间开学、放假、入学、升级
      - 班级授课制：分班教学、统一教材和计划、每班分组
    - 论教学原则
      - ② 教学的"金科玉律"
      - 巩固性原则 练习和复习，把自己掌握的知识教给别人
      - ③ 首次提出
      - 系统性和循序渐进性原则 教学工作的客观规律性
      - 激发学生求知欲望原则 提高学生学习的主动性和自觉性
      - 启发诱导原则 循循善诱
    - 论道德教育 德育比智育更为重要
    - 论健康教育 提高生命的质量、注意身体的保养和锻炼
    - 论教育与教学管理 国家设置督学
    - 夸美纽斯教育思想的历史地位与影响
  - 第二节 卢梭的教育思想
    - 性善论与感觉论
      - 性善论 自然是善的，人性是善的
      - 感觉论 感觉是知识的来源
    - 自然教育理论
      - 含义 "回归自然"
        - 善良天性
        - 自然、事物、人为
        - 消极教育
      - 目的 ④ 独立、平等、自由、自食其力
      - 方法原则
        - 正确看待儿童
        - 给儿童充分自由
        - 注意个体差异
      - 实施
        - 婴儿期 身体的养育和锻炼
        - 儿童期 感觉教育
        - ⑤ 智育、劳动教育
        - 青春期 道德教育、宗教教育和性教育
      - 影响 现实意义、借鉴意义
    - 公民教育理论 教育要为国家培养忠诚的爱国者
    - 女子教育论 女子和男子一样，也要接受教育
    - 卢梭教育思想的历史地位与影响

第八章 西欧近代教育思想与教育思潮

第三节 裴斯泰洛齐的教育思想

- 教育实践活动　新庄、斯坦兹、布格多夫、伊佛东时期
- 教育目的论　教育的首要功能应是促进人的发展
- 和谐教育论　受教育机会的公平性、教育应适应自然、培养完整的人性
- 要素教育论
  - 基本思想　从最简单的要素开始
  - 基本内容
    - 德育　要素：儿童对母亲的爱
    - 智育　要素：数目、形状和语言
    - 体育　要素：关节活动
- 教育心理学化论
  - 教育的目的和理论指导心理学化
  - 教学内容心理学化
  - 教学原则和教学方法的心理学化
  - 让儿童成为自己的教育者
- 初等学校各科教学法论
  - 语言教学　发音、单词、语言
  - 算术教学　计数
  - 测量教学（形状教学）　直线
  - 地理教学　由近及远
- 教育与生产劳动相结合论　第一位将其付诸实践的教育家
- 裴斯泰洛齐教育思想的历史地位与影响

第四节 赫尔巴特的教育思想

- 教育实践活动
  - 日内瓦—不来梅时期(1797—1802年)
  - 哥廷根时期(1802—1809年)
  - 柯尼斯堡时期(1809—1833年)
- 教育思想的理论基础
  - 伦理学基础　⑥
  - 心理学基础　统觉、兴趣和注意
- 课程理论
  - 经验、兴趣与课程　经验的兴趣和同情的兴趣
  - 统觉与课程　"相关"和"集中"两项原则
  - 儿童发展与课程　以文化纪元理论为基础
- 教学理论
  - 教学进程理论(教学方法)　单纯提示的教学、分析教学和综合教学
  - 教学形式阶段理论　⑦
- 道德教育理论
  - 教育的目的
    - "可能的目的"　发展儿童多方面的兴趣
    - "必要的目的"　内心自由、完善、仁慈、正义、公平
  - 教育性教学原则　教育(道德教育)只有通过教学才能产生实际作用,教学是道德教育的基本途径
  - 儿童管理和训育论
    - 儿童管理的目的是为了"造就一种守秩序的精神"
    - 训育是指有目的地进行培养,目的在于形成性格的道德力量
- 赫尔巴特教育思想的传播与影响

第五节 福禄培尔的教育思想

- 论教育的基本原理
  - 统一的原则
  - 顺应自然的原则
  - 发展的原则
  - 创造的原则
- 幼儿园教育理论
  - 意义与任务
    - 家庭教育补充
    - 游戏和活动,培养儿童
  - 教育方法　自我活动或自动性
  - 课程
    - 游戏和歌谣　《母亲与儿歌》
    - ⑧　供儿童使用的教学用品
    - 作业　将恩物的知识运用于实践
    - 运动游戏　部分—整体
    - 自然研究　对自然科学研究的兴趣
- 幼儿园到学校的过渡　"中间学校"
- 福禄培尔教育思想的传播与影响

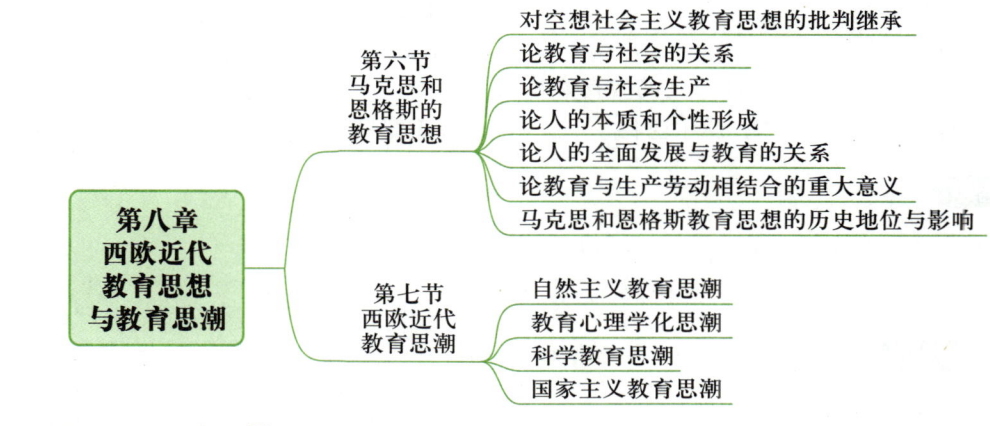

第一节 夸美纽斯的教育思想

一、单项选择题

1. 贯穿于夸美纽斯整个教育理论体系的一条根本性的指导原则是（   ）。
   A. 直观性原则   B. 循序渐进原则
   C. 教育适应自然原则   D. 巩固性原则

2. （   ）是夸美纽斯教育体系的指导原则之一，也是其教育理论的核心，是他从事教育实践和研究教育理论的出发点和归宿点。
   A. 巩固性原则   B. 直观性原则
   C. 量力性原则   D. 泛智思想

3. 提出"把一切事物教给一切人"的欧洲近代教育家是（   ）。
   A. 卢梭   B. 夸美纽斯
   C. 乌申斯基   D. 福禄培尔

4. 最早提出班级授课制的教育家是（   ）。
   A. 夸美纽斯   B. 赫尔巴特
   C. 杜威   D. 洛克

5. 直观性教学原则是教师教学的"金科玉律"是（   ）的名言。
   A. 洛克   B. 卢梭
   C. 夸美纽斯   D. 欧文

6. 被称为欧洲第一部儿童看图识字课本的是（   ）。
   A.《大教学论》   B.《母育学校》
   C.《世界图解》   D.《泛智学校》

7. 标志独立形态的教育学开端的是（   ）。

A.《大教学论》 B.《母育学校》
C.《世界图解》 D.《语言学入门》
8. 西方第一个提出量力性原则的教育家是（　　）。
A. 杜威　　　　B. 赫尔巴特　　　　C. 夸美纽斯　　　　D. 洛克

二、简答题

1. 简述夸美纽斯教育适应自然的原则。
2. 简述夸美纽斯的"泛智"思想。

三、分析论述题

论述夸美纽斯的教育思想。

第二节　卢梭的教育思想

一、单项选择题

1. 卢梭认为,所有一切都是通过人的感觉而进入人的头脑的,因此（　　）是知识的来源。
A. 教材 B. 外部灌输
C. 感觉 D. 直接经验
2. 18世纪,法国教育家卢梭将每个人接受的教育分为三类,即（　　）。
A. 知识的教育、道德的教育和劳动的教育
B. 自然的教育、事物的教育和人为的教育
C. 社会的教育、家庭的教育和学校的教育
D. 自然的教育、社会的教育和个人的教育
3. 卢梭自然主义教育理论中的"消极教育"意指（　　）。
A. 教育作用有限
B. 教育在于等待儿童的自然发展
C. 教育对儿童发展难以发挥积极作用
D. 教育需要遵循儿童天性,防范外界不良影响
4. 认为教育应当是自然的,应当是遵循自然的,教育的目的就是要培养自然人的是（　　）。
A. 卢梭 B. 夸美纽斯
C. 福禄培尔 D. 裴斯泰洛齐
5. 以下（　　）不是卢梭关于自然教育的方法、原则。
A. 正确看待儿童 B. 给儿童自由
C. 积极干预 D. 注意个体差异
6. 卢梭认为,适合进行道德教育的人生阶段是（　　）。

A. 婴儿期　　　　　　　　　B. 儿童期
C. 青年期　　　　　　　　　D. 青春期

7. 德国的泛爱教育运动、瑞士的裴斯泰洛齐的教育实验、美国的进步主义教育运动等,都受到(　　)启发。
A. 卢梭　　　　　　　　　　B. 夸美纽斯
C. 福禄培尔　　　　　　　　D. 裴斯泰洛齐

二、辨析题

1. 卢梭认为男女应该接受同样的教育,二者接受教育的目的也是一致的。
2. 自然主义教育思潮主要是指卢梭的自然教育思想。

三、分析论述题

论述卢梭的自然教育理论。

第三节　裴斯泰洛齐的教育思想

一、单项选择题

1. (　　)是裴斯泰洛齐提出的,其认为教育过程须从一些简单的因素开始,逐步提高儿童的认识水平。
A. 道德教育论　　　　　　　B. 自然教育论
C. 要素教育论　　　　　　　D. 活动教育论

2. 裴斯泰洛齐认为,体育教育最基本的要素是(　　)。
A. 关节活动　　B. 体力　　C. 耐力　　D. 速度

3. 在西方教育史上,第一个明确提出"教育心理学化"口号和诉求的教育家是(　　)。
A. 卢梭　　　　　　　　　　B. 夸美纽斯
C. 福禄培尔　　　　　　　　D. 裴斯泰洛齐

4. 现代初等学校各科教学法的奠基人是(　　)。
A. 卢梭　　　　　　　　　　B. 夸美纽斯
C. 福禄培尔　　　　　　　　D. 裴斯泰洛齐

5. 西方教育史上,最早将教育与生产劳动相结合的思想付诸实践的教育家是(　　)。
A. 柏拉图　　　　　　　　　B. 夸美纽斯
C. 卢梭　　　　　　　　　　D. 裴斯泰洛齐

6. 裴斯泰洛齐将测量教学称为形状教学,构成各种形状的最简单的要素是(　　)。
A. 点　　　　B. 曲线　　　　C. 直线　　　　D. 圆

二、分析论述题

1. 论述裴斯泰洛齐的要素教育论。
2. 论述裴斯泰洛齐教育心理学化思想。
3. 论述裴斯泰洛齐初等学校各科教学法论。

第四节 赫尔巴特的教育思想

一、单项选择题

1. "教育作为一种科学,是以实践哲学和心理学为基础的。前者指明目的,后者指明途径、手段。"其中,实践哲学指(　　)。
   A. 社会学   B. 伦理学
   C. 政治哲学   D. 宗教信仰
2. 第一位把心理学作为一门独立学科加以研究并努力把它建成为一门科学的教育家是(　　)。
   A. 卢梭   B. 夸美纽斯
   C. 福禄培尔   D. 赫尔巴特
3. 赫尔巴特伦理学的基本内容之一,是提出五种道德观念,即(　　)。
   A. 智慧、勇敢、仁慈、公正、自由   B. 智慧、勇敢、平等、公正、自由
   C. 内心自由、完善、仁慈、正义、公平   D. 内心自由、完善、勇敢、正义、公平
4. 赫尔巴特认为,教育目的可以分为两部分,即可能的目的和(　　)。
   A. 一般的目的   B. 具体的目的
   C. 个别的目的   D. 必要的目的
5. 赫尔巴特认为,"教学如果没有进行道德教育,只是一种没有目的的手段,道德教育(或称品格教育)如果没有教学,就是一种失去了手段的目的""我不承认有任何'无教育'的教学"。这反映了(　　)。
   A. 教育性教学原则   B. 因材施教的教学原则
   C. 循序渐进的教学原则 D. 把握教学时机的原则
6. 赫尔巴特为课程设计提出了"相关"和"集中"两项原则,这两项原则的理论基础是(　　)。
   A. 统觉原理   B. 多方面兴趣原理
   C. 符合儿童经验原理 D. 符合儿童的年龄发展阶段原理
7. 赫尔巴特提出教学形式阶段理论,认为任何教学活动都必须经历的四个阶段是(　　)。
   A. 注意、期待、要求、行动   B. 明了、联合、系统、方法
   C. 注意、期待、相关、集中   D. 明了、联合、提示、巩固
8. 标志着教育学已经成为一门独立学科的是(　　)。

A.《爱弥儿》　　　　　　　　　　B.《民主主义与教育》
C.《普通教育学》　　　　　　　　D.《教育学讲授纲要》

9. 赫尔巴特把多种多样的兴趣划分为经验的兴趣和同情的兴趣。其中,经验的兴趣包含(   )。
　A. 经验的、思辨的和审美的　　　B. 同情的、社会的和宗教的
　C. 经验的、社会的和宗教的　　　D. 同情的、思辨的和审美的

二、简答题

1. 简述赫尔巴特教育学的伦理学基础。
2. 简述赫尔巴特教育性教学原则。

三、分析论述题

1. 论述赫尔巴特的教学形式阶段理论。
2. 论述赫尔巴特关于经验、兴趣与课程。

第五节　福禄培尔的教育思想

一、单项选择题

1. 教育史上,首创"没有书本的学校",被誉为"幼儿教育之父"的教育家是(   )。
　A. 赫尔巴特　　B. 夸美纽斯　　C. 卢梭　　D. 福禄培尔
2. 福禄培尔关于幼儿园教育方法的基本原理是(   )。
　A. 训育　　　　　　　　　　　　B. 自我活动
　C. 教育性教学　　　　　　　　　D. 实际生活训练
3. 福禄培尔创制的一套供儿童使用的教学用品名为(   )。
　A. 恩物　　　　B. 串珠　　　　C. 作业　　　　D. 玩具
4. 在教育史上第一次把自然哲学中"进化"的概念完全而充分地运用于人的发展和人的教育的是(   )。
　A. 赫尔巴特　　B. 裴斯泰洛齐　　C. 马克思　　D. 福禄培尔
5. 福禄培尔的恩物和作业的区别是(   )。
　A. 恩物是一种游戏用具,作业是将恩物用于创造和实践的游戏
　B. 恩物在先,作业在后
　C. 作业重在接受和吸收,恩物重在发表、创造和表现
　D. 作业是恩物的一种材料,恩物还有其他材料

二、分析论述题

比较福禄培尔与蒙台梭利的幼儿教育理论的异同。

第六节　马克思和恩格斯的教育思想

单项选择题

马克思和恩格斯认为，实现人的全面发展的基本途径是（　　）。
A. 发展生产力　　　　　　　　B. 消灭社会分工
C. 普及教育　　　　　　　　　D. 教育与生产劳动相结合

第七节　西欧近代教育思潮

一、单项选择题

1. 在历史上首次提出"教育遵循自然"的原则的教育家是（　　）。
   A. 赫尔巴特　　　　　　　　B. 夸美纽斯
   C. 卢梭　　　　　　　　　　D. 亚里士多德
2. 下列关于自然主义教育思想的局限性，不包括（　　）。
   A. 有些自然主义教育家对于"自然"的概念界定并不清晰
   B. 有些自然主义教育家混淆了自然现象和社会现象的区别
   C. 运用类比论证、思辨演绎等论述儿童教育和教育方法，有一定的科学依据
   D. 有些自然主义教育家忽视了教育的社会制约性，未能深刻揭示教育的本质
3. 教育心理学化思潮是一场建立在心理学基础上的教育思想革新运动，其产生的理论渊源不包括（　　）。
   A. 古希腊哲学　　　　　　　B. 自然主义教育思想
   C. 经验主义哲学　　　　　　D. 国家主义教育思想
4. 认为"教育的目的在于为完满的生活做准备的"的近代教育思潮是（　　）。
   A. 自然主义教育思潮　　　　B. 教育心理学化思潮
   C. 科学教育思潮　　　　　　D. 国家主义教育思潮
5. 积极倡导采取不同措施从教会手中夺取学校教育控制权的近代教育思潮是（　　）。
   A. 自然主义教育思潮　　　　B. 科学教育思潮
   C. 教育心理学化思潮　　　　D. 国家主义教育思潮

二、分析论述题

论述西方近代自然主义教育思潮。

第九章

19世纪末至20世纪前期欧美教育思潮和教育实验

- 第九章 19世纪末至20世纪前期欧美教育思潮和教育实验
  - 第一节 新教育运动
    - 新教育运动的形成和发展
      - 新教育运动的定义
      - 新教育运动的发展历程
    - 新教育实验
      - ① 新教育运动的开端，欧洲"新学校"的典范
      - 乡村教育之家　德国的第一所乡村教育学校
      - 罗歇斯学校　法国第一所新学校
    - 新教育理论
      - 梅伊曼和拉伊的实验教育学
      - 凯兴斯泰纳的"公民教育"与"劳作学校"理论
      - 蒙台梭利的教育思想
        - 论幼儿的发展
        - 论自由、纪律与工作
        - 幼儿教育的内容
      - 爱伦·凯的教育观
      - 德克乐利的教育观
      - 罗素的教育观
  - 第二节 进步教育运动
    - 进步教育运动始末
      - 进步教育运动的含义
      - 进步教育运动的发展阶段
    - 进步教育实验
      - 昆西教学法
        - ②
        - 重视学校的社会功能
        - 主张学校课程应尽可能与实践活动相联系
        - 强调培养儿童自我探索和创造的精神
      - 有机教育学校
        - ③
        - 教育方法是"有机的"
        - 主张以一般的发展来调整分班
        - 课程计划以活动为主
        - 作业、课文和考试都被取消
        - 重视社会意识的培养
        - 反对放纵儿童

第九章 19世纪末至20世纪前期欧美教育思潮和教育实验

第二节 进步教育运动

进步教育实验

④
- 以杜威的基本思想为依据,把学校分为四个部分
- 教学采用二重编制法,即将全校学生一分为二
- 美国进步教育思想的最卓越的例子

道尔顿制 **⑤**
- 将各教室改为各科作业室或实验室
- 用"表格法"来了解学生的学习进度

文纳特卡计划 **⑥**
- 课程分为两个部分:共同知识或技能;创造性的、社会性的作业

设计教学法
- 设计教学法分成四种类型:生产者的设计、消费者的设计、问题的设计、练习的设计
- 设计教学法有四个步骤:决定目的、制订计划、实施计划和评判结果

第一节 新教育运动

单项选择题

1. 被称为"新教育之父"的英国教育家是(　　)。
   A. 德摩林　　　　B. 利茨　　　　C. 雷迪　　　　D. 德可乐利

2. "新教育运动"结束的标志是(　　)。
   A. 雷迪的阿博茨霍姆学校　　　　B. 梅伊曼、拉伊的实验教育学
   C. 1921年国际新教育协会　　　　D. 1966年世界教育联谊会

3. 下列关于乡村寄宿学校的特征,表述错误的是(　　)。
   A. 新学校都设在远离城市、自然环境优美的乡村
   B. 新学校教育具有普及性,招收对象扩大到平民子弟
   C. 教学内容注重与社会实际生活紧密相连
   D. 新学校在管理、教育和教学上具有民主和自由的色彩

4. 提出"公民教育"和"劳作学校"理论的是(　　)。
   A. 列宁　　　　　　　　　　　B. 拉夏洛泰
   C. 裴斯泰洛齐　　　　　　　　D. 凯兴斯泰纳

5. 蒙台梭利非常重视幼儿的(　　),这是"儿童之家"的重要特色。
   A. 体育锻炼　　　　　　　　　B. 品德教育
   C. 感官训练　　　　　　　　　D. 集体教育

6. 蒙台梭利有力量的活动或作业称为(　　)。
   A. 工作　　　　　B. 游戏　　　　　C. 恩物　　　　　D. 玩具

第二节　进步教育运动

一、单项选择题

1. 进步教育运动衰落的原因,下列表述中错误的是(　　)。
   A. 进步教育运动不能与美国社会的不断变化始终保持同步
   B. 过分强调儿童个人的自由,忽视社会和文化对个人发展的决定作用
   C. 改造主义和各种保守主义的支持,加速了衰落的进程
   D. 过分否定学校工作的一些基本规律,导致教学质量的下降
2. 美国教育家沃特担任葛雷市公立学校督学时所推行的一种进步主义性质的教学制度称为(　　)。
   A. 葛雷制　　　　　　　　　　　B. 昆西教学法
   C. 道尔顿制　　　　　　　　　　D. 设计教学法
3. 针对班级授课制的弊端,美国进步主义教育家帕克赫斯特所提出的个别教学制度被称为(　　)。
   A. 道尔顿制　　　　　　　　　　B. 葛雷制
   C. 昆西制度　　　　　　　　　　D. 文纳特卡制
4. 美国教育家华虚朋提出的教学法是(　　)。
   A. 葛雷制　　　　　　　　　　　B. 文纳特卡制
   C. 道尔顿制　　　　　　　　　　D. 双校制
5. 以"强调儿童应处于学校教育的中心;重视学校的社会功能;主张学校课程应尽可能与实践活动相联系;强调培养儿童自我探索和创造的精神"为特征的教学法是(　　)。
   A. 昆西教学法　　　　　　　　　B. 葛雷制
   C. 道尔顿制　　　　　　　　　　D. 文纳特卡制
6. 课程设置能保持儿童的天然兴趣和热情,管理方式经济而有较高的效率,被认为是美国进步教育思想最卓越的例子的是(　　)。
   A. 昆西教学法　　　　　　　　　B. 葛雷制
   C. 道尔顿制　　　　　　　　　　D. 文纳特卡制
7. 在学校里废除课堂教学,废除课程表和年级制,代之以"公约"或合同式的学习的制度是(　　)。
   A. 昆西教学法　　　　　　　　　B. 葛雷制
   C. 道尔顿制　　　　　　　　　　D. 文纳特卡制
8. 下列关于设计教学法,表述错误的是(　　)。
   A. 有目的的活动是设计教学法的核心

B. 儿童自动地、自发地有目的地学习是设计教学法的本质
C. 放弃固定的课程体制,取消分科教学
D. 将各教室改为各科作业室或实验室,按学科的性质陈列参考用书和实验仪器

二、分析论述题

1. 论述新教育运动与进步教育运动的异同。
2. 19 世纪末至 20 世纪前期欧美教育思潮产生和发展的历史背景、共同特征及其意义。

第十章 欧美主要国家和日本的现代教育制度

大纲考点导图

- 第十章 欧美主要国家和日本的现代教育制度
  - 第一节 英国教育的发展
    - 20世纪前期英国教育的发展
      - ① _____ 与教育行政管理体制的变化
      - 《费舍教育法》
      - 《哈多报告》
      - 《斯宾斯报告》
      - ② _____（《巴特勒法案》）
    - "二战"后英国的教育改革
      - "罗宾斯原则"
      - 《詹姆斯报告》
      - 《雷弗休姆报告》
      - 《1988年教育改革法》
    - 20世纪90年代的教育改革
      - 初等教育的"共同化的水准"和"多样化的结构"
      - 高等教育的《1992年继续教育和高等教育法》和《学习社会中的高等教育》
  - 第二节 法国教育的发展
    - 20世纪前期法国教育的发展
      - 统一学校运动与学制改革
      - 中学课程的改革
      - ③ _____ 与职业技术教育的发展
    - "二战"后法国的教育改革
      - 《郎之万-瓦隆教育改革方案》
      - 二十世纪五六十年代的教育改革
        - 1959年《教育改革法》
        - 《国家与私立学校关系法》
        - 《高等教育方向指导法》（《富尔法案》）
      - 二十世纪七八十年代的教育改革
        - 《法国学校体制现代化建议》（《哈比法》）
      - 20世纪90年代的教育改革：《课程宪章》
  - 第三节 德国教育的发展
    - 20世纪前期德国教育的发展
      - 德意志帝国与魏玛共和国时期的教育
    - "二战"后德国的教育改革
      - ④ _____（总纲计划）
      - 《关于统一学校教育事业的修正协定》（汉堡协定）
      - 《高等学校总纲法》
      - 德国统一以来的教育改革

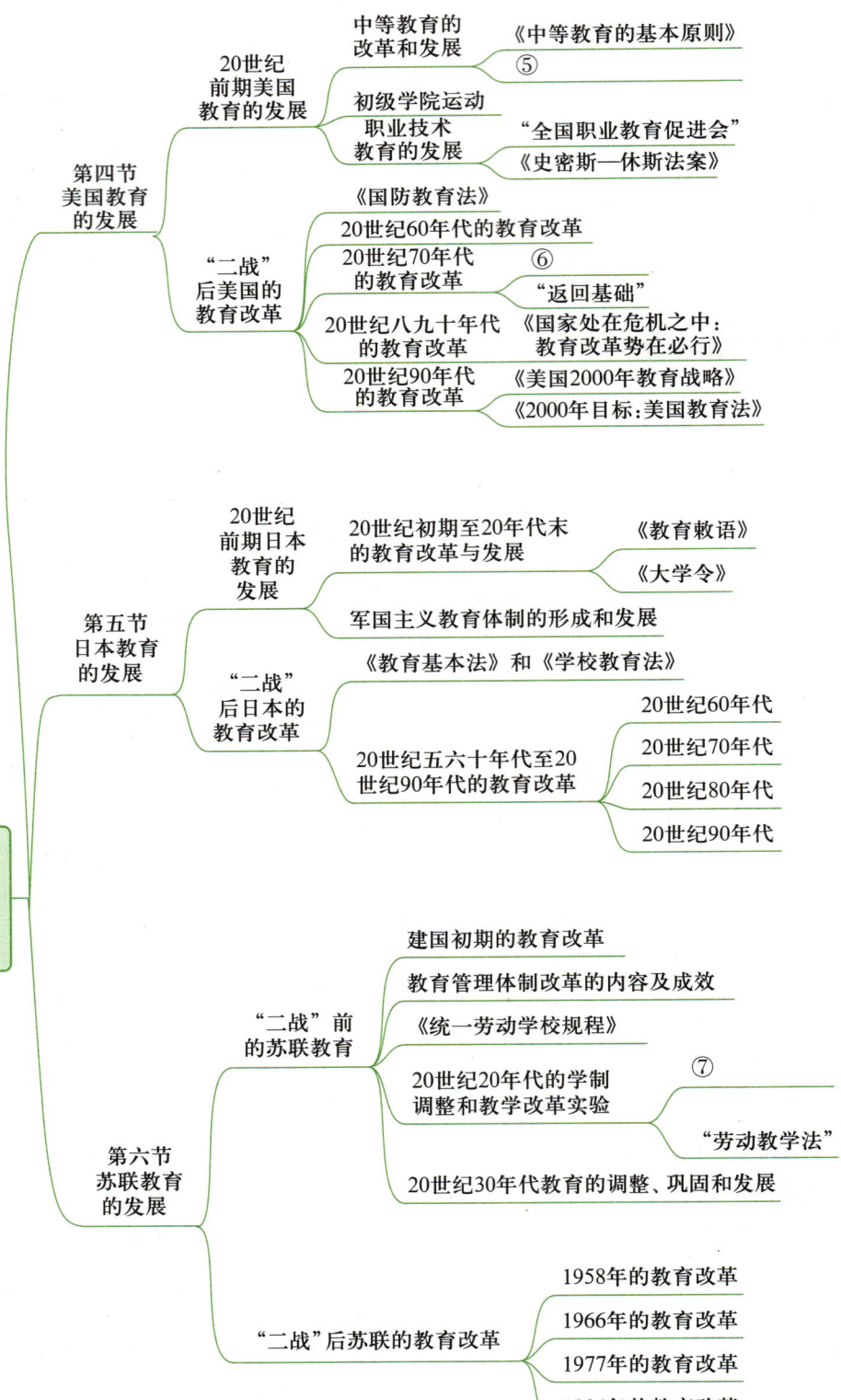

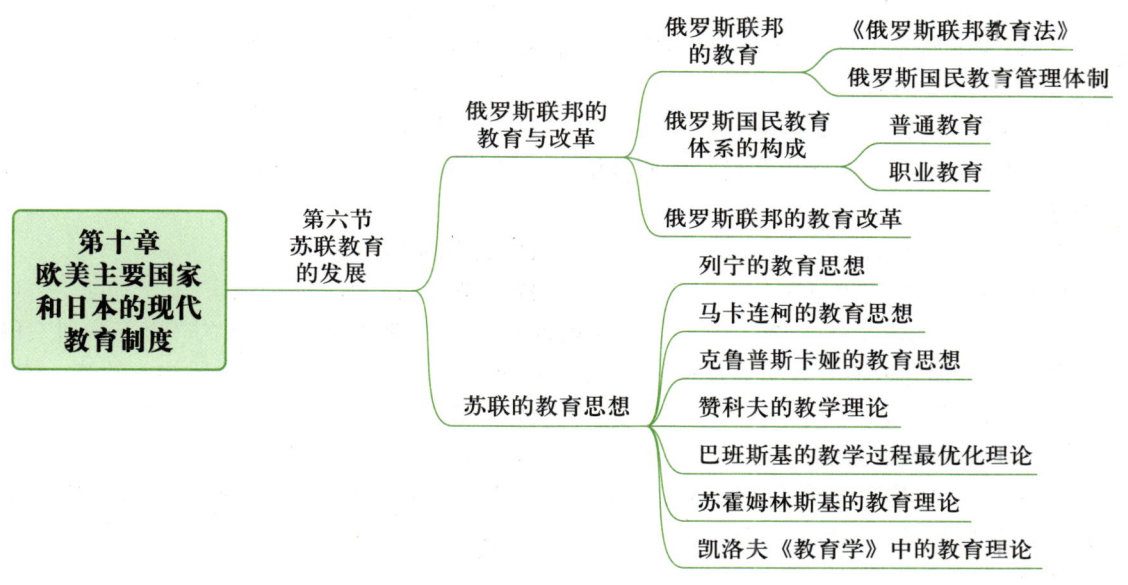

第一节　英国教育的发展

一、单项选择题

1. 20世纪英国第一个重要的教育法案,促成了英国政府教育委员会和地方教育当局的结合,形成了以地方教育当局为主体的英国教育行政管理体制的是(　　)。

　　A.《巴尔福教育法》　　　　　　　　B.《哈多报告》
　　C.《斯宾斯报告》　　　　　　　　　D.《费舍教育法》

2. 在英国历史上,首次明确宣布教育立法的实施要考虑到建立面向全体有能力受益的人的全国公共教育制度的是(　　)。

　　A.《巴尔福教育法》　　　　　　　　B.《哈多报告》
　　C.《斯宾斯报告》　　　　　　　　　D.《费舍教育法》

3. (　　)第一次从国家的角度阐明了中等教育应该面向所有儿童的设想,明确提出了初等教育后的教育分流的主张。

　　A.《哈多报告》　　　　　　　　　　B.《斯宾斯报告》
　　C.《福斯特法案》　　　　　　　　　D.《富尔法案》

4. 1938年,为适应经济发展对技术人才的广泛需求,英国政府提出了以改革中等教育为中心的(　　)。

　　A.《哈多报告》　　　　　　　　　　B.《斯宾斯报告》

C.《福斯特法案》　　　　　　　　D.《富尔法案》

5. 形成了初等教育、中等教育和继续教育相互衔接的公共教育制度的法案是（　　）。

A.《1944年教育法》　　　　　　B.《巴尔福教育法》
C.《1988年教育改革法》　　　　D.《雷弗休姆报告》

6. 建议应为所有在能力和成绩方面合格的、并愿意接受高等教育的人提供高等教育课程的改革是（　　）。

A.《1944年教育法》　　　　　　B. 开放大学
C.《1988年教育改革法》　　　　D."罗宾斯原则"

7.（　　）提出了一项全新的教师职前教育和在职培训计划，即著名的"师资培训三段法"，把师资培训分成由个人高等教育、职前教育专业训练和在职进修三个阶段构成的统一体。

A.《哈多报告》　　　　　　　　B.《罗宾斯报告》
C.《詹姆斯报告》　　　　　　　D.《雷弗休姆报告》

8. 被认为是英国高等教育体制结构变革的分水岭，标志着英国高等教育"双重制"的彻底终结与新型英国高等教育大众化框架形成的法案是（　　）。

A.《1944年教育法》
B.《巴尔福教育法》
C.《1988年教育改革法》
D.《1992年继续教育和高等教育法》

二、分析论述题

论述《1988年教育改革法》的内容。

第二节　法国教育的发展

单项选择题

1. 1919年，法国"统一学校运动"主要主张是（　　）。

A. 高等教育大众化　　　　　　　B. 中等教育普及化
C. 衔接中等教育和高等教育　　　D. 衔接初等教育和中等教育

2. 1919年，法国制定了（　　），该法被称为"技术教育宪章"，它赋予了职业技术教育与普通中等教育同等的地位。

A.《教育改革法》　　　　　　　　B.《阿斯蒂埃法》
C.《国家与私立学校关系法》　　　D.《郎之万－瓦隆教育改革方案》

3.《郎之万－瓦隆教育改革方案》规定实施（　　）岁的义务教育。

A. 6～12　　　　　　　　　　　　B. 6～15
C. 6～10　　　　　　　　　　　　D. 6～18

4. 1959年《国家与私立学校关系法》的中心目的是规定政府对私立学校采取两种经济补

助方式,即"简单契约"或( )。

A. 协作契约 B. 复杂契约
C. 联合契约 D. 单独契约

5. 确立了法国高等教育"自主自治、民主参与、多科性结构"三条办学原则的法案是( )。

A.《大学令》 B.《帝国大学令》
C.《高等教育法》 D.《高等教育方向指导法》

6. 重点在于加强职业教育,但为了加强职业教育,对普通中小学校教育管理体制、教学内容、教学方法都提出了一些改革措施的是( )。

A.《郎之万－瓦隆教育改革方案》 B.《教育改革法》
C.《富尔法案》 D.《法国学校体制现代化建议》

7. 在法国教育史上实行"三分制教学法",即把教学内容分为工具课程、启蒙课程和体育课程三个部分的教育法案是( )。

A.《法国学校体制现代化建议》 B.《教育改革法》
C.《富尔法案》 D.《郎之万－瓦隆教育改革方案》

第三节　德国教育的发展

单项选择题

1. 1959年,联邦德国进行了教育改革,公布了《改组和统一公立普通学校教育的总纲计划》主要探讨普通初等和( )。

A. 高等教育 B. 中等教育
C. 职业教育 D. 基础教育

2. 德国《汉堡协定》规定,所有儿童在接受基础学校教育和两年促进阶段或观察阶段教育之后,可以进入三种不同中学,以下不是协定所规定的是( )。

A. 主要学校 B. 实科学校
C. 完全中学 D. 文法中学

3. 既保留传统大学民主自治的特色,又注重发掘大学的潜力,以适应新的社会需求的法案是( )。

A.《魏玛宪法》 B.《改组和统一普通公立学校的总纲计划》
C.《高等学校总纲法》 D.《汉堡协定》

4. 在德意志帝国时期,德国教育形成了典型的三轨学制,产生了三种学校。其中,专门为上层阶级设立的学校是( )。

A. 实科中学 B. 文科中学
C. 国民学校 D. 中间学校

第四节　美国教育的发展

一、单项选择题

1. 1918年,美国提出了(　　)的报告,不仅肯定了六三三学制和综合中学的地位,而且提出了中学是面向所有学生并为社会服务的机构的思想。
   A.《中等教育的基本原则》　　　　B.《教育基本法》
   C.《国防教育法》　　　　　　　　D.《学校教育法》

2. "八年研究"主要涉及四个方面问题,下列不是"八年研究"议题的是(　　)。
   A. 教育目的　　　　　　　　　　B. 教育管理
   C. 课程、方法的选择　　　　　　D. 教育规划

3. 美国初级学院运动首先是由(　　)校长提出的。
   A. 哥伦比亚大学　　　　　　　　B. 芝加哥大学
   C. 哈佛大学　　　　　　　　　　D. 斯坦福大学

4. (　　)的颁布使普通教育开始由单一的升学目标转向升学和就业的双重目标,加强了普通教育与社会的联系。
   A.《富尔法案》　　　　　　　　　B.《史密斯－休斯法》
   C.《生计教育法》　　　　　　　　D.《费里法案》

5. 1957年,苏联人造卫星上天,美国举国震惊,开始反思自身的教育问题,并于次年颁布了(　　)。
   A.《国防教育法》　　　　　　　　B.《国家处在危险之中:教育改革势在必行》
   C.《高等教育法》　　　　　　　　D.《普及科学——美国2061计划》

6. 加强普通学校的自然科学、数学和现代外语("新三艺")的教学的法案是(　　)。
   A.《国防教育法》　　　　　　　　B.《国家处在危险之中:教育改革势在必行》
   C.《高等教育法》　　　　　　　　D.《普及科学——美国2061计划》

7. 20世纪60年代,美国中小学进行了旨在提升教育质量的课程改革,其主要指导思想是(　　)。
   A. 杜威的进步主义　　　　　　　B. 布鲁纳的结构主义
   C. 斯金纳的新行为主义　　　　　D. 巴格莱的要素主义

8. 20世纪60年代,美国的教育改革主要在三个方面进行,下列不包含的是(　　)。
   A. 中小学的课程改革　　　　　　B. 改善教育机会不平等问题
   C. 发展职业教育　　　　　　　　D. 发展高等教育,提高高等教育质量

9. 20世纪60年代,旨在推动黑人、白人学生合校,消除教育机会不平等的美国教育法案是(　　)。
   A.《中小学教育法》
   B.《国防教育法》

C.《国家处在危险之中：教育改革势在必行》

D.《中等教育的基本原则》

10. 美国20世纪70年代的"返回基础"主要是针对（　　）。

A. 以职业教育和劳动教育为核心的、适应瞬息万变的社会的教育

B. 解决教育机会不平等的问题

C. 中小学校出现的基础知识教学和基本技能训练方面的问题而言的

D. 消费教育、环境教育、多元文化和多种族教育、反毒品教育、性教育等一些新的教育改革动向

11. 下列选项中，不属于《国家处在危险之中：教育改革势在必行》中教育改革建议的是（　　）。

A. 加强中学5门"新基础课"的教学　　B. 提高教育标准和要求

C. 改进师资的培养　　D. 培养学生的综合思维能力

12. 1991年，美国总统布什签发了（　　），旨在缩短美国与其他国家在技术与知识方面的差距。

A.《2000年目标：美国教育法》

B.《普及科学——美国2061计划》

C.《第一课——关于美国初等教育的报告》

D.《美国2000年教育战略》

二、简答题

1. 简述美国的初级学院运动。

2. 简述美国的《国防教育法》内容。

三、分析论述题

论述美国20世纪60年代的教育改革。

第五节　日本教育的发展

单项选择题

1. 日本教育开始把儒家伦理道德规范与日本民族意识的培养结合起来，反映了日本政府统一思想和规范教育的要求的是（　　）。

A.《学校改革法》　　B.《教育基本法》

C.《教师许可证法》　　D.《教育敕语》

2. 日本政府于1918年颁布了（　　），为了适应社会对高级人才的需要，极大地促进了日本各类大学的发展。

A.《学校改革法》　　B.《教育基本法》

C.《大学令》　　　　　　　　　D.《教育敕语》

3. 1947年3月,日本国会公布了《学校教育法》和(　　)两个重要教育法案,否定了战时军国主义教育政策,为战后教育指明了发展方向。

A.《学校改革法》　　　　　　B.《教育基本法》
C.《教师许可证法》　　　　　D.《教育敕语》

4. 下列关于《学校教育法》的表述中,不正确的是(　　)。

A.《学校教育法》是《教育基本法》的具体化
B. 在教育管理上,废除中央集权制,实行地方分权
C. 在学校制度上,采用六三三四制单轨学制,延长义务教育年限
D. 在高等教育机构类型上,将原来单一类型的高等教育机构改为多种类型的大学

5. 20世纪80年代,日本国会批准成立的指导日本教育改革的领导机构是(　　)。

A. 临时教育审议会　　　　　B. 中央教育审议会
C. 终身教育审议会　　　　　D. 地方教育审议会

6. 20世纪90年代后期,日本推动高等教育管理体制改革的一大重头戏是(　　)。

A. 国立大学法人化　　　　　B. 国立大学私有化
C. 私立大学国有化　　　　　D. 私立大学集团化

第六节　苏联教育的发展

一、单项选择题

1. 苏联所进行的教育改革是在"把学校从资产阶级的阶级统治工具变为彻底消灭阶级划分的工具"的思想指导下进行的,其中,建立新的学校教育制度是(　　)。

A. 统一劳动学校　　　　　　B. 技术学校
C. 综合学校　　　　　　　　D. 国民学校

2. 俄国十月革命后,为了完成苏维埃政府的首要任务,所建立的全国教育最高领导机构是(　　)。

A. 教育人民委员部　　　　　B. 国家教育委员会
C. 国家教育部　　　　　　　D. 教育领导委员会

3. 苏联教育史上第一个重要的教育立法,世界教育史上第一次贯彻了非宗教的、真正民主的、社会主义的教育原则是(　　)。

A.《综合教育大纲》　　　　　B.《统一劳动学校规程》
C.《大学附属学校章程》　　　D.《国民学校章程》

4. 20世纪20年代,苏维埃政权教育改革的中心议题是(　　)。

A. 改革普通学校的教学内容和教学方法
B. 建立统一劳动学校
C. 开展大规模的扫盲运动

D. 解决升学与就业的矛盾

5. 20世纪20年代,苏联普通学校"综合教学大纲"取消了学科界限,将全部知识按综合形式加以排列,其中心是(　　)。

　　A. 活动　　　　　B. 自然　　　　　C. 社会　　　　　D. 劳动

6. 1931年,联共(布)中央和苏联政府颁布了一项有关教育改革的重要决定(　　),它是20世纪30年代苏联改革和发展国民教育的纲领性文件。

　　A.《关于小学和中学的决定》　　　　B.《统一劳动学校宣言》
　　C.《关于普及初等义务教育的决定》　　D.《苏联教育改革》

7. 马卡连柯教育思想的核心是(　　)。

　　A. 共产主义教育　　　　　　　　B. 社会主义教育
　　C. 国际主义教育　　　　　　　　D. 集体主义教育

8. "要尽量多地要求一个人,同时也要尽可能多地尊重他"体现了马卡连柯的(　　)。

　　A. 集体教育理论　　　　　　　　B. 纪律教育
　　C. 劳动教育理论　　　　　　　　D. 平行教育影响原则

9. 被誉为"俄国第一位马克思主义教育家、苏维埃教育学的奠基人之一"的教育家是(　　)。

　　A. 列宁　　　　　　　　　　　　B. 马卡连柯
　　C. 克鲁普斯卡娅　　　　　　　　D. 苏霍姆林斯基

10. 与传统教育体系相比,赞科夫所谓的小学教学的"新体系"新在(　　)。

　　A. 着眼于学生的一般发展　　　　B. 重视知识传授
　　C. 看重学生特殊才能的发展　　　D. 侧重于技能训练

11. 赞科夫认为,在实验教学体系中起决定性作用的教学原则是(　　)。

　　A. 在学习时高速度前进的原则　　B. 理论知识起主导作用的原则
　　C. 以高难度进行教学的原则　　　D. 使学生理解学习过程的原则

12. 使教师和学生花最少的时间和精力获得最好的教学效果,使学生获得最好的发展是(　　)提出的。

　　A. 赞科夫　　　　　　　　　　　B. 马卡连柯
　　C. 巴班斯基　　　　　　　　　　D. 苏霍姆林斯基

13. 针对苏联学校教育的弊端,苏霍姆林斯基提出了(　　)。

　　A. 和谐教育思想　　　　　　　　B. 教学与发展思想
　　C. 集体教育思想　　　　　　　　D. 终身教育思想

二、分析论述题

论述二十世纪二三十年代,苏联的教育发展情况。

第十一章 现代欧美教育思想

```
                    ┌ 教育实践活动   教育实践、研究特点
                    │ 论教育的本质   教育即生活、生长、经验的改造
         第一节     │ 论教育的目的   教育无目的、社会性目的
         杜威的     ┤ 论道德教育     任务、途径、方法
         教育思想   │ 论课程与教材   对传统课程的批判、从做中学、教材心理学化、不足
                    │ 论思维与教学方法 反省思维、思维的五步法、不足
                    └ 杜威教育思想的历史地位与影响

                                ┌ 教育目标   改造社会                 ┐
                                │ 培养精神   社会一致                 │
                         ①  ────┤ 工作依据   行为科学                 ├ 实用主义
                                │ 课程中心   社会问题                 │ 教育分支
                                └ 教师职责   劝说教育                 ┘

                                ┌ 课程核心   "共同要素"
                         ②  ────┤ 教学过程   训练智慧
第十一章                         │ 学生学习   刻苦和专心
现代欧美                         └ 教师地位   核心                              ┐
教育思想                                      ③                                │
                                            ┌ 教育目的是培养永恒的理性         │ 新传统
                         永恒主义教育 ──────┤ 古典学科在学校课程中占有中心地位 │ 教育派
                                            └ 学生通过教师的教学进行学习       │
                                                                               │
                                            ┌ 教育以宗教为基础                 │
                         新托马斯主义教育 ──┤ ④                                │
                                            │ 课程以基督教精神为基础           │
                                            └ 教育处在教会的控制之下           ┘

                                              ⑤
                                            ┌ 强调品格教育的重要性             ┐
         第二节                              │ 提倡学生自由选择道德标准         │
         现代欧美  ──── 存在主义教育 ────────┤ 主张个别教育的方法               │
         教育思潮                            └ 师生之间应该建立信任的关系       │ 以哲学
                                                                               │ 为基础
                                            ┌ 强调用逻辑方法和语言分析方法     │
                         分析教育 ──────────┤ 教育哲学要抛弃形而上学和伦理学的 │
                         哲学                │ 命题陈述                        │
                                            └ 教育哲学应澄清教育观念           ┘
```

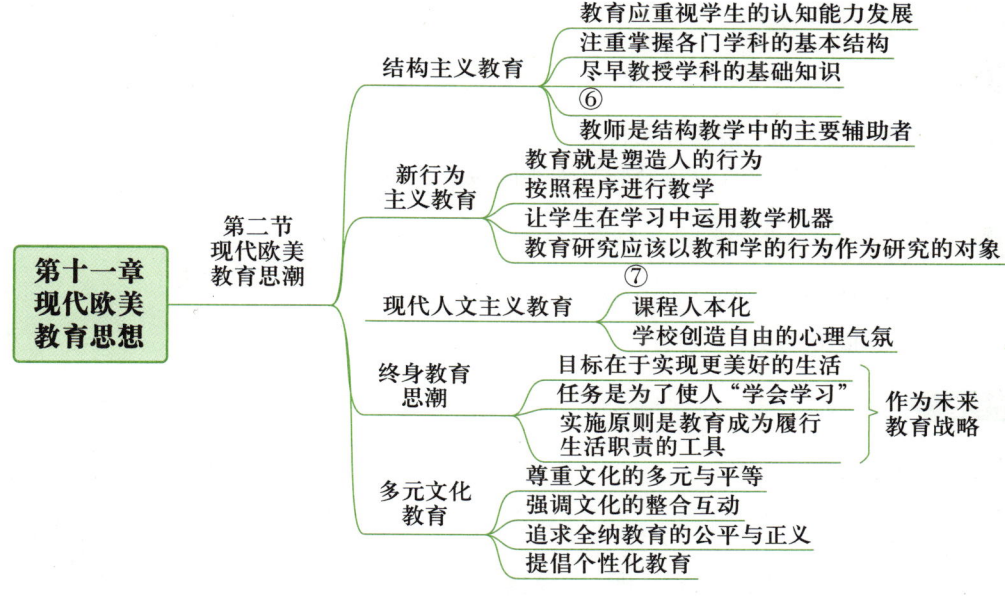

考点演练

第一节 杜威的教育思想

一、单项选择题

1. 在进步主义教育运动当中,杜威创办了( )。
   A. 芝加哥实验学校　　　　　　B. 哥伦比亚大学师范学院
   C. 皮肯希尔学校　　　　　　　D. 生活学校(隐修学校)

2. 美国教育家杜威认为:"教育的过程在它自身以外没有目的;它就是自己的目的"。因此,杜威认为( )。
   A. 教育无目的　　　　　　　　B. 教育是终极的
   C. 教育目的在教育过程之外　　D. 教育不需要目的

3. 关于"教育即生活"的解读,错误的是( )。
   A. 学校教育要与社会生活相结合　　B. 要求学校与儿童的生活相结合
   C. 要为未来生活做准备　　　　　　D. 教育是生活的过程

4. 在思维方法上,杜威提倡的是( )。
   A. 发散性思维　　　　　　　　B. 反省思维
   C. 逆向思维　　　　　　　　　D. 批判性思维

5. 杜威认为,道德教育的主要任务是( )。
   A. 协调个人与社会的关系　　　B. 净化人的心灵

C. 培养正确的价值观　　　　　　　D. 帮助作出道德判断

二、辨析题

1. 杜威的"教育无目的说"指教育无目的。
2. 杜威的"从做中学"将个人直接经验与人类间接经验对立起来。

三、简答题

1. 简述杜威"教育即生活"的基本内涵。
2. 简述杜威的思维五步法。

四、分析论述题

论述杜威的教育思想。

第二节　现代欧美教育思潮

一、单项选择题

1. 反对灌输式的教育和学习,强调教师应该通过民主的讨论和劝说教育,培养学生的"社会一致"的精神的是(　　)。
   A. 新托马斯主义教育　　　　　　B. 永恒主义教育
   C. 改造主义教育　　　　　　　　D. 结构主义教育

2. 强调"教育的性质永恒不变,强调教育的目的是要引出人类天性中共同的要素"的教育思潮的是(　　)。
   A. 结构主义教育　　　　　　　　B. 永恒主义教育
   C. 新托马斯主义教育　　　　　　D. 要素主义教育

3. 强调学生在学习上必须刻苦和专心,教师在教育和教学中的核心地位的是(　　)。
   A. 结构主义教育　　　　　　　　B. 永恒主义教育
   C. 新托马斯主义教育　　　　　　D. 要素主义教育

4. 注意"天才"的发掘和培养,发现最有能力的学生,激发他们最大的潜力的是(　　)。
   A. 永恒主义教育　　　　　　　　B. 改造主义教育
   C. 要素主义教育　　　　　　　　D. 结构主义教育

5. 教育应该以宗教为基础,以神性为最高原则的教育思潮是(　　)。
   A. 要素主义教育　　　　　　　　B. 新托马斯主义教育
   C. 永恒主义教育　　　　　　　　D. 现代人文主义教育

6. 特别强调古典自由教育,注重古典学科与经典名著学习的教育思潮是(　　)。
   A. 要素主义教育　　　　　　　　B. 新托马斯主义教育
   C. 永恒主义教育　　　　　　　　D. 现代人文主义教育

7. 在现代欧美教育思潮中,主张传授学科的基本概念和原理、提倡发现学习的是(　　)。
    A. 改造主义教育　　　　　　　　B. 要素主义教育
    C. 永恒主义教育　　　　　　　　D. 结构主义教育
8. 强调教育的本质和目的在于使学生实现"自我完成"的教育思潮是(　　)。
    A. 永恒主义教育　　　　　　　　B. 存在主义教育
    C. 分析主义教育　　　　　　　　D. 现代人文主义教育
9. 被视为未来教育战略的国际性教育思潮是(　　)。
    A. 终身教育　　　　　　　　　　B. 新托马斯主义教育
    C. 永恒主义教育　　　　　　　　D. 现代人文主义教育
10. 提出"一体化"课程,主张课程内容应建立在学生需要、生长的自然模式和个性特征基础上,体现出思维、情感和行动之间的相互渗透和相互作用的教育思潮是(　　)。
    A. 终身教育　　　　　　　　　　B. 新托马斯主义教育
    C. 永恒主义教育　　　　　　　　D. 人本主义教育
11. 20世纪30年代在欧美国家出现的新传统教育派教育思潮,与"现代教育"派教育思潮(实用主义教育、新教育、进步主义教育)相对立。其中,不属于新传统教育派教育思潮是(　　)。
    A. 永恒主义教育　　　　　　　　B. 新托马斯主义教育
    C. 要素主义教育　　　　　　　　D. 人本主义教育
12. 强调"教育研究应该以教和学的行为作为研究的对象"的教育思潮是(　　)。
    A. 新行为主义　　　　　　　　　B. 新托马斯主义
    C. 永恒主义　　　　　　　　　　D. 要素主义
13. 追求全纳教育的公平与正义的教育思潮是(　　)。
    A. 多元文化　　　　　　　　　　B. 新托马斯主义
    C. 永恒主义　　　　　　　　　　D. 要素主义

二、分析论述题

1. 论述改造主义教育。
2. 论述要素主义教育。
3. 论述终身教育思想的内涵及影响。

第四部分

教育心理学

第一章 教育心理学概述

大纲考点导图

- 第一章 教育心理学概述
  - 第一节 教育心理学的研究对象和研究任务
    - 研究对象
      - ①
      - 教学心理
      - 学生心理和教师心理
    - 研究任务
      - 描述和测量
      - ②
      - 预测和控制
  - 第二节 教育心理学的历史发展
    - 教育心理学的起源
      - 古代思想起源
      - 近代思想起源
    - 教育心理学的发展过程
      - 西方教育心理学的发展
        - 初创
        - 发展
        - 成熟
        - 深化拓展
      - 我国教育心理学的发展
        - 引入与早期研究
        - 改造、发展与曲折
        - 恢复和迅速发展
    - 教育心理学的研究趋势
  - 第三节 教育心理学研究的原则与方法
    - 基本原则
      - ③
      - 发展性原则
      - 系统性原则
      - 理论联系实际原则
      - 教育性原则
    - 主要方法
      - ④
      - 观察法
      - 调查法
      - 个案法
      - 测验法
    - 综合化趋势
      - 采用多种研究方法
      - 采用多变量设计
      - ⑤
      - 采用综合设计方式

第一节 教育心理学的研究对象和研究任务

单项选择题

1. 下列不属于教育心理学研究范畴的选项是（　　）。
   A. 学习心理　　　　　　　　B. 学生心理
   C. 教学心理　　　　　　　　D. 学生心理健康
2. 下列不属于教育心理学的研究任务的选项是（　　）。
   A. 描述与测量　　　　　　　B. 理解与说明
   C. 预测与控制　　　　　　　D. 分析与总结

第二节 教育心理学的历史发展

单项选择题

1. 1903年，美国心理学家（　　）出版了《教育心理学》，确立了教育心理学作为一门独立学科的地位，标志着教育心理学的正式诞生。
   A. 桑代克　　　　　　　　　B. 华生
   C. 考夫卡　　　　　　　　　D. 霍普金斯
2. 下列不属于教育心理学发展时期的特点的是（　　）。
   A. 美国心理学家桑代克出版了《教育心理学》
   B. 西方教育心理学汲取了儿童心理学和心理测验领域的研究成果
   C. 杜威"从做中学"的理念应用到了教育心理学的研究之中
   D. 我国出版了第一本《教育心理学》教科书
3. 俄国教育心理学起源于著名教育家（　　）。
   A. 乌申斯基　　　　　　　　B. 维果茨基
   C. 卡普捷列夫　　　　　　　D. 鲁宾斯坦
4. 由我国学者编写的第一本教育心理学著作的作者是（　　）。
   A. 陈琦　　　　　　　　　　B. 廖世承
   C. 房东岳　　　　　　　　　D. 刘儒德

第三节　教育心理学研究的原则与方法

单项选择题

1. "在进行教育心理研究时,研究的选题、使用的方法和程序不应损坏被试(即被研究者)的身心发展"反映的教育心理学研究的原则是(　　)。
   A. 发展性原则　　　　　　　　　　B. 教育性原则
   C. 系统性原则　　　　　　　　　　D. 客观性原则

2. 使用特定的量表作为工具,对个体的心理特征进行间接了解并作出量化结论的心理学研究方法称为(　　)。
   A. 调查法　　　B. 实验法　　　C. 观察法　　　D. 测验法

第二章

心理发展与教育

- 第二章 心理发展与教育
  - 第一节 心理发展一般规律与教育
    - 认知发展的一般规律与教育
    - 人格发展的一般规律与教育
    - 自我的发展规律与教育
      - 自我发展概述
      - 自我概念与自尊的发展
      - 自我发展的教育启示
  - 第二节 认知发展理论与教育
    - 皮亚杰的认知发展阶段理论
      - 认知建构主义发展观
      - 影响认知发展的因素
      - 认知发展的阶段论
        - ①
        - 前运算阶段
        - 具体运算阶段
        - ②
      - 在教学上的应用
    - 维果茨基的文化-历史发展理论
      - 心理发展的实质
      - 文化历史发展理论
      - 内化论
      - 最近发展区
      - 教学应用
    - 认知发展理论的教育启示
  - 第三节 社会化与人格发展理论与教育
    - 艾里克森的心理社会发展理论
      - 八个阶段
        - ③
        - 1.5~3岁 自主性对羞怯感
        - 3~6岁 主动感对内疚感
        - 6~12岁 勤奋感对自卑感
        - ④
        - 18~30岁 亲密感对孤独感
        - 30~60岁 繁殖感对停滞感
        - 60岁以后 完美感对绝望感
      - 启示
    - 科尔伯格的道德发展阶段理论
      - 前习俗水平(0~9岁)
      - ⑤
      - 后习俗水平(15岁以后)

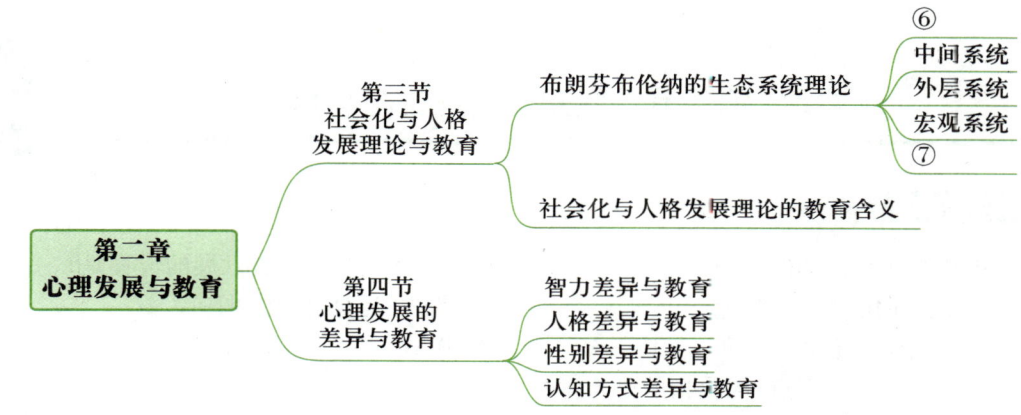

考点演练

第一节　心理发展一般规律与教育

单项选择题

1. 心理发展是指个体从出生、成熟、衰老直至死亡的整个生命过程中所发生的持续而稳定的（　　）。
   A. 身心变化　　　B. 机体变化　　　C. 心理增长　　　D. 心理变化

2. 认知是指人们获得知识或应用知识的过程，或信息加工的过程。这是人的最基本的心理过程。它不包括（　　）。
   A. 情感、态度　　B. 感觉、知觉　　C. 记忆、思维　　D. 想象、语言

3. 人格主要是指人所具有的与他人相区别的独特而稳定的思维方式和行为风格。它不包括（　　）。
   A. 思想、情感　　B. 性格、意志力　C. 感觉、知觉　　D. 动机、兴趣

4. 人格决定一个人的生活方式，甚至决定一个人的命运，因而是人生成败的根源之一。当面对挫折与失败时，坚强者能发奋拼搏，懦弱者会一蹶不振，这种表现是人格的（　　）。
   A. 独特性　　　　B. 统合性　　　　C. 功能性　　　　D. 稳定性

5. 在饥饿时不能马上得到食物的情况下，人会学着等待。这属于自我发展的（　　）。
   A. 本我　　　　　B. 自我　　　　　C. 超我　　　　　D. 自尊

第二节 认知发展理论与教育

一、单项选择题

1. 皮亚杰认为认知的实质是适应，儿童的认知不断从低级向高级发展的过程是（　　）。
   A. 图式、同化、顺应、平衡　　　　B. 图式、运算、同化、顺应
   C. 图式、同化、运算、成熟　　　　D. 图式、成熟、同化、平衡

2. 按照皮亚杰的观点，同化指的是儿童（　　）。
   A. 把新的刺激物纳入已有图式中的认知过程
   B. 创造新图式的认知过程
   C. 通过改变已有图式来适应新刺激的过程
   D. 用来适应环境的认知结构

3. 儿童用筷子夹汤，发现夹不了，一次偶然的机会，他发现可以用勺子舀汤，于是他学会了这种用勺子舀汤的新技能。这是（　　）。
   A. 图式　　　　B. 平衡　　　　C. 顺应　　　　D. 同化

4. 皮亚杰提出的影响认知发展的因素主要有四个，其中（　　）是影响心理发展的决定性因素。
   A. 成熟　　　　　　　　　　B. 练习与习得经验
   C. 社会性经验　　　　　　　D. 平衡化

5. 赵明能根据"A＞B，B＞C，则 A＞C"的原理，推出 A、B、C 的关系，比如"小张比小李高，小李比小王高，则小张最高。"根据皮亚杰的认知发展理论，赵明的认知发展处于（　　）。
   A. 感知运动阶段　　　　　　B. 前运算阶段
   C. 具体运算阶段　　　　　　D. 形式运算阶段

6. 妈妈为小红和小乐榨了两杯同样容量的果汁，分别装在大小不同的两个玻璃杯里。妈妈让小红先拿，小红说："我要这杯多的。"小乐在旁边说："其实两杯是一样多的。"根据小红和小乐的回答，可以判断她们的认知发展分别处于（　　）。
   A. 感知运动阶段和前运算阶段　　　B. 前运算阶段和具体运算阶段
   C. 具体运算阶段和形式运算阶段　　D. 感知运动阶段和形式运算阶段

7. 能够计算概率问题的学生处于认知发展的（　　）。
   A. 前运算阶段　　　　　　　B. 感知运动阶段
   C. 形式运算阶段　　　　　　D. 具体运算阶段

8. 儿童会说："你踩在小草身上，它会疼哭的"。根据皮亚杰的认知发展阶段理论，这种认知特点主要出现在（　　）。
   A. 感知运动阶段　　　　　　B. 前运算阶段
   C. 具体运算阶段　　　　　　D. 形式运算阶段

9. 关于苏联心理学家维果茨基的高级心理机能内化理论，下列说法中错误的是（　　）。

A. 高级心理机能以语言和符号为工具
B. 高级心理机能是文化历史发展的结果
C. 高级心理机能为人和动物所共有
D. 高级心理机能是各种活动和交往形式不断内化的结果

10. 自我中心言语是由外部言语向内部言语转化,由言语的交际机能向言语的自我调节机能转化的一种过渡形式。持上述观点的心理学家是(　　)。
A. 皮亚杰　　　B. 维果茨基　　　C. 奥苏伯尔　　　D. 勒温

11. 学生的实际发展水平与在成人的指导下可能达到的水平之间的差距,维果茨基称其为(　　)。
A. 教学支架　　　　　　　　　B. 最近发展区
C. 先行组织者　　　　　　　　D. 交互式教学

二、辨析题

1. 同化是指个体调节自己的认知结构达到质变的过程。
2. 皮亚杰认为,前运算阶段的儿童具有自我中心的特点。

三、分析论述题

1. 阅读下列材料,并按要求回答问题。

皮亚杰曾经做过一个实验:当着儿童的面向两个同样大小的杯子倒入同样高度的水,并问儿童两个杯子中的水是否一样多,在得到肯定的答复后,实验者把其中的一杯水倒入另一个较高且细的杯子中,然后问儿童这两个杯子中的水是否一样多。结果发现,3~6岁的儿童大多数回答细高杯子中的水比较多,而7岁以上的儿童则回答两个杯子的水一样多。

请回答:
(1)请根据实验结果分析,材料中儿童的认知发展分别处在什么阶段?具有什么特点?
(2)结合实际谈谈皮亚杰的认知发展阶段理论在教学上的应用。

2. 阅读下列材料,并按要求回答问题。

材料一:在教学"氧气的性质"时,老师提问:英国动物学家康莫森在某个国家的水塘里发现一种鱼,常浮在水面上,并向空中伸一伸头。当时康莫森对这种奇怪的现象做了一个奇怪的解释,即这种鱼浮在水面是为了嗅一嗅空气中的气味,因此把这种鱼命名为"爱嗅气味的鱼",现在人们称其为"嗅鱼"。根据你的估计,这种气体究竟是什么呢?它具备哪些性质呢?

材料二:在教学"声音的发生和传播"时,老师提问:关于声音,你们有什么想要研究的问题吗?

学生答:想知道声音是怎样产生的?人为什么会听到声音?声音是怎样传播到耳朵的?为什么有噪音、乐音?声音为什么只能听到而看不到?声音轻重由什么决定?为什么有的声音很好听,有的声音很难听?……

面对学生提出的这些问题,老师不慌不忙地说:这么多问题我们先研究哪一个呢?

学生讨论、争辩,最后认为应先讨论"声音的产生"。

教师假装疑惑:为什么?

甲生:因为不产生声音,就听不到声音,噪音、乐音等就不存在了。

乙生:因为没有声音,也就没有其他问题的研究。

就这样,老师一边调动学生"放出"问题,一边又引领学生"收回"问题,在宽松的对话、沟通中进行教学。

材料三:在教学"观察土壤中有什么"时,老师鼓励学生设计实验和表格,从生物、非生物、颜色、颗粒大小、含水量、含气量等角度观察,并展示学生的设计方案与实验成果,对那些观察视角独特、有新发现的学生,给予鼓励。有些观察活动,周期较长,还应要求学生持之以恒地做好观察记录。

请回答:

(1)上述材料是运用了"最近发展区理论"实施的教学片段,根据你的认知进行分析。

(2)结合材料,谈谈教师是怎样运用"最近发展区理论"的?

第三节　社会化与人格发展理论与教育

一、单项选择题

1. 艾里克森的心理社会发展理论认为,学龄期的儿童所形成的积极人格特征是(　　)。
   A. 希望　　　　　　B. 意志　　　　　　C. 目标　　　　　　D. 能力

2. 中学生小刚近期心里很矛盾,他觉得未来的自己应该是一名歌手,但又觉得自己能力有限,梦想遥不可及。根据艾里克森的心理社会发展理论,当前小刚的主要发展任务是(　　)。
   A. 获得勤奋感　　　　　　　　　　B. 克服内疚感
   C. 避免孤独感　　　　　　　　　　D. 建立同一性

3. 根据科尔伯格的道德发展阶段理论,第三阶段的道德思维或道德推理(　　)。
   A. 以惩罚和服从为定向　　　　　　B. 以相对功利主义为定向
   C. 以人际和谐或"好孩子"为定向　　D. 以维护权威或维护社会秩序为定向

4. 一位出租车司机为了及时将一名有生命危险的病人送到医院抢救,闯了红灯,警察依法对出租车司机进行处罚。学生王明认为,出租车司机违反了交通法则,理应受到处罚。按科尔伯格道德发展阶段理论,王明的道德发展阶段最可能处于(　　)。
   A. 前习俗水平　　　　　　　　　　B. 中习俗水平
   C. 后习俗水平　　　　　　　　　　D. 习俗水平

5. 布朗芬布伦纳提出了人与环境因素相互作用的生态系统理论,他将环境系统分为四个层次。其中,学校和家庭、家庭与邻居之间的相互关系属于(　　)。
   A. 微观系统　　　　　　　　　　　B. 中间系统
   C. 外层系统　　　　　　　　　　　D. 宏观系统

6. 甜甜在家爱发脾气,情绪多变,在学校也经常闹情绪,与同学关系不好。根据布朗芬布伦纳生态系统理论,甜甜所处的层次是（　　）。

A. 微观系统　　　B. 中间系统　　　C. 外层系统　　　D. 宏观系统

二、分析论述题

阅读下列材料,并按要求回答问题。

新学期,初中班主任发现一位平时学习成绩比较优秀的学生上课无法专心听讲,模拟考试也发挥不出正常水平,考试成绩下降。老师了解过后发现这位学生对自己的未来感到迷茫,不知道为谁学习,害怕即将到来的中考。此外,班上还有很多学生也出现了这种情况。

请回答：

（1）根据艾里克森的心理社会发展理论,分析上述材料中学生存在问题的具体表现。

（2）如果你是教师,如何帮助学生解决这个问题。

第四节　心理发展的差异与教育

一、单项选择题

1. 下列关于性别差异的说法中错误的是（　　）。
   A. 男女智力的总体水平大致相等
   B. 男女的智力结构存在差异,各自具有自己的优势领域
   C. 男性和女性在特殊智力上没有差别
   D. 很聪明的男性和很笨的男性都比女性多

2. 智力的个体差异性并不体现在（　　）。
   A. 发展水平的差异　　　　　　B. 发展类型的差异
   C. 发展早晚的差异　　　　　　D. 各民族的发展差异

3. 超常儿童、常态儿童、低常儿童的智力差异主要在于（　　）。
   A. 智力表现早晚　　　　　　　B. 智力类型
   C. 智力发展水平　　　　　　　D. 智力群体

4. 不易受外来事物的干扰,习惯于更多地利用内在参照即自己的认识,他们具有独立判断事物、发现问题、解决问题的能力,而且应激能力强的性格类型是（　　）。
   A. 场依存型　　　　　　　　　B. 场独立型
   C. 外向型　　　　　　　　　　D. 内向型

5. 王明同学性格沉静,情感发生缓慢,不外露、忍耐力强、注意力集中,但不够灵活。他的气质类型属于（　　）。
   A. 多血质　　　B. 胆汁质　　　C. 抑郁质　　　D. 黏液质

二、辨析题

1. 就认知风格而言，场独立型优于场依存型。
2. 气质无好坏之分。

三、简答题

简述不同认知方式差异类型以及针对性教育。

第三章 学习及其理论解释

- 第三章 学习及其理论解释
  - 第一节 学习的一般概述
    - 学习的科学含义及其生物与社会意义
    - 学习与脑
      - 神经元的结构与功能
      - 经验、环境对脑发育的作用
      - 语言、阅读与脑发育
      - 记忆与大脑加工
    - 学习的分类
      - 学习主体分类
      - ①
      - ②
      - ③
  - 第二节 行为主义学习理论
    - ④
      - 巴甫洛夫的经典实验
      - 经典性条件作用的主要规律
      - 华生对经典条件作用的发展
      - 经典性条件作用的教育应用
    - ⑤
      - 桑代克的联结—试误说
      - 斯金纳的经典实验及行为分类
      - 操作性条件作用的主要规律
      - 行为矫正技术
      - 程序教学与教学机器
    - ⑥
      - 班杜拉的经典实验与发现
      - 观察学习的基本过程与条件
      - 观察学习理论的教育应用
  - 第三节 学习的认知理论
    - 早期的认知学习理论
    - ⑦
      - 认知学习观
      - 结构教学观
      - 发现学习
      - 学习的发现与接受之争
    - ⑧
      - 有意义学习理论
      - 有意义学习的实质和条件
      - 先行组织策略
      - 认知同化理论
      - 接受学习的界定及评价
    - ⑨
      - 学习的信息加工模型
      - 加涅的学习阶段及教学设计原理
      - 认知负荷理论
      - 多媒体学习

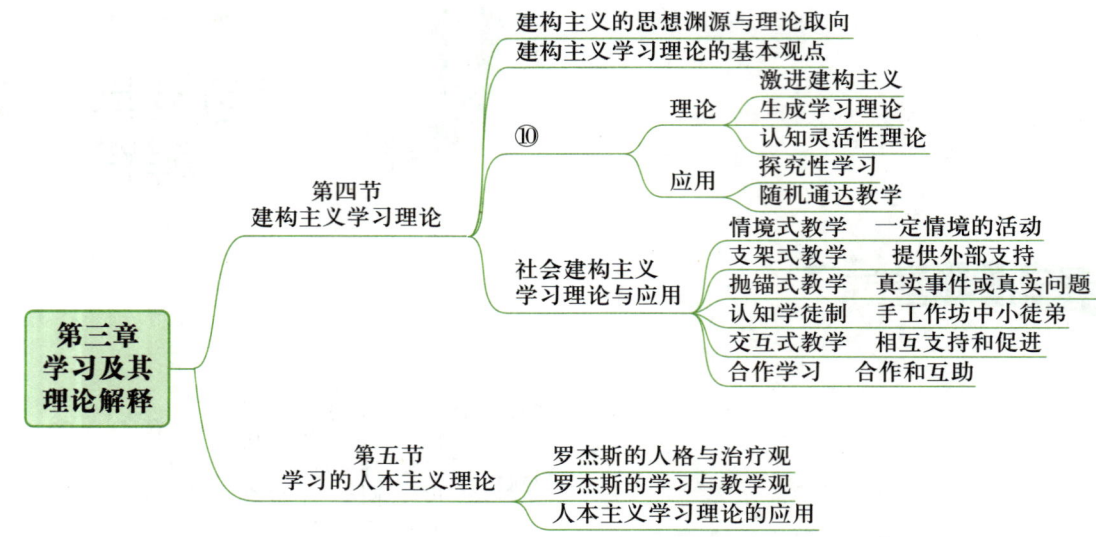

考点演练

第一节　学习的一般概述

一、单项选择题

1. 下列属于学习现象的是(　　)。
   A. 膝跳反射　　　　　　　　　　B. 疲劳后动作变形
   C. 暗适应　　　　　　　　　　　D. 背诵唐诗
2. 根据美国心理学家奥苏伯尔的观点,"背乘法口诀"属于(　　)。
   A. 有意义的接受学习　　　　　　B. 有意义的发现学习
   C. 机械的接受学习　　　　　　　D. 机械的发现学习
3. 根据加涅对学习的分类,能识别多种刺激的异同并做出不同反应的学习是(　　)。
   A. 刺激—反应学习　　　　　　　B. 连锁学习
   C. 言语—联想学习　　　　　　　D. 辨别学习
4. 根据加涅的学习层次分类的理论,学生将"杏花""梨花""月季花"等概括为"花"的学习属于(　　)。
   A. 多重辨别学习　　　　　　　　B. 概念学习
   C. 信号学习　　　　　　　　　　D. 言语联想学习
5. 根据加涅的学习结果分类观点,学会陈述观点的能力称为(　　)的学习。
   A. 智慧技能　　B. 认知策略　　C. 言语信息　　D. 动作技能
6. 在学习理论对学习结果的分类中,智慧技能是指运用符号做事的能力。智慧技能从低级到高级分为（　　）。

  A. 辨别→概念→规则→高级规则　　 B. 概念→规则→高级规则→辨别

  C. 规则→高级规则→概念→辨别　　 D. 辨别→规则→高级规则→概念

  7. 教师向学生随机呈现一个词表，并要求记住表中的单词。学生学会了按照蔬菜、肉类、水果、饮料等对单词进行归类组织，并能运用该方法记忆其他词表。根据加涅的观点，这种学习属于（　　）。

  A. 言语信息的学习　　 B. 智慧技能的学习

  C. 认知策略的学习　　 D. 语义信息的学习

二、分析论述题

阅读下列材料，并按要求回答问题。

2023年10月，宁波市第六届"学术基地"小学数学第四次研讨活动在宁波市鄞州区五乡镇中心小学顺利举行。陈虹老师在"平行与垂直"教学中，课堂之初就借助长方体的六个面让学生直观理解"同一平面"。通过让孩子探究画在同一平面内的两条直线会有怎样的位置关系，从而选取出六组直线，进而分类引出相交和不相交的概念。在生生辩论中，通过变换两条直线的方向、画出的长短等非本质属性，直逼"平行"的本质，即无限延长后不相交。从在相交中找特殊以及自学书本的方式理解垂直的本质，即两条直线相交成直角。让学生在想、画、看、说中充分感知平行与垂直，形成清晰的平行与垂直的表象认知，从而逐步建立平行与垂直的概念。

请回答：

（1）根据加涅的学习水平分类理论，结合材料分析小学生数学学习情况。

（2）作为教师，如何依据加涅的学习水平分类理论进行教学。

第二节　行为主义学习理论

一、单项选择题

  1. 在心理学实验中，为了使小狗能够区分开圆形光圈和椭圆形光圈，研究者只在圆形光圈出现时才给予食物强化，而在呈现椭圆形光圈时不给予强化，那么小狗便可以学会只对圆形光圈做出反应而不理会椭圆形光圈。该过程称为（　　）。

  A. 分化　　 B. 泛化　　 C. 获得　　 D. 消退

  2. 以下属于第二信号系统活动的是（　　）。

  A. 急中生智　　 B. 触景生情　　 C. 打草惊蛇　　 D. 谈虎色变

  3. 以下关于华生对经典性条件作用的发展的观点中，错误的是（　　）。

  A. 条件反射是 R-S 的联结过程

  B. 刺激—反应之间的联系是直接的，不存在心理、意识的中介

  C. 学习的实质在于形成习惯，学习的过程乃是形成习惯的过程，即刺激与反应间牢固联结的过程

D. 刺激指的是外界环境中的任何东西以及各组织所起的种种变化

4. 在桑代克的实验中,桑代克丢进去的猫,必须是饿猫。只有这样,这只猫才会努力地想从笼子中逃出去,学会开笼门。这符合桑代克学习规律中的(　　)。
　　A. 准备律　　　　B. 练习律　　　　C. 动机律　　　　D. 效果律

5. 根据斯金纳的学说,不与任何特定刺激相联系,有机体自发做出的随意反应的行为被称为(　　)。
　　A. 应答性行为　　　　　　　　B. 操作性行为
　　C. 刺激　　　　　　　　　　　D. 反应

6. 妈妈对小明说:不完成作业不准出去玩。这种教育方式属于(　　)。
　　A. 正强化　　　　B. 负强化　　　　C. 消退　　　　D. 惩罚

7. 鉴于何同学这学期各方面有明显进步,学校撤销了对他原有的警告处分。学校采用的行为矫正方法属于(　　)。
　　A. 正强化　　　　B. 负强化　　　　C. 正惩罚　　　　D. 负惩罚

8. 小伟为获得老师和同学的关注,在课堂上总扮鬼脸,老师和同学都不予理睬,于是他扮鬼脸的行为逐渐减少。这体现了(　　)强化原理。
　　A. 消退　　　　B. 负强化　　　　C. 惩罚　　　　D. 正强化

9. 看见马路上的垃圾堆后绕道走开,感觉屋内烟味呛人顿时离开。这种表现是(　　)。
　　A. 回避条件作用　　　　　　　B. 强化
　　C. 消退　　　　　　　　　　　D. 逃避条件作用

10. 林林不喜欢弹钢琴,却很喜欢做手工作品。因此,妈妈说:"你回到家练完钢琴后就可以做手工。"这运用了心理学中的(　　)。
　　A. 蝴蝶效应　　　　　　　　　B. 普雷马克原理
　　C. 踢猫效应　　　　　　　　　D. 心理暗示

11. 一个人过分害怕在大型公众场合下演讲或作报告,这时我们让他先和一个人练习讲述,然后再让他在小组中讲述和交流,逐渐让他敢于站上一个几十人的班级的讲台演讲或作报告,最后慢慢地让他在公众场合下尝试演讲或作报告,消除他的恐惧和紧张心理。这种改变行为的方法属于(　　)。
　　A. 代币奖励法　　　　　　　　B. 自我控制法
　　C. 系统脱敏法　　　　　　　　D. 肯定性训练

12. 班杜拉认为个体在进行观察学习时,影响其注意过程的因素不包含(　　)。
　　A. 观察者自身的特点　　　　　B. 榜样行为的特征
　　C. 榜样自身的外部特征　　　　D. 对观察者的强化

13. 李红看到王强经常帮助同学而受到老师的表扬,因此她也愿意帮助同学。这种现象主要体现了(　　)方式。
　　A. 负向强化　　　B. 间隔强化　　　C. 自我强化　　　D. 替代强化

14. 教师表现出对学生的尊重、礼貌以及宽容等,学生就可能受到提示而表现出这些行为。这属于观察学习效应中的(　　)。
　　A. 习得效应　　　　　　　　　B. 抑制效应

C. 去抑制效应 D. 社会促进效应

15. 一些公益广告是请非常有影响力的明星制作的。根据班杜拉的理论，这种做法关注的是观察学习中的（　　）。
A. 注意过程　　B. 保持过程
C. 动机过程　　D. 动作再现过程

二、辨析题

负强化就是惩罚。

三、分析论述题

阅读下列材料，并按要求回答问题。

A：一个有弄不懂的数学问题而不敢向老师请教的学生，在辅导老师的鼓励下，大胆地向数学老师求教，得到老师的耐心帮助和肯定，以后向老师求助的行为不断增加。

B：一个学生看到同学关心集体的行为受到表扬和奖励，会增强自己以同样的方式行事（如主动打扫教室、向班级提合理化建议、在公益活动中发挥作用）的倾向。相反，看到某同学考试作弊的行为受到学校严厉批评和惩罚，就会减少自己的作弊行为。

C：小雯今天给自己定了一个目标，一天做完50道数学题，做完了就奖励自己一袋零食，做不完就惩罚自己不能吃饭。

请回答：
（1）根据班杜拉的观察学习理论判定三个材料分别属于什么强化类型。
（2）结合实际谈谈该理论对于教育教学工作具有怎样的积极影响。

第三节　学习的认知理论

一、单项选择题

1. 下列属于认知主义学习理论的是（　　）。
A. 桑代克的联结—试误学习理论　　B. 斯金纳的操作性条件作用理论
C. 巴甫洛夫的经典性条件作用理论　　D. 苛勒的完形—顿悟说

2. 苛勒的完形—顿悟说认为，学习的实质是（　　）。
A. 一种反应概率上的变化　　B. 在主体内部构造完形
C. 形成认知地图　　D. 主动地形成认知结构

3. 托尔曼认为，学习是在头脑中形成（　　）。
A. 图式　　B. 认知结构　　C. 认知地图　　D. 神经痕迹

4. 布鲁纳认为儿童对学习有天然的好奇心，而教师可以利用这种好奇心激发学生参与探究活动，促进学生发展。这体现的教学原则是（　　）。
A. 动机原则　　B. 结构原则　　C. 序列原则　　D. 强化原则

5. 关于学生学习的最佳方式,不同心理学家有不同的观点。其中,布鲁纳认为学生学习的最佳方式是(　　)。

　　A. 观察学习　　　　B. 发现学习　　　　C. 接受学习　　　　D. 替代学习

6. 奥苏伯尔是美国著名的认知教育心理学家,其提出的先行组织者教学策略对教育实践影响很大。先行组织者在教学策略上给学习者提供(　　)。

　　A. 图表　　　　　　B. 知识　　　　　　C. 认知框架　　　　D. 思维

7. 认知同化理论的核心是(　　)。

　　A. 学生能否习得新信息,主要取决于他们认知结构中已有的有关概念

　　B. 加强学生认知结构中与新教材有关的观念

　　C. 学生能习得新信息,主要在于获得新旧知识的联系

　　D. 加强认知结构的训练,获得良好的认知概念

8. 教师把知识内容以定论的形式呈现给学生的学习方式是(　　)。

　　A. 发现学习　　　　B. 接受学习　　　　C. 有意义学习　　　D. 机械学习

9. 关于奥苏伯尔的有意义接受说,以下观点中错误的是(　　)。

　　A. 有意义学习通常是关系到人的认知、情感、行为、态度和价值观的改变

　　B. 实质性的联系是指表达的语词虽然不同,但却是等值的,即这种联系是非字面的联系

　　C. 非人为的联系是指新知识与原有认知结构中有关的观念建立在某种合理的或逻辑基础上的联系

　　D. 有意义学习就是将符号所代表的新知识与学习者认知结构中已有的适当观念之间建立非人为的和实质性的联系

10. 学习正方体和长方体的体积计算公式后,再学习一般立方体的体积计算公式。这属于(　　)。

　　A. 上位学习　　　　　　　　　　　　B. 下位学习

　　C. 并列结合学习　　　　　　　　　　D. 相关类属学习

11. 加涅认为学习过程的基本模式是(　　)。

　　A. 构造"完形"的过程　　　　　　　B. 主动形成认知结构的过程

　　C. 对获取的信息进行加工的过程　　　D. 形成刺激与反应之间的联结的过程

二、辨析题

接受学习法与发现学习法没什么区别。

三、分析论述题

阅读下列材料,并按要求回答问题。

VR技术的出现使教学可以不受时间和空间的限制。如在自然地理学习中,要求学生进行地质、地貌、水文等野外观察;在人文地理学习中,模拟设计某地区交通运输线路和站点布局方案;在区域地理学习中,要求模拟赴热带雨林、热带草原、热带荒漠、高山地区等地的旅行探究活动。这些完全可以通过VR技术进行模拟实现,既可以足不出户带领学生感受大自然的美,还可以激发学生对地理探究学习的热情。VR技术在信息加工学习过程中的主要作用是通

过对"外部环境"的交互、沉浸和直观感知与体验,在多种感知综合作用下,强化"注意刺激",实现信息对"感受器"的强烈刺激,从而刺激或强化"感觉登记器"的综合功能,提高"信息编码"的专注程度,延长有意注意时间和效度,提升信息的"长时记忆"。此外,VR技术还通过调节"预期",增强预期期待,促进短时记忆向长时记忆转化,从而形成更多的信息提取效度和效率,提高"控制执行"效果,提升学习效率。

请回答:
(1)阐述上述材料中"提取""编码""预期"在加涅信息加工学习理论中的含义。
(2)阐述加涅信息加工学习理论在教学中的应用。

第四节　建构主义学习理论

一、单项选择题

1. 下列(　　)不属于建构主义的知识观所提出的观点。
   A. 知识并不是对现实的准确表征
   B. 不能无视学习者的已有知识经验
   C. 不同的学习者对同一命题会有不同的理解
   D. 知识并不能精确概括世界的法则

2. "学生不是空着脑袋走进教室的"的观点属于(　　)。
   A. 行为主义学生观　　　　　　　B. 认知主义学生观
   C. 建构主义学生观　　　　　　　D. 人本主义学生观

3. 学习是一个意义建构过程,是一个通过新旧经验的相互作用而形成、丰富和调整自己认知结构的过程。这种建构主义主张属于(　　)。
   A. 社会建构主义　　　　　　　　B. 行为建构主义
   C. 心理建构主义　　　　　　　　D. 个人建构主义

4. 下列不属于认知建构主义学习理论的是(　　)。
   A. 激进建构主义　　　　　　　　B. 生成学习理论
   C. 认知灵活性理论　　　　　　　D. 情境性教学

5. 教师在讲述过程中,安排两个学生一组,彼此轮流向对方总结材料,以纠正错误和遗漏,然后两个学生转换角色,直到学完所有材料为止。这种学习模式是(　　)。
   A. 支架式教学　　　　　　　　　B. 抛锚式教学
   C. 合作学习　　　　　　　　　　D. 交互式教学

6. 学习《鸟的天堂》课上,李老师先给学生呈现榕树、鸟的相关真实案例,并提供相关线索,引导学生去发现问题、讨论问题,通过讨论交流增强学生对问题的理解,学生通过自身自主学习和协作学习,完成对所学知识的意义建构。李老师的这种教学方式是(　　)。
   A. 抛锚式教学　　　　　　　　　B. 随机通达教学
   C. 支架式教学　　　　　　　　　D. 发现学习

二、简答题

简述探究性学习的基本环节。

三、分析论述题

阅读下列材料,并按要求回答问题。

从前,在一口不深的井里,住着一条鱼和一只青蛙。一天,青蛙跳到岸上,到外面周游一番回来了,它告诉鱼:"外面有许多新奇有趣的东西,比如说牛吧,它的身体很大,头上长着两只弯弯的犄角,以吃青草为生,身上有着黑白相间的斑块,肚子的下面长着四只粗壮的腿……"青蛙详细地描述,小鱼认真听着,这时,在小鱼的脑海里,出现了"鱼牛"的形象。

请回答:结合建构主义学习理论说说这则寓言对你的启示。

第五节　学习的人本主义理论

单项选择题

1. 下列对学习的阐释,体现人本主义学习理论的是(　　)。
   A. 学习是经验与联想
   B. 学习是学习者内部心理结构的形成和改组
   C. 学习是学习者意义的建构,是社会互动与协商
   D. 学习是寻求潜力的充分发挥

2. 与个人经验融合在一起,使个人的行为、态度、个性以及在未来选择行动方针时发生重大变化的学习是(　　)。
   A. 合作学习　　　　B. 认知学习　　　　C. 无意义学习　　　D. 有意义学习

3. 根据罗杰斯的学生中心的教学观,"学习的促进者"即教师能了解学生的内在反应,了解学生的学习过程,这属于(　　)方面努力来营造课堂心理气氛。
   A. 同理心　　　　　　　　　　　　B. 自我完善
   C. 真诚一致　　　　　　　　　　　D. 无条件的积极关注

4. 学生根据自己的兴趣探究事物,如通过触摸冰块知道冷的意思。根据罗杰斯的观点,这属于(　　)。
   A. 有意义的自由学习　　　　　　　B. 有意义的发现学习
   C. 有意义的接受学习　　　　　　　D. 无意义的发现学习

第四章 学习动机

- 第四章 学习动机
  - 第一节 学习动机的实质及其作用
    - 学习动机的含义
    - 学习动机的分类
      - 根据学习动机产生的诱因来源：①
      - 根据学习动机影响学生学业成就的不同：②
      - 根据学习动机作用范围不同：个人动机和情境动机
      - 根据学习动机作用与学习活动的关系远近不同：③
    - 学习动机的作用
    - 学习动机与学习效果的关系
      - 学习动机仅仅是影响学习效果的众多因素之一
      - 互为因果、相互依存、相辅相成的关系
      - 学习动机对学习效果的影响不是直接的
      - 学习动机存在一个最佳水平
      - 动机强度的最佳水平随学习的难易程度而变化
      - 学习动机强度与学习效果之间是倒 U 形曲线关系
  - 第二节 学习动机的主要理论
    - 学习动机的强化理论
    - ④
      - ⑤
      - ⑥
    - 期望—价值理论
    - ⑦
      - ⑧
      - 自我效能感理论
      - ⑨
      - 目标定向理论
      - ⑩

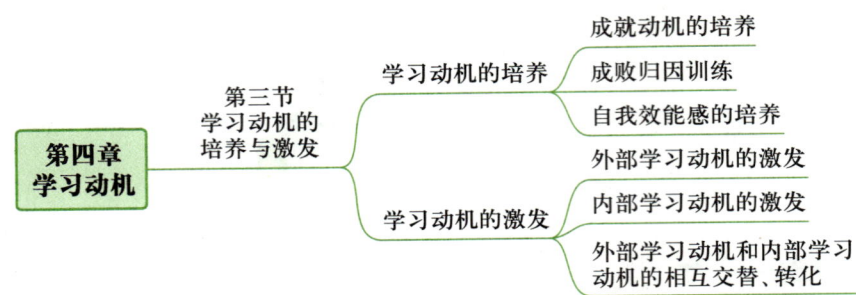

第一节 学习动机的实质及其作用

一、单项选择题

1. 五年级的亮亮觉得一定要好好学习，他认为："我学好了，爸妈就高兴了。我为了爸妈一定要学好。"亮亮的学习动机属于（　　）。
   A. 外部动机　　　B. 内部动机　　　C. 责任动机　　　D. 直接动机

2. 萌萌觉得历史课枯燥乏味，所以一直都不喜欢上历史课。但初二时历史老师换成了郭老师，郭老师授课风格幽默风趣，萌萌从此喜欢上了历史课，并且课上还会踊跃发言，与同学分享自己的看法和理解。萌萌的学习动机属于（　　）。
   A. 间接远景性动机　　　　　　　　B. 直接远景性动机
   C. 直接近景性动机　　　　　　　　D. 间接近景性动机

3. 指向学习任务本身，即为了获得知识，是一种内部动机。下列选项中符合的是（　　）。
   A. 认知内驱力　　　　　　　　　　B. 自我提高内驱力
   C. 附属内驱力　　　　　　　　　　D. 情境动机

4. 耶克斯和多德森在研究动机强度与学习效率之间的关系时发现（　　）。
   A. 动机越低，学习效率越高　　　　B. 任务难度不同，其最佳动机强度不同
   C. 动机越高，学习效率越高　　　　D. 任务难度不同，其最佳动机强度相同

5. 根据耶克斯—多德森定律，学生解决困难和复杂的任务时，（　　）的动机最有利。
   A. 中等偏下水平　　　　　　　　　B. 中等水平
   C. 中等偏上水平　　　　　　　　　D. 高水平

二、辨析题

学习动机强度与学习效果成正比。

三、分析论述题

某省级示范中学初三学生谢同学,从小就是老师们喜欢的、听话的乖学生,他的学习成绩一直非常优秀,初一到初二两年中多次考试成绩在年级都是数一数二的。进入初三时,班主任老师找谢同学谈话,告诉他老师们都一致看好他,认为他有冲击中考状元的实力,希望他继续努力,不要辜负老师们对他的期望,为学校争光。谢同学听后也暗下决心,要去搏一搏。随后的日子里,谢同学每天学习的时间越来越长,做的题目越来越多。一段时间后,谢同学出现了食欲减退、失眠等反应,学习成绩反而下降了。

结合材料,回答问题:
(1)简述任务难度、学习效率与学习动机水平的关系。
(2)运用学习动机相关原理,分析班主任老师的做法存在的问题。
(3)你认为激励谢同学学习的正确做法有哪些?

第二节 学习动机的主要理论

一、单项选择题

1. 教师常用表扬、称赞等方式激励学生进步,其利用的学习动机理论是( )。
   A. 自我效能感理论　　　　　　B. 成就动机理论
   C. 成败归因理论　　　　　　　D. 强化理论
2. 马斯洛将人的需要分为基本需要和成长需要,下列不属于成长需要的是( )。
   A. 自我实现的需要　　　　　　B. 尊重需要
   C. 审美需要　　　　　　　　　D. 认识和理解的需要
3. 希望被人认可、关爱、赞许等维护个人自尊心的需要,属于( )。
   A. 安全需要　　　　　　　　　B. 归属和爱的需要
   C. 尊重需要　　　　　　　　　D. 认识和理解的需要
4. 将个人学习动机分为力求成功和避免失败两种意向的动机理论是( )。
   A. 成就动机理论　　　　　　　B. 成败归因理论
   C. 自我效能感理论　　　　　　D. 自我价值理论
5. 阿特金森的成就动机理论认为,避免失败者的目的是避免失败,减少失败感。当一项任务的成功概率为50%时,他们会倾向于( )。
   A. 犹豫不决　　B. 坚决选择　　C. 回避任务　　D. 可能选择
6. 在韦纳的成败归因理论中,运气属于( )的因素。
   A. 外部、稳定、不可控　　　　B. 内部、稳定、不可控
   C. 外部、不稳定、可控　　　　D. 外部、不稳定、不可控
7. 在归因训练中,老师要求学生尽量尝试"努力归因",以增强他们的自信心。因为在韦纳的成败归因理论中,努力属于( )。

A. 内部的、不稳定的、可控的因素　　　B. 内部的、不稳定的、不可控的因素
C. 内部的、稳定的、可控的因素　　　　D. 内部的、稳定的、不可控的因素

8. 当一个人自我效能感高的时候,他会把成功归因于(　　)。
A. 努力　　　　B. 能力　　　　C. 运气　　　　D. 任务难度

9. 按照班杜拉的自我效能感理论,对自我效能感影响最大的因素是(　　)。
A. 自身的情绪唤醒　　　　　B. 观察学习的替代经验
C. 别人的言语劝说　　　　　D. 自身亲历行为的成败经历

10. 李伟同学在上课前会对本节课的内容进行判断,如果认为自己能听懂老师讲述的知识,他就会认真听课。根据班杜拉的理论,这种现象是(　　)。
A. 结果期待　　B. 过程期待　　C. 社会期待　　D. 效能期待

11. 学习者看到与自己的水平差不多的人取得了成功,就会增强自我效能感,这种影响因素是(　　)。
A. 直接经验　　B. 间接经验　　C. 言语说服　　D. 情绪唤起

12. 完成老师布置的家庭作业之后,小红总是会做一些更难的题目来提高自身的能力。根据自我价值理论,小红属于(　　)。
A. 高趋低避型　　　　　　　B. 低趋低避型
C. 高趋高避型　　　　　　　D. 低趋高避型

13. 某学生遇到学业困难时羞于向别人求助,认为学业求助是自己缺乏能力的表现。该学生的成就目标定向类型属于(　　)。
A. 掌握目标　　B. 学习目标　　C. 任务目标　　D. 表现目标

14. 成就目标理论认为,个体的能力观决定了其学习中所追求的目标和动机模式。如果某人相信能力是稳定的、难以改变的,那么他持有的能力观是(　　)。
A. 实体观　　　B. 增长观　　　C. 掌握观　　　D. 成绩观

15. 自我决定理论认为人具有的三个基本需要是(　　)。
A. 安全需要、尊重需要和审美需要
B. 生理需要、尊重需要和自我实现的需要
C. 生理需要、安全需要和爱的需要
D. 胜任需要、归属需要和自主需要

二、辨析题

1. 具有表现目标的学生认为能力是可以通过培养而加强的。
2. 强化总是能够提高学生的学习动机。

三、分析论述题

1. 阅读下列材料,并按要求回答问题。

由于跟不上下一阶段的学习,原本应该升入初二年级的刘亮同学申请留级。然而,重返初一的新学期的几次考试中,刘亮同学的英语成绩多半不及格,数学总在及格边缘徘徊,语文刚超过及格线……班主任觉得,按理说他比别的学生多学习一年,本应该有优势,可是刘亮的基

础差,学习缺乏耐心、没有主动性和自觉性。在跟英语老师的谈话中,刘亮同学说:"我学不好英语语法和单词,所以干脆就不学了。"在跟其他科目的老师谈话中,他也总说"反正上课也听不懂,听了课也不一定能提高成绩""我没信心完成这些作业""学了半天还是赶不上别人,还是就这样吧"类似的话,这让班主任和几位任教老师十分担忧。

请回答:

(1) 请用动机理论的相关知识分析刘亮的表现。

(2) 分析造成刘亮出现上述情况的原因,并提出针对性的辅导建议。

2. 分析下述案例,并按要求回答问题。

小宇性格活泼,热爱运动,是班上拥有体育特长的学生。以往每逢学校大大小小的体育赛事、运动会都会主动报名,代表班级去参加。他也凭借自身优秀的运动能力和团队协作能力赢得了个人、集体等各类奖项数十项,是同学们眼中公认的"运动明星"。可是这次,当班主任鼓励小宇报名参加校园秋季运动会时,小宇却消极回答"我不报名,我肯定会输,我不想给班级丢脸!"

班主任惊讶于小宇这种突然的转变。与其谈心后才得知,他曾经在一次大型运动会的短跑项目中因为失误而摔倒,不仅使班级失去了卫冕的机会,自己也遭到了同学们的嘲笑和讽刺,这次经历使他觉得在同学们面前抬不起头。在后来的几次比赛中,小宇也因此而表现平平。曾经备受追捧的小宇在几次失败经历后,开始怀疑自己的能力。"我还能参加比赛吗?我还能获得曾经的荣誉吗?"小宇就这样在怀疑中选择逃避。但根据体育老师所说,小宇在体育课上的表现很好,也很努力,就是缺乏信心。

请回答:

(1) 根据自我效能感理论,分析小宇存在的问题及其产生的原因。

(2) 如果你是小宇的班主任,你会如何帮助他?

第三节 学习动机的培养与激发

分析论述题

阅读下列材料,并按要求回答问题。

某校组织了一场"学习有道,乐在其中"的专题讲座,讲座后,有几位学生分享了各自对学习和读书方面的想法:

学生A:"通过这次讲座,我了解到处于新时代的我们应有的使命和担当,那就是为得到大家的喜爱和认可!"

学生B:"我要好好学习,长大后成为大明星,挣很多的钱,得很多的奖,这样才能得到大家的喜爱和认可!"

学生C:"读书和学习让我感到快乐,我想学到书本和生活中的各种知识,尤其是有关地理和天文方面的知识,它能让我了解这个宇宙、了解大自然的秘密。"

学生D:"好好学习能让我获得老师的夸奖,这次考试有很大的进步,老师和父母都对我进行了奖励,以后我都要尽力考取好成绩,获得他们的奖励。"

学生E:"我很喜欢上数学课,数学老师把课讲得很生动,使枯燥的数字变成了一串串美丽的音符,容易理解与记忆,这一学期我的数学成绩进步明显。"

请回答:

(1)请结合材料,分析这几名学生各自体现了什么样的学习动机。

(2)作为一名老师,你应当如何激发和培养学生的学习动机?

第五章
知识的建构

- 第五章 知识的建构
  - 第一节 知识及知识建构
    - 知识及其类型
      - 根据知识的来源
        - 直接经验知识
        - 间接经验知识
      - 根据知识反映事物的深浅
        - 感性知识
        - 理性知识
      - 根据知识反映事物的范围
        - 一般知识
        - 特殊知识
      - ①
        - 显性知识
        - 隐性知识
      - 根据知识的状态和表现方式
        - ②
        - ③
      - 根据知识及其应用的复杂多变程度
        - ④
        - ⑤
    - 知识建构的基本机制
      - 陈述性知识建构的基本机制：同化和顺应
      - 程序性知识的获得机制：产生式
  - 第二节 知识的理解
    - 知识理解的类型
    - 知识理解的过程
    - 影响知识理解的因素
  - 第三节 概念的转变
    - 错误概念的性质
    - 概念转变及其过程
    - 影响概念转变的因素和条件
    - 为概念转变而教的策略
  - 第四节 知识的整合与应用
    - 知识的整合与深化
      - 记忆及其种类
      - 遗忘的特点与原因
      - 知识的整合
      - 通过知识应用促进知识的深化
      - 促进知识整合的措施
    - 知识的应用与迁移
      - 迁移理论与研究
        - ⑥
        - 共同要素说
        - ⑦
        - 关系转换说
        - 认知结构迁移理论

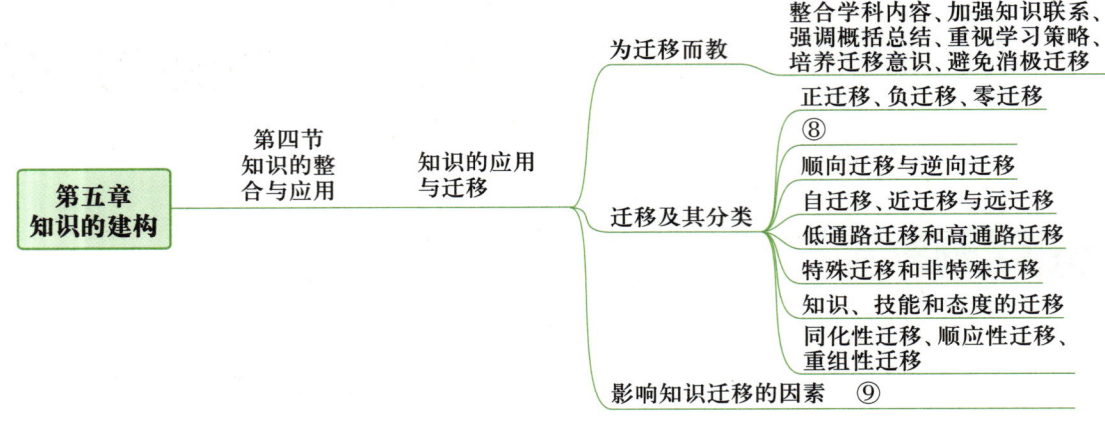

第一节 知识及知识建构

一、单项选择题

1. 个体缺乏有意识地提取线索,而只能借助某种作业形式间接推测其存在的知识称为（　　）。
   A. 感性知识　　　　　　　　　　B. 理性知识
   C. 陈述性知识　　　　　　　　　D. 程序性知识

2. 以下属于陈述性知识的是（　　）。
   A. 打字　　　　B. 江苏　　　　C. 拼图　　　　D. 打球

3. 有一类知识表现为"我们知晓的比我们能说出的多",这类知识主要是指（　　）。
   A. 陈述性知识　　　　　　　　　B. 程序性知识
   C. 条件性知识　　　　　　　　　D. 隐性知识

4. 程序性知识特有的表征方式是（　　）。
   A. 命题　　　　B. 图式　　　　C. 产生式　　　　D. 故事脚本

5. 听一次讲座后,受到鼓舞,将讲师的方法运用到自己的课堂中,就要处理大量（　　）。
   A. 结构良好领域知识　　　　　　B. 结构不良领域知识
   C. 直接经验知识　　　　　　　　D. 程序性知识

二、简答题

简述陈述性知识与程序性知识的异同。

第二节 知识的理解

单项选择题

1. 加涅把陈述性知识看作言语信息,不包含的是( )。
 A. 符号 B. 知识群 C. 事实 D. 认知策略
2. 小明在历史课上学习了"一二·九运动",按照奥苏伯尔的分类,这种学习属于( )。
 A. 表征学习 B. 概念学习 C. 命题学习 D. 发现学习
3. 影响知识理解的客观因素,不包含( )。
 A. 学习材料的内容 B. 教师言语的提示和指导
 C. 学习材料的形式 D. 原有的知识经验背景

第三节 概念的转变

一、单项选择题

1. 幼儿在家中和学校里看到了大量的桌子,掌握了"桌子"的概念,幼儿对于"桌子"这个概念学习的方式是( )。
 A. 概念转变 B. 概念形成 C. 概念同化 D. 概念整合
2. 在课堂学习中,引发认知冲突及其解决的过程实质是为了实现( )。
 A. 概念转变 B. 概念形成 C. 概念同化 D. 概念整合
3. 概念转变中主要涉及的迁移有( )。
 A. 正迁移 B. 负迁移 C. 一般迁移 D. 特殊迁移

二、简答题

1. 简述影响概念转变的因素和条件。
2. 简述为概念转变而教的策略。

第四节 知识的整合与应用

一、单项选择题

1. 让丽丽先后学习两组难度相当、性质相似的材料,随后的检查发现她对前面一组材料的回忆效果不如后面一组好。这是由于受到( )。

A. 倒摄抑制 B. 前摄抑制
C. 分化抑制 D. 延缓抑制

2. 艾宾浩斯遗忘曲线表明,遗忘的速度是不均衡的,呈现的趋势是(　　)。
A. 先慢后快 B. 匀速加快
C. 先快后慢 D. 匀速减慢

3. 老师向学生依次呈现一组单词,要求他们记住,随后进行自由回忆。结果发现,最后呈现的单词更容易被回忆起来。这种现象称为(　　)。
A. 首因效应 B. 近因效应
C. 前摄抑制 D. 倒摄抑制

4. 一种学习对另一种学习既不产生积极影响,也不产生消极影响的学习迁移属于(　　)。
A. 正迁移 B. 负迁移
C. 水平迁移 D. 零迁移

5. 刘杰学过的物理平衡概念,促进了他对化学平衡概念的理解。这种迁移属于(　　)。
A. 负向迁移 B. 顺向迁移
C. 垂直迁移 D. 逆向迁移

6. 小军由于"锐角三角形"知识掌握不好而影响了"钝角三角形"知识的掌握。这种现象属于(　　)。
A. 纵向迁移 B. 横向迁移
C. 顺应迁移 D. 重组迁移

7. 小阳在数学学习中形成的认真审题的态度及审题方法影响她在化学、物理等学习中的审题态度及审题方法。这种学习迁移是(　　)。
A. 负迁移 B. 一般迁移
C. 特殊迁移 D. 逆向迁移

8. 体操课上,老师要求每位同学自行编排出一套新的体操动作,菲菲将课上学习到的体操动作进行适当的调整组合,重新编排出一套新的体操。这种学习迁移是(　　)。
A. 重组性迁移 B. 同化性迁移
C. 顺应性迁移 D. 抑制性迁移

9. 在教学中,学生学习写"记我熟悉的人"这类题材的作文时,教师先教学生写《记我的妈妈》,等学生掌握了写作技巧后,可以把技巧迁移到《记我的老师》《记我的同学》等作文的写作当中。这类迁移属于(　　)。
A. 近迁移 B. 远迁移
C. 负迁移 D. 零迁移

10. 小刘在日常生活中既能驾驶自己的汽车,也能驾驶其他不同型号的小轿车。小刘对不同类型汽车驾驶技术的迁移属于(　　)。
A. 高通路迁移 B. 中通路迁移
C. 低通路迁移 D. 下通路迁移

11. 迁移的程度取决于两种情境相同要素的多少,共同要素越多,迁移程度越高;共同要素越少,迁移程度越低。以上观点属于迁移的( )。

A. 形式训练说　　　　　　　　　B. 共同要素说

C. 概括化理论　　　　　　　　　D. 关系转换说

12. 老师上课前先要引导学生温习上节课学习的相关内容,再进行新知识的学习。这种做法遵循的迁移理论是( )。

A. 概括化理论　　　　　　　　　B. 经验类化说

C. 形式训练说　　　　　　　　　D. 认知结构迁移理论

13. 对中国人而言,学日语往往有较大的优势,因为不少日文词汇的写法与中国的汉字大同小异,并且在语音和使用上也有共通之处。这种学习迁移是受( )的影响。

A. 学习材料的相似性　　　　　　B. 认知结构的稳定性

C. 学习的态度和定势　　　　　　D. 学习策略的一致性

二、分析论述题

阅读下列材料,并按要求回答问题。

李老师刚入职就遇到了新课程改革。虽然入职前李老师就读的是重点师范大学,但是由于他在校学习的都是传统的教学方法和教学模式,所以,李老师在新课程教学中遇到了很多难题。最初一个月,虽然李老师精心备课,分析教材,课堂上对知识讲解面面俱到、逻辑清晰,但学生对讲授知识的掌握普遍达不到预期效果。原因在哪里?李老师对此进行了反思。后来经过研究,他发现所教授班级学生都是初中新课改后的毕业生,他们初中所学的内容和李老师以前初中所学的内容大有不同,他们的学习方式也与李老师所想存在很大差异。同时,学校还存在初中所学内容与高中新课程内容在教材衔接上的问题,故此知识迁移不理想。

请回答:

(1) 请你谈谈影响学生知识迁移的因素有哪些。

(2) 结合材料,给李老师提一些促进学生知识迁移的建议。

6 第六章

技能的形成

大纲考点导图

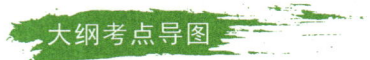

- **第六章 技能的形成**
  - 第一节 技能及其作用
    - 技能及其特点
    - 技能的类型
      - 心智技能　特点：①
      - 操作技能　特点：②
    - 技能的作用
  - 第二节 心智技能的形成与培养
    - 心智技能的形成过程
      - 加涅的智慧技能学习层级
        - ③
        - 具体概念
        - 定义概念
        - ④
        - 高级规则
      - 心智技能的自动化
        - 安德森的三阶段理论
        - ⑤
        - 冯忠良的三阶段论
    - 心智技能的培养方法
      - 心智技能的原型模拟
      - 心智技能培养中注意的问题
  - 第三节 操作技能的形成与训练
    - 操作技能的主要类型
    - 操作技能的形成过程
      - ⑥　认知、联系、自动化阶段
      - 冯忠良的四阶段模型　⑦
    - 操作技能的训练要求
      - ⑧
      - 练习
        - 练习曲线
        - 练习方式
        - 练习时间
      - ⑨

第一节　技能及其作用

一、单项选择题

1. 根据技能的定义，下列属于技能的是（　　）。
   A. 望梅止渴　　　　　　　　B. 吃酸东西皱眉
   C. 走路　　　　　　　　　　D. 儿童去医院看见穿白大褂的人就哭

2. 吹拉弹唱为（　　）。
   A. 识记技能　　　B. 心智技能　　　C. 操作技能　　　D. 认知技能

3. 下列选项中描述的技能不属于心智技能的是（　　）。
   A. 张琳的写作技能完全符合录用要求
   B. 李红的撑竿跳成绩突飞猛进
   C. 刘明的珠算水平在全年级学生中是最高的
   D. 小李在全市象棋比赛中获得季军

4. 默读、心算、口算等智力活动不像操作活动及外部言语那样必须将动作实际做出或一一说出每个词，而是不完全的、片断的，是高度省略和简化的。这主要反映了心智技能的（　　）。
   A. 结构的简缩性　　　　　　B. 对象的观念性
   C. 执行的内潜性　　　　　　D. 操作的减省性

5. 下列关于操作技能和心智技能区别的表述中，不正确的是（　　）。
   A. 操作技能的对象是具体的物质实体，心智技能的对象是观念性的
   B. 操作技能的执行过程是外显性的，心智技能的执行是内潜性的
   C. 操作技能的动作可以合并，心智技能的动作则不能合并
   D. 操作技能的动作不能合并，必须切实执行，心智技能的动作可以合并

二、简答题

简述操作技能和心智技能的联系与区别。

第二节　心智技能的形成与培养

一、单项选择题

1. 加涅的智慧技能层次由低到高分为五个亚类，依次为（　　）。

A. 具体概念、定义概念、规则、高级规则、辨别
B. 辨别、定义概念、具体概念、规则、高级规则
C. 具体概念、规则、定义概念、高级规则、辨别
D. 辨别、具体概念、定义概念、规则、高级规则

2. 从大量餐具中识别"碗"和"杯子",从大量动物中识别"马"。加涅认为这属于智慧技能学习层级中的(　　)。

A. 具体概念　　　　　　　　　　B. 规则
C. 定义概念　　　　　　　　　　D. 辨别

3. 就动作技能的学习而言,"见者易,学者难"这句话强调的是(　　)对动作技能学习的重要性。

A. 言语指导　　　　　　　　　　B. 示范
C. 练习　　　　　　　　　　　　D. 反馈

4. 在心智技能形成过程中,心智活动的实践模式向头脑内部转化,由物质、外显、展开的形式变成观念、内潜、简缩形式的过程称为(　　)。

A. 原型定向　　　　　　　　　　B. 原型操作
C. 原型内化　　　　　　　　　　D. 原型启发

5. 儿童做加法时会数手指、数苹果等实物或者借助小木棒等教具,说明其处于加里培林智力技能发展理论的(　　)。

A. 活动定向阶段　　　　　　　　B. 物质或物质化活动阶段
C. 有声的外部言语活动阶段　　　D. 内部言语活动阶段

二、简答题

1. 简述加涅的智慧技能学习层级。
2. 简述安德森心智技能形成的三阶段理论。

三、分析论述题

阅读下列材料,并按要求回答问题。

某小学数学课堂上出现以下情景:

情景一:老师在黑板上清晰地演算例题。

情景二:学生借助纸、笔勾画进行运算或者利用掰手指进行运算。

情景三:学生算算数时念念叨叨。

情景四:借助声音表象进行运算,如小学生在大脑内部复述算数的表现。

情景五:口算。

请回答:

(1) 该课堂上出现的情景体现了哪一种技能的形成过程理论?并阐述该理论。

(2) 阐述该技能的培养方法。

第三节　操作技能的形成与训练

一、单项选择题

1. 乐乐在学习篮球的过程中,运球动作和上篮动作常常互相干扰,关注运球时就容易错过最佳上篮位置,关注上篮动作时又容易运球失误。乐乐的篮球技能属于动作技能形成阶段中的(　　)。
   A. 认知阶段　　　　　　　　B. 自动化阶段
   C. 计划信息阶段　　　　　　D. 联系形成阶段

2. 冰球运动员在训练中,能够熟练地越过障碍物滑行到指定地点,并将冰球准确地射入球门中。这说明冰球运动员的操作技能处于(　　)阶段。
   A. 操作熟练　　　　　　　　B. 操作整合
   C. 操作模仿　　　　　　　　D. 操作定向

3. (　　)是形成各种操作技能所不可缺少的关键环节,通过对它的应用可以使个体掌握某种技能。
   A. 示范　　　　　　　　　　B. 讲解
   C. 练习　　　　　　　　　　D. 反馈

4. 在技能练习过程中,往往会出现进步的暂时停顿现象,这就是练习曲线上所谓的"高原现象"。下列帮助学生突破"高原现象"的做法中错误的是(　　)。
   A. 分析原因,采取新方法
   B. 积极鼓励,增强信心
   C. 增强学习动机,提供充分有效的反馈
   D. 提高练习强度,用集中练习来代替分散练习

5. 练习是形成操作技能的关键环节。以下不属于学习者练习曲线特点的是(　　)。
   A. 开始进步慢　　　　　　　B. 中间有高原期
   C. 后期进步慢　　　　　　　D. 开始进步快

二、简答题

1. 简述练习中的"高原现象"及其产生的原因。
2. 简述操作技能学习中练习进程的一般规律。

第七章 学习策略及其教学

大纲考点导图

- 第七章 学习策略及其教学
  - 第一节 学习策略及其结构
    - 学习策略的概念
    - 学习策略的分类
      - 迈克卡等人的分类 —— ①
      - 丹瑟洛的分类
      - 奥克斯福德的分类
  - 第二节 认知策略及其教学
    - 注意策略
    - ② 类型
      - ③ 位置记忆法、首字联词法、谐音联想法、琴栓—单词法、关键词法、视觉想象法
      - 灵活处理信息 —— 意义识记、主动应用、利用背景知识
    - 复述策略 类型
      - ④ 排除干扰、抑制和促进、首因效应和近因效应
      - 合理复习 —— 及时复习、集中复习和分散复习、部分学习和整体学习、自问自答或尝试背诵、过度学习
      - 自动化
      - 亲自参与
      - 情境相似性和情绪生理状态相似性
      - ⑤
    - 组织策略 类型 ⑥
  - 第三节 元认知策略及其教学
    - 元认知及其作用
    - 元认知策略 ⑦
      - 监控策略
      - 调节策略
  - 第四节 ⑧
    - ⑨
    - 努力管理策略
    - 环境管理策略
    - 学业求助策略

考点演练

第一节　学习策略及其结构

单项选择题

1. 学习过程中为了提高学习的效率,有目的、有意识地制订的有关学习过程的复杂方案称为(　　)。
   A. 学习策略　　　　　　　　B. 学习计划
   C. 学习方法　　　　　　　　D. 学习规律

2. 根据学习策略覆盖的成分,迈克卡等人将学习策略分类,不包含的是(　　)。
   A. 认知策略　　　　　　　　B. 元认知策略
   C. 资源管理策略　　　　　　D. 基本策略

第二节　认知策略及其教学

单项选择题

1. 在教学过程中,为了使学生更好地记住教学内容,老师经常会传授给学生一些记忆方法,如把材料缩减成歌诀等。这属于(　　)。
   A. 复述策略　　　　　　　　B. 组织策略
   C. 精加工策略　　　　　　　D. 时间管理策略

2. 学生在记忆"tiger"这个单词时,记忆"泰山上的一只虎"。这是使用了(　　)。
   A. 生成性学习　　　　　　　B. 关键词法
   C. 谐音联想法　　　　　　　D. 视觉联想

3. 以下属于使用认知策略的是(　　)。
   A. 为了提高效率,选择在图书馆这样安静的地方学习
   B. 为了记住要点,看书时画出关键词
   C. 边做功课边看电视
   D. 学生看书的时候碰到不会的单词就查字典

4. 李利今天新学习了20个英文单词,放学后,他就一遍一遍地背诵,直至背会全部单词。这种学习策略属于(　　)。
   A. 监控策略　　　　　　　　B. 组织策略
   C. 计划策略　　　　　　　　D. 复述策略

5. 在老师的指导下,学生采用画示意图的方式对知识进行归纳整理,以促进自己对所学

知识的掌握。学生采用的这种学习策略是（　　）。

　　A. 复述策略　　　　　　　　　　B. 精加工策略
　　C. 监控策略　　　　　　　　　　D. 组织策略

　　6. 林琳在听课时，经常将学习内容要点以画线的方式在书上做标记。这种学习策略属于（　　）。

　　A. 复述策略　　　　　　　　　　B. 调节策略
　　C. 监控策略　　　　　　　　　　D. 计划策略

　　7. "昨天，我们学习了一个英文单词 excite，今天又学习其形容词形式 exciting，由于有了昨天的基础，今天学习特别快。"这属于（　　）。

　　A. 前摄促进　　　　　　　　　　B. 倒摄促进
　　C. 前摄抑制　　　　　　　　　　D. 倒摄抑制

　　8. 属于"过度学习"的复述策略是（　　）。

　　A. 把大的知识块分成小单元学习
　　B. 刚刚听完的课，马上复习一遍
　　C. 一首短诗，学习 10 分钟刚好能背诵，之后再读 5 分钟
　　D. 考前临时抱佛脚

　　9. 人与人之间的第一次交往容易给人留下深刻印象，且这种印象在对方头脑中一旦形成就较难改变，我们把这种效应称为（　　）。

　　A. 首因效应　　　　　　　　　　B. 刻板印象
　　C. 光环效应　　　　　　　　　　D. 近因效应

第三节　元认知策略及其教学

单项选择题

　　1. 小力有意识地对自己的学习活动进行检查与监控，他所运用的学习策略属于（　　）。

　　A. 复述策略　　　　　　　　　　B. 精加工策略
　　C. 组织策略　　　　　　　　　　D. 元认知策略

　　2. 教师经常告诉学生，考试时遇到不会的题先放一边，先做会的题。这采用的学习策略是（　　）。

　　A. 计划策略　　　　　　　　　　B. 监控策略
　　C. 调节策略　　　　　　　　　　D. 精加工策略

　　3. 元认知就是"对认知的认知"。组成成分中不包含的是（　　）。

　　A. 元认知知识　　　　　　　　　B. 元认知监控
　　C. 元认知体验　　　　　　　　　D. 精加工策略

第四节 资源管理策略及其教学

一、单项选择题

1. 提高学习效率不仅要有一个适合自己的方法，还需要有一个好的学习环境，设计好自己的学习空间。这属于（　　）。
   A. 学业求助管理　　　　　　　　B. 社会资源利用
   C. 学习时间管理　　　　　　　　D. 学习环境管理

2. 有些学生上课认真听讲，回家积极完成作业，能够高效利用时间。其所运用的学习策略是（　　）。
   A. 组织策略　　　　　　　　　　B. 元认知策略
   C. 精加工策略　　　　　　　　　D. 资源管理策略

3. 学习遇到问题，向同学求教。该行为属于学习策略中的（　　）。
   A. 时间管理策略　　　　　　　　B. 学业求助策略
   C. 努力管理策略　　　　　　　　D. 环境管理策略

4. 小明喜欢打游戏，在学习的过程中，他给自己设立目标，当达到学习目标时，就会给自己留点时间打一会儿游戏。小明运用的资源管理策略是（　　）。
   A. 时间管理策略　　　　　　　　B. 环境管理策略
   C. 努力管理策略　　　　　　　　D. 学习工具管理策略

二、分析论述题

阅读下列材料，并按要求回答问题。

学习策略分享会上，学生们纷纷介绍自己的学习方法。

学生一：在学习中，为了提高记忆效果，我常常采用画线方式，以突出重点内容和关键部分。

学生二：我通过编歌谣助力记忆。

学生三：复习时画出思维导图是我坚持做的，这样可以图解各种观点是如何相互联系的，并形成记忆网络。

学生四：我的秘诀是预先制订学习目标，通过浏览阅读材料，分析该如何完成学习任务。

学生五：在遇到学习困难的时候，我经常向老师和同学请教。

请结合材料，分析五位学生的学习策略分别属于认知策略、元认知策略和资源管理策略分类中的哪种学习策略。

第八章 问题解决能力与创造性的培养

大纲考点导图

- 第八章 问题解决能力与创造性的培养
  - 第一节 智力的基本理论
    - 传统智力理论
      - 单因素论
      - 二因素理论
      - 群因素论
      - ①
      - 智力结构理论
    - ②
    - 成功智力理论（斯滕伯格）
    - 智力的PASS模型
  - 第二节 问题解决的实质与过程
    - 问题及问题解决
      - 问题的内涵与分类
        - 内涵
        - 分类
          - 根据问题结构的完整性分类：③
          - 按照问题的领域范围：常规问题、真实性问题
          - 解决问题所需的相关知识：一般领域、专门领域的问题
      - 问题解决的界定
    - 问题解决的基本过程
      - ④
      - 寻求解答阶段
      - ⑤
      - 评价结果阶段
    - 结构不良问题的解决过程
  - 第三节 问题解决的训练
    - 影响问题解决的因素
      - ⑥
      - 个体的智能与动机
      - 问题情境与表征方式
      - ⑦
      - 原型启发和酝酿效应
    - 问题解决能力的培养
    - 专家与新手的比较研究

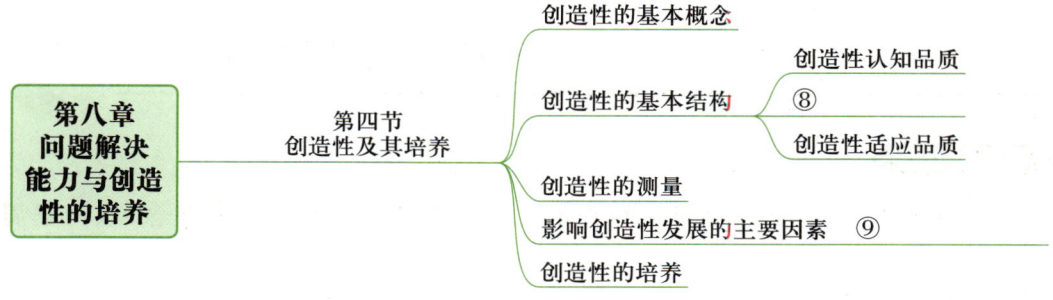

第一节 智力的基本理论

一、单项选择题

1. 某学生的语文、化学、英语成绩一般,但几何成绩很好。根据加德纳的多元智力理论,该生具备较高的(   )。
   A. 空间智力　　　　　　　　　　B. 社交智力
   C. 语言智力　　　　　　　　　　D. 音乐智力

2. 小明同学平常特别喜欢思考,在处理数字系列、空间视觉感和图形矩阵项目时表现出特别的天赋。按照智力的心理测量学理论,这是一种(   )。
   A. 多元智力　　　　　　　　　　B. 空间智力
   C. 晶体智力　　　　　　　　　　D. 流体智力

3. 随着年龄的增大,流体智力和晶体智力的发展趋势为(   )。
   A. 晶体智力衰退,流体智力上升　　B. 流体智力衰退,晶体智力上升
   C. 流体智力和晶体智力都衰退　　　D. 流体智力和晶体智力都上升

4. 三维智力结构理论将智力分为三个维度,其中不包括(   )。
   A. 内容维度　　　　　　　　　　B. 产品维度
   C. 操作维度　　　　　　　　　　D. 过程维度

5. 美国耶鲁大学的斯滕伯格提出了成功智力理论,人的智力是由三种相对独立的能力组成的,这三种能力分别是(   )。
   A. 分析能力、创造能力、实践能力　B. 分析能力、创造能力、空间能力
   C. 内容能力、操作能力、产品能力　D. 抽象能力、信息处理能力、语言能力

二、辨析题

流体智力属于人类的基本能力,它受文化教育的影响较大。

第二节　问题解决的实质与过程

单项选择题

1. "怎样创造性地执行上司交给你的任务？"依据心理学有关理念，该问题属于（　　）。
   A. 结构良好问题　　　　　　　　B. 结构不良问题
   C. 归纳结构问题　　　　　　　　D. 排列问题

2. 下列选项中，属于结构良好问题的是（　　）。
   A. 如何实现理想　　　　　　　　B. 创造发明
   C. 写作文　　　　　　　　　　　D. 解决几何证明题

3. 下列属于问题解决的是（　　）。
   A. 记住一个人的名字　　　　　　B. 幻想成为"蜘蛛侠"
   C. 用一个词语造句　　　　　　　D. 荡秋千

4. 当一个人用画图表、线路图等具体形式表征问题时，表明他处于解决问题的（　　）。
   A. 理解和表征问题阶段　　　　　B. 执行计划阶段
   C. 寻求解答阶段　　　　　　　　D. 评价结果阶段

5. 糖糖忘记了自己密码箱的密码，爸爸给他出主意：因为每一位密码都是0～9的数字，所以可以把所有数字一个个尝试，直到找到密码为止。爸爸的主意所用的问题解决策略是（　　）。
   A. 爬山法　　　　B. 逆推法　　　　C. 启发式　　　　D. 算法式

6. 研究蝙蝠如何在黑夜中飞行的动物学问题促成了军用声呐的发明，这里的启发式策略是（　　）。
   A. 爬山法　　　　　　　　　　　B. 逆向思维
   C. 类比思维　　　　　　　　　　D. 手段—目的分析法

第三节　问题解决的训练

一、单项选择题

1. 某学生在做数学题"12＋13＋14＋15＋16－17＝？"时，会把最后的"减17"算成"加17"。这体现的影响问题解决的心理机制是（　　）。
   A. 思维定势　　　B. 原型启发　　　C. 酝酿效应　　　D. 功能固着

2. 熟悉了杯子是喝水用的，却看不到杯子反过来可以作为烛台。这种现象属于（　　）。
   A. 思维定势　　　B. 功能固着　　　C. 酝酿效应　　　D. 原型启发

3. 长期致力于某一个问题的解决百思不得其解,停止思考几天之后,突然有了解决的办法。这属于( )。

A. 知觉模式　　　B. 功能固着　　　C. 原型启发　　　D. 酝酿效应

4. 下面的例子中不属于原型启发的是( )。

A. 牛顿看到苹果掉到地上,发现了万有引力定律
B. 爱迪生在认真总结前人制造电灯的失败经验后,成功发明电灯
C. 瓦特看到水开时蒸汽把壶盖顶起来,发明了蒸汽机
D. 科学家通过对狗鼻子构造的分析,发明了比狗鼻子更灵敏的电子嗅觉器

5. 研究表明,专家型教师能知觉较大的、有意义的刺激模式,新手型教师则不具备这样的能力。之所以出现这样的差异,关键的因素是( )。

A. 专门知识的水平　　　　　　　　B. 知识加工程度
C. 问题表征的深度　　　　　　　　D. 不同的思维水平

二、辨析题

思维定势对问题解决的影响可能是积极的,也可能是消极的。

三、简答题

简述专家与新手在解决问题时的差异。

四、分析论述题

阅读下列材料,并按要求回答问题。

研究者设计了一个"两绳问题"实验。在一个房间的天花板上悬挂着两根相距较远的绳子,被试者无法同时抓住。这个房间里有一把椅子、一盒火柴、一把螺丝刀和一把钳子。实验要求被试者把两根绳子系住。问题解决方法是把钳子作为重物系在一根绳子上,使绳子形成单摆运动,当两根绳子离得很近时,抓住另一根绳子,从而把两根绳子系起来,结果发现只有39%的被试者在10分钟内解决了这个问题,大多数被试者认为钳子只有剪断铁丝之类的功能,没有意识它还可以当作重物来使用。

结合材料,请回答:
(1) 上述实验主要说明哪种因素影响问题的解决?该实验结果对教学工作有何启示?
(2) 请指出问题解决还受哪些因素的影响。
(3) 如何培养学生的问题解决能力?

第四节　创造性及其培养

一、单项选择题

1. 影响创造性思维的因素有( )。

A. 动机、个性、环境及个体的学习方式
B. 知识、智力、个性、动机、情绪、家庭、学校及社会环境
C. 智力、遗传素质和脑的活动方式
D. 知识、智力、个性、动机、情绪

2. 关于智力和创造力的关系,表述正确的是( )。
A. 创造力和智力关系不大
B. 创造力和智力呈正相关
C. 智力需要以一定的创造性为基础
D. 高创造性需要以一定的智力为基础

3. 创造性思维是创造性认知品质的核心,是用超常规方法,重新组织已有知识经验,产生新方案和新成果的心理过程。它的主要特征有( )。
A. 流畅性、变通性、独特性
B. 准确性、变通性、敏捷性
C. 敏捷性、严密性、独特性
D. 严密性、流畅性、准确性

4. "知人所不知,见人所不见"是创造性的( )特征。
A. 流畅性
B. 变通性
C. 独创性
D. 集中性

5. 运用类比和隐喻的技术来帮助学生分析问题,形成不同观点。这种创造性思维的训练方法是戈登的( )。
A. 脑激励法
B. 手段—目的分析法
C. 分合法
D. 联想技术

6. 理论界公认的创造性思维的核心是( )。
A. 集中思维
B. 发散思维
C. 聚合思维
D. 抽象思维

二、辨析题

高智力一定有高创造性。

三、简答题

简述影响创造性发展的主要因素。

四、分析论述题

阅读下列材料,并按要求回答问题。

"方苹果"的启示:这是一节美术课,老师问学生:"同学们,你们见过苹果吗?吃过苹果吗?"学生齐声回答:"见过……吃过。""好,今天我们一起来画苹果,画你们心中的苹果。"不一会儿学生们便画好了,老师叫学生把画贴在班级后面布置好的"苹果园"。很快,"苹果园"里贴满了各式各样的苹果——大的、小的、红的、圆的、椭圆的……最引人注目的是一个方苹果,老师问:"你们见过方苹果吗?""没有。""吃过方苹果?""也没有。""那是谁画的呀?"这时一个男孩站起来说:"是我画的。"老师问:"你为什么把苹果画成方的?""因为我们全家都爱吃苹果,妈妈削苹果时苹果常滚到地上。我想,如果苹果是方的就不容易滚了,再说爸爸

买苹果都是一箱箱地买,同一个箱子,方苹果比圆苹果装得更多。"老师说:"听你这么一说,连老师都觉得方苹果不错。当然,现在世界上还没有方苹果,老师相信,你努力学习,长大后一定会培育出与众不同的方苹果。"

请回答:
(1)这位教师的教学有何优点?
(2)结合材料,分析教师应如何培养学生的创造性。

第九章 态度与品德的学习

大纲考点导图

- 第九章 态度与品德的学习
  - 第一节 态度与品德的性质
    - 态度的性质
      - 态度的实质：通过学习而形成的、影响个人行为选择的内部准备状态或反应的倾向性
      - 态度的结构 ①
    - 品德的性质
      - 品德的实质：依据一定的道德行为准则行动时所形成和表现出来的某些稳固的特征
      - 品德的心理结构 ②
  - 第二节 态度的形成与改变
    - 态度的形成
      - 主观条件
      - 客观条件 ③
    - 态度的改变
      - 说服性沟通法
      - 角色扮演法
  - 品德的学习与发展过程
    - 道德认知的发展
      - 皮亚杰道德认知发展理论
      - 科尔伯格道德发展阶段论
    - 道德情感的发展
      - 精神分析学派对道德情感的研究
      - 人本主义情感取向的道德教育研究
      - 有关道德情感中移情的研究
    - 道德行为的发展
      - 斯金纳的强化理论
      - 班杜拉的观察学习理论
      - 雅科布松论调节道德行为的心理机制
  - 影响品德学习与发展的因素
    - 外部因素 ④
    - 内部因素：道德认识、个性品质、适应能力
  - 第三节 品德的形成与培养
    - 品德的培养
      - 道德认知的培养方法：言语说服、小组道德讨论、道德概念分析
      - 道德情感的培养方法：移情能力的培养、羞愧感
      - 道德行为的培养方法：群体约定、道德自律
      - 品德的综合培养方法 ⑤

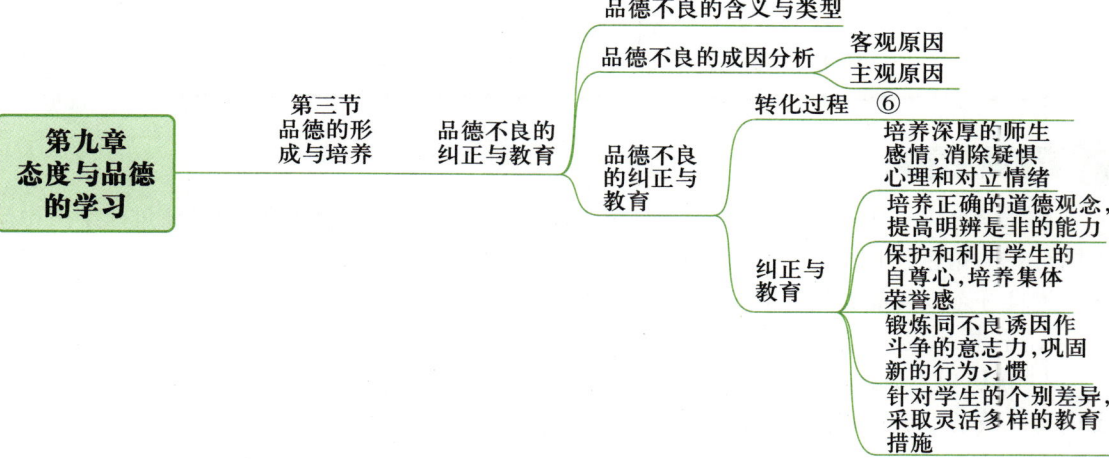

第一节 态度与品德的性质

一、单项选择题

1. 态度的结构中,不包含的是( )。
 A. 态度的认知成分   B. 态度的行为成分
 C. 态度的情感成分   D. 态度的转变成分
2. ( )决定个体是否愿意完成某些任务,即决定行为的选择。
 A. 态度   B. 道德   C. 能力   D. 情绪
3. 孙某认为自己应该热爱集体,团结同学,帮助同学,尊师爱幼。这反映了品德心理结构的( )。
 A. 道德情感   B. 道德认知   C. 道德意志   D. 道德行为
4. 衡量学生思想道德水平高低的根本标志是( )。
 A. 道德认知   B. 道德意志   C. 道德情感   D. 道德行为
5. 小芳看到有人随地乱扔果皮纸屑,就会产生一种厌恶感。这是一种( )。
 A. 道德认知   B. 道德情感   C. 道德意志   D. 道德行为

二、辨析题

有什么样的道德认识,就一定有什么样的道德行为。

第二节 态度的形成与改变

单项选择题

1. 省实验中学这些年一直让学生自编自演校园剧《我的中国梦》,目的是通过让学生扮演不同行业的角色,引发学生对人生价值和祖国命运的思考,帮助学生理解中国梦的内涵。这种对学生良好态度与品德培养的方法属于( )。
   A. 榜样示范　　B. 角色扮演　　C. 品德评价　　D. 价值辨析

2. 在历史上,多次出现过"富贵不能淫,贫贱不能移,威武不能屈"的英雄人物。他们在态度和品德的形成过程中,已经处于( )阶段。
   A. 模仿　　B. 依从　　C. 信奉　　D. 认同

3. 影响态度形成与改变的客观条件,不包含的是( )。
   A. 所传递信息的可信度　　B. 榜样人物的选择
   C. 外部强化　　D. 对态度对象的认识

4. 下列关于态度的说法中,正确的是( )。
   A. 态度是一种内部、稳定的心理倾向　　B. 态度是一种外部、稳定的心理倾向
   C. 态度是一种内部、不稳定的心理倾向　　D. 态度是一种外部、不稳定的心理倾向

第三节 品德的形成与培养

一、单项选择题

1. 欣怡能用规则来约束自己的行为,认为规则是绝对的,不可变更的,并表现出对规则的服从。根据皮亚杰的道德认知发展理论,欣怡的道德发展水平处于( )。
   A. 前道德阶段　　B. 权威阶段　　C. 可逆阶段　　D. 公正阶段

2. 皮亚杰对道德认知的研究方法是( )。
   A. 道德两难故事　　B. 守恒实验
   C. 沙盘游戏　　D. 对偶故事法

3. 儿童在10岁以后,判断是非对错的标准不只依据社会规则和对权威的遵从,他们开始受自己主观情感的判断标准支配。这说明儿童这个时期的道德判断特点是( )。
   A. 他律　　B. 自律　　C. 前习俗　　D. 习俗

4. 随着教育改革的不断深化,尤其是德育理论的更新,从"重教"走向"重学"的过程中出现了不少新的道德学习方法。其中,以"提出适合学生的价值问题,引导学生进行讨论,在认知碰撞中体悟价值观,形成价值信念"为核心的道德学习方法是( )。
   A. 道德反思　　B. 情境感受　　C. 实践明理　　D. 价值辨析

5. 在主题班会上,王老师与学生讨论乱扔垃圾的危害,形成了"不乱扔垃圾"的共识,并要求大家互相监督。这种品德培养的方法是( )。
   A. 树立榜样   B. 价值辨析   C. 群体约定   D. 有效说服
6. 老师说服学生时,对理解能力较强的高年级学生,最好( )。
   A. 不要提供论据   B. 提供正反论据
   C. 提供正面论据   D. 提供反面论据
7. 科尔伯格通过( )提出了道德发展阶段理论。
   A. 两难故事法   B. 情境故事法
   C. 道德故事法   D. 榜样示范法
8. 亲社会行为是指人们在社会交往中表现出的有利于他人和社会的一切积极的、有社会责任感的行为。研究表明个体亲社会行为的动机基础是( )。
   A. 移情   B. 真诚   C. 羞愧   D. 内疚
9. 在教学中,把助人为乐、热爱集体等类似道德要求与教师的赞许、同伴的羡慕等联系起来,使学生形成对这些道德要求的积极态度。这种品德培育方法是( )。
   A. 价值辨析法   B. 习惯养成法
   C. 移情训练法   D. 条件反应法
10. 学生小强喜欢欺负同学,在刘老师悉心教导后,他意识到这样的行为是不对的,下定决心改掉自己这个缺点。这时候小强处于不良品德转化过程中的( )。
    A. 实践阶段   B. 转变阶段   C. 自新阶段   D. 醒悟阶段

二、分析论述题

分析下述案例,并按要求回答问题。

小强平时成绩不错,最近有同学反映,他逃避班级劳动,不参与课后教室卫生工作。班主任找到他了解情况,小强却反驳说:"我妈妈说了,只要学习好,其他事情都不用管,而且我们班也有其他人没有做教室卫生工作。"班主任经调查发现事实确实如此。

请回答:
（1）结合材料,分析小强形成这种态度的原因。
（2）结合材料,论述老师怎样运用说服的方法培养小强良好的态度和品德。

第五部分

教育研究方法

第一章 教育研究概述

- 第一章 教育研究概述
  - 第一节 教育研究的界说
    - 教育研究的含义
    - 教育研究的意义
    - 教育研究的类型
      - 价值研究与事实研究
      - 基础研究与应用研究
      - ①
  - 第二节 教育研究的历史、现状和发展趋势
    - 教育研究的发展历程
    - 我国教育研究的现状及问题
    - 教育研究的主要发展趋势
  - 第三节 教育研究的对象及其特点
    - 教育研究的对象
    - 教育研究对象的特点
      - ②
      - 整合性
      - 模糊性
  - 第四节 教育研究的基本原则
    - ③ （根本原则）
    - 创新性原则
    - 公共性原则
    - 操作性原则
    - 检验性原则
    - 伦理原则
    - 理论联系实际原则
  - 第五节 教育研究的一般过程
    - ④
    - 研究设计阶段
    - 搜集资料阶段
    - 整理与分析资料阶段
    - 撰写研究报告阶段
    - 总结与评价阶段

第五部分　教育研究方法

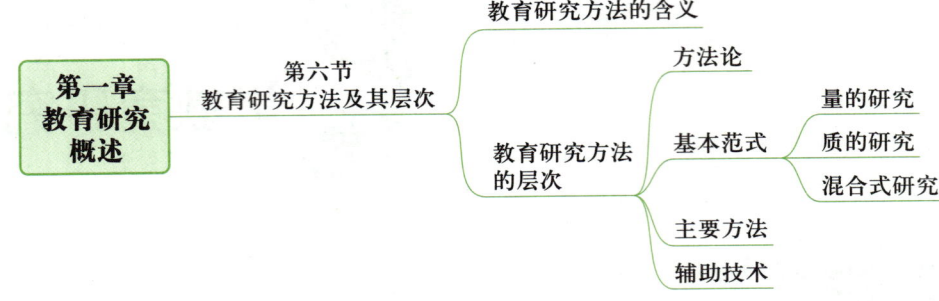

第一节　教育研究的界说

1. 以下不是教育研究基本要素的是（　　）。
   A. 客观事实　　　　　　　　　　B. 科学理论
   C. 方法技术　　　　　　　　　　D. 研究程序
2. 将教育研究分为价值研究与事实研究的依据是（　　）。
   A. 研究的内容和性质不同　　　　B. 研究目的、功能、作用不同
   C. 研究资料的性质、分析方法不同　D. 研究范式的不同
3. 以教育中的客观事实问题为研究对象，强调研究的客观性，要求研究者把尊重客观实际放在首要位置，排除主观因素干扰的研究是（　　）。
   A. 基础研究　　　　　　　　　　B. 事实研究
   C. 价值研究　　　　　　　　　　D. 应用研究
4. 下列关于教育基础研究和应用研究的描述中，不正确的是（　　）。
   A. 基础研究主要目的在于发展和完善理论
   B. 应用研究主要目的是解决当下的、实际的问题
   C. 目前绝大多数教育研究是基础性研究
   D. 应用研究常依据基础研究的成果进行探讨，应用研究的成果也有利于完善基础研究
5. 某研究者设计的研究是"高考改革的阻力分析"，对各个利益相关主体进行了问卷调查。这一研究属于（　　）。
   A. 基础研究　　　　　　　　　　B. 应用研究
   C. 定性研究　　　　　　　　　　D. 定量研究

二、简答题

试比较定性研究和定量研究。

第二节　教育研究的历史、现状和发展趋势

单项选择题

1. 昆体良的《雄辩术原理》被誉为西方第一本教学著作。从研究方法的角度看,昆体良的研究处于(　　)。
   A. 直觉观察时期　　　　　　　　B. 以分析为主的方法论时期
   C. 形成独立学科时期　　　　　　D. 教育研究的变革期

2. 夸美纽斯的《大教学论》从人与动物类比的角度出发,得出对人进行教育时要遵循适应自然原则。从研究方法的角度看,夸美纽斯的研究处于(　　)。
   A. 直觉观察时期　　　　　　　　B. 以分析为主的方法论时期
   C. 形成独立学科时期　　　　　　D. 教育研究的变革期

3. 下列表述中,不属于"以分析为主的方法论"时期的表现的是(　　)。
   A. 从经验的描述上升到理论概括
   B. 心理学开始成为教育科学研究的理论基础
   C. 主张教育要适应自然
   D. 研究风格是实验和思辨

4. 下列选项中不属于教育研究的形成独立学科时期的代表人物是(　　)。
   A. 杜威　　　　　　　　　　　　B. 梅伊曼
   C. 拉伊　　　　　　　　　　　　D. 赫尔巴特

5. 与西方教育研究相比较,下列选项中不属于我国从古至今的教育研究基本模式的特征是(　　)。
   A. 重经验描述,缺乏理论概括　　B. 重先王之道,遵循历史传统
   C. 教育与科学技术发展的研究脱节　D. 研究视角和方法多元化

第三节　教育研究的对象及其特点

单项选择题

1. 教育研究的对象是(　　)。
   A. 教育现象和教育问题　　　　　B. 教育理论
   C. 教育规律　　　　　　　　　　D. 教育知识

2. 以下不属于教育研究对象的特点的是(　　)。
   A. 境域性　　　　　　　　　　　B. 特殊性
   C. 模糊性　　　　　　　　　　　D. 整合性

第四节　教育研究的基本原则

一、单项选择题

1. 下列选项中不属于研究方法的选择和运用中应遵循的原则的是（　　）。
   A. 客观性原则　　　　　　　　　　B. 创新性原则
   C. 伦理性原则　　　　　　　　　　D. 主动性原则

2. 任何一种教育研究方法的选用都应遵循其内在的规定和基本的原则。在教育研究过程中，我们必须按程序和要求去研究客观现实，不能随意更改和省略。这一教育研究所遵循的原则是（　　）。
   A. 可行性原则　　　　　　　　　　B. 客观性原则
   C. 综合性原则　　　　　　　　　　D. 系统性原则

3. 在教育研究过程中要避免研究过程中对对方身心的伤害，不给受试者不恰当的压力，是教育研究过程中所遵循的（　　）。
   A. 目的性原则　　　　　　　　　　B. 伦理性原则
   C. 发展性原则　　　　　　　　　　D. 客观性原则

4. 在研究"大学内部治理结构"的问题上，研究者的理论基础有委托代理理论、利益相关者理论等。但论文中两个理论都没有恰当使用。这一研究违反了（　　）。
   A. 理论联系实际原则　　　　　　　B. 创新性原则
   C. 客观性原则　　　　　　　　　　D. 伦理性原则

5. 某研究者在撰写文献综述的过程中，对前人的研究成果中符合自己研究内容的部分进行了直接引用。该研究者的做法违背了（　　）。
   A. 理论联系实际原则　　　　　　　B. 创新性原则
   C. 客观性原则　　　　　　　　　　D. 伦理性原则

6. 研究者在表达教育研究的研究程序、方法和成果时要用明确、清楚的文化符号，以保证同行专家了解整个研究过程，这是教育研究过程中遵循的（　　）。
   A. 理论联系实际原则　　　　　　　B. 创新性原则
   C. 公共性原则　　　　　　　　　　D. 伦理性原则

7. 研究者在教育研究中描述出被定义事物的可观测到的具有独特性的特征，这遵循的是（　　）。
   A. 操作性原则　　　　　　　　　　B. 创新性原则
   C. 公共性原则　　　　　　　　　　D. 伦理性原则

8. 同行专家在相同的研究条件下，依照相同的程序和方法重新进行研究，应能得到相同或相近的结果，这遵循的是（　　）。
   A. 操作性原则　　　　　　　　　　B. 创新性原则
   C. 公共性原则　　　　　　　　　　D. 检验性原则

二、简答题

简述教育研究要遵循的伦理性原则。

第五节 教育研究的一般过程

简答题

简述教育研究的一般过程。

第六节 教育研究方法及其层次

单项选择题

1. 教育研究中最高级、最抽象、最普遍的方法论层次是（　　）。
   A. 哲学方法论　　　　　　　　　　B. 数学方法论
   C. 信息技术论　　　　　　　　　　D. 科学方法论
2. 通过统计某校学生在高考中的人数、标准均分来比较、考察学校的教学质量，这种研究属于（　　）。
   A. 定性研究　　　　　　　　　　　B. 定量研究
   C. 实验研究　　　　　　　　　　　D. 教育价值研究
3. 某研究者想进行儿童启蒙教学的演变历程的研究，他适合采用（　　）。
   A. 理论研究法　　　　　　　　　　B. 历史研究法
   C. 观察研究法　　　　　　　　　　D. 调查研究法
4. 由感性认识上升为理性认识的教育研究方法是（　　）。
   A. 问卷调查法　　　　　　　　　　B. 观察研究法
   C. 比较研究法　　　　　　　　　　D. 经验总结法
5. 教育民族志属于（　　）。
   A. 量化研究　　　　　　　　　　　B. 定性研究
   C. 量的研究　　　　　　　　　　　D. 行动研究
6. 下列关于扎根理论的说法中不正确的是（　　）。
   A. 扎根理论对研究者自身的素质要求较高
   B. 扎根理论研究的运用有助于理论与实践的结合
   C. 扎根理论不需要对前期的资料进行归纳分析
   D. 扎根理论要求深入现场
7. 下列属于质的研究的特点的是（　　）。

A. 遵循验证性科学方法,重点是假设检验和理论检验
B. 通过数据分析得出精确的研究结果
C. 研究者本人是研究"工具",直接接触研究对象
D. 注重对研究结果进行数量化的描述

8. 下面关于混合式研究说法中错误的是(　　)。
A. 能够在一个更广泛、更完整的范围内回答研究问题
B. 可以同时研究并建立一般的和特殊的因果联系
C. 可以利用其中一种方法的优势来克服另外一种方法的劣势
D. 混合式研究中定性和定量部分一定会同时进行

第二章 教育研究的选题与设计

```
第二章
教育研究的
选题与设计
├─ 第一节 选题的主要来源
│   ├─ ①
│   ├─ 学科理论深化、拓展或转型中产生的问题
│   └─ 教育实践变革中产生的问题
├─ 第二节 选题的基本要求
│   ├─ 问题有研究价值(价值性)
│   ├─ 问题提出有现实性(现实性)
│   ├─ 问题表述具体明确(具体性)
│   ├─ ②
│   └─ 选题的创新性(创新性)
└─ 第三节 研究的设计
    ├─ 教育研究假设的形成
    │   ├─ 假设的含义与作用
    │   ├─ 假设的主要类型
    │   │   ├─ ③
    │   │   ├─ 描述性假设、解释性假设、预测性假设
    │   │   └─ 方向性假设和非方向性假设
    │   ├─ 假设涉及的主要变量 ④
    │   └─ 假设表述的规范性要求
    │       ├─ 科学性
    │       ├─ 推测性
    │       ├─ 明确性
    │       ├─ ⑤
    │       └─ 简洁性
    ├─ 教育研究对象的确定(抽样)
    │   ├─ 总体、样本、抽样的概念
    │   ├─ 抽样的基本要求
    │   │   ├─ 明确界定总体
    │   │   ├─ ⑥
    │   │   ├─ 取样的代表性
    │   │   └─ 确定合理的样本容量
    │   └─ 抽样的主要方法
    │       ├─ 简单随机取样
    │       ├─ 系统随机取样
    │       ├─ ⑦
    │       └─ 整群随机取样
    └─ 教育研究方法的选定
```

第二章 教育研究的选题与设计 — 第四节 研究方案的基本内容
- ⑧ 相关研究文献综述
- 研究的基本思路和主要内容
- 研究的方法与步骤
- 研究的可行性或条件
- 研究的预期成果

考点演练

第一节　选题的主要来源

单项选择题

1．某研究者在进行研究设计时，根据当前我国的社会发展的要求，提出"义务教育高位均衡问题研究"。这一选题属于（　　）。
   A．社会发展中产生的教育问题
   B．学科理论深化、拓展或转型中产生的问题
   C．教育实践变革中产生的问题
   D．对前人和他国教育信息的分析与解读的问题

2．小学一年级教师王老师根据教学观察和教学反思将自己的教育硕士论文的选题定为"小学一年级学生的注意力训练的行动研究"。这一选题属于（　　）。
   A．社会发展中产生的教育问题
   B．学科理论深化、拓展或转型中产生的问题
   C．教育实践变革中产生的问题
   D．对前人和他国教育信息的分析与解读的问题

第二节　选题的基本要求

单项选择题

1．某中学教师将自己的教育硕士论文题目定为"××省校园安全问题的调查研究"，导师否定了他的题目。这一选题违背了（　　）。
   A．问题有研究价值　　　　　　　　B．问题提出有科学理论依据和事实依据
   C．问题表达必须具体明确　　　　　D．问题研究要有可行性

2．某硕士生将论文选题定为"高考改革研究"，导师否定了他的题目。这一选题违背了（　　）。

A. 问题有研究价值　　　　　　　　B. 问题提出有科学理论依据和事实依据
C. 问题表达必须具体明确　　　　　D. 问题研究要有可行性

3. 下列选项中不属于选题创新性方面的要求的是(　　)。
A. 课题所涉及的问题是前人未触及或探讨不深入的
B. 课题的研究视角不同于前人
C. 课题在研究方法上有所创新
D. 课题要有科学的理论依据

4. 选题的基本要求不包括是(　　)。
A. 价值性　　　　　　　　　　　　B. 行动性
C. 具体性　　　　　　　　　　　　D. 可行性

5. 问题的价值性不表现在(　　)。
A. 研究内容是前人未涉及或者探讨不深入的
B. 研究角度和方法不同于以往的研究
C. 对其他领域有较高的价值
D. 研究表述上明确具体

第三节　研究的设计

一、单项选择题

1. 下列表述中不属于研究假设的作用的是(　　)。
A. 帮助研究者明确研究目的,限定研究范围
B. 是研究者设计具体方案的依据
C. 有利于对变量进行有效的控制
D. 研究只能验证假设,不能推翻假设

2. 下列选项不是依据假设的形成所作的分类的是(　　)。
A. 归纳假设　　　　　　　　　　　B. 演绎假设
C. 研究假设　　　　　　　　　　　D. 预测假设

3. 下列选项中不是假设涉及的主要变量的是(　　)。
A. 自变量　　　B. 因变量　　　C. 无关变量　　　D. 全局变量

4. 下列选项中不是自变量的是(　　)。
A. 效果变量　　　B. 刺激变量　　　C. 输入变量　　　D. 实验变量

5. 下列选项中不是因变量的是(　　)。
A. 效果变量　　　B. 结果变量　　　C. 外部变量　　　D. 输出变量

6. 下列对研究假设的要求中,陈述错误的是(　　)。
A. 简单明了　　　B. 疑问句　　　C. 言简意赅　　　D. 明确具体

7. 下列关于总体的界定中,表述错误的是(　　)。

A. 总体的界定是抽样设计的基础
B. 总体的界定取决于研究者的研究目的
C. 总体的界定取决于研究者的研究方法
D. 总体的界定要兼顾研究的外部效度和可行性

8. 下列表述中不是影响样本容量的因素的是（　　）。
A. 研究目的　　　　　　　　　　B. 抽样方法
C. 研究对象总体的同质性　　　　D. 内部效度

9. 适合大样本，是对简单随机取样方法的一种改进。这种按一定的间隔，在总体中抽取样本的抽样的基本方法是（　　）。
A. 简单随机取样　　　　　　　　B. 系统随机取样
C. 分层随机取样　　　　　　　　D. 整群随机取样

10. 在做"学前一年教育纳入义务教育的条件保障研究"的调查研究时，研究者准备在某省调查，按发达城市、中等城市、乡村几个大类来按比例分配样本，各类别各占 1/3。这个方法是（　　）。
A. 简单随机取样　　　　　　　　B. 系统随机取样
C. 分层随机取样　　　　　　　　D. 整群随机取样

11. 下列关于整体随机取样、分层取样的表述中不正确的是（　　）。
A. 整群抽样要保证各层间的同质性　　B. 整群抽样的对象是群
C. 分层随机抽样保证各层间的异质性　D. 分层取样的对象也是群

二、辨析题

在教育研究中，样本容量越大越好。

三、简答题

1. 简述假设表述的规范性要求。
2. 简述抽样的基本要求。

第四节　研究方案的基本内容

简答题

简述课题研究方案的基本内容。

3 第三章 教育文献检索

大纲考点导图

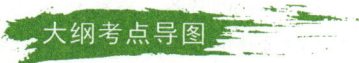

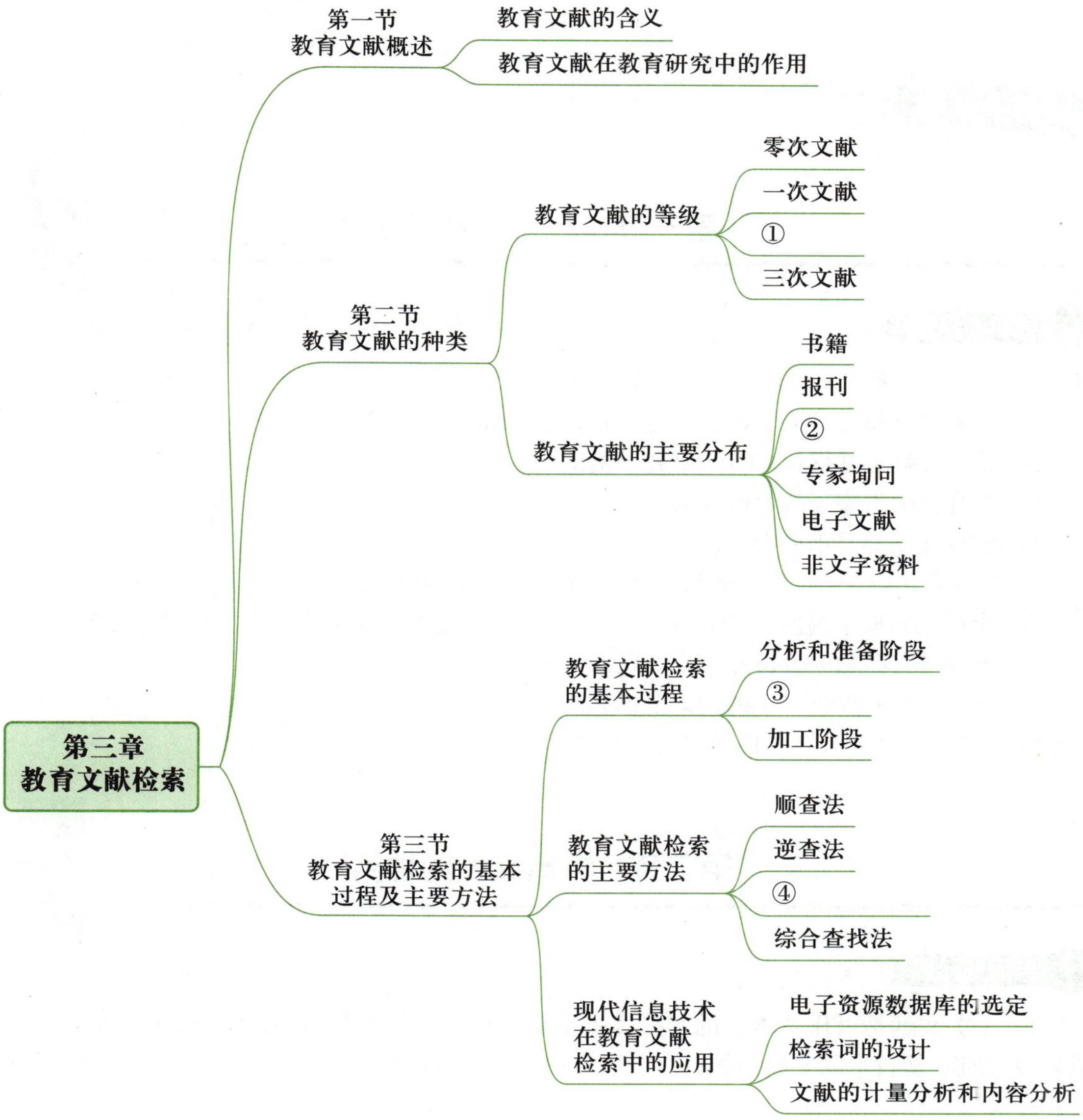

第三章 教育文献检索
第一节 教育文献概述
教育文献的含义
教育文献在教育研究中的作用
第二节 教育文献的种类
教育文献的等级
零次文献
一次文献
①
三次文献
教育文献的主要分布
书籍
报刊
②
专家询问
电子文献
非文字资料
第三节 教育文献检索的基本过程及主要方法
教育文献检索的基本过程
分析和准备阶段
③
加工阶段
教育文献检索的主要方法
顺查法
逆查法
④
综合查找法
现代信息技术在教育文献检索中的应用
电子资源数据库的选定
检索词的设计
文献的计量分析和内容分析

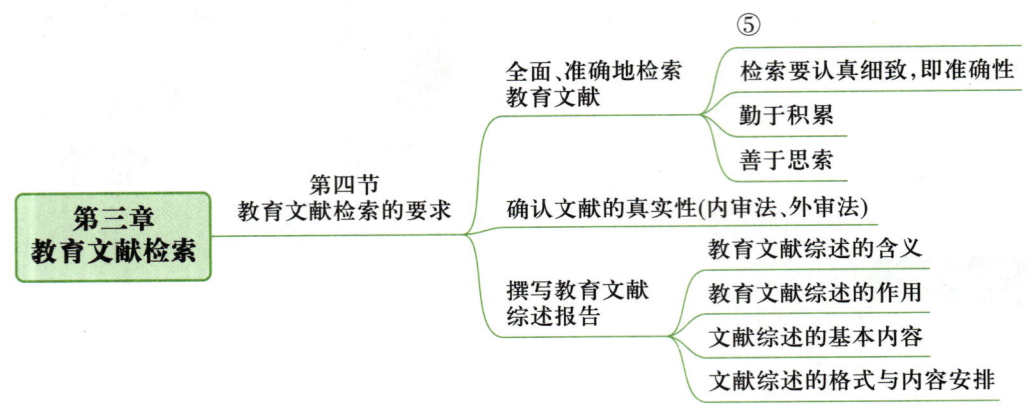

第一节 教育文献概述

单项选择题

1. 以下关于教育文献的说法中,不正确的是( )。
   A. 教育文献是记载有关教育科学的情报信息和知识的载体
   B. 教育文献是进行教育科学研究的基础
   C. 教育文献贯穿于教育研究的全过程
   D. 教育文献都是书面形式的

2. 下列表述中,不属于教育文献在教育研究中的作用的是( )。
   A. 全面正确地掌握所要研究问题的情况,帮助研究人员确定研究课题和研究方向
   B. 阐述研究课题的价值及完成课题的可能性
   C. 为教育研究提供科学的论证依据和研究方法
   D. 避免重复劳动,提高科学研究的效益

第二节 教育文献的种类

单项选择题

1. 一次文献是以作者本人的实践为依据而创作的原始文献,是直接记录事件经过、研究成果、新知识、新技术的文献,具有原创性,有很高的参考价值。下列选项中不属于一次文献的是( )。

A. 专著　　　　　　B. 论文　　　　　　C. 调查报告　　　　D. 专题研究报告

2. 下列选项中不属于二次文献的是（　　）。

A. 题录　　　　　　B. 书目　　　　　　C. 索引　　　　　　D. 动态综述

3. 下列选项中不属于三次文献的是（　　）。

A. 动态综述　　　　B. 调查报告　　　　C. 数据手册　　　　D. 专题述评

4. 教育文献的主要分布不包括（　　）。

A. 百度等搜索引擎　B. 报刊　　　　　　C. 教育年鉴　　　　D. 书籍

5. 在研究"苗族的教育状况"的过程中，研究者查阅了贵州省苗族聚居的县域的档案馆，发现"地方志"中记载苗族定居在这个县域是在500年前。这一"地方志"属于（　　）。

A. 书籍　　　　　　B. 报刊　　　　　　C. 教育档案　　　　D. 电子信息

第三节　教育文献检索的基本过程及主要方法

单项选择题

1. 按时间范围，按事件发生、发展时序，由远及近、由旧到新的顺序查找教育文献检索的方法是（　　）。

A. 顺查法　　　　　B. 逆查法　　　　　C. 跟踪法　　　　　D. 综合查找法

2. 为研究教育部门对校车的管理，请问最合适的检索文献的方法是（　　）。

A. 顺查法　　　　　B. 逆查法　　　　　C. 跟踪法　　　　　D. 综合查找法

3. 小王同学在写论文时，以已掌握的文献中所列的引用文献、附录的参考文献作为线索，查找有关主题的文献。他用的这个方法是（　　）。

A. 顺查法　　　　　B. 逆查法　　　　　C. 跟踪法　　　　　D. 综合查找法

4. 下列关于"文献计量分析"的表述中，错误的是（　　）。

A. 文献计量分析是指对所搜集的资料进行分析、综合、比较、归纳，以揭示教育现象中某些规律的一种研究

B. 文献计量分析包括文献计量特征选择和统计以及文献计量特征数量分布与变化规律的描述或解释

C. 文献计量分析的主要统计特征包括出版物、著者、引证文献和被引证文献等

D. 文献计量分析最本质的特征在于其输出务必是"量"

5. 内容分析法与文献法相比更侧重于（　　）。

A. 定性研究　　　　B. 定量研究　　　　C. 文本分析　　　　D. 评论

6. 某研究者阅读了他通过电子信息检索系统下载的千余篇文献后，发现其中的很多资料和研究的关联性并不大，因此，又删除了很多资料，仅剩百余篇。他的这个过程是（　　）。

A. 分析阶段　　　　B. 准备阶段　　　　C. 搜索阶段　　　　D. 加工阶段

第四节　教育文献检索的要求

一、单项选择题

1. 既是对文献的综合，又是对文献的评价的是（　　）。
   A. 文献综述　　　B. 研究报告　　　C. 学术论文　　　D. 咨询报告
2. 在研究"二战"期间在华犹太人的教育状况时，某研究生只查阅了上海档案馆。指导教师让该生继续到哈尔滨档案馆查阅资料。这个研究生在检索文献的过程中违反了（　　）原则。
   A. 全面性　　　B. 准确性　　　C. 勤于积累　　　D. 善于思索
3. 某研究者在研究大学生的"创业教育"问题时，只查阅了倡导学校应该开展"创业教育"的文章。这个研究者违背了（　　）原则。
   A. 全面性　　　B. 准确性　　　C. 勤于积累　　　D. 善于思索
4. 旨在判断资料的真伪或完整性的确认文献的真实性的方法是（　　）。
   A. 内审法　　　B. 外审法　　　C. 文献法　　　D. 摘要法
5. 通过考察著者的偏见和动机以及资料的一致性程度来考察资料的正确性与可靠程度的方法是（　　）。
   A. 内审法　　　B. 外审法　　　C. 文献法　　　D. 摘要法
6. 文献综述中主要写学术背景、目的、意义与基本内容的部分是（　　）。
   A. 当前研究状况与评价　　　B. 历史发展状况与评价
   C. 绪论　　　D. 趋势展望

二、简答题

1. 简述检索教育文献的要求。
2. 简述教育文献综述包含的基本内容。

第四章 教育观察研究

大纲考点导图

- 第四章 教育观察研究
  - 第一节 教育观察研究概述
    - 教育观察的含义
    - 教育观察研究的特点及优缺点
      - 特点
        - ①
        - 观察的客观性
        - 观察的能动性
        - 观察记录的翔实性
      - 优缺点
  - 第二节 教育观察研究的基本类型
    - 自然情境中的观察与实验室观察
    - 直接观察与间接观察
    - ②
    - 结构式观察与非结构式观察
    - 定量观察与定性观察
  - 第三节 教育观察研究的实施程序
    - 教育观察的实施程序
      - 界定研究问题,明确观察目的和意义
      - ③
      - 实施观察,收集、记录资料
      - 分析资料,得出研究结论
    - 教育观察研究的记录方法
      - 描述记录
        - ④
        - 轶事记录法
        - 连续记录法
      - 取样记录
        - ⑤
        - 事件取样
        - 活动取样
      - ⑥

第一节　教育观察研究概述

单项选择题

1. 下列关于教育观察研究的表述中错误的是（　　）。
   A．有明确的观察目的　　　　　　　　B．对观察对象不加任何干预控制
   C．有翔实的观察记录　　　　　　　　D．研究者的感受或体验就是观察结果
2. 以下不属于教育观察研究优点的是（　　）。
   A．能判断"为什么"的问题　　　　　B．研究范围广泛
   C．有翔实的观察记录　　　　　　　　D．能较客观真实地收集第一手材料

第二节　教育观察研究的基本类型

一、单项选择题

1. 将教育观察研究划分为结构式观察和非结构式观察的依据是（　　）。
   A．观察的情境条件　　　　　　　　　B．观察的方式
   C．观察实施的方法　　　　　　　　　D．观察者是否直接参与
2. 小王为做论文以"实习生"的身份进入某校，与其合作的老师、同学都认为他是有志于中学教学的青年。他以"实习生"的身份深入课堂，进行教学观察，其采用的方法是（　　）。
   A．参与式观察　　　　　　　　　　　B．非参与式观察
   C．结构式观察　　　　　　　　　　　D．非结构式观察
3. 小李在进入研究现场之前，制订了周密的准备方案，如观察的项目、拟观察项目的表格、记录表等等。小葛的观察属于（　　）。
   A．参与式观察　　B．非参与式观察　　C．结构式观察　　D．非结构式观察
4. 9月初，幼儿园刚刚开学，小班王老师在自由活动的时候不对所在班级幼儿给予任何干涉，而是从旁观察。观察得知豆豆活跃，且精力旺盛，需要为其多多安排活动，慧慧腼腆、内向，需要多多鼓励。王老师的观察是（　　）。
   A．实验室观察　　B．自然观察　　　　C．间接观察　　　D．参与式观察
5. 豆豆妈妈将豆豆送到幼儿园后极不放心，于是，在幼儿园的监控室观察豆豆的在园表现。豆豆妈妈的观察属于（　　）。
   A．直接观察　　　B．间接观察　　　　C．参与式观察　　D．实验室观察
6. 陈鹤琴先生对自己的儿子进行了808天的连续观察，并用文字和拍照详细记录。陈鹤琴

先生的观察属于（　　）。
    A. 结构式观察　　　B. 参与式观察　　　C. 非结构式观察　　　D. 间接观察
  7. 为了获得学校社团与学生发展之间的关系的材料，王老师来到某校担任社团指导老师，他采用的方法是（　　）。
    A. 自然情境中的观察、非参与式观察　　　B. 实验室观察、非参与式观察
    C. 自然情境中的观察、参与式观察　　　D. 结构式观察、非参与式观察

二、简答题

1. 简述参与式观察与非参与式观察的优缺点。
2. 简述结构式观察与非结构式观察的优缺点。

第三节　教育观察研究的实施程序

一、单项选择题

1. 小孙以隐蔽的身份进入学校进行观察，他准备运用描述记录法进行记录。那么，记录观察结果的方法中不应该有（　　）。
    A. 日记描述法　　　B. 轶事记录法　　　C. 连续记录法　　　D. 兴趣记录法
2. 可以随时根据自己的兴趣进行记录，而不受任何时间和条件限制，事先也可以不需要做特别的编码分类的记录方法是（　　）。
    A. 日记描述法　　　B. 轶事记录法　　　C. 连续记录法　　　D. 兴趣记录法
3. 某生在对幼儿欺侮的问题进行观察研究时，记录表仅记录一天时间内欺侮行为出现的次数的方法是（　　）。
    A. 时间取样　　　B. 事件取样　　　C. 兴趣取样　　　D. 行为取样
4. 最早使用日记描述法研究儿童成长和发展的是（　　）。
    A. 昆体良　　　B. 裴斯泰洛齐　　　C. 卢梭　　　D. 皮亚杰
5. 身为发展心理学教师的笑笑妈妈发现孩子在无聊的时候啃指甲，于是开始对这一事件进行了为期3个月的观察、记录。在她的干预下，孩子的啃指甲行为成功消退。笑笑妈妈的记录方法是（　　）。
    A. 日记描述法　　　B. 轶事记录法　　　C. 连续记录法　　　D. 行为核定法
6. 身为幼儿教师的王老师喜欢观察幼儿游戏中的争执行为（如自由活动时，豆豆想要和可可一起玩滑梯，而可可想和豆豆一起玩木马）。李老师选择观察幼儿争执的时间长短、谁的意见占了上风、其他幼儿的表现等。李老师的观察方法是（　　）。
    A. 连续记录　　　B. 行为核定表　　　C. 日记记录法　　　D. 时间取样记录法
7. 事件取样法主要记录的是（　　）。
    A. 在特定时间内所发生的行为　　　B. 行为的出现次数
    C. 行为持续的时间　　　D. 较长时间内连续记录被观察对象的行为

8. 用于核对某些重要行为是否呈现的记录法是（　　）。
   A. 描述记录法　　　B. 取样记录法　　　C. 轶事记录法　　　D. 行为检核表

二、简答题

简述教育观察研究实施的程序。

第五章 教育调查研究

大纲考点导图

- **第五章 教育调查研究**
  - **第一节 教育调查研究概述**
    - 教育调查研究的含义及特点
    - 教育调查研究的类型
      - 普遍调查、抽样调查和个案调查
      - 现状调查、相关调查、发展调查和预测调查
      - ①
    - 教育调查研究的一般步骤
      - ②
      - 选择调查对象
      - 确定调查方法和手段，编制和选用调查工具
      - 制订调查计划
      - 实施调查
      - 整理、分析调查资料，撰写调查报告
  - **第二节 问卷调查**
    - 问卷调查的特点及优缺点
      - 特点 ③
      - 优缺点
    - 问卷的构成
      - ④
      - 问题和答案
      - 结束语
    - 问题的设计
      - 问题设计的基本要求
      - 问题的形式
        - 开放式问题
        - 封闭式问题
        - 半封闭式问题
      - 问题答案的格式
        - 是否式
        - ⑤
        - 排序式
        - 量表式
        - 表格式
        - 定距式
        - 填空式
      - 问题的顺序
        - ⑥
        - 先一般,后敏感
        - 先封闭,后开放
        - 先总括,后特定
      - 相倚问题
    - 问卷的发放与回收
      - 问卷的发放方法
      - 问卷的回收
      - 关于问卷的质量监控

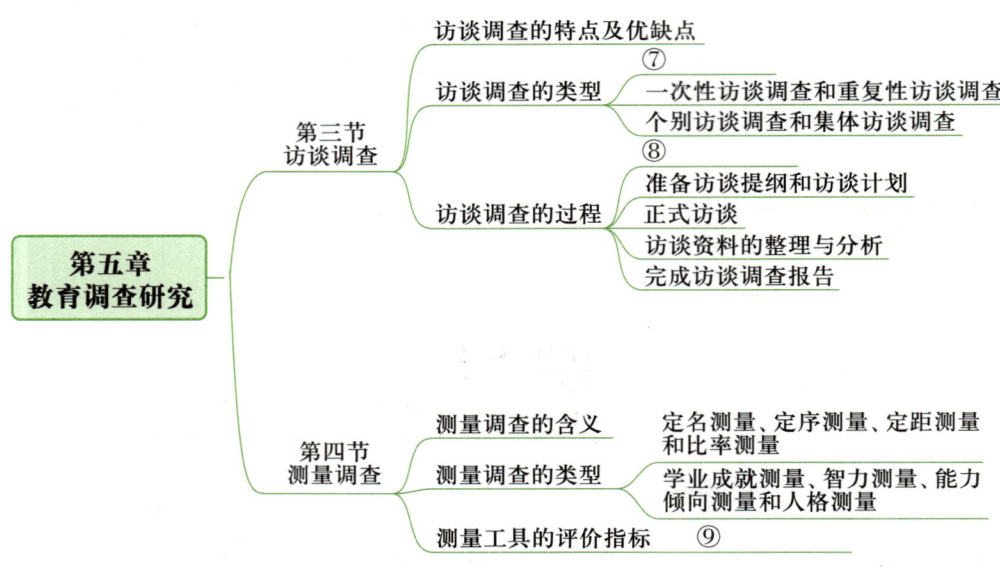

考点演练

第一节　教育调查研究概述

单项选择题

1. 下列选项中不是从调查对象的选择范围对教育调查研究进行划分的是（　　）。
   A. 普遍调查　　　B. 抽样调查　　　C. 个案调查　　　D. 现状调查
2. 下列选项中与其他选项分类维度不相同的是（　　）。
   A. 现状调查　　　B. 发展调查　　　C. 预测调查　　　D. 测量调查
3. 下列选项中不属于调查研究的是（　　）。
   A. 问卷　　　　　B. 访谈　　　　　C. 实验　　　　　D. 测验
4. 某研究生开展的调查研究是"大学生创业状况的调查"。他的研究属于（　　）。
   A. 现状调查　　　B. 相关调查　　　C. 发展调查　　　D. 预测调查
5. 某研究生准备运用"汉密尔顿焦虑量表"测量大学教师的焦虑问题。他准备开展的调查研究是（　　）。
   A. 问卷调查　　　B. 访谈调查　　　C. 测量调查　　　D. 调查表调查
6. "幼儿园教师的生存状态与改进对策研究——基于某民办幼儿园的研究"属于（　　）。
   A. 普遍调查　　　B. 抽样调查　　　C. 个案调查　　　D. 常模调查

第二节 问卷调查

一、单项选择题

1. 以下不属于问卷调查优点的是（　　）。
   A. 调查灵活深入
   B. 比较标准化
   C. 有助于调查对象在填答时消除各种顾虑
   D. 范围广、效率高

2. 王老师反对学生运用问卷调查法开展"教学名师成长机制研究"的理由是问卷法不能收集到教学名师的真实想法，不能反映其专业成长的关键事件。王老师的理由反映了问卷法的（　　）。
   A. 灵活性不足的问题
   B. 主试无法记录被试回答时的反映
   C. 问卷的效度问题
   D. 问卷的信度问题

3. 小李准备进行问卷调查，其指导语是"尊敬的老师您好！非常感谢您参与这项研究，此调查旨在了解老师的专业发展情况，只为研究之用，无好坏之分，请您务必根据自己的实际情况作答。"指导教师看后让小李完善指导语，小李须完善的是（　　）。
   A. 问候语
   B. 说明问卷的性质、目的
   C. 回答问题的方式
   D. 结束语

4. 直接关系到问卷的质量，关系到所获得的研究结果的科学性、真实性、可靠性的是（　　）。
   A. 问卷设计　　B. 问题的形式　　C. 答题的形式　　D. 答案的格式

5. 下列选项中不属于问卷设计的过程中问题的内容与表述需要注意的是（　　）。
   A. 选择适当的问题类型
   B. 回避询问社会禁忌、隐私等问题
   C. 每一题目中观点应丰富
   D. 避免使用反问句、双重否定句

6. 从问题的形式角度划分，问题的类型不包括（　　）。
   A. 开放式问题
   B. 封闭式问题
   C. 综合型问题
   D. 等级式问题

7. 在"睡眠与压力感问卷"中关于"你每天睡几个小时"的问题的选项为"A. 3~4小时，B. 4~6小时，C. 6~8小时，D. 8小时以上"，这种答案形式是（　　）。
   A. 排序式　　B. 等级式　　C. 定距式　　D. 多项选择式

8. 下列选项中，不属于问卷中各种问题顺序安排的原则的是（　　）。
   A. 由浅入深
   B. 由易到难
   C. 由简入繁
   D. 随意排列

二、简答题

1. 简述问卷的构成。
2. 简述问卷设计中封闭式题目的答案格式。

三、分析论述题

1. 某研究者欲以"谁上职校——职业教育价值观调查研究"为题在某地职业高中、中等职业学校进行调查,旨在了解该地区职业院校学生、家长的教育价值观以及普通高中家长、学生的教育价值观,分析该地学生不愿意就读职业院校的原因,并提出相应的对策。

请回答:

(1)该地区有一所职业高中(在校生:200人)、一所中等职业院校(在校生:400人)、一所普通高中(在校生:800人)。现拟从中抽取140名学生作为样本进行问卷调查。为了使样本与总体在结构上保持一致,以保证样本的代表性,应采取何种抽样方法?如何抽取样本(写出步骤)?

(2)请按问卷指导语的要求,拟出一份问卷指导语。

(3)为进一步了解"谁念职校"的深层次问题,研究者还拟对教师进行访谈,请按访谈调查法的要求拟出一份访谈提纲。(至少包含5个问题)

2. 目前国内针对青少年近视的研究相对较少。随着国内对眼睛保护教育的重视,王教授想尝试通过分层抽样的方法,对某市12~15岁中学生的用眼习惯以及用眼健康认知情况进行问卷调查并分析,以期为某市儿童近视防治工作的开展,以及提高居民整体生活质量提供可靠依据。

请回答:

(1)好的问卷指导语应该既全面又清楚,请你告诉王教授问卷指导语应该具体包括哪些内容与要求。

(2)请你告诉王教授如何确保问卷的有效回收。

(3)结合材料设计5种题目,并任选其中两种说明其特点。

第三节 访谈调查

一、单项选择题

1. 根据研究者对访谈过程进门控制与否,访谈过程中是否使用经过严格设计的问卷或提纲,可以将访谈分为( )。
   A. 结构性访谈和非结构性访谈
   B. 一次性访谈和重复性访谈
   C. 个别访谈和集体访谈
   D. 测试与正式访谈

2. 小王在研究"双师型教师的专业成长外部机制"的课题时,将某校所有双师型教师集中在一起,然后以座谈会的形式就该问题进行访谈。他采用的是( )。

A. 个别访谈　　　　　　　　　　　B. 集体访谈
C. 结构性访谈　　　　　　　　　　D. 非结构性访谈

3. 为写好《笑笑为什么不上学了》一文,作者在学校与笑笑进行一次访谈后,又到笑笑家进行了一次访谈。第二次访谈是(　　)。
A. 结构性访谈　　　　　　　　　　B. 非结构性访谈
C. 重复性访谈　　　　　　　　　　D. 集体访谈

4. 在研究"高校青年教师职业发展状况"时,研究者将受访教师请在咖啡馆中,边喝咖啡边聊天。且告诉青年教师"不要受拘束,没有特定的限制,所有资料都是做研究之用,并为老师保密"。这一访谈是(　　)。
A. 结构性访谈　　　　　　　　　　B. 非结构性访谈
C. 重复性访谈　　　　　　　　　　D. 集体访谈

5. 以下关于访谈调查的说法中不正确的是(　　)。
A. 较强的灵活性　　　　　　　　　B. 访谈提纲的复杂性
C. 所获信息和资料的直接性和可靠性　D. 样本量大,效率高

二、简答题

1. 简述访谈调查的优缺点。
2. 简述访谈调查的过程。

第四节　测量调查

单项选择题

1. 在问卷中,将被试的性别男性定为1,女性定为2,这个变量是(　　)。
A. 定名测量　　B. 定序测量　　C. 定距测量　　D. 比率测量

2. 在问卷中,将教师的职称定为初级、中级、高级三个级别。这个变量是(　　)。
A. 定名测量　　B. 定序测量　　C. 定距测量　　D. 比率测量

3. 下列变量能做任何形式的运算的是(　　)。
A. 定名测量　　B. 定序测量　　C. 定距测量　　D. 比率测量

4. 下列变量能做t检验的是(　　)。
A. 定名测量　　B. 定序测量　　C. 定距测量　　D. 人格测量

5. 根据测量的内容分类,可将教育测量分为四种,其中不包括(　　)。
A. 学业成就测量　B. 智力测量　C. 能力倾向测量　D. 标准参照测量

6. 评价一个测验能够测量其所要测量的对象的程度的测量工具的评价指标是(　　)。
A. 效度　　B. 信度　　C. 区分度　　D. 难度

7. 考查测量结果的一致性或稳定性的测量评价指标是(　　)。
A. 效度　　B. 信度　　C. 区分度　　D. 难度

8. 对所测验的心理特征的区分程度或鉴赏能力的测量工具的评价指标是(　　)。
   A. 效度　　　　　B. 信度　　　　　C. 区分度　　　　　D. 难度
9. 下列关于区分度的表述中不正确的是(　　)。
   A. 难度越大,区分度越大
   B. 选拔型的考试,区分度大
   C. 鉴定分等的考试,区分度大
   D. 评价学生是否掌握某一知识的考试,区分度不高
10. 关于问卷调查和测量调查,以下说法中正确的是(　　)。
    A. 问卷调查可以赋分　　　　　　　B. 问卷调查可以测量态度
    C. 测量调查是直接测验　　　　　　D. 测量调查是间接进行对比研究

第六章 教育实验研究

大纲考点导图

- **第六章 教育实验研究**
  - **第一节 教育实验研究概述**
    - 教育实验研究的含义
    - 教育实验研究的历史发展
    - 教育实验研究的特点及优缺点
    - 教育实验研究的主要功能
    - 教育实验研究的基本程序 ①
      - 教育实验的实施阶段
      - 教育实验的总结推广阶段
  - **第二节 教育实验的基本类型**
    - 实验室实验与自然实验
    - 探索性实验与验证性实验
    - 单因素实验与多因素实验
    - 单组实验、等组实验、不等组实验与轮组实验
    - ②
  - **第三节 教育实验研究的效度**
    - 教育实验研究效度的含义
    - 教育实验研究的内在效度
      - 含义
      - 影响因素 ③
        - 被试因素
        - 历史
        - 成熟或自然发展
        - 差异性选择
        - 测验
        - 被试的缺失
        - 统计回归
    - 教育实验研究的外在效度
      - 含义
      - 影响因素 ④
        - 选择与处理的交互作用效应
        - 实验安排的效应
        - 多重实验处理的干扰

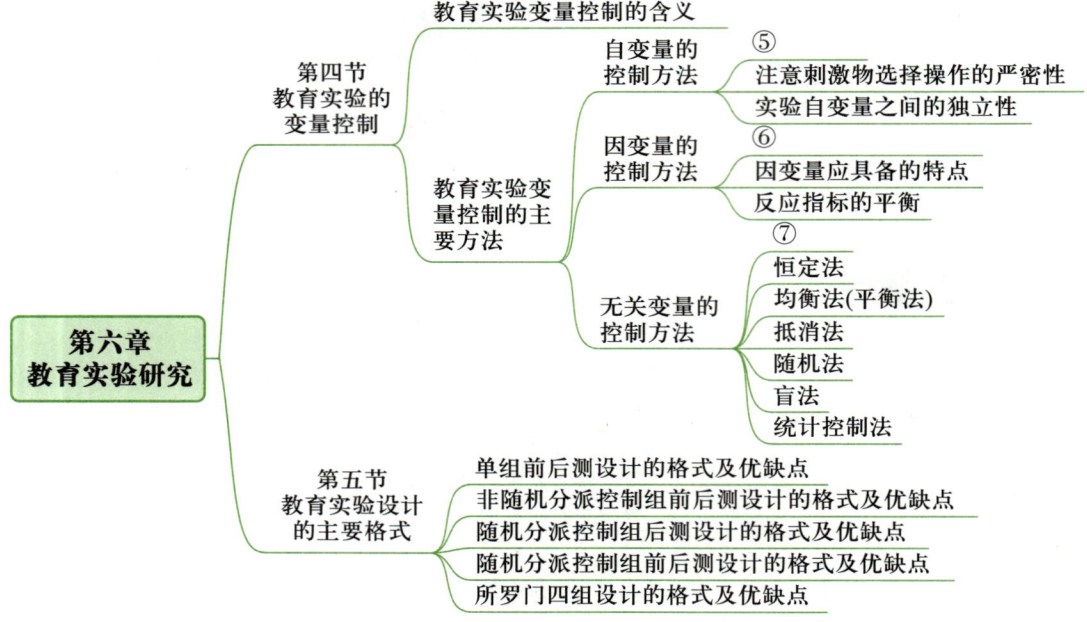

考点演练

第一节 教育实验研究概述

一、单项选择题

1. 教育实验研究的基本要素不包括（　　）。
   A. 自变量和因变量　　　　　　　　B. 实验组和控制组
   C. 前测和后测　　　　　　　　　　D. 内在效度和外在效度
2. 教育实验研究的特点不包括（　　）。
   A. 因果关系的探讨　　　　　　　　B. 自变量的操作
   C. 合理控制无关变量　　　　　　　D. 避免被试选样误差
3. 下面不属于教育实验前的准备工作的是（　　）
   A. 表明自变量和因变量的关系　　　B. 确定实验的理论框架
   C. 资料处理分析　　　　　　　　　D. 确定控制无关因素的措施
4. 教育实验设计的基本原则不包括（　　）。
   A. 随机化　　　B. 可控制　　　C. 可重复　　　D. 可实施

二、简答题

简述教育实验研究的基本程序。

第二节 教育实验的基本类型

单项选择题

1. 将实验研究分为实验室实验与自然实验的划分角度是（　　）。
   A. 根据实验进门的场所　　　　　　B. 根据研究分组设计类型的不同
   C. 根据自变量因素的多少　　　　　D. 根据实验变量的控制程度
2. 以下几种实验中，（　　）最能控制内部和外部的无效因素。
   A. 前实验　　　　B. 准实验　　　　C. 超实验　　　　D. 真实验
3. 将教育实验分为探索性实验和验证性实验，这是根据（　　）做出的分类。
   A. 教育实验的目的和性质　　　　　B. 教育实验的控制程度
   C. 教育实验的内、外在效度的高低　D. 教育实验的情境
4. 轮组实验与其他分组实验的区别是（　　）。
   A. 实验变量轮流实施于各组　　　　B. 所得结果可进行组内分析
   C. 能进行实验前后比较　　　　　　D. 探讨因果关系
5. 下列关于探索性实验的说法中错误的是（　　）。
   A. 探索性实验是一种开创性的实验研究
   B. 探索性实验有科学的理论假设
   C. 探索性实验有严格合理的条件控制
   D. 探索性实验追求尽可能大的外部效度
6. 下列说法错误的是（　　）。
   A. 准实验不能随机分配被试
   B. 前实验与真实验的区别是变量控制程度不同
   C. 真实验很难在实际情境中推广
   D. 每个实验都有控制组

第三节 教育实验研究的效度

单项选择题

1. 下列选项中不是影响内在效度的因素的是（　　）。
   A. 历史　　　　B. 成熟　　　　C. 被试的选择　　　　D. 统计测量
2. 下列选项中不是影响外在效度的因素的是（　　）。
   A. 测验与处理的交互作用效应　　　B. 选择与实验处理的交互作用效应
   C. 霍桑效应　　　　　　　　　　　D. 被试的缺失

3. 下列关于内在效度的说法中错误的是（　　）。
   A. 是指自变量与因变量的因果联系的真实程度
   B. 内在效度高的实验研究是操作了自变量,控制了无关变量
   C. 没有内在效度的研究也有一定的价值
   D. 内在效度决定了实验结果的解释

4. 在一项教育实验研究中,由于实验班相继有同学参加各种竞赛,在一个学期的教育实验中,这个实验班中的 30 人中先后有 15 人次没有参与教育实验。对照班的学生则没有这个现象。有人认为这个实验研究的内在效度不足,这是因为（　　）。
   A. 被试选择　　　　　　　　　　B. 成熟
   C. 被试的缺失　　　　　　　　　D. 测验

5. 下列选项中的说法不能提高外在效度的是（　　）。
   A. 被试取样具有代表性　　　　　B. 实验情境与教学情境尽量接近
   C. 在不同条件下进行重复实验　　D. 控制好无关变量

6. 关于内在效度和外在效度之间的关系,下列说法中不正确的是（　　）。
   A. 内在效度是外在效度的必要条件
   B. 内在效度高的实验,外在效度一定高
   C. 内在效度越高,其结果越能确定是由实验处理所导致
   D. 外在效度越高,其结果的推论范围就越大

第四节　教育实验的变量控制

单项选择题

1. 下列说法中不是教育实验中"控制"的含义的是（　　）。
   A. 对外部因素和实验情境的控制能力　　B. 对实验所操纵的自变量的控制程度
   C. 研究设计过程中的控制成分　　　　　D. 被试的选择

2. 教育实验变量控制的主要方法不包括（　　）。
   A. 消除法　　　B. 平衡法　　　C. 恒定法　　　D. 综合法

3. 通过设置对照组和实验组,使所有无关变量都以同一水平同时作用于这两个组,使之对两个组的教育效果的影响相同,以此平衡无关变量的影响,再来比较对照组与实验组教育效果的差异,从而确定自变量与因变量之间是否存在因果联系的控制教育实验变量的方法是（　　）。
   A. 消除法　　　B. 平衡法　　　C. 抵消法　　　D. 恒定法

4. 当一个实验的被试不知道自己正在参与一项实验时,我们可以说实验者采用了（　　）消除无关变量的干扰。
   A. 随机法　　　B. 盲法　　　　C. 抵消法　　　D. 消除法

5. 为消除"霍桑效应",不让实验的主试、被试了解实验的真实目的和意图的方法是（　　）。
   A. 随机法　　　B. 均衡法　　　C. 双盲法　　　D. 消除法

第五节　教育实验设计的主要格式

一、单项选择题

1. 最基本、最典型的实验设计是（　　）。
   A. 单组前后测设计　　　　　　　　B. 非随机分派控制组前后测设计
   C. 实验组、控制组前后测设计　　　D. 所罗门四组设计
2. 下列选项中，内在和外在效度都比较高的理想的实验设计是（　　）。
   A. 单组前后测设计　　　　　　　　B. 非随机分派控制组前后测设计
   C. 实验组、控制组前后测设计　　　D. 所罗门四组设计
3. 以下关于教育实验设计的类型中，叙述正确的是（　　）。
   A. 随机分派控制组后测设计是一种真实验设计
   B. 非随机分派控制组前后测设计是一种真实验设计
   C. 单组前后测设计是一种准实验设计
   D. 所罗门四组设计是一种前实验设计

二、分析论述题

1. 阅读下述研究案例，按要求回答问题。

   某研究者想探明某种写作方法对作文成绩的影响，于是，在一所小学随机选择了一个班级作为实验班，纠正学生错误的写作方法，教学生该种写作方法。实验前后分别对该班进行了难度相当的测试。该班前后测平均成绩的差异视为实验产生的效果。

   请回答：
   （1）写出该研究使用的抽样方法的名称。
   （2）写出该实验的研究假设。
   （3）写出该实验设计的名称，并用符号表示其格式。
   （4）试从实验设计方面分析该研究可能存在的问题，并提出改进方案。

2. 阅读下列材料，回答问题。

   王老师同时承担两个班的语文课教学，一个班是管乐特长班，一个班级是普通班。从整体上看，特长班的学生在学习习惯和能力上明显优于普通班。现以特长班作为实验班开展网上学习语文的活动，而以普通班作为对照班采用传统的方法学习语文，以此来探究网上学习语文的效果。实验前对两个班的语文成绩进行了前测。

   请回答：
   （1）写出该实验设计类型的名称和格式，并结合该研究作出说明。
   （2）该实验的研究假设是什么？
   （3）该研究设计存在哪些问题？
   （4）该实验设计中的自变量、因变量和无关变量是什么？

3. 阅读下列材料,回答问题。

某地处城郊结合部的中学有600名初一学生,其中,约300人是农民工随迁子女,入中学前没有学习过英语,另外300人为本地户籍的学生,从小学三年级开始学习英语。此学校拟开展"多媒体教学对初一学生英语成绩影响的研究"的真实验。

请回答:

(1) 最好选用哪种实验设计(写出其名称和格式)? 为什么?
(2) 如何产生实验班和控制班?
(3) 这种设计的优缺点是什么?

第七章 教育行动研究

大纲考点导图

- 第七章 教育行动研究
  - 第一节 教育行动研究概述
    - 教育行动研究的产生与发展
    - 教育行动研究的含义
    - 教育行动研究的特点及优缺点
      - 特点
        - 研究目的：①
        - 研究情境和方式：②
        - 研究对象：③
        - 研究主体：④
      - 优缺点
        - 优点
          - ⑤
          - 反馈的及时性和评价的持续性
          - 较强的实践性与参与性
          - 提高教师的专业性
          - 多种研究方法的综合使用
        - 缺点
          - 以具体实际情境为限，研究的样本有限
          - 自变量的控制成分很少
          - 教师受自身教育理论素养和研究视野的限制
          - 行动研究强调实际工作者与研究人员相互合作
  - 第二节 教育行动研究的基本步骤
    - ⑥
      - 发现问题
      - 寻找方案
      - 制订计划
    - 行动
    - 观察
    - 反思
      - 整理和描述
      - 评价解释
      - 写出研究报告
        - ⑦
          - 教育叙事
          - 教育案例

第一节　教育行动研究概述

单项选择题

1. 下列选项中不能体现教育行动研究的特点的是（　　）。
   A. 为教育行动研究　　　　　　　B. 在教育行动中研究
   C. 由教育行动者研究　　　　　　D. 在教育研究中行动

2. 下列对教育行动研究的描述中，错误的是（　　）。
   A. 研究目的是解决教育实践中遇到的问题
   B. 研究者的主体是教育实践工作者
   C. 研究的应用者是行动研究者
   D. 研究的过程重视沟通

3. 教育行动研究的优点不包括（　　）。
   A. 有利于改进学校工作，提高教育教学质量
   B. 有利于学校与社会的沟通
   C. 不利于沟通教育理论与实践
   D. 有利于促进教师专业发展

4. 关于教育行动研究的缺点表达，错误的是（　　）。
   A. 适用于大规模的理论研究
   B. 外部效度不高
   C. 要求教师对教育科学理论及其研究方法有一定的了解
   D. 不利于宏观的理论问题的探讨和解决

第二节　教育行动研究的基本步骤

一、单项选择题

1. 教育行动研究的步骤是（　　）。
   A. 计划—行动—观察—反思　　　B. 行动—计划—观察—反思
   C. 观察—计划—行动—反思　　　D. 计划—观察—行动—反思

2. 教育行动中反思是一个螺旋圈的终结，又是过渡到另一个螺旋圈的中介，此环节不包括（　　）。
   A. 整理　　　　B. 描述　　　　C. 评价解释　　　　D. 观察

二、分析论述题

阅读下述案例,按要求回答问题。

一天早晨,徐老师在学校门口观察自己班上的学生走进学校大门时的情况。发现班上平常性格怯懦的男生小强正在对送他的妈妈大发脾气,样子很凶,与自己平时看到的唯唯诺诺的样子反差很大。在徐老师的印象中,小强很怕老师,从不和老师正面接触,上课胆怯,发言不积极,与同学交流很少,经常自己坐在教室的角落。为什么小强对母亲如此放肆无理?徐老师感觉到可以将小强的校内外言行态度存在反差的现象作为教育研究问题开展行动研究。

请回答:

(1)徐老师选择的教育行动研究对象合适吗?为什么?

(2)帮助徐老师制订一个教育行动研究计划。

第八章 教育叙事研究

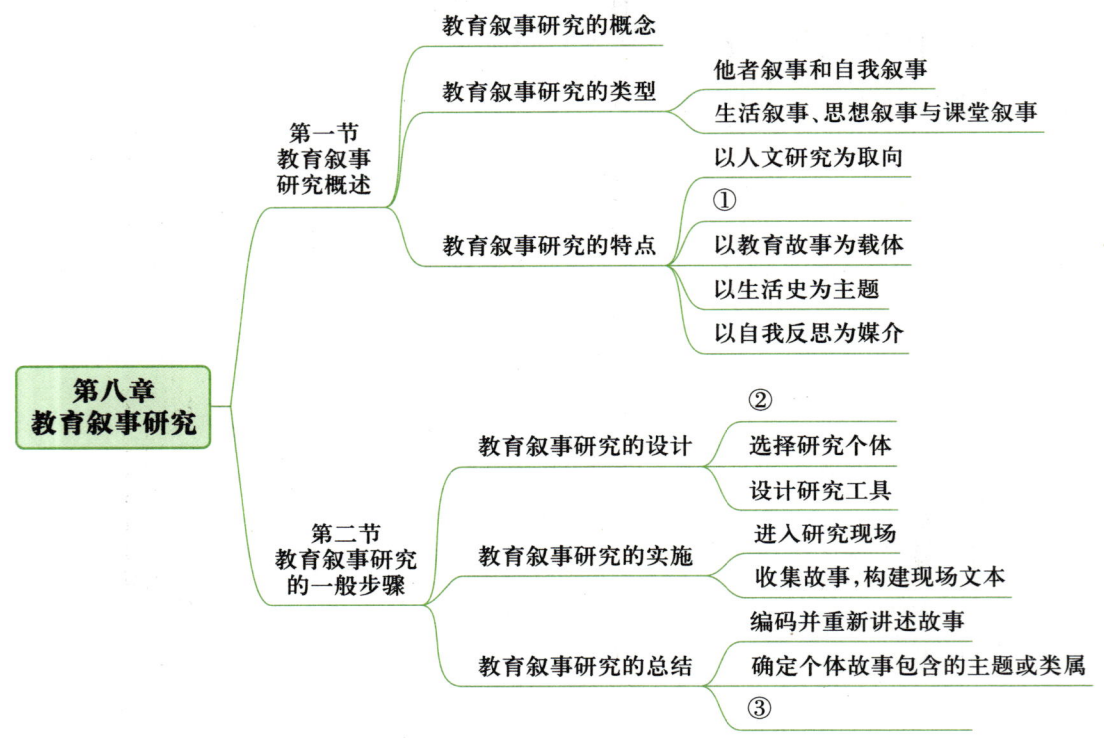

第一节 教育叙事研究概述

单项选择题

1. 教师用叙事、讲故事的方式来表达其对教育教学的理解与思考的一种研究方法,它以质的研究作为方法论基础,这种研究方法是( )。
  A. 教育行动研究   B. 教育叙事研究
  C. 教育观察研究   D. 教育比较研究
  2. 研究者对自己的教育教学活动进行内省和反思,以改进教育教学行为的研究属于( )。
  A. 他者叙事   B. 生活叙事
  C. 课堂叙事   D. 自我叙事
  3. 教师对生活故事的叙述,借以显示其中所蕴含的教师生活体验以及对教师教育生活的细微关涉的研究属于( )。
  A. 教育教学叙事   B. 生活叙事
  C. 思想叙事   D. 课堂叙事
  4. 以下不属于教育叙事研究的特点的是( )。
  A. 简单的描述   B. 主角为研究者与教师
  C. 反思和归纳   D. 教育教学行为的改进与重建

第二节 教育叙事研究的一般步骤

单项选择题

  1. 教育叙事研究的设计中进行研究的前提是( )。
  A. 确定研究问题   B. 选择研究个体
  C. 设计研究工具   D. 进入研究现场
  2. 对叙事研究对象的选择条件,不包含的是( )。
  A. 研究对象对研究的合作态度   B. 研究对象具有研究的热情
  C. 研究对象是易于交往的   D. 研究对象具有价值立场
  3. 教育叙事研究的资料收集,构建现场文本的策略和途径,不包含的是( )。
  A. 访谈   B. 参与式观察
  C. 进入研究现场   D. 实物收集

第九章 教育研究资料的整理与分析

大纲考点导图

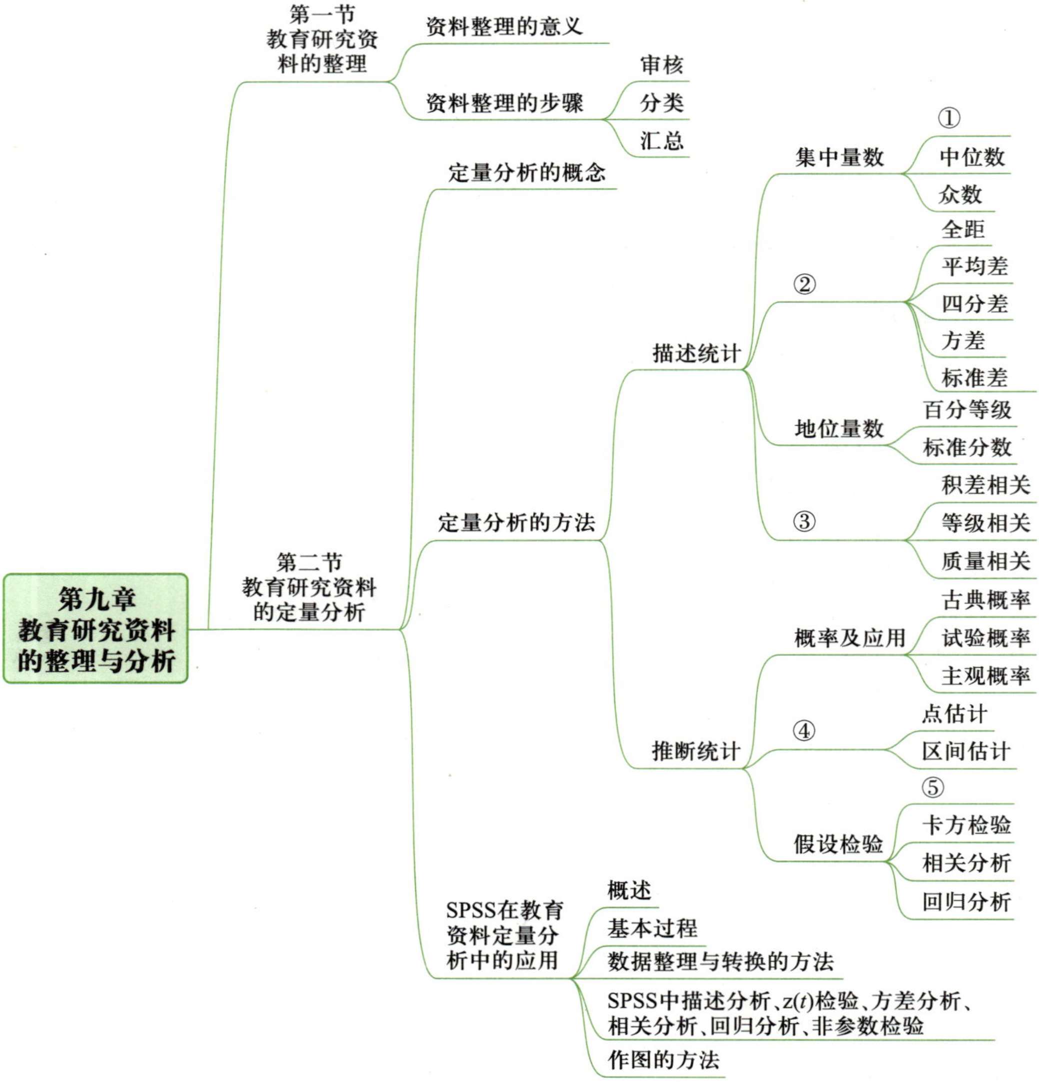

- 第九章 教育研究资料的整理与分析
  - 第一节 教育研究资料的整理
    - 资料整理的意义
    - 资料整理的步骤
      - 审核
      - 分类
      - 汇总
  - 第二节 教育研究资料的定量分析
    - 定量分析的概念
    - 定量分析的方法
      - 描述统计
        - 集中量数
          - ①
          - 中位数
          - 众数
        - ②
          - 全距
          - 平均差
          - 四分差
          - 方差
          - 标准差
        - 地位量数
          - 百分等级
          - 标准分数
        - ③
          - 积差相关
          - 等级相关
          - 质量相关
      - 推断统计
        - 概率及应用
          - 古典概率
          - 试验概率
          - 主观概率
        - ④
          - 点估计
          - 区间估计
        - ⑤
        - 假设检验
          - 卡方检验
          - 相关分析
          - 回归分析
    - SPSS在教育资料定量分析中的应用
      - 概述
      - 基本过程
      - 数据整理与转换的方法
      - SPSS中描述分析、z(t)检验、方差分析、相关分析、回归分析、非参数检验
      - 作图的方法

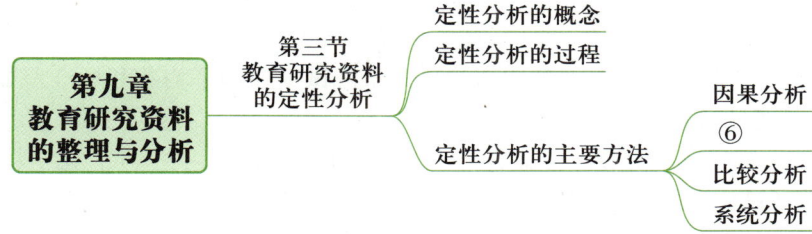

第一节 教育研究资料的整理

单项选择题

1. 教育研究资料的整理步骤不包括(　　)。
   A. 审核　　　　　B. 分类　　　　　C. 编辑　　　　　D. 汇总
2. 在资料整理的步骤中,旨在保证资料的客观性、准确性和完整性的步骤是(　　)。
   A. 审核　　　　　B. 分类　　　　　C. 编辑　　　　　D. 汇总

第二节 教育研究资料的定量分析

单项选择题

1. 定量分析方法的主要内容不包括(　　)。
   A. 对得到的数据资料进行统计分类,掌握数据分布形态和特征
   B. 对数据资料的分析处理,通过统计检验,解释和鉴别研究的结果
   C. 通过总体参数的估计,从局部去推断总体的情况
   D. 分析数据的信度和效度,对可靠性指标进行检验和评价
2. 下列选项中不可以用来描述数据的是(　　)。
   A. 集中量数　　　B. 差异量数　　　C. 地位量数　　　D. 假设检验
3. 对教育研究的假设是否合理、正确,研究得到的多个统计量之间有何差异,需要抽取样本对其进行检验的是(　　)。
   A. 参数估计　　　B. 假设检验　　　C. 地位量数　　　D. 相关系数
4. 某学生一门课程期中考试得分为75分,期末考试得分为85分。期中、期末考试成绩的比为3∶7。该学生学期总平均分数是(　　)。
   A. 72　　　　　　B. 86　　　　　　C. 82　　　　　　D. 80

5. 现有一列数据：10、11、14、15、17、19、20，它们的中位数是（　　）。
   A. 14　　　　　　B. 15　　　　　　C. 16　　　　　　D. 14.5

6. 某高三语文、数学、英语、地理四门学科期末考试成绩的平均数和标准差如下。其中平均数的代表性程度最高的学科是（　　）。
   A. 语文：80，3　　B. 数学：85，4　　C. 英语：85，5　　D. 化学：70，6

7. 在某次考试中，小李的语文成绩为 80 分。已知全班语文平均成绩为 65 分，语文成绩的标准差为 10。小李语文科目的标准分数是（　　）。
   A. 1.5　　　　　　B. −1.5　　　　　　C. 2/3　　　　　　D. 15%

8. 下列相关系数值中，表明两个变量相关程度最高的数值是（　　）。
   A. −0.90　　　　　B. −0.30　　　　　C. 0　　　　　　D. 0.60

9. 在教育研究的定量分析中，完全正相关的相关系数是（　　）。
   A. 0.01　　　　　　B. 0.05　　　　　　C. 1　　　　　　D. 2.00

10. 从某地区的 10 岁儿童中随机抽取男生 60 人，平均身高为 135 cm，抽取女生 65 人，平均身高为 133 cm。据以往资料可知该地区 0～12 岁男童和女童身高的标准差。现要以本次抽样的结果对该地区 8 岁儿童身高的性别差异进行检验，应该使用的统计方法是（　　）。
    A. X^2 检验　　B. F 检验　　C. t 检验　　D. Z 检验

11. 某研究者想知道全校同学的平均学习时间，就通过随机抽样找了 100 名同学作为样本，然后用这 100 名同学的平均学习时间来得到一个估计的范围。此推断统计方法为（　　）。
    A. 回归分析　　　B. 区间估计　　　C. 方差分析　　　D. 相关分析

第三节　教育研究资料的定性分析

单项选择题

1. 下列关于定性分析的特点中，描述不正确的是（　　）。
   A. 定性分析注重对整体发展的分析
   B. 定性分析的方法是对所搜集资料进行统计数据分析
   C. 定性分析的研究程序具有一定弹性
   D. 定性分析的对象是质的描述性资料

2. 定性分析的主要方法不包括（　　）。
   A. 因果分析　　　B. 归纳分析　　　C. 比较分析　　　D. 动态分析

3. 将要解决的问题、要分析的资料作为一个系统，综合运用因果分析和比较、归纳法，对系统要素进行综合分析的方法是（　　）。
   A. 因果分析　　　B. 归纳分析　　　C. 比较分析　　　D. 系统分析

4. 面对众多的定性分析的资料，研究者进行研究的切入点应是（　　）。
   A. 编码　　　　　B. 寻找本土概念　　C. 比较分析　　　D. 归纳分析

第十章 教育研究报告的撰写

大纲考点导图

- 第十章 教育研究报告的撰写
  - 第一节 教育研究报告的主要类型
    - 教育调查研究报告及其构成
      - ①
      - 前言
      - 正文
      - 结论和建议
      - 落款
      - 附录
    - 教育实验研究报告及其构成
      - 标题
      - 前言
      - 方法
      - 结果
      - 讨论
      - 结论
      - ②
    - 教育叙事研究报告及其构成
      - 标题
      - 前言
      - 研究设计
      - 抽样过程
      - 研究方法
      - 数据分析
      - ③
    - 学术论文及其构成
      - 标题
      - 作者单位和姓名
      - 内容摘要
      - 关键词
      - 序言
      - 正文(本论)
      - 结论与讨论
      - ④

第十章 教育研究报告的撰写 — 第二节 教育研究报告撰写的基本要求 — ⑤ 观点和材料一致；在独立思考的基础上借鉴吸收；书写格式符合规范，文字精练、简洁，表达准确完整

考点演练

第一节 教育研究报告的主要类型

单项选择题

1. 在教育调查研究报告中，交代清楚调查目的、意义、任务和方法的部分是（　　）。
   A. 题目　　　　　　　　　　　　B. 前言
   C. 正文　　　　　　　　　　　　D. 结论和建议

2. 在教育调查研究报告中，文献综述属于（　　）。
   A. 前言部分　　　　　　　　　　B. 正文部分
   C. 结论建议部分　　　　　　　　D. 附录部分

3. 小王在写研究报告的时候，在正文中用访谈记录论证了自己的观点。但从其整个研究报告中，看不到他的访谈提纲。他的访谈提纲应该放在研究报告的（　　）。
   A. 前言　　　　B. 正文　　　　C. 结论　　　　D. 附录

4. 在撰写教育实验研究报告的过程中，下列不属于方法部分的内容是（　　）。
   A. 课题中出现的主要概念的定义和阐述
   B. 被试的条件、数量、取样方法
   C. 实验的设计
   D. 统计图表

5. 下列选项中不符合好的学术论文题目的要求的是（　　）。
   A. 准确概括论文内容，能反映研究方向、范围和深度
   B. 文字简练，具有新颖性
   C. 便于分类
   D. 吸引眼球，提升文章的阅读量

6. 在撰写学术论文时，围绕中心论点设立若干个分论点，这些分论点与中心论点是垂直关系，分别论证中心论点，而各分论点之间呈平列关系。这种方法是（　　）。
   A. 平列层递式　　　　　　　　　B. 平列分论式
   C. 层递推论式　　　　　　　　　D. 层递平列式

第二节 教育研究报告撰写的基本要求

单项选择题

1. 在撰写教育研究报告时,小李将之前的研究成果中与自己的研究相契合的部分直接作为自己的报告内容。该研究者在研究报告撰写时违反了( )。
   A. 在科学求实的基础上创新
   B. 观点和材料一致
   C. 在独立思考的基础上借鉴吸收
   D. 书写格式符合规范,文字精练、简洁,表达准确完整

2. 下列不符合教育研究报告撰写基本要求的是( )。
   A. 研究生小王按照老师的要求,在撰写报告时在科学求实的基础上创新
   B. 研究生小周在撰写研究报告时力求观点和材料一致
   C. 研究生小孙在撰写研究报告时能够做到在独立思考的基础上借鉴吸收
   D. 研究生小张在撰写教育研究报告时用日常生活用语代替科学术语

郑重声明

高等教育出版社依法对本书享有专有出版权。任何未经许可的复制、销售行为均违反《中华人民共和国著作权法》，其行为人将承担相应的民事责任和行政责任；构成犯罪的，将被依法追究刑事责任。为了维护市场秩序，保护读者的合法权益，避免读者误用盗版书造成不良后果，我社将配合行政执法部门和司法机关对违法犯罪的单位和个人进行严厉打击。社会各界人士如发现上述侵权行为，希望及时举报，我社将奖励举报有功人员。

反盗版举报电话　（010）58581999　58582371
反盗版举报邮箱　dd@hep.com.cn
通信地址　北京市西城区德外大街4号
　　　　　高等教育出版社知识产权与法律事务部
邮政编码　100120

读者意见反馈

为收集对教材的意见建议，进一步完善教材编写并做好服务工作，读者可将对本教材的意见建议通过如下渠道反馈至我社。

咨询电话　400-810-0598
反馈邮箱　gjdzfwb@pub.hep.cn
通信地址　北京市朝阳区惠新东街4号富盛大厦1座
　　　　　高等教育出版社总编辑办公室
邮政编码　100029

防伪查询说明

用户购书后刮开封底防伪涂层，使用手机微信等软件扫描二维码，会跳转至防伪查询网页，获得所购图书详细信息。

防伪客服电话　（010）58582300

311 教育学
考点演练
（答案册）

主编　Lucky 学姐

配套大纲考点导图
内含 **1000+** 道题

中国教育出版传媒集团
高等教育出版社·北京

图书在版编目（ＣＩＰ）数据

311教育学考点演练. 答案册 / Lucky学姐主编. --北京：高等教育出版社, 2024.7. --ISBN 978-7-04-062430-4

I. G40-44

中国国家版本馆CIP数据核字第2024HW0693号

311 教育学考点演练
311 JIAOYUXUE KAODIAN YANLIAN

| 策划编辑 | 逯琪琪 | 责任编辑 | 邓 玥 | 封面设计 | 贺雅馨 | 版式设计 | 李彩丽 |
| 责任校对 | 刘丽娴 | 责任印制 | 耿 轩 | | | | |

出版发行	高等教育出版社	网　　址	http://www.hep.edu.cn
社　　址	北京市西城区德外大街4号		http://www.hep.com.cn
邮政编码	100120	网上订购	http://www.hepmall.com.cn
印　　刷	山东临沂新华印刷物流集团有限责任公司		http://www.hepmall.com
开　　本	787mm×1092mm　1/16		http://www.hepmall.cn
印　　张	22.75	版　　次	2024年7月第1版
字　　数	560千字	印　　次	2024年7月第1次印刷
购书热线	010-58581118	总 定 价	124.00元
咨询电话	400-810-0598		

本书如有缺页、倒页、脱页等质量问题，请到所购图书销售部门联系调换
版权所有　侵权必究
物 料 号　62430-001

目录

第一部分 教育学原理

第一章 教育学概述 / 1

 第一节 教育学的研究对象和任务 / 1
 第二节 教育学的产生与发展 / 2
 第三节 教育学的理论基础 / 4
 第四节 教育学的价值 / 5

第二章 教育及其产生与发展 / 6

 第一节 教育的概念 / 6
 第二节 教育的结构与功能 / 9
 第三节 我国关于教育本质问题的主要观点 / 11
 第四节 教育的起源与发展 / 12

第三章 教育与社会发展 / 15

 第一节 关于教育与社会关系的主要理论 / 15
 第二节 教育的社会制约性 / 16
 第三节 教育的社会功能 / 19
 第四节 当代社会发展对教育的需求与挑战 / 22

第四章 教育与人的发展 / 24

 第一节 人的身心发展特点及其对教育的制约 / 24
 第二节 人的身心发展的主要影响因素 / 26
 第三节 学校教育在人的身心发展中的作用 / 28

第五章 教育目的与培养目标 / 32

 第一节 教育目的 / 32
 第二节 培养目标 / 37

第六章　教育制度 / 39

第一节　教育制度概述 / 39
第二节　学校教育制度 / 40
第三节　现代教育制度改革 / 42

第七章　课程 / 45

第一节　课程与课程理论 / 45
第二节　课程类型 / 48
第三节　课程开发 / 51
第四节　课程改革 / 54

第八章　教学 / 57

第一节　教学概述 / 57
第二节　教学理论及主要流派 / 58
第三节　教学原则 / 59
第四节　教学模式 / 61
第五节　教学过程 / 63
第六节　教学组织形式 / 66
第七节　中小学常用的教学方法 / 70
第八节　教学评价及其改革 / 71

第九章　德育 / 74

第一节　德育概述 / 74
第二节　德育过程 / 74
第三节　德育原则 / 75
第四节　中小学常用的德育方法 / 77
第五节　德育途径 / 79
第六节　德育模式 / 80

第十章　教师与学生 / 82

第一节　教师 / 82
第二节　学生 / 85
第三节　师生关系 / 86

第二部分　中国教育史

第一章　官学制度的建立与"六艺"教育的形成 / 89

　　第一节　学校萌芽的传说 / 89
　　第二节　夏商的教育 / 90
　　第三节　西周的教育制度 / 90
　　第四节　"六艺"教育 / 91

第二章　私人讲学的兴起与传统教育思想的奠基 / 93

　　第一节　私人讲学的兴起与诸子百家私学的发展 / 93
　　第二节　齐国的稷下学宫 / 94
　　第三节　孔丘的教育实践与教育思想 / 94
　　第四节　孟轲的教育思想 / 97
　　第五节　荀况的教育思想 / 99
　　第六节　墨翟与墨家的教育思想 / 101
　　第七节　道家的教育思想 / 102
　　第八节　法家的教育思想 / 103
　　第九节　战国后期的教育论著 / 103

第三章　儒学独尊与读经做官教育模式的初步形成 / 106

　　第一节　秦朝的教育政策与措施 / 106
　　第二节　汉朝的文教政策 / 106
　　第三节　汉朝的学校教育制度 / 107
　　第四节　汉朝的选士制度 / 108
　　第五节　汉朝的教育思想 / 109

第四章　封建国家教育体制的完善 / 111

　　第一节　魏晋南北朝官学的变革 / 111
　　第二节　隋唐时期教育体系的完备 / 112
　　第三节　科举考试制度建立 / 113
　　第四节　中外教育交流 / 115
　　第五节　颜之推的教育思想 / 115
　　第六节　韩愈的教育思想 / 116

第五章　理学教育思想和学校的改革与发展 / 118

　　第一节　科举考试制度的演变与官学的改革 / 118

第二节　书院的发展　/　121
　　　第三节　私塾与蒙学教材　/　123
　　　第四节　朱熹的教育思想　/　124
　　　第五节　王守仁的教育思想　/　125
　　　第六节　理学教育思想的批判与反思　/　127

第六章　近代教育的起步　/　129

　　　第一节　教会学校在中国举办　/　129
　　　第二节　太平天国的教育举措　/　130
　　　第三节　洋务学堂的兴办　/　130
　　　第四节　留学教育的起步　/　132
　　　第五节　"中体西用"主张与张之洞的教育思想　/　133

第七章　近代教育体系的建立　/　135

　　　第一节　早期改良派的教育主张　/　135
　　　第二节　维新派的教育实践　/　135
　　　第三节　维新派的教育思想　/　137
　　　第四节　清末新政时期的教育改革　/　140
　　　第五节　资产阶级革命派的教育活动　/　141

第八章　近代教育体制的变革　/　143

　　　第一节　民国初年的教育改革　/　143
　　　第二节　蔡元培的教育思想与实践　/　144
　　　第三节　新文化运动时期和20世纪20年代的教育思潮与教育改革运动　/　146
　　　第四节　教会教育的扩张与收回教育权运动　/　148
　　　第五节　1922年"新学制"　/　149
　　　第六节　新民主主义教育的发端　/　151

第九章　南京国民政府时期的教育　/　153

　　　第一节　教育宗旨与教育方针的变迁　/　153
　　　第二节　教育制度改革　/　154
　　　第三节　学校教育发展　/　154
　　　第四节　学校教育的管控措施　/　155

第十章　新民主主义教育的发展　/　156

　　　第一节　新民主主义教育方针的形成　/　156
　　　第二节　革命根据地的教育　/　157

第十一章　现代教育家的教育理论与实践　/　159

　　第一节　杨贤江与马克思主义教育理论　/　159
　　第二节　黄炎培的职业教育思想与实践　/　160
　　第三节　晏阳初的乡村教育实验　/　161
　　第四节　梁漱溟的乡村教育建设　/　163
　　第五节　陈鹤琴的"活教育"探索　/　164
　　第六节　陶行知的"生活教育"思想与实践　/　165

第三部分　外国教育史

第一章　东方文明古国的教育　/　169

　　第一节　古代巴比伦的教育　/　169
　　第二节　古代埃及的教育　/　170
　　第三节　古代印度的教育　/　171
　　第四节　古代希伯来的教育　/　171
　　第五节　东方文明古国教育发展的特点　/　172

第二章　古希腊教育　/　173

　　第一节　古希腊的教育阶段　/　173
　　第二节　古希腊的教育思想　/　175

第三章　古罗马教育　/　180

　　第一节　古罗马的教育阶段　/　180
　　第二节　古罗马的教育思想　/　181

第四章　西欧中世纪教育　/　182

　　第一节　西欧中世纪的基督教教育　/　182
　　第二节　西欧中世纪的世俗教育　/　183

第五章　拜占庭与阿拉伯的教育　/　186

　　第一节　拜占庭的教育　/　186
　　第二节　阿拉伯的教育　/　186

第六章　文艺复兴与宗教改革时期的教育　/　187

　　第一节　人文主义教育　/　187
　　第二节　新教教育　/　189

第三节　天主教教育　/　189

第七章　欧美主要国家和日本的近代教育　/　191

第一节　英国近代教育　/　191
第二节　法国近代教育　/　195
第三节　德国近代教育　/　196
第四节　俄国近代教育　/　198
第五节　美国近代教育　/　199
第六节　日本近代教育　/　201

第八章　西欧近代教育思想与教育思潮　/　204

第一节　夸美纽斯的教育思想　/　204
第二节　卢梭的教育思想　/　207
第三节　裴斯泰洛齐的教育思想　/　210
第四节　赫尔巴特的教育思想　/　213
第五节　福禄培尔的教育思想　/　216
第六节　马克思和恩格斯的教育思想　/　217
第七节　西欧近代教育思潮　/　218

第九章　19世纪末至20世纪前期欧美教育思潮和教育实验　/　220

第一节　新教育运动　/　220
第二节　进步教育运动　/　221

第十章　欧美主要国家和日本的现代教育制度　/　225

第一节　英国教育的发展　/　225
第二节　法国教育的发展　/　227
第三节　德国教育的发展　/　228
第四节　美国教育的发展　/　228
第五节　日本教育的发展　/　232
第六节　苏联教育的发展　/　233

第十一章　现代欧美教育思想　/　237

第一节　杜威的教育思想　/　237
第二节　现代欧美教育思潮　/　240

第四部分　教育心理学

第一章　教育心理学概述 / 245

　　第一节　教育心理学的研究对象和研究任务 / 245
　　第二节　教育心理学的历史发展 / 245
　　第三节　教育心理学研究的原则与方法 / 246

第二章　心理发展与教育 / 247

　　第一节　心理发展一般规律与教育 / 247
　　第二节　认知发展理论与教育 / 248
　　第三节　社会化与人格发展理论与教育 / 252
　　第四节　心理发展的差异与教育 / 254

第三章　学习及其理论解释 / 257

　　第一节　学习的一般概述 / 257
　　第二节　行为主义学习理论 / 259
　　第三节　学习的认知理论 / 262
　　第四节　建构主义学习理论 / 265
　　第五节　学习的人本主义理论 / 268

第四章　学习动机 / 269

　　第一节　学习动机的实质及其作用 / 269
　　第二节　学习动机的主要理论 / 271
　　第三节　学习动机的培养与激发 / 275

第五章　知识的建构 / 277

　　第一节　知识及知识建构 / 277
　　第二节　知识的理解 / 278
　　第三节　概念的转变 / 279
　　第四节　知识的整合与应用 / 280

第六章　技能的形成 / 284

　　第一节　技能及其作用 / 284
　　第二节　心智技能的形成与培养 / 285
　　第三节　操作技能的形成与训练 / 288

第七章 学习策略及其教学 / 290

第一节 学习策略及其结构 / 290
第二节 认知策略及其教学 / 290
第三节 元认知策略及其教学 / 292
第四节 资源管理策略及其教学 / 292

第八章 问题解决能力与创造性的培养 / 294

第一节 智力的基本理论 / 294
第二节 问题解决的实质与过程 / 295
第三节 问题解决的训练 / 296
第四节 创造性及其培养 / 299

第九章 态度与品德的学习 / 303

第一节 态度与品德的性质 / 303
第二节 态度的形成与改变 / 304
第三节 品德的形成与培养 / 305

第五部分 教育研究方法

第一章 教育研究概述 / 309

第一节 教育研究的界说 / 309
第二节 教育研究的历史、现状和发展趋势 / 310
第三节 教育研究的对象及其特点 / 311
第四节 教育研究的基本原则 / 312
第五节 教育研究的一般过程 / 314
第六节 教育研究方法及其层次 / 314

第二章 教育研究的选题与设计 / 316

第一节 选题的主要来源 / 316
第二节 选题的基本要求 / 316
第三节 研究的设计 / 317
第四节 研究方案的基本内容 / 319

第三章 教育文献检索 / 321

第一节 教育文献概述 / 321
第二节 教育文献的种类 / 321

　　　　第三节　教育文献检索的基本过程及主要方法 / 322
　　　　第四节　教育文献检索的要求 / 323

第四章　教育观察研究 / 325

　　　　第一节　教育观察研究概述 / 325
　　　　第二节　教育观察研究的基本类型 / 326
　　　　第三节　教育观察研究的实施程序 / 327

第五章　教育调查研究 / 329

　　　　第一节　教育调查研究概述 / 329
　　　　第二节　问卷调查 / 330
　　　　第三节　访谈调查 / 333
　　　　第四节　测量调查 / 335

第六章　教育实验研究 / 337

　　　　第一节　教育实验研究概述 / 337
　　　　第二节　教育实验的基本类型 / 338
　　　　第三节　教育实验研究的效度 / 339
　　　　第四节　教育实验的变量控制 / 340
　　　　第五节　教育实验设计的主要格式 / 340

第七章　教育行动研究 / 343

　　　　第一节　教育行动研究概述 / 343
　　　　第二节　教育行动研究的基本步骤 / 344

第八章　教育叙事研究 / 345

　　　　第一节　教育叙事研究概述 / 345
　　　　第二节　教育叙事研究的一般步骤 / 345

第九章　教育研究资料的整理与分析 / 347

　　　　第一节　教育研究资料的整理 / 347
　　　　第二节　教育研究资料的定量分析 / 347
　　　　第三节　教育研究资料的定性分析 / 349

第十章　教育研究报告的撰写 / 350

　　　　第一节　教育研究报告的主要类型 / 350
　　　　第二节　教育研究报告撰写的基本要求 / 351

第一部分 教育学原理

第一章 教育学概述

①实用主义教育学　②心理学基础　③教育学的实践价值

第一节 教育学的研究对象和任务

一、单项选择题

1.【答案】C　【解析】教育学是一门以教育为研究对象的学科,通过对教育现象和教育问题的研究,从而去揭示教育规律的社会学科。但是并非所有的教育现象和教育问题都可以成为教育学的研究对象,只有那些有研究价值、能够引起社会普遍关注的教育现象和教育问题才能成为教育学的研究对象。因此,教育学的研究对象是教育现象,重点在于研究教育问题,目的是揭示教育规律。故答案为C。

2.【答案】A　【解析】教育学最初只是人们对教育经验的一种总结,随着近代以来教育实践活动范围的扩大、结构的复杂和内容的日益丰富,人们对教育问题的论述,逐渐从现象的描述过渡到理论的说明,教育研究也自觉地运用了心理学等学科的研究成果。但总体而言,教育学的科学性不强,教育学是否称得上是一门科学一直是人们怀疑、争论的焦点,使教育学科学化一直以来是教育学者共同的目标,可以说,教育学的最终目标是成为一门科学。故答案为A。

3.【答案】D　【解析】教育学是对教育问题的"科学解释",正是通过对教育问题的科学解释,人类的教育学知识才能持续不断地增长,以满足不断发展的教育实践的需要。故答案为D。

4.【答案】A　【解析】教育学的研究任务在于通过对教育现象、教育问题的研究,揭示教育本质、教育规律,探讨教育价值观念和教育艺术,指导教育实践。故答案为A。

B项:教育理想是无法规范和统一确立的。

C项:教育行为因人而异,无法统一规范。

D项:教育不能解决所有实际问题。

二、辨析题

【参考答案】错误。

教育学是一门以教育为研究对象的学科,通过对教育现象和教育问题的研究,从而去揭示教育规律的社会学科。但是并非所有的教育现象和教育问题都可以成为教育学的研究对象,只有那些有研究价值、能够引起社会普遍关注的教育现象和教育问题才能成为教育学的研究对象。故题干说法错误。

第二节 教育学的产生与发展

单项选择题

1.【答案】A 【解析】实证主义教育学的代表人物和著作是斯宾塞及其《教育论》。

观点:(1)反对思辨,主张科学是对经验事实的描写和记录,提出教育任务是教导人们怎样生活。

(2)运用实证的方法来研究知识的价值问题,认为直接保全自己的知识最有价值,其次则是间接保全自己的知识,其他的知识价值次第下降。

(3)强调生理学、卫生学、数学、机械学、物理学、化学、地质学、生物学等实用学科的重要性,特别重视体育,反对古典语言和文学的教育。

(4)主张启发学生学习的自觉性,反对形式主义的教学。故答案为A。

2.【答案】C 【解析】实用主义教育学的代表人物和著作是美国杜威及其《民主主义与教育》、克伯屈及其《设计教学法》。

观点:(1)教育即生活,教育的过程与生活的过程是合一的,而不是为将来的生活做准备。

(2)教育即生长,教育即学生个体经验持续不断地增长。

(3)学校即社会,学校是一个雏形的社会。

(4)教育即经验的改组或改造,课程组织以学生的经验和兴趣为中心,而不是以学科知识体系为中心。

(5)师生关系以学生为中心,教师只是学生成长的帮助者,而非领导者。

(6)教学过程应重视学生自己的独立发现和体验,尊重学生的个体差异性。

评价:实用主义教育学对以赫尔巴特为代表的传统教育理念进行了深刻批判,推动了教育学的发展。在一定程度上忽略了系统知识的学习,忽视了教师的主导作用,弱化了教育的相对独立性。故答案为C。

3.【答案】D 【解析】实验教育学的代表人物和著作是德国教育学家梅伊曼及其《实验教育学纲要》、拉伊及其《实验教育学》。

观点:(1)反对以赫尔巴特为代表的思辨教育学,认为这种教育学对检验教育方法的优劣毫无用处。

(2)提倡把实验心理学的研究成果和方法应用于教育研究,使教育研究真正"科学化"。

（3）把教育实验分为提出假设、进行实验和确证三个基本阶段。

（4）教育实验与心理实验的差别在于心理实验是在实验室里进行的，教育实验则要在真正的学校环境和教学实践活动中进行。

（5）主张用实验、统计和比较的方法探索儿童心理发展过程的特点及其智力发展水平，用实验数据作为改革学制、课程和教学方法的依据。

评价：采用自然科学的实验法研究儿童发展及其与教育关系的理论，提倡定量的研究方法，推动了教育科学的发展。把科学的定量方法夸大为教育科学研究的唯一有效方法时，就走上了"唯科学主义"的迷途，受到了来自文化教育学的批判。故答案为D。

4.【答案】B 【解析】文化教育学又称精神科学教育学，代表人物和著作有狄尔泰及其《关于普遍妥当的教育学的可能》、斯普朗格及其《教育与文化》、利特及其《职业陶冶、专业教育、人的陶冶》。

观点：（1）人是一种文化的存在，人类历史是一种文化的历史。

（2）教育的对象是人，教育又是在一定社会历史背景下进行的，因此，教育的过程是一种历史文化过程。

（3）教育研究必须采用精神科学或文化科学的方法，即理解与解释的方法进行。

（4）教育的目的是要促进社会历史的客观文化向个体的主观文化转变，培养完整的人格。

（5）培养完整人格的主要途径是"陶冶"与"唤醒"，要发挥教师与学生双方的积极性，建构和谐的师生关系。

评价：文化教育学深刻影响了德国乃至全世界20世纪的教育学发展，在教育的本质等问题上给人以很大启发。思辨气息太浓，哲学色彩太重，这决定了文化教育学在解决现实的教育问题上很难给出有针对性和操作性的建议，限制了在实践中的应用。一味地夸大社会文化现象的价值相对性，忽视客观规律的存在，使这一理论缺乏彻底性。故答案为B。

5.【答案】D 【解析】马克思主义教育学的代表人物和著作是克鲁普斯卡娅及其《国民教育和民主主义》（第一部用马克思主义观点阐述教育学和教育史的专著）、凯洛夫及其《教育学》、杨贤江及其《新教育大纲》（我国第一部试图以马克思主义的观点论述教育的著作）。

观点：（1）教育是一种社会历史现象，在阶级社会中具有鲜明的阶级性。

（2）教育起源于生产劳动，劳动方式和性质的变化必然引起教育形式和内容的改变。

（3）教育的根本目的是促进人的全面发展。

（4）教育与生产劳动相结合不仅是发展社会生产力的重要方法，也是培养全面发展的人的唯一方法。

（5）教育一方面受社会的政治、经济、文化的制约，另一方面又具有相对独立性，并反作用于政治、经济和文化。

（6）马克思主义唯物辩证法和历史唯物主义是教育科学研究的方法论基础。

教育的对象是人，教育又是在一定社会历史背景下进行的，因此，教育的过程是一种历史文化过程。这是文化教育学的观点。故答案为D。

6.【答案】C 【解析】批判教育学的代表人物和著作是鲍尔斯和金蒂斯及其《资本主义美国的学校教育》、阿普尔及其《教育与权力》、布迪厄及其《教育、社会和文化的再生产》。

观点:(1)资本主义的学校教育是维护现实社会不公平的工具,是社会差别和对立的根源。

(2)学校教育的功能就是再生产出占主导地位的社会政治意识形态、文化关系和经济结构。

(3)人们已经对这种事实上的不平等和不公正丧失了"意识",将之看成一个自然的事实,而不是某些利益集团故意制造的结果。

(4)批判教育学的目的就是要揭示看似自然事实背后的利益关系,帮助教师和学生对自己所处的教育环境及形成教育环境的诸多因素敏感起来,即对他们进行"启蒙"教育,以达到意识"解放"的目的。

(5)教育现象不是中立的和客观的,而是充满利益纷争的。因此,教育理论研究要采用实践批判的态度和方法。故答案为C。

7.【答案】A 【解析】制度教育学的代表人物是乌里、瓦斯凯等。

观点:(1)教育学研究应该首先研究教育制度,阐明制度对于教育情境中的个体行为的影响。

(2)教育中的官僚主义、师生与行政人员间的隔离主要是由教育制度造成的。

(3)教育的目的是要实现社会变迁,为实现这个目的,学校教育要帮助教育者与学习者把学校中"给定的"制度(即从外面强加的制度)看成是"建立中的"制度(即根据个人间的自由交往而实现的自我管理的制度)。

(4)教育制度的分析不仅要分析那些显在的制度,如教育组织的制度、学生生活制度,而且还要分析那些隐性的制度,如学校的建筑、技术手段的运用等。故答案为A。

8.【答案】C 【解析】元教育学是一种对教育学进行元研究的学科。它以教育学自身以及教育学的研究状态为对象,而不是以教育学的传统问题或经典问题为对象。元教育学以元理论和对象理论的区分为前提,元理论是关于理论(观念)的理论,对象理论是关于实践和事实(存在)的理论,因而教育学是关于教育实践和教育现象的理论,元教育学则是关于教育学理论的理论,因为它只讨论作为对象理论的教育学自身。故答案为C。

9.【答案】D 【解析】实验教育学和实用主义教育学都是在批判以赫尔巴特为代表的传统教育学的基础上提出来的。实验教育学主要批判的是赫尔巴特教育学强调概念的思辨,实用主义教育学主要批判的是赫尔巴特教育学的理性主义教育理念。故答案为D。

第三节 教育学的理论基础

单项选择题

【答案】C 【解析】教育学的理论基础,包括:(1)哲学基础。一直以来,人们都重视对马克思主义哲学与教育学研究之间的关系的深入探讨。同时,几乎哲学上任何新流派,都会在教育研究上有所反映。(2)心理学基础。心理学理论与教育学理论的联系也愈发密切,心理学的诸多流派(如认知主义心理学、行为主义心理学、结构主义心理学、多元智能理论)的发展会导致教育教学实践的一系列变化。(3)社会学基础。社会学中的功能理论、冲突理论对教育实践中班级建设等有不少启示意义,批判理论对教育实践的功能定位也有一定的启发。(4)生理学基础。随着学科的不断分化和理论的不断发展,教育学的理论基础不断扩展至生理学等学科。故答案为 C。

第四节　教育学的价值

分析论述题

【参考答案】教育学的价值包含理论价值和实践价值。具体如下:

(1)教育学的理论价值。

① **反思日常教育经验。**

教育的科学认识(即教育学)是对日常教育经验(即教育习俗性认识)的一种理性反思和历史性超越,是教育习俗性认识历史发展的必然。现代社会要求以科学的教育认识来代替习俗的教育认识,以科学的教育理论代替日常的教育经验。

② **科学解释教育问题。**

一是教育学以教育问题为逻辑起点和对象,教育学研究的主要任务是对教育问题提供超越日常习俗认识和传统理论认识的新解释。

二是教育学作为对教育问题的科学解释,就必须使用专门的语言、概念或符号。

三是教育学作为对教育问题的科学解释,其解释是有理论视角、根据或预设的,而不是直接建立在感性经验与判断基础上,是一种理性的解释。

四是教育学作为对教育问题的科学解释,其推演发展是因为各个研究者或解释者所处的地位及所偏好的理论基础或视野不同,所以对同一问题产生不同的解释,最终通过理性的竞争,发现最恰当的解释方式。因此,教育学研究的一个基本任务就是要促进教育知识的增长,提供新的更有效的解释。

(2)**教育学的实践价值。**

教育学对教育问题进行科学研究,其最终目的是更好地开展教育实践。

① 激发教育实践工作者的教育自觉,促进他们不断地领悟教育的真谛。

② 借由大量教育理论知识的获取,扩展教育工作的理论视野。

③ 养成科学的教育态度,培养坚定的教育信仰。

④ 提高教育实践工作者的自我反思能力,促进他们更好地进行专业发展。

⑤ 引导教育实践工作者开展教育研究,为成为研究型的教师奠定基础。

第二章 教育及其产生与发展

大纲考点导图

①教育隐喻 ②规定性定义 ③家庭教育、学校教育与社会教育 ④受教育者（学习者）
⑤个体发展功能 ⑥教育是培养人的社会活动 ⑦劳动起源说 ⑧现代教育的特征

考点演练

第一节 教育的概念

一、单项选择题

1.【答案】B 【解析】美国分析教育哲学家谢弗勒在《教育的语言》一书中分析了教育研究常用的三种陈述形式，分别为"教育定义""教育口号"和"教育隐喻（教育比喻）"，其中教育定义（教育术语）又包括描述性定义、纲领性定义和规定性定义。故答案为B。

2.【答案】C 【解析】谢弗勒分析了教育研究常用的三种陈述形式，分别为"教育定义""教育口号"和"教育隐喻（教育比喻）"，其中教育定义（教育术语）又包括描述性定义、纲领性定义和规定性定义。教育定义是说明"教育是什么"。教育口号是指政府或权威机构、组织以及个人提出的，有宣传和鼓励作用的公共言语。教育隐喻是指借用比较、暗示来阐释问题，类似教育比喻。教育的纲领性定义是有关定义对象应该是什么的界定。题干中"为中华之崛起而读书"是周恩来总理在少年时代立下的宏伟志向，表现了为国家和民族而奋斗终身的责任感和使命感，产生了激励人们奋发努力、不断进取的强大动力，因此属于教育口号。故答案为C。

3.【答案】D 【解析】题干中陶行知先生的"真理是太阳,歪曲的理论是黑云"等表述，是一种比喻，因此属于教育隐喻。故答案为D。

4.【答案】C 【解析】谢弗勒根据陈述方式将教育定义分为描述性定义、规定性定义、纲领性定义。其中，规定性定义是指作者自己所创制的定义，其内涵在作者的某种话语情境中始终是统一的。也就是说，不管他人是如何定义的，我就是这么定义的，并且我将始终在我定义的意义上来使用。题干中，张修林对"教育"一词的解释属于规定性定义。故答案为C。

A项：描述性定义是指对被定义对象的适当描述或对如何使用定义对象的适当说明。

B项：纲领性定义是一种关于定义对象应该是什么的界定。

D项:解释性定义不属于谢弗勒对教育定义的分类,为干扰项。

5.【答案】C 【解析】教育的本质属性是育人,即教育是一种有目的地培养人的社会活动,这是教育区别于其他事物现象的根本特征,是教育的质的规定性,是教育的立足点,是教育的本体功能,也是教育价值的根本所在。故答案为C。

6.【答案】D 【解析】教育是人类社会特有的活动,动物界不存在教育。人类社会中的一些行为也不属于教育。例如:(1)没有明确目的的、偶然发生的行为;(2)片面强调个体社会化的行为(如机械的"灌输")或片面强调社会个性化的行为(如随心所欲的学习);(3)日常家庭生活中的"抚养""养育"行为。题干中"爸爸教孩子跟熟人打招呼"属于教育活动。故答案为D。

A项:"母鸡教小鸡觅食"属于动物的本能,不属于教育。

B项:学习是个体在特定的情境下由于经验或反复练习而产生的行为或行为潜能的比较持久的改变。学习是人和动物共同具有的普遍现象。"警察训练警犬追查嫌疑犯"属于学习,而不是教育。

C项:"妈妈给孩子哺乳"属于"抚养"行为,不属于教育。

7.【答案】D 【解析】广义的教育泛指增进人的知识和技能、发展人的智力和体力、影响人的思想和品德、完善人的个性的一切活动。广义的教育包括社会教育、学校教育和家庭教育。题干中,"听君一席话,胜读十年书"形容某人说的话很有价值,能够对他人的知识、思想等产生影响。这种影响是零散的,属于广义的教育。故答案为D。

A项:家庭教育是以家庭为单位进行的教育活动,是指父母或者其他监护人为促进未成年人全面健康成长,对其实施的道德品质、身体素质、生活技能、文化修养、行为习惯等方面的培育、引导和影响。

B项:学校教育是以学校为单位进行的教育活动,社会通过学校对受教育者的身心进行有目的、有计划、有组织地影响,促使他们提高素质、健全人格,把他们培养成为适应一定社会需要和发展的人。

C项:狭义的教育主要指学校教育,是教育者根据一定的社会要求,有目的、有计划、有组织地对受教育者施加影响,促使他们朝着所期望的方向发展的活动。

8.【答案】A 【解析】按照教育活动的存在范围,教育可分为家庭教育、学校教育与社会教育。故答案为A。

9.【答案】B 【解析】正规教育是在国家教育部门认可的教育机构(学校)进行的,由专职人员承担的,有目的、有组织、有计划、有系统地以影响受教育者的身心发展为直接目标的培养活动。故答案为B。

A项:非正规教育是在正规教育系统外进行的有组织、有计划的教育活动,即国家教育行政部门统一学制要求范围(初等教育、中等教育、高等教育)以外的各类教育活动,如扫盲、文化技术培训、政治学习、业务训练、专题讲座、岗位培训和继续教育等。

C项:非正式教育与非正规教育不同。正规教育与非正规教育二者合称为正式教育,除此之外是非正式教育。非正式教育是广义教育的一个方面,缺失目的性和计划性,是指在日常生活、工作中进行的不具有结构性或组织性的自主、偶发性学习活动。如与家人或邻里自主交谈,在图书馆、博物馆进行的读书或参观、考察,以及在一定场合进行的娱乐活动等。

D项：家庭教育是以家庭为单位进行的教育活动，是指父母或者其他监护人为促进未成年人全面健康成长，对其实施的道德品质、身体素质、生活技能、文化修养、行为习惯等方面的培育、引导和影响。

10.【答案】B 【解析】按照教育活动的存在范围，教育可分为家庭教育、学校教育与社会教育。其中，社会教育是指在广泛的社会生活和生产过程中所进行的教育活动。题干中，在街道宣传栏张贴公益广告，向大家倡导垃圾分类，这属于社会教育。故答案为B。

A项：特殊教育是指运用特殊的方法、设备和措施对特殊的对象进行的教育。狭义的特殊教育是指身心缺陷的人，即盲人、听障人（聋人）、弱智儿童教育以及问题儿童教育所纳入的特殊教育范围，并从经济投资、科学研究、师资和设备等方面支持这类教育。

C项：学校教育是以学校为单位进行的教育活动，社会通过学校对受教育者的身心进行有目的、有计划、有组织地影响，促使他们提高素质、健全人格，把他们培养成为适应一定社会需要和发展的人。

D项：通才教育又称为通识教育，这种教育的目标是在现代多元化的社会中，为受教育者提供通行于不同人群之间的知识和价值观。

二、辨析题

1.【参考答案】 错误。

教育是人类社会特有的活动，动物界不存在教育。社会性和意识性是人的教育活动和动物的"教育"活动的本质区别。动物界的某些行为虽与人类社会的教育相类似，但本质不同：（1）动物的活动出于一种本能需要，属于本能活动；（2）动物界没有语言，不具备明确的意识；（3）动物的"教育"以适应环境为指向，人类的教育还要改造环境和发展自己的功能。所以，母猴带着小猴爬树不是教育。故题干说法错误。

2.【参考答案】 错误。

如果影响人的身心发展的活动是无意识、无目的的，就不能称为教育。教育是一种有目的地培养人的社会活动，这是教育区别于其他事物现象的根本特征，是教育的本质。教育是人类所特有的一种有意识的社会活动，区别于无目的、无意识的活动。教育以影响和发展人的身心为直接目标。影响人的身心发展的活动，可能是有意识的、也可能是无意识的，可能是有目的的，也可能是无目的的。那些无意识、无目的的偶然影响不是教育。故题干说法错误。

三、分析论述题

【参考答案】（1）**教育内涵**：即教育的本质。教育在本质上是一种有目的地培养人的活动，旨在促进受教育者的社会化与个性化。所谓培养，一方面是知识的培养，一方面是非知识的培养，包括能力、态度、价值观、品德等方面。

材料显示"真正的教育不单是吸收知识，一个人的人格思想以及道德的完善，靠知识是转变不了的"，这表明真正的教育不仅是传授学生一定的知识，还要发展学生一定的能力，提升学生一定的品德，让学生在教育中获得多方面的提升，特别是真善美的协力提升。

（2）**教育外延**：即教育的适用范围。教育的适用范围非常宽广，既包括学校教育，也包括社会教育和家庭教育；既包括广义的教育，也包括狭义的教育；既包括正规教育，也包括非正规教育；既包括智力和知识的教育，也包括品德的教育。

材料显示"现在后天的教育，尤其可笑，把孩子依托给学校教育，更是最大的错误"，这表明教育不仅仅是学校教育，还包括社会教育和家庭教育等形式。

第二节　教育的结构与功能

一、单项选择题

1.【答案】A　【解析】教育活动的结构也是教育的内部结构，由教育者、受教育者（学习者）、教育内容、教育活动方式（教育手段）四部分组成，这四部分也是教育活动的基本要素。其中，教育活动方式也叫教育手段，包括物质手段和精神手段。而教育的外部结构也是教育系统的结构，是从宏观层面上讲的，指教育作为社会的一个子系统，与社会的人口、政治、经济、文化和科学技术等其他子系统共同构成社会结构。故答案为A。

2.【答案】B　【解析】教育的个体发展功能，又称教育的本体功能、教育的固有功能，是指教育对个体的生存和发展所产生的作用和影响，表现为教育促进个体社会化和个性化。故答案为B。

3.【答案】A　【解析】教育的个体发展功能，又称教育的本体功能、教育的固有功能，是指教育对个体的生存和发展所产生的作用和影响，表现为教育促进个体社会化和个性化。题干中强调培养个体的德、智、体、美、劳全面发展，体现了教育的个体功能。故答案为A。

B项：教育的社会发展功能，又称教育的派生功能、教育的工具功能、教育的衍生功能，是指教育对社会的稳定、运行和发展所产生的影响，表现为：（1）教育的社会变迁功能，包括教育的政治功能、经济功能、文化功能、科技功能和人口功能；（2）教育的社会流动功能，包括横向流动功能和纵向流动功能。

C项：教育发展功能是指在教师职业道德评价过程中评价者和被评价者互相影响和启发，通过对方的反馈信息进一步认识到自己的不足，同时学习对方的长处，使自己受到教育，促进自己的思想品德的发展。

D项：为干扰项。

4.【答案】C　【解析】从教育作用的对象看，教育功能分为个体发展功能和社会发展功能。从教育作用的方向划分，教育功能分为正向功能和负向功能。从教育作用的呈现形式划分，教育功能分为显性功能和隐性功能。故答案为C。

5.【答案】D　【解析】按照教育的作用方向将教育的功能分为：（1）正向功能：是指教育有助于社会进步和个体发展的积极影响和作用；（2）负向功能：是指教育阻碍社会进步和个体发展的消极影响和作用。按照教育功能呈现的形式将教育的功能分为：（1）显性功能：依照教育目的、任务和价值期待，教育在实际运行中所体现出来的与之相符合的功能；（2）隐性功能：教育体现的非预期的且具有较大隐藏性的功能。题干中，老师让同学们锻炼口语能力，同学们口语能力提高了是计划之内的，是显性功能；但是他们的记忆力也提高了是计划之外的,是隐性功能;无论是学好口语还是提高记忆力都是属于积极的作用,是正向功能。故答案为D。

6.【答案】A　【解析】教育的正向功能(积极功能)指教育有助于社会进步和个体发展的积极影响和作用。教育的负向功能(消极功能)指教育体现的阻碍社会进步和个体发展的消极影响和作用。教育的显性功能是依照教育目的、任务和价值期待,教育在实际运行中所体现出来的与之相符合的功能。如促进人的全面和谐发展、促进社会进步等,就是显性教育功能的表现。隐性功能是教育体现的非预期的且具有较大隐藏性的功能。根据题干描述,学生成为"书呆子"是考试非计划性的、非预期的结果,因而是考试的隐性功能。"唯分数论"导致学生产生"书呆子"型成就中心的偏向,阻碍了个人的发展,因而是负向功能的体现,因此,这是考试的隐性负向功能。故答案为A。

7.【答案】D　【解析】依据性质不同可将教育功能划分为保守功能与超越功能。教育的保守功能是指教育具有自身的结构,具有内在的稳定性和自身的逻辑性,不随社会的变化而变化,形成了教育自我保存的功能性和承继性,表现出教育重复、封闭、保守的一面。教育的超越功能是指通过教育的自我更新和变革,促进和引领人类社会的发展。故答案为D。

二、辨析题

【参考答案】错误。

教育对人的发展存在积极作用。例如,教育能够增进人的知识和技能、发展人的智力和体力、影响人的思想观念,教育能够促进个体社会化和个性化。教育对人的发展也存在消极影响。例如,应试教育下追求高分数的标准化教学,压抑了学生个性的发展。故题干说法错误。

三、简答题

【参考答案】

教育的负向功能是指教育阻碍社会进步和个体发展的消极影响和作用。教育的负向功能是由于教育与政治、经济发展不相适应、教育者的价值观念与思维方式不正确、教育内部结构不合理等,使教育在不同程度上对社会和人的发展起阻碍作用。比如:因教育培养目标定位过高导致了"过度教育",而社会并不能有效地使用"过度教育"培养的人才;因过分追求教育质量而产生了过重的学业负担,反而伤害了学生的身心健康。

四、分析论述题

【参考答案】

(1)按教育作用的方向,教育功能可划分为正向功能和负向功能。教育的正向功能指教育有助于社会进步和个体发展的积极影响和作用,负向功能指阻碍社会进步和个体发展的消极影响和作用。

（2）按呈现的形式，教育功能可划分为显性功能和隐性功能。显性功能指教育活动依据教育目的，在实际运行中所体现出来的与之相符合的功能。隐性功能指教育体现出的非预期的且具有较大隐藏性的功能。

（3）结合材料分析，A班班主任的做法并没有使A班的成绩明显提升，却有部分学生产生了逃课、厌学等行为或负面情绪，这体现了教育的负向隐性功能。B班班主任的做法一方面使得有些学生在课堂上发言更加主动、回答问题更加积极、参与小组讨论更加活跃，还有部分学生的成绩有了明显的提高，这些体现了教育的正向显性功能；另一方面，一些学生为了竞赛名次恶性竞争，甚至有学生在竞赛中用手机作弊、偷藏资料，这些体现了教育的负向隐性功能，是非预期的功能。

第三节　我国关于教育本质问题的主要观点

一、单项选择题

1.【答案】D　【解析】教育本质的特殊范畴说认为必须把教育作为一个特殊的范畴，从教育本身的规定性来揭示教育本质，主要观点有：教育是培养人的社会实践活动；教育是使人社会化的过程，教育是人的自我建构的实践活动；教育是人类社会特有的文化传递的手段、工具和形式；教育是引导和促进儿童个性化的活动。故答案为D。

2.【答案】A　【解析】教育是上层建筑说是指教育就其主要方面来说，具有上层建筑的特点，即教育是上层建筑。一定社会的教育，是一定社会政治和经济的反映，又反过来为政治和经济服务。主要论点有：(1)教育是社会的意识形态，由政治经济决定。(2)教育与生产关系的关系是直接的、无条件的，而教育与生产力的关系是间接的、有条件的。(3)历史性、阶级性是教育的根本社会属性。教育总是存在于一定社会中，随着社会历史条件的变化而变化。总之，上层建筑说强调教育由经济基础决定，经济基础的变革必然引起教育制度、教育内容、教育方法的变革，教育具有上层建筑的本质特点。故答案为A。

3.【答案】C　【解析】从"社会性、阶级性、生产性、科学性、艺术性"这些词语可以推断出这种说法属于教育本质说中的多质说。故答案为C。

4.【答案】B　【解析】教育是国民经济的重要组成部分，是劳动力再生产的必要条件，教育就是生产力。教育已经直接或间接地参与了物质生产过程。主要论点有：(1)教育不是纯粹的意识形态。教育过程中不仅进行精神生产，而且进行着劳动力再生产。(2)教育就是生产力。教育变为直接生产力的过程就是教育本身，就是培养生产力中"人"这一最重要的要素。(3)教育的本质属性是生产性和永恒性。生产力说强调教育是劳动力的再生产过程，教育能把可能的生产力转化为现实的生产力；教育事业是生产事业，而不是消费事业；生产性是教育的本质属性。故答案为B。

5.【答案】A　【解析】"上层建筑说"是指教育就其主要方面来说，具有上层建筑的特点，即教育是上层建筑。一定社会的教育，是一定社会政治和经济的反映，又反过来为政治和经济服务。故答案为A。

二、简答题

【参考答案】 我国关于教育本质问题的三种有代表性的观点有：

（1）**教育是上层建筑**。教育就其主要方面来说，具有上层建筑的特点，即教育是上层建筑。一定社会的教育，是一定社会政治和经济的反映，又反过来为政治和经济服务。总之，上层建筑说强调教育由经济基础决定，经济基础的变革必然引起教育制度、教育内容、教育方法的变革，教育具有上层建筑的本质特点。

（2）**教育是生产力**。教育是国民经济的重要组成部分，是劳动力再生产的必要条件，教育就是生产力。教育已经直接或间接地参与了物质生产过程。生产力说强调教育是劳动力的再生产过程，教育能把可能的生产力转化为现实的生产力；教育事业是生产事业，而不是消费事业；生产性是教育的本质属性。

（3）**教育是培养人的社会活动**。教育是培养人的活动，这是给教育做了质的规定。具有这一本质属性，不管其现象多么复杂，都可称为教育；不具有这一属性，就不是教育。教育本质"育人活动说"揭示了教育作为一种人类社会实践活动的最基本的特性，使得人们可以将教育与其他不同性质的社会活动相区别。

第四节 教育的起源与发展

一、单项选择题

1.【答案】C 【解析】生物起源说认为教育是一种生物现象，而不是人类所特有的社会现象；教育的产生完全来自动物的生存本能。题干中，"动物尤其是略微高等的动物，完全同人一样，生来就有一种由遗传而得到的潜在的教育"说明动物生来就具有教育的潜能，属于生物起源说的观点。故答案为C。

A项：心理起源说强调儿童对成人的无意识模仿。

B项：劳动起源说强调教育起源于生产劳动或实践活动。

D项：教育起源说中没有混合起源论。

2.【答案】B 【解析】古代教育具有阶级性和等级性，其中奴隶社会的阶级性非常鲜明，非统治阶级的子弟无权入学接受正规的教育。到了封建社会，教育在阶级性的基础上又加上了鲜明的等级性。等级性表现为统治阶级子弟也要按照家庭出身和父兄官职品阶进入不同等级的学校。故答案为B。

A项：专制性是指教育过程是管制与被管制、灌输与被动接受的过程，道统的威严通过教师、牧师的威严，通过招生、考试以及教学纪律的威严予以保证。

C、D两项：均为干扰项。

3.【答案】C 【解析】进入近代社会以后，近代教育发生了巨大变化。其基本特征表现为：（1）教育的国家化：国家认识到公立教育的重要性，加强了对教育的干预。（2）教育的普及化：初等义务教育的普遍实施和逐步普及。（3）教育的世俗化：教育逐渐从宗教中分离出来。

（4）教育的法制化：重视教育立法、依法治教。（5）教育的制度化：形成了较系统的近代学校教育制度。故答案为C。教育终身化属于现代教育的特征。

4.【答案】A 【解析】现代教育的特征表现为教育的终身化、教育的全民化、教育的民主化、教育的多元化、教育的现代化、教育的信息化、教育的国际化等。在现代学校里，自然科学的教育内容大为增加，学校教育承担着培养生产工作者的任务，现代学校教育与生产劳动发生着密切联系。故答案为A。

5.【答案】D 【解析】一方面，教育的民主化追求让所有人都受到同样的教育，包括教育起点的机会均等、教育过程中享受教育资源的机会均等，甚至包括教育结果的均等；教育平等是教育民主的核心。另一方面，教育的民主化追求教育的自由化，包括教育自主权的扩大、根据社会要求设置课程、编写教材的灵活性、价值观念的多样性等。教育民主化是对教育的等级化、特权化和专制性的否定。故答案为D。

A项：教育全民化是指人人都享有平等的受教育的权利，必须接受一定程度的教育。

B项：教育终身化是指人们在一生各阶段当中所受各种教育的总和，是人所受不同类型教育的统一综合。

C项：教育多元化一般包括教学内容、教学方式、教学手段的多元化，强调突破传统单一教育，适应人才全方位需求。

6.【答案】C 【解析】终身性是指现代教育不局限于学龄阶段，而是贯穿人的一生，着眼于创造一个适合于终身学习的社会，满足不同年龄受教育者的教育需求。题干中描述的即为终身性的表现，故答案为C。

A项：未来性一方面是指现代教育的价值取向、目标定位等会对未来社会和个体的发展产生非常大的影响；另一方面是指现代教育的发展要考虑到未来社会的发展趋势对教育提出的要求，教育要面向未来，未雨绸缪。

B项：生产性是指现代教育越来越与人类的物质生产结合起来，越来越与生产领域发生密切的、多样化的关系；生产的发展也越来越对教育系统提出新的要求。

D项：科学性是指，一方面，科学教育是现代教育的基本内容和最重要的方面，另一方面现代教育的发展越来越依靠教育科学的指导，摆脱教育经验的束缚。

二、分析论述题

【参考答案】

（1）现代教育与传统教育的不同点。

① **教育与生产劳动相结合是现代教育的基本特征**，而传统教育中教育与生产劳动是相脱离的。

② **现代教育中教育广泛普及，普及年限逐步延长**，而传统教育中教育没有得到普及，受教育只是部分人的特权。材料中"应成为任何教育政策指导原则的公正的需要"可以体现。

③ **现代教育中教育形式呈现多元化**，而传统教育中教育形式单一。材料中"已符合既尊重人文环境和自然环境又尊重传统和文化多样性的内源发展的真正需要"可以体现。

④ **终身教育成为现代教育的共同特征**，而在传统教育中没有得到重视。

⑤ **教育内容、教育手段、教育观念、教育政策、教师素质的现代化**，也是现代教育的又一特征，而传统教育中教育内容、教育手段比较单一，教育观念、教育政策、教师素质趋于落后。

⑥ **现代教育追求通才教育、全面教育**，反映在培养目标上则是人才的通才性和全面性，而传统教育是培养服务于统治阶级的人才。材料中"使每个人的潜在的才干和能力得到充分发展"可以体现。

（2）现代教育的发展趋势。

① 现代社会的特点。现代社会是一个多元化的社会，学生可以通过多种途径接受不同的信息。尤其在这个科学技术迅猛发展的时代，学生从课堂外接收到的信息往往要比在课堂上接收到的还要多。

② 现代教育的发展趋势：

第一，教育的终身化：把教育看成一个从出生到生命终止持续不断进行的过程。在时间上，终身教育贯穿人的一生，是不间断的学习过程；在空间上，终身教育融合了学校教育、家庭教育和社会教育，是"多元的立体的整合"。

第二，教育的全民化：即教育对象的全民化，是指教育必须向所有人开放，人人都有接受教育的权利，并且必须接受一定程度的教育。

第三，教育的民主化：一方面，追求让所有人都受到同样的教育，包括教育起点的机会均等、教育过程中享受教育资源的机会均等，甚至包括教育结果的均等；教育平等是教育民主的核心。另一方面，追求教育的自由化，包括教育自主权的扩大、根据社会要求设置课程、编写教材的灵活性、价值观念的多样性等。

第四，教育的多元化：社会生活多元化以及人的个性化在教育上的反映。表现为培养目标多元化、办学形式多元化、管理模式多元化、教学内容多元化、评价标准多元化等。

第五，教育的现代化：教育将社会现代化的理念和要求逐渐现实化的过程，包括教育观念、教育内容、教育体制机制、教育手段方法、教育管理和教师素质等方面的现代化。

第六，教育的国际化：以国际的视野和全球认同的方式，构建教育发展和运行的完整体系和管理制度。

第七，教育的信息化：在教育领域全面深入地运用现代信息技术来提升教育现代化水平的过程，其技术特点是数字化、网络化、智能化和多媒体化，基本特征是开放、共享、交互、协作。

在这样一种趋势下，教师更要顺应时代的要求，终身学习，运用先进的教育技术，以实现良好的教育效果。

第三章　教育与社会发展

大纲考点导图

①蔡元培　②教育　③教育投资　④次要劳动力市场　⑤教学内容、教学方法和教学组织形式　⑥领导权、受教育权　⑦传统与变革　⑧提高生产率　⑨传递、选择、发展　⑩学习化社会

考点演练

第一节　关于教育与社会关系的主要理论

一、单项选择题

1.【答案】B　【解析】教育万能论认为:(1)教育对人的成长起决定性作用,否认遗传对人的成长的应有作用。(2)人的才智差别根源于人所处的不同环境、后天的不同机遇及所受的不同教育。题干中"人受了什么样的教育,就会成为什么样的人",属于教育万能论的观点。故答案为B。

A项:教育独立论是蔡元培主张教育超越于政党斗争和宗教教派斗争而处于独立地位的教育观点。发端于"五四运动"前,为解决教育经费而提出。具体包括:教育经费独立、教育行政独立、教育学术和内容独立、教育脱离宗教而独立。

C项:筛选假设理论,又称为筛选理论或文凭理论。它视教育为一种筛选装置,以帮助雇主识别不同能力的求职者,把他们安置到不同职业岗位上。

D项:劳动力市场理论认为,劳动力市场主要由主要劳动力市场和次要劳动力市场组成,不同背景的人将进入不同的市场从而享受不同的待遇。

2.【答案】C　【解析】筛选假设理论又称筛选理论或文凭理论,该理论把教育视为一种筛选装置,以帮助雇主识别能力不同的求职者,将他们安置到不同职业岗位上。故答案为C。

3.【答案】B　【解析】劳动力市场理论,又称"二元劳动力市场理论",劳动力市场理论不同意人力资本论关于教育与工资收入呈正相关的论断,认为一个人的工资水平主要取决于他在主要劳动力市场还是次要劳动力市场工作,而与教育程度本身并不直接相关,教育只是决定一个人在哪个劳动力市场工作的重要因素之一。故答案为B。

4.【答案】B　【解析】人力资本论认为教育是人力资本的核心。该理论指出,教育具有提高生产者素质的经济作用,对国家经济发展非常重要。教育扩张可提高国民收入,促进经济

的增长。故答案为 B。

5.【答案】C 【解析】人力资本论的代表人物是舒尔茨,其主要观点包括:(1)总体资本可以分为物力资本和人力资本,人力资本是经济增长的主要因素;(2)人力资本的形成主要靠教育,教育不但是一种消费获得,也是一种投资活动(投资人力资本储备),其回报短期不明显,要经过长期发展;(3)人力资本的收益大于物力资本的收益,舒尔茨推算出教育水平对国民经济增长的贡献率是33%。人力资本论突破了传统理论中的资本只有物质资本的束缚,提出了人力资本,把人的能力与物质资本等同,但是忽视了劳动力市场中的其他筛选标准。故答案为 C。

二、简答题

【参考答案】(1)代表人物
20世纪60年代,美国经济学家舒尔茨创立了人力资本论。
(2)主要观点
① **所谓人力资本,**就是人口质量投资,是一种能力资本、人力素质资本,是凝聚在劳动者身上的知识、技能及其所表现出来的可以影响从事生产性工作的能力。
② **教育作为经济发展的源泉,**其作用是远远超过被看作实际价值的建筑物、设施、库存物资等物力资本的。
③ **重视教育投资的作用。**教育不但是一种消费活动,也是一种投资活动,能够提高劳动生产率,促进生产的经济效益。
④ **教育投资是人力资本的核心,**是一种可以带来丰厚利润的生产性投资,包括学校教育、职业训练、卫生保健等多种形式。所有这些方面的投资都会改善和提高知识、技能、健康等人力品质,从而提高生产力,促进经济增长。
(3)评价
① 人力资本论突破了传统物质资本的束缚,开辟了关于人类生产能力的崭新思路,为研究经济理论和实践提供了全新的视角。
② 教育增长与经济增长并不总是成正比的。经济增长是受多因素变量制约的,教育水平仅仅是其众多因素之一,而且相当多的时候也不是决定性因素。
③ 人力资本论着重从经济角度衡量和研究教育问题,容易忽视教育的主体价值,忽视劳动力市场中的其他筛选因素。

第二节 教育的社会制约性

一、单项选择题

1.【答案】A 【解析】生产力发展水平对教育的制约作用主要表现在以下几个方面:(1)生产力的发展制约教育事业发展的规模和速度;(2)生产力的发展水平制约人才的培养规格和教育结构;(3)生产力的发展制约教学内容、教学方法和教学组织形式的发展和改革。

因此,制约教育发展规模、速度和教育结构的根本性因素是生产力发展水平。故答案为 A。

2.【答案】B 【解析】生产力发展水平对教育的制约作用主要表现在生产力发展水平影响教育发展的规模和速度、人才的培养规格和教育结构、教学内容、教学方法和教学组织形式的发展和改革。发达国家比发展中国家普及义务教育的年限长,体现了从根本上制约教育发展规模和速度的社会因素是生产力发展水平。故答案为 B。

3.【答案】B 【解析】社会政治经济制度对教育的制约主要表现在以下方面:社会政治经济制度的性质决定着教育的性质、决定着教育的宗旨与目的、决定着教育的领导权和受教育权、决定着教育内容和教育管理体制。故答案为 B。

4.【答案】B 【解析】政治经济制度对教育的制约作用体现在:(1)决定着教育的性质;(2)决定着教育的宗旨与目的;(3)决定着教育的领导权和受教育权;(4)决定着教育内容和教育管理体制。题干中,"六学二馆"的入学条件等级森严,即受教育权有严格的等级制,这说明政治经济制度决定受教育权的分配。故答案为 B。

A 项:在人类社会中,掌握国家政权就能够控制精神产品的生产和学校教育的主导权。

C 项:教育目的是一个社会的政治制度对教育所提出的主观要求的集中体现,它直接反映着统治阶级的利益和需要。与题干中的受教育权无关。

D 项:教育的性质由政治经济制度决定,但该选项过于宏观,与题干中的入学条件等级森严联系不密切。

5.【答案】D 【解析】文化知识制约教育的内容和水平,文化模式制约教育的背景与教育模式,文化传统制约教育的传统与变革。A、B、C 三项正确。社会政治经济制度制约教育的性质和目的。D 项错误。故答案为 D。

6.【答案】D 【解析】科学技术影响教育观念、教育结构、教育活动(如课程体系变革、教学内容更新、教育方法变化等)。科学技术有了某种进步,教育或迟或早会发生相应的变革。教育的发展与科学技术的发展在总体水平上是同步的,但不是完全同步的。故答案为 D。

7.【答案】A 【解析】人口是指生活在一定社会或地区内,具有一定数量、质量和结构的人的总体。人口是人类社会存在和发展的基础。人口的数量、质量和结构对教育的发展都有着较为重要的影响和制约作用:(1)人口数量影响教育发展的规模;(2)人口质量影响教育的质量;(3)人口结构影响教育结构。题干说明了人口数量制约着教育的规模与投资,影响着教育发展的速度和质量。故答案为 A。

8.【答案】D 【解析】媒介对教育的影响和制约表现为媒介制约教育的发展规模,媒介改变教师的教学模式,媒介丰富学生的学习体验。而教育的目的是由政治经济制度决定的。故答案为 D。

二、辨析题

【参考答案】错误。

教育可以影响政治经济制度,但不能改变政治经济制度的发展方向。教育对政治经济制度的影响主要表现在以下几个方面:维系社会政治稳定,提高社会政治文明水平,促进社会政治变革,培养社会政治人才。但教育对政治经济制度并不起决定作用。教育不能改变政治经济制度发展的方向,只能在一定的政治经济制度规定的范围内发挥作用。同时,教育也不能成为决定政治经济制度发展的根本动力,在社会基本矛盾运动的过程中,教育对社会的发展只能起到加速或延缓的作用。故题干说法错误。

三、简答题

1.【参考答案】（1）生产力的发展制约教育事业发展的规模和速度。

办教育必须有一定的人力和物力作支撑和保障,倘若连温饱都未解决,也就无力从事教育了。教育的发展深受生产力发展的制约。教育事业发展的规模和速度归根结底是被生产力发展的水平和状况决定的,一定的教育必须与一定的生产力发展相适应,这是教育发展必须遵循的规律。

（2）生产力的发展水平制约人才的培养规格和教育结构。

教育的根本问题是培养什么人的问题。社会生产力的水平、方式决定劳动力的规格,进而决定教育所培养人的规格,尤其是人的知识、技能和态度的规格。学校教育结构必须反映经济的技术结构和产业结构的发展变革。这样,教育为生产培养的人才在总量、类型、质量上才能满足生产力发展的需求。

（3）生产力的发展制约教学内容、教学方法和教学组织形式的发展和改革。

生产力的发展推动了科学技术的发展,也必然促进教学内容的发展与更新。科学技术迅速发展,更多更新的技术手段被应用于教育教学领域,日益影响教育技术、教学方法以及教育全方位的变革与发展。例如,班级教学组织形式的产生与改进、探究、实验、参观和直观教具、影视、多媒体教学等现代方法的运用,都是与生产力的发展和科学技术的运用紧密相关的。

2.【参考答案】（1）政治经济制度制约教育的性质。

教育具有什么样的性质是由那个社会的政治经济制度的性质决定的,而且教育的发展变革也受制于社会政治经济制度的发展变革。

（2）政治经济制度制约教育的宗旨和目的。

社会中占统治地位的阶级,为了确保教育能够培养出他们所需要的人才,会选择教育内容、提出道德要求等,直接控制着教育,使教育为特定的社会关系服务。教育目的是一个社会的政治经济制度对教育的权益要求的集中体现,它直接反映着统治阶级的利益和需要。

（3）政治经济制度制约教育的领导权。

统治阶级利用国家政权的力量,通过审批、调拨教育经费等办法来掌握教育的领导权。统治阶级还利用意识形态上的优势,通过编写教材、审定教科书、发行各种读物等途径来决定教育工作的发展方向。

（4）政治经济制度制约受教育权。

受教育权是判断和确定一个国家和社会教育性质的重要标志,让哪些人受教育,受到何种程度的教育,都是由社会的经济政治制度决定的。

（5）政治经济制度制约教育内容、教育结构和教育管理体制。

为了实现不同的教育目标,不同社会经济政治条件下的教育有着不同的教育内容。特定社会的教育结构也是由该社会的社会结构、经济结构决定的。教育的管理体制更直接受限于社会的政治经济制度,如在政治经济上实行分权制的国家,教育管理上多强调地方自治。

3.【参考答案】(1)文化知识制约教育的内容和水平。

文化是教育的基础,教育的本质是"以文化人",即通过传承和创新文化来培养人才。文化是教育的主要资源,文化知识的发展特性与水平制约着教育的发展特性与水平。

(2)文化模式制约教育的背景与教育模式。

文化模式为教育提供了特定的背景。教育促进个人的发展,必须受到特定文化模式的制约。文化模式还从多方面制约教育模式,不同文化模式下教育目的、内容、方式等都有很大的差异。如东方文化模式是追求和谐,崇尚德行;西方文化模式是追求征服,崇尚理性。

(3)文化传统制约教育的传统与变革。

文化传统越久,对教育传统的制约性越大。美国教育注重培养适应"民主社会"要求的理想公民,有浓厚的实用主义色彩。而我国的文化传统强调以民为本,崇尚仁义道德,追求功成名就。今天,我国教育改革遇到许多阻力,追根溯源与文化传统的消极因素有关。正确认识文化传统与教育的关系,对于指导我国今天的教育改革具有重大意义。

第三节 教育的社会功能

一、单项选择题

1.【答案】A 【解析】教育的经济功能主要包括教育再生产劳动力、教育再生产科学知识、教育促进技术创新、教育提高劳动者素质和生产率。题干中,受过初等教育的工人可以使劳动生产率提高30%,通过教育进修培训的工人,劳动生产率会提高1.6倍,这说明教育能够提高劳动生产率,为经济发展提供人力支持,体现了教育的经济功能。故答案为A。

2.【答案】B 【解析】教育的政治功能体现在:(1)教育通过传播一定的社会的政治意识形态,完成年轻一代的政治社会化;(2)教育通过造就政治管理人才,促进政治体制的变革与完善;(3)教育通过提高全民文化素质,推动国家的民主政治建设;(4)教育还是形成社会舆论,影响政治时局的重要力量。故答案为B。

3.【答案】A 【解析】教育具有选择、传递和发展文化的功能。其中,教育对文化的选择功能意味着价值的取舍和认知意向的改变,并且是为了文化自身的发展与进步。题干中教育对文化起"简化"和"净化"的作用,这说明教育内容是从文化中精选出来的,体现了教育对文化具有选择功能。故答案为A。

4.【答案】D 【解析】教育的科技功能体现在:(1)教育为科学技术的发展提供知识积累;(2)教育为科学技术的发展培养所需人才;(3)教育为科学技术转化为生产力创造条件。形成社会舆论属于教育的政治功能。故答案为D。

5.【答案】A 【解析】教育的人口功能包括:(1)教育是控制人口增长的重要手段;(2)教育是提高人口质量的重要手段;(3)教育能够优化人口结构。题干中强调随着教育年限延长,女性生育子女的数量减少,体现了教育在减少人口数量、控制人口增长方面的作用。

6.【答案】C 【解析】教育的生态功能主要体现在:(1)树立建设生态文明的理念;(2)普及生态文明知识,提高民族素质;(3)引导和推动建设生态文明的社会活动。题干中,某老师通过引用党的十九大报告的相关内容来增强学生保护自然环境的意识和责任感,体现了教育的生态功能。故答案为 C。

二、辨析题

1.【参考答案】 错误。

一般来说,教育能促进社会发展。促进经济增长、推动科技发展、提高社会政治文明水平、传递和保存优秀文化、提高人口素质等都是教育促进社会发展的表现。

但教育也有可能阻碍社会的发展。当教育与政治、经济发展不相适应,教育者的价值观念与思维方式不正确,教育内部结构不合理等状况发生时,教育会在不同程度上对社会的发展起阻碍作用。故题干说法错误。

2.【参考答案】 正确。

教育先行是指教育可以先于政治、经济、文化而发展。教育优先发展又称教育超前发展或教育先行。教育优先发展有两个内涵:其一是社会用于发展教育的投资要适当超越于现有生产力和经济发展水平而超前投入;其二是教育发展要先于或优于社会上其他行业和部门而先行发展。在这里,"优先是指在全局中与其他非优先的事务相比较而言,是指在长远的多种事务不能齐头并进时,在排序上使某一事务先行而言。"故题干说法正确。

三、简答题

1.【参考答案】(1)教育是使可能的劳动力转变为现实的劳动力的基本途径。

个体生命的成长只构成了可能的劳动力,一个人只有经过教育和训练,掌握一定生产部门的劳动知识和技能,并能生产某种使用价值,他才能成为现实的生产力。

(2)现代教育是使知识形态的生产力转化为直接的生产力的一种重要途径。

科学技术仅仅是一种知识形态的生产力,而要使知识形态的潜在生产力转化为现实的生产力,除了要通过艰巨而复杂的科学研究、发明创造或革新实践外,其技术成果的推广、经验的总结与提升都需要通过教育与教学的紧密配合。

(3)现代教育是提高劳动生产率的重要因素。

现代生产率的提高主要不是依靠增加劳动力的数量和延长劳动时间,而是依靠科学技术在生产中的应用、推广和不断革新,依靠提高劳动者受教育的程度与质量,依靠提高劳动者的素质、扩大脑力劳动者的比重、发挥劳动者在生产和改革中的创造性。

2.【参考答案】(1)教育通过传播一定的社会的政治意识形态,完成年轻一代的政治社会化。

政治社会化主要通过教育进行,教育作为传递文化、训练思想与培养情感的活动,能以直接的或间接的、显性的或隐性的方式向年轻一代传播一定的社会政治意识,促进他们的政治社会化,从而为一定社会政治秩序的稳定创造重要条件。

（2）教育通过造就政治管理人才,促进政治体制的变革与完善。

现代社会强调法治,更加重视人才的培养。由于科技向管理部门的全面渗透,因而国家对政治管理人才要求更高。许多国家为了适应对政治管理人才的需求,均设立了专门培养政治管理人才的学校或系科。

（3）教育通过提高全民文化素质,推动国家的民主政治建设。

一个国家的政治是否民主,主要取决于该国的政体,但也与国民的文化素质密切相关。一个国家普及教育的程度越高,国民的文化素质越高,其国民就越能认识民主的价值,在政治生活和社会生活中就越能履行民主的权利。

（4）教育还是形成社会舆论、影响政治时局的重要力量。

学校是知识分子和青少年集中的地方,通过教育者和受教育者的言论、行动、讲演等活动,学校宣传一定的思想,造就一定的舆论,借以影响群众,为一定的政治、经济服务。

3.【参考答案】（1）教育对文化的传递。

人类社会能从愚昧与野蛮,走向今天的文明与开放,是文化教化的结果。而文化教化的前提是文化传承。教育无时无刻不在起着传承文化的作用,尤其是学校教育,因其具有明确的目的性、计划性等特点,一直承担着传承文化的重任。

（2）教育对文化的选择。

为了有效地传承文化,必须发挥教育对文化的选择功能。教育对文化的选择功能体现了教育对文化发展的积极引导和自觉规范。教育对文化的选择不仅要符合特定社会政治经济制度的利益要求,也要符合人的身心发展的客观规律。

（3）教育对文化的发展。

文化的生命不仅在于它的保存和积累,更在于它的更新与创造。教育通过把人类已有的精神财富内化为学生个体的精神财富,培养他们对文化的浓厚兴趣,使他们不仅能够适应和参与现实社会的文化活动,而且能够根据未来社会的需要创造更为美好的文化。

四、分析论述题

【参考答案】（1）上述材料主要体现了教育的政治功能:

教育的政治功能之一是,教育培养出政治经济制度所需要的人才。通过培养人才实现对政治经济制度的影响,是教育作用于政治经济制度的主要途径。任何一种政治经济制度,要想得到维持、巩固和发展,都需要依据一定要求培养出来的人才,而这些人才的培养,很大程度上依靠教育。

材料中,唐代中央政权通过学校教育,为封建统治制度培养管理人才;美国等国家设立管理学院或系科,为自己的统治培养接班人。这都是体现了教育的政治功能。

（2）社会政治经济制度对教育的影响:

① 政治经济制度制约教育的性质。教育具有什么样的性质,是由那个社会的政治经济制度的性质决定的,而且教育的发展变革也受制于社会政治经济制度的发展变革。

② 政治经济制度制约教育的宗旨和目的。教育目的是一个社会的政治经济制度对教

的权益要求的集中体现,它直接反映着统治阶级的利益和需要。

③ **政治经济制度制约教育的领导权**。统治阶级利用国家政权的力量,通过审批、调拨教育经费等办法来掌握教育的领导权。

④ **政治经济制度制约受教育权**。受教育权是判断和确定一个国家和社会教育性质的重要标志,让哪些人受教育,受到何种程度的教育,都是由社会的政治经济制度决定的。

⑤ **政治经济制度制约教育内容、教育结构和教育管理体制**。为了实现不同的教育目标,不同社会政治经济条件下的教育有着不同的教育内容、教育结构、教育管理体制。

第四节　当代社会发展对教育的需求与挑战

分析论述题

【参考答案】(1) 现代社会发展对教育的挑战。

现代社会是一个多元素的社会,包括知识经济、信息化、现代化、全球化、多元文化、互联网化等,现代社会中多元素的交织与指数级的发展速度,导致社会各方面的发展速度远远快于学校教育的内容更新速度,社会各方面对教育的需求也远远多于、高于或新于学校可以为社会提供的,相当于需求侧发生了非常巨大的变化,但供给侧却还在缓慢行进。

这本质上体现了社会大系统对教育的制约、影响、需求,也体现了教育相对独立性所反映出的滞后性。这种对立关系构成的矛盾对教育造成极大的挑战。

(2) 个人成长对教育的挑战。

从宏观上,人类的数量持续增多,人口的寿命延长,人员跨区域流动更加频繁与常态化,人类对教育的需求量、需求形态也更加旺盛。

从微观上,受教育者也发展出新的时代特点:个人学习目的多元化、实用化;价值观念多元化,具有较高的职业理想和务实的人生观;自我意识增强,具有一定的社会交往能力;心理问题增多,成长环境中的社会问题也增多;网络更多地成为个体不可分割的组成部分等。而所有这些个人成长的变化与教育可能为个人提供的支持产生一种矛盾关系,造成对教育的挑战。

(3) 教育应对社会与个人挑战的对策。

① **完善国家教育体系的顶层设计**。建构适应学习化社会的终身教育和终身学习体系,全面覆盖各级各类国民教育体系。

② **普及终身教育、终身学习理念**。全社会范围内加大终身教育、终身学习理念的渗透力度,特别是将终身教育和终身学习理念融入各级各类教育教学的全过程,让这种时代理念进入课程、课堂、心堂,落实为学习主体的理念、内化为学习主体的个人素养与实践风格。

③ **完善与终身教育和终身学习相配套的教育网络和教育资源支持**。教育网络不但包含学校教育体系,还应包含社会教育体系、家庭教育体系,特别是应丰富社会教育体系的多元化,发展成人教育和继续教育,大力发展开放大学、广播电视大学、虚拟大学等终身教育机构。基于不同教育网络产出丰富的教育资源,用以支持学习化社会的发展与人的发展的需求。

④ **健全与终身教育、终身学习相配套的考试评价与积分机制。** 改进现有的考试评价机制，更加趋于鼓励终身教育、终身学习，为非学历或学历后人员广开入学的大门或提升学习能力的渠道。建立终身教育积分机制，让终身教育和终身学习可以从虚幻形态转化为实实在在的实用形态，构建一种能够激发人民终身学习动机的积分价值体系。

第四章 教育与人的发展

①顺序性 ②内发论与外铄论 ③遗传素质 ④主观能动性 ⑤个体职业和身份社会化 ⑥有专门负责教育工作的教师,相对而言效果好 ⑦受教育者的主观能动性与身心发展规律

第一节 人的身心发展特点及其对教育的制约

一、单项选择题

1.【答案】B 【解析】阶段性是指在发展的不同阶段,个体会表现出不同的年龄特征及主要矛盾,面临着不同的发展任务。不同的发展阶段之间是相互关联的,上一阶段影响着下一阶段的发展。人的发展的阶段性要求教育要从学生的实际出发,尊重不同年龄阶段学生的特点,根据这些特点提出不同的发展任务,采用不同的教育内容和方法,进行针对性教育,以便有效地促进他们的个性发展。题干中,对童年期的学生,在教学内容上多讲比较具体的知识和浅显的道理,在教学方法上多采用直观教具,体现了教育要适应儿童身心发展的阶段性。故答案为B。

易混辨析:

(1)顺序性:要循序渐进,不能揠苗助长、陵节而施。

(2)阶段性:要有针对性,不能"一刀切"。

(3)不平衡性:要把握关键期,适时而教。

(4)差异性:对不同个体进行教育时,要因材施教。

2.【答案】D 【解析】由于人的遗传、环境、教育和主观能动性不同,每个人的发展优势、发展速度与高度往往是千差万别的。人的发展的差异性要求教育者要深入了解学生,针对学生不同的发展水平以及不同的兴趣、爱好和特长因材施教,引导学生扬长避短、发展个性,促进学生自由地发展。题干中,苏霍姆林斯基根据不同的学生的特点,设置了供学生选择的兴趣小组,反映了教育必须适应人身心发展的差异性。故答案为D。

3.【答案】D 【解析】人的身心发展的不平衡性表现在人的发展并不总是匀速前进的,不同系统的发展速度、起始时间、达到的成熟水平是不同的;同一机能系统在发展的不同时期

（年龄阶段）有不同的发展速率。人的发展的不平衡性要求教育要掌握和利用人的发展的成熟机制，抓住发展的关键期，不失时机地采取有效措施，卓有成效地促进学生健康地发展。题干所述体现了儿童身心发展的不平衡性。故答案为 D。

4.【答案】D 【解析】个体身心发展的顺序性是指人的发展具有一定的方向性和先后顺序，既不能逾越，也不会逆向发展。身心发展的顺序性表现为个体生命的发展由低级到高级、由简单到复杂、由量变到质变的过程。教育工作者要循序渐进地促进学生的发展。"揠苗助长""陵节而施"都有违个体身心发展的顺序性规律，教师在教学时应避免。故答案为 D。

A 项：教师要深入了解每个学生，对个别学生进行特殊培养，教育的"因材施教"体现了个体身心发展的差异性。

B 项：教师要抓住学生身心发展的关键期进行教育，教育的"适时施教"体现了个体身心发展的不平衡性。

C 项：教师对一年级到六年级不同年龄段的学生一起进行数学培训，违背了个体身心发展的阶段性。

5.【答案】C 【解析】不均衡性也称不平衡性，表现在以下两个方面：(1)不同系统的发展速度、起始时间、达到的成熟水平是不同的；(2)同一机能系统在发展的不同时期有不同的发展速率。不均衡性要求教育教学要抓住关键期，以求在最短的时间内取得最佳的效果。题干所述强调教育教学要抓关键期，反映了教育应适应儿童发展的不均衡性。故答案为 C。

6.【答案】B 【解析】个体身心发展的顺序性是指人的身心发展是一个由低级到高级、由简单到复杂、由量变到质变、由旧质到新质的连续不断的发展过程。题干中，身体的发展总是从上到下、从中间到四肢、从骨骼到肌肉，心理的发展也是由机械记忆到意义记忆、由具体思维到抽象思维，这说明个体身心发展是一个由低级到高级、由简单到复杂的过程，具有顺序性。故答案为 B。

二、辨析题

【参考答案】错误。

个体身心发展具有不平衡性（不均衡性）。其主要表现在两个方面：人的发展并不总是匀速前进的，不同系统的发展速度、起始时间、达到的成熟水平是不同的；同一机能系统在发展的不同时期（年龄阶段）有不同的发展速率。研究表明，青少年身心的不同方面所达到的某种发展水平或成熟的时期是不平衡的，有的方面可能在较早年龄就达到较高水平，而有的方面则晚些。题干中表述错误。

三、简答题

【参考答案】(1)人的发展的顺序性要求教育要循序渐进地促进学生的发展。

(2)人的发展的不平衡性要求教育要掌握和利用人的发展的成熟机制，抓住发展的关键期，不失时机地采取有效措施，卓有成效地促进学生健康地发展。

(3)人的发展的阶段性要求教育要从学生的实际出发，尊重不同年龄阶段学生的特点，根据这些特点提出不同的发展任务,采用不同的教育内容和方法,进行针对性教育,以便有效地促进他们的个性发展。

(4)人的发展的差异性要求教育者要深入了解学生,针对学生不同的发展水平以及不同的兴趣、爱好和特长因材施教,引导学生扬长避短、发展个性,促进学生自由地发展。

第二节　人的身心发展的主要影响因素

一、单项选择题

1.【答案】B　【解析】内发论(遗传决定论)强调人的身心发展的力量主要源于人自身的内在需要,身心发展的顺序也是由身心成熟机制决定的。内发论强调遗传在人的发展中的决定性作用。教育所起作用只是为人的发展创造条件,但不能改变和决定人的发展。题干中,"唯上智与下愚不移"意思是只有上等的聪明人与下等的愚笨的人是不可改变性情的;"生而知之"是指天生本能的知性、天赋,强调的是天赋对于人的发展的影响,体现的是遗传决定论的观点。故答案为B。

A项:环境决定论认为人的发展主要依靠外在力量,诸如环境的刺激和要求、他人的影响和学校的教育等。

C项:教育万能论是一种片面地夸大教育在人的发展中的作用的观点,认为人完全是教育的产物。

D项:为干扰项。

2.【答案】B　【解析】华生是典型的外铄论代表人物,也就是环境决定论的代表人物。其观点为:人的发展主要依靠外在力量,诸如环境的刺激和要求、他人的影响和学校的教育等。由于外铄论强调外部力量的作用,故一般都注重教育的价值,对教育改造人的本性,形成社会所要求的知识、能力、态度等方面,都保持积极乐观的态度。他们关注的重点是人的学习、学习什么和怎样学习才能有效。华生提出,给他一打健康的婴儿,不管他们祖先的状况如何,他可以任意把他们培养成从领袖到小偷等各种类型的人。故答案为B。

A项:遗传决定论强调遗传在人的发展中的决定性作用。教育所起作用只是为人的发展创造条件,但不能改变和决定人的发展。

C、D两项:为干扰项。

3.【答案】D　【解析】遗传素质在人的身心发展中的作用表现为:(1)遗传素质是人的发展的生理前提,为人的发展提供了可能性;(2)遗传素质的成熟程度制约着人的发展过程及其年龄特征;(3)遗传素质的差异性对人的发展有一定的影响;(4)遗传素质具有可塑性。随着环境、教育和人类实践活动的改变,人的遗传素质会逐渐地发生变化,这说明遗传素质具有可塑性。故答案为D。

4.【答案】C　【解析】个体自身的主观能动性是人的发展的决定因素,制约着环境影响的内化与主体的自我建构,个体通过能动的活动选择、建构着自我的发展。故答案为C。

5.【答案】D　【解析】影响人身心发展的因素有环境、教育、遗传、人的主观能动性。其中,环境泛指生活中影响个体身心发展的一切外部因素,包括自然环境和社会环境。自然环境是人与动物共同赖以生存和发展的客观条件,由天然存在的自然界构成。社会环境包括人类在自然环境基础上创造和积累的物质文明、精神文明和社会关系的总和。"染于苍则苍,染于黄则黄"的意思是一块布料在青色染料里,就染成青色,在黄色染料里,就染成黄色。比喻人会受周遭环境和周围人群的影响,体现了环境对人的教育作用。故答案为D。

A项:"不登高山,不知天之高也"意为不登上高山,就不知道天有多高。这句话体现的是实践对人的影响。

B项:"非学无以广才,非志无以成学"意为不学习就难以增长才干,不立志就难以学有所成。这句话体现了学习与立志的作用。

C项:"省察于将发之际"的意思是不良念头刚刚露头时,就应进行反省和检查;"省察于已发之后"的意思是在不良言行已经暴露后,要及时进行检查和纠正,不让其继续滋长。这两句话说明了反省对人的重要作用。

6.【答案】D 【解析】个体主观能动性是指人的主观意识和活动对于客观世界的积极作用,包括能动地认识客观世界和能动地改造客观世界,并统一于人们的社会实践活动中。主观能动性是人的发展的决定因素。在同样的环境和教育条件下,每个学生发展的特点和成就,主要取决于他自身的态度,取决于他在学习、劳动和科研活动中所付出的精力。题干所述反映了个体主观能动性对学生身心发展的影响。故答案为D。

二、辨析题

【参考答案】错误。

遗传在人的发展中不起决定作用。遗传是人的发展的生理前提,使人的发展成为可能。在人的发展中起决定作用的是人的主观能动性。教育、环境和遗传素质只是为个体发展提供了条件,这些条件能否发挥作用以及能在多大程度上发挥作用,最终完全在于个体自己。故题中的表述是错误的。

三、简答题

1.【参考答案】(1)环境是人的发展的外部条件,为人的发展提供了可能性与限制。

环境尤其是社会环境,是人得以发展的现实条件和源泉,对人的发展起着重要的作用。没有人与人类环境的互动,没有人类社会环境的影响,生物人不可能获得人的社会发展,如"狼孩"没有人的意识。

环境作为一种客观的存在,它只提供了个体发展的一种可能的资源,这种资源对人的发展会起什么影响,取决于人对待环境的态度。

(2)环境对人的发展的影响取决于环境的给定性和主体的选择性。

自然、社会、他人为儿童所创设的生存环境,对人来说是先在的、给定的、客观的。人不仅能够适应环境、改造环境以求自身的发展,而且能够有意识地选择、组织、利用环境的资源与影响来为年轻一代获得更好的发展服务。随着年龄和经验的增长,人的能动性、自主性、选择性、创造性都在逐步增长,其对环境的反作用与相互作用的活动也在逐步增强,即主体对环境的能动性、选择性在逐步增强。

总之,一个人发展到什么程度,都与其生活环境有关,"近朱者赤,近墨者黑"就是这个道理,即环境的作用既可能是积极的,又可能是消极的,但不能过分夸大环境的作用。所以,以华生为代表的环境决定论是错误的。

2.【参考答案】(1)个体活动是人的发展的决定因素。

人的能动性是在人的社会生活中产生的,并通过人的活动表现出来。离开人的活动,遗传素质和环境所赋予的一切发展条件,都不可能成为人的发展的现实。个体的活动、个体的社会实践是个体与环境互动的中介,是个体发展的基础,是个体发展的决定性因素。

(2)个体活动制约着环境影响的内化与主体的自我建构。

人在同环境的相互作用的过程中,既改造着环境,也在改造环境的活动中发展和提升个人的素质,实质是主体的自我建构的过程。学生的发展和受教育过程是把人类社会的精神财富转换为他自己的财富的过程,而这要求学生必须自觉能动地参与才有效。

(3)个体通过能动的活动选择、建构着自我的发展。

个人通过能动的活动不仅能把握自己与外部世界的关系,而且能把自身的发展当作自己认识的对象和自觉实践的对象,逐步地、有目的地、自觉地认识、选择与建构自己的发展,决定自己的人生道路。人的发展过程就是一个通过能动的活动不断自我超越的过程。

总之,我们高度评价人的能动性在人的发展中的作用,它赋予了人在一定条件下主宰自己命运的可能。人不仅是遗传和环境相互作用的产物,也是自我选择与自我建构的产物。随着人的自我意识的提高和社会经验的丰富,人的主观能动性在人的发展中的作用会越来越大。

第三节 学校教育在人的身心发展中的作用

一、单项选择题

1.【答案】C 【解析】影响人的身心发展的因素包括遗传、环境、人的主观能动性、教育等。其中,教育,尤其是学校教育,在人的身心发展中起主导作用。故答案为C。

2.【答案】A 【解析】教育的个体发展功能,是指教育对个体的生存和发展所产生的作用和影响。促进个体发展的功能是教育固有的功能,表现为教育促进个体社会化和个体个性化。故答案为A。

3.【答案】D 【解析】教育促进个体个性化的功能主要表现为:(1)教育促进个体主体意识的形成和主体能力的发展;(2)教育促进个性差异的充分发展,形成人的独特性;(3)教育开发人的创造性,促进个体价值的实现。故答案为D。

4.【答案】D 【解析】教育促进个体社会化的功能主要表现为:(1)教育促进个体思想意识的社会化;(2)教育促进个体行为的社会化;(3)教育促进个体职业和身份社会化。D项为干扰项,故答案为D。

5.【答案】B 【解析】学校教育在人的身心发展中起主导作用的表现主要有:(1)学校教育按社会对个体的基本要求对个体发展方向做出社会性规范;(2)学校教育具有加速个体

发展的特殊功能;(3)学校教育,尤其是基础教育对个体发展的影响具有即时和延时的价值;(4)学校教育具有开发个体特殊才能和发展个性的功能。B项表述错误,故答案为B。

二、辨析题

【参考答案】 正确。

学校教育对人的发展的主导作用的实现是相对的、有条件的。以下各方面都会对之有影响:

(1)受教育者的主观能动性与身心发展规律。

学校教育只是外部条件,是影响人的身心发展的外因,教育在人的身心发展中的主导作用必须通过人的内部因素,即个体的发展离不开能动的实践,个体主观能动性的发挥,对人的发展才起着决定性的意义。

(2)教育自身状况。

教育主导作用发挥的程度和能力的大小,与教育自身的条件也有很大的关系。这些条件包括教育的物质条件、教师的素质、教育管理水平及其相关的精神条件等。

(3)家庭环境的因素。

家庭和学校在儿童教育过程中是天然的合作者,家庭环境及其教育与学校教育的配合程度直接影响学校的教育作用。家庭经济条件的好坏制约着儿童所能享有的教育资源的质量,家庭的经济状况制约着家长在儿童成长中精力和经济的投入程度,父母的文化水平对儿童教育有直接的制约作用,家庭的人际氛围对教育影响的发挥有干扰和促进作用。

(4)社会发展状况。

社会的生产力水平、社会的政治经济制度、整体的社会环境、民族心态、文化传统都可能对教育功能的实现产生影响。

总之,教育的主导作用不是无条件产生的,它要受到多方面因素的制约。教育如能得到社会各方面条件的积极配合,它就能充分发挥出促进人的发展和社会发展的独特作用。

三、简答题

1.【参考答案】(1)教育促进个体个性化的功能的主要表现:

① 教育促进个体主体意识的形成和主体能力的发展。主体性包括主体意识和主体能力。现代教育是一种主体教育,以培养学生的主体性为目的,教育过程以学生为主体,通过自主、合作、探究等活动发挥学生的主体性,培养学生的主体意识、主体品质。

② 教育促进个性差异的充分发展,形成人的独特性。个体的差异性主要是指人的兴趣、爱好、智能结构、性格、气质等方面的特征。教育能够尊重个体的差异,因材施教,帮助不同的学生充分开发其内在潜力,形成自己的优势和特长。

③ 教育开发人的创造性,促进个体价值的实现。创造性是人的个性的核心品质,是个性的自主性、独特性的综合体现。人的个体价值是针对人对社会的贡献与作用而言的。教育使人认识到生命的存在并努力追求生命的价值和意义,赋予人创造生命价值的信心与力量。

（2）教育促进个体社会化的功能的主要表现：

① **教育促进个体思想意识的社会化**。个体的思想意识本质上是社会价值规范在个体头脑中的反映。教育促进个体思想意识的社会化，特别表现为促进个体政治的社会化和道德的社会化，这不仅是教育对国家意志的体现，也是学校教育区别于家庭教育和环境影响的体现。

② **教育促进个体行为的社会化**。人不是孤立的个体，他生活在社会的网络中，其行为要符合所属社会的要求，这个要求就是社会规范。教育的重要职责就是促进社会规范的内化，对个体的行为作出社会性规范引导，实现个体行为的政治化和道德化。

③ **教育促进个体职业和身份社会化**。教育是促进个体职业社会化的重要手段，具有个体谋生的功能，一方面可以通过个体社会化，将社会文化行为规范传递给新生一代，以便他们在进入社会生活时能尽快地适应新环境；另一方面通过教育，使学生获得一定的职业知识和技能，获得谋生的本领。

2.【参考答案】（1）学校教育是有目的、有计划、有组织地培养人的活动。

学校教育是有特定的教育目的，有计划地选择教育内容，引导受教育者主动地学习，促使他们提高素质、健全人格的一种活动。此外，学校教育有自己的组织机构和相关的职能部门，具有严格的组织纪律性。

（2）学校有专门负责教育工作的教师，相对而言效果好。

学校教育中的教育者都受过专门的培养和训练，他们既掌握丰富精深的科学文化知识，又懂得教育规律，掌握了有效的教育教学方法；他们既有丰富的教育经验，又有高尚的师德。因此，在教育者的指导下，学习者可以少走弯路，获得最有效的发展。

（3）学校教育对人的影响是全面的、系统的。

学校教育对人的影响是全面的，既影响受教育者的身体，也影响受教育者的精神；既提升受教育者的知识能力，也影响其思想品德。学校教育对人的影响也是系统地按照人的身心发展规律进行的，使教育对人的影响更加有效。

（4）学校教育能有效地控制和影响学生发展的各种因素。

学校教育可以根据一定的目的和要求，选择影响条件，排除和控制各种不良因素的影响，从而达到影响性质和方向的一致性，以保证教育目的的顺利实现。

四、分析论述题

【参考答案】（1）吴军夫妇在培养女儿上遵循了个体身心发展的顺序性、阶段性、差异性。

① **个体身心发展具有顺序性**，教育工作要遵循这种顺序性，循序渐进地促进人的发展。材料中吴军夫妇没有像别的父母那样拼命给孩子报各种兴趣班、补习班，而是让她学习和从事自己喜欢的事情。另外在女儿读小说时，吴军先让女儿读一会儿，然后引导女儿读深一点的东西。这都体现了对女儿身心发展的顺序性的尊重。

② **个体身心发展具有差异性**，个体之间的身心发展以及个体身心发展的不同方面之间，存在着发展程度和速度的不同。材料中吴军夫妇尊重女儿的兴趣，让她学习和从事自己喜欢的事情，并且针对女儿的兴趣对她进行了独特的教育，是尊重女儿身心发展的差异性的体现。

③ **个体身心发展具有阶段性,在个体发展的不同阶段,会表现出不同的年龄特征及主要矛盾,面临着不同的发展任务。**教育要从个人的实际出发,尊重不同年龄阶段的特点,采用不同的教育内容和方法,进行针对性教育。材料中吴军说"教育是一辈子的事情,我们完全不必担心孩子输在起跑线上",针对女儿进行独特的教育方式,这些都表明吴军夫妇遵循了个体发展的阶段性,而不是在起跑线上逼迫女儿去上各种辅导班。

(2)影响个体身心发展的因素主要有遗传、环境、教育(学校教育)和个体主观能动性等。

① **个体的主观能动性是人的身心发展的内在动力,也是促进个体发展的决定性因素。**材料中吴军夫妇重视培养女儿的兴趣,由着女儿的兴趣,让她学习和从事自己喜欢的事情,有利于激发女儿的主观能动性。其中值得我们借鉴的是,培养学生时要遵循学生的兴趣,调动学生的主观能动性。

② **环境分为自然环境和社会环境。**社会环境为个体的发展提供了多种可能,使遗传提供的发展可能变成现实,并为人的身心发展提供了动力。材料中吴军夫妇努力拼搏,做孩子的学习榜样,为孩子提供良好的家庭教育环境。其中我们可借鉴的是,要求学生,首先先做学生的榜样。

③ **学校教育在人的身心发展中发挥主导作用和促进作用。**教育是一种有目的地培养人的活动,通过文化知识的传递来培养人,引领着人的发展方向。材料中吴军夫妇一起带着女儿走访了英国和美国的很多名牌大学,让她自己去感受那些学校。其中我们可借鉴的是,多带学生去感受不同学校的文化氛围,激发学生的学习兴趣和对未来的憧憬。

第五章 教育目的与培养目标

①教育目的＞培养目标＞课程目标＞教学目标　②"培养什么样的人""为谁培养人"
③个体发展需要　④坚持社会主义性质　⑤坚持全面发展　⑥劳动教育

第一节 教育目的

一、单项选择题

1.【答案】C　【解析】影响教育目的的制定的因素有很多,如社会生产力和科学技术发展水平、社会的政治和经济制度、社会历史发展的进程、不同国家的文化背景、受教育者的身心发展规律、制定者的教育理想和价值观等。其中,生产力水平和政治经济制度决定了教育目的的性质、方向和内涵。故答案为C。

2.【答案】C　【解析】培养目标是各级各类学校人才培养要达到的具体规格和标准。培养目标是教育目的在各级各类学校的具体体现,也是学校课程目标和教学目标的直接依据。故答案为C。

A项:教育方针是国家或政党根据一定的政治、经济发展总路线、总任务规定的教育工作的发展思路和发展方向,教育方针是教育工作的总方针和根本指针,是教育政策的总概括。

B项:教育目的是指把受教育者培养成为一定社会所需要的人的总要求,是学校教育所要培养的人的质量规格,反映了教育在人的培养规格、努力方向和社会倾向性等方面的要求。

D项:课程目标是指课程本身要实现的具体目标和意图,是课程实施应达到的学生身心素质发展的预期结果,是对培养目标的具体化。

3.【答案】A　【解析】教育方针包含了教育目的。教育目的一般只包含"为谁培养人"和"培养什么样的人"的问题。而教育方针除包含"为谁培养人"和"培养什么样的人"外,还含有"怎样培养人"的问题和教育事业发展的基本原则。故答案为A。

4.【答案】B　【解析】教育目的与教育方针既有联系又有区别。从联系上看,二者在对教育社会性质的规定上具有内在的一致性,都含有"为谁培养人"的规定性,都是一定社会(国家或地区)各级各类教育在其性质和方向上不得违背的根本指导原则。从区别来看,一方面,教育方针所含的内容比教育目的更多些。教育方针包含了教育目的。教育目的一般只包含"为谁培养人"和"培养什么样的人"的问题,而教育方针除包含"为谁培养人"和"培养什么样的人"外,还含有"怎样培养人"的问题和教育事业发展的基本原则。另一方面,教育目的在对人才培养的质量规格方面要求较为明确,而教育方针则在"办什么样的教育""怎样办教育"方面显得更为突出。教育目的强调了教育活动要达到的最终结果,它是教育方针的重要组成部分。故答案为B。

5.【答案】B 【解析】个人本位论的代表人物有卢梭、罗杰斯、福禄培尔、裴斯泰洛齐、康德、帕克、马斯洛等。斯宾塞是生活本位论的代表人物。涂尔干是社会本位论的代表人物。故答案为B。

6.【答案】B 【解析】社会本位论主张教育目的应以社会需要为根本或出发点,强调以社会发展的需要为主来制定教育目的和建构教育活动。凯兴斯泰纳是社会本位论的代表人物。他提出"造就合格公民"的教育目的,强调教育的结果是以其社会功能发挥的程度来衡量的,他的观点属于社会本位论。故答案为B。

易混提醒:社会本位论注重教育对社会的价值,题干常见表述有"为社会培养人""培养公民""社会需要"等;个人本位论注重教育对个人的价值,题干常见表述有"发展个性""培养自然人""个人需要"等。

7.【答案】C 【解析】杜威提出教育无目的论,他反对外在的、固定的、终极的教育目的,认为教育是一种过程,只有教育过程内的目的,而无"教育过程以外"的目的,并不是教育真的没有目的。这一"教育过程内的目的"即"生长"。故答案为C。

8.【答案】A 【解析】斯宾塞认为教育的目的就是为"完满的生活"做准备,教育的主要任务就是教会人们怎样生活,教会他们运用一切能力,做到"对己对人最为有益"。杜威主张"教育即生活",即教育适应生活说,学校教育应该利用现有的生活情境作为其主要内容,教儿童适应眼前的生活环境,即培养能完全适应眼前社会生活的人。卢梭和马斯洛都是个人本位论的代表人物。故答案为A。

9.【答案】C 【解析】马克思主义认为,教育与生产劳动相结合是实现人的全面发展的唯一途径,也是根本途径。故答案为C。

10.【答案】C 【解析】教育必须依据社会现实和发展需要来选择和确立教育目的,而不是未来社会生活的需要。故答案为C。

11.【答案】B 【解析】我国教育目的确立的理论基础是马克思关于人的全面发展理论。马克思关于人的全面发展理论的主要内容包括:(1)人的发展同社会生活条件相联系;(2)人的片面发展是由旧的社会分工造成的;(3)机器大工业生产为人的全面发展提供了基础和可能;(4)社会主义制度是实现人的全面发展的社会条件;(5)教育与生产劳动相结合是实现人的全面发展的唯一途径,也是根本途径。故答案为B。

12.【答案】A 【解析】1982年《中华人民共和国宪法》提出:"国家培养青年、少年、儿童在品德、智力、体质等方面全面发展。"这是我国当代历史上第一个以法律形式确定的教育目的。故答案为A。

13.【答案】C 【解析】1985年《中共中央关于教育体制改革的决定》指出,"义务教育,即依法律规定适龄儿童和青少年都必须接受,国家、社会、家庭必须予以保证的国民教育",要"有步骤地实行九年制义务教育"。这是中央文件中首次提出实行九年义务教育。故答案为 C。

14.【答案】D 【解析】《中国教育改革和发展纲要》确定了 20 世纪末教育发展的总目标：全国基本普及九年义务教育，基本扫除青壮年文盲；全面贯彻党的教育方针，全面提高教育质量；建设好一批重点学校和一批重点学科。简称"两基""两全""两重"。故答案为 D。

15.【答案】B 【解析】《中共中央国务院关于深化教育改革全面推进素质教育的决定》提出"实施素质教育，就是全面贯彻党的教育方针，以提高国民素质为根本宗旨，以培养学生的创新精神和实践能力为重点，造就'有理想、有道德、有文化、有纪律'的、德智体美等全面发展的社会主义建设者和接班人。"故答案为 B。

16.【答案】C 【解析】《中共中央国务院关于深化教育改革全面推进素质教育的决定》是我国第一次明确提出"终身教育"的文件、首次将美育纳入教育方针的文件、首次明确提出造就"德智体美等全面发展的社会主义建设者和接班人"的文件。故答案为 C。

17.【答案】D 【解析】我国教育目的的精神实质是：(1)坚持社会主义性质；(2)培养"劳动者"或"建设者""接班人"；(3)坚持全面发展；(4)培养独立个性。不包含建设终身型学习社会，故答案为 D。

18.【答案】C 【解析】德育对其他各育起着保证方向和保持动力的作用，智育为其他各育实施提供认识基础、智力支持，体育是实施其他各育的机体保证，美育可以协调各育的发展，劳动教育是各育的实践基础。故答案为 C。

二、辨析题

1.【参考答案】错误。

教育是培养人的活动，教育目的是指国家对把受教育者培养成为什么样的人才的总的要求，是国家为培养人才而确定的质量规格和标准。教育目的的确立受社会政治、经济、文化、受教育者的身心发展特点以及制定者的教育理想和价值取向等因素的影响。因此，题干将人的发展需求看作确定教育目的的唯一因素的说法是错误的。

2.【参考答案】错误。

全面发展不是人的各方面平均发展，而是指德、智、体、美、劳等各种素质在个体身上的和谐发展。每个学生都是有差别的，学生在诸方面的发展是不平衡的。学生在诸方面得到充分发展，就是做到了全面发展。全面发展不是要求学生"样样都好"，也不是要人人都成为一样的人。故题干表述错误。

3.【参考答案】错误。

将美育等同于艺术教育，窄化了美育的内涵，夸大了艺术教育的功能。

美育是培养学生正确的审美观，发展他们感受美、鉴赏美、创造美的能力，培养他们的高尚情操与文明素质的教育。学校美育的内容主要包括形式教育、理想教育、艺术教育。

艺术教育是学校美育的重要途径和内容，可以通过音乐、美术、舞蹈和开展各种课外文艺活动来实现。故题干表述错误。

三、简答题

1.【参考答案】（1）**代表人物**：中国的孟子、法国的卢梭、瑞士的裴斯泰洛齐、德国的康德、法国的萨特、美国的马斯洛。

（2）**主要观点**：① **依据**：教育目的是根据个人发展的需要制定的，而不是根据社会的需要制定的。教育的真谛在于使个人的发展的潜在可能与倾向得到完善的发展，除此之外没有其他目的。

② **价值**：个人价值高于社会价值。社会价值只有在有助于个人发展时才有价值，否则，单纯地关注社会价值的实现就会压抑和排斥个人价值。

③ **作用**：人生来就有健全的潜在本能，教育的基本职能就在于使这种潜能得到发展。如果按照社会的要求去要求个人，就会阻碍个人潜能的健全发展。

（3）**基本评价**：① **优点**：个人本位论的价值取向重视教育的个人价值，强调教育目的从个人出发，满足个人的需要，在一定的历史条件下具有一定的进步意义。

② **不足**：只强调满足个人的需要与谋求个性的发展，而一味贬低和反对满足社会发展的需要，则是片面的、错误的、不可取的。

2.【参考答案】（1）**教育目的要根据社会关系现实和发展的需要**。

教育产生于社会需要，与一定社会的现实及其发展有着密切联系，要更好地服务于社会，就必须依据社会现实和发展需要来选择和确定教育目的。培养现代人是现代社会关系结构及其制度发展对教育提出的根本要求。

（2）**教育目的要根据社会生产和科学技术发展的需要**。

生产力发展水平体现人类已有的发展程度，又对人的进一步发展提出了要求和提供了可能。在推动社会发展的各因素中，社会生产力的发展起着最终的决定作用，因而也是确立教育目的的最终决定性因素。

（3）在教育目的"为谁培养人"的层面上，"社会主义"是我国教育目的的根本性质。这一根本性质，明确了我国教育的社会主义方向，指引着教育为社会主义事业的发展培养造就各方面的人才。在教育目的"培养什么样的人"的层面上，我国人才培养的素质要求就是使受教育者德、智、体、美等方面全面发展。同时，还要注重提高全民族素质。

3.【参考答案】（1）**坚持社会主义性质（根本特点）**。

坚持社会主义性质是我国教育目的的应有之义。教育目的的这个规定，明确了我国教育的社会主义方向，也指出了我国教育培养出来的人的社会地位和社会价值。

（2）**培养"劳动者"或"建设者""接班人"（基本规定、总要求）**。

教育所造就出来的人不是不劳而获的剥削者、寄生虫，也不是供剥削阶级驱使的工人、农民、知识分子，而是社会主义的劳动者、建设人才，是国家的主人。

（3）**坚持全面发展（质量标准）**。

从分类的角度看，包括生理和心理两个方面的发展。生理方面的发展主要指受教育者身体的发育、机能的成熟和体力、体质的增强。心理方面的发展主要指受教育者的智、德、美、行几个方面的发展。

从分层的角度看,是一个多层次的发展所构成的立体结构。根据人的现实生活所要处理的关系,人的全面发展包括三个层面的发展:① 人与自然关系的能力;② 人与社会关系的能力;③ 人与自我的关系的能力。

(4) 培养独立个性。

培养受教育者的独立个性,是马克思的人的全面发展学说的基本内涵和根本目的。追求人的个性发展,就是要使受教育者的自由个性得到保护、尊重和发展,要增强受教育者的主体意识、开拓精神、创造才能,要提高受教育者的个人价值。

综上所述,我国教育目的的价值取向的出发点与归宿在于:培养德、智、体、美、劳全面发展的具有创新精神、实践能力和独立个性的社会主义现代化需要的各级各类人才。

4.【参考答案】 全面发展教育是指教育者根据社会的政治经济需要和人的身心发展规律和特点,有目的、有计划、有组织地对受教育者实施的旨在促进人的素质结构全面、和谐、充分发展的系统教育。全面发展的教育由德育、智育、体育、美育、劳动教育等部分组成。

(1) **五育相对独立,不能相互替代**。全面发展教育的五个组成部分,各有特点、规律和功能,是相对独立、缺一不可、不能相互替代的,每一育的社会价值和满足个体发展的价值都是不同的。

(2) **五育相互联系、相互促进**。全面发展教育的五个组成部分相互联系、相互制约、相互依存、相互渗透,在实践中,共同组成统一的教育过程。

德育对其他各育起着保证方向和保持动力的作用,智育为其他各育实施提供认识基础、智力支持,体育是实施其他各育的机体保证,美育可以协调各育的发展,劳动教育是各育的实践基础。

(3) **坚持五育并举**。为了人的发展的全面性和整体性,要坚持五育并举,处理好它们之间的关系,使其相辅相成,发挥教育的整体功能。这就要求我们在教育实践中应该注意以下三个方面的问题:

① **根据不同教育领域的特点和要求实施合乎其自身规律的教育**。如智育和德育任务和特点的差别,要求我们在实施过程中应遵照不同的原则、采用不同方法。

② **注意全面发展教育各育的协调配合、发展与转化**,使其成为一个完整的统一体。在教育实践中我们不能把它们孤立开来,而是想办法使其相互配合、相互融通、协调发展。

③ **防止全面发展在实践中沦为排斥个性、平均发展**。我们强调全面发展,并不是主张门门百分、平均发展。学校教育要根据个体的差异,在教育内容上有所侧重,在方法上有所不同。

四、分析论述题

1.【参考答案】 劳动教育是全面发展教育中不可或缺的一部分,在全面发展教育中起到综合德、智、体、美各个教育的作用,是全面发展教育中其他各育的具体实施。

(1) **劳动教育对德育的促进作用**。通过劳动教育可以培养学生正确的人生观、世界观、价值观,使学生具有良好的道德品质和正确的政治观念,形成正确的思想方法。

(2) **劳动教育对智育的促进作用**。劳动教育有利于促进学生掌握科学文化知识与技能,将理论知识付诸实践,并养成良好的智育学习习惯。

(3)**劳动教育对体育的促进作用**。通过劳动教育可以增强学生的体质,使学生逐步掌握体育运动的基本知识和技能技巧。

(4)**劳动教育对美育的促进作用**。劳动教育可以让学生在劳动过程中感受美、鉴赏美和创造美。

2.【参考答案】(1)**素质教育是面向全体学生的教育**。素质教育倡导人人有受教育的权利,强调在教育中每个人都得到发展,而不是只注重一部分人,更不是只注重少数人的发展。材料中的评价标准包括了对所有学生的评价,体现了素质教育面向全体学生。

(2)**素质教育是促进学生全面发展的教育**。素质教育倡导的是在教育中使每个学生都得到充分的、全面的发展。材料中的评价标准既有基础科,也有特长科,能够促进学生的全面发展。

(3)**素质教育是促进学生个性发展的教育**。每一个学生都有其个别性,如有不同的认知特征、不同的欲望需求、不同的兴趣爱好、不同的创造潜能,这些不同点造就了一个个千差万别的、个性独特的学生。因此,教育要尊重并充分发展学生的个性。材料中的评价标准包含了特长科,评价主体、角度、手段等是多元的,有利于促进学生个性的发展。

(4)材料中老师的做法,"使绝大部分差生都抬起头来走路,找到了自己成才的优势与途径,也使文化课考试分数高的学生不再自我感觉良好,从而找到了良性互补、和谐发展的新路子。""学生的学习积极性明显高涨,各科学习成绩有了大幅度的提高。"这表明素质教育对学生的学习起到了促进作用,这是值得肯定的,并且具有借鉴意义。

第二节 培养目标

单项选择题

1.【答案】B 【解析】教育目的的层次性包括:国家的教育目的、各级各类学校的培养目标、课程目标与教师的教学目标。其中教育目的即教育要达到的预期结果,反映教育在人的培养规格标准、努力方向和社会倾向性等方面的要求,是教育活动的出发点和归宿。培养目标是指教育目的在各级各类学校教育机构的具体化。故答案为B。

2.【答案】B 【解析】培养目标是各级各类学校人才培养要达到的具体规格和标准。培养目标是教育目的在各级各类学校的具体体现,也是学校课程目标和教学目标的直接依据。基础教育的培养目标主要是为人的成长发展奠定德、智、体等各方面的基础,高等教育的培养目标则是培养各种专门人才。题干表述是学校的培养目标。故答案为B。

3.【答案】D 【解析】教育目的与培养目标是普遍与特殊的关系。教育目的是针对所有受教育者提出的,而培养目标是针对特定的教育对象提出的,各级各类学校的教育对象有各自不同的特点,制定培养目标需要考虑各自学校学生的特点。故答案为D。

A项:教育目的是教育的核心问题,是国家对教育培养人的总的要求,它规定着人才的质量和规格,对教育工作具有全程性的指导作用。教育目的包含"为谁培养人""培养什么样的人"的问题。

B 项：教育目的是把受教育者培养成为一定的社会所需要的人的总要求。它规定着人才培养的质量规格。

C 项：培养目标是教育目的的具体化，是结合教育目的、社会要求和受教育者的特点制定的各级各类教育的培养要求。

4.【答案】A 　【解析】教育目的的层次结构是在国家教育总目的的指导下，由各级各类学校的培养目标以及实现这些目标所必需的课程与教学目标所构成的教育目标系统，由四个层次构成，并且有上下位次之分，依次为：教育目的 > 培养目标 > 课程目标 > 教学目标。故答案为 A。

第六章 教育制度

大纲考点导图

①前制度化教育 ②学校的类型 ③双轨学制 ④学制本身因素 ⑤学前教育、初等教育、中等教育、高等教育 ⑥高中的多样化、特色发展及其与大学的衔接

考点演练

第一节 教育制度概述

1.【答案】A 【解析】教育制度是指一个国家各级各类实施教育的机构体系及其组织运行的规则,它包括相互联系的两个基本方面:一是各级各类教育机构与组织;二是教育机构与组织赖以存在和运行的规则,如各种相关的教育法律、规则、条例等。B、C、D三项都属于组织运行的规则。故答案为A。

2.【答案】C 【解析】教育制度具有客观性、规范性、历史性、强制性等特点。其中,教育制度的历史性是指教育制度是随着社会的发展变化而变化的,在不同的历史时期和不同的文化背景下,就会有不同的教育需要,就要建立不同的教育制度。教育制度是随着时代的变革而不断变革的。题干所述为教育制度的历史性特点。故答案为C。

A项:客观性,是指教育机构的设置、层次类型的分化、各级各类教育机构的制度化,都受客观的生产力发展水平的制约。

B项:强制性,是指教育制度独立于个体之外,对个体的行为具有一定的强制作用。但随着教育制度的发展及其内部的丰富多样化,特别是终身教育的确立与实施,个体选择性也越来越强。

D项:规范性,是指任何教育制度是其制定者根据自己的需要制定的,有其一定的规范性。它主要表现在入学条件即受教育权的限定和各级各类学校培养目标的确定上。

3.【答案】A 【解析】教育制度在形式上的发展经历了前制度化教育、制度化教育、非制度化教育三个阶段。前制度化教育始于人类早期的原始社会教育,到奴隶社会后逐渐出现了定型的形式化教育,即实体化教育。制度化教育主要指的是正规教育,也就是指具有层次结构的、按年龄分级的教育制度。非制度化教育提倡的理想是"教育不应再限于学校的围墙之内"。相对于制度化教育来说,非制度化教育不仅改变了教育形式,而且改变了教育理念。故

答案为 A。

4.【答案】C　【解析】制度化教育主要指的是正规教育,也就是指具有层次结构的、按年龄分级的教育制度。制度化教育指向形成系统的各级各类学校。近代学校系统的出现,开启了制度化教育的新阶段。故答案为 C。

5.【答案】C　【解析】教育制度在形式上的发展包括前制度化教育、制度化教育、非制度化教育。其中,前制度化教育始于人类早期的原始社会教育,到奴隶社会后逐渐出现了定型的教育形式,即实体化教育。学校的产生,意味着教育活动的专门化,教育形态趋于定型。教育实体的形成具有以下特点:(1)教育主体确定;(2)教育对象相对稳定;(3)形成系列的文化传播活动;(4)有相对稳定的活动场所和设施等;(5)由以上因素结合而形成的独立的社会活动形态。

制度化教育主要指的是正规教育,也就是指具有层次结构的、按年龄分级的教育制度。它从初等学校延伸到大学,并且除了普通的学术性学习以外,还包括适合于全日制职业技术训练的许多专业课程和教学机构。近代学校系统的出现,开启了制度化教育的新阶段。由此可知,学制的颁布属于制度化教育的特征。故答案为 C。

6.【答案】B　【解析】《中华人民共和国教育法》(2021年修正)第二章对我国教育基本制度作了具体规定:"国家实行学前教育、初等教育、中等教育、高等教育的学校教育制度。"故答案为 B。

第二节　学校教育制度

一、单项选择题

1.【答案】A　【解析】学校教育制度,简称学制,是指一个国家或地区各级各类学校的系统及其管理规则,它规定了各级各类学校的性质、任务、入学条件、修业年限以及它们之间的关系。题干中表述的是学制的概念。故答案为 A。

2.【答案】C　【解析】学校教育制度处于国民教育制度的核心和主体地位,体现了一个国家国民教育制度的实质,同时也是现代教育制度的核心部分。故答案为 C。

3.【答案】D　【解析】学制由三个基本要素构成:(1)学校的类型,即学校实施哪种性质的教育;(2)学校的级别,是指学校的层次水平,即学校在学制系统中所处的阶段以及在同类性质的学校中所处的地位;(3)学校的结构,决定了学校的类别,反映了学校之间的交叉、衔接、比例等种种关系。故答案为 D。

4.【答案】C　【解析】分支型学制是在初等教育阶段强调共同的基础性教育(小学、初中阶段),到中等教育阶段分职业教育和普通教育两个分支的学制。中学上通(高等学校),下达(初等学校),左(中等专业学校)右(中等职业技术学校)畅通,这是分支型学制的特点和优点。故答案为 C。

5.【答案】A　【解析】双轨学制的特点是把学校分为两个轨道:一轨是为资产阶级子女设立的,自上而下,其结构是大学、中学;另一轨是为劳动人民子女设立的,自下而上,其结构是小学及其后的职业学校。双轨制是两个平行的系列,既不相通,也不连接。故答案为 A。

助记：双轨不通不普及；单轨普及效率低；分支普及利学术，不够灵活是难题。

6.【答案】B　【解析】单轨学制以美国为典型代表。这种学制自下而上的结构是小学、中学、大学。特点是一个系列、多种分段，即六三三、五三四、四四四等分段。所有的学生在同样的学校系统学习，各级各类学校互相衔接。这有利于教育的普及，有利于现代生产和现代科技的发展，但教育水平参差不齐、效率低下、发展失衡，同级学校之间教学质量相差较大。故答案为B。

7.【答案】C　【解析】学制确立的依据：(1) 学制的确定受生产力和科技发展水平的制约；(2) 学制是社会政治经济制度和一个国家教育方针政策的要求；(3) 一个国家的文化传统也制约着学制的确立；(4) 人口状况制约学制的确立；(5) 学制的确立受学生身心发展规律和年龄特征的制约；(6) 学制的确立受国内外学制的历史经验的影响。世界各国在社会政治经济制度、生产力发展水平、民族和文化传统等方面各有不同，但是学生的身心发展规律是相似的。题干中世界各国在入学年龄、中小学分段等方面具有较高的一致性，这说明学制的建立要依据青少年身心发展规律。故答案为C。

8.【答案】B　【解析】从纵向的施教机构来看，我国的学制包括学前教育阶段、初等教育阶段、中等教育阶段、高等教育阶段四个层次。故答案为B。

9.【答案】B　【解析】1985年《中共中央关于教育体制改革的决定》明确了基础教育管理权属于地方，除大政方针和宏观规划由中央决定外，具体政策、制度、计划的制定和实施，以及对学校的领导、管理和检查，责任和权力都交给地方。实行九年制义务教育，实行基础教育由地方负责、分级管理的原则，是发展我国教育事业、改革我国教育体制的基础一环。故答案为B。

10.【答案】C　【解析】1993年《中国教育改革和发展纲要》提出的20世纪末我国教育发展的总目标中，"两基"指基本普及九年义务教育，基本扫除青壮年文盲；"两全"指全面贯彻党的教育方针，全面提高教育质量；"两重"指建设好一批重点学校和一批重点学科。故答案为C。

11.【答案】A　【解析】1999年6月颁布的《中共中央国务院关于深化教育改革全面推进素质教育的决定》指出，全面推进素质教育，根本上要靠法治、靠制度保障。各级人民政府和各部门要切实做到依法行政，保证教育方针的全面贯彻执行。故答案为A。

12.【答案】B　【解析】2001年发布的《国务院关于基础教育改革与发展的决定》指出，基础教育是科教兴国的奠基工程，对提高中华民族素质、培养各级各类人才，促进社会主义现代化建设具有全局性、基础性和先导性作用。故答案为B。

13.【答案】D　【解析】《国家中长期教育改革和发展规划纲要（2010—2020年）》提出了教育改革发展的工作方针：优先发展、育人为本、改革创新、促进公平、提高质量。其中，把提高质量作为教育改革发展的核心任务。树立科学的质量观，把促进人的全面发展、适应社会需要作为衡量教育质量的根本标准。故答案为D。

A项：把育人为本作为教育工作的根本要求。人力资源是我国经济社会发展的第一资源，教育是开发人力资源的主要途径。

B项：把改革创新作为教育发展的强大动力。教育要发展，根本靠改革。

C项：把促进公平作为国家基本教育政策。教育公平是社会公平的重要基础。教育公平的关键是机会公平,基本要求是保障公民依法享有受教育的权利,重点是促进义务教育均衡发展和扶持困难群体,根本措施是合理配置教育资源,向农村地区、边远贫困地区和民族地区倾斜,加快缩小教育差距。

14.【答案】D 【解析】《中国教育现代化2035》提出,推进教育现代化的总体目标是:到2020年,全面实现"十三五"发展目标,教育总体实力和国际影响力显著增强,劳动年龄人口平均受教育年限明显增加,教育现代化取得重要进展,为全面建成小康社会作出重要贡献。在此基础上,再经过15年努力,到2035年,总体实现教育现代化,迈入教育强国行列,推动我国成为学习大国、人力资源强国和人才强国,为到本世纪中叶建成富强民主文明和谐美丽的社会主义现代化强国奠定坚实基础。故答案为D。

二、辨析题

【参考答案】错误。

教育制度是指一个国家各级各类实施教育的机构体系及其组织运行的规则。它包括相互联系的两个基本方面:一是各级各类教育机构与组织,包括教育的各种施教机构与组织和教育的各种管理机构与组织。二是教育机构与组织赖以存在和运行的规则,如各种相关的教育法律、规则、条例等。

学校教育制度,简称学制,是指一个国家或地区各级各类学校的系统及其管理规则,它规定了各级各类学校的性质、任务、入学条件、修业年限以及它们之间的关系。学校教育制度是现代教育制度的核心部分。故题干表述错误。

第三节 现代教育制度改革

一、单项选择题

1.【答案】A 【解析】义务教育的基本特征包括强制性、普及性、免费性。强制性是指义务教育依照法律的规定,由国家强制力保证推行和实施。普及性是指全体适龄儿童、少年,除依照法律规定办理延缓入学或休学的以外,都必须入学接受教育,并且必须完成规定年限的义务教育。免费性是指国家对接受义务教育的学生免除全部或者大部分的就学费用。故答案为A。

2.【答案】D 【解析】最早普及义务教育的是1763年的德国,这一时期处于资本主义社会时期。故答案为D。

3.【答案】C 【解析】我国普通教育与职业教育的综合化的具体措施包括:在普通中学增加职业性课程,为普通中学毕业生做就业准备;在职业技术教育中增加普通教育课程,使学生在未来的职业上具有更强的适应能力。这种职业教育普通化、普通教育职业化的趋势,使普通教育和职业教育朝着综合统一的方向发展。故答案为C。

4.【答案】C 【解析】高等教育"大众化"是美国学者提出的衡量高等教育发展阶段和水平的一个概念。美国的马丁·特罗提出了高等教育发展阶段划分的理论:当一个国家大学适龄青年中接受高等教育的比率在15%以下时,属于精英高等教育阶段;15%~50%为大众化高等教育阶段;50%以上为普及化高等教育阶段。故答案为C。

5.【答案】B 【解析】终身教育的概念化和体系化始于20世纪60年代,其示志是法国成人教育家保罗·朗格朗的《论终身教育》的发表。故答案为B。《教育——财富蕴藏其中》提出面向21世纪教育的四大支柱是学会认知、学会做事、学会共同生活和学会生存。《学会生存——教育世界的今天和明天》指出第二次世界大战结束以来各国教育面临社会发展的新需求与挑战,存在三种普遍流行的现象,即"教育先行""为未知社会培养新人""社会拒绝使用学校毕业生"。故答案为B。

6.【答案】D 【解析】现代教育制度改革中,高中阶段发展趋势是高中的多样化、特色化发展及其与大学的衔接。故答案为D。

7.【答案】A 【解析】《今日的教育为了明日的世界》一书的出发点是1975年召开的第三十五届国际教育会议。会议审视了教育发展的主要趋势,重点探讨了以下四个问题:教育政策最近的变化和一些重要的教育问题;受教育,尤其是受高等教育的机会;教育改革;终身教育。其中,终身教育是在使整个世界教育制度革命化的过程中的一种新的观念。故答案为A。

8.【答案】B 【解析】全纳教育是一种没有分类、没有歧视的教育,主要通过不同的教育内容与不同的教育形式来促进儿童的个体特征的发展。全纳教育提倡为所有儿童提供适合的教育,促进每个个体的充分全面发展,可以把残疾儿童从可能的生产力状态转化为潜在的现实劳动力,使他们为社会的发展作出应有的贡献,更好地服务社会、奉献社会,促进个体价值的实现。故答案为B。

二、辨析题

1.【参考答案】错误。

义务教育的范围小于基础教育的范围。义务教育又称强迫教育和免费义务教育,是指根据法律规定,适龄儿童和青少年都必须接受,国家、社会、学校、家庭必须予以保证的带有强制性的国民教育。基础教育是面向全体学生的国民素质教育。目前,我国的基础教育包括幼儿教育、义务教育、普通高中教育。其中,义务教育涵盖了小学和初中阶段的教育。故题干表述错误。

2.【参考答案】正确。

普通教育是以升学为主要目标、以基础知识为主要教学内容的教育;职业教育是以就业为主要目标、以从事某种职业或生产劳动所需要的知识和技能为主要教学内容的教育。二战以后,各国重视职业教育与普通教育的相互渗透,朝着综合统一的方向发展,呈现出普通教育职业化、职业教育普通化的趋势。故题干表述正确。

3.【参考答案】错误。

终身教育是指人们在一生各阶段当中所受各种教育的总和,是人所受不同类型教育的统一综合。其思想主张教育在时间上贯穿人的一生,在空间上打通学校与社会、家庭的阻隔,从而拓展到全社会。终身教育是在成人教育的经验基础上形成的,成人教育只是终身教育的一部分。故题干表述错误。

三、分析论述题

【参考答案】(1)义务教育年限的延长。

义务教育是世界各国现代化进程中或迟或早都要经历的一个过程,是教育普及化的一种普遍形式。义务教育的发展水平已逐渐成为衡量一个国家文明程度的标志之一。

(2)普通教育与职业教育的综合化。

二战以后,各国重视职业教育与普通教育的相互渗透,朝着综合统一的方向发展,呈现出普通教育职业化,职业教育普通化的趋势。

(3)非正规教育的复兴及其对正规教育的影响。

随着教育制度不断地发展变化,正规教育越来越呈现出划一化、一律化等问题,难以适应现代社会的需要。非正规教育的发展和复兴,打破了正规教育对教育系统的垄断,成为正规教育十分重要的补充。

(4)高中的多样化、特色化发展及其与大学的衔接。

为了适应青少年的升学与就业方向选择和满足社会的需要,高中阶段的学制应该多样化,应有普通高中、职业高中、中等专业学校和技工学校等不同类型的学校,供学生选择。促进办学体制多样化,推进培养模式多样化,鼓励普通高中办出特色。高中和大学之间可以采取多种方式进行衔接。

(5)高等教育的大众化与普及化。

高等教育"大众化"是美国学者提出的衡量高等教育发展阶段和水平的一个概念。据教育部部长怀进鹏介绍,当前我国高等教育已经进入普及化教育阶段,2023年底我国高等教育毛入学率超过了60%,规模已居世界第一。

(6)终身教育体系的建构。

自从法国教育家保罗·朗格朗的著作《论终身教育》发表以来,终身教育引起了国际社会的广泛关注。终身教育观念和理论带来了教育领域的一系列变革。

① 在教育观念上,要求我们树立大教育观,同等重视正规教育和非正规教育。

② 在教育体系上,建立终身教育体系,使教育贯穿人的一生。

③ 在教育目标上,要培养和提升人的终身学习的意识和能力,建设学习型社会。

④ 在教育方式上,要实施多元化教育,促进学习者更加主动地学习。

第七章 课程

①理想的课程　②实行的课程(运作的课程)　③社会中心课程理论　④相关课程　⑤核心课程　⑥泰勒的目标模式　⑦认知、情感、动作技能领域　⑧忠实取向　⑨CIPP模式　⑩三维目标观　⑪改变课程结构　⑫合作学习

第一节　课程与课程理论

一、单项选择题

1.【答案】D　【解析】广义的课程指为实现学校教育目的而选择的教育内容的总和及进程安排。它包括各门学科和课外活动。狭义的课程指某一门学科，如语文、外语、数学等。课程是学校教育的核心，是教师进行教育教学的"施工蓝图"。故答案为D。

2.【答案】C　【解析】美国学者博比特于1918年出版了《课程》，这标志着课程作为专门研究领域的诞生，该书也是教育史上第一部课程论专著。故答案为C。

A项：英国教育家斯宾塞于1861年出版了《教育论》，主张教育的任务是为未来的完满生活做准备。

B项：美国教育家杜威于1902年出版了《儿童与课程》，提出教育过程的基本要素是未成熟的儿童以及体现成人成熟经验、社会目的、意义和价值的课程。

D项：美国学者泰勒于1949年出版了《课程与教学的基本原理》，该书被视为现代课程理论的奠基石。

3.【答案】B　【解析】在课程设置方面，古德莱德认为课程应该划分为五个层次，即五种不同的课程形态，分别是理想的课程、正式的课程、领悟的课程、运作的课程、经验的课程。其中，理想的课程是指研究机构、学术团体和课程专家依据一定的教育思想设计出来的课程，是课程专家按照课程理论和当时社会发展及儿童发展的需要确定有关课程应该如何设计，应该达到什么样的水平和标准的想法。故答案为B。

正式的课程(文件的课程)是指由教育行政部门规定的课程计划、课程标准和教材等。我们日常交流中谈到的课程，往往都是这一层面的。

领悟的课程(理解的课程)是指任课教师所领会、理解的课程。不同的教师对不同的文件课程会有不同的理解,它受教师的常识、经验、知识观、学生观的影响。

实行的课程(运作的课程)是指在课堂里实际开展的课程。教师理解的课程并非完全在实施中实现,课程实施中会受到实施环境及教师组织能力、应变能力等限制。

经验的课程(生定课程)是指学生实际体验到的课程。

4.【答案】D 【解析】古德莱德关于课程的分类包括理想的课程、正式的课程、领悟的课程、运作的课程、经验的课程。其中,正式的课程是由教育行政部门所规定的课程。题干中,县级市的教育局属于教育行政部门,其规定开设的书法课程属于正式的课程。故答案为D。

5.【答案】B 【解析】学科中心课程理论又称知识中心课程理论,是出现最早、影响最广的课程理论。其主要代表人物有夸美纽斯、赫尔巴特、斯宾塞、布鲁纳、赫钦斯等。该课程流派的主要观点包括:知识是课程的核心,学校课程应以学科分类为基础,学校教学以分科教学为核心,以学科基本结构的掌握为目标,学科专家在课程开发中起重要作用,等等。故答案为B。

A项:存在主义课程论是指确定课程时应该按照学生的需要确定,反对固定的课程,目的是使学生实现自我生成。

C项:经验主义课程论是指以经验为中心的课程理论,强调教学要顺应学生的心理因素,发挥学生学习的主动性,发展学生的个性,并且强调学校与社会联系,以社会生活的实际来组织课程教材。

D项:后现代主义课程论是多尔在分析和批判泰勒模式的基础上把他设想的后现代课程标准概括为"4R",即丰富性、循环性、关联性和严密性。

6.【答案】C 【解析】社会中心课程理论又称社会改造主义课程理论,其代表人物之一是布拉梅尔德。该理论认为,社会是课程的核心,学校课程应以建设新的社会秩序为方向,培养学生的公民意识和民主意识。故答案为C。

7.【答案】B 【解析】儿童中心课程理论,也称学生中心课程理论,其基本观点有:(1)学生(儿童)是课程的核心;(2)学校课程应以学生的兴趣或生活为基础,与儿童经验相结合;(3)学校教学应以活动和问题反思为核心;(4)学生在课程开发中起重要作用。B项属于学科中心课程理论的基本观点,不属于儿童中心课程理论的观点。故答案为B。

8.【答案】B 【解析】美国实用主义教育家杜威所倡导的课程理论是活动中心课程论。活动中心课程论主张课程应以儿童的活动为中心,与儿童的生活相沟通,以儿童为出发点、中心和目的,提倡"从做中学";课程内容应该从儿童的需要和兴趣出发;课程的组织应心理学化,应考虑到儿童的心理发展次序,以利用其既有的经验和能力。故答案为B。

A项:学科中心课程论以斯宾塞、赫尔巴特和布鲁纳等人为代表,主张教学内容应以学科为中心,不同学科设置相应课程,通过分科教学,使学生掌握各科的基本知识、技能、思想方法,从而形成学生的知识结构。

C项:要素主义课程论以巴格莱为代表,主张课程的内容应该是人类文化的共同要素,重视传统学科课程和系统知识的传授。

D项:永恒主义课程论以赫钦斯为代表,主张具有理智训练价值的传统的"永恒学科"的价值高于实用学科的价值,理应成为课程的核心内容。

二、辨析题

【参考答案】 错误。

这种说法把课程等同于所教科目,此观念由来已久。我国古代的课程有礼、乐、射、御、书、数"六艺";欧洲中世纪的课程有文法、修辞、辩证法、算术、几何、音乐、天文学"七艺"。事实上最早采用"课程"一词的是斯宾塞,也是从指导人类活动方面的诸学科角度来探讨知识价值和训练价值的。

这种说法只关注教学科目,势必会忽视心智发展、情感陶冶和创造性表现等对学生成长有重大影响的维度。其实学校为学生提供的学习远远超出正式列入课程的学科范围,现在课程改革已明确把综合实践课列入课程表,这说明将课程等同于学科是不完全的。故题干表述错误。

三、简答题

1.**【参考答案】**(1)代表人物:

知识中心课程理论,又称学科中心课程理论。该理论以夸美纽斯、赫尔巴特、斯宾塞、巴格莱、赫钦斯、布鲁纳为代表人物,以要素主义、永恒主义、结构主义为代表理论。

(2)主要观点:

① **课程核心**:知识是课程的核心,学校课程应以学科分类为基础,以学科教学为核心。

② **课程目标**:以掌握学科的基本知识、基本规律和相应的技能为目标。

③ **教师任务**:把各门学科的知识教给学生。

④ **学生任务**:掌握预先为他们准备好的各门学科知识。

⑤ **课程设计**:学科专家在课程开发中起重要作用,注重各学科的连贯性和系统性。

(3)评价:

知识中心课程理论有利于学生掌握系统的科学文化知识,继承优秀的人类文化遗产,但容易使各门知识发生断裂现象,加重学生的学习负担,忽视学生的兴趣,导致理论和实践相脱离。

2.**【参考答案】**(1)代表人物:

社会中心课程理论,又称社会改造主义课程理论。其代表人物有弗莱雷、布拉梅尔德、金蒂斯、布迪厄(布尔迪厄),该理论是从进步主义教育运动中分化出来的,是主张围绕重大社会问题来组织课程内容的理论。

(2)主要观点:

① **课程重点**:社会改造是课程的核心。把课程重点放在当代社会的问题、社会的主要功能、学生关心的社会现象以及社会改造和社会活动计划等方面。

② **课程方向**:学校课程以建造新的社会秩序和社会文化为方向,把学生看作社会的一员,主张学生尽可能多地参与到社会中,因为社会是学生寻求解决问题方法的实验室。

③ **课程价值**:课程知识有助于学生的社会反思。学校课程尤其要关心青少年犯罪、环境

污染、交通拥挤、家庭破裂等社会问题,唤醒学生的社会意识、社会责任和批判意识。

④ **课程核心**:社会问题而非知识问题才是课程的核心问题。该理论不太关注学科的知识体系,认为课程应该围绕当代重大的社会问题来组织,帮助学生在社会方面得到发展。

⑤ **课程设计**:吸收不同社会群体参与到课程开发中来。

(3)评价:

社会中心课程理论重视教育与社会的联系,有利于为社会需要服务;重视学科的综合学习,有利于学生掌握解决问题的方法。但取消了课程问题的独特性,过分强调社会的需要,忽视了学生的兴趣以及必要的系统知识。

3.【参考答案】(1)代表人物:

学习者中心课程理论,又称活动中心课程理论或经验主义课程理论。其代表人物有杜威、克伯屈、奈勒,以经验主义课程论和存在主义课程论为代表理论。

(2)主要观点:

① **课程方向**:课程以学习者的需要和兴趣为基础,通过给予学习者探索机会、尊重他们的好奇心、给予他们进行个性化选择和承担责任的机会,帮助他们有自由和机会实现自己的梦想。

② **课程价值**:课程以儿童的活动为中心。杜威认为,课程必须与儿童的生活相通,以儿童为出发点、中心和目的。衡量课程价值的标准是促进儿童的生长与发展。

③ **课程组织**:课程的组织应心理学化。课程的组织应考虑到儿童现有的经验、能力和心理发展次序。如杜威所说:教育应抛弃把教材当作某些固定的和现成的东西,当作在儿童经验之外的东西的见解;不再把儿童的经验当作一成不变的东西,而把它当作某些变化的、在形成中有生命力的东西;我们认识到,儿童和课程仅仅是构成一个单一过程的两极。

(3)评价:

学习者中心课程理论以学生的活动为中心,有利于激发学生的兴趣,培养其社会实践能力,但该理论过分强调学生的兴趣,课程设置缺乏系统性,忽视系统知识的学习。

第二节 课程类型

一、单项选择题

1.【答案】A 【解析】学科课程,又称分科课程,是依据教育目标和受教育者的身心发展水平,从各门学科中选择内容组成学科,以学科的逻辑体系组织学科内容的课程。学科课程是最古老、使用范围最广的课程类型,中国古代的"六艺"(礼、乐、射、御、书、数)、欧洲古代的"七艺"(文法、修辞、辩证法、算数、几何、天文、音乐)和工业革命以后出现的物理、化学等课程都是分科目设置的课程,属于学科课程。故答案为 A。

B 项:活动课程,又称儿童中心课程、经验课程、随机课程、设计课程或生活课程,是以学生(儿童)主动性活动的经验为中心,围绕学生(儿童)从事某种活动的动机组织的课程。例如杜威在其实验学校中开设了烹调、缝纫、金工、木工等多种课程,这都是活动课程的具体体现。

C项:综合课程是指打破传统的学科课程的知识领域,组合两门或两门以上学科领域而构成一门新的学科的课程。例如,我国学校设置的科学、艺术、人文与社会等课程均属于综合课程。

D项:融合课程是指把有内在联系的学科内容融合在一起而形成一门新的学科。与相关课程不同,合并后原来的科目不再单独存在。例如动物学、植物学、微生物学、遗传学融合为生物学。

2.【答案】B 【解析】活动课程又称儿童中心课程、经验课程,是打破学科逻辑组织的界限,从儿童的兴趣和需要出发,以活动为中心组织的课程。活动课程的主导价值在于使学生获得关于现实世界的直接经验和真切体验。活动课程的代表人物是杜威,他主张课程内容的组织应以儿童活动为中心,提倡"从做中学"。题干强调了"儿童的兴趣或需要""做中学",反映的是活动课程。故答案为B。

3.【答案】B 【解析】按课程设计、开发和管理的主体来划分,课程可分为国家课程、地方课程与校本课程。其中,地方课程是地方教育主管部门以国家课程标准为基础,在一定的教育思想和课程观念的指导下,根据地方经济、政治和文化发展水平等实际情况设计的课程。地方课程的主导价值在于通过课程满足地方社会发展的现实需要。题干所述的海洋教育课程是某城市围绕地方特色而设置的课程,属于地方课程。故答案为B。

4.【答案】B 【解析】校本课程是在具体实施国家课程和地方课程的前提下,充分利用当地社区和学校资源而开发的能够体现学校办学宗旨和特色的课程。校本课程通常以选修课的形式出现,其主导价值在于满足社区、学校和学生的差异性,展示学校的办学宗旨和特色。故答案为B。

5.【答案】A 【解析】综合课程是指打破传统分科课程的知识领域,综合两个或两个以上的学科领域构成的课程。它强调学科之间的关联性、统一性和内在联系。题干中的新课程融合了多门学科的知识,属于综合课程。故答案为A。

6.【答案】C 【解析】综合课程按综合程度由低到高可以划分为相关课程、融合课程、广域课程和核心课程。故答案为C。

相关课程,又称联络课程,是指两种或两种以上学科在一些主题或观点上相互联系起来,但又维持各学科原来的独立状态。相关课程是这四种综合课程中仅有的一种保持学科独立性的课程。

融合课程,是指把有内在联系的学科内容融合在一起而形成一门新的学科。与相关课程不同,合并后原来的科目不再单独存在。

广域课程,是指合并数门相邻学科的教学内容而形成的综合性课程(学科群),把有着内在联系的不同学科知识合并成一门课程。在范围上,它比融合课程要大。

核心课程,又称问题中心课程,是以个人或社会生活的现实问题为核心,将其他学科的内容围绕核心内容组织起来,由一位教师或教师小组连续教学的课程。

7.【答案】D 【解析】核心课程也称问题中心课程或轮形课程,是以个人或社会生活的现实问题为核心,将其他学科组织起来的课程。题干中的新课程是以"环境保护"这一现实问题为核心内容组织的,属于核心课程。故答案为D。

8.【答案】B 【解析】《中共中央国务院关于全面加强新时代大中小学劳动教育的意见》明确要求,"根据各学段特点,在大中小学设立劳动教育必修课程,系统加强劳动教育"。

故答案为B。

9.【答案】B 【解析】拓展型课程注重拓展学生的知识与能力,开阔学生的知识视野,发展学生各种不同的特殊能力。题干中描述的课程能够培养学生多方面的综合能力,属于拓展型课程。故答案为B。

基础型课程注重学生基础能力的培养,即培养学生作为一个公民所必需的以"三基"(读、写、算)为中心的基础教养,是中小学课程的主要组成部分。一般以必修课的形式呈现。例如:中小学开设的语文、数学、外语等课程。

研究型课程注重培养学生的探究态度与能力。例如:学校开展"挑战杯"活动,引导学生自主选择研究主题,并开展相关研究。

10.【答案】D 【解析】按课程的呈现方式或影响学生的方式来划分,课程可分为隐性课程与显性课程。隐性课程是指在学校情境中以间接的、内隐的方式呈现的课程,即学校通过教育环境(包括物质的、文化的和社会关系结构的)有意或无意地传递给学生的非公开的教育经验(包括学术的与非学术的)。隐性课程的主要表现形式有观念性隐性课程、物质性隐性课程、制度性隐性课程和心理性隐性课程。校风、学风、教风等属于观念性隐性课程,显性课程是指在学校情境中以直接的、明显的方式呈现的课程。故答案为D。

二、辨析题

1.【参考答案】错误。

活动课程和学科课程是不同类型的课程,它们有各自的特点,无优劣之分。

活动课程是以学生(儿童)主动性活动的经验为中心,围绕学生(儿童)从事某种活动的动机组织的课程。活动课程的特点:① 从儿童的需要、兴趣和个性出发设计课程;② 以儿童的心理发展顺序为中心编制课程;③ 主张儿童在活动中探索,尝试错误,学到方法。

学科课程是依据教育目标和受教育者的身心发展水平,从各门学科中选择内容组成学科,以学科的逻辑体系组织学科内容的课程。学科课程的特点:① 强调知识本位;② 以知识的内在逻辑体系为核心编制课程;③ 重视学科的理论知识,强调把基本概念、基本原理、规律和事实教给学生。

活动课程与学科课程各有优点,因此,不能说活动课程优于学科课程。故题干表述错误。

2.【参考答案】错误。

校本课程是由学生所在学校的教师编制、实施和评价的课程,其课程的形式多种多样:既可以是必修课,也可以是选修课;既可以是学科课程,也可以是活动课程;课程内容可以和某一学科紧密相关,也可以和多门学科相互结合;可以以学习知识为主,也可以以各种探索性、实践性活动为主。故题干表述错误。

三、简答题

【参考答案】(1)含义:

综合课程,又称广域课程、统合课程、合成课程,是指把相关或相邻领域的几门学科的教育内容组织在一门综合学科之中的课程,其根本目的是克服学科课程分科过细的缺点。
（2）优点：
① 克服了学科课程分科过细的缺点,比较容易贴近社会现实和实际生活。
② 强化了学生的学习动机,丰富和拓宽了学习内容的内涵与外延。
③ 培养了学生的迁移能力,提高了学习效率。

第三节 课程开发

一、单项选择题

1.【答案】B 【解析】泰勒提出的目标模式强调,目标的选择不仅是课程开发必须采取的第一行为,而且是整个过程的关键。由此可知,这种模式的主要局限在于过分强调明确而具体的预设性教育目标。故答案为B。

2.【答案】D 【解析】1949年泰勒出版的《课程与教学的基本原理》中提出了关于课程编制的四个问题,即"泰勒原理",可概括为目标、内容、方法、评价。具体内容如下:(1)确定目标:学校应该达到哪些教育目标？（这是最重要的一步）;(2)选择经验:提供哪些教育经验才能实现这些目标？(3)组织经验:怎样才能有效地组织这些教育经验？（4）评价结果:怎样才能确定这些目标正在得到实现？题干中,"如何确定这些教育目标正在得到实现"属于评价结果。故答案为D。

3.【答案】C 【解析】课程目标是指课程本身要实现的具体目标和意图。它规定了某一教育阶段的学生通过课程学习以后,在品德、智力、体质等方面期望实现的发展程度。它是确定课程内容、教学目标和教学方法的基础,也是指导整个课程编制过程最为关键的准则。故答案为C。

4.【答案】B 【解析】博比特认为课程设计最科学的方法是通过对人类活动的分析,发现社会所需要的知识、技能、能力和态度等,以此作为课程的基础。这种把人类活动分析成具体的、特定的行为单位的方法,即著名的"活动分析法"。活动分析法为后来盛行的课程目标模式提供了方法论依据。故答案为B。

5.【答案】A 【解析】课程计划、课程标准、教材（教科书）是课程内容的文本表现方式,也是我国中小学课程的主要组成部分。故答案为A。

6.【答案】C 【解析】课程标准是指在一定课程理论指导下,依据培养目标和课程方案,以纲要形式编制的关于课程的性质与价值、目标与内容、教学实施建议以及课程资源开发等方面的纲领性文件。课程标准是教材编写和教师进行教学的直接依据,是考试命题的依据,是衡量各科教学质量的重要标准,是国家管理和评价课程的基础。故答案为C。

7.【答案】D 【解析】课程计划是根据教育目的和不同类型学校的教育任务,由国家教育主管部门制定的有关教学和教育工作的指导性文件。它对学校的教学活动、生产劳动、课外活动等方面做出全面安排,具体规定了学校应设置的学科、学科开设的顺序及课时分配,并对学期、学年、假期进行划分。故答案为D。

8.【答案】D 【解析】课程目标是指课程本身要实现的具体目标和意图;教学目标是

教育者在教育教学的过程中,在完成某一阶段(如一节课、一个教学单元或一个学期)教学任务时,预期学生在认知、情感和动作技能等诸方面产生变化的结果。基于大课程小教学观,课程目标是确定教学目标和教学方法的基础,二者之间是一般与特殊的关系。培养目标是教学目标确立的基础。故答案为D。

9.【答案】C 【解析】课程目标的来源通常有三个方面:一是社会因素,二是知识因素,三是学生因素。故答案为C。

10.【答案】C 【解析】1956年,美国心理学家布卢姆制定出了教育目标的分类系统。他把教育目标分为认知目标、情感目标、动作技能目标三大类,每类目标又分成不同的层次,排列成由低到高的阶梯。故答案为C。

11.【答案】D 【解析】布卢姆认知目标中的"分析"是指将整体材料分解成其构成成分并理解组织结构,包括对要素的分析(如一篇论文由几个部分构成)、关系的分析(如因果关系分析)和组织原理的分析(如语法结构分析),能够识别文中作者的观点或倾向属于对要素的分析。故答案为D。
A、B项:属于布卢姆"领会"层面的目标。C项:属于布卢姆"评价"层面的目标。

12.【答案】D 【解析】美国教育心理学家布卢姆对分类法进行了修订,新的认知目标分类由低级到高级分别是记忆、理解、应用、分析、评价和创造。因此,最高水平的认知学习目标是创造。故答案为D。

13.【答案】B 【解析】螺旋式是同一课程内容前后重复出现,前面的内容是后面内容的基础,后面内容是前面内容的不断扩展和加深,且层层递进。直线式是课程内容直线前进,前面的内容在后面不再呈现。故答案为B。

14.【答案】B 【解析】横向组织是指打破学科的知识界限和传统的知识体系,按照学生发展的阶段,以各阶段需要探索的、社会和个人最关心的问题为依据,组织课程内容,构成一个个相对独立的专题。故答案为B。纵向组织是指教材内容要按照学科知识的逻辑序列,从已知到未知、从简到繁、从具体到抽象等先后顺序来组织编写。这是从学习理论的角度提出的一种组织形式。纵向组织注重课程内容的独立体系和知识的深度。

15.【答案】D 【解析】课程内容是按逻辑顺序还是按心理顺序来组织,相关争论在教育史上从未停止过,成为"传统教育学派"与"现代教育学派"最大的分歧所在。逻辑顺序,是指根据学科本身的体系和知识的内在联系来组织课程内容。心理顺序,是指按照学生心理发展的特点来组织课程内容。课程内容的组织要把逻辑顺序和心理顺序结合起来。故答案为D。

16.【答案】C 【解析】辛德等人将课程实施或研究课程实施的取向分为三种:忠实取向、相互适应取向、课程创生取向。其中,课程创生取向认为课程不是既定的计划或产品,而是教师和学生经验的总和,官方的课程纲要、课程文件和教材等不是需要教师忠实推行的学习材料,而只是协助教师和学生创造课程的一些工具。故答案为C。

17.【答案】B 【解析】影响课程实施的因素有课程实施的文化背景、课程实施的主体(其中教师是影响课程实施成功与否的核心和关键)、课程实施的对象、对课程实施的管理、课程实施的环境、课程实施的理论基础。故答案为B。

18.【答案】C 【解析】目的游离评价模式的代表人物是斯克里文,其基本观点为:

（1）把评价的重点从"课程计划预期的结果"转向"课程计划实际的结果";(2)评价除了要关注预期的结果外,还应关注非预期的结果;(3)更多地考虑课程计划满足实际需要的程度。因此,评价者应多关注课程计划实际的结果,不应受课程预期目标的影响。故答案为 C。

19.【答案】A　【解析】泰勒的目标评价模式指出,所谓教育评价、课程评价,就是评价实际的课程方案在何种程度上达成了教育目标。评价是为了找出实际结果与课程目标之间的差距,并可利用这种信息反馈作为修订课程计划或修改课程目标的依据。题干中,达标练习这一评价方式就是评价学生是否达到教学目标,属于目标评价模式。故答案为 A。

20.【答案】C　【解析】斯塔弗尔比姆是 CIPP 评价模式的代表人物,他强调"评价最重要的意图不是为了证明,而是为了改进"。该模式的核心思想是把教育评价看成"为决策者提供有用信息的过程"。故答案为 C。

二、辨析题

【参考答案】错误。

教材编写的直接依据是课程标准。课程计划是课程设置与编排的总体规划,它是编制教材的依据,但不是直接依据。课程标准的正确设计对教材的编制、课程实施和评价具有决定性的作用。它是教材编写、教学、评估与考试命题的依据,是国家管理与评价课程的基础,对教师工作有直接的指导意义是评价教师教学质量和学生学习效果的标准和依据。故题干表述错误。

三、简答题

1.【参考答案】（1）代表人物。泰勒享有"现代课程理论之父""教育评价之父""行为目标之父"之称。

（2）主要观点。泰勒提出了关于课程编制的四个问题,即"泰勒原理"。

① 确定目标——学校应该达到哪些教育目标(最重要、最关键)。

教育目标的三个来源:对学生的研究、对当代社会生活的研究、学科专家对目标的建议。教育目标的两个筛选原则:一是学校信奉的教育和社会的哲学,即最基本的社会价值观;二是学习心理学所提示的选择教育目标的准则,即学校的教育目标应当是符合认知规律和心理发展规律的。

② 选择经验——提供哪些教育经验才能实现这些目标。

泰勒认为有助于达到目标的学习经验要具备四个特征:有利于培养思维技能、有助于获得信息、有助于形成社会态度、有助于培养兴趣。

③ 组织经验——怎样才能有效地组织这些教育经验。

泰勒提出了组织学习经验的三条准则:连续性、顺序性、整合性。

④ 评价结果——我们怎样才能确定这些目标正在得到实现。

泰勒认为,一般的评价程序包括以下四个步骤:确定评价目标、确定评价情境、设计评价手段、利用评价结果。

（3）评价。泰勒原理一直被作为基本框架，具有逻辑严密的课程编制程序，具有引导性和调控性，各程序层次分明，具有较强的系统性。但泰勒原理是课程开发的一个非常理性的框架，预先确定严格的行为目标与手段，不利于发挥教师与学生的主动性与积极性。

2.【参考答案】（1）教育目标体系由教育目的、培养目标（教育目标）、课程目标和教学目标四个部分组成，它们之间是逐层具体化的过程，依次为指导与被指导的关系。

（2）教学目标比课程目标更加具体，是学校及教师设计的每一节课、每一个单元教学需要完成的任务，是课程目标在教学过程中的具体体现，实现教学目标是实现课程目标的保障。正是通过具体的教学目标的实现，教育目的的实现才是有保障的。

（3）从教育目的到教学目标是抽象到具体的关系，后者是前者的具体化，只有实现了具体的教学目标，才能实现教育的总目的；反过来，从教学目标到教育目的是具体到抽象的关系，后一层次的教育目标是前一层次教育目标的依据、任务与方向，对前一层次目标起制约和指导作用，而课程目标、教学目标又是教育目的、培养目标实现的保障。

3.【参考答案】（1）区别：

直线式课程和螺旋式课程是两种不同的课程组织。直线式课程依据科学知识本身的内在逻辑是直线前进的，其前后内容基本不重复。适用于理论性低或操作性较强的学科知识，如数学等学科。螺旋式课程同一内容前后重复出现，前面的内容是后面内容的基础，后面内容是前面内容的不断扩展和加深，且层层递进，依据人的心理发展过程的规律组织和编写课程内容。适用于理论性强、学生不易理解和掌握的内容，尤其对低年级的儿童，如语文、历史等学科。

（2）联系：

① 彼此互补。螺旋式课程由直线式课程发展而来，在课程组织过程中，这两种方式很难截然分开，常常交替存在。

② 螺旋式课程是比直线式课程更高级的课程组织形式。直线式课程主要依据学科知识的逻辑体系而展开，螺旋式课程则不仅反映了学科的逻辑体系，还结合了学习者的心理逻辑，更符合学生学习的特点。螺旋式课程是未来课程改革的重要课题。

第四节　课程改革

一、单项选择题

1.【答案】D　【解析】影响课程改革的主要因素有政治、经济、文化、科技、学生发展。故答案为D。

2.【答案】C　【解析】新课程改革的核心理念是"以人为本"和"以学生发展为本"，即"一切为了每一位学生的发展"。要做到"以人为本"，首先要尊重每个学生的人格，在学生得到尊重的基础上，促进其发展。要做到"以学生发展为本"，促进每一位学生的发展，就需要关注每个学生的个体差异，发挥每个学生的潜力。故答案为C。

3.【答案】A　【解析】新课改所倡导的学习方式要求教师在教学过程中与学生积极互

动、共同发展,处理好传授知识与培养能力的关系,促进学生在教师指导下主动地、富有个性地学习。具体来讲,新课程改革在学习方式上强调自主、合作、探究学习。故答案为A。

4.【答案】D 【解析】课程结构是指课程各部分的组织和配合,即课程内容有机联系在一起的组织方式。题干中,"整体设置九年一贯的课程门类和课时比例,并设置综合课程"属于课程结构的改革。故答案为D。

5.【答案】D 【解析】新课程强调实现课程功能的转变,改变课程过于注重知识传授的倾向,强调形成积极主动的学习态度,引导学生学会学习、学会生存、学会做人,使学生在获得基础知识和基本技能的同时学会学习和形成正确的价值观。因此,新课改背景下的课堂教学所倡导的目标为三维目标:知识与技能、过程与方法、情感态度与价值观。故答案为D。

6.【答案】C 【解析】新一轮基础教育课程改革为改变课程管理过于集中的状况,实行国家、地方、学校三级课程管理,增强课程对地方、学校及学生的适应性。故答案为C。

7.【答案】B 【解析】新课程改革在学习方式上强调自主、合作、探究学习。其中,探究学习是一种以问题为依托的学习,是学生通过主动探究解决问题的过程。题干所述体现的学习方式属于探究学习。故答案为B。

8.【答案】D 【解析】综合实践活动课程的特点包括综合性、实践性、开放性、生成性、自主性。其中,综合实践活动的生成性是指随着活动的不断展开,新的目标不断生成,新的主题不断生成,学生在这个过程中兴趣盎然,认识和体验不断加深,创造性的火花不断迸发。故答案为D。

9.【答案】B 【解析】2001年颁布的《基础教育课程改革纲要(试行)》关于课程结构的规定:整体设置九年一贯的义务教育课程;小学阶段以综合课程为主,初中阶段设置分科与综合相结合的课程,高中以分科课程为主;从小学到高中,设置综合实践活动并作为必修课程,包括信息技术教育、研究性学习、社区服务与社会实践以及劳动与技术教育。故答案为B。

10.【答案】D 【解析】2001年颁布的《基础教育课程改革纲要(试行)》指出,改变课程评价过分强调甄别与选拔的功能,发挥评价促进学生发展、教师提高和改进教学实践的功能。故答案为D。

二、分析论述题

1.【参考答案】 教育要面向现代化,面向世界,面向未来,实质是要面向人的发展,确立以人为本的科学发展观,把"立德树人"作为教育的根本任务,注重发展学生的核心素养和关键能力。我国新一轮基础教育课程改革的具体目标有如下六个方面:

(1)**改变课程目标**。改变传统课程过于注重知识传授的倾向,强调让学生形成积极主动的学习态度,使学生获得基础知识与基本技能的同时学会学习并形成正确的价值观。

(2)**改变课程结构**。改变传统课程结构过于强调学科本位、科目过多和缺乏整合的现状,整体设置九年一贯制的课程门类和课时比例,体现课程结构的均衡性、综合性和选择性。

(3)**改变课程内容**。改变传统课程内容"难、繁、偏、旧"和过于注重书本知识的现状,加强课程内容与学生生活以及现代社会和科技发展的联系,关注学生的学习兴趣和经验,精选终身学习必备的基础知识和技能。

（4）**改变课程实施**。改变传统课程实施过于强调接受学习、死记硬背、机械训练的现状，倡导学生主动参与、乐于探究、勤于动手，培养学生搜集和处理信息的能力、获取新知识的能力、分析和解决问题的能力以及交流与合作的能力。

（5）**改变课程评价**。改变传统课程评价过于强调甄别与选拔的功能，发挥评价促进学生发展、教师提高和改进教学实践的功能。

（6）**改变课程管理**。改变传统课程管理过于集中的状况，实行国家、地方、学校三级课程管理，增强课程对地方、学校及学生的适应性。

上述六个方面，包括转变课程功能，优化课程结构，更新课程内容，转变学习方式，改革考试评价，深化课程管理体系改革，从根本上说，是基础教育人才培养模式的系统变革。它既是基础教育课程改革的基本目标，也是课程改革的核心内容。

2.【参考答案】新课程倡导"立足过程，促进发展"的课程评价，这不仅仅是评价体系的变革，更重要的是评价理念、评价方法与手段以及评价实施过程的转变。现代教育评价的理念是发展性评价与激励性评价。

（1）案例中的老师对小刚的评价一直是以教师自己为单一主体的评价，在评价过程中没有让学生参与其中，忽视了学生的自我评价。新课程评价强调参与互动、自评与他评相结合，实现评价主体的多元化。即被评价者从被动接受评价逐步转向主动参与评价，实现评价主体的多元化，从单向转为多向，增强评价主体间的互动，强调被评价者成为评价主体中的一员，建立学生、教师、家长、管理者、社区和专家等共同参与、交互作用的评价制度，以多渠道的反馈信息促进被评价者的发展。

（2）案例中的老师只关注小刚80分的考试成绩与其他学生的差距，没有结合小刚自身的个体差异，忽视了小刚在考试前所付出的努力和学习态度的积极转变，以及他较之前所取得的巨大进步。新课程评价重视综合评价，关注个体差异，实现评价指标的多元化。这要求教师在关注学业成就的同时，开始关注个体发展的其他方面，如积极的学习态度、创新成就等方面。评价标准分层化，关注被评价者之间的差异性和发展的不同需求，促进其在原有水平上的提高和发展的独特性。

（3）案例中的老师过分关注结果（成绩），忽视了对小刚学习过程的评价，该老师的评价突出甄别、选拔、评优的功能，评价的激励、调控、发展功能没能充分发挥出来。新课程评价强调重视发展，淡化甄别与选拔。评价不再是"选拔适合教育的儿童"而是帮助我们"创造适合儿童的教育"，评价更重要的是为了促进被评价者的发展。评价的根本目的在于促进发展。新课程评价体系应淡化原有的甄别与选拔的功能，关注学生、教师、学校和课程发展中的需要，突出评价的激励与调控的功能，激发学生、教师、学校和课程的内在发展动力，促进其不断进步，实现自身价值。

第八章 教学

①行为主义教学理论　②思想性和科学性统一的原则　③因材施教原则　④程序教学模式　⑤范例教学模式　⑥问题—探究式教学模式　⑦间接经验与直接经验的关系　⑧教师主导作用与学生主体作用的关系　⑨作业的布置与批改　⑩泛在学习　⑪讲授法　⑫诊断性评价、形成性评价和终结性评价　⑬表现性评价

考点演练

第一节　教学概述

一、单项选择题

1.【答案】C　【解析】教学与教育是部分与整体的关系,教学与智育是复杂的交叉关系,教学与上课是整体与部分的关系。教学是智育的主要途径,但不是唯一途径,智育也需要课外活动等途径才能全面实现。故答案为C。

2.【答案】D　【解析】教学与智育是复杂的交叉关系。智育是指向学生传授系统的文化科学知识和技能,专门发展学生智力的教育活动,它是教育的一个组成部分。教学是智育的主要途径,但不是唯一途径,智育也需要课外活动等途径才能全面实现;教学的目的不仅要完成智育任务,也要完成德育、体育、美育等任务。故答案为D。

3.【答案】D　【解析】教学的主要作用有:教学是促进学生全面发展的基本途径,教学是提高学校教育质量的有效途径,教学是推动社会发展的重要手段。故答案为D。

二、辨析题

【参考答案】错误。

教学与教育是部分与整体的关系。教育包含教学,教学是学校进行全面教育的一个基本途径。教学工作是学校教育工作的一个组成部分,是学校教育的工作重心。除教学外,学校还通过课外活动、生产劳动、社会实践、咨询与辅导等多种途径向学生进行教育。故题干表述错误。

第二节　教学理论及主要流派

> **单项选择题**

1.【答案】D　【解析】建构主义教学理论认为,知识不是通过教师传授得到的,而是学生在一定的情境下即社会文化背景下,借助学习过程中其他人(包括教师和学习伙伴)的帮助,利用必要的学习资料,通过意义建构的方式而获得的。故答案为 D。

A 项:以布鲁纳、奥苏伯尔为代表的认知心理学家认为,学习的本质是学习者内部认知结构的形成或改组,教学是促进学习者内部认知结构的形成或改组。

B 项:以罗杰斯为代表的人本主义心理学家强调研究人类真实的内在自我,注重心理学研究与人类生活实际相结合,认为心理学应关注完整的人。教学的本质在于促进学生成为一个完整的人。

C 项:以华生、斯金纳为代表的行为主义心理学家认为,学习即"刺激—反应"之间的联结,教学的本质在于如何进行强化。行为主义教学理论以斯金纳的程序教学理论为代表。

2.【答案】C　【解析】认知主义教学理论源于认知主义心理学关于学习的探讨。当新的经验改变了学习者现有的心理结构的时候,学习就发生了。因此,学习的基础是学习者内部心理结构的形成和改组,是个体作用于环境,主张"发现教学法"。认知主义教学理论以布鲁纳的认知结构教学理论为代表,教学原则主要包括动机原则、结构原则、程序原则和强化原则。故答案为 C。

A 项:行为主义教学理论源于对行为主义心理学的研究,行为主义学习理论又称刺激—反应理论,是当今学习理论的主要流派之一。该理论认为,人类的思维是与外界环境相互作用的结果,即形成"刺激—反应"的联结。其代表人物有巴甫洛夫、华生、桑代克和斯金纳等。

B 项:哲学取向的教学理论源于苏格拉底和柏拉图的"知识即道德"的传统。这种理论认为,教学的目的是形成人的道德,而道德又是通过知识积累自然形成的。为了实现道德目的,知识就成为教学的一切,因此便演绎出一种偏于以知识传授为逻辑起点、从目的和手段进行展开的教学理论体系。

D 项:情感教学理论由人本主义发展而来,以"充分发挥作用的人、自我发展的人和形成自我实现的人"为教学目标,为形成促进学生学习的环境而构建了一种非指导性的教学模式。这种教学过程以解决学生的情感问题为目标,主张非指导性教学过程,典型的教学方法是意义学习和非指导性学习,看重师生关系的品质。

3.【答案】D　【解析】罗杰斯非指导性教学模式主张教学应该营造一种令人愉快的环境气氛,在这种气氛中,学生是教学的中心,强调应加强学生知情统一的教学观,属于情感教学理论。故答案为 D。

A 项:哲学取向的教学理论源于苏格拉底和柏拉图"知识即道德"的传统。该理论认为道德教育是有意义的,德行是可以教出来的,教学的目的是形成人的道德,而道德又是通过知识积累自然形成的。所以,为了实现道德目的,知识就成为教学的一切。

B项:认知主义教学理论源于认知主义心理学关于学习的探讨。认知心理学家探讨学习的角度与行为主义相反,他们认为是个体作用于环境,而不是环境引起人的行为,环境只是提供潜在刺激,至于这些刺激是否受到注意或被加工,这取决于学习者内部的心理结构。

C项:行为主义的教学理论源于对行为主义心理学的研究,行为主义学习理论的相关研究成果是行为主义教学理论的重要理论来源。行为主义学习理论产生于20世纪20年代的美国,代表人物有巴甫洛夫、华生、桑代克和斯金纳等。

4.【答案】D 【解析】程序教学是斯金纳等人基于行为主义学习理论而设计的教学模式,是一种使用程序教材并以个人自学形式进行的教学。程序教学主要由教学机器的发明人普莱西首创,对程序教学贡献最大的当属斯金纳。程序教学的原则有:小步子原则、积极反应原则、自定步调原则、及时反馈原则、低错误率原则。故答案为D。

A项:布鲁纳主张学习的目的在于以发现学习的方式,使学科的基本结构转变为学生头脑中的认知结构。他认为掌握学科基本结构的教学原则有:动机原则、结构原则、程序原则、强化原则。

B项:赞科夫在其著作《教学与发展》中提出发展性教学理论,其理论的五条教学原则是高难度、高速度、理论知识起主导作用、理解学习过程、使所有学生包括差生都得到一般发展的原则。

C项:夸美纽斯是教育学之父,其著作《大教学论》使教育学成为一门独立学科的标志。夸美纽斯教育思想中的根本性指导原则是教育要适应自然原则;他首次提出并论证了直观性、系统性、量力性、巩固性和自觉性等一系列主要教学原则。

第三节 教学原则

一、单项选择题

1.【答案】C 【解析】教学原则是在总结教学实践经验的基础上,根据一定的教学目的和对教学过程规律的认识而制定的指导教学工作的基本准则。故答案为C。

A项:教学手段是师生教学相互传递信息的工具、媒体或设备。随着科学技术的发展,教学手段经历了口头语言、文字和书籍、印刷教材、电子视听设备和多媒体网络技术等五个使用阶段。

B项:教学内容是学与教相互作用过程中有意传递的主要信息,一般包括课程标准、教材和课程等。

D项:教学方法是为了完成教学任务而采用的办法。它包括教师教的方法和学生学的方法,是教师引导学生掌握知识技能、获得身心发展的方法。

2.【答案】C 【解析】因材施教原则是指教师要从学生的实际情况、个别差异与个性特点出发,有的放矢地进行有区别的教学,使每个学生都能扬长避短、长善救失,获得最佳发展。加德纳的多元智能理论认为所有人的智力结构中都存在着九种相对独立的智能,但每个人所擅长的智能各不相同,即个体在智力上存在个别差异性。因此,要根据每个人的智能特长因材施教。故答案为C。

3.【答案】A　【解析】启发性教学原则是指在教学中教师要激发学生的学习主体性,引导他们独立思考,积极探究,自觉地掌握科学知识,学会分析问题和解决问题,树立求真意识和人文情怀。题干中,"君子之教,喻也"的意思是:教师教导学生要做好启发和引导。这体现了启发性原则。故答案为A。

4.【答案】C　【解析】系统性原则,又称循序渐进原则,是指教学要按照学科的逻辑系统和学生认识发展的顺序进行,使学生系统地掌握基础知识、基本技能,形成严密的逻辑思维能力。"学不躐等"的意思是教学要遵循学生的心理发展特点,不能超越次第,要循序渐进;"不陵节而施"的意思是不超过学的人的接受能力而进行教育;"杂施而不孙,则坏乱而不修"的意思是教师杂乱地施教,学生不按顺序学习,会使学生头脑混乱、不知所措。《学记》中的"学不躐等""不陵节而施""杂施而不孙,则坏乱而不修"等思想都表明了教学要遵循一定的顺序,体现了教学应遵循循序渐进原则。故答案为C。

5.【答案】A　【解析】科学性和思想性相统一原则是指在教学中,教师既要把现代先进科学的基础知识和基本技能传授给学生,又要结合知识、技能中蕴含的德育因素,对学生进行政治、思想教育和道德品质教育。题干中,王老师从历史事实出发,高度赞扬了岳飞的爱国主义精神,使学生受到了感染,体现了科学性和思想性相统一原则。故答案为A。

6.【答案】B　【解析】直观性原则是指在教学中通过引导学生观察所学事物或图像,聆听教师用语言对所学对象的形象描绘,形成有关事物具体而清晰的表象,以便理解所学知识。直观手段一般分为实物直观、模象直观和言语直观三大类。其中,言语直观是通过教师形象化的语言描述而起到直观作用的直观方式。题干中,张老师运用形象的语言描述,丰富学生的知识,运用了言语直观,遵循了直观性原则。故答案为B。

7.【答案】A　【解析】理论联系实际原则,是指教学要以学习基础知识为主导,将理论运用于解释和解决实际问题,学以致用,发展动脑、动手能力,并理解知识的含义,领悟知识的价值。题干中,田老师要求学生在理解相关原理的基础上举例说明其在生活中的运用,贯彻了理论联系实际原则。故答案为A。

8.【答案】B　【解析】巩固性原则是指教学要引导学生在理解的基础上牢固地掌握知识和技能,长久地保持在记忆中,以便根据需要迅速再现,有效地运用。巩固性原则要求教师重视组织各种复习。题干中,张老师在教授新课内容前都会组织学生回忆上一节课的知识点,即让学生进行复习,体现了巩固性原则。故答案为B。

9.【答案】B　【解析】量力性原则是指教学的内容、方法和进度,既要适合学生已有的发展水平,又要有一定的难度,激励他们经过努力才能掌握,以便有效地促进学生的身心发展。题干中,过度练习或记忆使人恶心,是因为练习的分量超过了学生的接受范围,这要求教师在教学中遵循量力性原则。故答案为B。

二、分析论述题

【参考答案】(1)周老师在教学过程中贯彻了因材施教原则、量力性原则、直观性原则、启发性原则。

(2)① 因材施教原则。材料中,周老师针对不同基础的学生提出不同的任务和要求,体现了因材施教原则。

② **量力性原则**。材料中,周老师给不同水平的学生布置了难易程度不同的任务,说明其考虑到了学生的接受能力,体现了量力性原则。

③ **直观性原则**。材料中,周老师在课堂教学中采用了创设情境、多媒体教学等多种方式,有助于学生通过各种形式的感知对知识产生直观体验,体现了直观性原则。

④ **启发性原则**。材料中,周老师通过各种形式调动学生学习的积极性与主动性,激发学生的学习兴趣,并通过问题引导学生深入思考,让学生自己找到解决问题的方法,体现了启发性原则。

第四节 教学模式

单项选择题

1.【答案】C 【解析】暗示教学法是对教学环境进行精心设计,用暗示、联想、练习和音乐等综合方式建立起无意识的心理倾向,创造强烈的学习动机,激发学生的学习需要和兴趣,充分发挥学生的潜力,使学生在轻松愉快的学习中获得更好的效果的教学方法。其代表人物为洛扎诺夫。故答案为C。

A项:非指导性教学由罗杰斯创立,是一种以学生为中心,以情感为基础,通过建立民主平等的师生关系、创设适宜的学习环境来促进学生自我实现的个别化教学方法。

B项:发现学习以布鲁纳为代表人物,是一种以培养学生的创造性思维为目的,以学科的基本结构为内容,以不断发现和探究为方法的教学方法。

D项:范例教学由瓦根舍因创立,是一种借助精选教材中的示范性材料使学生从个别到一般,掌握规律性知识和能力的教学方法。

2.【答案】C 【解析】非指导性教学模式又称"以学习者为中心"模式,是由罗杰斯提出的。罗杰斯认为,人具有先天的优良潜能,教育的作用在于使这种先天潜能得以实现,人的成长是在一个安全的心理气氛中先天潜能不断实现的过程。题干所述模式属于非指导性教学模式。故答案为C。

3.【答案】A 【解析】范例教学模式由瓦根舍因提出,主张选取蕴含本质因素、根本因素、基础因素的典型案例,通过对范例的研究,使学生从个别到一般、从具体到抽象、从认识到实践理解,掌握带有普遍性的规律、原理的模式。题干中,强调使学生从个别到一般掌握规律性的知识和方法,体现了范例教学模式。故答案为A。

B项:发现教学模式的指导思想是结构主义认知心理学。该模式通过让学生学习学科知识的基本结构,促进学生的认知结构不断地重组和改造,使学生智力获得发展。发现教学模式的目标是以解决问题为中心,着眼于学生创造性思维能力的培养,代表人物是布鲁纳。

C项:暗示教学模式建立在暗示原理的基础上,其目的是通过各种暗示手段,充分调动学生的无意识心理活动,不断促进学生生理和心理潜能的发展,提高学习效率。

D项:程序教学模式的代表人物是斯金纳,认为学习是刺激—反应之间的联结,教学的目的是提供特定的刺激,以便引起学生特定的反应。

4.【答案】B　【解析】发现教学模式的代表人物是布鲁纳,理论基础是结构主义认知心理学。通过让学生学习学科知识的基本结构,促进学生的认知结构不断地重组和改造,使学生智力获得发展。教学目标是以解决问题为中心,在掌握学科基本知识的基础上,着眼于学生探究思维能力、创造性思维能力的培养。操作程序是:(1)创设问题情境;(2)提出假设;(3)验证假设;(4)应用假设解决问题。故答案为B。

5.【答案】B　【解析】掌握学习教学模式是布卢姆提出的,他认为只要用于学习的有效时间足够长,所有的学生都能达到课程目标所规定的掌握标准。题干中,只要给予足够的时间和进行适当的教学,大多数学生都能达到主要的学习目标,属于掌握学习教学模式的观点。故答案为B。

6.【答案】C　【解析】程序教学模式的代表人物是斯金纳,程序教学模式是在运用行为主义心理学的基础上推广和发展的,以程序教学机器或程序教材为基础进行的教学模式。程序教学的操作程序是将学习内容划分为一个个连续性的小项目。在学习中,每呈现一个项目学习内容,都要求学生采取填充或书写答案的方式作答。如果学生答错,教学机器就会立即呈现正确的答案及时纠正错误,然后进行下一步学习。题干中,该APP在考生每学习完一个知识点让学生进行答题练习,答对直接进入下一知识点的学习;答错呈现正确答案,再进入下一知识点的学习。可见该APP采用的是程序教学模式。故答案为C。

7.【答案】A　【解析】逆向设计教学模式、问题教学模式、项目探究教学模式、STEM教学模式都体现的教育思想是建构主义教育思想。故答案为A。

逆向设计理论是基于"以终为始"的核心理念提出的。逆向设计教学模式是"一种先确定学习的预期结果,再明确预期结果达到的证据,最后设计教学活动以发现证据的教学设计模式"。

问题教学模式是以问题为线索,创设问题情境,激发学生自主学习的兴趣,让学生在解决问题的思维活动中掌握知识、发展智力、培养技能,进而培养学生自己发现问题、解决问题的能力。

项目探究教学模式是指在教师的有效指导下,将一个相对独立的项目交由学生自己处理,信息的收集、方案的设计、项目实施及最终评价,都由学生自己负责,学生通过该项目的进行,了解并把握整个过程及每一个环节中的基本要求。

STEM教学模式是对学生科学素养、技术素养、工程素养、数学素养四个方面的教育,以其开放性、主体性、情境性、关联性、发展性等特性,从产生之始就顺应了我国课程改革的发展态势。

8.【答案】D　【解析】逆向设计教学模式是"一种先确定学习的预期结果,再明确预期结果达到的证据,最后设计教学活动以发现证据的教学设计模式"。操作程序是:首先要确定预期结果,即学生在学习后应达成的标准和目标;其次,"逆向设计"关注基于学习预期结果的证据设计,这是一种颠覆性的设计思路;最后,设计教学活动。题干中,首先确定了"继承和发扬优秀传统文化是重要的"这一预期结果,然后引导学生找证据,这符合逆向设计教学模式。故答案为D。

第五节 教学过程

一、单项选择题

1.【答案】C 【解析】教学过程是一种特殊的认识过程,学生认识的特殊性表现在以下几个方面:(1)间接性,学生在教学过程中主要以掌握人类长期积累的科学文化知识为中介,间接地认识世界;(2)引导性(有领导的认识),教学过程中学生需要在富有知识的教师的引导下进行认识,不能独立完成认识活动;(3)简捷性,教学过程走的是一条认识的捷径,是一种科学文化知识的再生产。故答案为C。

2.【答案】B 【解析】教学过程作为一种特殊的认识过程具体表现在间接性、引导性、简捷性等方面。其中,间接性是指学生以学习间接经验为主,主要以学习人类长期积累的科学文化知识为中介,间接地认识现实世界。以间接经验为主组织学生进行学习,是学校教育为学生精心设计的一条认识世界的捷径。它的主要特点是对科学文化知识加以选择,组成课程,引导学生循序渐进地学习,使学生能避免重复人类在认识发展中所经历的错误与曲折,用最短时间、最佳效率掌握大量的、系统的科学文化基础知识。同时,还可以使学生在新的起点上继续认识客观世界,继续开拓新的认识领域。故答案为B。

需要注意的是,学生学习间接经验要以直接经验为基础。在教学过程中,要遵循直接经验与间接经验相统一的规律,把二者有机结合起来。

3.【答案】A 【解析】实质教育论认为,教学的主要任务在于传授对实际生活有用的知识,发展能力则无足轻重。因此,强调知识传授而忽视能力培养的理论是实质教育论。故答案为A。

4.【答案】B 【解析】教学过程是学生掌握知识、发展能力的过程。关于知识与能力的关系在教育史上曾存在形式教育论和实质教育论之争。形式教育论认为,教学的主要任务在于训练学生的思维形式,在教学中传授知识只是一种手段。实质教育论认为,教学的主要任务在于传授对实际生活有用的知识,发展能力则无足轻重。这两种理论都割裂了掌握知识与发展能力之间的辩证统一关系,其主张都是片面的。故答案为B。

5.【答案】B 【解析】教师主导与学生主体相统一的规律强调:教师在教学过程中处于组织者的地位,应充分发挥教师的主导作用;学生在教学过程中处于学习主体的地位,应充分发挥学生的主体能动性。题干中,王老师对于学生的提问不予理会,只顾讲知识,这表明王老师没有做到尊重学生学习的主体地位,违背了教师主导与学生主体相统一的规律。故答案为B。

6.【答案】A 【解析】掌握知识与发展能力相统一的基本规律主要包括:(1)掌握知识是发展能力的基础;(2)能力发展是掌握知识的必要条件;(3)掌握知识和发展能力存在相互转化的内在机制。题干中,列宁的话强调通过知识的掌握来锻炼学生的思考力,体现了掌握知识是发展能力的基础,揭示了教学过程中传授知识与发展智力的关系。故答案为A。

7.【答案】D 【解析】教学设计是教师根据学生的年龄特点和学习需要,以一定的教学目标为向导,运用科学、系统的方法,在教学之前对教学目标、教学内容、教学策略、教学媒体等所做出的计划和安排,主要解决"教什么"和"怎么教"两个基本问题。教学设计是为教学活动制定蓝图的过程,它规定了教学的方向和大致进程,是师生教学活动的依据。教学活动的每个环节都将受到教学设计方案的约束和控制。故答案为 D。

8.【答案】D 【解析】教师备课做好三方面的工作:(1)钻研教材。包括钻研课程标准、教科书和阅读参考书及相关资料。教师钻研教材一般要经过"懂、透、化"三个阶段。(2)了解学生。一方面,要了解学生原有的知识水平、接受能力和学生的兴趣、动机、爱好、思想状态、学习方法和习惯等;另一方面,要正确分析并预测学生学习新知识可能遇到哪些困难、问题或疑惑,准备采取哪些措施进行矫正和改善等。(3)设计教学。教师在备课时必须关注教学内容的组织、课程类型的确定、每节课的活动安排、教学活动的开展、课堂作业的布置、学生学习方法的培养等。故答案为 D。

9.【答案】A 【解析】上好课是提高教学质量的关键,这是教学的中心环节,应以现代教学理念为指导,遵循教学规律与原则,创造性地运用教学方法。故答案为 A。

10.【答案】B 【解析】作业的布置与批改:(1)作业要有目的、有重点。作业应有助于学生掌握基础知识,形成基本技能。作业应与教科书的内容、目的有逻辑联系,应围绕教材的重点知识。(2)作业的分量与难度要适中。作业分量和作业的难易程度要符合学生的身心发展特点和课程标准的要求,考虑到不同学生的能力需求。(3)作业要有助于启发学生思维。具有典型意义和举一反三的作用,含有鼓励学生独立探索并进行创造性思维的因素,与学生生活联系起来。(4)要求学生独立完成。学生应该自主完成作业,有困难请父母或教师做指导。(5)教师要认真批改。教师要认真批改作业,及时做好反馈,加强面批讲解,认真分析学情,做好答疑辅导。不得要求学生自批自改作业。严禁要求家长检查、批改作业。题干中,作业并不是越多越好。故答案为 B。

二、辨析题

1.【参考答案】正确。

学校教学应以间接经验为主。教学就是有目的地组织学生进行间接经验学习的活动。它把人类的科学文化知识加以选择与优化,组成课程与教材,引导学生循序渐进地学习。学生可以避免重复人类在认识发展过程中所经历的错误和曲折,用最短的时间、最高效率掌握人类创造的科学知识,成为符合现代社会需要的人。当然,教师在教学中也要注意补充学生学习新知识所必需的感性认识,将间接经验与直接经验结合起来,从而保证教学的顺利进行。故题干表述正确。

2.【参考答案】错误。

学生的主体地位与教师的主导作用是辩证统一的关系,二者并不矛盾,强调一方并不会削弱另一方。教学过程要遵循教师的主导作用与学生的主体作用相统一的规律,既要充分注重教师的教,也要充分调动学生学的积极性,使教师的主导作用与学生的主体作用有机结合,取得良好的教学效果。教师的主导作用表现在三个方面:(1)教师的指导决定着学生学习的方向、内容、进程、结果和质量,起引导、规范、评价和纠正的作用;(2)教师的教影响着学生的学习方式及学生学习的主动性和积极性的发挥;(3)教师影响着学生的个性及人生观、世界观的形成。总之,教师的主导是对学生主体的主导。学生的主动性、积极性调动得如何,学习的效果如何,是衡量教师主导作用发挥得好坏的主要标志。因此,强调学生的主体地位不会削弱教师的主导作用。故题干表述错误。

3.【参考答案】错误。

知识掌握的多少并不一定与能力发展水平成正比,能力的发展与知识的掌握不是同步的。

掌握知识是发展能力的基础。但是,并不是所有的知识都能转化为能力。首先,只有那些广泛应用和迁移的知识才能转化为能力。其次,发展能力不仅与知识掌握的多少有关,而且与掌握知识的质量、获得知识的方法和思维方式的运用等有密切的关系。最后,如果一个人掌握了知识,但不经过一定的训练,能力也并不一定得到发展,如"高分低能"的现象。故题干表述错误。

三、分析论述题

1.【参考答案】(1)该案例体现了教学过程的间接经验与直接经验相结合的特点。以间接经验为主是教学活动的主要特点,但在教学中必须重视直接经验的作用。

在案例中,学生对雨的观察得到的是直接经验,而老师将其引向古诗这一间接经验,这一教学过程即体现了直接经验与间接经验相结合的特点。

(2)该案例体现了教学过程的教师主导作用与学生主体作用相统一的特点。教师在教学活动中起主导作用,而学生是教学活动中具有能动性的主体。学生是具有主观能动性的人,他们能够能动地反映客观事物。他们的学习动机、兴趣、意志等因素直接影响学习效果。因此,在教学中必须发挥学生的主体作用。教师的主导作用和学生的能动性是相互促进的。无论多么优秀的教师,都无法代替学生学习。成功的教学有赖于学生主观能动性的发挥。

本案例中,老师只是提了一个问题,给了学生一句评价。虽然话不多,但是很关键,充分调动了学生学习的积极性,给了学生很大的想象空间,引导他们主动思考,收到了良好的教学效果。

2.【参考答案】(1)上述材料对我教学的启发:

① 备好课是上好课的前提。对教师而言,备好课以加强教学的计划性和针对性,有利于教师充分发挥主导作用。材料一与材料三体现了备课的重要性,这是值得我们学习的地方。备好了课,教师便对教材、学生以及教学方法有所了解,这样在教学过程中才能更好且有效地将教学内容系统、有条理地呈现给学生,也能很好地处理课堂中的突发事件。

② 教师应树立终身备课的思想,把备课看成一个长期积累、不断发展的过程。在这个过程中,反思应成为教师备课的一个至关重要的环节和内容,基于自我反思的备课过程显得尤为重要。

材料二中的看法是不正确的,教师要想教好一节课不仅仅是写一份教案的问题,而且还要做好多方面的工作。例如,钻研教材、了解学生、设计教法;写好三种计划,即学年(或学期)教学计划、课题(或单元)计划、课时计划(教案)。

③ **教师应成为教育教学的研究者**,以研究者的姿态置身于教学情境之中,以研究者的眼光审视和分析教学理论和教学实践中的问题,对自身的行为进行反思,对出现的问题进行探究,对积累的经验进行总结,最终形成规律性的认识。

(2)我认为,上好一堂课要做到以下几点:

① **备课**。备好课是上好课的先决条件。上课前,教师必须备好课,编制出学期教学进度计划,写好课题计划与课时计划。备好课要做好以下三方面的工作:认真钻研教材,深入了解学生,合理选择教法。

② **上课**。提高教学质量的关键是上好课,这是教学的中心环节,要以现代教学理念为指导,遵循教学规律,全面贯彻教学原则,善于科学而灵活地运用各种教学方法。

③ **作业的布置与批改**。

一是布置作业要有目的、有重点。作业应有助于学生掌握基础知识,形成基本技能。作业应与教科书的内容、目的有逻辑联系,应围绕教材的重点知识。

二是作业的分量与难度要适中。作业分量和作业的难易程度要符合学生的身心发展特点和课程标准的要求,考虑到不同学生的能力需求。

三是作业要有助于启发学生思维。具有典型意义和举一反三的作用,含有鼓励学生独立探索并进行创造性思维的因素,与学生生活联系起来。

四是要求学生独立完成。学生应该自主完成作业,有困难请父母或教师做指导。

五是教师要认真批改。教师应认真批改作业,及时反馈,也可以采用在教师指导下学生互相批改和自我批改的方式,使学生受到更多的锻炼和提高。

④ **课外辅导**。这是课堂教学的必要补充形式,也是提高教学质量的关键。做好学生的思想教育工作,做好对学生学习的帮助与辅导工作。

⑤ **学业考评**。既是教学评价的重要组成部分,也是教学工作的重要环节,还是判断学生是否达到或在何种程度上达到教学目标的依据。教师在学业考评环节要做到按时检查、认真批改、仔细评定、及时反馈、重点辅导。

第六节　教学组织形式

一、单项选择题

1.【答案】B　【解析】复式教学是把两个或两个以上年级的学生合编在一个教室内,同一个教师在同一课时内用不同的教材分别对不同年级的学生进行教学。复式教学是由于一定地区的教学条件和经济条件落后或不平衡而产生的,它有利于这些地区的教育普及。目前,我国一些农村地区、民族地区或落后山区仍然采用复式教学。故答案为B。

2.【答案】B　【解析】班级授课制,又称课堂教学、班级上课制,是把学生按年龄和知识程度编成固定人数的班级,教师按照各门学科的教学大纲规定的内容和固定的时间表,向全班学生进行授课的教学组织形式。其优点是:(1)有严格的制度保证教学的正常开展,达到一定质量;(2)有利于大面积培养人才;(3)能够充分发挥教师的主导作用;(4)有利于发挥集体教育的作用;(5)有利于学生获得系统的科学知识;(6)有利于进行教学管理和教学检查。故答案为B。

3.【答案】A 【解析】特朗普制又称"灵活的课程表",这种教学形式把大班上课、小班研究和个别教学三种教学形式结合起来。题干中,全专业100多人一起上课,分小组讨论,有问题单独请教老师,与特朗普制最为相近。故答案为A。

4.【答案】D 【解析】欧美学者把分组教学分为外部分组和内部分组。其中,内部分组是在按年龄编班的班级内,根据学生的能力或者学习成绩将他们分成若干个不同的小组。我国学者把分组教学分为能力分组和作业分组。其中,能力分组是根据学生的能力发展水平来分组教学,各组课程相同,学习年限则各不相同。题干中,某校在班级内部根据成绩和能力分成两个不同的小组,且两组的教学内容、教学难度和教学进度不同,这符合内部分组的内涵。故答案为D。

5.【答案】B 【解析】题干描述的是小组合作学习的教学组织形式。小组合作学习遵循"组间同质,组内异质,优势互补"的原则。教师应按照学生的知识基础、学习能力、性格特点的差异进行分组,让不同特质、不同层次的学生进行优化组合,使每个小组都有优、中、低三个层次的学生。这样分组不但有利于学生间的优势互补、相互促进,而且为全班各小组之间的公平竞争打下了基础。因此,题干中的做法不会造成一部分学生骄傲,另一部分学生自卑,反而能促进学生之间相互帮助。故答案为B。

6.【答案】D 【解析】所谓"走班制"是指学生根据自己的学习能力和兴趣、愿望等选择符合自身发展的层次班级上课。题干中,学生根据个人的需要和兴趣去不同教室上不同的课,属于走班制。故答案为D。

7.【答案】A 【解析】协同教学又称小队教学,是一种由教师、实习教师和教辅人员组成教学小队,集体研究并制订教学工作计划,分工合作完成教学任务和评价教学效果的教学组织形式。题干中,该学校让教师组成教研组集体研究、分工合作、专长互补,这体现的是协作教学。故答案为A。

8.【答案】C 【解析】分组教学是指按学生的能力或学习成绩把他们分为水平不同的组进行教学的组织形式。分组教学的优点在于比班级授课制更切合学生个人的水平和特点,便于因材施教,有利于人才的培养。其缺点在于:很难科学地鉴别学生的能力和水平;在对待分组教学上,学生、家长、教师的意愿常与学校要求相矛盾;分组后产生的副作用很大。故答案为C。

9.【答案】A 【解析】泛在学习是指任何人可以在任何时间、任何地点获取所需的任何信息的方式。换言之,泛在学习是利用信息技术为学习者提供一个随时、随地使用手边的信息设备或工具的4A(Anyone,Anytime,Anywhere,Anydevice)学习。就其本质而言,泛在学习是一种"以学习者为中心"的学习。故答案为A。

10.【答案】A 【解析】慕课是大规模的网络开放课程,是为了增强知识传播而由具有分享和协作精神的个人或组织发布的、散布于互联网上的开放课程。特点:(1)大规模。即不是个人发布的一两门课程,而是由那些参与者发布的大型的或大规模的课程。(2)开放课程。即遵从创用共享协议。(3)网络课程。即不是面对面的课程,这些课程材料散布于互联网上,上课地点不受局限。故答案为A。

11.【答案】B 【解析】翻转课堂是教师创建视频,学生在家中或课外观看视频中教师的讲解,回到课堂上师生面对面互动交流、答疑解惑、合作探究、完成作业的教学组织形式。特点:教学视频短小精悍,教学信息清晰明确,重新建构学习流程,复习检测方便快捷。故答案为B。

12.【答案】D 【解析】混合教学,是把学生作为教学活动的主体,在多种教学手段的支持下,采用最适宜的教学方法的教学组织形式。也可以说,混合教学是将在线教学和传统教学的优势结合起来的一种"线上"+"线下"的教学,通过两种教学组织形式的有机结合,可以把学习者的学习由浅到深地引向深度学习。故答案为D。

二、简答题

1.【参考答案】(1)优点:

① **形成了严格的教学制度**。如按年龄、知识编班,分级制度,实行学年、学期、学周制度等。它使教学科学化、标准化、现代化,保证教学活动正常运转,达到一定质量。

② **以课为单位科学地组织教学**。一个班乃至全校的各科教学都按周课表、作息时间表有条不紊地进行下去,符合学生身心发展规律,保证学生能精力旺盛地学习。

③ **能充分发挥教师的主导作用**。班级授课制最能充分发挥教师在教学中的主导作用,有利于教师系统地传授科学文化知识、进行教学检查和教学管理。

④ **能促进学生的社会化与个性化**。班级上课使一个班的学生长期在一起学习、交往,形成了互爱、互助的人际关系,有力地促进学生的社会化。在班级中学习,与同学进行人际交往,也能使学生各自的个性与特长得到最充分的历练与发展。

(2)局限:

① **学生的主体地位受到限制**。教学活动主要由教师组织与运作,学生在教师的组织安排下进行学习,其主体性往往会因教学任务的繁重或教师的决定权过多而得不到较好的发挥。

② **难以照顾学生的个别差异,不利于发挥学生的创造性**。课堂教学以统一的步伐进行,多以现成的结论作为教学内容,难以培养学生的创造意识与能力。

③ **灵活性差,实践性不强**。教学内容、时间、进度等都是固定的,学生很少有充足的机会与时间相互讨论、动手操作及进行社会实践。

④ **割裂了知识的整体性**。为完成特定的教学任务,教学以课为单位,将知识进行分割,破坏了知识的整体性。

2.【参考答案】随着科学技术的发展和对专门人才需求的日益迫切,我国和其他许多国家的中小学都致力于班级授课制的改革。当前进行的改革与实验有以下几个方面:

(1)根据学生年龄、学科性质等不同情况,对每节课的时间长度,做有弹性的不同规定。

(2)加强班级教学中的小组与个别指导活动。

(3)提高学生在教学活动中的主体地位与作用。

(4)注重到特定的实验室、作业室里上课,或在现场教学。

(5)将班级上课、分组学习、个别辅导恰当地结合起来。

(6)防止班的人数超限,逐步实现小班教学。

（7）允许成绩优异或有特长的学生跳级、选班或选课等。

三、分析论述题

1.【参考答案】（1）案例所揭示的问题是：教学过程中的机会均等是教育机会均等的一个重要方面，大多数教师能够意识到在教学中应该给学生提供均等的学习机会，实践中却难以做到。

产生上述问题的重要原因：现行的教学组织形式影响了学生在教学过程中获得均等的教育机会。由于班级授课制是一种面向学生集体的教学组织形式，如何保证学生享有均等的学习机会，一直是班级教学中的一个难题。

（2）为了克服班级授课制的局限，可从如下几个方面改进课堂教学组织形式：
① 根据学生年龄、学科性质等不同情况，对每节课的时间长度，做有弹性的不同规定。
② 加强班级教学中的小组与个别指导活动。
③ 提高学生在教学活动中的主体地位与作用。
④ 转移到特定的实验室、作业室里上课，或在现场教学。
⑤ 将班级上课、分组学习、个别辅导恰当地结合起来。
⑥ 防止班的人数超限，逐步实现小班教学。
⑦ 允许成绩优异或有特长的学生跳级、选班或选课等。

2.【参考答案】（1）李老师的教学改革采取了翻转课堂的教学组织形式。所谓翻转课堂，就是在信息化环境中，课程教师提供以教学视频为主要形式的学习资源，学生在上课前完成对教学视频等学习资源的观看和学习，师生在课堂上一起完成作业答疑、协作探究和互动交流等活动的一种新型的教学组织形式。

材料中李老师通过搜集资料录制教学微视频，让学生在课余时间观看微视频，在课堂上进行检测、答疑以及拓展延伸，通过合作交流完成学习任务，体现了翻转课堂的教学组织形式。

（2）翻转课堂是一种先学后教的模式，是自主性、互动式、个性化的教学组织形式，有利于提升教学质量和学习质量。与传统教学相比较，主要有以下突出特点：
① **翻转了教学理念**。不似在传统教学中要紧跟教师的节奏，翻转课堂中学习者有更多的自主性，更加突出"以学习者为中心""因材施教"，实现个性化学习。
② **翻转了教学流程**。传统课堂的教学，教学流程基本上是先课堂、后课外。翻转课堂的教学流程基本上是先课外、后课堂。学习者课前自主学习，通过观看教师事先制作的线上课程学习知识，在课堂中通过做作业、解惑、讨论研究等活动消化知识，掌握和学习运用课前学到的新知识与技能。
③ **翻转了师生主体角色**。在传统教学中，教师站在高高的讲台上，往往被认为是知识的"权威"，负责将知识传播下去，而学习者被动地听。这种上课方式，抑制了学习者的主观能动性，也削弱了学习者的学习积极性。在翻转课堂学习中，课下，学习者以自己的学习需要和能力为基础，主动学习；课上，无论在学习小组还是班集体，主要是学习者在研讨发言。学习者在课内和课外的学习过程中，都占据主动地位，而教师在其中只是起到组织、指导、帮助、督促的作用。

④ **翻转了教学模式**。由传统课堂的教与学,转变为由网络技术和课堂双支持的教与学,并且将知识传授和知识内化进行了优化。在翻转课堂中,教师课前把帮助学习者学习的学案、课程 PPT、教学视频、测试题等各种学习资源共享到线上学习平台,学习者可以随时随地进行学习;上课时,学习者和教师集中在线下的课堂中实时交流。利用信息技术的混合学习模式将在线学习和面对面的教学有机结合起来。

第七节　中小学常用的教学方法

一、单项选择题

1.【答案】B　【解析】讲授法是教师通过口头语言,向学生系统地传授知识,发展学生智力的方法。它的最大特点是有利于教师充分发挥主导作用,在短时间内传递大量系统性的信息。故答案为 B。

2.【答案】B　【解析】谈话法也叫问答法,是教师按照一定的教学要求向学生提出问题,要求学生回答,并通过问答的形式来引导学生获得新知识、巩固旧知识或检查知识的教学方法。老师问、学生答的形式,有利于培养学生的思维能力;针对学生的回答,老师可对教学进行调控;通过师生的双边活动,有利于发展良好的师生关系。但谈话法不强调学生的动手操作,不涉及培养学生的动手能力。故答案为 B。

3.【答案】C　【解析】讨论法是学生在教师的指导下为解决某个问题进行探讨、辨明是非真伪,从而获取知识的方法。题干中"独学而无友,则孤陋而寡闻"的意思是自己一个人冥思苦想,不与友人讨论,就会学识浅薄、见闻不广。"相观而善"强调互相观摩学习可以互相启发。这两句话都强调讨论法的重要性。故答案为 C。

4.【答案】C　【解析】情境模拟法是指在教学过程中,教师有目的地引入或创设以形象为主题的具有一定情绪色彩的生动的具体场景,以引起学生一定的情感体验,从而帮助学生理解教材,并使学生的心理机能得到发展的教学方法。题干中,教师创设话剧情境,让学生扮演角色,体验话剧中人物的心路历程,运用了情境模拟法。故答案为 C。

5.【答案】B　【解析】演示法是教师通过展示实物、直观教具、实验或播放有关教学内容的软件、特制的课件,使学生认识事物、获得知识或巩固知识的方法。演示的特点在于加强教学的可观察性。题干中,陈老师通过边说边做实验的方法让学生清晰地掌握了二氧化碳不支持燃烧的性质,采用的教学方法属于演示法。故答案为 B。

6.【答案】D　【解析】实习法,是指教师根据教学任务的要求,指导学生运用所学知识在课上或课外进行实际操作,将知识运用于实践的教学方法。故答案为 D。

7.【答案】D　【解析】参观法又称现场教学,是教师根据教学目的和要求,组织学生对实际事物进行实地观察、研究,从而在实际中获得新知识或巩固、验证已学知识的教学方法。题干中,老师带着学生去学校附近散步时,看到什么就教授什么,这属于实地观察和研究。该老师采用的是参观法。故答案为 D。

8.【答案】A　【解析】实验法是学生在教师的指导下,利用一定的仪器设备进行独立作业,观察事物或过程的发生和变化,探求事物的规律,以获得知识和技能的方法。题干中,学生在教师指导下通过实验自主探索,这属于实验法。故答案为A。

二、分析论述题

【参考答案】 谢老师主要采用了演示法、谈话法、发现法、讲授法和讨论法。

（1）演示法是指教师通过展示实物、教具和示范性的实验来说明、印证某一事物和现象,使学生掌握新知识的一种教学方法。材料中谢老师播放短视频、用PPT展示动植物的图片,运用的是演示法。

（2）谈话法也叫问答法,它是教师按一定的教学要求向学生提出问题让学生回答,通过问答、对话的形式来引导学生思考、探究,获取或巩固知识,促进学生智能发展的方法。材料中谢老师提出一系列的问题让学生自己发现问题、分析问题,运用的是谈话法。

（3）发现法又称探索法、研究法,是指学生在教师指导下,对所提出的课题和所提供的材料进行分析、综合、抽象和概括,自行发现并掌握相应的原理和结论的一种教学方法。材料中谢老师先是提出一系列问题,启发学生自己去发现、分析问题,然后在讲解完课堂内容之后组织学生讨论并绘制食物网,解决之前提出的问题,从而提高学生分析问题、解决问题的能力。这一系列过程运用的是发现法。

（4）讲授法是教师运用口头语言系统连贯地向学生传授知识、技能,发展学生智力的教学方法。材料中谢老师讲解食物链和食物网的概念,运用的是讲授法。

（5）讨论法是全班或小组成员在教师的指导下,围绕某一中心问题发表自己的看法和见解,从而进行相互学习的一种方法。材料中谢老师将全班学生分为4个小组,要求他们讨论并绘制食物网,运用的是讨论法。

第八节　教学评价及其改革

一、单项选择题

1.【答案】D　【解析】形成性评价,又称过程性评价,是在教学进程中对学生的知识掌握和能力发展所做的比较经常而及时的测评。它包括在一节课或一个课题教学中,对学生的口头提问、课堂作业与评议以及书面测验等。题干中,陈老师使用的教学评价属于形成性评价。故答案为D。

2.【答案】B　【解析】诊断性评价,又称准备性评价或教学性评价或前置评价,是在学期教学开始或单元教学开始时,对学生现有的知识水平、能力发展的评价。它包括各种摸底考试、了解学生学习疑难所在的考试。其目的是更好地组织后续的新授课的教学内容和改进教学方法,以便对症下药、因材施教。题干中,李老师对学生进行的摸底考试属于诊断性评价。故答案为B。

3.【答案】D　【解析】相对性评价又称常模参照性评价,主要依据学生个人的学习成绩在该班学生成绩序列或常模中所处的位置来评价和判定其成绩的优劣,而不考虑其是否达到了教学目标的要求。题干所述属于相对性评价。故答案为D。

4.【答案】A　【解析】绝对性评价,又称目标参照性评价或标准参照性评价,是在评价对象的集合以外确定一个客观标准,将评价对象与这一客观标准相比较,以判断其达到程度的评价方法。它主要依据教学目标和教材编制试题来测试学生的学业成绩,判断学生是否达到了教学目标的要求,而不以评定学生之间的差异为目的。故答案为 A。

个体内差异评价是对每个评价对象个体的过去与现在进行纵向比较,从而得到评价结论的评价。特点是能够照顾学生的个体差异,不易给评价对象造成竞争压力,适用于自我发现差距,有利于综合考查学生的发展变化。

终结性评价,又称总结性评价,是在一个大的学习阶段,如一个学期或一门学科终结时,对学生学习成果进行的较正规的、制度化的考查、考试及其成绩的全面评定。

5.【答案】C　【解析】个体内差异评价是对被评价者的过去和现在进行比较,或将评价对象的不同方面进行比较。题干中,老师将小明的期末成绩与期中成绩进行对比,这属于个体内差异评价。故答案为 C。

6.【答案】A　【解析】纸笔测验是指以书面形式的测验工具,侧重评定学生在科学知识方面学习成就高低或在认知能力方面发展强弱的一种评价方式。故答案为 A。

二、分析论述题

【参考答案】(1)布卢姆提出三类教学评价:诊断性评价、形成性评价和终结性评价。

材料中的成长记录袋既体现了形成性评价,又体现了终结性评价。形成性评价是在教学进程中对学生的知识掌握和能力发展所做的比较经常而及时的测评;终结性评价是在一个大的学习阶段,如一个学期或一门学科终结时,对学生学习成果进行的较正规的、制度化的考查、考试及其成绩的全面评定。

成长记录袋把学生成长过程中有代表性的小成果都记录保存下来,激励学生的发展,展示学生的成长过程和经历,并评价学生学习过程及结果。所以,成长记录袋是形成性评价和终结性评价的结合。

(2)成长记录袋体现的教学评价功能:

① **激励功能**。成长记录袋收集了学生平日里各方面的小成果,当这些成果得到展示和珍藏的时候,对学生是无形中的鼓励,更重要的是让学生看到自己的进步和优势,给学生信心,不断促进自身的进步。

② **动机功能**。成长记录袋在展示学生各方面成果的同时,让他们体验到自身的价值与成功,有利于激发学生的内部动机,向更优秀的方向发展。

③ **情感功能**。教师在记录学生成长的过程中,使学生在情感上获得快乐、自信与满足,也更有利于培养学生热爱学习的情感与态度,以及热爱生活的情感。

④ **突出主体性**。成长记录袋有助于教师发现学生的个体差异,提供适合每个学生特点与水平的教学与指导,帮助学生在成长的道路上发现自身价值与才能。

⑤ **自我反思功能**。学生不仅可以看到自己的进步与成果,也能看到其他同学的进步与成果,帮助学生相互了解,相互友好地评价,也帮助学生进行自我评价与自我反思。

（3）教学评价改革的趋势：

① 从侧重总结性评价到形成性评价。总结性评价重在发挥鉴定和筛选功能，主要为了衡量学生的好坏。形成性评价关心的是能不能指向促进学校的发展、学生的进步等。

② 从侧重区分性功能到发挥激励性功能。教师应坚持以找优点为评价的出发点，坚持以个体为主的评价标准，突出正面的鼓励性评价。

③ 从侧重一元评价到多元评价。现代教育评价倡导多元评价思想，也就是从多视角、采用多种方法评价学生。全面关注学生的态度、能力、创新意识，关注学习的过程。

④ 加强教学评价的理论研究。教学评价理论是教学评价实践的指导，评价理论能鉴别出最重要的评价因素，为系统地、相互联系地开展评价工作提供基本的准则。

⑤ 重视量化评价方法和质性评价方法的结合。质性评价方法较好地弥补了量化评价方法的不足，是对量化评价方法的一种反思批判和革新。从根本上讲，质性评价方法是为了更逼真地反映教育现实。

第九章　德育

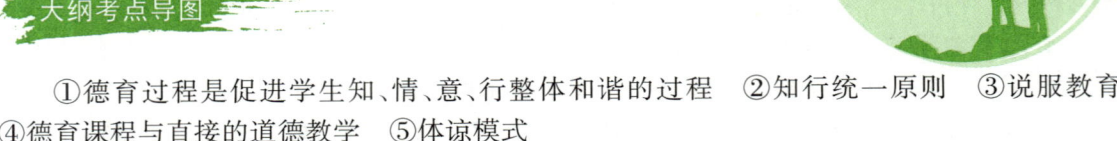

①德育过程是促进学生知、情、意、行整体和谐的过程　②知行统一原则　③说服教育　④德育课程与直接的道德教学　⑤体谅模式

第一节　德育概述

单项选择题

1.【答案】D　【解析】德育是使学生形成一定品德的教育,有广义和狭义之分。故答案为D。

广义的德育是指教育者根据一定社会的要求和学生身心发展的特点和规律,有计划、有目的、有系统地对学生施予政治、思想、道德和法律的教育影响,并通过学生积极主动的交往与互动、内化与外化,使其养成一定思想品德的教育活动,包括政治教育、思想教育、道德教育、法治教育和心理健康教育。

狭义的德育(学校德育)专指道德教育,是指根据一定历史时期的社会道德要求和个体品德心理的发展规律,有目的、有计划、有组织地培养学生的道德素质,使他们形成正确的道德观念、丰富的道德情感、坚强的道德意志、坚定的道德信念和较高的道德实践能力,不断提升道德境界的教育活动。

2.【答案】A　【解析】德育目标是德育工作的出发点,也是检验德育是否达标的质量标准。它不仅决定了德育的内容、形式和方法,而且制约着德育工作的基本过程。故答案为A。

第二节　德育过程

一、单项选择题

1.【答案】D　【解析】德育过程要促进学生的知、情、意、行诸因素的和谐统一发展。在德育的具体实施过程中,有多种开端,即不一定恪守知、情、意、行的一般教育培养顺序,而是根据学生品德发展的具体情况,或从导之以行开始,或从动之以情开始,或从磨炼品德意志开始,最后使学生达到品德在知、情、意、行等方面的和谐发展。故答案为D。

2.【答案】D 【解析】德育过程是组织学生的活动和交往,统一多方面的教育影响的过程。学生的思想品德是在活动和交往的过程中,接受外界教育影响,逐渐形成和发展,并通过活动和交往的过程表现出来的。教育者要做到寓德育于活动、教学、集体之中。题干所述体现了德育过程是组织学生的活动和交往,统一多方面的教育影响的过程。故答案为D。

二、辨析题

1.【参考答案】错误。

德育过程是一种教育过程,是教育者与受教育者双方统一活动的过程,是培养和发展受教育者品德的过程。而品德形成过程是受教育者思想道德结构不断建构完善的过程,属于人的发展过程。所以二者不能等同。故题干表述错误。

2.【参考答案】正确。

德育过程中的活动和交往是一种教育性活动和交往,与一般的社交活动交往存在较大的不同,其主要特点是:首先,德育过程中的活动和交往是在教育者的指导下开展的,是遵循德育目标要求的,具有明确的目的性、系统性和组织性,它不是自发的、盲目的、随意的,而是可以有效地保障和促进个体思想品德发展的方向和水平。其次,德育过程中的活动和交往的内容和形式主要是德育实践中的活动和交往,而不是一般的广泛的社交活动和交往。最后,德育过程中的活动和交往是按照受教育者思想品德形成发展的规律和教育学、心理学原理加以组织的,它充分考虑到个体思想品德对德育的影响和作用,能更有效地促进和推动受教育者思想品德的形成和发展,因而具有较强的科学性与可行性。故题干表述正确。

第三节 德育原则

一、单项选择题

1.【答案】A 【解析】发扬积极因素与克服消极因素相结合原则,又称长善救失原则,是指进行德育要调动学生自我教育的积极性,依靠和发扬他们自身的积极因素,克服品德上的消极因素,促进学生的道德成长。贯彻这一原则的要求有以下几点:(1)"一分为二"地看待学生。全面分析和了解学生,正确客观地评价学生的优点和不足;(2)发扬积极因素,克服消极因素。有意识地创造条件,因势利导、扬长避短,将学生思想中的消极因素转化为积极因素;(3)引导学生自觉评价自己,勇于自我教育。启发他们自觉地开展思想斗争,克服缺点,发扬优点。这一原则体现了马克思主义"一分为二"辩证法和认识论。故答案为A。

2.【答案】C 【解析】教育影响的一致性和连贯性原则是指教师在德育过程中应当有目的、有计划地把来自各方面对学生的教育影响加以组织、调节,使其相互配合,协调一致,前后连贯地进行,以保障学生的品德能按教育目的的要求发展。针对家庭教育与学校教育中对学生品德要求出现差异甚至对立的现象,应强调贯彻的德育原则是教育影响的一致性和连贯性原则。故答案为 C。

3.【答案】B 【解析】正面引导与纪律约束相结合原则,又称疏导原则、循循善诱原则,是指在德育过程中以事实、道理、榜样等进行启发诱导,调动学生的内在动力,同时制定必要的规章制度进行约束。题干中这句话的意思是孔子一步一步地、由浅入深地教育弟子,用文化知识使弟子的学识渊博,用礼仪规范约束弟子的行为,使弟子感到学习是很快乐的事,从而对学习产生浓厚的兴趣,永远不想停止学习。这体现的德育原则是疏导性原则。故答案为 B。

4.【答案】D 【解析】因材施教原则是指进行德育要从学生的思想认识和品德发展的实际出发,根据他们的年龄特征和个性差异进行不同的教育,使每个学生的品德都能得到最优的发展。"一把钥匙开一把锁"的意思是根据不同的情况采取不同的手段。从教育方面来看就是教师应灵活地针对每个学生的特点,对他们提出不同的要求,采用不同的教育教学方法,使每个学生都得到充分的发展。这体现的是因材施教原则。故答案为 D。

5.【答案】B 【解析】集体教育与个别教育相结合原则是指在德育过程中,教师要依靠集体、通过集体去教育学生个人,同时要注意对学生进行个别教育,进而影响集体。学生集体不仅是教育的对象,也是教育的主体,具有巨大的教育力量。题干中,王老师用班集体的教育力量,感染了王金同学,很好地贯彻了这一德育原则。故答案为 B。

6.【答案】A 【解析】知行统一原则又称理论和生活相结合原则,是指进行德育要引导学生把思想政治观点和社会道德规范的学习同参与生活实践结合起来,把提高道德认识与养成良好道德行为结合起来,做到表里如一,言行一致。题干中,老师在召开主题班会后组织学生去敬老院慰问老年人,这体现了知行统一的德育原则。故答案为 A。

7.【答案】A 【解析】尊重学生与严格要求学生相结合的原则是指,进行德育要把对学生的思想和行为的严格要求与对他们个人的尊重和信赖结合起来,使教育者对学生的影响与要求易于转化为学生的品德。题干中,张老师对学生重赏识轻要求,即只尊重学生而忽视了严格要求,违背了尊重学生与严格要求学生相结合的原则。故答案为 A。

二、分析论述题

【参考答案】(1)"我"贯彻了教育影响一致性与连贯性原则。在德育工作中,学校应主动协调家庭、社会等多方面教育力量,统一认识和步调,有计划、有系统、前后连贯地教育学生,发挥教育的整体功能,培养学生良好的思想品德。

材料中,"我"对王伟定期进行家访,与他的父母沟通教育方式,努力争取家庭的配合,并通过主题班会、谈心等多种方式对王伟进行教育,使家庭和学校两方面的教育影响相互配合,协调一致,形成家校合力。

(2)"我"贯彻了因材施教原则。进行德育要从学生的思想认识和品德发展的实际出发,根据他们的年龄特征和个性差异进行不同的教育,使每个学生的品德都能得到最优的发展。

材料中,"我"通过家访了解王伟网瘾的成因,并对其网瘾问题有针对性地采取措施,帮助王伟逐渐改变沉迷网络游戏的现状。

（3）"我"贯彻了集体教育与个别教育相结合原则。在德育过程中,教师要依靠集体、通过集体去教育学生个人,同时要注意对学生进行个别教育,进而影响集体。学生集体不仅是教育的对象,也是教育的主体,具有巨大的教育力量。

材料中,"我"通过开班会提高班集体对网络游戏的认识,同时也让王伟认识到沉迷网络的危害,通过集体教育了个人;同时,在教育王伟的过程中,培养了学生助人为乐的良好品质,增强了集体凝聚力,通过个人教育了集体。

（4）"我"贯彻了疏导原则。在德育过程中以事实、道理、榜样等进行启发诱导,调动学生的内在动力,同时制定必要的规章制度进行约束。

材料中,"我"跟王伟谈心,表达了自己和同学们对他的期望,调动了其改正不良习惯的积极性。

（5）"我"贯彻了知行统一原则。进行德育要引导学生把思想政治观点和社会道德规范的学习同参与生活实践结合起来,把提高道德认识与养成良好道德行为结合起来,做到表里如一,言行一致。

材料中,"我"在通过班会、谈心等方式提高王伟思想认识的同时,还让他担任卫生评分员、负责板报工作来培养其责任意识和实践能力。

（6）"我"贯彻了长善救失原则。进行德育要调动学生自我教育的积极性,依靠和发扬他们自身的积极因素,克服品德上的消极因素,促进学生的道德成长。

材料中,"我"一分为二地看待王伟,让王伟发挥美术特长,参与板报绘画工作;同时号召学生鼓励、帮助王伟,帮助他克服缺点。

第四节 中小学常用的德育方法

一、单项选择题

1.【答案】B 【解析】自我教育,又称自我修养,是在教师引导下,学生经过自觉学习、自我反思和自我改进,使自身品德不断完善的一种重要方法。自我教育包括立志、学习、反思、箴言、慎独等。题干中选择格言作为座右铭以自励、自律的德育方法是自我修养法。故答案为B。

2.【答案】C 【解析】实践锻炼是有目的地安排学生进行一定的生活交往与社会实践活动以培养品德的方法。实践锻炼包括练习、委托任务和组织活动等。故答案为C。

3.【答案】D 【解析】品德评价是根据德育目标的要求,对学生的品德水平给予肯定或否定的评价,以促进学生发扬优点、克服缺点,逐步培养其良好品德的德育方法。品德评价包括表扬、奖励和批评、处分两个方面。表扬、奖励是对学生的良好思想、行为做出的肯定评价,以引导和促进其品德积极发展的方法。批评、处分是对学生不良思想、行为做出的否定评价,帮助他们改正缺点与错误的方法。故答案为D。

4.【答案】D 【解析】情感陶冶是通过创设良好的教育情境,潜移默化地培养学生品德的方法。它利用暗示的原理,让学生通过无意识的心理活动来接受某种影响。情感陶冶包括人格感化、环境陶冶和艺术陶冶等。故答案为D。

5.【答案】A 【解析】榜样示范是以他人的高尚品德、模范行为和卓越成就来影响学生品德的方法。青少年学生的模仿性强，可塑性大，爱效仿父母、师长，向先进同学看齐，崇拜伟人、英雄、学者。榜样示范包括伟人的典范、教育者的示范、学生中的好样板。故答案为A。

6.【答案】B 【解析】说服教育法是指通过摆事实、讲道理使学生提高认识、形成正确观点的方法。说服教育法包括语言说服和事实说服。其中，语言说服是指运用口头和书面语言向学生讲述道理，使学生明辨是非的方法，主要包括讲解、报告、谈话、讨论、指导阅读等方式。题干所述体现的是说服教育法中的语言说服。故答案为B。

二、分析论述题

【参考答案】 杨老师采用了如下德育方法：

（1）**榜样示范法**。榜样示范是以他人的高尚品德、模范行为和卓越成就来影响学生品德的方法。青少年学生的模仿性强，可塑性大，爱效仿父母、师长，向先进同学看齐，崇拜伟人、英雄、学者。榜样示范包括伟人的典范、教育者的示范、学生中的好样板。

材料中杨老师为了让男生剪短头发，先从自身出发，给学生树立了一个榜样，更能让学生接受教育。

（2）**陶冶教育法**。情感陶冶是通过创设良好的教育情境，潜移默化地培养学生品德的方法。它利用暗示的原理，让学生通过无意识的心理活动来接受某种影响。情感陶冶包括人格感化、环境陶冶和艺术陶冶等。

材料中杨老师没有直接要求学生剪短发，而是通过5分钟的交流会来引导学生，对学生产生了潜移默化的影响，最终达到了很好的教育效果。

（3）**品德评价法**。品德评价是根据德育目标的要求，对学生的品德水平给予肯定或否定的评价，以促进学生发扬优点、克服缺点，逐步培养其良好品德的德育方法。品德评价包括表扬、奖励和批评、处分两个方面。

材料中杨老师是通过学生对自己理发效果进行评价，得到大多数学生的公认，而让学生受到教育。这种做法颇具创意，让人耳目一新。

（4）**说服教育法**。说服教育是通过引导学生摆事实、讲道理，经过思想情感上的沟通与互动，让他们悟明道德真谛，自觉践行的方法。说服教育包括讲理、谈话、报告、讨论、参观等。

材料中的杨老师就理发事件开展了5分钟的交流会，这体现了他对说服教育法的运用。在运用说服教育法时，杨老师注意到了说服的趣味性，而且抓住了运用该方法的时机。

（5）**自我修养法**。自我教育，又称自我修养，是在教师引导下，学生经过自觉学习、自我反思和自我改进，使自身品德不断完善的一种重要方法。自我教育包括立志、学习、反思、箴言、慎独等。

材料中从"欣喜地发现那几个男生的长发变短了……"可以看出，学生在听到杨老师的一番话后进行了反思。这样，就体现了杨老师运用自我修养法达到的效果。

第五节 德育途径

一、单项选择题

1.【答案】A 【解析】学校德育实施的途径主要有思想政治课（思想品德课）和其他学科教学，社会实践活动，课外、校外活动，共青团组织的活动，校会、班会、周会、晨会与时事政策的学习，班主任工作等。其中，品德课（思想政治课）和其他学科教学是学校德育实施的最基本的途径。故答案为A。

2.【答案】C 【解析】直接的道德教育是通过专门的德育课程系统地向学生传授道德知识和道德观念的教育活动。间接的道德教育是在其他学科教学或教育实践活动中，通过道德渗透的方式，潜移默化地引导学生形成和掌握道德知识与道德观念的教育活动。题干中表述的内容属于间接道德教育。故答案为C。

B项：私德教育，私德是指存在于小于社会大众的小群体或个人中间的道德，是人们为了维护我们小群体或自我的利益而约定俗成我们应该做什么和不应该做什么的行为规范。关于处理爱情、婚姻、家庭问题的道德教育属于私德教育。

D项：公德教育，社会公德的内容是对公共生活中的方方面面提出的基本规范和要求。在我国现代社会中，社会公德的主要内容为：文明礼貌、助人为乐、爱护公物、保护环境、遵纪守法。关于社会公德的教育属于公德教育。

3.【答案】C 【解析】直接的道德教育是通过专门的德育课程系统地向学生传授道德知识和道德观念的教育活动。德育课程主要包括思想品德课、时事政治课等。在义务教育阶段，主要包括品德与生活、品德与社会、思想品德课；高中教育阶段，主要是思想政治课。

间接的道德教育是在其他学科教学或教育实践活动中，通过道德渗透的方式，潜移默化地引导学生形成和掌握道德知识与道德观念的教育活动。间接的道德教育途径有教学育人、指导育人、管理育人、活动育人、环境育人、协同育人。故答案为C。

4.【答案】D 【解析】协同育人指家庭、社会、学校三方面在德育上相互配合，形成合力，在教育功能上互补、协调统一，延伸学校教育的有效性，更好地实现德育影响的连续性和一致性，为学生创造和谐统一的德育环境，实现家校社共育，推动学生全面发展。故答案为D。

二、简答题

【参考答案】协同育人主要是指通过家庭、社会、学校三位一体对学生进行道德教育，强调家庭教育、学校教育与社会教育紧密结合、协调一致的基本原则。其落脚点在于以立德树人为教育的根本任务。三方面在教育功能上互补、协调统一，延伸学校教育的有效性，创造学校、社会、家庭教育的和谐统一，实现家、校、社共育，推动学生全面发展。

第六节 德育模式

一、单项选择题

1.【答案】B 【解析】体谅模式主张把道德情感置于中心地位,假定与人友好相处是人类的基本需要,满足这种需要则是教育的职责。道德教育重在增强学生的人际意识和社会意识,引导学生学会关心、学会体谅。故答案为B。

2.【答案】A 【解析】科尔伯格采用"道德两难故事法"对儿童道德的发展进行了实证性的研究,然后确定被试道德认识发展的水平,提出了道德发展的"三水平六阶段"。从德育模式上归类,属于认知模式。故答案为A。

3.【答案】D 【解析】价值澄清模式的代表人物为美国的拉思斯、哈明等。他们认为人们在选择时都依据自己的价值观,但人们常常不清楚所持的价值观到底是什么,因此要创造条件,利用一切有效途径和方法帮助青少年澄清他们选择时所依据的内心价值观。题干所述德育模式是价值澄清模式。故答案为D。

4.【答案】D 【解析】集体教育模式的代表人物是马卡连柯。这一模式主张集体是一个社会的有机体,主张在集体中、通过集体和为了集体进行教育。马卡连柯认为:教师集体在集体教育中具有决定性意义;同时,家庭是培养集体主义的理想学校。集体教育的原则和方法有:(1)尊重与要求相结合的原则;(2)平行教育原则;(3)前景教育原则;(4)奖励和惩罚相结合的原则;(5)在劳动中进行教育。题干中,主张平行教育原则的德育模式是集体教育模式。故答案为D。

5.【答案】B 【解析】麦克菲尔等人编制了一套独具特色的人际—社会情境问题教材——《生命线丛书》,这套教材是实施体谅模式的支柱,是体谅模式的实践成果。体谅模式主张把道德情感的培养置于中心地位。假定与人友好相处是人类的基本需要,满足这种需要是教育的职责。道德教育重在增强学生的人际意识和社会意识,引导学生学会关心、学会体谅。故答案为B。

6.【答案】C 【解析】社会学习模式是在社会学习理论的基础上提出的,代表人物主要是美国的班杜拉。社会学习模式主张需要通过观察他人在相同环境中的行为,从他人行为获得强化的观察中进行体验学习。因此,建立在替代基础上的观察学习是人类学习的重要形式,是品德教育的主要渠道。故答案为C。

7.【答案】A 【解析】麦克菲尔等人编制了一套独具特色的人际—社会情境问题教材——《生命线丛书》,该书包含三部分《设身处地》《证明规则》《你怎么办》。《设身处地》包含《敏感性》《后果》《观点》3个单元,《证明规则》包含《规则与个体》《你期望什么?》《你认为我是谁?》《为了谁的利益?》《我为什么该?》5个单元,《付诸行动/你怎么办》包含《生日》《禁闭》《逮捕!》《街景》《悲剧》《盖尔住院》。故答案为A。

二、简答题

1.【参考答案】体谅模式把道德情感的培养置于中心地位。麦克菲尔坚信,行为和态度是富有感染力的,品德是通过别人感染来的,而非直接教来的。因此,学校在引导学生关心人、体谅人的人际意识中,要特别强调以下两点:第一,营造相互关心、相互体谅的课堂气氛,使猜疑、谨小慎微、提心吊胆、敌意和忧虑在课堂生活中逐渐销声匿迹;第二,教师在关心人、体谅人上起道德表率作用。

2.【参考答案】价值澄清模式着眼于价值观教育,试图帮助人们减少价值混乱并通过评价过程促进统一的价值观的形成。全部的价值澄清过程实际上包括7个分过程:(1)完全自由选择;(2)在尽可能广泛的范围内自由选择;(3)在考虑后果后进行选择;(4)喜爱做出的选择并感到满足;(5)乐于向公众宣布自己的选择;(6)按做出的选择行事;(7)作为一种生活方式加以重复。

教师要在课堂中,利用专门设计的方法和练习,通过创造一种没有威胁的、非强制的、"柔和"的对话环境,帮助学生在他们的生活中应用上述7种评价过程,并把它们运用到现存的信念和行动之中,帮助学生澄清价值观。

第十章　教师与学生

①复杂性　②示范性　③专业性　④创造性　⑤长期性和长效性　⑥专业情意与规范　⑦尊师爱生,相互配合　⑧民主平等,和谐亲密　⑨共享共创,教学相长　⑩树立正确的学生观

第一节　教　师

一、单项选择题

1.【答案】C　【解析】《中华人民共和国教师法》对教师的概念做了全面、科学的界定:教师是履行教育教学职责的专业人员,承担教书育人,培养社会主义事业建设者和接班人、提高民族素质的使命。故答案为C。

2.【答案】A　【解析】教师的职业发展经历非职业化阶段、职业化阶段、专门化阶段、专业化阶段。其中,在教师职业的非职业化阶段,教育活动与其他活动融合在一起,教师并没有从其他行业中分离出来,没有专门的教育机构和专门的教师职业。题干中,"以僧为师、以吏为师""学在官府、官师合一"说明教师并未成为独立职业,是一个兼职工作,符合非职业化阶段的特点。故答案为A。

3.【答案】A　【解析】教师职业的社会地位是通过教师职业在整个社会中所发挥的作用和所占有的资源来体现的,主要包括政治地位、经济地位、法律地位和专业地位。其中,教师职业的专业地位是教师职业社会地位的内在标准,主要通过其从业标准来体现,有没有从业标准和有什么样的从业标准是教师专业地位高低的指示器。故答案为A。

4.【答案】D　【解析】教师职业的地位主要包括政治地位、经济地位、法律地位、专业地位。其中,教师的经济地位是指将教师职业与其他职业相比较,其劳动报酬的差异状况及其经济生活状况。教师的经济地位是其社会地位的基础和直接表现,是决定教师职业是否有吸引力,能否吸引到高素质人才,能否保证和提高教育质量的关键。故答案为D。

5.【答案】D　【解析】教师劳动的长期性是指人才培养周期比较长,教育影响具有迟效性。题干中,"十年树木,百年树人"说明人才培养周期较长,反映了教师劳动的长期性。故答案为D。

6.【答案】B　【解析】工作对象的复杂性决定了教师职业的创造性。教师面临的教育对象千差万别,对每一个学生的教育态度、教育方式都要根据具体的教育情境来做出最恰当的反应,不能千篇一律,这就需要教师劳动必须有随机性和创造性。故答案为B。

7.【答案】A　【解析】教师劳动的复杂性主要体现在以下三个方面:(1)教育目的的全面性。教师劳动的目的是培养德、智、体、美、劳等方面全面发展的人,而不是单方面发展的人。(2)教育任务的多样性。教师不仅要传授科学文化知识、训练学生的技能、发展学生的智力、培养能力,还要促进学生身心健康发展。(3)教学对象的差异性。学生在先天素质和后天形成的个性特征上都有明显的差异,他们在认识、情感、意志、行为表现、动机、需要、兴趣、理想、信念等方面各有特点。题干中,王老师既要教学,还要当班主任、处理班务、了解学生、与家长联系等,体现了教师劳动的复杂性。故答案为A。

8.【答案】C　【解析】教师劳动的示范性是指教师的言行举止都可能成为学生模仿的对象,教师的人品、才能、治学态度等方面都会成为学生学习的榜样。题干中,"教师必须非常谨慎,必须对他的所作所为负完全责任"表明教师应该时刻注意为人师表、以身作则,说明教师劳动具有示范性的特点。故答案为C。

9.【答案】D　【解析】一个好的教师要拥有专业知识、专业能力和专业情意三个方面的素养。通常所说的专业理想、专业精神、专业信念也包括在专业情意中。故答案为D。

10.【答案】A　【解析】教育专业知识,即教育学科类知识,主要由帮助教师认识教育对象、教育教学活动和开展教育研究的专门知识构成,一般分为:(1)有关教育的理论知识(条件性知识),即学生身心发展的知识、教育学的知识和学生成绩评价的知识。(2)有关教育的实践性知识,即教师在教育教学中通过对自己教育经验的反思和提炼所形成的对教育教学的认识。故答案为A。

11.【答案】C　【解析】实践性知识是指教师在实现有目的的行为中所具有的课程情境知识和与之相关的知识。学科专业知识,也称本体性知识,即学科相关的基础知识、应用知识及教学技术知识。学科专业知识是衡量教师能否胜任岗位的基础性条件。课程知识指课程发展和学校各年级课程的基本知识,是有关课程、教材的知识。故答案为C。

12.【答案】A　【解析】理智取向,也称知识取向,关注教师个体知识的增进与技能的提高,主张教师通过正规的培训,向专家学习先进的"学科知识"和"教育知识",以提高教育理性认识水平和教学技能。故答案为A。

13.【答案】A　【解析】教师享有的权利包括教育教学权、学术研究权、指导评价权、获取报酬待遇权、民主管理权、进修培训权。其中,教育教学权是指教师进行教育教学活动,开展教育教学改革和实验的权利。教师的天职是教书育人,教育教学权是教师履行教育教学职责所必须具备的最基本的权利。故答案为A。

14.【答案】C　【解析】根据《中华人民共和国教师法》等相关法律法规的规定,我国教师享有教育教学权、学术研究权、指导评价权、获取报酬待遇权、民主管理权、进修培训权六项职业权利,同时需承担遵纪守法、履行教育教学职责、对学生进行思想政治教育、爱护尊重学生、保护学生合法权益、提高业务水平六项义务。因此,教育教学既是教师的权利,又是教师的义务。故答案为C。

15.【答案】A　【解析】《中小学教师职业道德规范》规定了教师的职业道德:"爱国守

法"（教师职业的基本要求），"爱岗敬业"（教师职业的本质要求），"关爱学生"（师德的灵魂），"教书育人"（教师天职），"为人师表"（教师职业的内在要求），"终身学习"（教师专业发展的不竭动力）。体现了对教师职业道德的本质要求和时代特征，可以看出"爱"与"责任"是贯穿其中的核心和灵魂。故答案为A。

二、简答题

1.【参考答案】 教师是履行教育教学职责的专业人员，承担教书育人，培养社会主义事业建设者和接班人、提高民族素质的使命。教师有广义和狭义之分。广义的教师，是指传授知识、经验的人，可与教育者并论；狭义的教师，是指受过专门教育和训练的，在学校教育中承担教育、教学工作的专职人员。

2.【参考答案】 教师专业化（教师专业发展）是指教师作为专业人员，从专业思想到专业知识、专业能力、专业品质等方面由不成熟到比较成熟的发展过程，即由一个专业新手发展成为专家型教师或教育家型教师的过程。既指教师个体通过职前培养，从一名新手逐渐成长为具备专业知识、专业技能和专业态度的成熟教师及其可持续的专业发展过程，也指教师职业整体从非专业职业、准专业职业向专业性质职业进步的过程。

3.【参考答案】（1）教师劳动具有复杂性。

学生状况的复杂性决定着教师劳动的复杂性。教师任务的多样性制约着教师劳动的复杂性。影响学生发展因素的广泛性制约着教师劳动的复杂性。

（2）教师劳动具有示范性。

教育是教师引导、培养学生的活动，要求教师以身作则，具有示范性。教师的劳动对象是处在发展过程中的青少年学生，他们具有尊敬教师、乐于接受教师的教导、以教师为表率的所谓"向师性"的特点。

（3）教师劳动具有专业性。

教师劳动的专业性突出表现在教师对育人的崇高敬业精神和道德修养上，对教育教学专业化知识和技能的掌握上，对教育活动的自主权上。

（4）教师劳动具有创造性。

工作对象的复杂性决定了教师职业的创造性。教师劳动的创造性也表现在教师的教育机智上。教师劳动的创造性需要学习、反思与研究。

（5）教师劳动具有长期性和长效性。

所谓十年树木，百年树人，人的成长是一个长期的过程。一旦学生养成了某种习惯，形成了某种稳定的人格品质，就会在一生中持续不断地起作用。所以，我们往往将一个人在多少年后取得的成就与其学生时代所受的教育联系起来看。

第二节　学　生

一、单项选择题

1.【答案】A　【解析】人身自由权是指未成年学生有支配自己人身和行动的自由,不受非法拘禁、搜查和逮捕。学校和教师不得以任何理由随意对学生进行搜查,不得把学生关禁闭。故答案为A。

2.【答案】A　【解析】学生在学校的各项权利中最主要、最基本的一项是受教育权。人身权是公民权利中最基本、最重要的一项权利。故答案为A。

3.【答案】D　【解析】根据《中华人民共和国教育法》的规定,学生应尽的义务包括:(1)遵守法律、法规;(2)遵守学生行为规范,尊敬师长,养成良好的思想品德和行为习惯;(3)努力学习,完成规定的学习任务;(4)遵守所在学校或者其他教育机构的管理制度。D项"执行国家教育方针政策"不属于学生的义务。故答案为D。

4.【答案】C　【解析】人格尊严权是指学生享有受他人尊重、保持良好形象及尊严的权利。学校、教师应当尊重学生的人格,不得对学生进行谩骂、体罚、变相体罚或其他侮辱学生人格尊严的行为。题干中,教导主任让小白和小伟举水盆罚站,属于体罚,侵犯了他们的人格尊严权。故答案为C。

5.【答案】D　【解析】现代学生观的内涵:(1)学生是未成熟的人;(2)学生是有主体性的人;(3)学生是独特性的个体;(4)学生是有特定权责的人。故答案为D。

二、分析论述题

【参考答案】陈老师对君君同学的教育行为是不恰当的,违背了现代学生观。

(1)**学生是发展中的人,要用发展的观点认识学生。**"发展中的人",意味着学生还是不成熟的人,是一个正在成长的人。把学生作为发展中的人来对待,就要理解学生身上存在的不足,就要允许学生犯错误。针对君君身上存在的问题,陈老师没有帮助他改正错误,而是直接训斥他,没有把君君当作发展中的人来对待。这违背了"学生是发展中的人"的现代学生观。

(2)**学生是独特的人。**学生是完整的人,每个学生都有自身的独特性,学生与成人之间存在着巨大的差异。陈老师没有根据君君当前心理发展规律分析他的行为,而是以成人的观点看待君君。在君君再次犯错误时,当着全班同学的面训斥他,并号召其他小朋友不跟他玩,这一做法违背了"学生是独特的人"的现代学生观。

(3)**学生是具有独立意义的人。**每个学生都是独立于教师的头脑之外,不以教师的意志为转移的客观存在。教师不可以对学生随意支配,或任意塑造,不可以随意强加给学生一些外在的知识。陈老师一再训斥君君,孤立君君,强行使君君变得老实、沉默,不再说口头禅,这违背了"学生是具有独立意义的人"的现代学生观。

第三节 师生关系

一、单项选择题

1.【答案】C 【解析】师生关系的类型有依赖型、专断型、民主型、放任型四种。其中,依赖型的教师虽受部分学生爱戴,但会使学生所有的活动都依赖教师的指示,学生不会主动学习与创造。这种教师过于自信、专断独行,把自己所谓的"爱"强加给学生,要求学生把自己的要求作为班级一切工作的标准,认为听话的"乖学生"即为好学生。故答案为C。

2.【答案】C 【解析】新型师生关系的特点包括:尊师爱生、民主平等、教学相长、心理相容。其中,教学相长包括三层含义:一是教师的教可以促进学生的学;二是教师可以向学生学习;三是学生可以超越教师。教学相长反映在师生关系上,即荀子所说的"青,取之于蓝,而青于蓝;冰,水为之,而寒于水",韩愈所说的"弟子不必不如师,师不必贤于弟子",这些都是从教育实践中深刻揭示了师生之间相互切磋、教学相长的客观规律。故答案为C。

3.【答案】B 【解析】理想师生关系的基本特征包括:(1)尊师爱生,相互配合;(2)民主平等,和谐亲密;(3)共享共创,教学相长。共享就是教师和学生共同体验和分享教育中的欢乐、成功、失望与不安,是师生感情交流深化的表现;共创就是教师和学生在相互适应的基础上,相互启发,使师生的认识不断深化,共同生活的质量不断跃进。共享共创体现了师生关系的动态性和创造性,是师生关系的最高层次。其结果是师生相互促进、共同发展。故答案为B。

4.【答案】C 【解析】有关师生关系,历史上存在着两种对立观点:教师中心说和学生中心说。其中,教师中心说的代表人物是德国教育家赫尔巴特。教师中心说强调教师的权威,认为教师在教育中处于绝对支配地位;学生绝对服从教师,处于被动地位;一切教育活动的基础都应以教师为中心。教师中心说认为学生是船,教师是舵手。故答案为C。

A项:学生中心说是美国进步主义教育思想家杜威针对赫尔巴特的传统教育理念与思想而提出的。他把学生视为教育过程的中心,认为全部的教育教学都要从学生的兴趣、需要出发,教师只能处于辅助地位。学生中心说认为学生是太阳,教师是地球。

B项:属于干扰项。

D项:夸美纽斯是捷克的民主主义教育家,西方近代教育理论的奠基者,被称为教育学之父;代表作有《母育学校》《大教学论》《世界图解》等。

二、简答题

1.【参考答案】(1)**互动性**,即师生关系是在交互活动中形成的。

(2)**平等性**,即强调师生之间人格、话语权等的平等。

(3)**复杂性**,即师生之间不是单纯的教与学的关系,而是由"教学关系、心理关系、个人关系和伦理学关系等不同层级的关系组成的动态系统"。

(4)**多元性**,即允许师生关系有多种形式,不再拘泥于一种标准。

（5）生成性，即师生之间并不是朝着一个已经规范好的、固定的目标发展，而是在交往中逐渐生成彼此认可的关系类型。

2.【参考答案】（1）了解和研究学生。

了解和研究学生是教师与学生建立良好关系的前提。了解和研究学生包括了解学生个体的思想意识、道德品质、兴趣、需要、知识水平、学习态度和方法、个性特点、身体状况和班集体的特点及其形成原因。

（2）树立正确的学生观。

正确的学生观包括以下几个方面：学生都有巨大的发展潜力；学生的不成熟性具有成长价值；学生具有主体性，特别是创造性；学生是责权主体，有正当的权利和利益；学生是一个整体的人，是知、情、意、行的统一体。

（3）热爱、尊重学生，公平对待学生。

教师要热爱所有学生，对学生充满爱心，经常走到学生中间。特别要尊重学生的人格，保护学生的自尊心，维护学生的合法权益，避免师生对立。教师处理问题必须公正无私，让学生心悦诚服。

（4）主动与学生沟通，善于与学生交往。

师生关系一般要经历生疏、接触、亲近、依赖、协调、默契阶段。教师要掌握沟通与交往的主动性，经常与学生保持接触、交心。教师还要掌握与学生交往的策略和技巧，如寻找共同的兴趣或话题等。

（5）努力提高自我修养，健全人格。

教师的素质是影响师生关系的核心因素。教师的师德修养、知识能力、教育态度、个性心理品质无不对学生产生深刻的影响。教师必须加强学习和研究，使自己更具有智慧；学会自我控制，培养耐心、豁达、宽容、理解等个性品质。

三、分析论述题

【参考答案】（1）材料中的教师观和学生观。

材料一中的观点是以教师为中心的传统教师观。该教师在教学过程中，对于学生的不同解法予以否定，并从应试教育的角度来考虑，认为没人会用就一言而过。因此，在他看来，学生的成长完全依仗教师，对于教育教学活动的指导，教师起主宰作用。

材料二中的观点是极端学生中心论的观点。在该教师看来，课堂应有助于活跃学生的思想和发展个性，并没有过错，但是他却采用听之任之的观点，对学生过分地包容。虽然也是以学生为中心，但与现代意义的学生中心主义观有所偏离，因此是极端学生中心的学生观。

（2）材料一和材料二中的教师观和学生观都是片面的，均与新课改所倡导的教师观和学生观不同。

① 现代的教师观认为：

第一，教师是人类文化的传播者和发展者，通过将人类丰富文化遗产有效地传授给年轻一代延续社会的文明。

第二，教师是社会物质文明和精神文明建设的推动者。教师通过教育输送各级各类人才参与物质文明建设。教师在培养各种高级专门人才、促进精神财富的生产方面也发挥着重要作用。

第三，**教师是学生成长的引领者**。教育过程是一个促进个人发展的过程，人的个体差异性在教育过程中应该得到充分的关注。

② 现代的学生观认为：

第一，**学生是发展中的人**。学生的各个方面都尚未成熟，是发展中的人，具有极大的可塑性。

第二，**学生是完整的人**。一是学生既具有自然属性，又具有社会属性和精神属性；二是学生的身体和精神，生理和心理及其每一方面所包含的各个因素都要求得到全面发展。

第三，**学生是独特的个体**。独特性最本质的特征是个性。独特性意味着差异性，需要因材施教。独特性还意味着完整性，需要全面关注学生成长。

第四，**学生是有主体性的人**。学生只有充分发挥自身的主体性，才能主动积极、有选择性地吸收外在的经验，形成自己的认知结构。

第五，**学生是有特定权责的人**。教师要做到正视并保护儿童的权利，避免其权利受到侵害；要合理地处理学生权利与责任的关系，既要保护学生的权利，又要善于引导学生承担责任，树立权责观念。

（3）理想师生关系的标准：

① **尊师爱生，相互配合**。"尊师爱生"体现了新型师生关系，是师生交往与沟通的情感基础、道德基础，其目的主要是相互配合与合作，顺利开展教育活动。

② **民主平等，和谐亲密**。师生关系的民主平等体现了师生在教育过程中相互尊重人格和权利、相互开放、平等对话、相互理解、相互接纳等关系。和谐亲密体现了师生的人际亲和力、心理融洽度。

③ **共享共创，教学相长**。共享共创体现了师生关系的动态性和创造性，是师生关系的最高层次。共享共创的结果是教师和学生相互促进、共同发展，是学生的道德、思想、智慧、兴趣、人格等的全面生成，是教师专业自我的成熟过程。

第二部分 中国教育史

第一章 官学制度的建立与"六艺"教育的形成

①"序" ②思想政治教育 ③根本原因：西周的生产力发展水平和社会制度结构 ④客观原因：惟官有书，而民无书；惟官有器，而民无器；惟官有学，而民无学 ⑤贵族子弟、平民中的优秀分子 ⑥贵族、平民子弟 ⑦下级奴隶主和平民 ⑧男女有别、明显的计划性 ⑨礼、乐 ⑩"大艺" ⑪"小艺"

第一节 学校萌芽的传说

单项选择题

1.【答案】C 【解析】在部落联盟时期，凡举行宗教仪式和公众集会都必有音乐。部落显贵重视音乐修养，他们的弟子均受乐教，实施乐教之地，称为"成均"。"成均"不是劳动场所，所进行的教育也不是以生产劳动为内容的教育，而是在生产过程之外进行的独立性的活动。教者和学者都已脱离生产劳动，成为专门从事教或专门从事学的人，这为古代学校的萌芽提供了条件。故答案为C。

2.【答案】A 【解析】"庠"是敬老养老的地方，在氏族公社中，教育年轻一代的任务，通常由具有丰富生活经验的老年人承担，这种活动考虑老年人的方便，一般在养老的地方进行。"庠"兼有两方面的重要职能，即养老与教育，而教育的任务重在德教。故答案为A。

第二节　夏商的教育

单项选择题

1.【答案】D　【解析】"序"最初是教射的场所,后来发展成为奴隶主贵族一切公共活动,如议政、祭祀、养老的场所,也是奴隶主贵族教育子弟的场所。"序"并非独立的、纯粹的教育机关,教育只是其重要职能之一。"序"设置于国都,面向奴隶主贵族子弟进行教育。故答案为D。

2.【答案】D　【解析】"校"是指用木材围成的围栏,是养马驯马的地方,后来利用其宽广的场所来进行军事训练,成为习武的场所,也在此进行其他方面的教化活动。"校"是乡学,分布于乡里,面向平民甚至奴隶进行教育。故答案为D。

3.【答案】A　【解析】瞽宗是商代大学的名称。瞽宗、右学等,都是属于大学性质,是同一机构的不同名称。当时大学以乐教为重,乐教的教师也就是乐师。乐师在学中祀其先师为乐祖,大学也就成为乐师的宗庙,故称瞽宗。瞽宗是当时贵族子弟学习礼乐的学校。故答案为A。

4.【答案】B　【解析】商代的文字已发展到基本成熟的阶段,文字逐渐用来进行系统的记事。商代已有文字记载的典籍。文字是教育的工具,典籍则是教育的重要材料。从有大学、小学或右学、左学之分,表明商代已根据不同年龄,提出不同的教育要求,实际划分了教育阶段。左学为小学,在国中王宫之东。瞽宗、右学等,都是属于大学性质。故答案为B。

5.【答案】C　【解析】商代奴隶主贵族为加强统治的需要,极力提倡宗教迷信,把本族的祖先作为至高无上的神,尊神和孝祖实际就成为同一回事。"孝"成为奴隶主贵族最强调的基本道德准则,也是思想教育的中心内容,这是奴隶主教育的重要特点。故答案为C。

第三节　西周的教育制度

单项选择题

1.【答案】D　【解析】西周在文化教育上的重要特征是"学在官府"。奴隶主贵族为了管理的需要,制定法纪规章,用文字记录,汇集成专书,由当官者来掌握,历史上称之为"学术官守",并由此造成"学在官府"。根本原因是西周的生产力发展水平和社会制度结构。客观原因是:惟官有书,而民无书;惟官有器,而民无器;惟官有学,而民无学。故答案为D。

2.【答案】C　【解析】古代社会的教育具有鲜明的阶级性,学校成为统治阶级培养人才的场所,非统治阶级的子弟不能或无权进入学校接受正规教育。"惟官有书,而民无书"说明教育资源掌握在统治阶级手中,体现了教育的阶级性。故答案为C。

3.【答案】C　【解析】西周时期,学校教育制度已经发展得比较完备,有了"国学""乡学"之分。"国学"设在周天子及诸侯所在都城内,是专为贵族子弟设立的教育机构,分为小学和大学两级。故答案为C。

A项：没有这种说法。

B项：设在王都郊外六乡行政区中的地方学校,总称为乡学。

D项：官学是指中国封建朝廷直接举办和管辖,以及历代官府按照行政区划在地方所办的学校系统。包括中央官学和地方官学,共同构成了中国古代最主要的官学教育制度。

4.【答案】C 【解析】大学入学资格有一定的限制,只有少数符合资格的人才能享受大学教育,这体现了西周教育的等级性。大学的生源有两类:一类是贵族子弟,另一类是平民中的优秀分子。天子所设的大学称为辟雍,诸侯所设的大学称为泮宫。大学的教学服从于培养统治者的需要,学大艺、履大节,以礼乐为重,射御次之。大学的教学已有计划性,表现为定时定地进行教学活动。故答案为C。

5.【答案】A 【解析】《周礼·地官司徒》："师氏掌以媺诏王,以三德教国子,一曰至德以为道本,二曰敏德以为行本,三曰孝德以知逆恶。"即以天道中和之德为道德的根本,以地道强勉敏疾之德作为行为的根本,以人道效法先王之德而知是非善恶。所以,小学教育强调的是德行教育,学习内容是德、行、艺、仪等,实际上是关于奴隶主贵族道德行为准则和社会生活知识技能的基本训练。故答案为A。

6.【答案】A 【解析】《礼记·内则》记载了贵族家庭教育的要求:"六年,教之数与方名。七年,男女不同席,不共食。八年,出入门户,及即席饮食,必后长者,始教之让。九年,教之数日。"意思是等到六岁时,要教授他们识数,辨别东南西北四个方向。到了七岁,开始教以男女有别,男孩和女孩,坐不同席,吃饭不同席。等到八岁的时候,出门进门,坐桌吃饭,应让长者为先,让他们知道对待长辈应该尊重。等到九岁时,要教他们知道朔望和会用干支记日。按儿童年龄的发展提出不同要求,这是西周家庭教育较大的进步,体现了明显的计划性。故答案为A。

7.【答案】B 【解析】西周贵族子弟的训练过程是先经家庭教育后再进行学校教育。家庭教育的内容是基本的生活技能和习惯的教育,初步的礼仪规则,初级的数的观念、方位观念和时间观念。故答案为B。

第四节 "六艺"教育

一、单项选择题

1.【答案】A 【解析】礼、乐教育是"六艺"教育的中心。(1)礼,内容极广,涉及政治、伦理、道德、礼仪各个领域,重在训练人的外在行为规范;(2)乐,艺术教育,包括诗歌、音乐、舞蹈等,包含德、智、体、美多种教育因素,重在陶冶人的内在精神和情操。故答案为A。

2.【答案】B 【解析】"六艺"是指礼、乐、射、御、书、数。其中,礼、乐、射、御作为"大艺",是大学的课程;书、数是文化基础知识技能,作为"小艺",安排在小学学习。故答案为B。

3.【答案】C 【解析】西周时期,出现了小学文字教学用书《史籀篇》,它是中国历史上最早的儿童识字课本。故答案为C。

4.【答案】D 【解析】乐,艺术教育,包括诗歌、音乐、舞蹈等,包含德、智、体、美多种教育因素,重在陶冶人的内在精神和情操。故答案为D。数,指算法;书,指文字读写;御,指驾驭马拉战车的技术。

5.【答案】C 【解析】西周不论是国学还是乡学,不论是小学还是大学,都是以"六艺"为基本学科。"六艺"是指礼、乐、射、御、书、数。"六艺"是西周教育的特征和标志,体现了文武兼备、诸育兼顾的特点。它既重视思想道德,也重视文化知识;既注重传统文化,也注重实用技能;既重视文事,也重视武备;既要符合礼仪规范,也要求内心情感修养。故答案为C。《诗》《书》《礼》《乐》《易》《春秋》是"六经"的内容。

二、辨析题

【参考答案】错误。

(1)"六艺"是西周的教育内容,也是西周教育的主要特征和标志,因此,西周的教育可称为"六艺"教育。"六艺"主要指礼、乐、射、御、书、数。其中,礼、乐是中心;礼、乐、射、御是大学课程;书、数是小学课程。

(2)孔子继承了西周"六艺"教育的传统,吸收与选择了有用学科,并根据现实充实了教育内容。他收集、整理历史资料,并将其编撰成"六经"作为教学用书,后世也奉"六经"为儒家经典。所以,孔子虽袭用西周"六艺"名称,但对所授的学科都做了调整,充实了内容。二者不能完全等同。故题干表述错误。

第二章　私人讲学的兴起与传统教育思想的奠基

大纲考点导图

①庶、富、教　②性相近、习相远　③"有教无类"　④"学而优则仕"　⑤"明人伦"　⑥"大儒"　⑦"兼士"　⑧科技和思维训练

考点演练

第一节　私人讲学的兴起与诸子百家私学的发展

单项选择题

1.【答案】D　【解析】私学兴起的原因:(1)政治经济发展。春秋时期是奴隶制崩溃而向封建制转变的社会大变革阶段,奴隶主贵族土地国有制逐渐为地主阶级土地私有制所代替;(2)官学衰废。世袭制度造成贵族不重视教育、王权衰落导致学校荒废、战争动乱打破旧的文化垄断;(3)文化下移。在社会动乱中,文化职官被迫流落四方,并把简册器物带出官府,其结果是打破了"学在官府"的局面,使原来由贵族垄断的文化学术向社会下层扩散,下移于民间;(4)士阶层的崛起。春秋时期的士是自由民,位居四民之首。在社会激烈变动的时期,文士队伍不断扩大,成为有影响的阶层。士阶层中有许多有才能的人,在政治斗争或军事斗争中发挥重要的作用,越来越受到重视;(5)养士之风盛行。新兴地主阶级为了扩大自己的经济利益和政治势力,也需要士来为自己服务。由于政治斗争的需要,养士出现了竞争,因而养士之风开始形成。社会上有大批自由民争着要成为士,首先需要学习文化,从师受教,这成为那个时期教育发展的推动力量。故答案为D。

2.【答案】D　【解析】私学的基本特征有:(1)社会基础——土地私有,西周官学建立在土地国有的经济基础、奴隶主贵族占统治地位的阶级基础之上,教育经费均由国家支出;私学则建立在土地私有的个体经济基础、以新兴地主阶级为首包括农工商等自由民在内的阶级联盟基础之上,教育经费基本为自筹。(2)管理制度——独立自主,西周官学由国家政权机关主办,学在官府、官师一体、政教合一,非独立的教育组织机构,教师由官员兼任;私学则是私人根据社会或个人需要创立,学在四夷、官师分离、政教分离,是独立的教育组织机构,教师成为一种独立职业。(3)教育内容和方式——不拘一格,西周官学以传统的"六艺"为基本内容,偏重历史文化、政治观念和道德思想,有固定的教育场所和设施,制度较为规范;私学则突破了"六艺"的束缚,思想自由,内容新颖,与现实生活联系紧密,各家私学没有固定场所,流动性强,设备简单。教育内容限于"六艺"教育不符合私学的内容。故答案为 D。

3.【答案】C　【解析】在诸多学派中,在教育方面颇有造诣的为儒、墨、道、法四家,对教育发展影响最大的也是这四家私学。其中,儒、墨被称为"显学"。道家和法家虽然在理论上不重视教育,但为了扩大学说的影响,也都有授徒讲学活动。故答案为 C。

第二节　齐国的稷下学宫

单项选择题

1.【答案】A　【解析】稷下学宫是一所由官家举办、私家主持的特殊形式的学校,是一所集讲学、著述、育才活动为一体、并兼有咨政议政作用的高等学府。故答案为 A。

2.【答案】D　【解析】稷下学宫是战国时期齐国的一所著名学府,是战国时期百家争鸣的中心与缩影,是东方文化教育和学术的中心,也是当时教育史上的重要创举,对中国古代学术、文化、教育的发展,产生过重大的历史影响。

"稷下"是齐国都城临淄(今山东省淄博市)的稷门(城西南门)附近地区。齐国君主在此设立学宫,稷下学宫因此而得名。稷下学宫,距今约 2 350 年。学术自由是它的基本特点。故答案为 D。

3.【答案】D　【解析】学术自由是稷下学宫的基本特点,具体表现在:(1)"不治而议论",即不担任具体职务,不加入官僚系统,却可以对国事发表批评性的议论;(2)容纳百家是学术自由的一种表现,欢迎游学,来去自由,在稷下学宫的各家各派学术地位是平等的;(3)相互争鸣与吸取是学术自由的又一种表现,促进了思想活跃和学术繁荣。

待遇优厚表现在:(1)政治待遇优厚。"不治而议论",齐国君主给予学者很高的政治待遇,学者在地位上与君主不是君臣关系,而是师友关系,拥有相当的自由和独立;(2)物质待遇优厚,学者们的俸禄相当于上大夫的俸禄,可以专心做学问。这是稷下学宫长期兴盛的重要原因之一。故答案为 D。

第三节　孔丘的教育实践与教育思想

一、单项选择题

1.【答案】A　【解析】孔子是我国历史上最早论述教育与经济发展关系的教育家。他认为,先抓好经济建设以建立物质基础,随之而来就应当抓教育建设,国家才会走上富强康乐之路。故答案为 A。

2.【答案】D　【解析】孔子在我国教育史上首次提出"性相近,习相远"的观点,具有一定的科学性,指出人的天赋素质相近,打破了奴隶主贵族天赋比平民天赋高贵、优越的思想。这是人类认识史上的一个重大突破,成为人人有可能受教育和应该受教育的理论依据。"性"是指先天素质,"习"是指后天习染,包括教育与社会环境的影响。孔子认为,人的先天素质没有多大差别,只是后天教育和社会环境的影响作用,才造成人的发展有重大差别。孔子认为,人的生活环境应受到重视,要争取积极因素的影响,排除消极因素的影响,因此,一方面,他强调居住环境的选择,主张"里仁为美";另一方面,他强调社会交往的选择,主张"就有道而正焉"。因为"性"指的是先天素质;"习"指的是后天习染,包括环境和教育。故答案为 D。

3. 【答案】D 　【解析】在教育对象上,孔子主张"有教无类",意思是教育的对象不分贵贱、庶鄙,不论种族。"自行束脩以上,吾未尝无诲焉"意思是只要自愿拿着 10 条干肉为礼来见我的人,我从来没有不给他教诲的。孔子的这句话表明其在教育对象上主张"有教无类"。故答案为 D。

A 项:"唯上知与下愚不移"是孔子对智力的划分,强调教育的作用。

B 项:是孔子的为政思想。

C 项:是孔子的教育目的观。

4. 【答案】D 　【解析】孔子提出从平民中培养德才兼备的从政君子,这条培育人才的路线可概括为"学而优则仕"。它包括多方面的意思:(1)学习的出路:学习是通向做官的途径;(2)学习的目的:培养官员是教育最主要的政治目的;(3)做官条件:学习成绩优良是做官的重要条件。如果不学习或虽经学习而成绩不优良,也就没有做官的资格;(4)输送人才原则:首先,学不优则不能出来做官;其次,国家政治上了轨道才能出来做官,否则宁可退隐。故答案为 D。

5. 【答案】B 　【解析】"子以四教:文、行、忠、信。"孔子以知识、品行、忠诚和信实教育学生,这是孔子的教学内容,包含两大部分,即道德教育和知识教育。"文"是指知识教育,主要指孔子编订的"六经",即《诗》《书》《礼》《乐》《易》《春秋》。这六种教材,各有教育任务,对人的思想教育都有重要价值。故答案为 B。

6. 【答案】A 　【解析】孔子说:"行有余力,则以学文。"首先要求做一个品行符合道德标准的社会成员,其次才是文化知识的学习。所以,在孔子的教学内容中,道德教育占首位。道德教育并没有专设学科,而是把道德教育要求贯穿到文化知识学科中。通过文化知识的传授,灌输道德观念,所以文化知识学科的基本任务在于为道德教育服务。故答案为 A。

7. 【答案】A 　【解析】《诗》是我国最早的诗歌选集,对个人品德修养和人际交往都有重要作用。《书》又称《尚书》,是古代历史文献汇编,目的是要人学习先王之道,恢复文武之道。《礼》又称《士礼》,后世称为《仪礼》,知礼是立足于社会的重要条件,不仅要学会礼的仪式,更重要的是要理解礼的精神实质。《乐》是各种美育教育形式的总称,内涵广泛,与诗、歌、舞、曲密切结合在一起。乐与礼经常配合发挥作用,为政治服务。故答案为 A。

8. 【答案】D 　【解析】《春秋》是我国现存的第一部编年史,具有重要的历史价值。故答案为 D。

9. 【答案】D 　【解析】孔子教学内容的特点:(1)偏重社会人事。其教材都是属于社会历史伦理方面的文化知识,注重的是现实的人事,而不是崇拜神灵;(2)偏重文事。他虽要求从政人才文武兼备,但在教学内容的安排上偏重文事,有关军事知识技能的教学居于次要地位;(3)轻视科技与生产劳动。他要培养的是从政人才,而不是从事农工劳动者,所以不强调掌握自然知识和科学技术。故答案为 D。

10. 【答案】A 　【解析】孔子是我国古代最先提出启发式教学和提倡"学思结合"教育思想的教育家。故答案为 A。

11.【答案】A 【解析】愤与悱是内在心理状态在外部容色言辞上的表现,朱熹在《论语集注》中说:"愤者,心求通而未得之意,悱者,口欲言而未能之貌。启,谓开其意,发,谓达其辞。物之有四隅者,举一可知其三,返者还以相证之义。复,再告也。"在朱熹看来,孔子说这段话的意思是:在教学时必先让学生认真思考,已经思考相当时间但还想不通,然后可以去启发他;虽经思考并已有所领会,但未能以适当的言辞表达出来,此时可以去开导他。教师的启发是在学生思考的基础上进行的,启发之后,应让学生再思考,获得进一步的领会。故答案为A。

12.【答案】A 【解析】孔子是我国历史上首倡因材施教的教育家。这一原则主要解决教学中统一要求与个别差异的矛盾。实行因材施教的前提条件是承认学生的个体差异,了解学生的特点。只有从各人的实际情况出发,根据个性特点和具体要求来进行教育,才能达到一定的教育目的,有利于加速各种人才的成长。孔子了解学生,最常用的方法有两种:谈话和个别观察。孔子说,"听其言而观其行""视其所以,观其所由,察其所安"。故答案为A。

13.【答案】A 【解析】"仁"和"礼"是孔子道德教育的主要内容,也是两个基本道德修养原则。"仁"是道德的内在情感准则,从"仁"出发,强调培养人们"爱人"的情感。"己欲立而立人,己欲达而达人""己所不欲,勿施于人",主要是由推己及人的逻辑路线,启发人们内在的道德自觉,这是一条内发的道德修养路线。"礼"是道德的外在行为规范,从"礼"出发,强调人必须接受外在社会行为规范的约束。社会行为规范即是"礼",必须接受礼的约束,这是一条外铄的道德修养路线。故答案为A。

14.【答案】B 【解析】"礼"是道德的外在行为规范,凡符合"礼"的道德行为都要以"仁"为精神指导。"礼"和"仁"是形式与内容的关系。"礼"最重要的两项道德规范是忠与孝。从"礼"出发,强调人必须接受外在社会行为规范的约束。社会行为规范即是"礼",必须接受礼的约束,这是一条外铄的道德修养路线。故答案为B。

二、辨析题

【参考答案】错误。

"性相近也,习相远也"指人的先天素质没有多大的差别,只是后天教育和社会环境的影响造成了人的发展的重大差别。由此,强调后天教育的重要性,这一理论成为人人有可能受教育、人人应当受教育的理论依据。

但在当时社会,孔子把人性分为三等,一等是"生而知之者",属于上智;二等是"学而知之者"与"困而学之",属于中人;三等是"困而不学",属于下愚。"性相近也,习相远也"指的就是中人这部分,中人是有条件接受教育的,而非人人都有条件接受教育。故题干表述错误。

三、分析论述题

1.【参考答案】孔子热爱教育事业,具有丰富的教学实践经验,重视道德修养,因而具备作为优秀教师的品质和条件。他主张,作为教师应具备以下基本条件:

第一,学而不厌。教师应重视自身的学习修养,掌握广博的知识,具有高尚的品德,这是教人的前提条件。

第二，诲人不倦。教师以教为业，以教为乐，需要对学生和社会有高度责任心，以耐心说服的态度教育学生。

第三，温故知新。教师既要了解、掌握过去的政治历史等知识，又要借鉴有益的历史经验认识当代的社会问题，知道解决问题的办法；既要巩固旧知识，又要探索新知识；既要注意继承，又要探索创新。

第四，以身作则。教师的教育方式有言教，还有身教。言教在说理，以提高道德认识；身教在示范，以实际指导行为方法。教师身教的示范，对学生有重大感化作用，身教比言教更为重要。

第五，爱护学生。孔子爱护关怀学生表现在，要学生努力进德修业，对学生充满信心并抱有乐观态度，对他们加以重视和培养。

第六，教学相长。在教学过程中，教师对学生不是单方面的知识传授，应当为学生答疑解惑，经常共同进行学问切磋。这样不但教育了学生，还提高了自己。

孔子是"以德服人"的教育家，是教师的光辉典范，他所体现的"学而不厌，诲人不倦"的教学精神，已成为中国教师的优良传统。

2.【参考答案】孔子和苏格拉底是东西方文明发展史上两位伟大的思想家和教育家，他们所提出的启发式教学法，存在着许多相同和不同之处。

（1）相同点。

① **目的**：两种教育方法的目的都是启发学生的思维，而不是直接把既定的答案告诉学生。这两种方法都希望学生在教师的引导下，自己思考，自己推理出答案。

② **方法**：都采用了互动式交谈（启发式、提问）。无论是苏格拉底的"产婆术"，还是孔子的启发式，都是教师与学生的一系列对话，教师在对话中去启发学生，在交谈的过程中给予学生启示。

③ **内容**：讨论的内容集中于伦理内容。他们都是注重道德的人，他们探讨的往往是没有终极答案，又值得人们去思考的哲学类问题和道德类问题。

（2）不同点。

① **启发方式不同**。苏格拉底只是单纯的提问，用一系列的问题使对方无言以对，从而推导出结论。孔子更强调学生本人对知识的思考，不会穷追不舍，只是点到为止，留给学生思考的空间，通过学生的学与思，得出结论。

② **教学顺序不同**。苏格拉底强调从特殊到一般。孔子强调从一般到特殊。

③ **教学目的不同**。苏格拉底强调探索新知。孔子强调温故知新。

第四节　孟轲的教育思想

一、单项选择题

1.【答案】A　【解析】在我国，"教育"一词最早见于《孟子·尽心上》。孟子曰："君子有三乐，而王天下不与存焉。父母俱存，兄弟无故，一乐也；仰不愧于天，俯不怍于人，二乐也；

得天下英才而教育之,三乐也。"意思是,父母都健在,兄弟没有病患、怨恨,这是第一件快乐的事情;仰头对天不觉得内疚,低头对人不觉得惭愧,这是第二件快乐的事;得到天下优秀的人才并教育他们,这是第三件快乐的事。故答案为 A。

2.【答案】B 【解析】恻隐之心,仁之端也;羞恶之心,义之端也;辞让之心,礼之端也;是非之心,智之端也。故答案为 B。

3.【答案】A 【解析】孟子以为,教育的作用就在于引导人保存、找回和扩充其固有的善端。有没有教育,在人身上善与不善,就可以表现出成倍、数倍的差距。没有教育,不要说性善,人就几乎无异于禽兽了。可见,孟子的"性善论"是一种有限定的"性善论",它也强调了善的社会习得和对教育的依赖。故答案为 A。

4.【答案】A 【解析】孟子第一次明确概括出中国古代学校教育的目的是"明人伦",教育通过实现"明人伦"来为政治服务。"人伦"即人道,是人类的本质表现,具体来说是五对关系:父子有亲、君臣有义、夫妇有别、长幼有序、朋友有信。孟子以此为中心,建立了一个道德规范体系"五常",即仁、义、礼、智、信。故答案为 A。"学而优则仕"是孔子的教育目的;"大儒"是荀子的教育目的;"兼士"是墨子的教育目的。

5.【答案】D 【解析】孟子如何实现"大丈夫"人格理想呢?(1)持志养气。孟子所说的"持志"就是坚持崇高的志向,一个人有了志向与追求就会有相应的"气"——精神状态。养气,一是靠坚定志向;二是靠平时的善言善行来积累道义;(2)动心忍性。就是意志锻炼,尤其是在逆境中磨砺。人的聪明才智得之于艰苦的磨炼,环境越是恶劣,对人的造就就可能越大;(3)存心养性。虽然人人都有仁义礼智的善端,但善端要形成实实在在的善性善行,要靠存养和扩充。存养的障碍来自人的耳目之欲。要扩充善端就要寡欲,要发挥理性的作用;(4)反求诸己。当自己的行动未得到对方的回应时,就应当首先反躬自问,从自己身上找原因,对自己提出更高的要求,然后对人做得更到位。凡事必须严于律己,时时反思。故答案为 D。深造自得是孟子的教学方法,是指深入学习和钻研必须有自己的收获与见解,如此才能形成稳固而深刻的智慧,遇事方能左右逢源,挥洒自如。

6.【答案】C 【解析】孟子主张学习中的独立思考和独立见解。"尽信《书》,则不如无《书》",对前代文献典籍和已有之见,不轻信、不盲从,经自己的思考而有所弃取。学习中特别重要的是由感性学习到理性思维的转化。孟子认为,深入学习和钻研必须有自己的收获与见解,如此才能形成稳固而深刻的智慧,遇事方能左右逢源,挥洒自如。所以,这句话反映的教学方法是深造自得。故答案为 C。

二、分析论述题

【参考答案】(1)"性善论"——教育理论的基础。

① "性善论"的含义。

性: 即"人性",是指人类所独有的、区别于动物的本质属性。"人性"表现为"四心",即恻隐之心、羞恶之心、恭敬之心、是非之心,分别是"仁、义、礼、智"的基础,是起端,所以称为"四端"。在"四心"中,"恻隐之心"是最基本的,是"仁"的基础。

善: 孟子认为,"仁、义、礼、智"这些"良知""良能"是人所固有的。人性本善,人之所以高于动物,是因为人性中具有"善端",即善的因素或萌芽。

② 人性本质上的平等性。

孟子认为,人们道德境界、智能程度的差别不是先天决定的,而是后天个人主观努力程度不同。圣人和一般人都具有"四心",都拥有相同的发展潜力,即"人皆可以为尧舜"。孟子从人性论上肯定了每个人发展的可能性。

(2)教育作用。

① 教育对个人的作用在于扩充善性。

"善"的习得需要依靠学习和教育,教育的作用表现在两方面:"存心养性",把人天赋的"善端"加以保持、培养、扩充、发展;"求放心",寻找失落、放任的心灵,启发人们恢复天赋的善良本性,把已经丧失的"善端"找回来,使之成为道德上的"完人"。

② 教育对社会的作用在于通过教育来扩充人性,进而达到国泰民安。

孟子继承和发展了孔子的"仁"和"德治"思想,提出了"仁政"学说,中心是"民本"思想。他强调,教育是"行仁政""得民心"的最有效手段,教育的全部作用在于通过扩充人固有的善性而达到对国家的治理。

第五节 荀况的教育思想

一、单项选择题

1.【答案】D 【解析】荀子在人性论上主张"性恶论"。"人之性恶,其善者伪也","伪"是指"人为",泛指后天一切人为的努力而使本性发生变化。教育在人的发展中起着"化性起伪"的作用。故答案为D。

2.【答案】B 【解析】性恶论是荀子教育思想的理论基础。他指出,凡人都可以通过教育的作用,即"化性起伪",改变自己的恶性,化恶为善,使可能变为必然,成为君子甚至禹那样的高尚人物。"化性起伪"的条件:人能成为禹,是环境、教育和个体努力共同作用的结果。(1)环境,即荀子所说的"注错习俗",或者说"渐",有什么样的风俗,就会有什么样的习性,所以人应当注意选择环境;(2)教育,教育的作用则显得更主动,它是依一定的规矩对人加以改变的过程;(3)个体努力,荀子称之为"积",即不断地积累知识和道德。故答案为B。

3.【答案】A 【解析】荀子认为,大儒是最理想的一类人才,他们不仅知识广博,而且能以已知推未知,自如地应对从未闻见过的新事物、新问题,自如地治理好国家。显然,教育应当以大儒为培养目标。这种人才内涵的确定,虽非荀子首创,但却是他首先作为培养目标加以阐述的。荀子的思想代表了儒家思想与现实政治的进一步结合。故答案为A。

4.【答案】C 【解析】荀子认为,各经自有不同的教育作用,在诸经中,荀子尤重《礼》,以它为自然与社会(道德与政治)的最高法则。荀子重视以儒家经典为内容的文化知识传播,具有重要的意义:(1)从中国经学史上看,秦的焚书坑儒毁掉了很多传统文献,传下来的一部分中有相当数量得益于荀子的口耳相传;(2)从中国教育史上看,荀子的传经,使儒家经典得以保存,使后世封建社会教育有了经典教科书,为文化、思想定于一尊提供了依据。故答案为 C。

5.【答案】C　【解析】"不闻不若闻之,闻之不若见之,见之不若知之,知之不若行之,学至于行之而止矣。"(出自《荀子·儒效》)这句话表达了学习过程中阶段与过程的统一,以及学习初级阶段必然向高级阶段发展,而学习的高级阶段又必然依赖初级阶段的思想。这是荀子的思想。故答案为 C。

6.【答案】C　【解析】荀子把教师的地位提到与天地、祖宗并列的地位,将教师视为治国之本。故答案为 C。

二、分析论述题

1.【参考答案】(1)教师地位：荀子把教师的地位提到与天地、祖宗并列的地位,将教师视为治国之本。

(2)教师作用：教师参与治理国家是通过施教来实现的,教师与师法——教育有着治理国家的作用。荀子把国家兴亡与教师的关系作为一条规律总结出来。

(3)师生关系：荀子片面强调学生服从老师,主张"师云亦云"。背叛教师,不依师法言行者,人人都应当唾弃他。教师在教学过程中处于绝对的主导地位。

(4)教师素养：荀子认为,师之道在于有尊严而令人起敬,德高望重,讲课有条理而不违师法,见解精深而表述合理。

评价：荀子强调尊师,既出于其"性恶论",也与当时时代的统一趋势有关。国家的统一客观上要求加强对人思想意识的控制,这种控制是通过教育实现的,而教师是教育的具体实施者。荀子的尊师思想对后世中国封建社会"师道尊严"的形成有很大的影响。

2.【参考答案】孟子和荀子都是我国古代儒家学派的著名代表人物,二者的教育思想既有共同之处,也有区别。

(1)共同点。

① 在教育的作用上,二者都重视教育在社会发展和个人成长中的作用。

孟子认为,教育对个人的作用在于把人天赋的善端加以保持、培养、扩充、发展,或把已经丧失的善端找回来,启发人们恢复天赋的善良本性,使之成为道德上的"完人"。教育的社会作用则是"行仁政""得民心"。

荀子也高度重视教育的作用。他认为,教育在人的发展中起着"化性起伪"的作用。他指出凡人都可以通过"化性起伪",改变自己的恶性,化恶为善,而成为君子甚至禹那样的高尚人物。因而,化性起伪是环境、教育和个体努力的共同结果。

② 在教育目的和教育内容上,二者都认为培养统治人才是教育的最高目标,都强调道德教育是教育内容中的重要方面。

孟子认为,办教育的目的在于"明人伦"。"人伦"是指"父子有亲,君臣有义,夫妇有别,长幼有序,朋友有信。""明人伦"的教育目的决定了他的教育内容是以伦理道德教育为主体,以"孝悌"为伦理道德基础,这是整个中国封建社会教育的重要特点。这一点,与荀子要求教育培养推行礼法的"贤能之士"的教育目标是不冲突的,而荀子整理"五经"为教育内容,与孟子"孝悌"的教育内容更是一脉相承。

（2）不同点。

① **在人性论上的分歧是二者最大的区别。**

孟子肯定"性善论"，认为人先天具有仁、义、礼、智四个"善端"。这四个"善端"是每个人与生俱来的，因而从理论上讲，人人皆可为尧舜。但是，仅有这些"善端"是不够的，必须加以扩充，使之达到完善的境地，就可以成为圣人。相反，由于受外界环境的影响，人们的"善端"受到破坏，心灵遭到"陷溺"，就会成为小人、恶人。

荀子最突出的是与孟子"性善论"相对立的"性恶论"。他认为，人性是人与生俱来的自然属性，它完全排除任何后天人为的因素。与生俱来的本能是"性"，而后天习得者为"伪"。荀子认为，人的本性是恶的，而人的善德是后天习得的。这一点较孟子的"良知""良能"具有更多的唯物主义色彩。

② **在教学思想上也存在较大差异，孟子主张"内发"，而荀子更倾向于"外铄"。**

在学与思的关系上，孟子比较强调"思"，主张深造自得，专心致志；荀子则更提倡"学"。孟子的这种观点是受其唯心主义思想影响，夸大"思"的作用而忽视"闻见"，过多强调理性认识。

在教学过程上，孟子将其视为"存养""内省""自得"的过程，把它看成发扬人天生的善性过程，唯心主义倾向较重；而荀子把教学过程看成闻见、知、行三个环节，更可贵的是，他强调学是要落到实践上，充分反映其唯物主义的思想。

综上所述，孟子与荀子在教育思想上的相同与分歧，都有值得我们吸收、发扬的可贵之处，对于他们各自的缺陷，我们应该取长补短，借鉴吸收。

第六节　墨翟与墨家的教育思想

一、单项选择题

1.【答案】A　【解析】墨子以素丝和染丝为喻，来说明人性在教育下的改变和形成。墨子认为，首先，人性不是先天所成，生来的人性不过如同待染的素丝；其次，下什么色的染缸，就成什么颜色的丝，即有什么样的环境与教育就能造就什么样的人。因此，必须慎其所染，选择所染。这一思想从人性平等的立场出发认识和阐述教育作用，较孔子的人性论进步了。故答案为A。

2.【答案】C　【解析】"兼相爱，交相利"的社会理想决定了墨子的教育目的是培养实现这一理想的人，即"兼士"或"贤士"。故答案为C。

3.【答案】D　【解析】墨子的教育特色主要体现在科学技术教育和训练思维能力上，突破了儒家"六艺"教育的范畴，堪称一大创造。孔子轻视劳动和科技教育，墨子则恰恰相反，拥有很高的科技水平和逻辑水平。但其全盘否定了"礼""乐"的价值，不加分析地反对音乐文化和教育，忽视音乐教育在陶冶道德品质和审美能力方面所产生的作用，当然也是片面的。故答案为D。

4.【答案】C　【解析】墨子强调必须掌握思维和论辩的法则，即形式逻辑。墨子在中国古代逻辑学史上首先提出了"类""故"的概念，提出"察类明故"的命题，要求懂得运用类推与求故的方法，即凡事要有根据，要讲出道理，合乎逻辑，说服他人，战胜论敌。故答案为C。

5.【答案】D　【解析】墨子和墨家的教育方法与儒家有较大的不同，表现出鲜明的学派特色。表现为主动、创造、实践、量力。故答案为D。

6.【答案】B 【解析】墨子提出"合其志功而观焉"。志是动机,功是效果,主张以动机与效果的统一去评价人的行为。墨家更着眼于"功"或效果,讲效果就是讲实践。墨家的实践除了道德的和社会政治的之外,还有生产的、军事的和科技的。墨家重"行"是出于实现兼爱天下的社会理想。墨家对"行"的理解与儒家有很大分歧,其内涵更广泛、更有价值。故答案为B。

7.【答案】C 【解析】墨子是中国教育史上首先明确提出"量力"教育方法的人。他十分注意在施教时考虑学生的力之所能及。"量力"方法的提出,表现出墨子对教学规律的把握。"量力"具有两方面的含义:一是就学生的精力而言,人不能同时进行几方面的学习;二是就学生的知识水平而言,应当量其力而教。故答案为C。

二、分析论述题

【参考答案】（1）**在教与学上**,儒家主张"叩则鸣,不叩则不鸣",强调学生主动求教;墨家主张"虽不叩则必鸣",要求教育者主动说教。与儒家相比,墨家强调教育者的主动和主导,但缺少了儒家教学中启发诱导的精神,也忽视了学习者必须具备的知识和心理上的准备。

（2）**在传统问题上**,儒家主张"述而不作",强调继承;墨家主张"善述善作",既肯定继承,更重视创造。与儒家相比,墨家认识到人类文化的创造、继承、发展有一个过程,每代人都应有所作为,这是很有创造精神的。

（3）**在教育内容上**,儒家重视政治和道德实践,也重视思想动机的纯正;墨家不仅重视政治和道德、文史教育,还注重以科技和思维训练为特色的教育内容,突破了儒家"六艺"教育的范畴,有进步意义。与儒家相比,墨家重视实践、实用。墨子是第一个提出用"合其志功"作为评判他人道德行为尺度的人,在古代伦理史上有着不可磨灭的地位。

（4）**在教学过程上**,儒家主张"学而知之",从学开始,由学而思进而行,强调直接经验;墨家主张学习间接获得的知识、推理所得的知识、经验所得的知识,并为检验人的理论和观点是否正确,提出了有名的"三表法"。与儒家相比,墨家注重思想方法训练,要求掌握和运用形式逻辑的思维、论辩法则去战胜论敌,推行自己的社会政治主张。

综上所述,作为儒家教育思想对立面出现的以墨子为代表的墨家教育思想,包含不少合理的主张,尤其是其对科学技术知识和技能技巧的专门教育。所有这一切,使墨家教育思想成为中国教育史上一份独特而有价值的遗产。

第七节　道家的教育思想

单项选择题

1.【答案】A 【解析】在老庄看来,"道"是天地万物的本源,是不依人的主观意志为转移的客观存在。"人法地,地法天,天法道,道法自然。"人以天地自然为法,道家强调人是自然的人,教育应该顺其自然。道家认为,教育是破坏自然、违背人性的。因此,教育应该让人们忘掉一切知识,即"损之又损,以至于无为"。最好的教育就是彻底取消教育,即"绝学无忧"。

故答案为 A。

2.【答案】D 【解析】道家主张"绝圣去智"，用"不言之教"培养返璞归真、回归自然的理想人格，即"上士"或"隐君子"。这是一种"无功""无名""物我两忘"的逍遥人格，崇尚自然，追求个人精神的解脱。而"大丈夫"的人格理想是孟子提倡的。故答案为 D。

3.【答案】C 【解析】"虚而待物"是指认识的自然无为，意味着排除一切主观、人为的影响，按照事物的本来面目去认识事物。故答案为 C。

第八节　法家的教育思想

单项选择题

1.【答案】C 【解析】"禁私学""禁诗书"的思想主张属于法家。故答案为 C。

2.【答案】A 【解析】韩非倡导"耕战"。先秦法家思想正是从富国强兵的愿望导出对"耕战"的倡导。故答案为 A。

3.【答案】B 【解析】法家认为，私学的存在只会导致思想的纷乱，不利于国家的凝聚力和社会秩序的稳定。所以，为了统一天下，必须要求思想的统一和君主权力的高度集中。"以吏为师"主要表达了法治教育的实现手段，为了实行法治，选择知法的官吏来担任法令的解释者和宣传者，从中央到地方都设吏师，负责对全体人民进行法治教育。故答案为 B。

第九节　战国后期的教育论著

一、单项选择题

1.【答案】C 【解析】《大学》开篇就说："大学之道，在明明德，在亲民，在止于至善。"这是儒家对《大学》教育目的和为学做人目标的纲领性表达。"三纲领"表达了儒家以教化手段的仁政、德治思想。（1）"明明德"，发扬光大人天生的善性，这是每个人为学做人的第一步；（2）"亲民"，推己及人，使人们获得自新、臻于至善的境界；（3）"止于至善"，每个人都应在其不同身份时做到尽善尽美，这是大学教育的终极目标。故答案为 C。

2.【答案】A 【解析】"博学之，审问之，慎思之，明辨之，笃行之"是《中庸》对学习过程进行的阐述，它把学习过程具体概括为学、问、思、辨、行五个先后相续的步骤。这一表述概括了知识获得过程的基本环节和顺序，是对从孔子到荀子先秦儒家学习过程思想——学思行的发挥和完整表述。学、问、思、辨、行被后世学者引为求知的一般方法与途径，朱熹曾称之为"为学之序"，将其列为《白鹿洞书院揭示》的重要规定，因此产生了很大影响。故答案为 A。

3.【答案】A 【解析】《学记》是《礼记》中的一篇，是中国教育史和世界教育史上最早的、最完整的专门论述教育问题的论著，被认为是"教育学的雏形"。故答案为 A。

4.【答案】A 【解析】《学记》把大学教育的年限定为两段、五级、九年。（1）第一、三、五、七学年毕，共四级，为一段，七年完成，谓之"小成"；（2）第九学年毕为第二段，共一级，考试合格，谓之"大成"。这是古代年级制的萌芽。故答案为 A。

5.【答案】D 【解析】根据《学记》,学习过程中,规定每隔一年考查一次,以表示这一阶段学业的完成。考查内容包括学习成绩和道德品行,不同的年级有不同的要求。整个考试制度体现了循序渐进、德智并重的特点。

第一年"视离经辨志",考查阅读能力方面能否分析章句,思想品德方面是否确立高尚的志向。

第三年"视敬业乐群",考查对学业的态度是否专心致志和与同学相处能否团结友爱。

第五年"视博习亲师",考查学识的广博程度和对老师是否亲密无间。

第七年"视论学取友",考查学术见解和交游择友。合格者为"小成"。

第九年"知类通达,强立而不反",考查学术上的融会贯通和志向上的坚定不移。合格者为"大成"。故答案为D。

6.【答案】B 【解析】"不陵节而施之谓孙"反映的是循序渐进原则,即教学必须遵循一定的顺序("孙")。孙,可以理解为内容的顺序和年龄的顺序。如果"杂施而不孙",杂乱施教而无合理的顺序,其效果将适得其反。因此,要"学不躐等"。故答案为B。

A项:"时教必有正业,退息必有居学"是说既有有计划的正课学习,又有课外活动和自习,有张有弛,让学生感到学习的乐趣,感受到老师、同学的可亲可爱,使学习成为学生的一种内在需要。

C项:出自《论语·先进》,是说冉求做事畏缩不前,所以要鼓励他大胆进一步;仲由敢作敢为有时不够慎重,所以要抑制约束他慎重地退后一步。

D项:教学要重启发诱导,注意"道而弗牵",引导,但又不牵着学生走;"强而弗抑",督促勉励,又不勉强、压抑;"开而弗达",打开思路,但不提供现成答案。

7.【答案】A 【解析】"君子之教,喻也"反映的是启发诱导原则,即教学要注重启发诱导。"道而弗牵,强而弗抑,开而弗达",意思是教师引导,但又不牵着学生鼻子走;督促勉励,又不勉强、压抑;打开思路,但不提供现成答案。故答案为A。

8.【答案】B 【解析】《学记》对教师提出了严格要求:(1)"记问之学,不足以为人师。"它强调学识只是为师的条件,而非充分条件;(2)"君子既知教之所由兴,又知教之所由废,然后可以为人师也。"它指出懂得教育成败的原理可以为师;(3)"君子知至学之难易,而知其美恶,然后能博喻,能博喻然后能为师。"它指出善于在分析达成学习目标的难易程度和学生素质高下的基础上,采用各种有针对性的教学方法,可以为师。"言而不称师,谓之畔;教而不称师,谓之倍"是荀子的教师观。故答案为B。

二、分析论述题

1.【参考答案】《学记》是《礼记》中的一篇,是中国教育史和世界教育史上最早的、最完整的专门论述教育问题的论著,是对先秦儒家教育和教学活动的理论总结。

(1)教育作用与教育目的。

一是对社会的作用和目的:"建国君民,教学为先",即兴办学校,推行教育,教化人民群众遵守社会秩序,养成良风美俗。

二是对个人的作用和目的:"玉不琢,不成器;人不学,不知道"。教育通过对人有目的、有计划地培养,使每个人都形成良好的道德与智慧,懂得去维护国家利益和社会安定。

（2）教育制度与学校管理。

一是学制与学年。《学记》提出了从中央到地方按行政建制设学的设想,把大学教育的年限定为两段、五级、九年。

二是学校管理:视学与考试。《学记》十分重视大学开学和入学教育,把它作为教育管理的重要环节来抓。学习过程中,规定每隔一年考查一次,以表示这一阶段学业的完成。

（3）教育、教学的原则。

一是预防性原则（预）。要求事先估计到学生可能会产生的种种不良倾向,预先采取防止措施。

二是及时施教原则（时）。掌握学习的最佳时机,适时而学,适时而教。

三是循序渐进原则（孙）。教学必须遵循一定顺序。

四是学习观摩原则（摩）。学习中要相互观摩,相互学习,取长补短。

五是长善救失原则。教师要注意学生的个别差异,帮助他们发扬优点,克服缺点。

六是启发诱导原则。懂得启发的教师,才算是懂得教学的教师。

七是藏息相辅原则。既有有计划的正课学习,又有课外活动和自习,有张有弛,让学生感受到学习的乐趣,使学习成为学生的一种内在需要。

（4）教师。

一是《学记》十分尊师原因:社会上每个人,从君到民,都是教师教出来的,尤其是以教育为治术就离不开好老师。

二是《学记》对教师提出了严格要求:学识只是为师的条件,而非充分条件;懂得教育成败的原理可以为师;善于在分析达成学习目标的难易程度和学生素质高下的基础上,采用各种有针对性的教学方法,可以为师。

三是教学相长:这是教师自我提高的一条规律。教学相长的本意并非教与学双方的相互促进,而是仅指教这一方的以教为学。它说明了教师本身的学习是一种学习,而其教导他人的过程也是一种学习。正是这两种不同形式的学习相互推动,使教师不断进步。后人作了引申,将其视为教学过程中教师、学生双方互相促进、共同提高的过程。

2.【参考答案】（1）这段材料出自《学记》。

（2）材料中的教学思想:

① 未发先豫的思想。具体反映在材料中"禁于未发之谓豫,发然后禁,则扞格而不胜"这句话。

② 及时施教的思想。具体反映在材料中"当其可之谓时,时过然后学,则勤苦而难成"这句话。

③ 循序渐进的思想。具体反映在材料中"不陵节而施之谓孙"和"杂施而不孙,则坏乱而不修"这两句话。

④ 相观而善的思想。具体反映在材料中"相观而善之谓摩"和"独学而无友,则孤陋而寡闻"这两句话。

⑤ 启发诱导的思想。具体反映在材料中"道而弗牵,强而弗抑,开而弗达。道而弗牵则和,强而弗抑则易,开而弗达则思"这句话。

第三章 儒学独尊与读经做官教育模式的初步形成

大纲考点导图

①废除"挟书律" ②兴太学以养士 ③察举制的完全确立 ④鸿都门学 ⑤书馆 ⑥察举制度 ⑦"三纲"（君为臣纲，父为子纲，夫为妻纲） ⑧"五常"（仁、义、礼、智、信） ⑨"以仁安人，以义正我"（对他人） ⑩文人和鸿儒

考点演练

第一节 秦朝的教育政策与措施

单项选择题

1.【答案】D 【解析】秦是中国历史上第一个统一的中央集权的封建国家。秦朝的教育政策遵循着一个中心原则，即维护国家的统一和君主集权的封建统治制度，以法治思想指导教育实践。为了实现这个目标，秦朝在文化教育上采取了一系列措施。主要有三方面：（1）统一文字；（2）禁止私学；（3）实行吏师制度。故答案为D。

2.【答案】A 【解析】李斯以秦国字形为基础，吸收六国字形，总结出一种新的字体——小篆（又称秦篆），编成字书颁布全国。这部名为《仓颉篇》的字书，成为儿童习字的课本。后来，程邈又对小篆进行改进，将其简化成为隶书。故答案为A。

第二节 汉朝的文教政策

单项选择题

1.【答案】D 【解析】鉴于秦灭亡的教训，汉初统治者以道家的"清静无为"作为政治指导思想。在汉初，实际流行的是一种改造过的道家学说，称为"黄老之学"。具体措施包括：重视知识分子作用、允许开办私学、废除"挟书律"。故答案为D。"独尊儒术"是汉武帝时期董仲舒提出的"罢黜百家，独尊儒术"的建议。

2.【答案】D 【解析】三大文教政策的内容：（1）"推明孔氏，抑黜百家"。汉初在文化教育上采取宽松政策，给各学派的发展提供了良好的机会，但各学派之间相互争雄，势必危及政治思想的统一；（2）兴太学以养士。为了保证封建国家在统治思想上的高度统一，也为了改变统治人才短缺的局面,董仲舒在对策中提出了"兴太学以养士"的建议;(3)重视选举,任贤使能。针对汉初人才选拔和使用中的弊病,董仲舒提出了加强选举、合理任用人才的主张。董仲舒提出了一套严格的选士方案,强调"量材而授官,录德而定位"的用人思想。故答案为 D。

3.【答案】B　【解析】"独尊儒术"文教政策的具体措施有:(1)专立五经博士。汉武帝设五经博士,从此,儒家的《诗》《书》《礼》《易》《春秋》"五经"皆设博士。而对原先设立的传记、诸子等博士则历久不设,最后事实上归于废止。这样,就促成了独尊儒术的局面;(2)开设太学。汉武帝下令为五经博士设弟子,从此,博士成为一种以教授为主要职能的学官,标志着太学的正式设立,博士弟子即是太学生。太学的设立,是中国教育史上的一件大事,以后各代王朝都依例设立;(3)察举制的完全确立。察举制始于汉文帝,到汉武帝时期,察举制发展为一种比较完备的选官制度,并得以真正确立。故答案为 B。

4.【答案】A　【解析】汉武帝下令为五经博士设弟子,从此,博士成为一种以教授为主要职能的学官,标志着太学的正式设立,博士弟子即是太学生。太学的设立,是中国教育史上的一件大事,以后各代王朝都依例设立。故答案为 A。

第三节　汉朝的学校教育制度

单项选择题

1.【答案】B　【解析】太学为国家培养"经明行修"的官吏。太学实际上是一所儒学专门学校,所授的知识是单一的儒家经典。太学中有个别或小组教学,后期也有"大都授"的集体上课形式。故答案为 B。

2.【答案】A　【解析】"策"是指教师(主考)所出的试题。"射"是以射箭的过程来形象描写学生对试题的理解和回答过程。"科"是教师(主考)用以评定学生成绩的等级标记,从优到劣依次分为甲科、乙科、丙科。故答案为 A。

3.【答案】A　【解析】鸿都门学创办于东汉灵帝光和元年(公元 178 年),因校址在洛阳的鸿都门而得名。鸿都门学在性质上属于一种研究文学艺术的专门学校,作为一种办学的新型形式,为后代专门学校的发展提供了经验。同时,它也是世界上最早的文学艺术专门学校。故答案为 A。

4.【答案】D　【解析】东汉宦官集团为了与太学生支持的官僚集团斗争,利用教育培养拥护自己的知识分子,建立了鸿都门学。这所学校的创办是统治集团内部各派政治力量的较量在教育上的反映,同时也与汉灵帝的个人爱好有密切关系。鸿都门学的学生在政治上代表宦官集团的利益,但鸿都门学本身在教育上具有独特的意义。故答案为 D。

5.【答案】C　【解析】郡国学的办学目的:(1)培养本郡的属吏,同时向朝廷推荐地方学校中特别突出的学生;(2)通过学校定期举行"乡饮酒""乡射"等传统行礼活动,向社会普遍推行道德教化。故答案为 C。

6.【答案】D　【解析】汉朝私学求学学生众多,不能个个当面传授,故弟子又主要分为两种:(1)"及门弟子"或称"授业弟子",其中许多人是私学大师的高足,直接聆听老师的教诲,甚至和老师一起辩论经义,商讨学术;(2)"著录弟子",他们慕老师之名而来,留下名字,老师承认他为弟子,以后便可在需要的时候来请教。故答案为D。

7.【答案】A 【解析】儒学流派可归结为两大学术流派:今文经学和古文经学。(1)今文经学,多为汉初凭经学大师的记忆、背诵,并采用当时流行的隶书记录下来的六经旧典,发展在先;(2)古文经学,依据汉武帝时从地下或孔壁中挖掘出来,或通过其他途径保存下来的儒经藏本,初本是先秦的古文字,发展在后。重视师法、家法是汉朝经学教育,特别是今文经学传授的特点之一。今文经学根据政治需要解释经学,迎合统治意志。故答案为A。

今文经学和古文经学对比		
	今文经学	古文经学
代表人物	董仲舒	刘歆
形式	汉朝的文字(隶书)	先秦古文字
内容获取	凭借记忆背诵并记录	地下挖掘、孔壁发掘
重视的内容	微言大义	训诂考据
编辑逻辑	根据政治需要解释经学,迎合统治意志	认为经学记录的东西,要实事求是地看待
作用	功利之用	考证之用
缺点	狂妄	繁琐

8.【答案】C 【解析】为了统一经学教材,东汉蔡邕等人镌刻石经,立于太学门外,作为规范的经学教科书。章句之学是指汉朝经学教育中多采用章句的形式教学。章句实际上是经师教学所用的讲义。所谓师法、家法,正是体现在不同的章句之学之中。师法是指汉初立为博士或著名经学大师(如董仲舒)的经说。如果大师的弟子对师说有所发展,能够形成一家之言,被学术界和朝廷承认,便形成家法。故答案为C。

第四节 汉朝的选士制度

单项选择题

1.【答案】A 【解析】察举制始于汉文帝,到汉武帝时期,察举制发展为一种比较完备的选官制度,并得以真正确立。设孝廉一科,标志着察举制以选官制度的姿态登上了历史舞台。故答案为A。

2.【答案】A 【解析】孝廉科,是汉代察举中最重要的科目,以孝行廉举为基本条件,主要是察举孝子廉吏。儒家强调为人立身以孝为本,任官从政以廉为方,被举孝廉者多为州郡属吏或通晓儒经的儒生,被举后,无官者授官,原为小官者升为大官。故答案为A。

3.【答案】B 【解析】茂才(秀才)科,主要选拔奇才异能之士,故亦称"茂材异等""茂材特立之士",始于武帝,但西汉为特科,到东汉光武帝时改为岁举。故答案为B。

第五节　汉朝的教育思想

> 单项选择题

1.【答案】C　【解析】教育对不同的人所起的作用各不相同,"圣人之性"者能够自觉控制自己的感情欲望,注定要向善的方向发展;"斗筲之性"者很难进行自我控制,只有用刑罚制止他们作恶;绝大多数人是具有"中民之性"的中民,教育对他们的发展具有决定性作用,因此他们是教育的主要对象。故答案为C。"生而知之者"是孔子提出的,属于上智。

2.【答案】A　【解析】"三纲五常"不仅是董仲舒伦理思想体系的核心,也是其道德教育的中心内容。"三纲"指君为臣纲,父为子纲,夫为妻纲。"五常"指仁、义、礼、智、信。故答案为A。"明人伦"是孟子的教育目的。"学而优则仕"是孔子的教育目的。"天道自然"是王充对谶纬神学的批判。

3.【答案】D　【解析】董仲舒道德修养的原则与方法有:(1)确立重义轻利的人生理想。董仲舒认为,个体行为的动机比行为的效果更具有道德价值。"正其谊不谋其利,明其道不计其功",董仲舒要求人们心正意诚,立志要做一个符合封建国家要求的人。利,满足人们肉体的需求。义,满足人们的精神需求,提倡对封建国家利益原则的追求应高于对个人利益的追求;(2)"以仁安人,以义正我"。"仁"是建立在对人类生命珍视热爱的基础上的,凸显了对个体生命价值与权利的尊重。"义"是从封建国家的公利出发确定的行为准则,凸显了个人对社会及其他个体的责任与义务。董仲舒要求人们从尊重他人的价值与权利出发,以"仁者爱人"的情怀去爱护、关心他人;(3)提倡"必仁且智"。在道德修养中必须做到"仁"与"智"的统一,即道德修养中情感与认知的统一。

"攻其恶,无攻人之恶。"是孔子克己的道德修养方法。对别人的缺点错误采取宽容谅解的态度,与别人的关系也就容易协调,有道德修养的人应当为别人隐恶扬善。故答案为D。

4.【答案】D　【解析】王充还认识到教育在发挥社会作用时所表现的隐效性和间接性。他认为,有些事本身好像不产生任何效益,但它是那些直接产生效益的事业赖以存在和发展的基础。"事或无益而益者须之,无效而效者待之。"教育便是这样一种事业。正是因为教育的社会效益是间接的,往往被一些缺乏远见的政治家所忽视;而视教育事业"为无补而去之",最后导致国家的"乱患"。这里,王充极其深刻地揭示了教育作为其他事业基础的作用。故答案为D。

5.【答案】C　【解析】王充认为,世界上存在着各种各样的力量,其中最容易被人忽视的力量,便是知识的力量。"人有知学,则有力矣"。王充重视道德和知识的力量,认为它们是教育和学习的结果。故答案为C。

6.【答案】A　【解析】王充将当时的知识分子分成五个级别,即文吏、儒生、通人、文人、鸿儒。他的培养目标是后两种人,即文人和鸿儒。可见,王充是把培养杰出的政治人才和学术人才作为教育的最高目的。在这里,王充明确提出教育应培养创造性的学术理论人才。故答案为A。

7.【答案】B　【解析】王充认为,分辨知识真伪的一个行之有效的方法是坚持"效验""有证"的原则,要使立论成立,不仅要有雄辩的推理,更要有事实的根据,有实践的检验。故答案为B。

8.【答案】D 【解析】王充认为,要获得真正的知识,必须打破唯师是从、唯书是从的心理。"学问之法,不唯无才,难于距师,核道实义,证定是非也。"这是说,要打破崇拜古人、崇拜权威的心理。对于古人,包括像孔子、孟子这样的大圣人,如果他们的言论与事实不符或前后自相矛盾,也要敢于提出质疑;对于明显的错误,要敢于否定,敢于批判。故答案为D。

第四章　封建国家教育体制的完善

大纲考点导图

①儒学馆、玄学馆、史学馆、文学馆　②国子监　③中央和地方分级管理　④教育行政体制分级管理的确立　⑤专业教育的重视　⑥及早施教　⑦均爱原则　⑧"师者，所以传道、授业、解惑也"　⑨以"道"为求师的标准，主张"学无常师"　⑩提倡"相师"，确立民主性的师生关系

考点演练

第一节　魏晋南北朝官学的变革

单项选择题

1.【答案】B　【解析】西晋在继续兴办太学之外，还创办了一所旨在培养贵族子弟的国子学，以后国子学制度逐步得到发展，成为与太学相区别的学府。这是我国古代在太学之外，另外设立一所传授同样内容的中央官学的开始，也是西晋教育制度的一个主要特点。国子学的创立是为了满足士族阶级享有教育特权的愿望，严格士庶之别，标志着中央官学多样化、等级化更加明显。故答案为B。

2.【答案】A　【解析】南朝宋时期，由于经济的发展和社会的安定，官学出现了暂时的繁荣。南朝宋文帝征召名儒，先后设立了儒学馆、玄学馆、史学馆、文学馆，四馆并列，各就其专业招收学生进行教学、研究。四馆的建立打破了自汉代以来经学教育独霸官学的局面，使玄学、史学、文学与儒学并列，这是学制上的一大改革，也反映出当时思想文化领域的实际变化。故答案为A。

3.【答案】C　【解析】南朝宋明帝以国学既废，诏立总明观（东观），置祭酒，设儒、玄、文、史四科，每科置学士。总明观并不是纯粹的教学机构，而是集藏书、研究和教学三位一体的机关，且教学已退居次要地位。以总明观作为总的领导机构，机构上更完备，管理上更完善，使原来四个单科性质的大学发展为实行分科教授的多科性大学。故答案为C。

第二节 隋唐时期教育体系的完备

单项选择题

1.【答案】D 【解析】隋朝是科举制的创立时期。隋初开始沿用了以荐举为主的选士方式。隋朝的统治者从积极探索新的选士方式,逐步向着科举制迈进。隋炀帝"始建进士科",标志着科举考试制度的形成。唐承隋制,恢复科举,并将科举制发展成为常规的以考试选拔人才的制度。故答案为D。

2.【答案】A 【解析】国子寺及国子祭酒的设置,是我国历史上第一次由中央政府设立专门管理教育的机构和官员,标志着我国封建教育已经发展到了成为独立部门的时代。国子寺独立后改名为国子学,大业三年(公元607年)改国子学为国子监,国子监的名称一直沿用到清朝。故答案为A。

3.【答案】C 【解析】国子监既是中央政府教育行政机构,又是国家最高学府,培养统治人才为国家所用,具有两方面的职能。国子监的设立,标志着国家对培养统治人才的重视,学校管理走向专门化,以适应教育事业大规模发展的需要。故答案为C。

4.【答案】D 【解析】唐朝中央官学的主干是国子监领导下的六学一馆。六学一馆指国子学、太学、四门学、律学、书学、算学和广文馆。弘文馆隶属于门下省。故答案为D。

5.【答案】C 【解析】唐朝中央官学的主干是国子监领导下的六学一馆。六学一馆指国子学、太学、四门学、律学、书学、算学和广文馆。中央附设学校有东宫主办的崇文馆和门下省主办的弘文馆。在唐朝中央行政机构附设的学校中,有部分专科学校,如太医署的医药学校。故答案为C。

6.【答案】A 【解析】唐朝中央官学的主干是国子监领导下的六学一馆。六学一馆指国子学、太学、四门学、律学、书学、算学和广文馆。其中,国子学、太学、四门学,从学习内容来看,都是学习儒家经典,但是学生的身份不同,体现了教育的等级性。故答案为A。

7.【答案】C 【解析】唐朝的官学制度:六学一馆。六学一馆组成了中央官学的主干,由国子监管理。唐朝中央官学实行等级入学制度,贵族与官僚的子弟有入学的特权,学生按出身门第的高低、父祖官位的品级入相应的学校,即六学。而广文馆接收将应进士科考试者申请附监读书备考。故答案为C。

8.【答案】D 【解析】广文馆主要招收准备参加进士科考试者,属于科举应试教育性质,入学不受年龄限制。故答案为D。

9.【答案】C 【解析】唐朝中央官学对申请入国子监的学生都有一定的年龄限制。只有广文馆的学生不受年龄限制。故答案为C。

10.【答案】D 【解析】唐朝形成了完善的学礼制度,如束脩之礼(向学官敬献礼物的拜师礼)、国学释奠礼(全体学生学官都要参加行礼仪式)、贡士谒见及使者观礼(贡士和进士到国子监拜见先师,外国使者来唐至国子监参观)。定期的礼仪活动使学生受到崇儒尊师、登科从政的教育,从思想上对学生进行熏陶。秋学礼属于西周时期的大学,表明大学的教学已具有计划性,表现为定时定地进行教学活动。故答案为D。

11.【答案】A 【解析】唐朝学校教育发展的特点:(1)学校体系的形成;(2)教育行政体制分级管理的确立;(3)学校内部教学管理制度及法规的完善;(4)专业教育的重视;(5)学校教育与行政机构及事务部门的结合。故答案为 A。

第三节 科举考试制度建立

一、单项选择题

1.【答案】D 【解析】武则天重视科举,开创了科举考试中殿试的形式,开创了武举选军事人才的先例,开创了糊名考试的办法,对科举制做出了巨大的贡献。故答案为 D。

2.【答案】A 【解析】唐朝参加科举的考生主要有两个来源:一是生徒;二是乡贡。每年冬天,学校都要将经考试合格的学生送到尚书省参加考试,这些考生称为生徒。乡贡是指不在学校学习而学有所成的人,提出书面申请后经本县考试、州重试合格,由州送至尚书省参加考试。由于他们因随各州进贡的物品发送,故被称为乡贡。故答案为 A。

3.【答案】C 【解析】科举考试中考试科目分两类,即每年定期举行的常科和皇帝根据需要下诏举行的制科。常科中,秀才、明经、进士、明法、明字、明算为常设科目。经常举行且为人们所重视的是明经和进士两科。尤其是进士科最具代表性,声望最隆,得人最盛,不少进士登科者因才能出众,而步步升迁至卿相。故答案为 C。

4.【答案】A 【解析】科举自产生后,就不断探索考试的方法,经过唐代 200 多年的发展,形成了自己独特的考试方法,即帖经、口试、墨义、策问、诗赋。(1)帖经:各科考试中普遍应用的方法,类似现代的填空题,偏重考查考生的记诵能力;(2)墨义:一种对经义的简单笔试问答。考生按试题要求叙述经典中相关事实与大义,只需熟读熟记经文和注释就能回答。主要考查考生的记忆能力;(3)口试:口头回答关于经文内容的小问答题;(4)策问:比帖经、墨义高深,也较为重要。策问的方法是针对当时社会经济、政治、文化等方面的问题发表评论,设想解决问题的办法。它考查一个人治国安邦的才能,能够促使考生开动脑筋去思考现实问题,也利于提高人的思维水平;(5)诗赋:要求考生当场写作诗、赋各一篇,主要考查学生的文学修养和文学创作能力。诗赋考试在一定程度上推动了唐诗的兴盛,不过这种诗的格律体裁均有固定格式,语句用词又必须端庄典雅,以致后来形成注重形式而不重思想内容的创作风格。故答案为 A。

5.【答案】D 【解析】策问比帖经、墨义高深,也较为重要。策问的方法是针对当时社会经济、政治、文化等方面的问题发表评论,设想解决问题的办法。它考查一个人治国安邦的才能,能够促使考生开动脑筋去思考现实问题,也利于提高人的思维水平。故答案为 D。

二、分析论述题

1.【参考答案】(1)相互促进。
由于选才与育才标准和要求一致,科举制促进了学校教育的发展。
① **学校教育制度是培养人才的制度**,成为国家社会人才的重要来源,学校不断输送人才供科举考试选拔,是科举制赖以发展的基础。

② **科举制是选拔人才的制度**,科举考试成为国家政权选拔优秀人才的重要渠道,也为学校培养的人才开辟了政治出路,促进了学校教育的发展。

③ **相辅相成,中国历来有"学而优则仕"的教育传统**,为学修身,以从政为官为第一目标,科举考试是联通学校教育与从政为官的桥梁。学校教育与科举考试,皆独立而并举,相辅而相成,关系相当密切。

（2）相互制约。

① **学校教育的兴衰直接影响科举取士的质量和数量。**

科举考试造就了大批科举人口,促进了民间私学的发展,而学校教育的繁荣又为科举考试提供了大量的考生来源。当科举考试的内容局限于儒家几部经典著作,考试方法注重死记硬背,在这种风气的影响下,学校的教育工作充满了教条主义、形式主义的恶习,不利于选拔和培育有实际能力的人才。

② **学校教育是科举制的基础,科举制是学校教育发展的指挥棒。**

科举考试是封建时代选拔官员的制度。平民百姓要想提高自己的社会政治地位,必须经由科举考试的途径,才能跨进入仕做官的行列。而要为参加科举创造条件,必先入学校学习知识。民众需要学习文化知识,成为学校发展的动力。

学校兴办后,势必考虑民众的愿望,以适应社会政治需要为方向,所以教育学生必然以育才应举为正道,以登科做官为荣耀。各级政府所办的官学,也以通过科举考试而入仕做官为教育目标。

③ **科举取士的标准和方法制约着学校教育的内容与考试方法。**

学校成为科举考试的附庸,被迫适应科举考试的需要。科举考试有什么样的知识要求,学校必定要安排什么样的教学内容。而科举考试不考的,也就不教不学,科技实用知识根本不接触,造成学生知识面狭隘。

学校为了使学生将来能适应科举考试的要求,特别重视考试的训练,并做系统的考试安排。在平时督促学生学习,进行阶段或年度考核,都尽量仿照科举考试的方法。

综上所述, 决定封建学校教育发展的终极因素,是封建社会的政治、经济、文化。科举制只是一个辅助因素,并非科举制的产生导致学校教育的衰落。相反,如果统治者将两者并重,则两者相互促进,可共同巩固封建统治。

2.【参考答案】（1）积极影响。

① **有利于加强中央集权制**。中央政府掌握选士大权,有利于加强中央集权制。官吏通过考试选拔,提高了文化修养,有利于国家长治久安。士子通过科举考试获得参政机会,扩大统治基础。科举制统一思想,笼络人心,缓和阶级矛盾,维护国家稳定与发展。

② **使选士和育士紧密结合**。促使社会形成良好的学习风气。促进人们思想统一于儒学,结束了思想混乱的局面。刺激学校教育发展,有利于教育的普及。种类繁多的考试科目扭转了人们重文轻武、重经学轻科学的现象。

③ **使选拔人才更为客观公正**。重视人的知识才能,而非门第。时务策与诗赋有利于检验人的能力。我国的文官考试制是世界上最早实行的。

（2）消极影响。

从整个发展历程看,科举制从隋唐到宋朝,积极作用大于消极作用；到了明清时期,消极作用日趋明显,最终被社会所淘汰。

① **国家只重科举取士,而忽略了学校教育,使学校教育沦为科举考试的附庸。**学校成为科举考试的预备机构,一切教学活动都围绕科举考试来进行,学校失去了相对独立的地位和作用。

② **科举制具有很大的欺骗性。**评分时主观因素会影响评分客观性。考官受贿和考试作弊现象严重。驱使知识分子为功名利禄而学习,大部分考生将一生时间浪费在科举考场上。

③ **科举制束缚思想,败坏学风。**导致学校形成教条主义、形式主义的学习风气。影响中国知识分子的性格,使很多知识分子养成重权威、轻创新,重经书、轻科学,重书本、轻实践,重记忆、轻思考,独立性弱、依赖性强的性格特征。形成具有功利色彩的畸形读书观、学习观,"万般皆下品,唯有读书高""书中自有黄金屋,书中自有颜如玉"等,这些思想长期"阴魂不散"。

第四节 中外教育交流

单项选择题

1.【答案】A 【解析】中国史书明确记载,新罗、百济、高丽派遣留唐学生入国子监习业始于唐太宗当政的贞观年代。故答案为 A。

2.【答案】B 【解析】新罗初期很重视政治身份,所以都选自王族子弟。后期较重视学习专业,多选取六头品官的子弟。留学生的身份成为宿卫学生或宿卫。故答案为 B。

3.【答案】B 【解析】新罗留学生受到唐政府的优待,在学期间的费用由唐政府供给。留学生到达长安,由鸿胪寺负责接待,然后安排到国子监学习。他们的服装、粮食、住宿、经籍等费用,由主管部门鸿胪寺依照规定的标准供给;而准备返回时选购书籍的买书银,则由新罗政府支付。故答案为 B。

4.【答案】A 【解析】多数留唐学生学成之后回归本国,为国家服务。留学生多半出身于王族、贵族或官僚家庭,有此政治背景,回国后常任政府部门要职。也有小部分学业优秀的留学生,参加唐科举考试,考试及第者,可以在唐任职做官。故答案为 A。

5.【答案】A 【解析】日本经历了很长的只有语言没有文字的阶段,到公元 285 年才由汉人王仁提供了汉字,到了七八世纪才因留学唐朝的留学生、留学僧返回日本后借汉字而创造了日本的文字。据说先由吉备真备根据汉字的偏旁部首创造了片假名,后由空海根据汉字的草书创造了平假名。片假名是借汉字的偏旁部首,取其音而形成的文字;平假名是在日本平安时期借汉字草书而创造的文字。这就使日本有了与本民族语言相应的文字,这是中日教育交流又一重大的成果。故答案为 A。

第五节 颜之推的教育思想

单项选择题

1.【答案】C 【解析】从士族地主的立场出发,为保持自己家族的传统与地位,颜之推根据自己的经历和体验,写出了我国封建社会第一部系统完整的家庭教科书——《颜氏家训》,

用以训诫其子孙。《训蒙大意示教读刘伯颂等》是王守仁的儿童教育思想著作。《变法通议·论幼学》是梁启超关于儿童教育思想的著作。《童蒙须知》是朱熹培养儿童道德行为习惯的著作。故答案为 C。

2.【答案】D 【解析】颜之推提出统治人才必须"德艺周厚"。"德"是指以孝悌仁义等道德规范。"艺"的教育内容除了经史百家等书本知识外,还应包括处身于士大夫社会生活中所需要的"杂艺",即琴、棋、书、画、数、医、射、投壶等,这些技艺在生活中有实用意义,也有个人保健、娱乐的价值。故答案为 D。

3.【答案】D 【解析】颜之推的家庭教育思想有:及早早教、严慈相济、均爱原则、重视语言和品德教育。"随人分限所及"是王阳明的儿童教育思想。故答案为 D。

4.【答案】C 【解析】颜之推重视语言教育。他认为,语言的学习应成为儿童教育的一项重要内容,对儿童进行的语言教育应注意规范,重视通用语言,而不应强调方言。父母对儿童学习正确的语言负有重要的责任,不可轻视。故答案为 C。

第六节 韩愈的教育思想

一、单项选择题

1.【答案】C 【解析】韩愈在历史上首次提出教师的基本任务,"师者,所以传道、授业、解惑也"。其文字表达比较概括、明确,有主有次,强调了教师的主导作用,其影响延续到现代。故答案为 C。

2.【答案】A 【解析】"师者,所以传道、授业、解惑也。"教师的任务包括三个方面:一是传道,即传授儒家仁义之道;二是授业,即讲授儒家的六艺经传与古文;三是解惑,即解答学生在学习过程中所提出的疑难问题。故答案为 A。

3.【答案】A 【解析】韩愈认为以"道"为求师的标准,主张"学无常师"。人不论年龄大小,也不论地位的贵贱,凡有道就可为师,"道之所存,师之所存"。韩愈提出有道为师、学无常师的主张,在当时对打破士大夫们妄自尊大的心理,促进思想和文学上的交流,具有一定的积极意义。故答案为 A。

4.【答案】D 【解析】韩愈提倡"相师",确立民主性的师生关系。"弟子不必不如师,师不必贤于弟子,闻道有先后,术业有专攻,如是而已。"教师与弟子相互学习,教学相长。师生关系是相对的,是可以转化的。这种具有辩证法因素的民主性的教育思想,具有重要的历史意义。"道之所存,师之所存""学无常师"都是韩愈的思想。"师云亦云"是荀子的思想。这种观点片面强调学生服从老师、背叛教师、不依师法言行者,人人都应当唾弃他,教师在教学过程中处于绝对的主导地位。故答案为 D。

5.【答案】A 【解析】韩愈的《师说》是中国古代第一篇集中论述教师问题的文章,后人有关师道观的不少论述皆受其影响。韩愈既肯定了教师在传道、授业、解惑方面的主导作用,又强调教师要尊重学生,向学生学习;既要求学生虚心向教师学习,又鼓励学生要敢于超过教师;既提倡乐为人师、勇为人师,又强调不耻下问、虚心拜人为师。故答案为 A。

二、分析论述题

【参考答案】（1）韩愈的师道观内容。

韩愈的《师说》是中国古代第一篇集中论述教师问题的文章。在这篇文章里，韩愈系统阐述了他的教师观，提倡社会要尊师重道。概括起来有以下几点：

① **教师的意义**。《师说》在认识论上倾向唯物主义，人非生而知之，因而人人都有学习的必要。学习一定要有教师指导，教师是社会所必需。

② **教师的任务**。"师者，所以传道、授业、解惑也。"韩愈在历史上首次提出教师的基本任务，其文字表达比较概括、明确，有主有次，强调了教师的主导作用，其影响延续到现代。

③ **求师的标准**。以"道"为求师的标准，主张"学无常师"。不论年龄大小，也不论地位的贵贱，凡有道就可为师，"道之所存，师之所存"。韩愈提出有道为师、学无常师的主张，在当时对打破士大夫们妄自尊大的心理，促进思想和文学上的交流，具有一定的积极意义。

④ **师生关系**。提倡"相师"，确立民主性的师生关系。"弟子不必不如师，师不必贤于弟子，闻道有先后，术业有专攻，如是而已。"教师与弟子相互学习，教学相长。师生关系是相对的，可以转化的，这种具有辩证法因素的民主性的教育思想，具有重要的历史意义。

（2）韩愈的师道观的启示。

① **完善自身素质——为传道奠基**。当青年教师走上教师岗位的时候心中不免迷茫，在理想与现实之间摇摆。只有坚定信念，不畏艰险，不断成长，才能迎来教育的曙光。历经独上高楼，望尽天涯路的孤苦和艰难，青年教师的心态才会变得随和，意志才会得到磨砺，心境才会海纳百川，有容乃大。

② **笃定职业理想——为授业求索**。青年教师要笃定职业理想，有理想信念、仁爱之心和道德情操。师道尊严应该是建立在学生的真实情感、情境体验和价值认同的基础之上，青年教师要捧着一颗心来，用欣赏的眼光看学生，以教育的温度温暖每一位学生，让学生在学校学习的这段生活成为人生有价值的旅程。

③ **坚持教学反思——为解惑执着**。青年教师要有专注的精神，反复追寻、研究，总结，提炼，下足功夫，自然会融会贯通、有所发现、有所成长，从必然王国走向自由王国。当教育成为一种情怀，教师就会完美地自我实现。

综上所述，韩愈的师道观是青年教师成长的不竭动力。青年教师要自觉弘扬韩愈的师道观，推进教育事业不断向前发展。

第五章　理学教育思想和学校的改革与发展

大纲考点导图

①"苏湖教法"　②名物制度和自然常识教学的教材　③按专题分类编写　④"变化气质",去蔽明善　⑤"明人伦"　⑥教事　⑦教理　⑧熟读精思　⑨"致良知"　⑩"随人分限所及"

第一节　科举考试制度的演变与官学的改革

一、单项选择题

1.【答案】C　【解析】宋朝科举考试除按照常例录取正奏名之外,还增设特奏名。所谓"特奏名",即是特赐连续多次应省试而不第的年老举子以本科出身,又称"特奏名及第"或"恩科及第"。故答案为C。

2.【答案】D　【解析】为了维护考试的客观性和公平性,防止作弊,宋朝在科举考试的实践中,建立了一些新制度,主要内容有:(1)建立锁院制。宋太宗建立锁院制,即主考官一旦受命,立即住进贡院,与外界隔离,以避免请托;(2)实行别头试。别头试作为一种制度被确定下来,始自宋太宗,规定凡是省试主考官、州郡发解官和地方长官的子弟、亲戚、门生故旧等参加科举考试,都应另派考官,别院应试;(3)采用糊名法。所谓"糊名",即是将试卷上的姓名、籍贯等密封起来,以防止考官徇私舞弊。所以,又称"弥封""封弥"。唐朝武则天时首创此法,但没有形成制度。宋朝科举考试采用糊名,开始于宋太宗殿试,之后宋朝殿试、省试、州试三级考试均采用糊名法;(4)创立誊录制。在誊录官监督之下,由书吏用朱笔誊抄试卷。誊抄后的试卷称"朱卷",原来的试卷称"墨卷"。宋真宗在亲自主考礼部奏名的河北举人时,率先采用誊录,之后省试也采用誊录,标志着宋朝科举考试誊录制度的创立。需要注意的是,宋代建立了殿试制度,但殿试不是防止科场作弊的方法。故答案为D。

3.【答案】A　【解析】科举考试从《大学》《论语》《孟子》《中庸》内设问,用朱氏章句集注。从此《四书章句集注》成为科举考试的答题标准,取得了与《五经》的同等地位,成为广大士人和各类学校必读的教科书,影响中国封建社会后期的文化教育长达数百年。故答案为A。

4.【答案】B　【解析】宋朝的文教政策:(1)重视科举,重用士人。宋朝统治者为了巩固政权,一方面采用政治威慑和物质利诱的手段迫使将帅交出兵权;另一方面,重用文人,让他们充任全国各级政权的官吏。正因为政治上迫切需要文人,便利用科举考试,大量取士;(2)"三次兴学",广设学校。宋初通过科举考试,选拔了不少人才,有利于中央集权的建立与巩固,但忽视了兴建学校培育人才。一些有识之士意识到,仅依靠科举考试选拔人才是远远不够的,还必须广设学校培育人才。于是,自庆历四年(1044年)后,宋朝历史上先后出现了三次著名的兴学运动;(3)尊孔崇儒,提倡佛道。宋朝统治者尊孔崇儒,大力提倡佛、道,其主观目的是维护封建统治,但因其积极倡导,使儒、佛、道三家在长期而激烈的斗争中,逐渐走上了融合的道路,最终孕育出以儒家思想为主体,糅合佛、道思想的新的思想体系——理学思想。

元朝采取"遵用汉法"的政策,笼络汉族士人、尊孔、尊崇理学,极力笼络汉族地主阶级及知识分子,重视政治思想和文化教育方面的控制,以巩固政权。故答案为B。

5.【答案】C 　【解析】太学的地位比国子学低,招收八品以下子弟或庶人之俊异者为学生,设立的时间也较迟,但办理得比国子学有成效。它是宋朝兴学育才的重点,也是中央官学的核心。故答案为C。

6.【答案】B 　【解析】五代时已有关于学田的记载,但学田作为一种制度被确定下来,实始于宋朝。在这以后,宋朝地方学校一般均有学田,作为学校经费的主要来源。这一制度为后来的元、明、清三朝所长期沿用。故答案为B。

7.【答案】C 　【解析】回回国子学是专门学习亦思替非文字(即波斯文字)的学校。创办回回国子学,是鉴于当时与西域诸国交流频繁,迫切需要懂得亦思替非文字的专门人才。学校设立之后,也确实培养出了众多的外语专门人才,适应了当时社会的需要。回回国子学是我国中央官学最早的外国语学校,它对当时中西文化交流起了积极的促进作用。路学是元朝的地方官学。故答案为C。

8.【答案】A 　【解析】宋朝先后采取了三次著名的兴学运动,这是宋代"兴文教"政策最直接、最重要的体现。第一次兴学运动是范仲淹在宋仁宗庆历四年主持的,史称"庆历兴学"。第二次兴学运动是王安石在宋神宗熙宁年间主持的,史称"熙宁兴学"。第三次兴学运动是蔡京在宋徽宗崇宁年间主持的,史称"崇宁兴学"。故答案为A。

9.【答案】A 　【解析】题中兴学运动是范仲淹在宋仁宗庆历四年主持的,史称"庆历兴学"。主要包括:(1)普遍设立地方学校;(2)改革科举考试,规定科举考试先策、次论、次诗经,罢帖经、墨义;(3)创建太学。故答案为A。

10.【答案】A 　【解析】第二次兴学运动是王安石在宋神宗熙宁年间主持的,史称"熙宁兴学"。编撰《三经新义》作为统一教材。为了统一思想,改变"谈经者人人殊"的局面,宋神宗下令设置经义局,训释儒家三部经书,号曰《三经新义》。《三经新义》不仅成为士子必须学习的官定统一教材,也是科举考试的基本内容和标准答案。故答案为A。

11.【答案】C 　【解析】第三次兴学运动,是蔡京在宋徽宗崇宁年间主持的,史称"崇宁兴学"。(1)全国普遍设立地方学校。形成了遍布全国州县的学校网络,在数量、规模、分布上,远超任何一次兴学;(2)建立县学、州学、太学三级相联系的学制系统。规定县学生考选升州学,州学生每三年根据考试成绩升入太学不同斋舍;(3)新建辟雍,发展太学。崇宁元年营建辟雍,也叫"外学",作为太学的外舍。同时,在太学实行"三舍法"和"积分法",也增加了学生的数量;(4)恢复设立医学,创立算学、书学、画学等专科学校。崇宁时期是中国古代唯一开办过画学、设立专门美术学校的时期;(5)罢科举,改由学校取士。这是对取士制度的重大改革。故答案为 C。

12.【答案】B 【解析】"三舍法"是在太学内部建立起严格的升舍考试制度,对学生的考察和选拔力求做到将平时行艺与考试成绩相结合,学行优劣与对他们的任职使用相结合,这有利于调动学生学习的积极性,提高太学教学质量。同时又把上舍考试与科举考试结合起来,融养士与取士于太学,无疑提高了太学的地位。总之,"三舍法"是中国古代大学管理制度上的一项创新。它不仅对宋朝学校教育产生了积极作用,对后来元、明、清教育也有深远影响。故答案为 B。

13.【答案】D 【解析】"三舍法"是王安石在"熙宁兴学"中改革太学时的一条重要措施。他将太学分为外舍、内舍和上舍三个程度不同、依次递升的等级,太学生相应分为三部分,初入太学者,经考试合格入外舍肄业,为外舍生。(1)外舍:外舍每月考试一次,每年举行一次公试(升舍考试),成绩获得第一、二等者,再参酌平时行艺,升入内舍肄业,为内舍生;(2)内舍:内舍每二年举行一次升舍考试,成绩为优、平两等者,再参酌平时行艺,升入上舍肄业,为上舍生;(3)上舍:上舍每二年举行一次考试,考试方式与科举考试"省试法"相同,由朝廷另委考官主持。成绩评定分为三等:平时行艺与所试学业俱优为上等,一优一平为中等,全平或一优一否为下等。上等者免殿试,直接授官;中等者免礼部试,直接参加殿试;下等者免贡举,直接参加礼部试。故答案为 D。

14.【答案】C 【解析】元朝国子学的重要特点是实行"积分法"与"升斋等第法"。"积分法"与"升斋等第法"相联系,学生由"升斋等第法"中的下斋升入中斋时开始实行"积分法"。根据学生月考成绩,优等者加一分,中等者加半分,下等者不加分,年终积至八分以上则升上一等级,不能升级者来年积分归零。"积分法"是累积计算学生全年学业成绩的方法,"积分法"注重学生平时的考试成绩,故具有督促学生平时认真学习的积极作用。故答案为 C。

15.【答案】A 【解析】明朝规定国子监生学习到一定年限,分拨到政府各部门"先习历事",称为"监生历事"。监生历事的具体时间不同,并有考核办法:监生历事期满经考核,分为上、中、下三等,上等者送吏部铨选授官,中、下等者仍历一年再考,上等者依上等用,中等者不拘品级,随才任用,下等者回监读书。故答案为 A。

16.【答案】D 【解析】社学是元朝在教育组织形式上的一种创新,对后世产生了深远影响。明朝继承发展了社学,社学制度更趋完善,普遍设立,成为对民间儿童进行初步文化知识和伦理道德教育的重要形式。故答案为 D。

17.【答案】B 【解析】清朝的地方官学中实行严格的管理制度,即"六等黜陟法"。地方官学生员分为三等:廪膳生、增广生、附学生。学生按岁试、科考成绩分为六等,决定升降惩罚。岁试得一等递补廪膳生缺额;二等递补增广生缺额,均给赏;三等不升不降;四等罚责;五等降级;六等除名。"六等黜陟法"的基本特点是对生员进行动态管理,把生员的等级与学业成绩紧密挂钩,有助于调动学生的学习积极性,提高学校教育质量。这是清朝在地方官学管理上的重要创新。故答案为 B。

18.【答案】D 【解析】胡瑗创立的分斋教学制度,在中国教学制度发展史上第一次按照实际需要,在同一学校中实行分科教学;实用学科正式纳入官学教学体系,取得与儒家经学同等的地位;治事斋学生治一事,又兼摄一事,开主修与副修制度的先河。故答案为 D。

二、分析论述题

【参考答案】 北宋先后出现了三次著名的兴学运动,这是宋代"兴文教"政策最直接、最重要的体现。

（1）**第一次兴学运动是范仲淹在宋仁宗庆历四年主持的,史称"庆历兴学"**。

① **普遍设立地方学校**。规定学生必须接受一定时间的学校教育,才可以参加科举考试。

② **改革科举考试**。规定科举考试先策、次论、次诗经,罢帖经、墨义。

③ **创建太学**。在太学中推行胡瑗创立的"分斋教学"制度。

（2）**第二次兴学运动是王安石在宋神宗熙宁年间主持的,史称"熙宁兴学"**。

① **改革太学,创立"三舍法"**。扩增太学校舍,充实和整顿太学师资,创立"三舍法",这是王安石改革太学最重要的措施,是在太学内部建立起严格的升舍考试制度。

② **恢复和发展州县地方学校**。王安石执政后,即奏请恢复和整顿地方学校。宋神宗接受了王安石的建议,设置学官,专司地方学校的恢复、整顿和教育教学工作。

③ **恢复与创立武学、律学、医学等专门学校**。熙宁五年,恢复了已废近30年的武学。熙宁六年,创立律学,并规定教学内容和考核方式。同时又对医学进行整顿。这些措施使北宋的专科学校教育进入了一个新的发展阶段。

④ **编撰《三经新义》作为统一教材**。为了统一思想,改变"谈经者人人殊"的局面,宋神宗下令设置经义局,训释儒家三部经书,号曰《三经新义》。《三经新义》不仅成为士子必须学习的官定统一教材,也是科举考试的基本内容和标准答案。

（3）**第三次兴学运动,是蔡京在宋徽宗崇宁年间主持的,史称"崇宁兴学"**。

① **全国普遍设立地方学校**。形成了遍布全国州县的学校网络,在数量、规模、分布上,远超任何一次兴学。

② **建立县学、州学、太学三级相联系的学制系统**。规定县学生考选升州学,州学生每三年根据考试成绩升入太学不同斋舍。

③ **新建辟雍,发展太学**。崇宁元年营建辟雍,也叫"外学",作为太学的外舍。同时在太学实行"三舍法"和"积分法",也增加了学生的数量。

④ **恢复设立医学,创立算学、书学、画学等专科学校**。崇宁时期是中国古代唯一开办过画学、设立专门美术学校的时期。

⑤ **罢科举,改由学校取士**。这是对取士制度的重大改革。

第二节　书院的发展

一、单项选择题

1.【答案】A 【解析】朱熹为白鹿洞书院制定的《白鹿洞书院揭示》是中国书院发展史上第一个纲领性学规,不仅对当时的书院教育,也对官学教育产生过重大影响。故答案为A。

2.【答案】A 【解析】《白鹿洞书院揭示》主要内容包括:(1)五教之目:父子有亲,君臣有义,夫妇有别,长幼有序,朋友有信;(2)为学之序:博学之,审问之,慎思之,明辨之,笃行之;(3)修身之要:言忠信,行笃敬,惩忿窒欲,迁善改过;(4)处事之要:正其义不谋其利,明其道不计其功;(5)接物之要:己所不欲,勿施于人;行有不得,反求诸己。故答案为A。

3.【答案】B　【解析】东林书院是明代中期顾宪成、顾允成复创的,是明朝名声、影响最大的书院,形成著名的"东林学派"。其学术思想基本倾向是推崇程朱,反对王学(王守仁的"心学")。特点:(1)密切关注社会政治,将讲学活动与政治斗争紧密结合起来;(2)形成一套完备的讲会制度。故答案为B。

4.【答案】D　【解析】诂经精舍、学海堂两所学院的特点有:(1)"以励品学,非以弋功名"。书院作为一种教育组织形式,其创立的初衷是专志于学术研究,而不事科举。阮元一反当时书院教育的腐朽之风,强调书院的宗旨是"以励品学,非以弋功名";(2)各用所长,因材施教。诂经精舍和学海堂在教师使用上,贯彻"各用所长",即充分发挥教师学术专长的原则。对学生因材施教,根据学生已有的专长进行教育,这一制度在实践中效果很好;(3)教学和研究紧密结合,刊刻师生研究成果。两所书院既从事教学活动,又进行学术研究,注重自学和独立研究。组织师生合作编书,学生也独立从事著述。对优秀的文章,书院编辑刊刻,或出专著。这些书籍既是学术成果,也是教学参考书,反过来又推动和促进了书院教学和研究活动的开展。故答案为D。

5.【答案】B　【解析】自由讲学是书院教学的基本精神。书院提倡自由讲学,注重讨论,学术风气浓厚,开辟了新的学风,推动了教育和学术发展。故答案为B。

6.【答案】D　【解析】书院培养目标是注重学生人格修养,强调道德与学问并进,培养学生的学术志趣,而官学多以科举出仕为主要目标。故答案为D。

7.【答案】D　【解析】书院的教学形式多样,有学生自学、教师讲授、师生质疑问难、学友相互切磋等。尤其是明朝以后,盛行讲会制度,促进学术交流。故答案为D。

二、分析论述题

【参考答案】(1)**书院培养目标**。注重学生人格修养,强调道德与学问并进,培养学生的学术志趣。

(2)**书院精神**。自由讲学是书院教学的基本精神。书院提倡自由讲学,注重讨论,学术风气浓厚,开辟了新的学风,推动了教育和学术发展。

(3)**书院功能**。书院重视藏书,重视教育、培养人才。在学规中明确规定学习目的和要求,就是读圣贤书,读儒家经典,强调道德和学问并进。

(4)**书院组织形式**。有私办、公办和私办公助等多种形式,书院主持者叫"山长"或"洞主",同时也是主讲者,即管理工作与教学工作一并负责,不另设管理人员和机构。

(5)**书院教学**。讲学活动是书院的主要内容,也是其作为教育机构的主要标志。教学与研究相结合;教学形式多样;教学上实行门户开放;一些书院的教学注重讲明义理、躬行实践。

(6)**学生学习**。书院强调学生读书自学,重视对学生自修的指导。

(7)**书院的规章制度**。书院作为一种教育制度得以确立,在教育目标、教学方法、教学顺序等方面用学规的形式加以阐明。最著名的是《白鹿洞书院揭示》,学规成为书院教学的总方针。

（8）师生关系。师生关系较之官学更为平等,学术切磋多于教训。

（9）书院发展倾向。自南宋起,书院已经出现了官学化的倾向,到了明清,政府加强对书院的控制,官学化日益严重,成为科举考试的附庸。

（10）书院作用。促进理学的发展和学术文化的繁荣。书院扩充了中国古代学校教育的类型,起到了弥补官学不足的作用。书院提倡自由讲学,成为推动教育和学术发展的重要动力。

综上所述,书院在办学和管理领域也创造了许多行之有效的经验措施,成为中国封建社会中后期一种重要的教育组织形式。

第三节 私塾与蒙学教材

单项选择题

1.【答案】C 【解析】《蒙求》是历史教学的教材,《名物蒙求》是名物制度和自然常识教学的教材,《三字经》是宋元时期最有影响的蒙学识字教学教材,《童蒙须知》是朱熹的主要教育著述之一,也是宋元明清时期主要的蒙学教材,对儿童的衣服冠履、语言步趋、洒扫涓洁、读书写字、杂细事宜等都作了详密的条文式规定,核心是如何培养儿童的道德行为习惯。故本题选 C。

2.【答案】A 【解析】依据蒙学教材其内容的侧重点不同,可大致分为:(1) 识字教学教材,如《三字经》《百家姓》《千字文》;(2) 伦理道德教材,如朱熹的《小学》,再如《童蒙训》《少仪外传》《性理字训》等;(3) 历史教学教材,如宋王令作《十七史蒙求》、黄继善作《史学提要》等;(4) 诗歌教学教材,如朱熹的《训家诗》《千家诗》等;(5) 综合知识类教材,如《名物蒙求》。故答案为 A。

3.【答案】C 【解析】早在西周时有人就编写了小学文字教学用书——《史籀篇》,这是中国历史上记载最早的儿童识字课本。汉代编有多种识字课本,著名的有《凡将篇》《急救篇》。宋元时期最有影响的蒙学教材就是《三字经》《百家姓》《千字文》。《三字经》相传由南宋末年学者王应麟编写。《百家姓》相传宋代初年编成,编者失考。《千字文》为南朝梁周兴嗣撰。故答案为 C。

4.【答案】C 【解析】名物制度和自然常识教学的教材,以宋方逢辰的《名物蒙求》为代表,内容涉及天文、地理、人事、鸟兽、草木、衣服、建筑、器具等。宋王令作《十七史蒙求》、胡寅作《叙古千文》、黄继善作《史学提要》等都属于历史教学的教材。这类教材,有的是简述历史的发展,有的是选辑历史故事或历史人物的嘉言善行,既向儿童传授历史知识,又对他们进行思想教育,体例"多是四言,参为对偶,联以音韵",便于记诵。朱熹的《训蒙诗》、陈淳的《小学诗礼》都属于诗歌教学的教材,选择适合儿童的诗词歌赋供他们学习,对他们进行文辞和美感教育。故答案为 C。

5.【答案】B 【解析】宋元时期的蒙学教材开始分类按专题编写,使蒙学教材在内容和形式上呈现多样化;一些著名学者,如朱熹、吕祖谦、王应麟等亲自编撰蒙学教材,对提高蒙学教材的质量起了重要作用;蒙学教材注意儿童的心理特点,采用韵语形式,文字简练,通俗易懂,并力求将识字教育、基本知识教育和伦理道德教育有机结合,这些经验是值得我们认真研究的。故答案为 B。

第四节　朱熹的教育思想

单项选择题

1.【答案】C　【解析】朱熹把一个人的教育分为小学、大学两个既有区别又有联系的阶段,并分别提出了两阶段不同的任务、内容和方法。小学教育阶段(8～15岁),主要是培养"圣贤坯璞"。小学教育对一个人的成长非常重要,必须抓紧,抓好。学习内容主要是伦理道德规范的训练和基本知识技能的学习。"知之浅而行之小者",力求浅近、具体。为此,朱熹提出以"教事"为主的思想,即通过具体行事,懂得基本伦理道德规范,养成一定的行为习惯,学到初步文化知识技能。故答案为 C。

2.【答案】C　【解析】朱熹认为 15 岁以后是"大学"教育阶段。大学教育是在"小学已成之功"基础上的深化和发展,与小学教育重在"教事"不同,大学教育内容的重点是"教理",即重在探究"事物之所以然"。小学教育是培养"圣贤坯璞",大学教育则是在"坯璞"的基础上"加光饰",再进一步精雕细刻,把他们培养成为对国家有用的人才。故答案为 C。

3.【答案】B　【解析】朱熹认为,读书既要熟读成诵,又要精于思考。他提出,熟读的要求是"使其言皆若出于吾之口",为此,朱熹主张读书要能成诵。朱熹提出精思的要求是"使其意皆若出于吾之心"。如何"精思"呢？朱熹提出了"无疑—有疑—解疑"的过程。他说:"读书,始读,未知有疑;其次则渐渐有疑;中则节节是疑。过了这一番,疑渐渐释,以至融会贯通,都无所疑,方始是学。"这里所说的从无疑到有疑再到解疑的过程,即发现问题和解决问题的过程。无论是发现问题还是解决问题,都是精心思考的结果。读书若真能做到既读得熟,又思之精,那么就真正把书读通了,理解了。故答案为 B。

4.【答案】A　【解析】朱熹虚心涵泳的读书方法包括两方面的含义。所谓"虚心",是指读书时要虚怀若谷,静心思虑,仔细体会书中的意思,不要先入为主,牵强附会。读书中发现了疑问,"众说纷错",也应虚心静虑,切勿匆忙决定取舍。所谓"涵泳",是指读书时要反复咀嚼,细心玩味。他说:"读书之法无他,唯是笃志虚心,反复详玩,为有功耳。"故答案为 A。

5.【答案】D　【解析】朱熹强调读书不能仅停留在书本上,口头上,而必须见之于自己的实际行动,要身体力行。他反对只向书本上求义理,而不"体之于身"的读书方法,认为这样即使是"广求博取,日诵五车",也无益于学。只有"从容乎句读文义之间,而体验乎操存践履之实,然后心静理明,渐见意味。"故答案为 D。

6.【答案】D　【解析】"着紧用力"包含两层意思:一是时间上的抓紧,废寝忘食,反对悠悠然;二是精神上振作和集中,勇猛奋发,反对松松垮垮。朱熹将读书比喻为救火治病,逆水行舟和破釜沉舟。他认为,读书应该具有犹如救火治病那样的紧迫感,撑上水船那样不进则退的顽强作风和破釜沉舟那样勇往直前的精神。故答案为 D。

7.【答案】C　【解析】居敬持志既是朱熹道德修养的重要方法,也是他最重要的读书法。他指出,"读书之法,莫贵乎循序而致精,而致精之本,则又在于居敬而持志。此不易之理也"。所谓"居敬",就是读书时精神专一,注意力集中。朱熹说:"读书须收敛此心,这便是敬。"又说:"读书须将心贴在书册上,逐句逐字,各有着落,方始好商量。大凡学者须是收敛此心,令专静纯一,日用动静间,都无驰走散乱,方始看得文字精审。"所谓"持志",就是要树立远大的志向,高尚的目标,并要以顽强的毅力长期坚持。他说:"立志不定,如何读书?"只有树立了明确的志向,才能"一味向前",学业不断长进。故答案为 C。

第五节　王守仁的教育思想

一、单项选择题

1.【答案】A　【解析】王守仁认为用功求学受教育是为了日减"人欲"。他说:"吾辈用功只求日减,不求日增,减得一分人欲,便是复得一分天理。"故答案为 A。

B 项:王守仁认为,"心即理""良知即是天理"是"心之本体"。良知不仅是宇宙的造化者,也是伦理道德观念。良知的特点有:(1)与生俱来,不学自能,不教自会;(2)为人人所具有,不分圣愚;(3)不会泯灭,不会消失;(4)有致命的弱点,即在与外物接触中,由于受物欲的引诱,会受昏蔽。教育的作用就在于去除物欲对于"良知"的昏蔽,即"学以去其昏蔽"或"致良知",目的是激发本心所具有的"良知"。

C 项:"博通百家"是王守仁的教学内容,不是教育目的。

D 项:王守仁反对为追求功名而学习。

2.【答案】D　【解析】作为"知孝""知弟""知恻隐""知是非"等伦理道德观念的"良知",王守仁认为具有以下特点:(1)它与生俱来,不学自能,不教自会;(2)它为人人所具有,不分圣愚;(3)它不会泯灭,也不会消失。不过,"良知"也有致命的弱点,即在与外物接触中,由于受物欲的引诱,会受昏蔽。所以,王守仁认为,教育的作用就在于去除物欲对于"良知"的昏蔽。故答案为 D。

3.【答案】B　【解析】王守仁不同意朱熹将"心""理"区分为二,认为"理"并不在"心"外,而是存在于"心"中,"心即理"。同时,他又继承和发展了孟子的"良知"学说,认为"良知即是天理",即是"心之本体"。良知不仅是宇宙的造化者,也是伦理道德观念。故答案为 B。

4.【答案】B　【解析】王守仁认为,儿童期是一个重要的发展时期,儿童的精力、身体、智力等都在发展过程之中。教学必须考虑到这个特点,儿童的接受能力发展到了何种程度,就在这个程度的基础上进行教学,不可躐等。他把这种量力施教的思想概括为"随人分限所及",即如果不顾及儿童实际能力,把大量的高深的知识灌输给他们,对儿童毫无益处。王守仁认为,对儿童教学"授书不在徒多,但贵精熟",因此,教学应该留有余地,使儿童"精神力量有余",这样他们就不会因学习艰苦而厌学,而乐于接受教育。故答案为 B。

5.【答案】C　【解析】孔子提出由平民中培养德才兼备的从政君子,这条培育人才的路线可概括为"学而优则仕"。故答案为C。

A项:孟子第一次明确概括出学校教育的目的是"明人伦",即教育通过实现"明人伦"来为政治服务。

B项:朱熹主张,学校教育的目的在于"明人伦"。在朱熹看来,要克服"气质之偏",革尽"物欲之蔽",以恢复具有的善性,就必须"尽人伦"。

D项:为了实现"明人伦"的教育目的,虽然王守仁同样主张以六经为主要学习内容,但对于六经提出了与朱熹不同的看法。王守仁认为,经书之所以能作为最重要的教材,不是为了讲学记诵,而是因为它可以帮助明白普遍永恒的道理。如果只注重于文义辞章,则完全背离了学习六经的本义。

6.【答案】D 【解析】在道德教育和修养的方法上,王守仁以"知行合一"思想为指导,强调道德实践和实际行动对道德教育和修养的重要性。具体而言,他提出以下四条基本主张:(1)静处体悟,这是王守仁早年提倡的道德修养方法。他认为,道德修养的根本任务是"去蔽明心"。因而,道德修养无须"外求",而只要做静处体悟的功夫。实际上就是叫人静坐澄心,摒去一切思虑杂念,体认本心;(2)事上磨炼,这是王守仁晚年提出的道德修养方法。他认识到一味强调静坐澄心,会产生各种弊病,因此,他改而提倡道德修养必须在"事上磨炼",即结合具体事物,"事"是指人事。这是他"知行合一"思想在道德修养方法上的反映;(3)省察克治,他主张要不断进行自我反省和检察,自觉克制各种私欲。这是对儒家传统的"内省""克己"修养方法的继承和发展,其中所包含的强调道德修养的自觉性和主观能动性的合理因素,可以批判地吸取;(4)贵于改过,他认为,即使大贤人也难免犯错,故不贵于无过,而贵于改过。要能改过,首先必须对过错要有认识,表示悔悟,但悔悟并不就是改过,所以这种"贵于改过"的主张,体现了求实精神和向前看的态度,是可取的。居敬持志是朱熹道德修养的重要方法,也是他最重要的读书法。故答案为D。

7.【答案】C 【解析】王守仁提倡道德修养必须在"事上磨炼"。所谓"事上磨炼",是指结合具体事物,"日用事为间,体究践履,实地用功",其中"事",是指"人事"。故答案为C。

8.【答案】B 【解析】王守仁十分重视儿童教育,《训蒙大意示教读刘伯颂等》一文集中阐发了他的儿童教育思想。主要包括:(1)揭露和批判传统儿童教育不顾儿童的身心特点的做法;(2)儿童教育必须顺应儿童的性情;(3)儿童教育的内容是"歌诗""习礼"和"读书";(4)"随人分限所及",量力施教。故答案为B。

二、分析论述题

【参考答案】 王守仁十分重视儿童教育,在《训蒙大意示教读刘伯颂等》一文中,集中阐发了他的儿童教育思想。

(1)揭露和批判传统儿童教育不顾儿童的身心特点的做法。

当时从事儿童教育的老师,每天只是督促儿童读书习字,责备他们修身,但不知道用礼义来引导;想使他们聪明,但不知道用善德来培养。对待儿童用鞭打,用绳缚,不顾儿童的身心特点,把他们当作小大人,这是传统儿童教育的致命弱点。

（2）儿童教育必须顺应儿童的性情。

儿童的性情总是爱好嬉游而厌恶拘束，教育必须顺应儿童的身心特点，使他们"趋向鼓舞""中心喜悦"，使儿童自然不断地长进，对待儿童就应该像对待小树苗一样，给予春风细雨般的呵护。

（3）儿童教育的内容是"歌诗""习礼"和"读书"。

这些内容的选择是为了培养儿童的意志，调理他们的性情，在潜移默化中消除其鄙吝，化除其粗顽，让他们日渐礼义而不觉其苦，进入中和而不知其故，在品德、知识、身体诸方面都得到发展。

（4）"随人分限所及"，量力施教。

教学必须考虑儿童接受能力的发展程度，并在这个程度的基础上进行教学，不可躐等，同时，对儿童教学"授书不在徒多，但贵精熟"，因此，教学应该留有余地，使儿童"精神力量有余"，这样他们就不会因学习艰苦而厌学，而乐于接受教育。

评价： 王守仁的儿童教育思想虽然目的是向儿童灌输封建伦理道德，但他反对"小大人式"的传统儿童教育方法和粗暴的体罚等教育手段，要求顺应儿童性情，根据儿童的接受能力施教，使他们在德育、智育、体育和美育诸方面得到发展等主张，反映了其教育思想的自然主义倾向。他在15、16世纪就提出这一思想，实在是难能可贵的。

第六节　理学教育思想的批判与反思

单项选择题

1.【答案】A　【解析】"公其非是于学校"思想的基本精神，在于反对君主专制，改变国家政事之是非标准由天子一人决断的局面。"公其非是于学校"的思想是对中国古代关于学校职能的创新，反映了他要求国家决策民主化的强烈愿望。这种性质的学校已与近代资本主义制度下的议会相近，所以这种思想也是近代议会思想的萌芽，对中国近代资产阶级反对封建教育起到了启蒙作用。故答案为A。

2.【答案】B　【解析】传统教育的另一个严重弊病是在伦理道德教育方面，把"义"和"利"，"理"和"欲"对立起来。在颜元看来，"义"和"利"两者并非截然对立，而是能够统一起来的。他针对传统教育的偏见，继承和发展了南宋事功学派的思想，明确提出了"正其谊以谋其利，明其道而计其功"的命题，冲破了传统的禁锢，使中国古代对于义、利关系问题的认识近乎科学。故答案为B。

D项：董仲舒道德修养方法是确立重义轻利的人生理想。董仲舒认为，个体行为的动机比行为的效果更具有道德价值。"正其谊（义）不谋其利，明其道不计其功"，董仲舒要求人们心正意诚，立志要做一个符合封建国家要求的人。利，满足人们肉体的需求。义，满足人们的精神需求，提倡封建国家利益原则的追求应高于对个人利益的追求。

3.【答案】A　【解析】颜元主张学校应该培养"实才实德之士"，即品德高尚，有真才实学的经世致用人才。分为两类：(1)"上下精粗皆尽力求全"的通才；(2)"终身止精一艺"的专门人才。颜元主张学校应该培养"实才实德之士"，冲破了理学教育的桎梏，具有鲜明的经世致用特征,反映了要求发展社会生产的新兴市民阶层对于人才的新要求。故答案为 A。

4.【答案】A 【解析】漳南书院的六斋及各斋教育内容如下:(1)文事斋:课礼、乐、书、数、天文、地理等科;(2)武备斋:课黄帝、太公以及孙、吴五子兵法,并攻守、营阵、陆水诸战法,射御、技击等科;(3)经史斋:课《十三经》、历代史、诰制、章奏、诗文等科;(4)艺能斋:课水学、火学、工学、象数等科;(5)理学斋:课静坐、编著、程、朱、陆、王之学;(6)帖括斋:课八股举业。故答案为 A。

5.【答案】B 【解析】颜元"习行"教学法,就是强调在教学过程中要联系实际,要坚持练习和躬行实践,只有如此,学得的知识才是真正有用的。颜元强调"习行",并非排斥通过读和讲学习书本知识,只是反对唯独通过静坐读书来获取知识。他主张将读书、讲学与"习行"相结合,而且要在"习行"上下更多的工夫和花更多的精力。故答案为 B。

第六章 近代教育的起步

大纲考点导图

①儒学经典 ②教会学校的存在,是近代中国半殖民地的国家地位在教育上的反映 ③教会学校的毕业生是新式学堂教师的重要来源 ④外国语学堂、军事学堂和技术实业学堂 ⑤采用西方的教学制度,最早实行分年课程和班级授课制 ⑥由浅入深,循序渐进,注重理论与实际的结合 ⑦"绘事院" ⑧培养生产和技术骨干 ⑨四书五经,中国史事、政书、地图 ⑩西政、西艺、西史

考点演练

第一节 教会学校在中国举办

单项选择题

1.【答案】C 【解析】1877年,第一次在华基督教传教士大会上,为适应教会学校的发展,规范教会学校的教学内容,大会决定成立"学校与教科书委员会",中文名称为"益智书会"。这是近代第一个在华基督教教会联合组织。委员会成立后,随即开会决议编写初级、高级两套中文教材,极大地推动了教会学校的教材编写工作。所编的教材除供应教会学校外,也赠送给各地传教区的私塾应用,促进了基督教教士、教会和学校之间的联系和交流。故答案为C。

2.【答案】C 【解析】教会学校的课程设置包含儒学经典。早期的传教士视儒家文化与基督教文化势不两立,但他们的传教活动受到儒家思想的强烈抵制,迫使传教士不得不有所妥协。同时,教会学校要使培养的学生能对中国一般民众产生影响或居于领袖地位,就必须适应中国的文化背景,甚至通过科举考试取得功名。19世纪70年代后,教会学校一般都开设相当数量的儒学经典课程。故答案为C。

3.【答案】A 【解析】教会学校的性质:(1)教会学校是西方世界殖民扩张的产物,带有强烈的殖民性质;(2)教会学校的存在,是近代中国半殖民地的国家地位在教育上的反映。教会学校的影响:(1)教会学校是中国传统教育向近代教育过渡的促进因素;(2)教会学校的广泛设立,加速了西学在中国的传播进程;(3)教会学校的毕业生是新式学堂教师的重要来源。教会学校是西方世界殖民扩张的产物属于教会学校的性质。故答案为A。

4.【答案】B 【解析】教会学校是西方世界殖民扩张的产物,带有强烈的殖民性质。传

教士所从事文化教育活动,目的不是单一的,而是与各宗主国的政治、经济甚至军事目的紧密结合,带有强烈的殖民性质。教会学校的存在,是近代中国半殖民地的国家地位在教育上的反映。19世纪后期,西方传教士在华开设的一大批教会学校,没有一所被中国政府立案。它们都是以武力开道,以不平等条约为保护伞的。这是教育主权不能独立的表现。"幼童留美"是洋务运动为培养洋务人才的官派留学运动。故答案为B。

第二节 太平天国的教育举措

单项选择题

1.【答案】C 【解析】太平天国的教育举措包括:(1)对儒学的批判;(2)对文字、文风与科举制度的改革;(3)建立普及教育组织,改革教育内容。故答案为C。

2.【答案】A 【解析】洪秀全等人创立"拜上帝教",在其教义中,只有上帝才是唯一的真神,其他一切权威和偶像都必须打倒,包括儒家学说。金田起义前,洪秀全、冯云山、洪仁玕撤除了私塾里的孔子牌位,以示与传统儒学教育决裂;金田起义之后,实行了激烈的反儒政策,毁坏孔像、焚烧孔孟诸子百家书籍,出现了"敢将孔孟横称妖,经史文章尽日烧"的局面。故答案为A。

3.【答案】B 【解析】太平天国颁布了《天朝田亩制度》,其内容之一是在农村地区建立一套军事、政治、宗教合一的地方政权体系。太平天国运动对以儒学为核心的传统教育展开批判,提出了普及教育的组织形式,同时开放女子教育,允许女子参加科举考试。洪仁玕还提出学习西方、发展资本主义的教育主张,这些都对传统教育体系产生了重大的冲击,并具有近代教育的因素。故答案为B。

第三节 洋务学堂的兴办

一、单项选择题

1.【答案】D 【解析】洋务学堂的特点是:(1)办学性质上,提供专门训练的专科性学校,属于部门办学的性质,是洋务机构的组成部分或附属单位,直接针对本部门和机构的需要培养人才。这和传统学校培养科举入仕的人才有所不同;(2)培养目标上,造就各项洋务事业需要的专门人才,属于提供专门训练的专科性学校,广泛分布于外交、律例、水陆军事、机械制造、电报、矿务、铁路、教育等诸多领域;(3)教学内容上,以学习"西文""西艺"为主,课程包括外语、数学、格致、化学等一般性课程,以及和各自专业相关的科学技术课程,注意学以致用,区别于传统学校的经史义理和八股文章;(4)教学方法上,按照知识的接受规律由浅入深、循序渐进地安排教学内容,重视理解;注意理论和实践相结合,很多学校安排了实践性课程,有的还建立了实习制度;(5)教学组织形式上,洋务学堂制订分年课程计划,确定了学制年限,采用班级授课制,突破传统进度不一的个别教学形式。故答案为D。

2.【答案】A 【解析】京师同文馆不仅是第一所洋务学堂,也是我国最早的官办新式学校,是近代中国被动开放的产物。它最初是作为外语学校设立的,后来发展成为一所以外语教学为主,兼习各门"西学"的综合性学校。1862年正式开学。1902年,京师同文馆并入京师大学堂。故答案为A。

3.【答案】C 【解析】京师同文馆的主要特点:(1)在培养目标上,专门培养懂翻译、外事的洋务人才,注重学以致用;(2)在课程设置上,侧重西学西艺,外语居于首位,此外,汉文经学贯穿始终;(3)在教学组织形式上,采用西方的教学制度,最早实行分年课程和班级授课制;(4)在教学方法上,由浅入深,循序渐进,注重理论与实际的结合;(5)在学校管理上,以外国人为主,受外国列强控制。同文馆经费多由海关拨款,从学校经费到聘请校长教员都由海关税务司长官赫德一手包办,管理学校的大权逐步落入外国人手中,教员也多为外国人。故答案为C。

4.【答案】A 【解析】福建船政学堂,又称"求是堂艺局"或"福州船政学堂",是福建船政局的组成部分。福建船政局,也称"马尾船政局"或"福州船政局",它由左宗棠于1866年奏请创办,是近代中国海军第一所学校,也是洋务运动时期最大的造船产业基地。故答案为A。

5.【答案】D 【解析】福建船政学堂由法国(前学堂,教授制造技术)、英国(后学堂,教授航海技术)教习授课或外籍技术人员兼课,师资力量较强。除教授书本知识外,强调实习。1868年,前学堂内添设"绘事院"(培养工程绘图人才)和"艺圃"(以工读结合的方式培养中级技术工人,开近代职工教育的先河)。故答案为D。

6.【答案】B 【解析】1868年2月,前学堂内添设"绘事院"和"艺圃"。"艺圃"实际上是一所在职培训学校。学员是从船政局各生产部门招收的15岁至18岁"有瞽力悟性"的青年工人,名曰"艺徒"。实行半工半读,学习年限为3年。这种通过工读结合形式有计划地培养技术人才的做法,实开我国近代职工在职教育的先河。故答案为B。

二、分析论述题

【参考答案】 兴办学堂是洋务运动的重要组成部分,其目的是培养洋务活动所需要的翻译、外交、工程技术、水陆军事等多方面的专门人才,其教学内容以所谓"西文"与"西艺"为主。

(1)洋务学堂的类别。

第一类是外国语("方言")学堂。主要有京师同文馆、上海广方言馆、广州同文馆、新疆俄文馆、台湾西学馆、珲春俄文馆、湖北自强学堂。这些学堂以学习外国语为主,主要培养翻译人员。

第二类是军事("武备")学堂。主要有福建船政学堂、上海江南制造局操炮学堂、广东实学馆及广东水陆师学堂、广东黄埔鱼雷学堂、天津水师学堂、天津武备学堂等。这些学校训练水师人才,培养能使用洋枪、洋炮的军官和士兵。

第三类是技术实业学堂。主要有福州电报学堂、天津电报学堂、上海电报学堂、天津西医学堂、湖北矿务局工程学堂、山海关铁路学堂、南京储才学堂,这些学堂主要培养会使用、维修洋机器的人员和通信人员。

(2)洋务学堂的特点。

① 具有新式学堂特点

洋务学堂与封建官学、书院、私塾等传统学校有显著的差异,因此常被称为新式学堂。所谓新,主要表现在办学性质、培养目标、教学内容、教学方法和教学组织形式等方面。

办学性质上,提供专门训练的专科学校,属于部门办学的性质,是洋务机构的组成部分或附属单位,直接针对本部门和机构的需要培养人才。这和传统学校培养科举入仕的人才有所不同。

培养目标上,造就各项洋务事业需要的专门人才,属于提供专门训练的专科学校,广泛分布于外交、律例、水陆军事、机械制造、电报、矿务、铁路、教育等诸多领域。

教学内容上,以学习"西文""西艺"为主,课程包括外语、数学、格致、化学等一般性课程以及和各自专业相关的科学技术课程,注意学以致用,区别于传统学校的经史义理和八股文章。

教学方法上,按照知识的接受规律由浅入深、循序渐进安排教学内容,重视理解;注意理论和实践相结合,很多学校安排了实践性课程,有的还建立了实习制度。

教学组织形式上,洋务学堂制订分年课程计划,确定了学制年限,采用班级授课制,突破了传统进度不一的个别教学形式。

② 具有新旧杂糅的特点

洋务学堂是套种在传统封建教育体制边上的幼苗,根植于半殖民地半封建社会的土壤,难脱其桎梏和影响,又表现出新旧杂糅的特点。

零散。洋务学堂是洋务大臣们各自为政办起来的,零星分散,缺乏全国性的整体规划和学制系统。学校和学校之间是相互孤立的,上下级、同级之间没有形成规范的程度标准,没有明确的界限和衔接关系。

旧文化。在"中体西用"的总原则下,洋务学堂没有丢弃四书五经的学习。

官僚。洋务学堂由洋务大臣举办,但洋务大臣也是封建官僚,因此,对洋务学堂的管理免不了沾上封建官僚习气。学生不过百余人的学校,从设置、招生、官员任命、经费筹措到章程制定、馆舍设备的添置、学生的奖惩,都要层层上报,奉旨行事。

总之,洋务学堂以西方近代科技文化作为主要课程,在形式上引入了资本主义因素,初步具备了近代教育的特征。它产生之初,并未有意与科举为核心的旧教育体系对抗,甚至还乞求后者的容纳,但它产生之后,逐渐动摇和瓦解了旧的教育体制,启动了中国近代教育改革的进程。

第四节　留学教育的起步

单项选择题

1.【答案】C　【解析】留欧学生的派遣始于船政大臣沈葆桢的建议,并以福建船政学堂的学生为主。1873年12月,外国技术人员和教师按合同即将期满回国,福建船政局面临如何发展的问题。沈葆桢上书建议:选择前学堂优秀学生"赴法国深究其造船之方,及其推陈出新之理";选择后学堂优秀学生"赴英国深究其驶船之方,及其练兵制胜之理"。这一建议经总理衙门征求李鸿章、左宗棠等人意见后,同意施行。沈葆桢即组织拟订了一份赴欧学生的学习计划。故答案为C。

2.【答案】B　【解析】留欧学生的派遣始于船政大臣沈葆桢的建议,并以福建船政学堂的学生为主。1875年初,沈葆桢派遣前堂和后堂共5名学生同当时的法国工程师回法购买设备,以期开阔视野,增长见识,实际上是派遣留欧的先导。故答案为 B。

3.【答案】D 【解析】洋务时期,留学教育是中国教育走向世界的最名副其实的一步。它的主要意义有:(1)传统教育再次受到冲击。如果说京师同文馆设立天文算学馆是传统教育的第一次冲击,那么官派留学生就是第二次冲击;(2)留学教育可以培养一批新式人才。这些人才在知识结构和文化生活上都不同于以往的知识分子,并为近代中国培养了第一批卓有贡献的人才。如詹天佑从美归来,自行设计修建京张铁路,成为世界闻名的铁路工程师;(3)将西方政治学说、哲学等社会科学介绍到中国,促进了近代中国的思想解放。留学生接受了西方国家的思想和文化熏陶,从更深层次的思想观念上受到启迪,比如,严复把先进的社会科学知识带回国,引起了中国观念领域的不断变革,这是对中国思想界最重要的启蒙作用。拉开中国教育近代化帷幕的是洋务学堂的兴办。故答案为 D。

第五节 "中体西用"主张与张之洞的教育思想

一、单项选择题

1.【答案】C 【解析】"西学"即西政、西史、西艺为新学。西政是指西方有关文教制度、工商财政、军事建制和法律行政等管理层面的文化。西艺是指近代西方科技。故答案为 C。

2.【答案】C 【解析】"中学"也称"旧学","四书五经,中国史事、政书、地图为旧学"(《设学》)。对"中学"的各方面都要通其大概,但张之洞最注重的还是纲常名教。"三纲"是维持封建王权和家族伦理的基本准则,其废除必然导致封建社会秩序的彻底崩溃。故答案为 C。

A 项:张之洞不是最早提出"中学为体,西学为用"主张的人,而是把"中体西用"思想理论化的人。

B 项:张之洞的一生以 1884 年中法战争为分界线。前期,他基本上是一个守旧的封建官僚和清流党人。当洋务大臣们致力于发展洋务学堂的时候,张之洞却醉心于举办传统书院。当洋务派在讲求"西学"的时候,张之洞却鼓励士子考究经史诸子,著《轩篇》和《书目答问》,前者教人如何敦励品行、读书作文,后者示人治学门径但基本不录西学书籍。总之,此时的张之洞虽然热心教育但缺乏洋务新学的精神。1882 年左右,张之洞开始向洋务派转化。1896 年,张之洞返任湖广总督。此时正是维新呼声高唱入云的时候,他在总结洋务实践和对时局走势进行思考的基础上,于 1898 年著成《劝学篇》,提出"中体西用"的理论体系,并按此思想路线进行湖北的教育改革。

D 项:张之洞认为西艺难学,适合于年少者,着眼于长远;西政相对易学,适合于年长者,着眼于当前急需。

二、分析论述题

【参考答案】"中体西用"是张之洞于 1898 年在《劝学篇》中阐述的思想。他认为,在突出"中学"主导地位的前提下,应该肯定"西学"的辅助作用和器用价值。

（1）"中体西用"的内涵。

① "中学"也称"旧学"。"四书五经，中国史事、政书、地图为旧学"，其中，张之洞最注重的是纲常名教，三纲是维持封建王权和家族伦理的基本准则，三纲的废除必然导致封建社会秩序的崩溃。

② "西学"也称"新学"，即西政、西史、西艺为新学，西政是指西方有关文教制度、工商财政、军事建制和法律行政等管理层面的文化。西艺是指近代西方科技。

③ 中西学的关系。"旧学为体，新学为用，不使偏废。"教育首先要传授中国传统的经史之学，这是一切学问的基础，放在率先的地位上，然后再学西学，以补中学之不足。

（2）"中体西用"的历史作用。

① "中体西用"理论为"西学"教育的合理性进行了有效论证，促进了资本主义文化在中国的传播，在此原则下实施的留学教育和举办新式学堂，给封闭僵化的封建文化打开了一个缺口，加速了封建制度的解体，改变了单一的传统教育结构。

② "中体西用"启动了中国近代教育改革的步伐，催发了新式教育的产生、自然科学知识的传授、新式学堂的兴办、留学教育的开展等，打破了儒学一统天下的传统教育格局。

③ "中体西用"使教育领域可以较为充分地引进西方近代学科、课程及制度措施，对清末教育制度的改革既有思想层面的启发，又有实践层面的推动。

④ "中体西用"思潮的扩展，极大地冲击了传统教育的价值观，逐步改变了封建士大夫对于新式教育的看法，为新式教育的推广扫清了障碍。

（3）"中体西用"的局限性。

① "中体西用"固守"中学"为体，其根本目的在于维护封建专制传统和以"三纲五常"为核心的儒家意识形态，使新式教育一直受到忠君、尊孔、读经的封建信条的支配，任何教育改革都不能摆脱以新卫旧、以西补中的目的，延缓了新式教育的发展进程，抑制了维新思想的更广泛传播，不利于近代刚刚开始的思想启蒙运动。

② 在没有克服中、西学内在矛盾的情况下直接嫁接，引起两者的排异性反应。这种简单拼凑中学西学而不涉及中国传统文化和政体的改造，必然表现出严重的局限性。

第七章　近代教育体系的建立

大纲考点导图

①全面学习西学　②建立近代学制　③兴办学堂　④创办京师大学堂　⑤"开民智""兴民权"　⑥培养"新民"　⑦"鼓民力""开民智""新民德"　⑧近代第一个正式实施的学制　⑨设学部　⑩忠君、尊孔、尚公、尚武、尚实

考点演练

第一节　早期改良派的教育主张

单项选择题

1.【答案】A　【解析】容闳作为我国最早接受美国高等教育的知识分子,曾寄希望于太平天国能实现他建立近代学校教育制度的理想。1860年,他到天京谒见干王洪仁玕,建议设立武备学校和海军学校,仿照西方颁定各级学校教育制度,广泛设立各种实业学校。然而,他的这一主张在当时并未成文传世。在早期改良派中,勾画出中国近代学制轮廓的是郑观应。郑观应认为,中国传统教育不可能培养出适应近代工商业发展的人才。故答案为A。

2.【答案】C　【解析】郑观应提出仿照西方学制设立小学、中学、大学三级学制系统,大、中、小学均采取班级授课的形式,规定学习年限各为三年,考试结果作为升学的标准。鉴于当时的现实,他提出了"变通"的方法,即将科举制的进士、举人、秀才三级科名与大、中、小三级学校相配合,并将各省、府、县的书院改为学堂。他是国内最早倡导改书院为学堂的人。故答案为C。

3.【答案】D　【解析】在早期改革派中,勾画出中国近代学制轮廓的是郑观应。这种学制设想虽然粗糙,且明显有与科举挂钩的痕迹,但它反映了早期改良派要求系统地改革封建教育体制的思想,也远远超出了洋务派教育实践的水平,克服了洋务学堂孤立、分散和应急性的特点。故答案为D。

第二节　维新派的教育实践

一、单项选择题

1.【答案】A　【解析】1891年,康有为创办万木草堂,是维新派开办最早的学校。万木草堂继承了传统书院的办学形式和教学方法,属于在旧形式中注入新内容。故答案为 A。

2.【答案】A 【解析】经正女学又称"中国女学堂"。1897 年,梁启超、经元善等人倡议在上海设立女学堂,以发中国女子教育的先声。1898 年,由经元善集资,并得到中外人士的赞助,设女学于上海城南桂墅里,后又设分校于城西淘沙场。经正女学的教师和管理人员皆聘中外女士担任。课程分中、西两大类:中文课程授中国传统女性读物,如《女孝经》《女论语》《女诫》《内则衍义》,及女红、绘画、医学等;西学课程有英文、算术、地理、体操等。经正女学创办仅一年多,即于 1900 年停办。尽管如此,它作为近代第一所国人自办的正规女子学校,起到了开风气之先的作用。故答案为 A。

3.【答案】D 【解析】1895 年,津海关道盛宣怀通过北洋大臣王文韶奏准在天津开办中西学堂,亦称北洋西学堂。内分头等学堂(大学专科程度)和二等学堂(中学程度),并各分四班(相当于今天的年级),学制共为 8 年。后发展为北洋大学。1896 年,盛宣怀又奏请在上海仿照北洋西学堂设南洋公学,以后逐年开办了师范院、外院(小学程度)、中院(中学程度)、上院(大学程度,分内政、外交、理财各专门)和特班。民国后发展为交通大学。这两所学校最早采取西方近代学校体系的形式,分初、中、高等级,相互衔接,并按年级逐年递升,具有近代三级学制的雏形,因而事实上将早期改良派学制改革思想付诸实践。故答案为 D。

4.【答案】D 【解析】维新派的实践有兴办学堂、兴办学会、发行报刊。重视幼儿教育,也是维新派的思想,但并没有付诸实践。故答案为 D。

5.【答案】B 【解析】1896 年,李端棻在《请推广学校折》中首次向朝廷正式提出设立京师大学堂的建议。1898 年,总理衙门委托梁启超草拟《奏拟京师大学堂章程》,得到光绪帝批准。孙家鼐为管学大臣,管理京师大学堂。后经孙家鼐提议,分设中、西学总教习,聘许景澄为中学总教习、丁韪良为西学总教习。(1)性质:京师大学堂不仅是全国最高学府,也是全国最高教育行政机关。(2)办学方针:"中学为体,西学为用。"(3)课程:普通学科(基础课程)和专门学科,西学比重高于中学。京师大学堂的封建等级性非常浓厚。"戊戌政变"后,它是维新运动仅存的硕果。1900 年,八国联军入侵北京,京师大学堂遭到破坏,被下令停办;1902 年恢复开办,并被纳入清末学制系统。1912 年,京师大学堂改名为北京大学。故答案为 B。

6.【答案】A 【解析】1898 年 6 月 23 日,光绪皇帝下诏废除八股文,促进了西学的传播。7 月 23 日,光绪皇帝下诏催立经济特科,以选拔维新人才。经济特科区别于明清的进士科,拟分为内政、外交、理财、经武、格物、考工六项,并强调科举考试要以实学实政为主,不讲求楷法。百日维新失败后,虽然恢复了八股考试,废除了经济特科,但人们开始向往富有朝气的新式教育。科举考试经此次冲击后,考试的人数锐减。创办经正女学是维新派的早期教育活动,不是"百日维新"时期。故答案为 A。

二、分析论述题

【参考答案】(1)创办京师大学堂。

1896 年,李端棻在《请推广学校折》中首次向朝廷正式提出设立京师大学堂的建议。1898 年,总理衙门委托梁启超草拟《奏拟京师大学堂章程》,得到光绪帝批准。孙家鼐为管学大臣,管理京师大学堂。后经孙家鼐提议,分设中、西学总教习,聘许景澄为中学总教习、丁韪良为西学总教习。

① **性质**:京师大学堂不仅是全国最高学府,也是全国最高教育行政机关。
② **办学方针**:"中学为体,西学为用。"
③ **课程**:普通学科(基础课程)和专门学科,西学比重高于中学。

京师大学堂的封建等级性非常浓厚。"戊戌政变"后,它是维新运动仅存的硕果。1900年,八国联军入侵北京,京师大学堂遭到破坏,被下令停办;1902年恢复开办,并被纳入清末学制系统。1912年,京师大学堂改名为北京大学。

(2) **废除八股考试,改革科举制度。**

1898年6月23日,光绪帝下诏废除八股,改试策论。八股废除后,人们不得不寻求新的学问,促进了西学的传播。7月23日,光绪帝下诏催立经济特科,以选拔维新人才。

百日维新失败后,虽然恢复了八股考试,废除了经济特科,但人们开始向往富有朝气的新式教育。科举考试经此次冲击后,考试人数骤减。

(3) **实力讲求西学,普遍建立新式学堂。**

1898年,光绪帝令各省及地方官将各省府厅州县之大小书院,一律改为兼习中学、西学的新式学堂。凡民间祠庙不再举行祀典者,也一律改为学堂,并鼓励绅民捐资兴学。中、小学所用课本由官设书局统一编译印行,造成一种"人无不学,学无不实"的局面。

百日维新期间,还计划设立铁路、农务、茶务、蚕桑等实业学堂,广派人员出国游学游历,设立译书局和编译学堂,奖励开设报馆,开放言论,书籍、报纸免税等。

百日维新中的教育改革措施反映了资产阶级维新派的主张和愿望,对封建传统教育产生了强大冲击。百日维新中"人人谈时务,家家言西学"的局面,激荡起一股思想解放的潮流。放眼世界,渴求新知,已成为不可遏止的士林风尚。

第三节 维新派的教育思想

一、单项选择题

1.【**答案**】A 【**解析**】在《大同书》中,康有为提出了一个具有资产阶级性质的教育制度,重视学龄前教育,主张男女教育平等,还从女子对胎教和儿童教育的影响角度说明了女子教育的意义,这些都是应该肯定的。在当时的社会条件下,它只不过是资产阶级改良派的美好愿望而已,但是对传统封建教育造成了很大的冲击。故答案为A。

2.【**答案**】C 【**解析**】梁启超主张通过教育培养"新民"。"新民"是具有资产阶级政治信仰、思想观念、道德修养和适应资本主义社会生活的知识技能的新国民。"新民"具有新道德、新思想、新精神、新的特性和品质,包括国家思想、权利思想、政治能力、冒险精神,以及公德、私德、自由、自治、自尊等。故答案为C。

3.【**答案**】B 【**解析**】按照学生身心发展的阶段特性来确定学制的不同阶段和年限,是近代西方教育心理研究的成果。梁启超是中国近代最早系统介绍和倡导这一理论的人物。他根据当时西方心理学研究成果中的年龄与身心发展的关系理论,列出一份《教育期区分表》。故答案为B。

4.【答案】C 【解析】梁启超于1896年发表了《变法通议·论师范》。他不仅是中国近代史上首次以专文论述师范教育的人,也是在我国最早提出设立师范学校的人。中国急需普遍设立中、西学兼习的新式学堂,根本的解决办法是设立师范学校,培养符合时代要求的教师。故答案为C。

5.【答案】B 【解析】梁启超的《变法通议·论幼学》一文,倡导对中国儿童教育进行改革。他批评了中国传统教育中对儿童采取的体罚,结果使儿童视学校如囚牢,畏教师如狱吏。他认为这种儿童教育必须彻底改革。他比较中、西儿童教育的差异,认为儿童教育要适应儿童的年龄特点,由浅入深,由易到难,循序渐进;要重视儿童的学习兴趣;采用实物教学、直观教学。他建议中国应从编写儿童教学用书入手,对儿童教育进行改革,应编的书包括识字书、文法书、歌诀书、问答书、说部书、门径书、名物书。他对这七种书,都作了详细说明,并且指出了教学方法,是我国近代最早提倡各科教材教法的教育家。故答案为B。

6.【答案】D 【解析】严复是中国近代从德、智、体三要素出发构建教育目标模式的第一人。他的德、智、体"三育论"首次在《原强》中提出。他认为,一国的政治经济状况、参与国际竞争的能力取决于国民德、智、体三方面的发展水平。中国要改变贫弱状况,就必须从提高国民这三方面的素质着手。故答案为D。

7.【答案】D 【解析】所谓"鼓民力",就是提倡体育,包括禁止吸鸦片和女子缠足等陋习,使国民有强健的身体。严复认为体育和智育是相辅相成的。所谓"开民智",就是要全面开发人民的智慧,提高人民的文化教育水平,但实际牵涉对传统教育体制、教育内容、学风和教学方法的改革,其核心是改革科举制度,废除八股取士和训诂词章之学,讲求西学。所谓"新民德",主要是改变传统德育内容,用西方的民主自由平等取代封建伦理道德,培养人民忠爱国家的观念意识。"新民德"要从改变人民的奴虏地位开始。因为"新民德"涉及上层建筑的意识形态领域,故严复认为"尤为三者之最难"。故答案为D。

8.【答案】B 【解析】在《救亡决论》中,严复详细分析了八股式教育的三大弊端:(1)"锢智慧"。八股式教育违反了由浅入深、由简到繁、循序渐进的学习规律。八股式教育还导致士人拒绝接受其他知识,故步自封,孤陋寡闻;(2)"坏心术"。科举试场作弊之风盛行。科举之士平时诵读陈篇,到考场后因袭成文,长期"习为剽窃诡随之事",导致丧失"羞恶是非之心";(3)"滋游手"。八股教育目标单一,与生产严重脱离,导致士人与农工商壁垒分明,积累了一支庞大的官僚后备军,成为衣食仰赖于社会的游民。故答案为B。

二、简答题

1.【参考答案】(1)梁启超认为,教育是改变中国落后状况、救亡图存的基础,国势强弱取决于人民的受教育程度。教育具有民主启蒙的内涵,为"兴民权"而"开民智",而教育是"开民智"的必然途径。

(2)国家应实施国民教育,教育应以"制造国民"为宗旨。国民教育包括德、智、体三个方面。理想国民必须具备新道德、新精神、新品质,如国家意识、权利意识、政治能力、冒险精神,以及自由、自治、自尊、尚武、合群、生利、毅力等。

2.【参考答案】 严复是中国近代从德、智、体三要素出发构建教育目标模式的第一人。他的德、智、体"三育论"首次在《原强》中提出,认为一国的政治经济状况、参与国际竞争的能力取决于国民德、智、体三方面的发展水平。中国要改变贫弱状况,就必须从提高国民这三方面的素质着手。"三育"的具体内容包括:

(1)"鼓民力"是指提倡体育,包括禁止吸鸦片和女子缠足等陋习,使国民有强健的身体。

(2)"开民智"是指要全面开发人民的智慧,提高人民的教育文化水平,核心是改革科举,废除八股取士和训诂辞章之学,讲求西学。

(3)"新民德"是指改变传统德育内容,用西方的民主自由平等取代封建伦理道德,培养人民忠爱国家的观念意识。

评价:严复提出的德、智、体三育兼备的教育目标体系,无论是其结构要素,还是各育的内容,都基本确立了中国教育目标体系的近代模式。

三、分析论述题

【参考答案】 梁启超的教育思想如下:

(1)"开民智""兴民权"与教育作用。

梁启超认为,国势强弱随着人民的受教育程度为转移,必须通过教育达到"开民智"的目的。他明确地将"开民智"与"兴民权"联系起来,为"兴民权"而"开民智"。这在一定程度上揭示了专制与愚民、民主与科学的内在联系。他的"开民智"具有科学与民主启蒙的内涵。

(2)培养"新民"的教育目的。

"新民"是具有资产阶级政治信仰、思想观念、道德修养和适应资本主义社会生活的知识技能的新国民。"新民"具有新道德、新思想、新精神、新的特性和品质,包括国家思想、权利思想、政治能力、冒险精神,以及公德、私德、自由、自治、自尊等。

(3)论学制。

按照学生身心发展的阶段特性来确定学制的不同阶段和年限,是近代西方教育心理研究的成果。梁启超是中国近代最早系统介绍和倡导这一理论的人物。他根据当时西方心理学研究成果中的年龄与身心发展的关系理论,列出一份《教育期区分表》。

(4)论师范教育、女子教育和儿童教育。

① **师范教育**。梁启超不仅是中国近代史上首次以专文论述师范教育的人,也是在我国最早提出设立师范学校的人。梁启超倡导师范教育,不仅是从教师职业的特殊性出发,强调对教师进行专门培养,更重要的目的是通过广设师范学校,培养一批在知识结构和思想观念上都符合维新要求的新教师,推动维新教育活动的全面开展。

② **女子教育**。梁启超从女子自养自立、成才成德、教育子女、实施文明胎教等方面揭示女子教育的必要性。他积极参与中国第一所女学——经正女学的筹办,以实际行动推动女子教育的发展。他的女子教育思想内容广泛,有鲜明的近代特征。

③ **儿童教育**。梁启超建议从编写儿童教学用书入手,对儿童教育进行改革,应编的书包

括识字书、文法书、歌诀书、问答书、说部书、门径书、名物书。他对这七种书,都做了详细的说明,并且指出了教学方法,是我国近代最早提倡各科教材教法的教育家。

评价：梁启超在维新变法和清末新政前期提出的许多教育改革建议,汲取了西方教育的新知学理,措施具体而观点新颖,在中国近代教育发展的许多方面起到了思想先导的作用。

第四节　清末新政时期的教育改革

一、单项选择题

1.【答案】B　【解析】1904年,清政府公布了由张百熙、张之洞、荣庆主持重新拟定的一系列学制系统文件,统称《奏定学堂章程》。因公布时在农历癸卯年,又称"癸卯学制"。这是中国近代由中央政府颁布并首次得到施行的全国性法定学制系统(近代第一个正式实施的学制)。故答案为B。

2.【答案】D　【解析】"壬寅学制"和"癸卯学制"具有半资本主义半封建主义性质,不仅是传统性和近代性的综合产物,也是学习西方教育的系统性成果,在中国教育近代化发展中具有标志性意义。它直接参考日本,间接吸纳欧美,反映出近代资本主义教育的诸多特点。故答案为D。

3.【答案】C　【解析】1906年,清末新政时期的学部针对民权思想的流行和资产阶级革命派的活动,拟定了"忠君、尊孔、尚公、尚武、尚实"的五项教育宗旨,这是中国近代第一次正式颁布的教育宗旨。故答案为C。

4.【答案】D　【解析】光绪帝于1905年9月2日上谕："着即自丙午科(1906年)为始,所有乡试、会试一律停止,各省岁考、科考亦即停止。"这宣告了自隋代起实行了1300年之久的科举考试制度的终结。故答案为D。

5.【答案】B　【解析】为了实施庚款留美计划,中国政府专门拟定了《遣派留美学生办法大纲》,规定在华盛顿设立"游美学生监督处"作为管理中国留美学生的机构,在北京设立"游美学务处",负责留美学生的考选派遣事宜,从1909年起实施。游美学务处在直接选派留美生的同时,又着手筹建留美预备学校——清华学堂。清华学堂于1911年4月29日正式开学,后改名清华学校。故答案为B。

6.【答案】A　【解析】1902年(农历壬寅年),清政府公布了由官学大臣张百熙拟订的《钦定学堂章程》,史称"壬寅学制"。壬寅学制规定,蒙学堂和寻常小学堂共七年,规划为义务教育性质,"无论何色人等皆应受此七年教育"。可见,壬寅学制是我国最早规定义务教育阶段学制。故答案为A。

二、分析论述题

【参考答案】19世纪末,美国抛出"门户开放"政策,列强将中国视为可瓜分的稳定市场。1900年,八国联军攻陷北京,慈禧携光绪帝西逃,震撼朝野。清政府被迫实行"新政",改革图强。

(1)"壬寅学制"和"癸卯学制"的颁布。

①"壬寅学制"。这是中国近代第一个以中央政府名义制定的全国性学制系统,"壬寅学制"公布后未能得到实施。

②"癸卯学制"。这是中国近代由中央政府颁布并首次得到施行的全国性法定学制系统(近代第一个正式实施的学制)。

评价:清末学制具有半资本主义半封建主义性质,不仅是传统性和近代性的综合产物,也是学习西方教育的系统性成果,在中国教育近代化发展中具有标志性意义。它直接参考日本,间接吸纳欧美,反映出近代资本主义教育的诸多特点。

(2)废科举、兴学堂。

① 迫于形势,光绪帝于1905年9月2日上谕,宣布自1906年开始,"所有乡试、会试一律停止,各省岁考、科考亦即停止"。这宣告了自隋代起实行了1300年之久的科举考试制度的终结。

② 科举制被废除后,配合学制颁布后兴学政策的落实,出现了中国近代史上难得的兴办新学的热潮。至1909年,各级各类新式学堂的数量已达5万所,在校学生超过160万人。

(3)建立教育行政体制。

1905年,清政府设立学部,作为统辖全国教育的中央教育行政机关,并将原来的国子监并入学部。学部的最高长官叫尚书,首任学部尚书是荣庆。机构设置整体上注意到教育行政与教育学术的联系,注重实业教育的地位。

(4)制定教育宗旨。

1906年,学部针对民权思想的流行和资产阶级革命派的活动,拟定"忠君、尊孔、尚公、尚武、尚实"的五项教育宗旨,这是中国近代第一次正式颁布的教育宗旨。

(5)清末留学教育。

① 留日教育。以留日学生为骨干,形成的资产阶级革命派群体,促成了辛亥革命的爆发,对中国近代社会的变革产生了重大的影响。

②"庚款兴学"与留美教育。通过"退款兴学",美国确实达到了"把中国的留学潮流引向美国"的目的。1909年之后,留美人数逐年增加,中国留学生的流向结构从此发生了重大变化。

第五节　资产阶级革命派的教育活动

单项选择题

1.【答案】A　【解析】爱国学社是中国教育会为南洋公学罢学学生组建的学校,它的成立开我国近代学生罢学并另行设校的先河。1901年后,民主与革命思想在上海南洋公学学生中日益增长,校方则采取专制的手段予以压制。1902年11月,一桩小小的"墨水瓶"事件引发学生与校方公开对抗,经特班总教习蔡元培等调解无效,全校200多名学生集体愤然罢学离校。在学生的请求下,中国教育会募款设立爱国学社,蔡元培任总理、吴稚辉任学监。故答案为A。

2.【答案】C　【解析】1902年,蔡元培、蒋观云等人计议开设女校,定名为爱国女学。首任经理(校长)是蒋观云,继任是蔡元培。《爱国女学校补订章程》提出,以"增进女子之智、德、体力,使有以副其爱国心为宗旨"。故答案为C。

3.【答案】B　【解析】中国教育会表面上是办理教育、编订教科书、推行函授教育、刊行丛报等,而实际上在暗中鼓吹革命。其影响不断扩大,江浙一带还建立了中国教育会的支部。它对清末资产阶级革命起到了很大的宣传和组织作用。故答案为B。

第八章 近代教育体制的变革

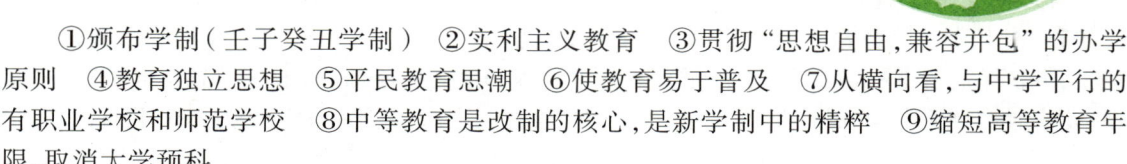

①颁布学制(壬子癸丑学制) ②实利主义教育 ③贯彻"思想自由,兼容并包"的办学原则 ④教育独立思想 ⑤平民教育思潮 ⑥使教育易于普及 ⑦从横向看,与中学平行的有职业学校和师范学校 ⑧中等教育是改制的核心,是新学制中的精粹 ⑨缩短高等教育年限,取消大学预科

第一节 民国初年的教育改革

单项选择题

1.【答案】C 【解析】教育部参照日本学制,结合中国的实际,于1912年正式公布了民国学制系统的结构框架,1913年得以充实和具体化,综合起来,形成了中国近代第一个资产阶级性质的学制,称为壬子癸丑学制,又称1912—1913年学制。故答案为C。

2.【答案】D 【解析】1912年9月2日,教育部正式公布"注重道德教育,以实利主义教育、军国民教育辅之,更以美感教育完成其道德"的民国教育方针。民国教育方针包含了德、智、体、美四育因素,体现了受教育者身心和谐发展的思想。民国教育方针是中国近代第一个实行了的资产阶级的国民教育宗旨,它完全否定了清末"忠君""尊孔""尚公""尚实""尚武"的教育宗旨。故答案为D。

3.【答案】D 【解析】壬子癸丑学制的各级各类学校课程标准特点:首先,废止了癸卯学制中的"读经讲经"课,突出近代学科和资本主义文化在教育中的地位,但同时对中国传统文化也采取批判继承的态度,如小学修身课突出孝悌、亲爱、信实、义勇、恭敬、勤俭等传统德目,中学修身课要求注意"本国道德之特色",大学文科中的文学、历史、哲学各门都注意对中国传统文、史、哲的教授、研究与发扬。其次,提高了唱歌、图画、手工、农业等课程的地位,关注对学生的美感和情感教育,注意课程的应用性、平民化和手脑协调发展的特色。应该说,课程设置明确体现了全国临时教育会议通过的民国教育方针。壬子癸丑学制中女子享有与男子平等的法定教育权,不分男女儿童都应接受义务教育,男女同校,突破了封建礼教对女性的限制,体现了资本主义文化的男女平等观念。故答案为D。

4.【答案】C 【解析】壬子癸丑学制与癸卯学制相比,其明显的特点是女子享有与男子平等的法定教育权。虽未特别强调女子教育,但也没有排斥女子教育的条文;不分男女儿童,都应接受义务教育,初等教育阶段可以男女同校;设立专门的女子中学、女子师范学校、女子高等师范学校等。这突破了封建礼教对女性的限制,体现了资本主义文化的男女平等观念。故答案为C。

5.【答案】A 【解析】与癸卯学制相比,壬子癸丑学制的特点包括:(1)缩短了学制年限,有利于普通教育的普及和平民化发展;(2)女子享有与男子平等的法定教育权,不分男女儿童都应接受义务教育,男女同校,突破了封建礼教对女性的限制,体现了资本主义文化的男女平等观念;(3)取消对毕业生奖励科举出身,废止清末高等教育中的所谓保人制度,大学不设经科,有利于消除教育中的封建等级性、科举名位思想和复古气息;(4)课程改革和教学方法上,取消了忠君尊孔的课程,增加了自然科学课程和生产技能训练;改进了教学方法,反对体罚,要求教育联系儿童实际,适合儿童身心发展的特点;(5)规定一学年度为三个学期,假期安排为暑假、年假、春假;(6)取消高等学堂,只设大学预科。故答案为A。

第二节 蔡元培的教育思想与实践

一、单项选择题

1.【答案】D 【解析】世界观教育为蔡元培所独创,并被认为是教育的最高境界。世界观教育就是要培养人们立足于现象世界,但又超脱现象世界而贴近实体世界的观念和精神境界。故答案为D。

2.【答案】B 【解析】美感教育与世界观教育紧密联系。蔡元培认为,美感"介乎现象世界与实体世界之间,而为津梁"。利用美感这种超越利害关系、人我之分界的特性去破除现象世界的意识,陶冶、净化人的心灵。美感教育与世界观教育紧密联系,是世界观教育的主要途径。故答案为B。

3.【答案】B 【解析】教师群体的学术水平是一所大学学术水平的标志,也是把大学建成学术研究机构的重要保证。蔡元培认为,要打破北京大学的旧习惯,不仅要改变学生的观念,还应"从聘请积学而热心的教员着手"。他在教师聘任上采取"学诣"第一的原则,认为对于具有真才实学、教学热心、有研究学问的兴趣和能力的学者,不管他的国籍、资格、年龄、思想倾向如何,都应加以聘任。根据这一原则,他对北京大学的教师队伍进行充实和整顿,一方面,延请学有所成、富有声誉的专家学者到北京大学任教;另一方面,辞掉一些不称职的中外教师。故答案为B。

4.【答案】A 【解析】1917年1月9日,蔡元培发表就任北京大学校长的演说,对学生提出三点要求:一是抱定宗旨;二是砥砺德行;三是敬爱师长。蔡元培指出:"大学者,研究高深学问者也。"他要求学生一定要抱定为求学而来的宗旨,"入法科者,非为做官;入商科者,非为致富"。以后蔡元培每年在开学的时候都要将此重申一遍。1918年,他更明确指出:"大学为纯粹研究学问之机关,不可视为养成资格之所,亦不可视为贩卖知识之所。学者当有研究学问之兴趣,尤当养成学问家之人格。"故答案为A。

5.【答案】D 【解析】教育独立的基本要求可大致归结为:(1)教育经费独立。政府指定固定的款项,专作教育经费,不能移作他用。建立独立的教育会计制度等;(2)教育行政独立。设立专管教育的行政机构,不附设于政府部门,由懂教育的专业人士主持。教育总长不得因政局的变动而频繁变动;(3)教育学术和内容独立。教育方针应保持稳定,不受政治的干扰。能自由编辑、出版、选用教科书;(4)教育脱离宗教而独立。故答案为D。

二、分析论述题

【参考答案】 蔡元培是中国近代著名的资产阶级革命家和民主主义教育家。辛亥革命前,他通过兴办教育进行反清革命活动。

(1)"五育并举"的教育方针。

① **军国民教育**。将军事教育引入到学校和社会教育之中,让学生和民众受到一定的军事教育和训练。

② **实利主义教育**。密切教育与国民经济生活的关系,加强职业技能的培训,使教育能发挥提高国家经济能力和改善人民生活水平的作用。

③ **公民道德教育**。主张尊重继承中国传统文化,汲取有利于资产阶级道德建设的养分,将二者结合,培养国民的道德感。

④ **世界观教育**。为蔡元培所**独创**,并被认为是教育的最高境界。世界观教育就是要培养人们立足于现象世界,但又超脱现象世界而贴近实体世界的观念和精神境界。

⑤ **美感教育**。利用美感这种超越利害关系、人我之分界的特性去破除现象世界的意识,陶冶、净化人的心灵。所以,美感教育是世界观教育的主要途径。

(2)**改造北京大学的教育实践**。

① **抱定宗旨,改变校风**。改变学生的观念;整顿教师队伍,延聘积学热心的教员;发展研究所,广积图书,引导师生研究兴趣;砥砺德行,培养正当兴趣。

② **贯彻"思想自由,兼容并包"的办学原则**。体现在:学术、言论、思想自由;以"学诣为主",罗致各类学术人才,使北京大学教师队伍出现流派纷呈的局面,也在当时营造出一种良好的学术气氛。

③ **提倡教授治校,民主管理**。组织评议会、教授会、设立行政会议、教务会议及教务处、总务处。新的管理体制的建立,改变了京师大学堂遗留下来的封建衙门作风,提高了工作效率,从而促进了学校的发展。

④ **学科与教学体制改革**。扩充文理,改变"轻学而重术"的思想;沟通文理,废科设系;改年级制为选科制(学分制)。

(3)**教育独立思想**。

教育经费独立;教育行政独立;教育学术和内容独立;教育脱离宗教独立。在军阀对教育横加干涉的情况下,蔡元培等人突出教育活动的独立性和自主性,维护教育的基本生存,有其合理性。另外,教育独立思想在推进收回教育权运动、抵制殖民教育方面,也起到了积极作用。

第三节 新文化运动时期和20世纪20年代的教育思潮与教育改革运动

一、单项选择题

1.【答案】A 【解析】倡导平民教育,是新文化运动中民主思潮在教育领域里的反映和重要的组成部分。平民教育思潮的共同点在于批判传统"贵族主义"的等级教育,破除千百年来封建统治者独占教育的局面,使普通平民享有教育权利,获得知识文化,改变生存状况。故答案为A。

2.【答案】D 【解析】新文化运动中,不少资产阶级和小资产阶级知识分子在西方尤其是美国杜威民主主义教育思想的影响下,把平民教育视为救国和改良社会的主要手段,希望通过平民教育来实现平民(民主)政治。他们主张通过语言文字通俗化、学校教育和社会教育结合、启发民众"自动"的学习来实现平民教育,并鄙视"四体不勤,五谷不分"的知识分子,倡导知识分子主动帮助劳苦大众去获取教育。故答案为D。

3.【答案】B 【解析】以胡适、张东荪为代表的观点是纯粹的工读主义。这一派将工读看成纯粹的经济问题,不承认其改造社会的功能。胡适认为,工读主义"不过是靠自己的工作去换点教育经费而已",算不了什么"了不得"的新生活。故答案为B。

4.【答案】B 【解析】工读主义教育思潮中,以李大钊为代表的初步具有共产主义思想的知识分子,提出工人和农民的工读问题,也支持青年学生的工读互助实验,初步提出了知识分子与工农结合的思想。要通过工人运动去争取缩短工时,同时考虑到工人因谋生而难以专门学习,必须多设置辅助教育机关,"使工不误读,读不误工,工读打成一片,才是真正人的生活"。故答案为B。

5.【答案】A 【解析】1917年,黄炎培发起组织了中国近代第一个研究、倡导、实验和推行职业教育的专门机构——中华职业教育社,进一步从理论上探讨、在实践中推行职业教育,职业教育思潮由此达到高潮,并出现全国性的职业教育运动。1918年,中华职业教育社在上海创办中华职业学校,以学校教育形式开展职业教育实验。故答案为A。

6.【答案】A 【解析】国家主义教育思潮是一种具有强烈资产阶级民族主义色彩的社会思潮,于20世纪初在中国兴起,是政治上的国家主义在教育领域的反映。其内涵为:(1)教育是国家的工具。教育目的对内在于保持国家安宁和谋求国家进步,对外在于抵抗侵略、延存国脉。(2)教育是国家的任务。教育设施应完全由国家负责经营、办理,国家对教育不能采取放任态度。(3)教育是社会需要的产物,不是个人理想的产物。教育的作用在于"同化",即将个人生活的人造就成社会生活的人,即国家社会生活的人;教育的目的不是为了发展个性,而是迫切需要培养具有爱国精神的好国民。故答案为A。

7.【答案】A 【解析】五四运动后,科学教育运动表现在:(1)科学的教育化。提倡学校中的科学教育,即按照教育原理和教育方法进行教育,培养学生科学的知识、技能和态度,即科学的教育化趋势,让科学知识成为学校教育的重要内容,加大科学在学校教育内容中的分量。(2)教育的科学化。提倡以科学的方法研究教育,包括儿童心理和教育心理的研究、各种心理和教育统计与测量的试验及量表的编制应用,即教育的科学化趋势。故答案为 A。

8.【答案】D 【解析】清末以来,西方的教学法开始渐次输入中国。其中,输入最早的是赫尔巴特的教学法。赫尔巴特的"五段教学法"以学生的心理过程为依据,强调教师的主导作用,注重课堂教学形式的组织和规范化。但这种方法影响了教学质量的提高,压抑了学生个性的发展。故答案为 D。

9.【答案】B 【解析】设计教学法是由克伯屈依据杜威问题教学法和桑代克行为主义心理学而创造的一种教学方法,主张由学生自发地决定自己的学习目的和内容,在学生自己设计、自己实行的单元活动中获得有关的知识和形成解决实际问题的能力。1917 年,设计教学法输入中国,1919 年秋,由俞子夷主持的南京高师附小首先正式开始研究和试验,反响强烈。故答案为 B。

10.【答案】A 【解析】1922 年,道尔顿制被介绍到中国。同年 10 月,舒新城率先在上海吴淞中国公学中学部试行,基本上采用其原方法。一些教育家纷纷发表著述大力宣传,一些学校也纷纷仿行。1925 年,柏克赫司特访问中国,将道尔顿制的宣传和试行推向高潮,至当年 7 月,全国约有 100 所中小学试行。之后,实验渐少。故答案为 A。

二、分析论述题

【参考答案】20 世纪 20 年代,新文化运动以探索中国社会改造和进步的出路为目的,面对大量涌入的西方现代教育思想,中国的教育实践者积极加以选择吸取,形成了形形色色的教育思潮和教育运动。

(1) 新文化运动促进教育观念的变革。

① **教育的个性化**。个性主义思想体现于教育:其一,强调在教育上使个人享有自由平等的机会;其二,要求在教育中尊重个人,从尊重儿童开始;其三,尊重个性意味着不以"划一单调"的"模型"塑造个人,使受教育者各尽其性;其四,学校教育尤忌"随便教育"。

② **教育的平民化**。坚持教育的"庶民"方向,打破了以往社会贵贱上下、劳心劳力、治人与被治的阶级教育。提倡"庶民"教育,令平民大众都能享有教育。

③ **教育的实用化**。一方面,人们认识到教育对个人生活能力的培养、对社会生产发展的重要意义;另一方面,认识到学校内部必须进行全面改革,强调从社会生活和学生生活实际出发,沟通教育与生活、学校与社会的关系,强调学生主动、创造的学习和实际能力的培养。

④ **教育的科学化**。对科学方法和观念的倡导,是"五四"新文化运动思想启蒙的重要内涵和特点,表现出强烈的理性色彩。民主主义者开始用科学的精神分析中国教育现状,指出要让科学内容和方法渗入社会各项事业,渗入教育,改变人民的态度和观念。

(2) 新文化运动影响下的教育思潮。

① **平民教育思潮**。平民教育思潮的共同点在于批判传统"贵族主义"的等级教育,破除千百年来封建统治者独占教育的局面,使普通平民享有教育权利,获得知识文化,改变生存状况。

② **工读主义教育思潮**。以工兼学、勤工俭学、工人求学、学生做工、工学结合、工学并进,培养朴素工作和艰苦求学的精神,以求消弭体脑差别。

③ **职业教育思潮**。职业教育思潮是由清末民初的实利主义教育和实用主义教育思想发

展而来的，基本内涵是"授人一技之长"和"促进实业发展"。职业教育运动的开展，不仅产生了黄炎培系统的、有中国特色的职业教育理论，而且促进了中国的职业教育事业。

④ **实用主义教育思潮**。实用主义教育思想在一定程度上满足了中国社会要求改革传统教育、教育救国的愿望，对中国教育理论和实践都产生了广泛而深远的影响，我国1922年新学制的结构框架基本源自美国正试行的新学制。

⑤ **勤工俭学运动**。早期共产主义者是主要发起、组织、参加者，勤工俭学运动的内容与性质都发生了变化，从通过勤工与俭学以维持学业，提高到以俭学与勤工相结合、探索改造中国的出路的认识高度。

⑥ **科学教育思潮**。科学教育的基本内涵：一是"物质上之知识"的传授；二是应用科学方法对于教育研究和对人的科学精神、科学态度的训练，以后者为重。五四运动后，科学教育运动表现为两方面：科学的教育化；教育的科学化。

⑦ **国家主义教育思潮**。国家主义教育思潮是一种具有强烈资产阶级民族主义色彩的社会思潮，于20世纪初在中国兴起，是政治上的国家主义在教育领域的反映。它主要包括：教育是国家的工具；教育是国家的任务；教育是社会需要的产物，不是个人理想的产物。

第四节　教会教育的扩张与收回教育权运动

一、单项选择题

1.【答案】B　【解析】作为西方学校教育在中国的延伸，教会学校在客观上促进了中国近现代教育的发展，并在中国传播了西方现代的文化与文明。所有教会学校均由相应的宗教差会设立和管理，不向中国政府立案注册，不接受中国教育行政部门的管理，其招生、毕业、课程教材、教学考试等自成体系，严重侵犯了中国的教育主权。教会学校以传播宗教、发展教徒为目的，强行向学生灌输宗教教义教规，硬性组织学生参加各种宗教活动，是对学生思想和信仰的粗暴干涉。故答案为B。

2.【答案】D　【解析】收回教育权运动的过程：1923年，"少年中国学会"的领导人之一余家菊在《少年中国》月刊上发表了《教会教育问题》一文，提出了"收回教育权"的口号。1925年，收回教育权运动在"五卅运动"中达到高潮。1925年11月，北洋政府颁布《外人捐资设立学校请求认可办法》，这是收回教育权运动最大的实际性成果。收回教育权运动虽然没有达到取缔教会学校的目的，但使教会教育的发展受到了遏制，淡化了宗教色彩，真正的教育职能得到一定程度的强化。故答案为D。

3.【答案】D　【解析】收回教育权运动的最终结果：（1）向政府立案注册。注册立案意味着教会学校不仅在行政管理、组织形式、人员任命等方面要依据政府的要求进行改革，而且在培养目标、课程设置、精神生活方面也不能再维持原来的状况；（2）改革课程与教学。宗教课程由必修改为选修，教会学校里浓厚的宗教有所淡化。课程中世俗化的内容增加，逐渐增设或加强了有关中国本土文化方面的课程（如中国语言、文学、哲学、历史）。教会学校的课程设置开始受中国政府控制，执行教育行政部门制定的课程标准，教科书也逐渐采用国立编译馆出版的教材。教会大学在世俗化方面则走得更远：应社会发展的需求，重视职业训练和专业技术课程，如医学、农学、社会学、商业管理等；(3) 加强社会服务。20 世纪 20 年代后，随着本土化进程的加速，教会学校与中国社会的联系有所加强。一些教会大学不仅通过培养出的专业人才，而且通过在校师生的专业实践，直接在若干领域为中国的工农业发展和社会生活提供服务。故答案为 D。

二、分析论述题

【参考答案】（1）收回教育权运动的原因。

20 世纪 20 年代发生的收回教育权运动，其根本原因就是教会学校及帝国主义所办的其他学校侵犯了中国的教育主权，但也和"五四运动"后中国人民特别是知识分子的民族意识增强和科学主义教育思想的广泛传播密不可分。

（2）收回教育权运动的措施。

1922 年，蔡元培在《教育独立议》一文中，提出教育与宗教分离的主张，得到了许多人的响应。1923 年，"少年中国学会"的领导人之一余家菊在《少年中国》月刊上发表了《教会教育问题》一文，提出了"收回教育权"的口号。

1924 年 6 月，"广州学生收回教育权运动委员会"宣告成立。1924 年 7 月，中华教育改进社在南京开会，讨论外国人在华设学和收回教育权问题。10 月，全国教育联合会在开封召开年会，通过了《教育实行与宗教分离》和《请取缔外人在中国设立学校》两个议案。

1925 年，收回教育权运动在"五卅运动"中达到高潮。各地学生举行声势浩大的游行示威，教会学校的学生纷纷退学，以实际行动投入到反对教会教育的斗争中去。

（3）收回教育权运动的成果。

1925 年 11 月，北洋政府颁布《外人捐资设立学校请求认可办法》，这是收回教育权运动最大的实际性成果。其具体内容包括：① 凡外人捐资设立各等学校，遵照教育部所颁布之各等学校法令规程办理者，得依照教育部所颁关于请求认可之各项规则，向教育部行政官厅请求认可。② 学校名称上应冠以私立字样。③ 学校之校长，须为中国人，如校长原系外国人者，必须以中国人充任副校长，即为请求认可时之代表人。④ 学校设有董事会者，中国人应占董事名额之过半数。⑤ 学校不得以传布宗教为宗旨。⑥ 学校课程，须遵照部定标准，不得以宗教科目列入必修科。

评价：收回教育权运动虽然没有达到取缔教会学校的目的，但使教会教育的发展受到了遏制，淡化了宗教色彩，真正的教育职能得到一定程度的强化。收回教育权运动是教会教育走向本土化和世俗化必不可少的前奏，具有深远的历史意义。

第五节 1922 年"新学制"

一、单项选择题

1.【答案】B 【解析】1922 年，教育部在北京专门召开学制会议，以大总统令公布了《学校系统改革案》，这就是 1922 年"新学制"，或称"壬戌学制"。该学制采用美国式的六三三分段法,又称"六三三学制",这是中国近代史上实施时间最长、影响最大的学制。故答案为B。

2.【答案】A　【解析】1922年"新学制"中的七项标准包括:(1)适应社会进化需要;(2)发扬平民教育精神;(3)谋个性之发展;(4)注意国民经济实力;(5)注意生活教育;(6)使教育易于普及;(7)多留各地伸缩余地。这七项标准正式取代民国初期的教育宗旨,体现了新文化运动所倡导的"民主"与"科学"的精神,尤其是实用主义的教育思想,对之后的民国教育改革产生了深远的影响。故答案为A。

3.【答案】D　【解析】根据儿童身心发展规律划分教育阶段,是1922年"新学制"最显著的特点。学制分三段,即初等教育、中等教育、高等教育。各段划分大致以儿童身心发展时期为根据,即童年时期(6~12岁)为初等教育段,少年时期(12~18岁)为中等教育段,成年时期(18~22岁)为高等教育段。将学制阶段的划分建立在对我国儿童身心发展阶段的研究上,这在中国近代学制发展史上还是第一次。故答案为D。

4.【答案】A　【解析】1922年"新学制"的中等教育阶段是改制的核心,也是新学制中的精粹。(1)延长了中学年限,改4年为6年,提高了中学教育的程度,克服了旧学制中中学只有4年而造成基础知识浅的缺点,改善了中学与大学的衔接关系;(2)中学分成初、高中两级,不仅增加了地方办学的伸缩余地,也增加了学生选择的余地;(3)在中学开始实行选科制和分科制,力求使学生有较大发展余地,适应不同发展水平学生的需要。故答案为A。

5.【答案】B　【解析】1922年"新学制"建立了自成体系、从初级到高级的职业教育系统,用职业教育替代清末民初的实业教育。最明显的特点是兼顾升学与就业。小学阶段就规定在较高年级,根据地方情形,增设职业准备性教育。初中在实行普通教育基础上,兼设各种职业科。实施职业教育机构有两种:一是独立的职业学校和专门学校;二是附设于高小、初中、高中的职业科以及大学的专修科。这种改革既注意了普通教育与职业教育的沟通,又加大了职业教育在整个教育体制中的比重。故答案为B。

6.【答案】A　【解析】1922年"新学制"在高等教育阶段,缩短高等教育年限,取消大学预科,使大学不再担任普通教育的任务,这有利于大学进行专业教育和科学研究。故答案为A。

7.【答案】D　【解析】1922年"新学制"改革师范教育制度:(1)中等教育阶段,除原有师范学校及附设的小学教员讲习所外,高级中学还可设师范科。师范学校的修业年限增加到6年,并得单设后2年或后3年,招收初级中学毕业生。师范学校后3年实行分组选修制,既注重学生专业理论和职业技能的培养,又照顾到学生的个性和兴趣;(2)高等教育阶段,将旧制高等师范学校升格为师范大学,并在大学教育科(系)附设二年制师范专修科,招收高中毕业生和师范学校毕业生,使高等师范教育与大学处于同一发展水平。故答案为D。

二、分析论述题

【参考答案】1922年"新学制"或称"壬戌学制",由于采用美国式的六三三分段法,又称"六三三学制",这是中国近代史上实施时间最长、影响最大的学制。

(1)"新学制"的标准。

适应社会进化需要;发扬平民教育精神;谋个性之发展;注意国民经济实力;注意生活教

育；使教育易于普及；多留各地伸缩余地。这七项标准体现了新文化运动以来所倡导的"民主"与"科学"的精神。

（2）"新学制"的学制体系。

从纵向看，"新学制"分为初等教育、中等教育、高等教育三级。从横向看，与中学平行的有职业学校和师范学校。

（3）"新学制"的课程标准。

在学制改革的同时，全国教育联合会还组织了新学制的课程标准起草委员会，并于1923年公布了《新学制课程标准纲要》，对小学、初中、高中的课程设置作了规定。

（4）"新学制"的特点。

① **根据儿童的身心发展规律划分教育阶段**。将学制阶段划分建立在对我国儿童身心发展的研究上，这在中国近代学制发展史上是第一次，也是1922年"新学制"最显著的特点。

② **初等教育阶段趋于合理，更加务实**。缩短小学年限，有利于初等教育的普及。幼稚园纳入初等教育阶段，使幼儿教育与小学教育得以衔接，确立了幼儿教育在中国教育史上的地位。

③ **中等教育是改制的核心，也是新学制中的精粹**。延长中学年限，初中和高中各3年，提高中等教育的程度，改善中学和大学的衔接关系；中学分为初、高中，增加了地方办学伸缩余地和学生的选择余地；中学实行分科制和选科制，力求使学生有较大的发展余地，适应不同发展水平学生的需要。

④ **建立比较完善的职业教育系统**。最明显的特点是兼顾升学与就业。实施职业教育的机构有两种：一是独立的职业学校和专门学校；二是附设于高小、初中、高中的职业科以及大学的专修科。这种改革既注意了普通教育与职业教育的沟通，又加大了职业教育在整个教育体制中的比重。

⑤ **改革师范教育制度**。突破了师范教育自成系统的框架，使师范教育种类增多、程度提高、设置灵活，设师范大学，并在大学设教育科。

⑥ **缩短高等教育年限，取消大学预科**。使大学不再担任普通教育的任务，有利于大学进行专门教育和科学研究。此外，还有两条"附则"：一是注重天才教育，变通修业年限及课程，使优异智能尽量发展；二是注意特种教育。

综上所述，1922年"新学制"是中国近代学制改革由日本转向美国寻求借鉴的标志，在一定程度上符合教育规律，成为我国近代以来最主要也是最稳定的学制模式，标志着中国近代教育发展到了一个新阶段。

第六节　新民主主义教育的发端

单项选择题

1.【答案】B 【解析】1921年，中国共产党第一次全国代表大会通过《中国共产党第一个决议》。《决议》虽未形成明确的教育纲领，却已明确提出党向工人灌输阶级斗争精神，唤醒劳工觉悟。1922年，中国社会主义青年团第一次全国代表大会通过了《关于教育运动的议决案》,要求开展工人和农民的教育运动,如普及教育运动。故答案为 B。

2.【答案】D 【解析】李大钊用历史唯物主义说明教育的本质,提醒人们正确认识教育与社会发展的关系。他指出,教育受经济基础和政治制约,要改造中国光靠教育本身是不够的,而首先要解决经济基础问题。解决经济基础问题又必须通过发动民众、借助革命的手段来实现,这又表现为政治过程。教育与革命是双管齐下的。故答案为 D。

3.【答案】C 【解析】恽代英论教育的改造:(1)儿童教育的改造。他主张实行儿童公育,设立专门机构,使儿童一出生就受到良好的教育。第一,家庭不是儿童教育的合适场所,父母也不是合适的教育者。从未来社会生活的需要看,儿童自小就在社会的环境中生长,有利于培养儿童的社会化能力,儿童公育显然优于家庭教育;第二,儿童公育有利于教育的普及,公育的推行能创造合宜的场所、合宜的教育者和合宜的教育训练,使教育不分阶级种族地普及全民、不分年龄阶段地普及于全人生。(2)中等教育的改造。第一,明确中学教育目的,理想的中学教育是使毕业生兼顾升学和就业;第二,根据中学教育目的,改革中学的课程与教科书,强调学以致用,改进中学教育脱离实际和只是大学预科的状况。依据中学教育的实际需要编撰教科书;第三,反对注入式教学,提倡自学辅导法。故答案为 C。

4.【答案】D 【解析】1924 年 5 月,黄埔军校领导机构正式成立,孙中山担任黄埔军校总理,蒋介石任校长,廖仲恺任党代表。黄埔军校是第一次国共合作的产物,建立在"新三民主义"的思想基础上,是一所新型的军事干部学校,培养了大批高级军事政治人才。办学特色:(1)贯彻"新三民主义"的办学宗旨,把政治教育放在首位,政治教育和军事教育相辅相成;(2)实行课堂教学与现实斗争相结合,将学生锻炼成为革命军战士;(3)纪律严明,管理规范,从严治校。故答案为 D。

第九章　南京国民政府时期的教育

①"战时须作平时看"　②学校国立,保障正常办学　③"戊辰学制"的颁行　④抗日战争时期的学校西迁　⑤中学毕业会考

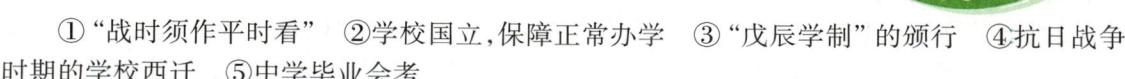

第一节　教育宗旨与教育方针的变迁

1.【答案】C　【解析】所谓"党化"教育,就是在国民党指导之下,求得教育的"革命化""民众化""科学化""社会化",即把教育方针建立在国民党的根本政策之下,按国民党的"党义"和政策的精神重新改组学校课程,不仅造就各种专门人才,尤其要使学生走出学校后都能做党的工作。"党化"教育是为国民党一党专制服务的,目的在于强化国民党对学校教育的控制,其实质是在推行"一个党,一个主义"的专制教育,实行教育国民党化,建立起国民党的一党独裁。"党化"教育过于露骨,遭到进步人士的攻击。1928年,国民党用"三民主义教育"代替了"党化"教育。故答案为C。

2.【答案】D　【解析】1937年,抗日战争全面爆发后,国民政府提出了"战时须作平时看"的教育方针,颁布了"一切以维护正常教育"为主旨的《总动员时督导教育工作办法纲领》。一方面,采取了一些战时的教育应急措施;另一方面,强调维护正常的教育和管理秩序。遵循战时教育方针,在日军大举进犯、国土相继沦丧、学校严重破坏的情况下,国民政府为保存教育实力,勉力应变,颇有成效。(1)高校迁移,将一批重点大学迁往西南、西北,调整重组;(2)学校国立,保障部分学校正常办学。因战局变化,打破原来省市教育厅局主管中等教育的体制,在大后方新设国立中学,并将部分私立大学转为国立,予以经费保障;(3)建立战地失学失业青年招致训练委员会,安置、培训流亡失学失业青年;(4)设置战区教育指导委员会,实施战区教育。如编写、出版战时教科书,在学校课程中增加适合战时需要的内容,对学制也做了一些调整等。"战时须作平时看"的教育方针政策不是短视的重要决策。它既顾及了教育为抗战服务的近期任务,也考虑了教育为战后国家重建和发展的远期目标,使得教育事业在艰苦卓绝的战争环境中仍能苦苦支撑,并在大后方西南、西北地区有所发展。故答案为D。

第二节　教育制度改革

单项选择题

1.【答案】B　【解析】1927年,国民党中央执行委员会通过蔡元培等人的提案,仿照法国教育行政制度模式,中央设中华民国大学院主管全国教育,地方试行大学区,取代民国以来中央政府设教育部、各省设教育厅的教育行政制度。故答案为B。

2.【答案】A　【解析】大学区制先在江苏、浙江、河北三省试行,取得经验后推广到全国。大学区制是蔡元培教育独立思想的体现,目的是要促进教育与学术相结合,实现教育行政机构学术化。蔡元培在文化教育领域首倡行政、学术一体化,以提高行政决策的科学性和独立性,其方向无疑是值得肯定的。大学院和大学区制试行不到两年即宣布废除,根本原因在于它的原则和精神违背了国民党政府的官僚专制体制,是一次忽略中国国情的失败的教育管理改革实践。故答案为A。

3.【答案】C　【解析】戊辰学制与1922年"新学制"大同小异,如各级学校的年限也没有改变。戊辰学制的特点有:(1)为了扫除"训政"和建国的障碍,使占人口80%以上不识字儿童与成年人受到一定教育,较为重视义务教育和成人补习教育;(2)为提高民族文化程度,中等教育和高等教育的工作重心定为整理充实,求质量的提高,不求数量的增加;(3)适应20世纪30年代经济的增长,政府的教育决策明显向职业教育倾斜,使职业教育得到一定的发展。故答案为C。

4.【答案】D　【解析】戊辰学制的主要变化:大学采用多院制,取消单科大学(称为学院)。故答案为D。

第三节　学校教育发展

单项选择题

1.【答案】A　【解析】1932年,国民政府教育部相继公布《师范学校法》《职业学校法》《中学法》,废止综合中学制度,将普通中学、师范学校、职业学校分别设立,高中不分文理科等。这一变革使中学教育的目标、结构与线索更为清晰,更有利于发挥各种教育的功能,适应中国教育发展的实际需要。故答案为A。

2.【答案】D　【解析】1932年,国民政府为将职业教育从普通中学中单立出来,公布了《职业学校法》。次年3月,又在《职业学校规程》中规定:(1)职业学校的设立以单科为原则,分为初级和高级两种;(2)初级职业学校招收小学毕业生,或从事职业而具有相当程度者,修业年限为1~3年;(3)高级职业学校招收初级中学毕业生或具有相当程度者,其修业年限为3年,若招收小学毕业生或具有相当程度者,其修业年限为5~6年。民国时期,中等职业教育已自成系统,职业教育的学制也已经趋向合理化了。故答案为D。

3.【答案】C　【解析】在高等教育方面,为保存国家教育实力,国民政府将沿海著名的大学西迁,高等教育的基本力量不仅得到保存,还获得了一定的发展。(1)一些著名的大学经过合并组合,优势互补,形成了新的特色,如北京大学、清华大学、南开大学辗转长沙,迁往云南昆明,组成国立西南联合大学;(2)国立北平大学、国立北平师范大学、北洋工学院迁往陕西汉中,成立国立西北联合大学;(3)国立中央大学迁往重庆,国立中央大学和国立浙江大学成为享誉盛名的大学;(4)在西北、西南增设和改制了一些大学,如新设江西中正大学、贵州大学等,由省立改为国立的云南大学、广西大学等,由私立大学改为国立的厦门大学、复旦大学等。故答案为C。

第四节 学校教育的管控措施

单项选择题

1.【答案】B 【解析】1932年,教育部开始整顿全国教育,重点在中等教育。中学毕业会考是整顿的重要措施与内容之一。故答案为B。

2.【答案】D 【解析】1929年,国民政府教育部规定在全国中小学实行训育制度。中小学设立训育部和训育主任,开设训育会议,通过专门的训育课程和各科课程,开展对学生的训育,考查学生的思想、言论和行动。1939年,教育部颁布的《训育纲要》是最为集中体现国民党训育思想的纲领性文件。故答案为D。

3.【答案】B 【解析】童子军是一种使儿童少年接受军事化教育、训练的组织形式,于民国初年传入中国,目的是养成青少年的服从意识,统一行动习惯,培养团体主义精神和军事技能。1928年5月,国民党通过了《中国国民党童子军总章》,规定以"三民主义"培养青年,凡12至18岁的青少年皆须受童子军训练。不过在学校范围内,由于针对高中以上学校通过了另外的相关法规,童子军主要针对初中阶段。故答案为B。

第十章　新民主义教育的发展

大纲考点导图

　　①"干部教育第一,国民教育第二"　②"民族的":中华民族的独立和尊严　③"科学的":实事求是,客观真理,理论与实践统一　④"大众的":为全民族90%以上的工农劳苦民众服务　⑤在职干部教育　⑥教育与生产劳动相结合

考点演练

第一节　新民主主义教育方针的形成

单项选择题

　　1.【答案】B　【解析】1941年1月,林伯渠明确提出"干部教育第一,国民教育第二"的政策。(1)干部教育重于国民教育,因为干部是群众的先锋,他们更需要培养和提高,普通高小以上的教育就属于干部教育的范围;(2)当时抗日根据地的干部教育任务非常艰巨;(3)中国共产党出于长远考虑,颇具远见地开展了整风运动,这实际上是一次干部教育运动。"干部教育第一"的政策是出于民族解放战争的需要、根据地文化教育的实际状况和党的未来事业发展等多方面的综合考虑。故答案为B。

　　2.【答案】A　【解析】1940年,毛泽东发表了《新民主主义论》,第一次明确提出了新民主主义的文化教育方针,"民族的科学的大众的文化,就是人民大众反帝反封建的文化,就是新民主主义的文化,就是中华民族的新文化。"这是文化的方针,也是教育的方针。故答案为A。

　　3.【答案】D　【解析】"民族的"指新民主主义教育是反对帝国主义压迫,主张中华民族的独立和尊严,带有民族特性的教育。它不一概排除外国教育,也不"全盘西化",而是取其精华、去其糟粕。既有民族的形式和特点,又与新民主主义的内容相结合,即为新民主主义的教育。

　　"科学的"指新民主主义教育是反对一切封建、迷信思想,主张实事求是,主张客观真理,主张理论与实践统一。它坚持辩证唯物主义,对中国古代和近代教育既不一概否定,也不因循守旧,而是剔除封建糟粕,汲取其民主性精华。

　　"大众的"指新民主主义教育是为全民族90%以上的工农劳苦民众服务的,并逐渐成为他们的教育,因而又是民主的。它把革命干部和群众的教育进行了区别与联系,把普及和提高互相区别与联系,是人民大众的有力武器,是革命总战线中一条必要和重要的战线。故答案为D。

第二节　革命根据地的教育

> 单项选择题

1.【答案】D　【解析】出于反"围剿"战争和根据地建设的需要,我们党始终把干部教育放在首位。根据"干部教育第一,国民教育第二"的方针,干部教育成为抗日民主根据地教育的重心。故答案为D。

2.【答案】A　【解析】在职干部教育是最早开展的干部教育形式,通过干部培训班、在职干部学校实施,以政治素质、军事指挥技术、文化教育为主要内容。故答案为A。

3.【答案】A　【解析】中国人民抗日军事政治大学,简称"抗大",是在中国共产党和毛泽东直接领导和关心下创建和发展起来的。这是一所培养抗日军政干部的学校,是抗日根据地干部学校的典型。(1)教育方针:坚定正确的政治方向,艰苦朴素的工作作风,灵活机动的战略战术;(2)校训:团结、紧张、严肃、活泼;(3)培养宗旨:培养抗日救国军政领导人才;(4)学风:理论联系实际;(5)课程设置:从实际出发,为实际服务。虽然提出"军事、政治、文化并重",但坚持"少而精"原则,并视培养目标的实际需要而有所侧重。课程分为政治、军事、文化三大类。故答案为A。

4.【答案】C　【解析】"抗大"的教学方法:(1)启发式。"抗大"在整个教学过程中都注重运用启发式,反对注入式。其具体方法有:由近到远、从具体到抽象、注意互相联系、突出重点;(2)研究式。"抗大"提倡研究式教学。"集体研究讨论""按教育计划学习"、个人自学和思考研究是主要方式,而教员只是从旁指导;(3)实验式。"抗大"的课程"少而精",主张少在课堂上讲,多在实地操作,多设置情况演习,以养成学员长于分析判断、善于临机应变的能力;(4)"活"的考试。这是"抗大"创造的一套从实际出发、生动活泼的教学形式与方法。故答案为C。

5.【答案】B　【解析】抗日民主根据地的群众教育重心在成人教育。一方面是扫除文盲,提高人民的文化水平;另一方面提高政治觉悟,进行军事知识和技能的训练,让一般群众都能理解战争、配合战争、参与战争。主要有冬学、民校、夜校、半日校、识字班等。其中,冬学和民校是最主要的形式,是最受欢迎、最普遍、最广泛的群众教育形式。故答案为B。

6.【答案】D　【解析】随着解放战争的节节胜利,各地都需要大批军事、政治、经济、党务、文化教育等方面的干部,而造就这些干部和高级人才的途径主要是靠高等教育,因此解放区对高等教育进行了整顿和建设。(1)办"抗大"式训练班。为使学校师生尽快适应解放事业的需要,须逐步加强对他们的思想教育和思想改造。各大解放区举办人民革命大学,如东北军政大学等;(2)对解放区原有的大学进一步正规化。出于培养有革命思想与科学技术知识的管理干部和"自己的高级知识分子"的目的,解放区原有的一些较为正规的大学要进一步正规化。1939年创办于延安的华北联合大学堪称典范。它于1949年1月迁入北京,后组成中国人民大学,成为解放区自己办的正规大学的杰出代表;(3)创办新大学。高等教育的大规模整顿和创办新大学,最先从东北开始。1949年后,东北创办了一系列培养各种人才的新大学。故答案为D。

7.【答案】C 【解析】革命根据地教育的基本经验:(1)教育为政治服务。明确在特定环境下的轻重缓急,保证当前最迫切的需要。在干部教育中,坚持干部教育第一,群众教育第二;在群众教育中,坚持成人教育第一,儿童教育第二。这样就保证了革命骨干和领导人才的培养;(2)教育与生产劳动相结合。苏维埃文化教育方针中明确提出"使教育与劳动联系起来",用教育来提高生产劳动者的知识和技术,这一精神在抗日根据地和解放区得到了继承和发展;(3)依靠群众办学。一方面,是出于根据地的经济基础薄弱,民主政府的人力、物力有限;另一方面,根据地中在政治上翻了身的群众有极大的受教育愿望。故答案为C。

第十一章 现代教育家的教育理论与实践

①树立正确人生观　②公民生活、文化生活、健康生活、劳动生活　③使无业者有业、使有业者乐业　④职业教育社会化　⑤敬业乐群　⑥以文艺教育攻愚,培养知识力;以生计教育攻穷,培养生产力;以卫生教育攻弱,培养强健力;以公民教育攻私,培养团结力　⑦学校式教育、社会式教育、家庭式教育　⑧"做人,做中国人,做现代中国人"　⑨生活即教育　⑩教学做合一

第一节　杨贤江与马克思主义教育理论

一、单项选择题

1.【答案】B　【解析】杨贤江于1930年撰写的《新教育大纲》是中国教育史上第一部运用马克思主义论述教育原理的著作。故答案为B。

2.【答案】D　【解析】杨贤江认为,(1)教育是观念形态的劳动领域之一,即社会的上层建筑之一。教育与法律、政治、宗教、艺术、哲学等观念形态的领域一样,建立于经济基础之上,取决于经济基础,又反作用于经济基础;(2)教育具有双重属性。教育既是上层建筑,又是劳动力再生产的手段。故答案为D。

3.【答案】A　【解析】指导青年树立正确的人生观,是杨贤江青年教育思想的核心。杨贤江指出,对人生的见解是对人生存价值和意义的看法,青年的成长首先应弄清楚的就是人生问题,应有个确定的观念;青年又正处于人生观形成之初,青年的人生观关乎青年的自我认识和社会观念,影响着他的个人成长和社会行为,因此至关重要。故答案为A。

4.【答案】D　【解析】杨贤江对青年的生活提出了指导性意见,强调完美的青年生活是多方面的。(1)健康生活(体育生活):个人生活的资本,倘若健康生活不完全,人将不能有所生产;(2)劳动生活(职业生活):维持生命和促进文明的要素,是幸福的源泉,人人都应持"乐动主义",快乐地劳动,并以之与生活目的保持一致,轻视劳动就是轻视自己;(3)公民生活(社会生活):懂得一个人不能离开社会和人群而存在,要处理好团体纪律与个人自由的关系;(4)文化生活(学艺生活):包括科学、文艺、语言、常识、游历等的研究和欣赏活动,可增添人生情趣,促进社会进步。故答案为D。

二、分析论述题

【参考答案】 全人生指导是指对青年进行全面关心、教育和引导,使之在德、智、体诸方面都得以健康成长,成为一个"完成的人",以适应社会改进之所用。

(1)**指导青年树立正确的人生观,是杨贤江青年教育思想的核心。**杨贤江指出,对人生的见解是对人生存价值和意义的看法,青年的成长首先应弄清楚的就是人生问题,应有个确定的观念;青年又正处于人生观形成之初,影响着他的个人成长和社会行为,因此至关重要。

(2)**杨贤江主张青年要干预政治,投身革命。**杨贤江认为,这是中国社会的出路,也是青年的出路。首先,他强调学生运动的群众性、广泛性和团结一致;其次,学生运动要讲究方法,联系实际,富有成效;最后,青年要提高理论水平,学习和研究"新兴社会科学"。

(3)**杨贤江强调青年必须学习,这是青年的权利与义务。**杨贤江告诫青年,求学既非为获取功名利禄,也非为高人一等,而是"做今后救国的准备",因此要"求学不忘救国,救国不忘求学"。他更多地倡导青年的自学,把读书、观察和实践与社会结合起来。

(4)**杨贤江对青年的生活也提出了指导性意见:完美的青年生活是多方面的。**包括:健康生活(体育生活)、劳动生活(职业生活)、公民生活(社会生活)、文化生活(学艺生活)。

(5)**强调青年生活的宗旨和特征。**杨贤江认为,青年生活的宗旨是要有强健的体魄和精神,要有工作所需的知识技能,要有服务人群的理想和才干,要有丰富的风尚和习惯。具有正确生活态度的青年所应有的特征是:活动性、奋斗性、多趣性、认真性。

综上所述,杨贤江的"全人生指导"思想的核心是教育青年树立正确的人生观并引导他们走上革命道路。这些思想对当时一代青年的健康成长影响深远,对当今教育改革也具有深刻的启示意义。

第二节 黄炎培的职业教育思想与实践

一、单项选择题

1.【答案】A 【解析】1913 年,黄炎培发表了《学校教育采用实用主义之商榷》一文,对"癸卯学制"颁布以来中国教育尤其是普通教育发展中的问题做了考察。他指出,学生在学校所受到的道德、知识、技能训练,走上社会后毫无用处。故答案为 A。

2.【答案】A 【解析】1917 年,黄炎培在上海成立中华职业教育社,发表《中华职业教育社宣言书》,标志着以黄炎培为代表的职业教育思潮的形成。故答案为 A。

3.【答案】B 【解析】职业教育的地位:一贯的、整个的、正统的。(1)"一贯的"是指应建立起从初级到高级的职业教育系统,贯穿于全部教育过程和全部职业生涯,建立起职业陶冶—职业指导—职业教育—职业补习和再补习的体系;(2)"整个的"是指不仅学校教育体系中应有一个独立的职业教育系统,而且其他各级各类教育也要与职业教育相互沟通;不仅普通教育要适应职业需要,而且职业教育也要防止偏执实用的片面;(3)"正统的"是指应破除以为升学做准备的普通教育为正统,而以为就业做准备的职业教育为偏系的传统观念,职业教育的地位应与普通教育等量齐观。故答案为 B。

4.【答案】D 【解析】黄炎培提出"大职业教育主义",强调职业教育与社会的沟通。其中,职业教育社会化的内涵包括:(1)办学宗旨的社会化,即以教育为方法,而以职业为目的;(2)培养目标的社会化,即在知识技能和道德方面适合社会生产和社会合作的各行业人才;(3)办学组织的社会化,即学校的专业、程度、年限、课时、教学安排均需根据社会需要和学员的志愿与实际条件;(4)办学方式的社会化,即充分依靠教育界、职业界的各种力量,尤其是校长要擅长联络、发挥社会各方面力量。故答案为 D。

5.【答案】B 【解析】黄炎培职业教育的教学原则:手脑并用;做学合一;理论与实际并行;知识与技能并重。故答案为 B。

二、分析论述题

【参考答案】黄炎培是中国近现代著名的爱国主义者和民主主义教育家,是我国近代职业教育的创始人和理论家。他以毕生精力奉献于中国的职业教育事业,为改革脱离社会生活和生产的传统教育作出了重要的贡献。

(1)**职业教育的作用**。就其对当时中国社会的作用而言,有助于解决中国最大、最重要、最困难、最急需解决的生计问题,消灭贫困,并进而使国家每一个公民享受到基本的自由权利。

(2)**职业教育的地位:一贯的、整个的、正统的**。应建立从初级到高级的职业教育系统,贯穿于全部教育过程和全部职业生涯;不仅学校教育体系中应有一个独立的职业教育系统,而且其他各级各类教育也要与职业教育相互沟通;职业教育的地位应与普通教育等量齐观。

(3)**职业教育的目的:使无业者有业,使有业者乐业**。通过职业教育为资本主义工商业发展造就适用人才,同时解决社会失业问题;通过职业教育形成人的道德智能,使之能胜任所职、热爱所职,进而能有所创造发明,造福于社会人类。

(4)**职业教育的方针。社会化:**职业教育须适应社会需要;**科学化:**用科学来解决职业教育问题。

(5)**职业教育的教学原则**。手脑并用;做学合一;理论与实际并行;知识与技能并重。这体现了职业教育的特殊规律,体力劳动与脑力劳动结合、理论与实际联系的思想,具有教育理论和实践价值。

(6)**职业道德教育:敬业乐群**。敬业指热爱所业,尽职所业,有为所从事的职业和社会作出贡献的追求;乐群指有高尚的情操和群体合作的精神,有"利居众后,责在人先"的服务乃至奉献精神。

综上所述,作为中国近现代职业教育的先行者,黄炎培及其职业教育思想推进了中国的职业教育事业;具有平民化、实用化、科学化和社会化的特征,丰富了中国的教育理论。

第三节 晏阳初的乡村教育实验

一、单项选择题

1.【答案】A 【解析】20 世纪 30 年代,晏阳初在河北定县开展乡村平民教育实验。通过对中国农村问题的考察,他认为中国农村的问题是愚、穷、弱、私。故答案为 A。

2.【答案】D 【解析】晏阳初提出了在农村推行"四大教育"(文艺教育、生计教育、卫生教育、公民教育)的"三大方式"包括:

(1)学校式教育。主要以青少年为对象,包括初级平民学校、高级平民学校和生计巡回学校。初级平民学校以识字教育为主,高级平民学校以培养有领导能力的村长等为主,而生计学校主要是为了对农民进行农业生产技能和生活知识的教育;

(2)社会式教育。主要以一般群众和有组织的农民团体为对象。内容取材于"四大教育",主要通过平民学校同学会所开展的各项活动,使平民学校的毕业生继续受教育,如开展读书会、举办演讲比赛、办农业展览会等形式;

(3)家庭式教育。这是对各家庭中不同地位的成员用横向联系的方法组织起来进行教育的一种方法,就是每个家庭应对其成员进行公民道德训练、卫生习惯、儿童保护等方面的教育。教育内容仍是"四大教育",选材标准侧重家庭需要与身份特点。故答案为D。

3.【答案】D 【解析】晏阳初的"四大教育"思想的是以文艺教育攻愚,培养知识力;以生计教育攻穷,培养生产力;以卫生教育攻弱,培养强健力;以公民教育攻私,培养团结力(根本)。故答案为D。

4.【答案】B 【解析】20世纪30年代,晏阳初通过对中国农村问题的考察,认为中国农村的问题是愚、穷、弱、私。故答案为B。

5.【答案】A 【解析】"化农民"和"农民化"是晏阳初进行乡村建设试验的目标和途径。晏阳初提出"农民科学化,科学简单化"的平民教育目标。乡村实验的目标是"化农民",指实实在在地进行乡村改造,教化农民。故答案为A。

二、分析论述题

【参考答案】20世纪30年代,晏阳初在河北定县开展乡村教育实验。通过对中国农村问题的考察,他认为,中国农村的问题是:愚、穷、弱、私。针对这四点,晏阳初认为应该发展"四大教育"。

(1)"四大教育"。

一是以文艺教育攻愚,培养知识力。从文字及艺术教育着手,使人民认识基本文字,得到求知识的工具,以为接受一切建设事务做准备。其首要工作是除净青年文盲,将农村优秀青年组成同学会,使他们成为农村建设的中坚分子。

二是以生计教育攻穷,培养生产力。在农业生产方面,应用农业科学,提高生产,使农民在农事方面能接受最低程度的农业科学;在农村经济方面,利用合作方式教育农民,使农民在破产的农村经济状况下,能有相当的补救方法;在农村工作方面,除改良农民手工业外,还提倡其他副业,以充裕其经济生产力。

三是以卫生教育攻弱,培养强健力。注重大众卫生、健康以及科学医药的设施。使农民在其现有的经济状况下,能得到科学治疗的机会,以保证他们最低程度的健康。

四是以公民教育攻私,培养团结力。激起人民的道德观念,施以良好的公民训练,使其有公共心、团结力,有最低限度的公民常识、政治道德,以立地方自治的基础。公民教育首先是施以公民道德的训练,使每个公民都了解个人与社会的关系,以发扬他们公共心的观念。

（2）"三大方式"（推行"四大教育"要依靠"三大方式"）。

一是学校式教育。主要以青少年为对象，包括初级平民学校、高级平民学校和生计巡回学校。初级平民学校以识字教育为主，高级平民学校以培养有领导能力的村长等为主，而生计学校主要是为了对农民进行农业生产技能和生活知识的教育。

二是社会式教育。主要以一般群众和有组织的农民团体为对象。内容取材于四大教育，主要通过平民学校同学会所开展的各项活动，使平民学校的毕业生继续受教育，如开展读书会、演讲比赛、办农业展览会等形式。

三是家庭式教育。这是对各家庭中不同地位的成员用横向联系的方法组织起来进行教育的一种方法。就是每个家庭应对其成员进行公民道德训练、卫生习惯、儿童保护等方面的教育。教育内容仍是"四大教育"，选材标准侧重家庭需要与身份特点。

（3）"化农民"与"农民化"。

化农民和农民化是晏阳初进行乡村建设试验的目标和途径。"化农民"，指实实在在地进行乡村改造，教化农民；"农民化"，指知识分子与村民一起劳动和生活，时称"博士下乡"，彻底与广大农民打成一片，唯有如此，才能深切地了解农民，懂得他们的需要，才能实实在在进行乡村改造。

综上所述，晏阳初在解决中国社会问题时所采取的办法是改良主义的，无法达到复兴农村、拯救国家的根本目的。

第四节 梁漱溟的乡村教育建设

一、单项选择题

1.【答案】A 【解析】中国文化追求人与人之间真的妥洽关系的"仁的生活"，因此世界文化的未来是中国文化的复兴，而中国问题的解决只有从自身固有文化中寻找出路。梁漱溟认为，中国的问题就是文化失调。故答案为A。

2.【答案】D 【解析】乡农学校分村级和乡级两级。从行政功能上分，村学是乡学的基础组织，乡学是村学的上层机构。乡农学校的组织结构，按农村自然村落及其行政级别形成。原则有"政教养卫合一""以教统政""学校式的教育与社会式的教育融合归一"。乡农学校的教育内容从识字、唱歌等从最"平淡"处入手，课程分为两类：一类是各校共有的课程，包括识字、唱歌等普通课程和精神讲话；另一类是各校根据自身生活环境需要而设置的课程。总之，乡农学校的所有教育内容强调服务于乡村建设，适合农村生产生活的需要。故答案为D。《村学乡学须知》立足于传统道德文化的发扬，而将社会的政治、经济、法律、风俗等问题都通过道德教育来实施，乡农学校则成了实施基地。

3.【答案】A 【解析】中国社会是一个"理性早启、文化早熟"的社会。中国社会可以说是"伦理本位，职业分立"，完全不同于西方近代社会的"个人本位"和"阶级对立"。所谓"伦理本位"，是指中国社会以道德为本位，人际关系尤重宗法与家庭，人际交往全赖亲情相连。所谓"职业分立"是指中国社会的士、农、工、商，只是职业不同，虽有贫富贵贱差别，却升沉不定，流转相通，不成对立之势。因此，梁漱溟认为，在中国唯一可行的道路就是乡村建设。故答案为A。

二、分析论述题

【参考答案】 在20世纪二三十年代中国的乡村教育运动中,梁漱溟的"乡农教育"实验独树一帜。他基于中国社会和文化特殊性分析的乡村教育理论及其实践,产生过广泛的社会影响。

① 乡村建设和乡村教育理论。

一是中国问题的症结。梁漱溟指出,中国问题的解决只有从自身固有文化中寻找出路。中国的问题就是文化失调。

二是如何解决中国的问题:乡村建设。乡村建设与乡村教育是一个问题的两个方面。乡村建设是以乡村教育为方法,乡村教育以乡村建设为目标。梁漱溟认为,中国文化已经严重失调,教育的功能就在于延续文化而求进步。同时,中国社会的改造其实是一个如何以中国固有精神为主吸收西方文化的过程,这是巨大的教育工程。所以,建设必寓于教育,乡村建设是纳社会运动于教育中,以教育完成社会改造。

② 乡村教育的组织与实施。

一是乡农学校的设立。山东省政府将邹平、菏泽划为县政建设实验区。实验区的两县事实上建立了行政机构与研究院合一的行政体制,并开办乡农学校。乡农学校分村学和乡学两级。

二是乡农学校的教育内容。乡农学校的教学从识字、唱歌等最平淡处入手。所有教育内容强调服务于乡村建设,密切适合农村生产、生活的需要。

综上所述,乡村建设理论和乡村教育思想,本质上是一种中国知识分子通过改造中国农村来改良中国社会的理想,是在探索拯救中国的"第三条道路"。认识到中国的问题是农村问题,立足于文化传统来思考中国社会的改造是有识之风,对农村的改革与发展有一定的贡献。否认阶级斗争,体现了消极的一面。

第五节 陈鹤琴的"活教育"探索

一、单项选择题

1.【答案】D 【解析】1923年,陈鹤琴在南京创办了我国最早的幼儿教育实验中心——鼓楼幼稚园。故答案为D。

2.【答案】A 【解析】"活教育"的目的是"做人,做中国人,做现代中国人"。"活教育"的课程论是"大自然、大社会都是活教材"。"做中教、做中学、做中求进步"是"活教育"教学方法的基本原则。强调以"做"为基础,确立学生在教学活动中的主体性,是"活教育"教学方法的基本原则的特点。故答案为A。

3.【答案】C 【解析】"做中教,做中学,做中求进步"是"活教育"教学方法的基本原则。"做"不仅是学生学习的基础,也是教学论的出发点。它强调儿童在学习过程中的主体地位和在活动中直接经验的获取。故答案为C。

4.【答案】D 【解析】"活教育"教学的四个步骤,即实验观察、阅读思考、创作发表、批评研讨。四个步骤是教学过程的一般程序,不是机械的、割裂的。它们同样体现了以"做"为基础的学生主动学习。故答案为 D。

5.【答案】D 【解析】"活教育"的课程打破惯常按学科组织的体系,采取活动中心和活动单元的形式,即能体现儿童生活整体性和连贯性的"五指活动"("五组活动")形式,也即:(1)儿童健康活动,包括卫生、体育、营养等;(2)儿童社会活动,包括史地、公民、时事等;(3)儿童科学活动,包括生、数、理、化、地等;(4)儿童艺术活动,包括音、美、工等;(5)儿童文学活动,包括读、写、说、译等。故答案为 D。

6.【答案】D 【解析】"做现代中国人"体现了时代精神。陈鹤琴赋予"现代中国人"五方面的要求:要具备健全的身体;要有建设的能力;要有创造的能力;要有合作的态度;要有服务精神。故答案为 D。

二、分析论述题

【参考答案】 陈鹤琴是中国近代学前儿童教育理论和实践的开创者。他一生致力于从中国国情出发,学习和引进西方教育思想和方法,建设有民族特色的中国现代儿童教育。

① "活教育"的目的论。

"活教育"的目的是"做人,做中国人,做现代中国人"。他赋予"现代中国人"五方面的要求:要具备健全的身体;要有建设的能力;要有创造的能力;要有合作的态度;要有服务精神。"活教育"的目的论从抽象的人到具体的现代中国人,表达了陈鹤琴对人的发展、教育与社会变革的追求。

② "活教育"的课程论。

"大自然、大社会都是活教材"。传统教育束缚人的思想,只有大自然、大社会才是知识的真正来源,是活的书、活的教材,即让儿童在与自然、社会的直接接触中,在亲身观察中获取经验和知识。他提倡采取活动中心和活动单元的形式,即"五指活动"。

③ "活教育"的教学论。

"做中教、做中学、做中求进步"是"活教育"教学方法的基本原则。"做"是学生学习的基础,也是教学论的出发点。他强调儿童在学习过程中的主体地位和在活动中直接经验的获取。"活教育"教学的四个步骤,即实验观察,阅读思考,创作发表,批评研讨。

综上所述, 陈鹤琴的"活教育"思想受杜威实用主义教育思想的影响,同时也充分考虑到中国的时代背景和国情。这是一种有吸收、有改造、有创新的教育思想。"活教育"是对中国现代教育产生过重要影响的教育思想,其精神至今都未过时,不少观点对当今的教育改革仍然富有启发作用。

第六节 陶行知的"生活教育"思想与实践

一、单项选择题

1.【答案】A 【解析】为了改变农村缺少教育的落后面貌,陶行知探索了乡村师范教育的新模式,晓庄师范无论在培养目标、课程设置、教学方法、学生管理等方面都是崭新的。其中,如"艺友制师范教育"的创建,乃是有鉴于一般师范教育中学理与实习的分离和各行各业师徒制的实效,而提出的教师培养的有效模式。(1)学做教师有两种途径:一是从师;二是访友。跟朋友操练比从师来得格外自然,格外有效力,所以要想做好教师,最好是和好教师做朋友;(2)凡用朋友之道教人学做教师,便是"艺友制师范教育"。要通过与有经验的教师交朋友、当助手,在观摩、体验、实践中加快农村教师的培养。故答案为 A。

2.【答案】C 【解析】1932 年,陶行知在上海创办山海工学团,提出"工以养生,学以明生,团以保生",力图把工厂、学校、社会打成一片,进一步探索中国教育之路,以达到普及教育的目的。故答案为 C。

3.【答案】B 【解析】为了解决普及教育中师资缺乏、经费匮乏、女子教育困难等问题,陶行知提出"即知即传"的"小先生制"。"小先生制"是指人人都要将自己认识的字和学到的文化,随时随地教给别人,而儿童是这一传授过程的主要承担者。尤其重要的是,"小先生"的责任不只在教人识字学文化,还在教自己的学生做"小先生",由此将文化知识不断延绵推广。故答案为 B。

4.【答案】D 【解析】1939 年,陶行知为了收容战争中流离失所的难童,在重庆创办了育才学校,苦心兴学。育才学校的培养目标是"用生活教育之原理与方法,培养难童中之优秀儿童,使之成为抗战建国之人才"。贯彻"一般基础教育与特殊教育"相结合的原则,各组在学习普通文化课的同时,给予某一方面的特殊培养。故答案为 D。

5.【答案】A 【解析】1926 年,陶行知为中华教育改进社起草《改造全国乡村教育宣言书》,提出"筹募一百万元基金,征集一百万位同志,提倡一百万所学校,改造一百万个乡村"的口号。1927 年春,陶行知在南京和平门外晓庄创办南京市试验乡村师范学校,后改名晓庄学校,确立"生活即教育""社会即学校""教学做合一"的生活教育理论,并亲自实验,希望从乡村教育入手,寻找改造中国教育和社会的出路,从而成为中国现代教育史上提倡乡村教育、兴办乡村学校的先行者。1930 年,晓庄学校遭当局查封,陶行知因受通缉而被迫流亡日本。故答案为 A。

6.【答案】A 【解析】"生活即教育"是陶行知"生活教育"理论的核心。"社会即学校"是"生活教育"理论另一重要主张,是"生活即教育"思想在学校与社会关系问题上的具体化。"教学做合一"是生活教育理论的又一重要主张,是"生活即教育"在教学方法问题上的具体化。"教育即生活"是杜威的教育思想。故答案为 A。

二、分析论述题

【参考答案】陶行知是中国现代杰出的人民教育家、大众诗人和坚定的民主战士。他的教育思想是一种具有创造性并不断发展、不断进步的教育思想,而"生活教育"思想贯穿始终。

(1)生活即教育。这是陶行知"生活教育"理论的核心。

一是生活含有教育的意义。正因为生活的矛盾无时无处不在,生活也就随时随地在发生教育的作用。从生活的横向发展来说,过什么样的生活,就受什么样的教育;从生活的纵向发展来说,生活伴随人生命的始终,教育也是如此。

二是实际生活是教育的中心。陶行知始终把教育和社会生活联系起来进行考察。生活与教育是一回事,是同一个过程,教育不能脱离生活。教育要通过生活来进行,教育内容、教育方法都要根据生活的需要。

三是生活决定教育,教育改造生活。一方面,生活决定教育,表现为教育的目的、原则、内容、方法都由生活决定,是为了"生活所必需";另一方面,教育又能改造生活,推动生活进步。教育不仅改造着社会生活,也改造着每个个人的生活。因此,生活决定教育,教育改造生活,二者相辅相成。

（2）**社会即学校**。"生活即教育"思想在学校与社会关系问题上的具体化。

一是社会即学校,是指"社会含有学校的意味" 或者"以社会为学校"。整个社会是生活的场所,亦即教育的场所。陶行知认为,需要拆除学校与社会之间的"高墙","把学校的一切伸张到大自然里去",解放自由,成为适应生活、融于民众的有用的人。

二是社会即学校,是指"学校含有社会的意味"。学校通过与社会生活结合,陶行知认为,"学校即社会"是一种"半开门"的改良主义主张;"社会即学校"是拆除学校围墙,依据社会的需要、利用社会的力量、在社会中创建学校。

（3）**教学做合一**。"生活即教育"在教学方法问题上的具体化。

一是"教学做合一"要求"在劳力上劳心"。陶行知认为,必须教劳心者劳力,即教读书的人做工;教劳力者劳心,即教做工的人读书。

二是"教学做合一"是因为"行是知之始"。陶行知认为,行动是知识的重要来源,也是创造的基础,身临其境,动手尝试,才有真知,才有创新。

三是"教学做合一"要求"有教先学"和"有学有教"。"有教先学"即教人者先教自己,先将所教材料弄得格外明白,先做好学生。同时,教人者先明了所教对象为什么而学、要学什么、怎么学。"有学有教"即"即知即传",会者教人学,能者教人做。"小先生制"就充分体现了"教学做合一"。

四是"教学做合一",反对注入式教学法。陶行知指出,注入式的教学法是以教师的教、书本的教为中心的"教授法",它完全不顾学生的学、不顾学生和社会生活的需要。根据生活教育的要求,教是服从于学的,而教、学又是服从于生活需要的。"教学做合一"是最有效的方法。

综上所述,陶行知的"生活教育"理论,有六大特点,即生活的、行动的、大众的、前进的、世界的、有历史联系的。从思想背景上来说,"生活教育"理论深受杜威实用主义教育思想的影响。"生活教育"理论是在批判传统教育的过程中发展起来的,目的是要摆脱传统"死读书,读死书,读书死"的教育。

第三部分　外国教育史

第一章　东方文明古国的教育

大纲考点导图

①专家　②职官学校　③父亲　④学习《密西拿》　⑤阶级性、等级性

考点演练

第一节　古代巴比伦的教育

单项选择题

1.【答案】A　【解析】苏美尔文字最早由祭司发明,并由祭司首先使用。文字的发明、泥板的广泛使用以及科学的发展,为学校教育提供了条件。最早的学校与寺庙有密切联系。在古代两河流域,人们将知识视为神赐,非祭司不敢享有,传习这些知识也是僧侣的特权。故答案为A。

B项:"书吏"是指寺庙中有关人员(一般称作"书吏"的人)需要学习文字和符号。这样就产生了训练书吏的学校。

C项和D项:在泥板书舍中,负责人称为"校父",教师称为"专家",助手称为"大兄长",学生称为"校子"。

2.【答案】A　【解析】出于管理寺庙财产的需要,寺庙中有关人员(一般称作"书吏"的人)需要学习文字和符号,这样就产生了训练书吏的学校。由于苏美尔人学校用的教材是泥板书,学生做练习或写作业也是用泥板,泥板成为学校的主要学习工具,故学校被称为"泥板书舍"。故答案为A。

B项:古儒学校是公元前8世纪后,古代印度出现的一种办在家庭中的婆罗门学校,教师被称为"古儒"。

C项:僧侣学校是古代埃及中王国以后出现的一种附设在寺庙中的学校,着重科学技术教育,也是学术中心。

D项:职官学校是创办于中王国时期,训练一般的、能从事某种专项工作的官员,修业期12年。

3.【答案】D 【解析】古代巴比伦的教学方法是师徒传授式,一般由教师先在潮湿的泥板上写字,再由学生临摹;课程主要是抄写和背诵长串的单词或词组,也包括数学或文书。有些记有学生作文和练习的泥板一直保存至今。故答案为 D。

A 项:随着生产力的发展、社会分工的出现、阶级的产生,专门的教学活动开始出现。由于受教育人数和知识都比较少,所以教师只需根据不同学生的能力和水平分别施教。因此,个别教学是古代教学的主要形式。

B 项:班级授课制是一种集体教学形式。它把一定数量的学生按年龄与知识程度编成固定的班级,根据周课表和作息时间表,安排教师有计划地向全班学生集体上课的一种教学组织形式。

C 项:现场教学是指根据一定的教学任务,组织学生到工厂、农村、社会生活现场和其他场所,通过观察、调查或实际操作进行教学的组织形式。

4.【答案】C 【解析】公元 3 世纪以后,巴比伦作为古文明的中心,逐渐衰落。直到 19 世纪中叶后,经过考古工作者的考古发掘及研究,人们才得以了解其在早期人类文明史上的卓越地位。苏美尔和巴比伦的文化教育被看作是人类正式教育的起点。故答案为 C。

第二节　古代埃及的教育

单项选择题

1.【答案】C 【解析】与其他国家的教育相比,古代埃及的教育比较发达,教育制度也比较完善,出现了宫廷学校、僧侣学校、职官学校和文士学校。在教育内容上,各类型学校侧重点不同,如宫廷学校是国王法老在宫廷中设立的学校,以教育皇子皇孙和朝臣的子弟为宗旨;僧侣学校重视科学教育;职官学校重视普通文化教育和专门职业教育;文士学校重视书写、计算等。故答案为 C。

2.【答案】C 【解析】古代埃及的学校类型有宫廷学校、僧侣学校、职官学校、文士学校。其中,僧侣学校(也称寺庙学校),是古代埃及中王国以后出现的一种附设在寺庙中的学校,注重科学技术教育,也是学术中心。故答案为 C。

A 项:宫廷学校是国王法老在宫廷中设立的学校,以教育皇子皇孙和朝臣的子弟为宗旨,学生学习完毕,接受适当的业务锻炼后,即分别被委任为官吏。

B 项:文士学校培养能熟练运用文字从事书写及计算工作的人。与僧侣学校、职官学校相比,较为低级,招收人数较多,对出身限制宽窄,修业期限有长有短。

D 项:职官学校,亦称书吏学校,创办于中王国时期,训练一般的能从事某种专项工作的官员。

3.【答案】A 【解析】古代埃及的书写工具是一种芦管笔,写在纸草上。由于纸草制作费力,价格昂贵,故学生最初都在陶片或石板上练习,纯熟后才在纸草上书写。学生书写内容开始是日月星辰、地名、城名等常见事物,以后学习书写训诫、公文、书札、契据、记文等。其中,训诫是主要的书写内容。故答案为 A。

第三节　古代印度的教育

> 单项选择题

1.【答案】C　【解析】从公元前1000年到前600年,古代印度逐渐形成一套严格的等级制度,通称种姓制度。种姓制度把人按高下依次分为四个等级(种姓):(1)婆罗门,即僧侣;(2)刹帝利,即武士;(3)吠舍,即农民和从事工商业的平民;(4)首陀罗,即奴隶及处于奴隶地位的穷人(主要为当地土著)。故答案为C。

2.【答案】B　【解析】婆罗门教育以维持种姓压迫和培养宗教意识为核心任务。记载印度公元前2000年前后历史的古籍《吠陀》被当作统治阶级崇奉的经典,为教育提供了主导思想。公元前9世纪前,婆罗门教育以家庭教育为主,主要学习用古梵文写的《吠陀》经。故答案为B。

3.【答案】B　【解析】公元前8世纪后,出现了一种办在家庭中的婆罗门学校,通称"古儒学校",教师被称为"古儒"。儿童入学后迁居古儒家,学习年限为12年。古儒在学校教学时,常利用年龄大些的儿童当助手,由助手协助其传授知识,这种方法后被英国教师贝尔袭用,成为盛极一时的导生制(贝尔—兰开斯特制)。故答案为B。

4.【答案】A　【解析】佛教教育的主要场所是寺院,学习内容主要是佛教经典,神学气氛较为浓厚。僧徒一般学习12年,经考验合格者称为"比丘"。佛教也重视女子教育,女僧学完后称为"比丘尼"。故答案为A。

5.【答案】D　【解析】婆罗门教育以维持种姓压迫和培养宗教意识为核心任务。统治阶级宣传《吠陀》经只能为再生种姓所理解,因此入学校、习经典的权利只能为婆罗门、刹帝利和吠舍所享有,但三者享有的受教育权利的内容不尽相同。所以具有一定的贵族性。佛教教育在一定程度上照顾了广大下层民众,扩大了教育对象,具有平民性。故答案为D。

第四节　古代希伯来的教育

> 单项选择题

1.【答案】B　【解析】希伯来人将教育当作神圣事业,教育工作者受到人们的尊重,当时由于普遍设置学校,曾产生大批教师。希伯来的教师称为"拉比",类似埃及的文士。除去教学工作外,拉比还经常充当社会人士的宗教导师或法律顾问,成为社会上有威望的特殊人物。当一名拉比成为许多有志青年追求的理想。故答案为B。

2.【答案】D　【解析】古代希伯来的家长主要以可视为上帝意旨代表的《圣经·旧约》去教导子女。教育内容主要是道德和某些职业方面的训练,以及宗教信仰的灌输。故答案为D。

第五节　东方文明古国教育发展的特点

一、单项选择题

1.【答案】A　【解析】公元前8世纪后,古代印度出现了一种办在家庭中的婆罗门学校,通称"古儒学校",教师被称为"古儒"。故答案为A。

2.【答案】C　【解析】文明及文化教育甚为古老,但失于早衰或有过断层期,在此意义上,或可称源远而流不长。巴比伦、埃及以及印度等东方文明古国均因异族入侵等原因导致历史中断,从而导致文化教育在本土的失传或断层。在世界著名文明古国中,能够悠久而又绵延不断、源远而又流长、古老而又风韵常存的,唯有中国文化以及这种文化所促成的教育,这是中国教育史的独特之处和优异之处,也是其他东方文明古国的不及之处。故答案为C。

二、简答题

【参考答案】人类由原始社会进入文明时代(开始是奴隶社会),始自东方。正如一些不怀偏见的西方学者所肯定的:"光明来自东方。""历史是有一个决定的'东方',太阳便从这里升起。"人类教育的发达亦以东方为先。古代东方文明古国的教育大致具有以下特点:

(1)作为世界文化的摇篮,东方产生了最早的科学知识、文字及学校教育,无论是史料记载或考古发掘都证明了这一点。

(2)各国(或不同地区)的教育及不同时期的教育各有其特征。总的来说,与当时的社会政治、经济结构相应,教育具有强烈的阶级性和等级性,学校主要招收奴隶主子弟,并按教育对象的等级、门第而被安排进入不同的学校。

(3)教育内容较丰富,包括智育、德育及宗教教育等,既反映了统治阶级的需要,也反映了社会进步及人类多方面发展的需要。

(4)与教育内容繁复相应,教育机构种类繁多,形态各异,有助于满足不同统治阶层的需要,既具有森严等级性,也具有强大适应力。

(5)各国通过丰富的教育实践,在教育方法上不乏创新之举,但总的来说,教学方法简单,体罚盛行,实行个别施教,尚未形成正规的教学组织形式。

(6)知识常常成为统治阶级的专利,故教师的地位较高,与后来古希腊、古罗马学校教师社会地位卑下形成鲜明对比。

(7)文明及文化教育甚为古老,但失于早衰或有过断层期,在此意义上,或可称源远而流不长。巴比伦、埃及及印度等东方文明古国均因异族入侵等原因导致历史中断,从而导致文化教育在本土的失传或断层。

(8)在世界著名文明古国中,能够悠久而又绵延不断、源远而又流长、古老而又风韵常存的,唯有中国文化以及这种文化所促成的教育,这是中国教育史的独特之处和优异之处,也是其他东方文明古国的不及之处。

第二章　古希腊教育

①治国人才　②讥讽、助产术、归纳、定义　③哲学王　④德、智、体、美、音乐　⑤教育效法自然

第一节　古希腊的教育阶段

一、单项选择题

1.【答案】D　【解析】斯巴达作为希腊最大的农业城邦，相对落后的经济状况、奴隶主贵族专制统治及国内外战争的需要，决定了其教育目的是培养勇敢的军人。教育的内容是以军事训练和道德教育为主。斯巴达人十分重视教育，认为教育是国家的事业。男孩7岁以后就进入国家办的军营式的国家体育场接受"五项竞技"，即以赛跑、跳跃、摔跤、掷铁饼、投标枪为主的军事体育训练，强制的道德灌输以及严酷的身心磨炼，以求形成勇敢、坚毅、顺从和爱国的品质。斯巴达人对文化知识不重视。到18岁时，少数身心经过考验的青年再进入高一级的青年军事训练团接受两年的正规军事训练。年满20岁的青年，被派往边境沿线驻扎，开始实战训练。30岁后，通过考核，并举行一定的仪式，才获得公民称号。故答案为D。

2.【答案】B　【解析】雅典高度重视德、智、体、美和谐发展，其教育内容是智慧、正义、节制、勇敢四大美德。故答案为B。

A项：培养身心和谐发展的公民是教育目的。

C项：军事体育训练（五项竞技）是斯巴达的主要教育内容。

D项：文法、修辞、辩证法是智者确定下来的教育内容。

3.【答案】B　【解析】古风时期雅典的教育阶段：

（1）家庭教育阶段（0～7岁）：幼儿在家中由父母养育，游戏教育、讲故事是家庭教育的重要形式。

（2）学校教育阶段（7～15岁）：① 第一阶段（7～13岁）：7岁以后，女孩继续在家中由母亲负责教育，学习纺织、缝纫等技能。男孩7岁后开始进入文法学校、弦琴学校学习。儿童上学、放学均由"教仆"（具有一定知识的奴隶）陪同；② 第二阶段（13～15岁）：13岁以后，公民子弟除继续在文法学校或弦琴学校学习外，还要进入体操学校（又称角力学校），接受各种体育训练，科目包括"五项竞技"、游泳、舞蹈，目的在于使公民子弟具有健全的体魄和顽强、坚忍的品质。

（3）体育馆学习阶段（15～18岁）：大多数公民子弟开始从事各种职业，少数显贵子弟进入国立体育馆，接受体育、智育和审美教育。

（4）埃弗比教育阶段（18～20岁）：进入青年军事训练团，接受军事教育。到20岁，被授予公民称号。故答案为B。

4.【答案】C　【解析】斯巴达人认为只有身体健康的女子才能生育健壮的儿童，并且女子还有帮助男子坚守城池的重任，所以斯巴达对女子教育比较重视，主张女子应该和男子一样受到严格的军事体育训练，其目的是造就体格健壮的母亲，以生育健康的子女。故答案为C。

5.【答案】B　【解析】智者是西方最早的职业教师，是古典时期一批收费传授辩论术和其他知识，并以此（收费授徒）为职业的巡回教师。故答案为B。

6.【答案】C　【解析】智者最关心的是道德问题和政治问题，并把系统的道德知识和政治知识作为主要教育内容。这样，不仅丰富了教育的内容，而且提供了一种新型的教育——政治家或者统治者的预备教育。智者云游各地，授徒讲学，以钱财而不以门第作为教学的唯一条件，扩大了教育对象的范围，推动了文化的传播，促进了社会的流动。智者派有共同的思想特征，表现为相对主义、感觉主义、个人主义、怀疑主义。西方教育史上长期沿用的"三艺"（文法、修辞学、辩证法）就是由智者首先确定下来的。故答案为C。

7.【答案】D　【解析】西方教育史上长期沿用的"三艺"（文法、修辞学、辩证法）就是由智者首先确定下来的。故答案为D。

8.【答案】A　【解析】毕达哥拉斯是古风时期最为重要的教育思想家。黑格尔称他为古希腊"第一个民众教师"，而亚里士多德则认为他是第一个试图讲授道德的人。这都说明了毕达哥拉斯在古希腊教育发展中所占的重要地位。毕达格拉斯主张灵魂不死、灵魂轮回。要求为知识而求知识，为人的精神和灵魂的净化接受教育。这种不带有任何功利目的的教育价值观，被亚里士多德进一步发展为自由教育的理论。毕达哥拉斯及其学派的基本核心是高度重视数学，把数学当作万物的本源，这种对灵魂或精神陶冶的重视与和谐发展的思想，对后来古希腊教育思想的影响是极为深刻的。故答案为A。

二、简答题

1.【参考答案】"智者派"的教育贡献有：

（1）**教育对象**：智者云游各地，授徒讲学，以钱财而不以门第作为教学的唯一条件，扩大了教育对象的范围，推动了文化的传播，促进了社会的流动。

（2）**教育内容**：智者适应了时代对辩论、演讲的广泛需要，抱着实用的目的研究与辩论、演讲直接相关的文法、修辞、哲学等科目，并把这些知识传授给他人，因而，既拓展了学术研究的领域，又扩大了教育内容的范围。西方教育史上长期沿用的"三艺"（文法、修辞、辩证法）就是由智者首先确定下来的。

（3）**教育目的**：智者最关心的是道德问题和政治问题，并把系统的道德知识和政治知识作为主要教育内容。这样，不仅丰富了教育的内容，而且提供了一种新型的教育——政治家或者统治者的预备教育。

（4）**教育作用**：作为职业教师，智者已经意识到教育活动的特殊性，开始将教育现象与其他社会现象相区别，同时也认识到教育与政治、道德之间的密切联系，明确了教育在国家生活中的重要作用。

（5）**教育思想**：由于智者的出现，希腊教育思想才真正成型，智者们在不同程度上探讨了希腊教育中的很多基本命题。简言之，智者的教育思想已经包含了全部希腊教育思想发展的基本线索和方向。

2.【参考答案】斯巴达和雅典是古希腊两个著名的城邦，它们的教育体制有相同之处，也有各自的特色。

（1）相同点。
① **教育背景上**，都属于奴隶制城邦，教育都为奴隶主阶级服务，具有阶级性。
② **教育内容上**，都重视体育训练，都把严格的军事训练放在重要地位。
③ **教育方法上**，都使用体罚。
④ **教育体制上**，都实行国家管理的教育体制。

（2）不同点。
① **地理环境**：斯巴达地处平原，土地肥沃、易于耕作，但由于没有适宜的港湾，因而与外界的交往不便；雅典三面临海，多优良港湾，有良好的海运条件，便于航海和商业贸易的发展。
② **社会环境**：斯巴达是希腊最大的农业城邦国家，经济状况相对落后、奴隶主贵族专制统治、国内外战争频繁；雅典政治上的多次改革为经济发展创造了条件，政治上的民主倾向与经济的繁荣发展为雅典形成独特的公民民主意识提供了宽松的社会环境和稳固的经济基础。
③ **教育体制**：斯巴达教育被当作一项极为重要的国家事业，完全由国家控制和举办；雅典也高度重视教育，但不绝对控制，盛行私人办学。
④ **教育目的**：斯巴达的教育目的是培养坚韧不拔的战士和绝对服从的公民；雅典的教育目的是培养身心和谐发展的公民，是健美的体魄和高尚的心灵完美结合的人。
⑤ **教育内容**：斯巴达的教育内容只注重军事体育训练和道德教育；雅典的教育内容重视德智体美和谐发展，强调智慧、正义、节制、勇敢四大美德。
⑥ **教育方法**：斯巴达的教育方法是野蛮训练和体罚鞭笞；雅典的教育方法更温和，具有民主色彩。
⑦ **教育对象**：斯巴达重视女子教育，女子和男子接受同样的军事、体育训练；雅典的妇女社会地位较低，女孩子只在家庭中受教育。

第二节　古希腊的教育思想

一、单项选择题

1.【答案】C　【解析】苏格拉底是古希腊著名的哲学家、教育家。在哲学史上，苏格拉底是最早将对人的关注引入到哲学领域的思想家之一，从而实现了从自然哲学向伦理哲学的转变。故答案为C。

2.【答案】C 【解析】智慧即德行(知识即道德)的论断在教育实践上有重要意义。既然正确行为基于正确认识,对人进行道德教育就是可能的,道德是可教的。通过传授知识、发展智慧,就可以培养有道德的人。因此,在苏格拉底看来,知识教育是道德教育的主要途径。故答案为C。

3.【答案】B 【解析】苏格拉底方法,又称"问答法"或"产婆术"。苏格拉底在哲学研究和讲学中,形成了由讥讽、助产术、归纳、定义四个步骤组成的独特方法,这是西方最早的启发式教学法。故答案为B。

4.【答案】C 【解析】在思维方式上,孔子的启发诱导属于演绎法,从一般到特殊;苏格拉底的产婆术属于归纳法,从特殊到一般。故答案为C。

5.【答案】C 【解析】在西方教育思想史上,柏拉图的《理想国》、卢梭的《爱弥儿》和杜威的《民主主义与教育》被称为教育史上三个里程碑。故答案为C。

6.【答案】C 【解析】柏拉图是《理想国》的作者。柏拉图所设想的理想国是一个由哲学王统治的正义的国家。在这个国家中,执政者(哲学王)、军人、工农商各安其位,各尽其职,互不干扰,智慧、勇敢、节制、正义是理想国的四大美德。故答案为C。

7.【答案】B 【解析】柏拉图是"寓学习于游戏"的最早提倡者。他重视早期教育,主张教育由国家控制。国家应创办幼儿教育机构,实行儿童公养公育。教育内容主要有讲故事、做游戏、音乐和唱歌等活动,在游戏中更好地了解每个孩子的天性。故答案为B。

8.【答案】D 【解析】柏拉图主张通过实际工作和各种考验选拔政治精英,第一次提出以考试作为选拔人才的手段之一。故答案为D。

9.【答案】A 【解析】柏拉图提出了广泛的教育内容(算术、几何、天文、音乐理论)和智者的三艺,合称为"七艺"。另外,他还提出了各门学科的作用。故答案为A。

10.【答案】D 【解析】亚里士多德非常重视教育的社会作用,明确指出教育对于巩固奴隶主的政治统治起着巨大的作用,并特别强调教育是国家的职责,立法者(统治者)应首先注意少年人的教育。亚里士多德提到了教育立法,认为"教育应由法律规定"。古希腊人这些有远见的思想只是在两千多年后,在19世纪才被西方的政治家普遍接受并在各国成为现实。故答案为D。

11.【答案】A 【解析】亚里士多德根据他对儿童身心自然发展的观察,在教育史上第一次提出了按年龄划分教育阶段的思想。他将教育划分为三个阶段:(1)家庭教育阶段(0~7岁),重点在于引导儿童做些适于肢体发育的活动,促成儿童体格的健康发展;(2)初等教育阶段(7~14岁),教育应以情感道德培养为主,教育内容包括阅读、书写、体育锻炼、音乐和绘画。学习这些科目是为了促成人的身心和谐发展。(3)中高等教育阶段(14~21岁),学习一些高级课程,包括"四艺"以及哲学、物理、文法、文学等课程。故答案为A。

12.【答案】B 【解析】亚里士多德从灵魂论出发,根据人的身心发展的特征,首次提出并论述了教育效法自然的原理,并把这一原理运用到教育的年龄分期论和人的身心和谐发展的教育理论之中。这不仅推动了古希腊教育思想的发展,并使之达到了顶峰,奠定了近代西方自然主义教育思想的理论基础和基本观念,也为西方教育思想的发展作出了重要贡献。故答案为B。

二、简答题

1. 【参考答案】 "苏格拉底方法"又称"问答法"或者"产婆术"。苏格拉底在哲学研究和讲学中,形成了由讥讽、助产术、归纳、定义四个步骤组成的独特方法,这是西方最早的启发式教学法。

(1) **具体步骤:**
① **讥讽:** 就对方的发言不断提出追问,迫使对方自陷矛盾,无词以对,终于承认自己的无知。
② **助产术:** 帮助对方自己得到问题的答案。
③ **归纳:** 从各种具体事物中找到事物的共性、本质,通过对具体事物的比较寻求"一般"。
④ **定义:** 把个别事物归入一般概念,得到关于事物的普遍概念。

(2) **特点:**
① 不将现成的结论强加于对方,而是通过不断提问诱导对方认识并承认自己的错误,自然而然地得到正确结论。
② 问答双方是在平等的基础上讨论,受教的一方必须独立思考,不能生吞活剥地背诵别人的结论。
③ 问答法不是万能的教学法,它只能在一定的条件下和适度的范围内运用。如受教育者须有追求知识和真理的愿望和热情;受教育者必须就所讨论的问题已经积累了一定的事实和知识;这种方法不能机械地搬用于幼年儿童。

2. 【参考答案】 (1) **灵魂论的主要内容:**

亚里士多德将人的灵魂分为两大部分:理性部分和非理性部分。非理性部分又包括植物的灵魂和动物的灵魂两种成分。所以,人的灵魂由三部分构成:植物的灵魂、动物的灵魂和理性的灵魂。
① **植物的灵魂,** 灵魂的低级,它主要表现在营养、生长、发育等生理方面。
② **动物的灵魂,** 灵魂的中级,它主要表现在本能、情感和欲望等方面。
③ **理性的灵魂,** 灵魂的高级,它主要表现在思维、理解和判断等方面。

他认为,在人的发展过程中,身体、情感和理智三者应有一个发展的顺序。儿童是身体先发育,然后才有本能、感觉、情感,进而才出现思维、理解和判断。因此,与灵魂的这三个部分的区分相适应,对儿童应实施从体育到德育再到智育的全面和谐发展的教育。

(2) **灵魂论的教育意义:**
① 它说明人也是动物,人的身上也有动物性的东西,且与生俱来,采取不承认主义或企图消灭它,违反人的本性,也是做不到的。
② 人具有理性,人不同于动物,高于动物。能否用理性领导欲望,使欲望服从理性,是人与动物区分的标志。发展人的理性,使人超越动物水平,上升为真正的人,这就是教育、特别是德育的任务。
③ 灵魂三个组成部分的理论为教育必须包括体育、德育、智育提供了人性论上的依据。

三、分析论述题

【参考答案】（1）**灵魂论与教育**。

亚里士多德在《论灵魂》和《尼各马可伦理学》中，将人的灵魂分为两部分：理性部分和非理性部分。非理性部分又包括植物的灵魂和动物的灵魂两种成分。所以，人的灵魂由三部分构成：营养的灵魂、感觉的灵魂和理性的灵魂。这三部分对应植物的灵魂、动物的灵魂和人的生命。

① 植物的灵魂，灵魂的低级，主要表现在营养、生长、发育等生理方面。

② 动物的灵魂，灵魂的中级，主要表现在本能、情感和欲望等方面。

③ 理性的灵魂，灵魂的高级，主要表现在思维、理解和判断等方面。

灵魂论的教育意义：

① 它说明人也是动物，人的身上也有动物性的东西，且与生俱来，采取不承认主义或企图消灭它，违反人的本性，也是做不到的。

② 人具有理性，人不同于动物，高于动物。能否用理性领导欲望，使欲望服从理性，是人与动物区分的标志。发展人的理性，使人超越动物水平，上升为真正的人，这就是教育，特别是德育的任务。

③ 灵魂三个组成部分的理论为教育必须包括体育、德育、智育提供了人性论上的依据。

（2）**教育作用论**。

① **教育的社会作用**。教育对于巩固奴隶主的政治统治起着巨大的作用，并特别强调教育是国家的职责，立法者（统治者）应首先注意少年人的教育。亚里士多德提到了教育立法，认为"教育应由法律规定"。

② **教育的个人作用**。亚里士多德认为，人形成为人的三个因素是天性、习惯和理性。重视人的天性，在良好的环境和正当的行为中养成良好的习惯，并通过发展人的理性，使天性和习惯受理性领导，人就能成为良好德行的人。在这三个要素中，教育具有特殊作用。

（3）**道德教育论**。

亚里士多德认为，道德教育的目的在于通过实际活动和反复练习，逐渐养成具有"中庸""适度""公正""节制"和"勇敢"的美好德行。在实践德行中，亚里士多德强调动机与效果的统一、知与行的统一、主观与客观的统一。

（4）**和谐教育论**。

体育使人拥有健全的体魄。德育使人形成完善的道德观念，养成良好的习惯。智育使人的思维、认识、理解和判断能力得到提高，使人的理性得到充分发展。美育主要由音乐教育承担，使人的情操得到陶冶，从而激荡人的灵魂，使人形成高尚、自由的灵魂。音乐是亚里士多德特别强调的，是和谐教育的核心部分，音乐不仅是实施美育的最有效手段，还是实施智育和德育不可缺少的内容。

（5）**自然教育与儿童年龄分期论**。

① **自然教育**：亚里士多德从灵魂论出发，根据人的身心发展的特征，首次提出并论述了教育效法自然的原理，并把这一原理运用到教育的年龄分期论和人的身心和谐发展的教育

理论之中。

② **儿童年龄分期论**：亚里士多德根据对儿童身心自然发展的观察，在教育史上第一次提出了按年龄划分教育阶段的思想。他将教育划分为三个阶段：

第一阶段：家庭教育阶段（0~7岁），重点在于引导儿童做些适于肢体发育的活动，促成儿童体格的健康发展。

第二阶段：初等教育阶段（7~14岁），教育应以情感道德培养为主，教育内容包括阅读、书写、体育锻炼、音乐和绘画。学习这些科目是为了促成人的身心和谐发展。

第三阶段：中高等教育阶段（14~21岁），学习一些高级课程，包括"四艺"，以及哲学、物理、文法、文学等课程。

第三章 古罗马教育

大纲考点导图

①道德—公民教育 ②"卢达斯" ③培养政论家、雄辩家 ④广博的学识 ⑤善良而精于雄辩术

考点演练

第一节 古罗马的教育阶段

单项选择题

1.【答案】B 【解析】古罗马共和早期的教育是农民—军人的教育,主要教育形式是家庭教育。家庭教育以道德—公民教育为核心,家庭既是经济和生产单位,也是教育单位。古罗马以其"家长制"出名。家长(父亲)对子女有生杀予夺大权。男孩子主要是由父亲进行教育,女孩子则在母亲的看护下受到教育。故答案为B。

2.【答案】B 【解析】从公元前3世纪开始,随着奴隶制经济的迅速发展,古罗马共和国内部形成了奴隶与奴隶主之间、平民与贵族之间、拥有大量土地的元老院贵族与商业金融贵族之间的各种矛盾和斗争。在这种态势下,古罗马进入共和后期。教育阶段分为初等教育、中等教育和高等教育。其中,高等教育的目标是培养演说家或雄辩家,教学内容有文学、修辞学、辩证法、历史、法律、数学、天文学、几何、伦理学和音乐等科目。故答案为B。

3.【答案】A 【解析】古罗马在征服古希腊并受古希腊文化影响之前是一个农业城邦,没有正式的学校,家庭教育是这一时期的主要教育形式。古罗马人征服古希腊后,受处于更高水平的古希腊文化的影响,学术和教育开始发生了变化,出现了初等学校,儿童接受完初等教育以后,贵族及富豪的子弟进入中等教育机构——文法学校学习。古罗马的文法学校是希腊化的产物,是古希腊人和希腊化地区的人在原本没有中等教育的地区招徒授业而出现的教育形式。古罗马的高等教育形式是修辞学校。故答案为A。

第二节 古罗马的教育思想

> 单项选择题

1.【答案】A 【解析】西塞罗认为,教育的根本目的在于培养政论家、雄辩家。要想成为一个名副其实的雄辩家,必须具备的条件有:(1)广博的学识。雄辩家要有全部自由艺术和各种重要的知识。全部自由艺术是指文法、修辞、算术、几何、天文、音乐等学科;各种重要的知识是指政治、法律、军事和哲学等方面的知识;(2)在修辞学方面具有特殊的修养。决定演讲水平高低的重要方面是遣词造句及整个演说词的文体结构。所以语言修养要表达正确、通俗易懂、优美生动、语言与主题相称;(3)优美的举止与文雅的风度。给听众一种外在的行为上的美感,进而增加听众的信任度。西塞罗指出,演说是由身体、手势、眼神及声音的调节、变化等加以控制的,它们对于演说本身所产生的作用是巨大的。故答案为 A。

2.【答案】A 【解析】昆体良是古罗马帝国著名的雄辩家和教育家,其代表作《雄辩术原理》是西方第一本专门研究教育理论的著作,既是他自己教学工作经验的总结,又是古希腊、古罗马教育经验的汇集。故答案为 A。

3.【答案】C 【解析】昆体良认为,学校是儿童最好的学习场所,学校教育比家庭教育优越得多。原因在于:(1)许多儿童在一起学习不会产生孤独或与世隔绝的感觉,并有助于克服儿童唯我独尊、自命不凡的状态;(2)在学校可培养发展儿童间的友谊、合群的品性,养成适应和参加社会公共生活的习惯和能力,在大庭广众面前能态度自然,举止大方;(3)学校教育能激励学生趋善避恶;(4)学校能给儿童提供多方面的知识。故答案为 C。

4.【答案】A 【解析】昆体良十分重视学前教育,其认为7岁前的幼儿应该进行道德教育。在幼儿能说话的前后就应该对其进行智育。因幼儿接受能力有限,每次所教不宜过多。同时,他在教育史上第一次提出了双语教育问题:先学希腊语,再学拉丁语,最后两种语言学习同时并进。故答案为 A。

5.【答案】B 【解析】昆体良提出了两个教学原则,分别是:(1)倡导因材施教。昆体良主张教师根据学生天赋才能的差异来组织和指导他们的学习,倡导教学要能培养个人的天赋特长,沿着学生的自然倾向最有效地发挥他们的能力;(2)教学要"适度"。昆体良认为,教师所传授的知识的分量与深度要适应儿童的天性,符合他们的接受能力。学习和休息应该交替进行,休息时应发挥游戏的作用。故答案为 B。

6.【答案】C 【解析】昆体良主张把学生分成班级,在同一时间,由教师对全班级,而不是对个别学生进行教学。在他看来,实行集体教学有利于学生的学习,并易于接受良好的影响。这是班级授课制思想的萌芽。故答案为 C。

7.【答案】B 【解析】"原罪论"认为所有的人都是带着原罪来到人世。人人因原罪都要受到上帝永世的惩罚。根据"原罪论",奥古斯丁提出了禁欲主义思想。这些理论后来成了基督教的重要教义之一。故答案为 B。

第四章　西欧中世纪教育

①修道院学校　②宫廷教育　③骑士教育

第一节　西欧中世纪的基督教教育

单项选择题

1.【答案】C　【解析】西欧中世纪是在罗马帝国的废墟上，由文明程度远低于古罗马人的外来"蛮族"建立起来的。一方面，由于战乱的破坏；另一方面，限于占领者的文化水准，他们还不可能欣赏、学习和继承古希腊、古罗马时代辉煌的文化遗产，因此，中世纪早期，古希腊、古罗马的文化成就被世人遗忘，西欧的文化教育水准大幅度下降。中世纪教育的显著特点是具有宗教色彩和等级化。世俗性是人文主义教育的特点，是指教育更关注今生而非来世，这是人文主义教育与中世纪教育的根本区别。故答案为C。

2.【答案】D　【解析】中世纪早期的教会学校有修道院学校、主教学校、教区学校。其中，修道院学校，又称僧院学校或隐修院学校，最早作为教徒集体修行的场所，后发展为培养神职人员和为普通世俗人士传授文化知识的机构，是中世纪基督教最典型、最主要的教育机构；主教学校设在主教堂所在地，又称座堂学校，性质和水平与修道院学校差不多；教区学校是由教会举办的面向一般世俗群众的普通学校。宫廷学校是一种设立在国王或者贵族宫廷中，主要培养封建统治阶级所需要的官吏，是欧洲主要的世俗教育形式。故答案为D。

3.【答案】A　【解析】中世纪教学学校的主要学习内容是以《圣经》为主的神学和"七艺"。在中世纪，无论是教会教育，还是世俗教育，都以基督教的教义作为最基本的教育教学内容。《圣经》、各种祈祷书以及赞美诗等，一直是不同类型学校的基本教材。神学是最重要的教学科目，甚至于"七艺"等本身具有世俗性质的科目，也根据教义加以改造，或被用作神学教育的基础科目。故答案为A。

第二节　西欧中世纪的世俗教育

一、单项选择题

1.【答案】A　【解析】宫廷学校是一种设立在国王或者贵族宫廷中,主要培养封建统治阶级所需要的官吏,是欧洲主要的世俗教育形式。骑士教育是中世纪西欧封建社会的一种特殊形式的家庭教育,主要目标是培养勇猛豪侠、忠君敬主的骑士精神和技能。主教学校和教区学校是基督教的教育形式。故答案为A。

2.【答案】D　【解析】骑士教育是中世纪西欧封建社会的一种特殊形式的家庭教育,主要目标是培养勇猛豪侠、忠君敬主的骑士精神和技能。骑士教育分为三个教育阶段,分别是:(1)家庭教育阶段(0~7岁),儿童在家接受母亲的教育,内容有宗教知识、道德及身体的养护;(2)侍童教育阶段,又称礼文教育阶段(7~14岁),低一级的贵族将儿子送到高一级贵族的家庭中充当侍童,学习上流社会的礼节和行为规范;(3)侍从教育阶段(14~21岁),重点学习"骑士七技",即骑马、游泳、投枪、击剑、打猎、弈棋和吟诗;同时要侍奉领主和贵妇。年满21岁时,要通过授职典礼,正式获得骑士称号。故答案为D。

3.【答案】B　【解析】"骑士七技"主要在侍从教育阶段(14~21岁)学习。故答案为B。

4.【答案】D　【解析】中世纪大学的特权共五项,分别是:(1)居住权。大学师生可以在大学所在地平安而不受干扰地居住;(2)司法自治权。大学的成员不受城市普通司法体系的管辖;(3)罢教权和迁徙权。如果大学师生与城市当局或教会发生矛盾,或者教学、学习活动受到干扰时,可以进行罢教;如果问题得不到满意地解决,大学可以迁校;(4)颁发教学许可证的特权。教皇颁布的训令规定,巴黎城内任何学生通过学习考试合格后,都可以获得在他们系科担任教学工作的许可证,并且在其他地方也享有教学权利而无须考试和检查;(5)免税、免役权。大学师生具有免税和免服兵役的权利。故答案为D。

5.【答案】B　【解析】中世纪大学已有学位制度,学生修完大学课程,经考试合格,获得"硕士""博士"学位。这是西方学位制度的最早起源。故答案为B。

6.【答案】D　【解析】中世纪大学的教学方法是演讲和辩论。演讲分为普通演讲(由年长的、富有经验的教师负责)、特殊演讲(是普通演讲的补充,由不太出名的教师负责)和粗略演讲(这是作为教学训练的一部分内容,由学士或年长的学生担任)。辩论分为自己辩论(一个人就某个论题的正反两面自己提出论据,自己进行辩论)和问题辩论(辩论的题目由教师给出,学生分成支持和反对两组展开辩论,然后教师再出面总结这些问题)。故答案为D。

7.【答案】B　【解析】城市学校并不是一所学校的名称,而是为新兴市民阶层子弟开办的学校的总称,包含不同种类、不同规模的学校。例如,由手工业行会开办的学校被称为行会学校,由商人联合会设立的学校被称为基尔特学校。故答案为B。

8.【答案】D　【解析】城市学校并不是一所学校的名称,而是为新兴市民阶层子弟开办的学校的总称,包含不同种类、不同规模的学校。例如,由手工业行会开办的学校被称为行会学校,由商人联合会设立的学校被称为基尔特学校。城市学校主要是初等学校,具有一定的职业训练的性质。故答案为D。

二、辨析题

1.【参考答案】 正确。

宫廷学校是一种设立在国王或者贵族宫廷中,主要培养封建统治阶级所需要的官吏,是欧洲主要的世俗教育形式。学习科目主要是"七艺",教学方法采用当时教会学校盛行的问答法,以此让学生掌握有关宗教、自然和社会的各种知识。

宫廷学校主要培养封建统治阶级所需要的官吏,但因为欧洲中世纪早期社会政教合一的特征,宫廷教育具有浓厚的宗教色彩,与教会学校有着密切的联系和相似性。最著名的宫廷学校是阿尔琴当校长的约克郡主教学校。故题干表述正确。

2.【参考答案】 错误。

骑士教育是中世纪西欧封建社会的一种特殊形式的家庭教育,主要目标是培养勇猛豪侠、忠君敬主的骑士精神和技能。骑士教育分为三个阶段:

(1)家庭教育阶段(0~7岁)。儿童在家接受母亲的教育,内容有宗教知识、道德及身体的养护。

(2)侍童教育阶段,又称礼文教育阶段(7~14岁)。低一级的贵族将儿子送到高一级贵族的家庭中充当侍童,学习上流社会的礼节和行为规范。

(3)侍从教育阶段(14~21岁)。重点学习"骑士七技",即骑马、游泳、投枪、击剑、打猎、弈棋和吟诗;同时要侍奉领主和贵妇。年满21岁要通过授职典礼,正式获得骑士称号。

故题干表述错误。

三、简答题

【参考答案】(1)中世纪大学产生的原因(社会背景)。

① **物质条件**:到中世纪中后期,随着西欧社会的稳定,农业和手工业等出现了复苏和繁荣的景象,原已破败的城市走向复兴。经济的复苏和城市的复兴,为中世纪大学的产生提供了物质条件,同时也为师生共同研讨学问提供了必要的场所。

② **教育需求**:经济的发展和城市的复兴带来了市民阶层的兴起,原有的基督教学校及其教育内容已经无法满足这种新兴阶层的需要,他们迫切需要一种能满足其自身需要的、新型的和世俗的教育机构和教育内容。

③ **文化影响**:修道院和教会对古典文化的保存以及12世纪的翻译运动,丰富和深化了西欧人对古典文明的认识;"十字军"东征带来了东方的文化,开拓了西欧人的视野;经院哲学的产生及其内部的论争,繁荣了西欧的学术氛围。

④ **组织基础**:基督教的教育机构,尤其是修道院学校及中世纪城市的行会组织,为中世纪大学的产生奠定了组织基础,有的大学甚至就是从教会的主教学校和修道院学校发展而来的。

(2)中世纪大学的特征。

① **性质上**:中世纪大学是12世纪左右兴起的自治的教授和学习中心。一般由一名(或数名)在某一领域有声望的学者及其追随者自行组织起来,形成类似于行会的团体进行教学和知识交易。

② **教育目的**：进行职业训练，培养社会所需的专业人才。

③ **领导体制**："学生"大学与"先生"大学。前者由学生主管校务，教授的选聘、学费的数额等均由学生决定；后者由教师掌管校务，学校诸事均由教师决定。

④ **学位制度**：学生修完大学课程，经考试合格，获得"硕士""博士"学位。这是西方学位制度的最早起源。

⑤ **课程设置**：大学的课程开始并不固定，后趋向统一，应社会需求分文科、法学科、神学科、医学科四科进行学习。

⑥ **教学方法**：讲演和辩论。讲演包括宣读和解释权威性教材。辩论也都从书本出发，结论是现成的。辩论有利于训练学生的逻辑推理能力，但是脱离实际。

⑦ **组织上**：中世纪大学具有一些自己的特权，如大学师生免税、免服兵役，集体迁移的自由等。

（3）**中世纪大学的历史影响（意义）**。

① 中世纪大学打破了教会对教育的垄断，促进了教育的普及。它一开始是世俗性教育团体，不受教会统治，使较多的人不受封建等级限制而得到教育，符合当时新兴的市民阶级对世俗教育的要求。

② 对于高等教育的发展具有重要意义。现代意义上的大学基本上都直接来源于欧洲中世纪大学，现代大学的一系列组织结构和制度原则都与中世纪大学有着直接的历史联系。

③ 中世纪大学还培养了一大批人才，促进了古希腊文化、古罗马文化、阿拉伯文化等多种科学文化的保存、交流和发展。

④ **局限性**：当时教会势力过大，宗教色彩浓厚，大学教学受经院哲学的影响很深。

第五章　拜占庭与阿拉伯的教育

第一节　拜占庭的教育

单项选择题

1.【答案】D　【解析】拜占庭帝国世俗教育的具体情况：(1)初等教育：招收6～12岁儿童，学习文法、算术和《荷马史诗》等，保持古希腊时代的传统；(2)中等教育：主要是文法学校，学习文法和古典作品；(3)高等教育机构：君士坦丁堡大学。帝国政府创办，培养国家高级官吏，教师是著名学者，领取国家俸禄并免税。学生修业5年，以"七艺"为基础课程；(4)宫廷教育：教育对象是皇帝的子女，教育内容是"七艺"和柏拉图、亚里士多德的著作，也需要学习军事、宫廷礼仪；(5)医学教育：拜占庭的医学也较发达，部分医学著作还被译成多种文字，流传到阿拉伯和西欧。故答案为D。

2.【答案】A　【解析】拜占庭教育的特点：(1)直接继承了古希腊和古罗马的文化教育遗产；(2)存在着因世俗生活需要而得到发展的世俗教育体系；(3)教会的文化教育体系与世俗的文化教育体系长期并存。故答案为A。

第二节　阿拉伯的教育

单项选择题

1.【答案】C　【解析】阿拉伯教育以伊斯兰教为中心，但它具有强烈的世俗性。在萨拉森帝国及各大食国时期，阿拉伯教育形成多样的形式：昆它布、宫廷学校和府邸教育、学馆、清真寺、图书馆。故答案为C。

2.【答案】A　【解析】昆它布是初级教育场所，通常是教师在家招收少量学生，教简单的读写，教学内容主要是《古兰经》、语法、诗歌、算术等，教学注重背诵。故答案为A。

第六章 文艺复兴与宗教改革时期的教育

①歌颂和赞扬人的价值和尊严　②弗吉里奥　③维多里诺　④人本主义、古典主义、世俗性、宗教性、贵族性　⑤罗耀拉　⑥《耶稣会章程》《教学大全》

第一节 人文主义教育

一、单项选择题

1.【答案】D　【解析】人文主义文化是文艺复兴运动的重要成就。人文主义世界观主要体现为以下特点：(1)歌颂和赞扬人的价值和尊严。人文主义文化的核心是提倡人道，肯定人的价值、地位、尊严；(2)宣扬人的思想解放和个性自由。中世纪神学宣扬人对教会的教义与教规的绝对信仰和盲目服从，而人文主义与这种权威主义做法相对立，要求把人从教会的教义、教规和其他教条的束缚中解放出来；(3)肯定现世生活的价值和尘世的享乐。人文主义者将天国的幸福和欢乐移至人间，认为不言今生的幸福，就根本谈不上来世的欢乐；(4)提倡学术，尊崇理性。有人称中世纪为黑暗时代、愚昧时代，意指其学术的不盛与文明的不举，虽言辞过激，却不乏合理之处。文艺复兴带来了学术的繁荣，知识受到尊崇，理性得以弘扬。故答案为D。

2.【答案】A　【解析】人文主义教育首先发生在意大利兴起，15世纪末以后逐渐扩大到北欧。意大利人文主义教育强调以个人发展为中心，主张世俗教育，重视智力培养，发展健全的体魄，向往人的全面发展。与其不同的是，北欧人文主义教育更加重视道德和宗教教育。人文主义教育的发展可分为前后两个时期，前期(意大利、北欧)所体现的人文主义精神比较狭窄，后期所体现的人文主义精神则比较宽泛。故答案为A。

3.【答案】B　【解析】维多里诺是弗吉里奥教育理想的实践者，由他创办的"快乐之家"宫廷学校，是当时欧洲最好的宫廷学校，也是欧洲大陆人文学校的范例，被认为是人文主义学校的发源地。维多里诺也因此被誉为"第一个新式学校的教师"。故答案为B。

4.【答案】A　【解析】弗吉里奥是第一个系统阐述人文主义教育思想的教育家。他的贡献有以下几个方面：(1)为昆体良的《雄辩术原理》做注释，引起了人们对昆体良教育经验的极大关注；(2)发表《论绅士风度与自由学科》的论文，全面概括了人文主义教育的目的和方法；(3)通过通才教育培养身心全面发展的人。弗吉里奥给通才教育(或译自由教育或博雅教育）下过这样的定义：它是一种符合自由人的价值的，使受教育者获致品德与智慧的，能唤起和发展那些使人趋于高贵的身心的最高才能的教育；(4)他主张必须使所教内容适合学生的个人爱好和年龄特征；(5)最推崇的三门科目是历史、伦理学（道德哲学）和雄辩术，认为这三门课程最能体现人文主义精神。他还主张学习算术、几何、天文学等科目，并主张将军事和体育结合起来；(6)他也看重医学和法律的实际价值，但将自由教育与职业教育截然对立，认为医学和法律与职业相关，对培养绅士是不适宜的；(7)在其论文中，未讨论神学这一中世纪最重要的学科，显示出意大利人文主义教育世俗性较强的特点。故答案为 A。

5.【答案】C 【解析】不论从教育目的还是从课程设置等方面看，人文主义教育充溢着浓厚的世俗精神，教育更关注今生而非来世，而中世纪教育的显著特点是具有宗教色彩和等级化，因此，世俗性是人文主义教育与中世纪教育的根本区别。故答案为 C。

二、分析论述题

【参考答案】（1）人文主义教育的特征。

① **人本主义**。人文主义教育在培养目标上注重个性发展，在教学方法上反对禁欲主义，尊重儿童天性，坚信教育可以重塑个人，可以改造自然和社会，这些都体现出人本主义的内涵，人的力量、人的价值被充分肯定。

② **古典主义**。人文主义教育思想吸收了许多古人的见解，人文主义教育实践尤其是课程设置也具有古典性质，但这种古典主义绝非纯粹的"复古"，实则含有古为今用、托古改制的内涵，尽管它具有局限性，但在当时却是进步的。

③ **世俗性**。不论从教育目的还是从课程设置等方面看，人文主义教育充溢着浓厚的世俗精神，教育更关注今生而非来世，这是人文主义教育与中世纪教育的根本区别。

④ **宗教性**。人文主义教育仍具有宗教性，几乎所有的人文主义教育家都信仰上帝。他们虽然抨击天主教会的弊端，但不反对宗教更不打算消灭宗教；他们希冀以世俗和人文精神改造中世纪陈腐专横的宗教性，以造就一种更富世俗色彩和人性色彩的宗教性。

⑤ **贵族性**。这是由文艺复兴运动的性质（并非大众运动）所决定的，人文主义教育的对象主要是上层子弟；教育的形式多为宫廷教育和家庭教育而非大众教育的形式；教育的目的主要是培养上层人物，如君主、侍臣、绅士等。

（2）人文主义教育的影响和贡献。

① **教育内容发生变化**。古希腊、古罗马时期的经典著作成为教学的主要内容，使美育和体育复兴并关注自然知识学习。

② **教育职能发生变化**。从训练、束缚自己服从上帝到使人更好地欣赏、创造和履行地位所赋予人的职责。

③ **教育价值观发生变化**。重新发现人、确立人的地位，强调人性的高贵，复兴了古希腊的个人主义价值观。

④ **复兴了古典的教育理想**。形成了全面和谐的完人的教育观念，从中世纪培养教士的目标转向文艺复兴培养绅士的目标。

⑤ **复兴了自由教育的传统**。推崇理性，复兴了古希腊的自由教育。

⑥ **兴起了自然主义教育思想。**用自然取代《圣经》,按照人的天性生活,按照人的需求和本性设置课程,尊重受教育者的兴趣、爱好、欲望和天性,出现了直观、游戏、野外活动等新的教育方法。

⑦ **出现了新道德教育观。**以原罪论为中心的道德教育开始解体。人道主义、乐观、积极向上、热爱自由、追求平等和合理的享乐等新的道德观在人文主义的学校中开始取代天主教会的道德观。尊重儿童,反对体罚,成为某些教育家的强烈要求。

⑧ **教育与劳动相结合及共产主义的教育思想。**在某些空想社会主义教育思想中,首次提出教育与劳动相结合的思想以及成人教育的思想。

⑨ **建立了新型的人文主义教育机构。**

⑩ **促进了大学的改造和发展。**

⑪ **教育理论不断丰富。**

⑫ **推动了教育世俗化的历史进程。**

第二节 新教教育

单项选择题

1.【答案】B 【解析】加尔文强调教育对个人生活、社会生活和宗教生活的意义。第一,人与生俱来带有"原罪",若不加以教化,抑恶扬善,人必定走向堕落;第二,人信仰热爱上帝之心是后天养成的,为了能直接阅读《圣经》,也须受教;第三,人的知识和能力在社会生活中具有重要价值;第四,为具备一个真正的基督徒所具有的勤奋、俭朴、效率、责任感等道德品质,人也须受教。同时,他亲自领导了日内瓦城普及免费教育的实践,因此被认为是普及教育之父,是免费学校的创始人。故答案为B。

2.【答案】C 【解析】宗教改革运动始于德国,发起者是威登堡大学的神学教授马丁·路德。他的教育论述体现在《致德国市长和市政官员书》和《论送子女入学的责任》中。他认为,初等学校教学内容以宗教为主,《圣经》是主要学习科目,其余科目还有读、写、算、历史、音乐、体育等。在教学方法方面,路德要求废除体罚,满足儿童求知和活动的兴趣,并主张运用直观的方法进行教学。故答案为C。

3.【答案】D 【解析】英国国教派的教育主张,主要包括:(1)国家通过教会管理学校,认定教师资格,审定教材;(2)要求教育人员服从国教会的宗教信仰,将受教育权利与宗教信仰相结合;(3)教育内容和方法具有人文主义色彩,实现古典主义教育方式;(4)民族意识不断加强,加强英语教育,古典语言在课程中的地位逐渐下降。故答案为D。

第三节 天主教教育

一、单项选择题

1.【答案】A 【解析】耶稣会是反宗教改革运动的先锋和中坚,其首创者是西班牙人罗耀拉；耶稣会设立的学校称为耶稣会学校。罗耀拉创办的耶稣会学校质量较高，分布较广，成为16～18世纪天主教主要的教育机构，扭转了受新教教育冲击的天主教教育的颓势。故答案为A。

2.【答案】D　【解析】耶稣会学校的规范运作为后世的教育实践提供了丰富经验。但是不管它的制度、方法多么完善，组织管理多么周密，师资水平多么高，这些都服从于一个目的——企图重建教皇和天主教会对欧洲的统治，这一目的是逆历史潮流的。故答案为D。

3.【答案】A　【解析】人文主义教育具有贵族性，新教教育则具有较强的群众性和普及性。天主教教育尤其是耶稣会的教育，出于其控制社会精英的政治目的而重视上层社会子女的教育，因而带有强烈的贵族性。故答案为A。

二、分析论述题

【参考答案】（1）三者的不同点：

① **性质不同**。人文主义教育具有贵族性，新教教育则具有较强的群众性和普及性。天主教教育尤其是耶稣会的教育，出于其控制社会精英的政治目的而重视上层社会子女的教育，因而带有强烈的贵族性。

② **服务目的不同**。这三种教育的根本差异主要在于它们所服务的目的不同。新教教育为新教服务，天主教教育为天主教服务，教育主要是作为一种宗教的工具而被运用，渗透于新教教育和天主教教育中的古典人文教育主要是作为一种技术性的语言工具而被利用。

（2）三者的相同点：三者都具有宗教性、重视古典人文学科、取消体罚、世俗性增强。

（3）三种教育力量的影响：

① 尽管宗教改革是人文主义引发的，但是宗教改革对近代教育转折的历史意义远远高于人文主义。宗教改革为西方教育近代化走向国家化、世俗化和普及化拉开了序幕。

② 教育的总体发展发生重大变化，标志着世俗性近代教育从根本上取代了宗教性的中世纪教育，也标志着教育正向近代化迈进。

第七章　欧美主要国家和日本的近代教育

①文法学校　②公学　③《初等教育法》　④新大学运动　⑤《雷佩尔提方案》　⑥《基佐教育法》　⑦实科中学　⑧《国民学校章程》

第一节　英国近代教育

一、单项选择题

1.【答案】D　【解析】17—18世纪英国教育的发展十分缓慢,学校教育主要还是沿袭了文艺复兴和宗教改革形成的传统,英国政府对教育采取了不过问的态度,初等教育一直由国教会掌管。非国教会的个人或团体创办了一些慈善学校,如"免费学校""贫儿学校""流动学校"等。18世纪后期出现的星期日学校,也曾流行欧美各地。此外还有依照洛克的主张,集中贫苦儿童或流浪儿童以职业劳动为主的"工作学校"、收容犯罪儿童的感化学校等。文法学校是一种私立、寄宿的,以升学教育为宗旨的中等教育,主要为富家子弟的升学作预备教育。并非慈善学校,故答案为D。

2.【答案】A　【解析】公学是一种私立、寄宿、以升学为宗旨的中等学校,以向牛津大学、剑桥大学输送合格新生为主要任务,因而具有大学预科性质。"公学"强调由公众团体集资兴办,其教学目的是培养一般公职人员,其学生是在公开场所接受教育。注重古典语言的学习,也注重体育和军事训练,养成绅士风度。公学的师资及设施设备条件好、收费高,是典型的贵族学校。最为人称道的是伊顿、温彻斯特、圣保罗等九大公学。故答案为A。

3.【答案】B　【解析】贝尔—兰开斯特制,又称导生制,由英国传教士贝尔和兰开斯特所创。教师先在学生中选择一些年龄较大、学习成绩好的学生充任导生。教师先对导生进行教学,然后由他们去教其他学生。目的是解决英国近代教育大发展背景下初等教育师资匮乏的问题。采用这种教学方式,学生的数量可大大增加,在一定程度上缓解了教师奇缺的压力,因而一度广受欢迎。但因其难保教育质量,最终被人们抛弃。故答案为B。

4.【答案】A　【解析】1870年,英国政府颁布了《初等教育法》,又称《福斯特法案》,这是英国第一个关于初等教育的法案。主要内容:(1)国家:国家对教育有补助权和监督权;(2)地方:设立学校委员会管理地方教育;(3)强迫:对5～12岁儿童实施强迫性初等教育;

(4)公立:在缺少学校的地区设公立学校,每周学费不超过9便士,民办学校学费数额不受限制;(5)分离:学校中世俗科目与宗教科目分离。《初等教育法》的颁布,加速了英国初等教育的发展,标志着英国初等国民教育制度的正式形成。到1900年,英国基本上普及了初等教育。故答案为A。

5.【答案】C 【解析】19世纪初,英国产业革命要求大学适应新的需要,要求大学研究、教授实用的新课程,但当时的牛津大学和剑桥大学仍然恪守古典教育的传统。为此,许多有识之士呼吁对高等教育进行改革。高等教育的变化主要体现在新大学运动和大学推广运动。1828年,伦敦大学学院成立,标志着新大学运动的开始。该学院重视自然科学的教育,不再实施宗教教育。故答案为C。

6.【答案】A 【解析】新大学运动的共同特点:私立;不问教派;男女学生均可进入;采取寄宿和走读两种制度;重视科学、数学和商业;教育面向中产阶级。故答案为A。

7.【答案】D 【解析】大学推广运动最早出现在19世纪40年代,主要是指全日制大学以校内或校外讲座形式将教育推广到非全日制学生。伦敦大学、牛津大学、剑桥大学在大学推广运动中发挥了关键作用。大学推广运动加强了大学与社会之间的联系,强化了大学的社会服务职能,使得社会中下层阶级和女子获得更多接受高等教育的机会。故答案为D。

8.【答案】B 【解析】在教育的途径上,洛克倡导家庭教育。他认为,教育发挥正面作用的场所并不在学校。当时的学校是集合了形形色色被教育坏了的、满身毛病的一群学童的机关,教师也不可能认真顾及每一个儿童,所以只有在家庭中聘用优良的教师,才能避免"毒害的传染"并得到适合儿童个性的个别指导,因为每一个儿童的天性是不同的。而昆体良认为,学校是儿童最好的学习场所,学校教育比家庭教育优越得多。故答案为B。

9.【答案】D 【解析】洛克认为,在一个绅士的各种品性之中,德行是第一位的,是最不可缺少的。德行的原则是要学会自我克制、服从理智,儿童可以通过在心理上忍耐痛苦,克制欲望来养成坚毅勇敢的个性。另外,洛克还详细论述了诚实、智慧、勇敢、仁爱等美德。洛克重点阐述了"礼仪"的养成。礼仪是一个绅士必须具备的品质,绅士的礼仪要得体,既不能看不起自己,也不能看不起别人。同时,在智育问题上也尤其强调品德重于学问。故答案为D。

10.【答案】C 【解析】这句话出自洛克的《教育漫话》。洛克把体育作为第一个问题加以论述,认为"健康的精神寓于健康的身体中"。洛克非常看重人忍耐劳苦的能力,认为只有健康的身体,才能幸福地生活和工作,克服开拓生活过程中遇到的各种艰苦环境。因此,洛克非常重视体育,在《教育漫话》一书中首先论述了体育的目的、价值和原则。故答案为C。

11.【答案】D 【解析】斯宾塞在外国教育史上第一次明确提出"教育预备说"的观点。他认为,准备过完满生活,是教育应该履行的功能,也是评定教育课程的唯一理性的判断方式。故答案为D。

12.【答案】D 【解析】斯宾塞根据人类完满生活的需要,按照知识价值的顺序,为每一种教育设计了课程,形成了以科学知识为核心的课程体系。分别有:(1)生理学与解剖学。此类知识属于直接保全自己的知识,应该成为合理教育中最为重要的部分;(2)逻辑学、数学、力学、化学、天文学、地质学、生物学和社会科学,属于间接保全自己的知识,是文明生活得以维持的基础知识;(3)生理学、心理学与教育学。此类知识能够保证父母成功履行自己的责任,进而促使家庭稳定和睦,社会文明进步;(4)历史学。历史知识有利于人们调节自己的行为,成功履行公民的职责;(5)文学、艺术等。这类知识能够满足人们闲暇时休息与娱乐的需要。斯宾塞设计的课程体系,内容较为广泛,以自然科学知识为重点,重视知识对生活的实际用途,冲击了英国传统教育中过于追求"装饰"的课程体系,代表着科学教育的发展方向。故答案为D。

13.【答案】B 【解析】赫胥黎从19世纪中期英国工业发展与现实生活的需要出发,阐述了实施科学教育的重大意义。赫胥黎主张英国的各类学校必须实施科学教育,以培养有能力利用自然科学的人。关于科学教育内容,赫胥黎认为首先包括自然科学;其次开设道德理论、政治及社会生活理论基础等课程;最后还尽可能讲授历史课程,着重讲授英国历史。故答案为B。

14.【答案】B 【解析】培根专门对当时已经出现的各种科学知识进行了百科全书式的分类归整。他根据人的心智的各种能力,把人类知识大致概括为三个部分,即表现记忆力的历史,包括自然史和文明史;表现想象力的诗学,包括叙事诗、诗剧、寓言诗;表现理解力的哲学,包括神学、自然哲学、人的哲学。这个新的科学知识体系,为当时的教育学者们改造学校教育提供了有益的课程指南。故答案为B。

15.【答案】A 【解析】弥尔顿是英国文学界具有重要地位的杰出诗人,他关注的是当时英国资产阶级贵族子弟的教育,其教育思想主要体现在《论教育》中。故答案为A。

二、辨析题

1.【参考答案】错误。

公学是一种私立、寄宿、以升学为宗旨的中等学校,以向牛津大学、剑桥大学输送合格新生为主要任务,因而具有大学预科性质。公学是相对于私人延聘家庭教师的教学而言的,强调由公众团体集资兴办,其教学目的是培养一般公职人员,其学生是在公开场所接受教育。公学的修业年限通常为五年,注重古典语言的学习,也注重体育和军事训练,养成绅士风度。公学的师资及设施设备条件好、收费高,是典型的贵族学校。最为人称道的是伊顿、温彻斯特、圣保罗等九大公学。故题干表述错误。

2.【参考答案】正确。

洛克认为绅士的教育途径是家庭教育。教育发挥正面作用的场所并不在学校。当时的学校是集合了形形色色被教育坏了的、满身毛病的一群学童的机关,教师也不可能认真顾及每一个儿童,所以只有在家庭中聘用优良的教师,才能避免"毒害的传染"并得到适合儿童个性的个别指导,因为每一个儿童的天性是不同的。故题干表述正确。

三、分析论述题

1.【参考答案】洛克是17世纪英国著名的实科教育和绅士教育的倡导者。他的主要著作有《教育漫话》《工作学校计划》等。

（1）体育。

《教育漫话》中把体育作为第一个问题加以论述,认为"健康的精神寓于健康的身体中"。因此,洛克非常重视体育,在这本书中首先论述了体育的目的、价值和原则。洛克非常看重人忍耐劳苦的能力,只有健康的身体,才能幸福地生活和工作,克服开拓生活过程中遇到的各种艰苦环境。洛克关于体育的见解内容十分丰富,其新颖与系统,在西方教育史上没有先例。

(2)德育。

洛克认为,在一个绅士的各种品性之中,德行是第一位的,是最不可缺少的。德行的原则是要学会自我克制、服从理智,儿童可以通过在心理上忍耐痛苦,克制欲望来养成坚毅勇敢的个性。另外,洛克还详细论述了诚实、智慧、勇敢、仁爱等美德。洛克重点阐述了"礼仪"的养成,认为礼仪是一个绅士必须具备的品质,绅士的礼仪要得体,既不能看不起自己,也不能看不起别人。

(3)智育。

在智育问题上,洛克尤其强调品德重于学问;学问的内容必须是实际有用的广泛知识。洛克论述了学问的价值和做好学问的途径。洛克认为,学问应该使儿童感到愉快,而不是强加的负担。教师的作用是为了儿童打开智慧之门,尊重儿童的兴趣和心理,让儿童喜爱知识、尊重知识,学会用正确的方法学习知识,把学习有用的知识作为一种习惯。洛克重视直观教学、循序渐进,以及好奇心、注意力和记忆力的培养。

评价:洛克的教育思想以其世俗化、功利性为显著特点。他的思想在实践中和理论上都对英国及西欧教育的现代化作出了贡献。但他的教育思想局限于绅士教育,缺乏夸美纽斯教育思想的民主性。

2.【参考答案】斯宾塞是19世纪英国著名的哲学家、社会学家和教育家。他是反对当时英国学校古典主义教育、提倡科学教育的主要代表人物之一,其代表作是《教育论》。

(1)教育目的。

斯宾塞主张教育目的是为完满生活做准备。为实现此目的,教育应从古典主义的传统束缚中解放出来,应该切实适应社会生活与生产的需要,教给学生有价值的知识,即为实在的、完满生活做准备。

在这种思维框架下,斯宾塞将人的活动分为五种,并按照这些活动对人生的重要程度,将其依次排列为:① 直接保全自己的活动;② 间接保全自己的活动;③ 抚养教育子女的活动;④ 社会政治活动;⑤ 闲暇爱好和情感活动。

(2)课程体系。

斯宾塞根据人类完满生活的需要,按照知识价值的顺序,为每一种教育设计了课程,形成了以科学知识为核心的课程体系。

① **生理学与解剖学**。此类知识属于直接保全自己的知识,应该成为合理教育中最为重要的部分。

② **逻辑学、数学、力学、化学、天文学、地质学、生物学和社会科学**,属于间接保全自己的知识,是文明生活得以维持的基础知识。

③ **生理学、心理学与教育学**。此类知识能够保证父母成功履行自己的责任,进而促使家庭稳定和睦,社会文明进步。

④ **历史学**。历史知识有利于人们调节自己的行为,成功履行公民的职责。

⑤ 文学、艺术等。这类知识能够满足人们闲暇时休息与娱乐的需要。
（3）教学原则与方法。
① 教学应符合儿童心智发展的自然顺序。具体表现为从简单到复杂、从不准确到准确、从具体到抽象。
② 儿童所接受的教育必须在方式和安排上与历史上的人类教育相一致。斯宾塞认为，儿童倾向于按照人类掌握知识的同一次序获得知识，教育应在小范围内重复人类文化。
③ 教学的每个部分都应该从实验到推理。教学应从纯粹实验入门，应该在积累了充分观察后才开始推理。
④ 引导儿童自己进行探讨和推论。
⑤ 注重学生的学习兴趣。
⑥ 重视实物教学。

第二节　法国近代教育

单项选择题

1.【答案】C　【解析】法国资产阶级革命时期，雷佩尔提提出由国家举办"国民教育之家"，让5~12岁的男女儿童免费入学，由国家提供衣食住的条件等主张。主张人人都有受教育的机会与权利，国家应当保护并实行普及教育。故答案为C。

A项：儿童之家是蒙台梭利提出的。蒙台梭利在"儿童之家"精心布置了一个给儿童以充分自由、便利的活动场所。

B项：没有此说法。

D项：劳作学校是凯兴斯泰纳提出的。他认为，劳作学校是一种最理想的学校组织形式，是为国家培养有用公民的重要教育机构。凯兴斯泰纳从公民教育的目标出发，赋予劳作教育以新的意义和内容。

2.【答案】D　【解析】法国大革命时期的教育改革有：（1）主张建立国家教育制度，提出了课程及年限互相连接的学校系统的设想；（2）主张人人都有受教育的机会与权利，国家应当保护并实行普及教育；（3）在教育内容和教师问题上实现世俗化、科学化，也是大革命中各种教育方案的共同要求。故答案为D。

3.【答案】C　【解析】《基佐教育法》的颁布与实施为初等教育发展提供了必要的法律保障。该法规定：（1）管理上：政府与教会联手发展初等教育，扩大初等学校的办学自主权；（2）学校设置：在法国每一乡区设立初等小学一所，超过六千人的城市则须设立高级小学一所；（3）教育任务：初级小学要向学生提供读、写、算教学，传授生活基本知识，实施道德与宗教教育。高级小学还需进行职业教育，使学生获得有关工厂和田间活动的实际知识；（4）教育经费：地方有权征收特别教育税款作为教育经费，同时学校仍旧收费，如果费用不足，则由国库补给；（5）师资：为了培养师资，决定由各省设立师范学校；所有小学教师必须接受师范教育的训练并通过考试获得证书后，方可任教；同时，国家要保证教师获得最低限度的薪俸。故答案为C。

4.【答案】A 【解析】拿破仑为了提高教育行政管理效率,于1808年建立帝国大学,使之成为法国最高的教育领导机构。同时,将法国划分为若干个大学区。大学区总长、帝国大学和学区的督学及学区的大学、中学的教师都属于国家官员,由帝国大学总监任免。可见,拿破仑通过建立帝国大学,确立了近代法国中央集权式教育管理体制。故答案为A。

5.【答案】C 【解析】1881年和1882年,费里主持制定了两项教育法案,合称为《费里教育法》或《费里法案》,确立了国民教育义务、免费、世俗化三大原则,贯彻实施三大原则具体化:(1)义务:6~13岁为法定义务教育阶段,接受家庭教育的儿童须自第三年起每年到学校接受一次考试检查,对不送儿童入校学习的家长则予以罚款;(2)免费:免除公立幼儿园及初等学校的学杂费,免除师范学校的学费、膳食与住宿费用;(3)世俗化:废除赋予教会监督学校及牧师担任教师的特权,取消公立学校的宗教课,改设道德与公民教育课。故答案为C。

6.【答案】D 【解析】第三共和国初期,发展新型高等教育成为法国高等教育改革的主题,法国高等教育发展步入复兴发展时期。1877年设立硕士学位奖学金,鼓励有志青年刻苦攻读;增加对高等学校的财政拨款,赋予高等学校接受捐赠的权利;加强高等学校的教学组织与管理工作,进一步提高教学质量。1878年成立的"高等教育问题研究会"致力于为国家高等教育改革决策提供咨询服务。1896年7月颁布的《国立大学组织法》使得法国传统意义上的"大学"在停办一个世纪之后,重新出现于法国社会。故答案为D。

7.【答案】C 【解析】涂尔干认为,教育受到社会各系统的制约,从而决定了教育学对社会学具有明显的依赖性。教育的根本目的是使人"社会化",教育的目标具有社会性。他论述了教育学与社会学的关系,在教育史上开辟了教育社会学这一新的研究领域。故答案为C。

8.【答案】B 【解析】狄德罗是启蒙运动和百科全书派的领袖人物。他认为,人与人之间存在的大脑和感官结构上的某种差异,决定了智力发展水平上的某些不同,因此,他否定了爱尔维修的"教育万能论",但肯定了教育在人的发展过程中的重大作用。故答案为B。

第三节 德国近代教育

一、单项选择题

1.【答案】B 【解析】泛爱学校是受卢梭和夸美纽斯教育思想影响而出现的新式学校,是自然主义教育思想在德国的实践,是德国资产阶级反封建的启蒙教育运动。其创始人是巴西多。故答案为B。

2.【答案】A 【解析】文科中学是17—18世纪德国中等学校的主要类型。文科中学相当于英国的文法学校和公学,是由斯图谟创办的。它既保持了古典传统,更把升学预备教育和培养中上层职业者(医生、律师、牧师、官吏等)作为重要任务。故答案为A。

B项:实科中学是一种既具有普通教育性质,又具有职业教育性质的新型学校,能够直接反映经济生产和科技革命给教育带来的影响,更接近社会生活和生产发展的实际需要,具有更鲜明的现代中等学校的性质。

C项:骑士学院是德意志各邦国为了培养文武高官、巩固统治,面向上层贵族子弟设立的。

这是当时德国教育异于其他欧美国家的又一特点。这类学校也是现代外语和自然科学占首要地位,法律、军事、工艺、建筑、机械等课程占很大比重,不学拉丁文、希腊文,实际上是一种培养新贵族即资产阶级人才的特殊学校。

D项:文法学校不是德国的学校类型。

3.【答案】B 【解析】实科学校具有更大的开放性,有利于推动教育的普及和推广。进入19世纪之后,实科中学已经成为德国中等教育的重要类型。故答案为B。

4.【答案】D 【解析】1694年建立的哈勒大学,是欧洲第一所新式大学,被称为"不仅是德国的而且是欧洲的第一所具有现代意义的大学"。其特征主要有:第一,积极吸收最新的哲学和科学研究成果,坚持大学教学与实际生活相联系,倡导学术自由的风气。为此大胆选用了崇尚理性、善于思考和具有冒险精神的学者任教,为大学注入了新的生机并奠定了高水平科研和教学的基础;第二,提倡"教自由"和"学自由",为摆脱传统的束缚和促进科学进步提供了宽松的条件。学校还在高等教育中首开民族语(德语)讲课的风气,重视现代外语。故答案为D。

5.【答案】C 【解析】柏林大学着意在以下方面体现自己的特色:(1)办学自由。柏林大学拥有充分的办学自主权。教师与学生享有研究与学习的自由,即"教学自由"和"学习自由";(2)聘请名师。聘请一批学术造诣深厚、教学艺术精湛的教授到校任教,切实提高柏林大学的教学质量和学术声望;(3)重视科研。重视柏林大学的学术研究与培养学生的研究能力。在哲学院、法学院、神学院与医学院等大兴学术研究之风;(4)教学形式。以"习明纳"为主,师生共同参与、融教学与研究活动为一体的组织形式,并建立众多研究所。故答案为C。

6.【答案】B 【解析】19世纪,德国高等教育实践所产生的世界影响与1810年洪堡柏林大学的创办紧密相连。在洪堡看来,大学的真正使命在于提高学术研究水平,为国家的长远发展开拓更广阔的前景。故答案为B。

7.【答案】D 【解析】1697年,弗兰克在哈勒设立的师资养成所,是德国最早的师资培养机构。1808年,洪堡派遣17名教师到布格多夫和伊夫东学习考察裴斯泰洛齐的教育理论和教育经验。1809年,柏林师范学校创办。到1831年,普鲁士的每个省都创设了师范学校。这些师范学校注重按照裴斯泰洛齐的精神与方法训练教师,注意采取新的理性主义的教学方法,成为传播资产阶级民主、自由思想的得力机构。故答案为D。

8.【答案】B 【解析】第斯多惠提出了四个教学原则,分别是:(1)遵循自然原则。教学必须遵循儿童的天性和自然发展规律。遵循自然的原则是对教师的基本要求,是一切课堂教学的基本原则,同时也是一切教育教学工作所必须追求的最高理想与境界;(2)遵循文化原则。个别的人不是抽象的,他生活在一个具体的时间、具体的地点和环境中,因此,教育应该包括全部现代文化,特别是当地特有的文化;(3)遵循连续性与彻底性原则。教师必须有步骤地引导学生进入与年龄和天性相符的主动性阶段,以便达到发展学生的主动性,使学生彻底认识事物的本质;(4)遵循直观教学原则。人的智力发展是从观察外部世界开始的,因此,教学必须遵循从直观到思维、从个别到一般、从具体到抽象的原则。故答案为B。

9.【答案】D 【解析】康德在《论教育》中把全部教育分为体育、管束、训育和道德陶冶四个部分。故答案为D。

10.【答案】B 【解析】费希特认为,政府是实施国民教育的主体,认为国民教育应由国家推行,应该广泛设立国民学校。他主张国民教育包括全民教育和全面教育两个部分:全民教育是教育应该针对全体国民;全面教育是指对个人而言,每个人应该受到道德、智力、身体等全面的培养。在教育过程中,费希特主张把智育和德育结合起来。故答案为B。

11.【答案】C 【解析】洪堡对大学革新提出的三个基本原则是:(1)独立性、自由与合作相统一的原则;(2)教学与研究相统一的原则;(3)科学统一的原则。故答案为C。

二、分析论述题

【参考答案】19世纪,德国高等教育实践所产生的世界影响与1810年洪堡创办柏林大学紧密相连。在洪堡看来,大学的真正使命在于提高学术研究水平,为国家的长远发展开拓更广阔的前景。为实现这一理想,柏林大学着意在以下方面体现自己的特色:

(1)**办学自由**。柏林大学拥有充分的办学自主权。教师与学生享有研究与学习的自由,即"教学自由"和"学习自由"。

(2)**聘请名师**。聘请一批学术造诣深厚、教学艺术精湛的教授到校任教,切实提高柏林大学的教学质量和学术声望。

(3)**重视科研**。重视柏林大学的学术研究与培养学生的研究能力。在哲学院、法学院、神学院与医学院等大兴学术研究之风。

(4)**教学形式**。以"习明纳"为主,师生共同参与、融教学与研究活动为一体的组织形式,并建立众多研究所。

评价:柏林大学的改革不仅对当时的教育改革,而且对同时代及其后来的教育家均产生过一定的影响;不仅对德国大学的现代化,而且对欧美其他国家大学的现代化产生了重要影响,我国蔡元培对北京大学的改革也受其影响。

第四节 俄国近代教育

单项选择题

1.【答案】B 【解析】叶卡捷琳娜二世颁布的《俄罗斯帝国国民学校章程》是俄国史上发布最早的有关国民教育制度的正式法令,它标志着俄国教育制度化和法制化的开端。由于该《章程》的实施,初等、中等教育被忽视和外省缺乏学校教育的情况有所改变,从而对俄国近代教育发展,特别是国民教育制度的建立起到了一定的作用。但该《章程》并没有涉及农村地区的教育。故答案为B。

2.【答案】C 【解析】乌申斯基强调的教学原则主要有自觉性与积极性原则、直观性原则、连贯性原则、巩固性原则。发展性原则是第斯多惠的主张。故答案为C。

3.【答案】B 【解析】乌申斯基是19世纪俄国著名的教育家,俄国国民学校和教育科学的奠基人。《人是教育的对象》是其主要的教育代表作。他长期从事教育实践和教育理论研究工作,缔造了俄国女子师范教育,其卓越的理论探索和教育实践活动对19世纪后半期俄国教育的发展产生了积极的影响,被誉为"俄国教育科学的创始人""俄国教师的教师"。故答案为B。

4.【答案】A 【解析】在乌申斯基看来,知识和思想的片面性已经严重地危害了教育实践:运用生理学、病理学和精神病学的知识考察教育,难以全面理解人和教育的需要;单纯地应用政治经济学的观点,把人理解为价值的生产者和价值的消费者,也不能为教育的实施提供真正而永久的帮助。在所有堪为教育学的成熟与完善准备基础的各门人类科学中,它们各自所发挥的作用也是不同的,而其中以生理学与心理学为最重要。他坚持认为,只有根据儿童身心发展规律合理开展的教育实践活动,才能最大限度地实现既定的教育目标。故答案为A。

5.【答案】B 【解析】乌申斯基认为教育是一门艺术,而不是一门科学。教育是一门艺术,一门需要耐心、天赋的才能和本领以及专门知识的艺术。教育所关注的主要问题不应该是学校的教学科目、教学论或体育规则问题,而应该是人的精神和人生问题。故答案为B。

第五节 美国近代教育

一、单项选择题

1.【答案】C 【解析】19世纪,美国教育管理实行地方分权制。1837年,马萨诸塞州设立州教育委员会,贺拉斯·曼任该教育委员会秘书。贺拉斯·曼推行公立教育运动,创立教育税制,兴办公立师范学校,被称为州教育领导体制的开创者。故答案为C。

2.【答案】D 【解析】19世纪,美国中等教育主要机构为文实中学与公立中学。就教育职能与性质而言,文实中学分为三种类型:第一类文实中学兼有升学与就业两种职能;第二类是具有专科性质的文实中学;第三类是职业性文实中学。除文实中学外,公立中学也是这一时期美国主要的中等教育机构类型。1821年,美国第一所公立中学出现于波士顿。南北战争后,美国社会经济的发展为公立中学的大规模发展提供了社会需要与物质基础,公立中学迅速发展。故答案为D。

3.【答案】A 【解析】公立学校运动是19世纪由贺拉斯·曼等人在美国初等教育领域所发起的运动。随着公立初等教育的发展,也相应促进了美国师范学校的发展。19世纪上半期,这一运动主要是在小学,19世纪后期至20世纪初期,主要在中学。公立学校的建立不仅奠定了美国教育制度的基础(统一和免费的公立学校体系),也成为美国普及教育运动的开端。故答案为A。

4.【答案】D 【解析】1876年创办的霍普金斯大学被认为是美国的第一所现代化大学。它重视学术性研究,并在全国首设研究生院。在霍普金斯大学的带领下,哈佛大学、耶鲁大学、哥伦比亚大学也都相继迈出了向研究型大学行列挺进的步伐。故答案为D。

5.【答案】B 【解析】贺拉斯·曼是19世纪美国著名的教育实践家,热心公立教育运动的开展,创建了州教育管理体制,推动了公立教育运动的开展,并成为美国19世纪三四十年代公立教育运动的积极倡导者与推动者。鉴于贺拉斯·曼在美国公立学校教育实践中所发挥的巨大作用,以及在师范教育、普及教育思想领域所进行的卓有成效的探索,他被誉为"美国公立学校之父"。故答案为 B。

6.【答案】A　【解析】1862 年,林肯总统批准了莫雷尔提议的《莫里尔法》(又译《莫雷尔法案》,也称《赠地法案》)。具体内容包括:(1) 联邦政府按各州在国会的议员人数,按照每名议员 3 万英亩的标准向各州拨赠土地,各州应将赠地收入用于开办或资助农业和机械工艺学院,又称赠地学院;(2) 利用这笔拨赠,大多数州专门创办了农业或机械工艺学院或在已有大学内附设农业或机械工艺学院。例如,康奈尔大学、威斯康星大学。《莫里尔法》确立了美国高等教育为工农业生产服务的方向,在一定程度上改善了高等教育重理论、轻实践的传统,促进了美国高等教育的发展,形成了美国高等教育的社会服务特性。故答案为 A。

二、简答题

1.【参考答案】19 世纪,贺拉斯·曼等人在美国初等教育领域发起了公立学校运动。该运动所采取的主要政策措施有:

(1) 建立地方税收制度,兴办公立学校。通过地方税收制度,为公立学校的创办和运行提供必要的经费支持。

(2) 实行强迫入学。1852 年,马萨诸塞州第一个颁布义务教育法,规定 8～12 岁儿童每年必须入学 12 周。

(3) 免费教育。公立学校运动认为,义务教育阶段应对所有符合规定的学龄儿童实行免费教育。公立和免费原则的实行,为更多人提供了接受中等教育的机会。

公立初等教育的发展也相应促进了美国师范学校的发展。19 世纪上半期,这一运动主要是在小学,19 世纪后期至 20 世纪初期,主要在中学。公立学校的建立不仅奠定了美国教育制度的基础(统一和免费的公立学校体系),也成为美国普及教育运动的开端。

2.【参考答案】19 世纪,美国高等教育表现出一些新的特点:

(1) 在办学形式上,以私立为主,公、私并重。一些州政府纷纷设立州立大学。于是便出现了公立、私立大学或学院并行发展的局面。但就数量而言,私立学院仍占绝对多数。1818 年,弗吉尼亚大学获准成立,这是美国第一所公认的州立大学。

(2) 在办学规模上,高等学校数量大增,但规模普遍偏小。到了 19 世纪末期,在校生数量达到 250 名以上的高等学校仅有 9 所。

(3) 在学校类型上,新兴农工学院的兴起,开创了大学为社会服务的先河。1862 年,林肯总统批准实施《莫里尔法》(又称《莫雷尔法案》,也称《赠地法案》)。

(4) 研究型大学的创办,提高了美国大学的研究实力。1876 年创办的霍普金斯大学被认为是美国的第一所现代化大学,重视学术性研究,并在全国首设研究生院。在霍普金斯大学的带领下,哈佛大学、耶鲁大学、哥伦比亚大学也相继迈出了向研究型大学行列挺进的步伐。

(5) 美国高等教育在 19 世纪开始面向女子开放。从 20 年代开始,美国创办了一批女子学院。到 19 世纪末,各大学纷纷向女性开放,实行男女同校教育,显示出美国高等教育在民主和平等观念上的巨大进步。

三、分析论述题

【参考答案】 贺拉斯·曼是19世纪美国著名的教育家,在推动美国公立学校发展上作出了重要贡献,在师范教育、普及教育领域进行了卓有成效的探索,被誉为"美国公立学校之父"。

(1)教育作用。

① **实施普及教育是共和政府存在的保证**。为把来自不同国家、不同文化背景的移民培养成为美利坚合众国的公民,必须实施普及教育,将他们置身于公立学校这一大熔炉之中。

② **教育是维持社会安定的重要工具**。教育可以减少罪恶,可以减少社会遭受不良行为的损害。

③ **教育还是人民摆脱贫穷的重要手段**。贺拉斯·曼反对采取激烈的暴力手段实现富者与贫者之间的财富转移,认为教育是消除贫穷的最佳手段。

(2)教育目的。

教育目的在于培养社会需要的各类专业工作者。他把教育比喻为一部庞大的机器,认为依靠这种机器,可以把人性中的原材料加工成发明家、发现家等各种工作者。

(3)教育内容。

① **体育**:主要包括人体生理学、健身知识和卫生知识等。

② **智育**:主要包括语文、生理学、历史、地理及簿记等实用科目。

③ **政治教育**:主要是向学生讲授所在州宪法和美国宪法。

④ **道德教育**:主要是教师教育儿童牢记虔诚、正义、尊重真理、热爱祖国、热爱全人类的观念,并养成仁慈、庄重、勤勉、节俭、节制的美德,最终为人类社会进步奠定坚实的道德基础。

⑤ **宗教教育**:反对教派控制学校和狭隘的教派教育,但他并不主张从学校中完全排除宗教教育。

(4)师范教育。

贺拉斯·曼将师范教育视为提高公立学校教育的重要手段。为此,他倡议创设师范学校来培养教师。在他的宣传和领导下,马萨诸塞州自1839年起建立了美国第一批公立师范学校。为保障合格教师的培养,他要求在师范学校开设公立学校所开设的全部科目。

评价:贺拉斯·曼为推动美国公立学校发展作出了杰出贡献。他的普及教育、师范教育思想不仅影响了美国教育理论与实践,在国际教育中也产生了巨大反响。

第六节 日本近代教育

一、单项选择题

1.【答案】A 【解析】日本中央集权式教育管理体制的确立,始于明治维新初期颁布的一系列相关教育法令。为实现"破从来之陋习""求知识于世界"的改革目标,日本政府加强了对教育事业的领导与管理工作。1871年,明治政府在中央设立文部省,主管全国的文化教育事业,并兼管宗教事务。1872年颁布的《学制令》更进一步确立了日本的教育领导体制和学校制度。日本仿效法国学制的模式,将全国划分为8个大学区。每区设立大学一所,大学区中又分为32个中学区,每区设中学1所。中学区又分为210个小学区。这是日本近代第一个教育改革法令。故答案为A。

2.【答案】D 【解析】明治维新改革促进了日本近代化的发展,也推动了日本教育的近代化。明治维新时期的教育改革主要如下:(1)废除封建教育体制,建立资产阶级的新体制;(2)普及初等义务教育;(3)不惜重金,聘请西方国家的技术专家和教师来日工作,并派遣大批学生出国留学;(4)建立完善的师范教育体制,大力培养师资;(5)大力发展职业技术教育;(6)努力发展高等教育。故答案为D。

3.【答案】B 【解析】1886年颁布的《师范学校令》为日本师范教育的规范发展提供了政策支撑。《师范学校令》将师范学校分为寻常师范学校与高等师范学校两类。《师范学校令》要求师范学校必须以"培养教员应有的品德和学识",使教员具有"顺良、信爱、威重的气质"为己任。故答案为B。

4.【答案】D 【解析】福泽谕吉是日本明治维新时期著名的启蒙教育家、思想家,代表作有《劝学篇》与《文明论概略》。他毕生从事著述和教育活动,形成了富有启蒙意义的教育思想,对传播西方资本主义文明,以及日本资本主义的发展起了巨大的推动作用,因而被称为"日本近代教育之父""明治时期教育的伟大功臣"。故答案为D。

二、分析论述题

【参考答案】1868年,日本建立了地主和资产阶级联合执政的天皇明治政府,实施了一系列的改革政策,史称"明治维新",其中包括教育改革,主要内容有:

(1)建立中央集权式的教育管理体制。

1871年,明治政府在中央设立文部省,统一管理全国的文化教育事业。1872年颁布的《学制令》,进一步确立了日本的教育领导体制,即中央集权式的大学区制。在1880年修改《教育令》后,重新强调中央政府管理全国教育的权力,大学区制得以恢复,而且这一体制一直延续到第二次世界大战结束。

(2)初等教育的发展。

明治维新时期,日本政府为培养忠顺、爱国、守法的国民,对初等教育极为重视。1886年颁布的《小学令》则表现得更为务实,分阶段实施义务教育,对课程内容都有规定。明治维新之后,日本初等教育获得快速发展。

(3)中等教育的发展。

1886年颁布的《中学校令》规定:中学承担实业教育及为学生升入高等学校做准备的基础教育两大任务;中学类型分为寻常中学和高等中学两类。到19世纪末,日本中等教育结构主要包括中学、中等技术学校与女子中学。

(4)高等教育的发展。

新大学的创办以1877年东京大学的成立为开端。在1886年颁布《帝国大学令》,改东京大学为帝国大学,明确其任务为适应国家发展需要,讲授学术及技术理论,研究学术及技术的奥秘,培养大批管理干部及科技人才。

（5）师范教育。

1886年颁布的《师范学校令》为日本师范教育的规范发展提供了政策支撑。《师范学校令》要求师范学校必须以"培养教员应有的品德和学识",使教员具有"顺良、信爱、威重的气质"为己任。

评价: 日本通过改革,使得封建教育向近代资本主义教育转变,建立并完善了学制,提高了日本国民文化水平。但是明治维新从一开始就带有浓厚的封建主义和军国主义的色彩。

第八章 西欧近代教育思想与教育思潮

①论教育适应自然的原则 ②直观性原则 ③量力性原则 ④"自然人" ⑤青年期 ⑥内心自由、完善、仁慈、正义、公平 ⑦明了（或清晰）、联合（或联想）、系统、方法 ⑧恩物

第一节 夸美纽斯的教育思想

一、单项选择题

1.【答案】C 【解析】教育适应自然的原则是贯穿夸美纽斯整个教育理论体系的一条根本性的指导原则，这一原则包括两个方面：（1）自然界的规则。夸美纽斯认为，在宇宙万物和人的活动中存在着一种"规则"，是这个规则保证了宇宙万物的和谐发展。人的各种活动包括教育活动也都应该遵循这些自然的、普遍的规则。模仿自然并遵循自然的规则和秩序，是夸美纽斯教育适应自然原则的主要内容；（2）人的自然本性。夸美纽斯提出依据人的自然本性和儿童年龄特征进行教育的要求。他认为，人是自然界的一部分，人的发展也有其本身的规则。这是教育适应自然原则的另一个重要内容。故答案为C。

2.【答案】D 【解析】"泛智"思想是夸美纽斯教育体系的指导原则之一，也是其教育理论的核心，是他从事教育实践和研究教育理论的出发点和归宿点。所谓"泛智"就是"把一切事物教给一切人"。它包含两个方面的内容：（1）教育内容泛智化。人人都应该接受一种"百科全书式"的教育，掌握对于人类来说必需的一切知识。他认为，人们所受的教育应当是周全的，要"学会一切现世与来生所必需的事项"；（2）教育对象普及化。一切人都要受教育，一切城镇乡村的男女儿童，不论富贵贫贱，都应该进学校接受一切有用的教育。夸美纽斯指责当时的学校只是为富人、贵人设立的，穷人、平民被排斥在校门之外。故答案为D。

3.【答案】B 【解析】"泛智"思想是夸美纽斯教育体系的指导原则之一，也是其教育理论的核心，是他从事教育实践和研究教育理论的出发点和归宿点。所谓"泛智"就是"把一切事物教给一切人"。故答案为B。

4.【答案】A 【解析】夸美纽斯是班级授课制理论的创立者。为了实现普及教育、提高教学效率，改变教师只对学生进行个别教学和指导的状况，夸美纽斯提出并系统论述了班级授课制。具体做法有:(1)把全校的学生按照年龄和程度分成班级,作为教学的组织单元。每个班级有一个教室,有一名教师同时对全班学生进行教学,以代替传统的个别施教;(2)每个班级分成若干小组,每组10人,委托一名优秀学生做组长,帮助教师管理小组同学,考查学业;(3)每个班级制订统一的教学计划,编写统一的教材,规定统一的作息时间,使每年、每月、每日、每时的教学都有计划地进行。故答案为A。

5.【答案】C 【解析】夸美纽斯认为,"一切知识都从感性知识开始""知识的开端必定永远来自感觉"。他把通过感官所获得的对外部世界的感觉经验作为教学的基础,并认为这是"一条教师的金科玉律"。故答案为C。

6.【答案】C 【解析】夸美纽斯是17世纪捷克的教育改革家和教育理论家。其教育代表作有《大教学论》《母育学校》《世界图解》《泛智学校》等。其中,《大教学论》是独立形态的教育学的开端;《母育学校》是西方教育史上第一部学前教育学著作;《世界图解》是欧洲第一部儿童看图识字课本。故答案为C。

7.【答案】A 【解析】夸美纽斯教育思想中有许多第一次。(1)他是第一个赋予直观教学以感觉论为基础的教育家;(2)第一个提出量力性原则;(3)第一个提出完整的教学原则体系;(4)第一个提出建立统一的学校体系;(5)第一个提出班级授课制;(6)《大教学论》标志着独立形态的教育学的开端;(7)《母育学校》是西方第一本学前教育学著作;(8)《世界图解》是欧洲第一部儿童看图识字课本。故答案为A。

8.【答案】C 【解析】夸美纽斯是第一个提出量力性原则的教育家。故答案为C。

二、简答题

1.【参考答案】教育适应自然的原则是贯穿于夸美纽斯整个教育理论体系的一条根本性指导原则。这一原则包括两个方面:

(1)**自然界的规则**:夸美纽斯认为,在宇宙万物和人的活动中存在着一种"规则",是这个规则保证了宇宙万物的和谐发展。人的各种活动,包括教育活动,也都应该遵循这些自然的、普遍的规则。模仿自然并遵循自然的规则和秩序,是夸美纽斯教育适应自然原则的主要内容。

(2)**人的自然本性**:夸美纽斯提出依据人的自然本性和儿童年龄特征进行教育的要求。他认为,人是自然界的一部分,人的发展也有其本身的规则。这是教育适应自然原则的另一个重要内容。

这一原则的中心思想是"普遍的秩序",即客观规律。它实际上包含两层意思:一是指教育工作应该是有规律的,教育工作者应遵循这些规律;二是既然教育工作是有规律的,那么就应该努力探明、发现这些规律。

评价:夸美纽斯不仅将以往零散的教育经验上升为系统化的理论论述,引导人们注意遵循教育规律办教育,而且使得教育理论研究从神学束缚中初步解放出来,实现了教育理论的突破性进展。当然,他引证自然,采用与自然或社会现象类比的方法论述教育问题,存在一定的片面性。

2.【参考答案】"泛智"思想是夸美纽斯教育体系的指导原则之一,也是其教育理论的核心,是他从事教育实践和研究教育理论的出发点和归宿点。所谓"泛智",就是"把一切事物教给一切人"。它包含两个方面的内容：

（1）**教育内容泛智化**。人人都应该接受一种百科全书式的教育，掌握对于人类来说必需的一切知识。他认为人们所受的教育应当是周全的，要"学会一切现世与来生所必需的事项"。

（2）**教育对象普及化**。一切人都要受教育，一切城镇乡村的男女儿童，不论富贵贫贱，都应该进学校接受一切有用的教育。夸美纽斯指责当时的学校只是为富人、贵人设立的，穷人、平民被排斥在校门之外。

泛智学校是实行泛智思想的场所，其面向所有人，实行一种周全的百科全书式的教育。在泛智学校里，采用班级授课制，实行学年制，编写统一的"泛智"教材。

三、分析论述题

【参考答案】 夸美纽斯是17世纪捷克伟大的爱国者、教育改革家和教育理论家。他所著的《大教学论》是独立形态的教育学的开端。他对世界教育的发展做出了巨大的贡献，因此在世界教育史上占有特别重要的地位。

（1）**论教育的目的和作用**。

① **教育目的**。他的宗教性的教育目的是为达到"永生"，为来世生活做好准备。他的现实性的教育目的是通过教育使人认识世界上的一切事物，培养和发展他们的各种能力、德行和信仰，以便享受现世的幸福，并为永生做好准备。

② **教育作用**。教育是建设国家和改造社会的手段；教育对人的发展具有重大作用；教育对宗教有很大的作用。不同等级的人接受教育的目的不同。

（2）**论教育适应自然的原则**。

教育适应自然的原则是贯穿夸美纽斯整个教育理论体系的一条根本性指导原则，包括两个方面：一是自然界的规则。在宇宙万物和人的活动中存在着一种"规则"，这个规则保证了宇宙万物的和谐发展；二是人的自然本性。依据人的自然本性和儿童年龄特征进行教育的要求。

（3）**论普及教育和统一学制**。

① **普及教育**。"泛智"思想是夸美纽斯教育体系的指导原则之一，也是其教育理论的核心，是他从事教育实践和研究教育理论的出发点和归宿点。所谓"泛智"就是"把一切事物教给一切人"。"泛智"思想包括：教育内容泛智化；教育对象普及化。

② **统一学制**。为了使国家便于管理全国的学校，使所有儿童都有上学机会，夸美纽斯主张建立全国统一学制，他把一个人从出生到成年分为四个时期，设立相适应的学校。这种建立全国统一的既分段又相连的学校制度的思想，对西方教育发展影响很大。

（4）**论学年制和班级授课制**。

① **学年制**。为了改变当时学校教学活动缺乏统一安排的无序状况，夸美纽斯制定了学校教学活动的学年、学日制度。他在泛智学校中提出学年制度。

② **班级授课制**。为了实现普及教育、提高教学效率，改变教师只对学生进行个别教学和指导的状况，夸美纽斯提出并系统论述了班级授课制。它能适应普及教育的需要。

（5）**论教学原则**。

夸美纽斯在历史上第一次系统地总结了教学原则，这也是其教学理论的重要组成部分。

① **直观性原则**。夸美纽斯把通过感官所获得的对外部世界的感觉经验作为教学的基础,并认为这是"一条教师的金科玉律"。

② **巩固性原则**。要使学生掌握并牢记所学得的知识,只有巩固的知识储备才能帮助学生随时随地加以运用。要想方便地记忆知识,首先必须理解知识。

③ **量力性原则**。一切学科都要适应学生的年龄特征,凡是超出了他们的理解的东西,就不要给他们去学习。

④ **系统性和循序渐进性原则**。系统性原则要求教材的组织具有系统性和逻辑性,要把一个学科的知识排成一个整体。循序渐进性原则要求教学循序渐进,不要跳跃前进,教学应遵守从已知到未知、从易到难、从简到繁、从近及远等规则。

⑤ **激发学生求知欲望原则**。要激发学生的求知欲,提高学生学习的主动性和自觉性。教师要运用一切可能的方法调动儿童的求知欲。

⑥ **启发诱导原则**。儿童具有极大的发展可能性,儿童教育应当循循善诱,引导儿童得到发展的机会与动力。

（6）**论道德教育**。

夸美纽斯非常重视道德教育,把培养德行看作学校的主要任务之一。在他看来,德育比智育更为重要。在道德教育内容上,他把"谨慎、节制、刚毅、正义"以及劳动教育作为内容。

（7）**论健康教育**。

夸美纽斯的健康教育思想主要体现在胎教和体育两大方面：在胎教上,儿童的健康培育始于母亲的胎教,胎教也是学前教育的起点；在体育上,夸美纽斯在《母育学校》中指出,婴儿应当由母亲亲自哺乳；要给儿童充分的活动、游戏机会,利用玩具、音乐、绘画等促使儿童健康成长。

（8）**论教育与教学管理**。

国家应该重视教育,应该普遍设立学校。他主张国家设置督学（夸美纽斯是外国教育史上最早提倡国家设置督学的教育家）,对全国的教育进行监督,以保证全国教育事业的统一发展。

综上所述,夸美纽斯在教育工作的重要领域都留下了开拓者的足迹以及辛勤耕耘的丰硕成果。尤其是在近代教学理论方面,他作出了比较全面的贡献,奠定了近代教育理论的基础。

第二节　卢梭的教育思想

一、单项选择题

1.【答案】C　【解析】卢梭不仅认为人性本善,而且深信人的心灵中存在着认识世界的巨大能量,人生来就具有学习能力。他认为,人具有自由意志、理性和良心,理性使人认识事物,自由意志使人选择事物,良心使人热爱正确的事物,最终就能够使人获得知识与道德。卢梭承认感觉是知识的来源。他说,所有一切都是通过人的感觉而进入人的头脑的。所以人最初的理解是一种感性的理解,正是有了这种感性的理解做基础,理性的理解才得以形成。不过,理性使人认识事物的前提是感觉器官的成熟,所以要加强孩子的感官训练。故答案为C。

2.【答案】B　【解析】卢梭自然主义教育的核心是"回归自然"。卢梭认为,每个人都是由自然的教育、事物的教育和人为的教育三者培养起来的。只有三种教育圆满结合才能达到预期的目的。教育"回归自然",即以自然的教育为基准,才是良好有效的教育。故答案为B。

3.【答案】D　【解析】卢梭提倡"消极教育",要求教育遵循自然天性,也就是要求儿童在自身的教育和成长中取得主动地位,无须成人灌输、强迫。教师只需创造学习的环境、防范不良的影响,其作用不是积极的,而是消极的。故答案为D。

4.【答案】A　【解析】题干出自卢梭的自然主义教育理论,自然教育的最终培养目标是"自然人"。自然人并不是回归到原始社会的退化之人,而是生活在社会中的自由人,即身心协调发展、广泛适应社会情况的自然人,也就是资产阶级的新人。"自然人"主要特征有:(1)自然人是能独立自主的人("绝对的统一体"),他能独自体现出自己的价值;(2)在自然的秩序中,所有人都是平等的;"回归自然"的教育当然不培养等级的人,不造就王公贵族或奴隶;(3)自然人又是自由的人,他是无所不宜、无所不能的;(4)自然人是自食其力的人。自食其力便无须仰赖他人为生,这是独立自由的可靠保证。故答案为A。

5.【答案】C　【解析】卢梭自然教育的方法和原则共有三点,分别是:(1)正确看待儿童,儿童有他自己的地位,不要把他们看作小绅士、小大人,不要把他们看作上帝的产物、成人的玩物;(2)给儿童充分的自由,遵循自然天性的教育。成人的不干预、不灌输、不压制和让儿童遵循自然率性发展,就是所谓"消极教育";(3)要注意到儿童天性的个体差异,要求因材施教。每个人的心灵都有其自己的形式,必须按它的形式去指导它。故答案为C。

6.【答案】D　【解析】卢梭提出了四个教育阶段,分别是:(1)婴儿期(0~2岁):这一时期应以身体的养育和锻炼为主。他认为,良好的体质是智力发展的基础,反之,虚弱的身体使精神也随之衰弱;(2)儿童期(2~12岁):这一时期又称"理性睡眠时期",主要进行感觉教育,使他们通过感觉器官的运用获得丰富的感性经验;(3)青年期(12~15岁):这一时期主要是进行智育和劳动教育;(4)青春期(15~20岁):这一时期主要是进行道德教育、宗教教育和性教育。故答案为D。

7.【答案】A　【解析】卢梭的教育理论对欧美教育的影响极其深远。德国的泛爱教育运动、瑞士的裴斯泰洛齐的教育实验、美国的进步主义教育运动等,无不受到卢梭自然教育理论的启发。故答案为A。

二、辨析题

1.【参考答案】错误。

卢梭关于女子教育的观点是从其遵循自然、回归自然的基本思想中引申出来的。他说,所有一切男女两性的特征,都应当看作由于自然的安排而得到尊重。女子和男子一样,也要接受教育。

(1)要培养健康的身体,但更着重于培养灵巧。应当尽情游戏,免除过分的束缚,这对于以后生育健壮的孩子和获得良好的身段是有益的。

(2)卢梭还安排女子学习唱歌、跳舞、绘画等,使之声音动人、身材灵巧、风度优雅并具有思考的习惯,以便更好地愉悦家人、教育子女,而不是为了参加社交活动。

（3）女子的治家能力是她尽相夫育子天职所不可缺少的。卢梭理想中的女子不仅是做女工的能手，而且是管理、调度、安排全家生活、使全家人亲密相处的能人。

（4）卢梭还认为女子没有相当精细的头脑和集中的注意力去研究严密的科学。

综上所述，卢梭在女子教育问题上总的倾向是保守的。小家碧玉、贤妻良母是其教育的目标。而卢梭倡导的男子教育的目的是通过家庭教育培养身心协调发展、广泛适应社会情况的自然人，也就是资产阶级的新人或绅士。由此可见，卢梭所认为的男女接受教育的培养目标是不一致的。故题干表述错误。

2.【参考答案】错误。

自然主义教育思潮源于古希腊，酝酿于文艺复兴时代，形成于18世纪，是近代西方资产阶级重要的教育理论和教育思潮之一。自然主义教育思潮历经萌芽、提出、形成和发展四个阶段，受到了诸多教育家和思想流派的影响。

在萌芽阶段，亚里士多德在历史上首次提出了"教育遵循自然"的原则。

在提出阶段，文艺复兴时期人文主义者维多里诺等人倡导"引证自然"，肯定人的尊严，强调教育要依据儿童的本性实施，主张儿童要到大自然中学习有关自然的一切知识。

在形成阶段，"教育学之父"夸美纽斯明确提出了教育适应自然原则，并且将其作为贯穿整个教育体系的一条根本的指导性原则，标志着自然主义教育思想的形成。

在发展阶段，裴斯泰洛奇受卢梭自然主义教育思想的影响，但又有所不同。他进一步将自然教育思想深化，在教育史上首次提出了"教育心理学化"的口号，使教育适应自然的理论有了新的内涵。

卢梭也是自然主义教育思想的典型代表人物，其教育思想的核心概念为自然教育，培养"自然人"。他指出，"教育有三个来源：来自自然，来自人，来自事物。以自然的教育为中心，使事物的教育和人的教育服从于自然的教育。

自然主义教育思潮吸收和借鉴了不同教育家和学派的诸多思想。卢梭的自然教育思想是自然主义教育思潮的重要组成部分，但并不是全部。因此，将自然主义教育思潮等同于卢梭的自然教育思想是不合适的。故题干表述错误。

三、分析论述题

【参考答案】卢梭是18世纪法国著名启蒙思想家和教育家，是自然主义教育思想的主要代表，其主要著作有《爱弥儿》。卢梭教育思想的基本特征是高度尊重儿童的天性，倡导自然教育和儿童本位的教育观。

（1）自然教育的基本含义。

卢梭自然主义教育的核心是"回归自然"。他认为，善良的人性存在于纯洁的自然状态之中。只有"回归自然"、远离喧嚣社会的教育，才有利于保持人的善良天性。卢梭认为，每个人都是由自然的教育、事物的教育和人为的教育三者培养起来的。只有三种教育圆满结合才能达到预期的目的。

（2）自然教育的培养目标。

自然教育的最终培养目标是"自然人"。自然人并不是回归到原始社会的退化之人，而是生活在社会中的自由人,即身心协调发展、广泛适应社会情况的自然人,也就是资产阶级的新人。

（3）自然教育的方法原则。

① 正确看待儿童,儿童有他自己的地位,不要把他们看作小绅士、小大人,不要把他们看作上帝的产物、成人的玩物。

② 给儿童充分的自由,遵循自然天性的教育。成人的不干预、不灌输、不压制和让儿童遵循自然率性发展,就是所谓"消极教育"。

③ 要注意到儿童天性的个体差异,要求因材施教。每个人的心灵都有其自己的形式,必须按它的形式去指导它。

（4）自然教育的实施。

一是婴儿期,这一时期应以身体的养育和锻炼为主。卢梭认为,良好的体质是智力发展的基础,反之,虚弱的身体使精神也随之衰弱。

二是儿童期,这一时期又称"理性睡眠时期",主要进行感觉教育,使他们通过感觉器官的运用获得丰富的感性经验。

三是青年期,这一时期主要进行智育和劳动教育。在学习知识的问题上,卢梭把培养兴趣和提高能力放在首位,并注意通过学习知识陶冶情操。儿童必须学会劳动,学会从事一种职业。

四是青春期,这一时期主要进行道德教育、信仰教育和性教育。道德教育应从发展人的自爱自利开始。他要求人们爱上帝胜于爱一切。只有纯洁的灵魂才能使爱情更加美满,并能借此摒弃一切不良的生活。

评价：卢梭的自然教育理论提出了一种崭新的儿童观和教育观,对于当时压迫和束缚儿童、阻碍儿童身心发展的旧教育起到了强烈的批判作用,对于解放儿童、释放儿童天性具有很强的现实意义。

第三节　裴斯泰洛齐的教育思想

一、单项选择题

1.【答案】C　【解析】教育过程须从一些简单的因素开始,逐步提高儿童的认识水平,这是裴斯泰洛齐的要素教育论的基本思想。裴斯泰洛齐认为,初等学校的各种教育都应该从最简单的要素开始,然后逐渐转到日益复杂的要素,循序渐进地促进人的和谐发展。要素教育既要求初等学校为每个人在德、智、体几方面都能受到基本的教育而得到和谐的发展,又要求在德育、智育、体育的每一个方面都通过"要素方法"获得均衡的发展。故答案为C。

2.【答案】A　【解析】裴斯泰洛齐认为,体育的基本要素是关节活动。打击与搬运、刺戳与投掷、拖拉与旋转、绕圈与摆动等是最简单的体力表现形式。儿童的体育训练就是要从这些基本动作的训练开始,并随着年龄的增长逐渐进行较复杂的动作训练,以发展他们身体的力量和各种技能。故答案为A。

3.【答案】D　【解析】在西方教育史上,裴斯泰洛齐第一个明确提出了"教育心理学化"的口号和诉求。教育心理学化就是要把教育提高到科学的水平,将教育科学建立在人的心理活动规律的基础上。故答案为D。

4.【答案】D　【解析】裴斯泰洛齐根据教学心理学化和要素教育的理念,具体地研究了初等学校各科教学法。他被认为是现代初等学校各科教学法的奠基人。故答案为D。

5.【答案】D　【解析】裴斯泰洛齐是西方教育史上第一位将教育与生产劳动相结合的思想付诸实践的教育家,并在新庄"贫儿之家"推动和发展了这一思想。裴斯泰洛齐认为,这也许是帮助未能进学校接受教育的农村贫民子弟提高劳动能力、学会谋生技能、改善生活状况的最好途径。当然,这样的教育与生产劳动相结合,只是一种单纯的、机械的外部结合,教学与劳动间无内在的联系。故答案为D。

6.【答案】C　【解析】裴斯泰洛齐将测量教学称为形状教学,其目的是发展儿童对事物形状的认识能力。直线是构成各种形状的最简单的要素,因此,测量教学应从认识直线开始,先通过直观教具观察直线,然后认识角,再进而学习由直线组成的四边形、三角形及各种多边形。在此基础上,再学习曲线、圆形和椭圆形等。故答案为C。

二、分析论述题

1.【参考答案】要素教育论是裴斯泰洛齐基于教育心理化理论对初等教育内容和方法的重要论述,也是他为初等教育革新所开展的开创性实践的结晶。

（1）要素教育论的基本思想。

初等学校的各种教育都应该从最简单的要素开始,然后逐渐转到日益复杂的要素,循序渐进地促进人的和谐发展。要素教育既要求初等学校为每个人在德、智、体几方面都能受到基本的教育而得到和谐的发展,又要求在德育、智育、体育的每一个方面都通过"要素方法"获得均衡发展。

（2）要素教育的基本内容。

① 德育。德育是培养和谐发展的人极为重要的方面。道德教育的任务就是要遵循道德自我发展的基本原理,培养和发展儿童的德行。儿童对母亲的爱,是道德教育最基本的要素。随着孩子的长大,他便从爱母亲进而爱双亲,爱兄弟姐妹,爱周围的人。当儿童上学后,社会交往和人际关系日益扩大,又把爱逐步扩大到爱所有的人,爱全人类。爱人类和爱上帝是一致的,这是德行的最高要求。

② 智育。智育不仅是教给学生知识,还要着力帮助促进他们的思考能力、调查研究能力和判断能力的自然发展,以便有意识地占有人类几千年获得的东西。教学应从教学的基本要素开始,使教学过程心理学化。数目、形状和语言是教学的基本要素。儿童通过计算来掌握数目,通过测量来认识形状,通过言语（说话）来掌握语言,同时培养和发展自己的计算、测量和言语的能力。

③ 体育。体育的主要任务是促进儿童身体力量和技巧的发展。体育的基本要素是关节活动。儿童的体育训练就是要从这些基本动作的训练开始,并随着年龄的增长逐渐进行较复杂的动作训练,以发展他们身体的力量和各种技能。

2.【参考答案】 在西方教育史上,裴斯泰洛齐是第一个明确提出"教育心理学化"口号和诉求的教育家,教育心理学化就是要把教育提高到科学的水平,将教育科学建立在人的心理活动规律基础上。

(1)教育的目的和理论指导心理学化。

将教育的目的和教育的理论指导置于儿童本性发展的自然法则基础上。只有认真探索和遵循儿童的心理活动和心理发展的规律性,才能取得应有的教育和教学效果。忽视教育中的所有心理学因素,必将造成教育失败。

(2)教学内容心理学化。

使教学内容的选择和编制符合儿童的学习心理规律。裴斯泰洛齐还力图从客观现象和人的心理过程探索教育和教学内容中普遍存在的基本要素,并以这些要素为核心来组织各科课程和教学内容,提出了"要素教育"理论。

(3)教学原则和教学方法的心理学化。

教学要遵循自然的规律,要与自然活动的规律相协调。首要是要使教学程序与学生的认识过程相协调。教学依据人的认识过程进行,从模糊的感觉印象到精确的感觉印象,到清晰的表象,再到确定无误的概念。在此原则下,提出了直观性教学原则、循序渐进原则。

(4)让儿童成为自己的教育者。

教育者不仅要让儿童接受其教育,还要使儿童自己成为教育中的动因,要适应儿童的心理时机,尽力调动儿童的能动性和积极性,使他们懂得自我教育。这也是教育心理学化的一个重要方面。

评价: 裴斯泰洛齐对人的心理的理解和解释基本上是感性的,尚未清晰地揭示心理学的基本规律,并不十分科学。但他关于教育心理学化的思想,不仅成为他自己关于人的和谐发展论、要素教育论、简化的教学方法和初等学校各科教学法的重要理论基础,而且对19世纪教育心理学化在欧美一些国家逐渐发展为一种思潮或运动产生了重大影响。

3.【参考答案】 裴斯泰洛齐根据教育心理学化和要素教育的理念,具体研究了初等学校各科教学法,他被认为是现代初等学校各科教学法的奠基人。

(1)语言教学。

裴斯泰洛齐认为,语言教学要从发音教学开始,然后进行单词教学,最后是严格意义上的语言教学。这就是裴斯泰洛齐提出的语言教学的三个阶段。

发音教学: 要使儿童学会发音,首先应让他们练习听音。应先学元音,再学辅音。学会发音后,再学字母、音节和单词。

单词教学: 它教儿童学习周围环境最重要的事物、历史、地理、人们的职业和社会关系等方面的单词即名称。

语言教学: 教儿童把名称和事物联系起来,认识事物的各种特性,特别是它的数和形,以及各种事物间的相互联系,并学会清晰地表述它,从而既发展儿童的语言及认识能力,又使他们获得各种知识。

(2)算术教学。

数字"1"是数目的最简单要素,而计数是算术能力的要素。算术教学首先通过具体实物或直观教具,使儿童产生"1"这个数字的概念,从"1"开始,先掌握加法后,再学习乘法、除法、减法。裴斯泰洛齐在教分数概念时创制了一种"分数表"。这种表由一串正方形组成,可用不同的方法,如水平地或垂直地对其进行分割,以使学生形成整体与部分之关系的分数感觉印象。

(3)测量教学(形状教学)。

裴斯泰洛齐将测量教学称为形状教学,其目的是发展儿童对事物形状的认识能力。直线是构成各种形状的最简单的要素,因此,测量教学应从认识直线开始,先通过直观教具观察直线,然后认识角,再进而学习由直线组成的四边形、三角形及各种多边形。在此基础上,再学习曲线、圆形和椭圆形等。

(4)地理教学。

裴斯泰洛齐主张地理教学按照由近及远的原则进行,即从直接观察儿童所熟悉的周围地区的自然环境开始,然后逐渐扩大到对本县、本省、本国以至对全世界地理的了解。

第四节　赫尔巴特的教育思想

一、单项选择题

1.【答案】B　【解析】赫尔巴特的教育思想具有双重理论基础,即伦理学基础和心理学基础。他认为,伦理学为教育指明目的,而心理学则指出教育的途径、方法和手段。故答案为B。

2.【答案】D　【解析】在西方历史上,赫尔巴特是第一位把心理学作为一门独立学科加以研究并努力把它建成为一门科学的教育家。赫尔巴特系统研究了统觉、兴趣和注意等心理学问题。故答案为D。

3.【答案】C　【解析】赫尔巴特伦理学的基本内容之一,是提出五种道德观念,即内心自由、完善、仁慈、正义、公平。(1)内心自由,指的是一个人有了正确的思想或者说对真善美具有明确的认识,能够自觉地按照道德规范行事,使自己的行为符合理性的原则;(2)完善,是指人调节自己的意志、做出判断的一种尺度;(3)仁慈,是指"绝对的善",它要求人无私地为他人谋福利、与人为善,从而使自己的意志与他人的意志协调一致;(4)正义的观念,也就是"守法"的观念,它要求避免不同意志之间的冲突,并且按照人们自愿达成的协议(或法律)解决冲突;(5)公平,是指当人故意作祟时予以应有的惩罚,即善有善报、恶有恶报。故答案为C。

4.【答案】D　【解析】赫尔巴特认为,教育目的可分为两种,即"可能的目的"和"必要的目的"。"可能的目的"或"选择的目的"是指发展儿童多方面兴趣,使人的各种能力得到和谐发展,以便将来选择职业。"必要的目的"是教育所要达到的最高和最为基本的目的,即道德,就是要养成内心自由、完善、仁慈、正义和公平五种道德观念。故答案为D。

5.【答案】A　【解析】教育性教学原则是指通过教学来进行教育的原则。知识与道德有直接和内在的联系,教育(道德教育)只有通过教学才能产生实际作用,教学是道德教育的基本途径。不存在无教学的教育,也不存在无教育的教学。要通过教学来进行道德教育。故答案为A。

6.【答案】A　【解析】依据统觉原理,赫尔巴特为课程设计提出"相关"和"集中"两项原则,目的是保持课程教学的逻辑结构和知识的系统性。(1)相关。学校不同课程的安排应该相互影响和相互联系;(2)集中。在学校所有课程中,选择一门科目作为学习的中心,其他科目作为学习和理解它的手段。赫尔巴特把历史和数学当作所有学科的中心。故答案为A。

7.【答案】B　【解析】赫尔巴特认为,任何教学活动都必须是井然有序的,都必须经历四个阶段。(1)明了(或清晰)。当一个表象由自身的力量突出在感官前,兴趣活动对它产生注意。这时,学生处于静止的专心活动,教师通过运用直观教具和讲解的方法,进行提示,使学生获得清晰的表象,以做好观念联合,即学习新知识的准备。(2)联合(或联想)。由于新表象的产生并进入意识,激起原有观念的活动,因而产生新旧观念的联合,但又尚未出现最后的结果。这时,兴趣活动处于获得新观念前的期待阶段,教师的主要任务是与学生进行无拘束的谈话,运用分析的教学方法。(3)系统。新旧观念最初形成的联系并不是十分有序的,因而需要对前一阶段由专心活动得到的结果进行审思。兴趣活动正处于要求阶段。这时,需要采用综合的教学方法,使新旧观念间的联合系统化,从而获得新的概念。(4)方法。新旧观念间的联合形成后需要进一步巩固和强化,这就要求学生自己进行活动,通过练习巩固新习得的知识。故答案为B。

8.【答案】C　【解析】1806年出版的《普通教育学》标志着教育学已经成为一门独立的学科。故答案为C。

9.【答案】A　【解析】在赫尔巴特看来,"兴趣存在于有趣的事物之中",而事物是多方面的,因而兴趣也是广泛的和多方面的。他把多种多样的兴趣划分为两大类:经验的兴趣和同情的兴趣。其中,经验的兴趣包括经验的、思辨的和审美的三种;同情的兴趣包括同情的、社会的和宗教的三种兴趣。故答案为A。

二、简答题

1.【参考答案】**赫尔巴特教育学的伦理学基础是**五种道德观念,即内心自由、完善、仁慈、正义、公平。

(1)**内心自由**,指的是一个人有了正确的思想或者对真善美具有明确的认识,能够自觉按照道德规范行事,使自己的行为符合理性的原则。

(2)**完善**,是指人调节自己的意志、作出判断的一种尺度。

(3)**仁慈**,是指"绝对的善",它要求人无私地为他人谋福利、与人为善,从而使自己的意志与他人的意志协调一致。

(4)**正义**,也就是"守法"的观念,它要求避免不同意志之间的冲突,并且按照人们自愿达成的协议(或法律)解决冲突。

(5)**公平或报偿**,是指当人故意作祟时予以应有的惩罚,即善有善报、恶有恶报。

评价:赫尔巴特伦理学的重要特征是强调知识或认识在德行形成过程中的作用。这五种道德观念是一个不可偏废的相互联系的整体。五种道德观念中,前两种是调节个人道德行为的,后三种是调节社会道德行为的。

2.【参考答案】赫尔巴特的教育性教学原则是指通过教学来进行教育的原则。知识与道德有直接和内在的联系,教育(道德教育)只有通过教学才能产生实际作用,教学是道德教育的基本途径。不存在无教学的教育,也不存在无教育的教学。

要通过教学来进行道德教育。要求教学目的与整个教育目的保持一致,因此,教学的最高目的是养成德行。为了实现最高目的,教学必须为自己设立一个近期的、较为直接的目的,即培养"多方面的兴趣",多方面的兴趣具有一种道德的力量。教学和道德教育之间是手段和目的的关系,教师应当寓教育于教学。

评价:在赫尔巴特以前,教育家们通常把道德教育和教学分开进行研究,教育和教学通常被规定了各自不同的任务和目的。赫尔巴特的突出贡献在于,运用其心理学的研究成果,具体阐明了教育与教学之间存在内在的本质联系,使道德教育获得了坚实的基础。但他把教学完全从属于教育,把教育和教学完全等同起来,具有机械论的倾向。

三、分析论述题

1.【参考答案】赫尔巴特认为,兴趣活动可以划分为四个阶段:① 注意。由于心智活动"使一种表象比较突出并对其余表象发挥作用",这就使兴趣活动对它产生一种倾向;② 期待。新引起的表象活动往往并不能立刻出现在意识中,兴趣活动因而转向对它产生期待;③ 要求。从兴趣中产生欲望,它通过向对象提出要求显示出来;④ 行动。

赫尔巴特指出,儿童在学习活动中的思维状态主要有两种:专心与审思。专心是指集中于任何主题或对象而排斥其他的思想活动。审思是指追忆和调和意识内容,即对由专心而得到的知识进行同化作用。他认为,由于专心活动是相互隔绝的,因而需要使专心活动与审思活动不断相互转化,并使之在审思活动中结合起来。

赫尔巴特认为,任何教学活动都必须是井然有序的,都会经历以下四个阶段:

① 明了(或清晰)。当一个表象由自身的力量突出在感官前,兴趣活动对它产生注意。这时,学生处于静止的专心活动,教师通过运用直观教具和讲解的方法,进行提示,使学生获得清晰的表象,以做好观念联合,即学习新知识的准备。

② 联合(或联想)。由于新表象的产生并进入意识,激起原有观念的活动,因而产生新旧观念的联合,但又尚未出现最后的结果。这时,兴趣活动处于获得新观念前的期待阶段,教师的主要任务是与学生进行无拘束的谈话,运用分析的教学方法。

③ 系统。新旧观念最初形成的联系并不是十分有序的,因而需要对前一阶段由专心活动得到的结果进行审思。兴趣活动正处于要求阶段,这时,需要采用综合的教学方法,使新旧观念间的联合系统化,从而获得新的概念。

④ 方法。新旧观念间的联合形成后需要进一步巩固和强化,这就要求学生自己进行活动,通过练习巩固新习得的知识。

评价:赫尔巴特教学形式阶段理论的突出贡献是在严格按照心理过程规律的基础上,对教学过程中的因素和活动进行高度抽象,建立了明确的和规范化的教学模式。不仅反映了人类对教学过程和教学活动本质认识的发展,而且具有广泛的实践意义。但教学形式阶段理论所固有的机械理论倾向,也使它不断受到来自各方面的批评。

2.【参考答案】(1)经验。

课程内容的选择必须与儿童的经验和兴趣相一致。儿童在日常生活中,通过与自然的接触和与人的交往,获得了经验和同情,这是教学活动赖以进行的基础。但儿童早期的经验并不是完美无缺的(分散、杂乱),需要教学加以补充和整理。真正符合这种需要的是直观教材,对直观教材的运用,将使儿童的经验变得更为丰富、真实和确切。

(2)兴趣。

兴趣存在于经验之中,因此,只有与儿童经验相联系的内容,才能引起儿童浓厚的兴趣。只有引起兴趣的教学内容,才能使儿童保持意识的警觉状态,从而更好地接受教材。赫尔巴特明确指出,要掌握知识,并且得到更多的知识,就必须有兴趣。

(3)兴趣课程体系。

在赫尔巴特看来,"兴趣存在于有趣的事物之中",而事物是多方面的,因而兴趣也是广泛的和多方面的。他把多种多样的兴趣划分为两大类:经验的兴趣和同情的兴趣。其中,经验的兴趣包括经验的、思辨的和审美的三种;同情的兴趣包括同情的、社会的和宗教的三种兴趣。各种经验、兴趣对应应设的课程。

经验的兴趣课程包含自然、物理、化学、地理。思辨的兴趣课程包含数学、逻辑、文法。审美的兴趣课程包含文学、绘画。同情的兴趣课程包含外国语(古典语言和现代语)、本国语。社会的兴趣课程包含历史、政治、法律。宗教的兴趣课标包含神学。

第五节　福禄培尔的教育思想

一、单项选择题

1.【答案】D　【解析】福禄培尔是近代影响力最大的幼儿教育家。他首创了"没有书本的学校"——幼儿园,并在长期的幼儿教育实践中摸索、总结出一套教育幼儿的新方法,建立起近代学前教育的理论体系。他立足于幼儿教育的实践,广泛组织了训练幼儿园教师的工作,极大推动了近代幼儿社会教育的发展。故答案为D。

2.【答案】B　【解析】福禄培尔关于幼儿园教育方法的基本原理是自我活动或自动性。他认为,自我活动是一切生命的最基本的特性。自我活动能表现出儿童的发展程度,激发他们对新知识的兴趣和注意,鼓励自信与自尊,并引导儿童了解各种知识之间的关系。故答案为B。

3.【答案】A　【解析】恩物是福禄培尔创制的一套供儿童使用的教学用品。其教育价值是帮助儿童认识自然及其内在规律的重要工具。恩物作为自然的象征,能帮助儿童由易到难、由简及繁、循序渐进地认识自然。真正的恩物应满足三个条件:(1)能使儿童理解周围的世界,又能表达他对客观世界的认识;(2)每种恩物包含前面的恩物并预示后续的恩物;(3)每种恩物本身应表现为完整的、有秩序的、统一的观念。故答案为A。

4.【答案】D　【解析】福禄培尔提出发展的原则,在教育史上第一次把自然哲学中"进化"的概念完全而充分地运用于人的发展和人的教育。他把人性看成一种不断发展和成长的东西。人的发展过程也和自然界的进化过程一样,经历了从不完善到完善、从低级到高级和由简单到复杂的前进序列,每一个先行的发展阶段上的人的充分发展,才能推动和引起每一个后继阶段上的充分和完满的发展。故答案为D。

5.【答案】B 【解析】恩物与作业既有联系也有区别。

联系:它们是两种互相连接的幼儿游戏活动的形式,是儿童认识自然和社会、满足其内心冲动的必要手段。

区别:(1)从安排的顺序看,恩物在先,作业在后;(2)从活动的材料看,恩物的材料是固定的,作业的材料是可以改变的;(3)从性质来看,恩物是活动的材料,作业既包括活动,也包括活动的材料;(4)从儿童的内心需要看,恩物主要反映模仿的本能,作用在于接受或吸收,而作业主要反映创造的本能,作用在于发表和表现。故答案为B。

二、分析论述题

【参考答案】 作为西方教育史上的两大幼儿教育家,蒙台梭利与福禄培尔的教育理论既有不少相同点,也存在许多不同之处。

(1)相同之处:

① **他们都受到卢梭的影响**,反对传统教育对儿童身心的束缚和压迫,反对外铄论;信奉性善,赞同内发论,主张以儿童为本位;要求认真研究儿童特点,遵循自然,强调教育中的自由与活动的重要性。

② **都极其重视幼儿期的教育**,重视童年生活对人生的影响。倡导建立专门的幼儿教育机构,以及培训教师从事幼儿教育工作。

(2)不同之处:

① **在教育内容和方法上**,福禄培尔倡导游戏、恩物、作业,强调通过游戏来发展幼儿的想象力和创造力;蒙台梭利则主张工作、自我教育、感官教育、实际生活练习,推崇工作的价值,反对有想象活动的游戏和玩具,否定创造性游戏在幼儿教育中的重要作用。

② **在教学组织形式上**,福禄培尔要求组织集体教学,蒙台梭利则主张个别活动,单独学习。

③ **在教师作用上**,在福禄培尔的幼儿园里,教师被视为"园丁",须承担对幼儿关心、指导乃至教学的职责;而在蒙台梭利的儿童之家中,教师由主动转向被动,被称为"指导者",只是承担指导、引导、环境保护和看护责任。

第六节 马克思和恩格斯的教育思想

单项选择题

【答案】D 【解析】马克思和恩格斯认为,(1)教育与生产劳动相结合不仅是提高社会生产的一种方法,而且是造就全面发展的人的唯一方法,是改造现代社会的最强有力的手段之一;(2)教育与生产劳动相结合尽管是现代社会发展的客观要求,但在资本主义制度下,这种"结合"还是受到资本主义基本经济规律的制约;(3)只有在合理的社会制度下,随着社会生产力的高度发展,才能使教育与生产劳动相结合的重大意义和作用得到充分实现。故答案为D。

第七节　西欧近代教育思潮

一、单项选择题

1.【答案】D　【解析】自然主义教育最早萌芽于古希腊的教育思想。亚里士多德在历史上首次提出了"教育遵循自然"的原则。他主张按照儿童心理发展的规律对儿童进行分阶段教育,提倡对学生进行和谐全面发展的教育。故答案为D。

2.【答案】C　【解析】自然主义教育思潮的局限性包括:(1)有些自然主义教育家对于"自然"的概念界定并不清晰,有时指自然界和法则,有时指人的天性,有时还指与人的做法相对立的"自然的"状态或过程;(2)有些自然主义教育家混淆了自然现象和社会现象的区别,以自然的规律机械地论证教育规律,缺乏一定的科学依据;(3)有些自然主义教育家只用人性解释人的发展,将人性与社会性对立起来,忽视了教育的社会制约性,未能深刻揭示教育的本质;(4)在教育研究方法上,自然主义教育家运用类比论证、思辨演绎、经验推理、天才设想等论述儿童教育和教育方法,缺乏科学依据。故答案为C。

3.【答案】D　【解析】教育心理学化思潮的理论渊源包括:(1)古希腊、古罗马哲学家的教育思想遗产。早在古希腊时期便萌发了早期的教育心理学化思想倾向。(2)自然主义教育思想。自然主义者强调教育要遵循自然的普遍规律,特别是要重点关注儿童的心理特点和发展规律,这在一定程度上也是教育心理学化的早期表现形式。(3)哲学和心理学理论。以洛克为代表的经验主义哲学、以康德为代表的德国唯心主义哲学等哲学思想和联想主义心理学、生理心理学、实验心理学等心理学派,都对教育心理学化有着直接和间接的推动作用。故答案为D。

4.【答案】C　【解析】科学教育思潮的主要代表人物斯宾塞的观点是:(1)教育目的是为完满生活做准备,他呼吁教育应适应生活和生产的需要;(2)详细论证了五种活动与科学的关系后,他得出科学知识对人类生活最有价值的结论;(3)根据生活准备说和知识价值说,他提出学校应开设五类课程。斯宾塞以科学知识为中心,重视个人和社会生活的教育思想,是教育思想的一次变革,极大地推动了科学教育的发展。故答案为C。

5.【答案】D　【解析】国家主义教育思潮作为一场持续的教育运动,产生了深远的影响。首先,国家主义教育思潮对于教会教育的批判,直接推动了欧美国家教育国家化的进程;其次,国家主义教育思潮为国民教育制度的建立和发展提供了有力的理论依据;最后,国家主义教育思潮推动了欧美国家近代教育行政体制的建立。故答案为D。

二、分析论述题

【参考答案】 自然主义教育思潮源于古希腊,酝酿于欧洲文艺复兴时期,形成于18世纪,是近代西欧资产阶级重要的教育理论和教育思潮之一。其主要代表人物有亚里士多德、夸美纽斯、维多里诺、卢梭、裴斯泰洛齐、福禄培尔等。

(1)**自然主义教育思潮的基本内容**。

① **教育目的**。以人的自然本性为基础,保护人的善良天性,反对封建教育的强制性;以人的自然发展为内容,重视人的生存教育和素质教育,使人适应社会的各种变化;重视人的身心和谐发展,促进人的全面发展;改良社会,增进人类幸福。

② **儿童发展分期**。儿童发展分期是自然主义教育思潮的特色。不同的自然主义教育家对儿童发展阶段进行了论述,都主张先发展儿童的身体和感官,后发展理性和抽象思维;主张教育教学应建立在儿童身心发展规律之上,并为不同阶段提出了不同的教育目标。

③ **课程论**。不同的自然主义教育家对课程也展开了不同的论述。夸美纽斯主张"泛智"课程;卢梭主张家庭教育,无系统的课程;裴斯泰洛齐主张以心理和社会的标准选择课程;福禄培尔则主张课程应包括宗教、自然常识、促进思维的教学、人与环境的媒介语言。

④ **教育教学的原则与方法**。自然主义教育家提出了一系列教育教学的原则与方法。夸美纽斯阐述了"自然适应性"的原则;卢梭提出"顺应自然"的原则;裴斯泰洛齐直接在自然教育原则的基础上,提出了直观性、连续性等教学原则。

(2)**自然主义教育思潮评析**。

① **历史意义**。

自然主义教育家积极寻求教育的规律,为教育理论科学化奠定了必要的基础;重视儿童特征的研究,确立了儿童的主体性地位;重视教学内容、教学原则和方法的研究,初步形成了完整、系统的教学原则体系和各科教学法体系,为教学理论的发展奠定了坚实的基础;反对和控诉封建专制制度对儿童个性与自由的摧残和压制,具有反封建的进步意义。

② **局限性**。

有些自然主义教育家对于"自然"的概念界定并不清晰,有时指自然界和法则,有时指人的天性;混淆了自然现象和社会现象的区别,以自然的规律机械地论证教育规律,缺乏一定的科学依据;只用人性解释人的发展,将人性与社会性对立起来,忽视了教育的社会制约性;在教育的研究方法上,自然主义教育家运用类比论证、思辨演绎、经验推理、天才设想等论述儿童教育和教育方法,缺乏科学依据。

第九章 19世纪末至20世纪前期欧美教育思潮和教育实验

大纲考点导图

①阿博茨霍姆学校 ②强调儿童应处于学校教育的中心 ③学校教育的目标在于发展人的整个机体 ④葛雷制 沃特 ⑤以"公约"或合同式的学习 ⑥重视使学校的功课适应儿童的个别差异

考点演练

第一节 新教育运动

单项选择题

1.【答案】C 【解析】英国教育家雷迪创办了阿博茨霍姆学校,标志着欧洲新教育运动的兴起,被称为"新教育之父"。故答案为C。

2.【答案】D 【解析】1921年,在费利耶尔的发起下,在法国成立"新教育联谊会",并出版杂志《新时期的教育》。1922年,新教育联谊会仿效美国进步教育协会的做法也提出了"七项原则"。第二次世界大战以后,1966年,新教育联谊会改名为"世界教育联谊会",标志着新教育运动作为一场运动的终结。故答案为D。

3.【答案】B 【解析】大多数乡村寄宿学校都深受雷迪的影响,在办学模式、目的、课程及方法等方面有许多一致的地方,而这些构成了新学校的主要特征。

第一,新学校都设在远离城市、自然环境优美的乡村,设备优良,利于儿童了解自然、在自然中得到智慧和体力的发展。

第二,新学校在管理、教育和教学上具有民主和自由的色彩,学校一般采用家庭式教育管理方式,师生拥有自治权。师生之间、学生之间的关系不是命令和服从的关系,而是相互关心、相互爱护、亲密无间的关系。

第三,学校把学生的各种活动与学习融为一体,把德育寓于民主生活之中,使儿童得到全面的发展。

第四,教学内容注重与社会实际生活紧密相连,重视学习现代语言和最先进的自然科学知识,重视活动和经验,鼓励合作的团体学习活动;教学强调以儿童的兴趣和需要为基础,课程设置主要考虑学生的兴趣、年龄特征和个性的全面发展。

第五,办学目的是为资产阶级培养新一代领导人,招收对象仅限于中上层阶级的子女,规模小，学费昂贵，学校完全独立于国民教育系统之外。故答案为B。

4.【答案】D 【解析】凯兴斯泰纳主张为实现公民教育的目的，必须将德国的国民学校由"书本学校"改造成"劳作学校"，并强调公民教育、职业教育和劳作学校的关系是目的、手段和机构的关系，它们是"三位一体"的。劳作学校是一种最理想的学校组织形式，是为国家培养有用公民的重要教育机构。他从公民教育的目标出发，赋予劳作教育以新的意义和内容。故答案为D。

5.【答案】C 【解析】蒙台梭利认为"儿童之家"的重要特色是幼儿的感官（或感觉）训练和智力的培养，她的感官教育主要包括视觉、听觉、嗅觉、味觉及触觉的训练，其中以触觉练习为主。故答案为C。

6.【答案】A 【解析】蒙台梭利认为，幼儿期的各种感觉练习及日常生活技能的练习等自发的活动，都是工作。工作可起中介作用，将传统教育中根本对立的两个概念——"自由"与"纪律"有机地联系与统一起来。换言之，工作可促进非压迫、非强制的纪律的形成。"儿童之家"是有纪律的，儿童也是要守纪律的。她认为，真正的纪律对于儿童来说必须是主动的，只能建立在自由活动的基础上，而且只有手脑结合、身心协调的活动才能导致良好的纪律。故答案为A。

第二节 进步教育运动

一、单项选择题

1.【答案】C 【解析】进步教育运动衰落的原因：(1)进步教育运动不能与美国社会的不断变化始终保持同步。该运动存在期间，美国社会发展迅速，变化剧烈，对美国教育不断提出新的要求；(2)进步教育理论和实践本身存在许多矛盾和局限；(3)进步教育运动在指导思想和理论基础上的多元化与运动的相对统一性之间，以及教育理论和教育实践之间也存在矛盾，导致了运动内部的分裂，如出现"改造主义"；(4)改造主义和各种保守主义的抨击，在很大程度上击中了进步教育的要害，加速了衰落的进程。故答案为C。

2.【答案】A 【解析】葛雷制，也称"双校制""二部制""分团学制""工读游戏学校"，是美国教育家沃特担任葛雷市公立学校督学时所推行的一种进步主义性质的教学制度。故答案为A。

3.【答案】A 【解析】道尔顿制是美国进步主义教育家帕克赫斯特针对班级授课制的弊端创造的一种个别教育制度。主要内容有：(1)在学校里废除课堂教学，废除课程表和年级制，代之以"公约"或合同式的学习。学生以公约的形式确定自己应完成的各项学习任务，然后根据自己的需要自学，不强求一律。(2)将各教室改为各科作业室或实验室，按学科的性质陈列参考用书和实验仪器，供学生学习之用。各作业室配有该科教师一人负责指导学生。(3)用"表格法"来了解学生的学习进度，既可增强学生学习的动力，也可使学生管理简单化。道尔顿制的两个重要原则是自由和合作。要使儿童自由学习，允许他们根据自己的需要安排学习，养成独立工作的能力。强调师生之间、学生之间的合作，以培养学生的社会意识。故答案为A。

4.【答案】B　【解析】美国进步主义教育家华虚朋推行的教育实验计划叫文纳特卡计划。主要内容有:(1)重视使学校的功课适应儿童的个别差异,将个别学习与小组学习结合起来,个性发展与社会意识的培养相联系。(2)具体做法是将课程分为两个部分,即共同知识或技能(包括读、写、算等工具性科学)和创造性的、社会性的作业(如木工、金工、织布、绘画、雕刻等)。前者主要按学科进行,并以学生自学为主,教师适当进行个别辅导;后者则以小组为单位展开活动或施教,无确定的程序,也不考试。文纳特卡制在20世纪三四十年代的美国得到迅速而广泛的传播,对不少国家的教育也产生了重要影响。但有人指责它影响学科的深入学习,并且实施起来比较困难。故答案为B。

5.【答案】A　【解析】美国进步教育运动的先驱帕克在昆西学校和芝加哥库克师范学校进行的教育改革实验所采取的新的教育方法和措施。其主要特征包括:(1)强调儿童应处于学校教育的中心。儿童具有内在的能力,能自发地从事学习和工作。(2)重视学校的社会功能。强调学校应成为理想的家庭、完善的社会和民主政治雏形,在促进民主制度的发展方面发挥巨大作用。(3)主张学校课程应尽可能与实践活动相联系。这样做不仅可以呼唤起儿童学习的意愿,使他们专心致志,而且能摒弃以往抽象的、无意义的形式训练,并把各门学科统一起来,使学生获得知识的整体。(4)强调培养儿童自我探索和创造的精神。帕克认为,教师的工作在于指导学生发现真理,使学生养成探究、发现、使用真理的习惯。故答案为A。

6.【答案】B　【解析】葛雷制,也称"双校制""二部制""分团学制""工读游戏学校",是美国教育家沃特担任葛雷市公立学校督学时所推行的一种进步主义性质的教学制度。葛雷制曾被认为是美国进步教育思想的最卓越的例子。它的课程设置能保持儿童的天然兴趣和热情,它的管理方式经济而有较高的效率。故答案为B。

7.【答案】C　【解析】道尔顿制是美国进步主义教育家帕克赫斯特针对班级授课制的弊端创造的一种个别教育制度。在学校里废除课堂教学,废除课程表和年级制,代之以"公约"或合同式的学习。学生以公约的形式确定自己应完成的各项学习任务,然后学生根据自己的需要自学,不强求一律。故答案为C。

8.【答案】D　【解析】美国"设计教学法之父"克伯屈在教育界发表了著名的《设计教学法》。他强调,有目的的活动是设计教学法的核心,儿童自动地、自发地、有目的地学习是设计教学法的本质。设计教学法的主要内容包括:(1)放弃固定的课程体制,取消分科教学,取消现有的教科书,将设计教学法分成生产者的设计、消费者的设计、问题的设计、练习的设计四种类型。(2)设计教学法有四个步骤,即决定目的、制订计划、实施计划和评判结果。以学生为主,由他们自己找材料,自己研究。(3)设计教学法在世界各国都有较大影响。设计教学法充分发挥了儿童的主动性和积极性,使儿童成为学习的主人;并力求使教学符合儿童心理发展规律,以提高学习效率;注重培养儿童的合作精神,加强了教学与儿童实际生活的联系。故答案为D。

二、分析论述题

1.【参考答案】新教育运动又称新学校运动,是指19世纪末20世纪初在欧洲兴起的教育改革运动。在教育目的、内容、方法上建立与旧式的传统学校完全不同的新学校,作为新教育的"实验室"。

进步主义教育运动是指19世纪末至20世纪50年代在美国出现的以杜威教育哲学为主要理论基础、以进步主义教育协会为组织中心、以改革美国学校教育为宗旨的教育革新理论和实践活动。

（1）相同点。

① **时代背景**：二者都发生在19世纪末到20世纪上半叶，当时欧美国家经济发达、科技发展、义务教育普及，这些都促使人们开始关注教育质量。

② **理论指导**：二者都有理论指导，新教育运动的理论是梅伊曼、拉伊的实验教育学等；进步教育运动的思想来源于卢梭、裴斯泰洛齐和福禄培尔等人，并以杜威的实用主义理论为指导。

③ **改革目的**：二者都是针对传统教育以教师为中心、忽视学生个性发展等弊端而进行的改革，都提出了新的教育目标、原则、方法，并且注重以儿童为中心，重视儿童的自由、个性和创造性、主体性等。

④ **改革措施**：二者都开办了新式学校、采用新式教学法进行教育实验。如新教育运动中雷迪创办的阿博茨霍姆学校，进步教育运动中约翰逊创办的有机教育学校。

⑤ **宣传方法**：二者都成立协会、办杂志来宣传。如新教育运动中的"国际新学校局"和《新时期的教育》杂志，进步教育运动中的"美国进步教育协会"和《进步教育》杂志。

（2）不同点。

① **理论基础**：虽然两种运动都有理论指导，但是它们各自所依据的理论不同，新教育运动的理论基础是多样化的，主要以梅伊曼、拉伊的实验教育学和凯兴斯泰纳的公民教育理论为指导；进步教育运动则主要是以杜威的实用主义教育学为理论基础。

② **教育机构**：新教育运动始于欧洲，主要在环境优美的乡村私立学校中进行一些教学改革和实验；进步教育运动在美国的城市公立学校中开展。

③ **改革重点**：新教育运动重视学校管理和自治；进步教育运动重视儿童需要、自由活动和个体经验，更关心民众的教育，更强调教育与社会的联系，更重视做中学，更注重教育民主化。

④ **持续时间**：新教育运动的新学校持续时间更长；进步教育运动的实验学校在20世纪50年代后就陆续关闭了。

⑤ **改革影响**：新教育运动更温和、理性，主要影响在欧洲；进步教育运动则更激进、彻底，批判性更强，影响力更大，不仅对美国，对世界范围内的教育也产生了影响。

2.【参考答案】（1）历史背景：

19世纪末至20世纪前期，欧美新教育运动和进步教育运动的开展，是欧美国家教育理论与教育实践发展适应当时欧美各国社会经济、政治和科学文化发展需要的结果。

第一，19世纪末至20世纪前期，欧美教育思潮是社会改革运动的重要组成部分。

第二，随着义务教育的普及，教育家开始关注教育质量的提高、重视研究儿童的特性。

第三，卢梭的教育思想成为当时教育改革新运动的主要思想渊源。

（2）共同特征：

第一，重视儿童自身在教育过程中的主体地位，认为儿童先天具有善性和自我发展的能力，因而不再把儿童视为强制行为的对象。

第二,重视儿童研究和教育调查,并运用定性研究和定量研究结合、思辨与经验结合,以及比较和测量等新方法,力图使教育研究科学化。

第三,重视儿童的创造性活动、社会合作活动和劳动在儿童身心发展中的作用。

(3) **局限性:**

第一,在儿童研究中,存在严重的生物化倾向。

第二,极端的个人主义性质,过高估计了儿童自由、个性和创造性的意义。

第三,片面强调实用、适应,只顾眼前利益而忽视长远利益,忽视基本知识的传授和一般智力的发展,降低了教育质量,从而引起了传统派思想的回潮。

第十章 欧美主要国家和日本的现代教育制度

①《巴尔福教育法》 ②《1944年教育法》 ③《阿斯蒂埃法》 ④《改组和统一公立普通学校教育的总纲计划》 ⑤"八年研究" ⑥生计教育 ⑦"综合教学大纲"

第一节 英国教育的发展

一、单项选择题

1.【答案】A 【解析】《巴尔福教育法》是20世纪英国第一个重要的教育法案,它促成了英国政府教育委员会和地方教育当局的结合,形成了以地方教育当局为主体的英国教育行政管理体制。该法案首次强调初等教育和中等教育的衔接,并把中等教育纳入地方管理,结束了英国教育长期的混乱状态,为建立国家公共教育制度奠定了基础。故答案为A。

2.【答案】D 【解析】1918年,英国国会通过了教育大臣费舍提交的有关初等教育的法案,也称《费舍教育法》。在英国历史上,《费舍教育法》首次明确宣布教育立法的实施要考虑到建立面向全体有能力受益的人的全国公共教育制度。在英国教育史上初步确定了一个包括幼儿学校、初等学校、中等学校和各种职业学校在内的公共学校系统,为英国建立真正的国民教育体系奠定了基础。故答案为D。

3.【答案】A 【解析】《哈多报告》第一次从国家的角度阐明了初等教育与中等教育衔接,中等教育面向全体儿童的教育思想。从儿童心理发展特点的角度,明确提出了初等教育后的教育分流的主张,以满足不同阶层人们的需要。报告反映的是通过一次性考试,把中等教育分为两部分,即传统的文法学校和各种形式的现代中学,反映了英国教育传统双轨制对改革的影响。故答案为A。

4.【答案】B 【解析】1938年,为适应经济发展对技术人才的广泛需求,英国政府提出了以改革中等教育为中心的《斯宾斯报告》(又译为《史彭斯报告》)。这是以斯宾斯为首的教育调查委员会提出的关于文法学校和技术中学的报告。该报告的主要内容如下:(1)双轨改三轨。《斯宾斯报告》坚持了哈多教育改革方向,并根据英国初级技术学校增加的现实,进而把《哈多报告》中的双轨教育方案扩展为三轨,即文法中学、现代中学和技术中学,使技术中学成为中等教育的组成部分。(2)多科性中学。《报告》提出了设立在同一所学校中兼有文法中学、现代中学和技术中学特点的多科性中学的设想。到第二次世界大战之前,英国基本上形成了文法学校、现代中学和技术中学三种类型的学校。"人人受中等教育"的观念已经为社会大众所接受。故答案为 B。

5.【答案】A 【解析】1944 年,为了进一步改革英国教育制度,以巴特勒为主席的教育委员会提出了教育改革法案,即《1944 年教育法》,又称《巴特勒法》《巴特勒教育法》。该教育法提出向所有学生提供免费接受中等教育的原则,使中等教育成为连接初等教育和继续教育或高等教育的中间环节,基本实现普及 10 年义务教育的发展目标。《1944 年教育法》结束了第二次世界大战前英国教育制度发展不平衡的状况,形成了初等教育、中等教育和继续教育相互衔接的公共教育制度。该教育法既加强了国家对教育的控制,也完善了地方教育管理体制,进一步确立和完善了中央与地方在教育行政管理体制上相互合作的"伙伴关系"。故答案为 A。

6.【答案】D 【解析】1963 年的《罗宾斯报告》在高等教育改革方面较有影响。该文件探讨了英国高等教育如何为社会服务这一重大问题。报告建议应为所有在能力和成绩方面合格的、并愿意接受高等教育的人提供高等教育课程,此建议后被称为"罗宾斯原则",成为 20 世纪 60 年代高等教育大发展的政策依据。故答案为 D。

7.【答案】C 【解析】1972 年发表的《詹姆斯报告》(又称《师范教育和师资培训调查委员会的报告》),提出了一项全新的教师职前教育和在职培训计划,即著名的"师资培训三段法",把师资培训分成由个人高等教育、职前教育专业训练和在职进修三个阶段构成的统一体。该报告引起了英国政府的重视,其中一部分建议被采纳。该报告对英国乃至世界的教师教育都产生了重大影响,因此被誉为英国"教师教育宪章"。故答案为 C。

8.【答案】D 【解析】《1992 年继续教育和高等教育法》废除了存在近 30 年的二元制,建立了统一的高等教育体制,给英国高等教育带来了戏剧性变化;国家学位授予委员会赋予多科技术学院学位授予权,同意多科技术学院改名为大学,具有和大学相等的地位;统一了拨款机构,将教学与科研拨款分开。高等院校的经费,由原来的大学拨款委员会和理工学院拨款委员会提供,改为统一由高等教育拨款委员会提供;该教育法还建立了新的高等教育质量保证体系,主要包括质量控制,质量审查和质量评估。该法案成为英国高等教育体制结构变革的分水岭,标志着英国高等教育"双重制"的彻底终结与新型英国高等教育大众化框架的形成。故答案为 D。

二、分析论述题

【参考答案】1988 年,英国颁布重要教育改革法案,该法案对英国教育体制全面进行改革,主要内容涉及普通中小学教育的改革问题,也涉及高等教育、职业技术教育、教育管理、教育经费等多方面的内容。主要内容如下:

① 课程:规定实施全国统一课程,在 5~16 岁的义务教育阶段开设三类课程,即核心课程、基础课程和附加课程。

② 考试制度:建立与课程相联系的考试制度,规定在义务教育阶段,学生要参加四次全国性考试,分别在 7、11、14、16 岁时举行,作为对学生进行甄别和评估的主要依据。

③ 学校管理:改革学校管理体制,实施"摆脱选择"政策。"摆脱选择"是指所有中学和

学生数在300名以上的规模较大的小学,可以摆脱地方教育当局的控制,直接接受中央教育机构的领导;赋予学生家长为子女自由选择学校的权利。

④ 新型学校:建立一种新型的城市技术学校。这类学校采用校内教学与企业实践相结合的途径,培养企业急需的精通技术的中等人才。

⑤ 高等教育:废除高等教育的"双重制"。多科技术学院和其他学院将脱离地方教育当局的管辖,成为独立机构,取得和大学同等的法人地位。中央政府加强对高等教育的控制和对经费的管理。

评价:《1988年教育改革法》被认为是自《1944年教育法》以来,英国教育史上又一里程碑式的教育改革法案,对英国未来教育发展产生了长期的历史影响。

第二节 法国教育的发展

单项选择题

1.【答案】D 【解析】第一次世界大战以后,法国典型的"双轨制"教育作为一种不平等的形式,受到人们的抨击。在"新大学联合会"的倡导与组织下,法国掀起"统一学校运动"浪潮,主张法国的初等教育和中等教育应当相互衔接,高等教育要面向所有中学毕业生开放。他们认为统一学校主要能解决两个问题,即民主教育和择优录取。前者是使全体儿童在学校里都得到免费的基础教育;后者是使儿童接受智力选择,让不同的儿童能够进入不同的中学。故答案为D。

2.【答案】B 【解析】1919年《阿斯蒂埃法》的颁布,使法国职业技术教育成为一种国家管理的事业。该法在历史上有法国"技术教育宪章"之称。故答案为B。

3.【答案】D 【解析】1947年,以法国郎之万和瓦隆为主席的教育改革委员会提交了《教育改革方案》(又称《郎之万—瓦隆教育改革方案》),该法案提出实施6~18岁学生的免费义务教育:第一阶段为基础教育阶段(6~11岁)。儿童在尽可能接受幼儿园教育的基础上,于6岁开始进入初等学校,接受同样的普通课程教育,到11岁时结束。第二阶段是方向指导阶段(12~15岁)。在中等教育的前四年(12~15岁),为所有学生设置同样的课程,但由教师对学生的能力、禀赋、兴趣等进行系统观察,对其发展方向予以指导。第三阶段为决定阶段(16~18岁)。在四年方向指导性的中等教育阶段之后,学生分别进入三种不同类型的学校学习,即学术型学校、技术型学校、艺徒制学校。故答案为D。

4.【答案】A 【解析】1959年12月,法国政府颁布《国家与私立学校关系法》。该法案规定:国家采取"简单契约"或"协作契约"的形式,分别给予私立学校财政资助;但私立学校必须采用公立学校的生活规则和教学大纲,接受国家监督。这项法案加强了国家对私立学校的控制,同时也有利于天主教势力在法国的巩固和发展。故答案为A。

5.【答案】D 【解析】1968年,戴高乐政府将教育改革的重点移向高等教育。在法国巴黎大学生"五月风暴"运动的直接触动下,11月,法国议会通过并颁布了《高等教育方向指导法》(又称《富尔法案》)。该法的主要精神是确立了法国高等教育"自主自治、民主参与、多科性结构"三条办学原则。故答案为D。

6.【答案】D 【解析】1975年,法国议会通过了《法国学校体制现代化建议》(又称

《哈比法》），其重点是加强职业教育。但为加强职业教育，该《建议》对普通中小学校教育管理体制、教学内容、教学方法等都提出了一些改革措施。故答案为D。

7.【答案】A　【解析】1975年，法国议会通过了《法国学校体制现代化建议》（又称《哈比法》），对普通中小学校教育管理体制、教学内容、教学方法等做出了相应规定，加强职业教育。在课程类型上，实现"三分制教学法"，即把教学内容分为工具课程（数学、法语）、启蒙性课程（历史、地理、公民道德、自然科学、人文科学、艺术等）和体育课程三个部分。故答案为A。

第三节　德国教育的发展

单项选择题

1.【答案】B　【解析】1959年，德国教育委员会公布《改组和统一公立普通学校教育的总纲计划》，主要探讨如何改进普通初等和中等教育等问题。（1）在初等教育阶段，建议所有儿童均接受四年制的基础学校教育，然后再接受两年促进阶段的教育。促进阶段教育旨在给予学生充分发展能力和特长的机会，以便通过考试遴选进入不同类型的中等教育机构。（2）在中等教育阶段，建议设置三种中学：主要学校、实科学校和高级中学，分别培养不同层次的人才。故答案为B。

2.【答案】D　【解析】《汉堡协定》规定，在初等教育阶段，所有儿童应接受九年制义务教育，义务教育阶段应是全日制学校教育。所有儿童在接受基础学校教育和两年促进阶段或观察阶段教育之后，可以进入三种不同中学，即三至四年制的主要学校、四年制的实科学校和七年制的完全中学。在中等教育机构类型方面，主要学校为基本的中学类型。接收基础学校毕业后不能进入实科中学和完全中学的所有学生，为他们提供继续接受义务教育的机会。可见主要学校是层次最低的一种中学，主要为社会下层子弟开设。故答案为D。

3.【答案】C　【解析】1976年，联邦德国正式颁布了《高等学校总纲法》。其主要内容有：（1）正规高等学校修业年限为四年，无特殊情况不得延迟毕业；（2）对大学的任务、入学许可、学校内部人员机构构成、学校组织和管理、校长的任期、学历的认定等做了规定；（3）该法的精神实质是既保留传统大学民主自治的特色，又注重发掘大学的潜力，以适应新的国际竞争需要。故答案为C。

4.【答案】B　【解析】在德意志帝国时期，德国教育形成了典型的三轨学制，产生了三种学校：为下层阶级设立的国民学校、为中间阶级设立的中间学校、为上层阶级设立的文科中学。其中，国民学校和中间学校主要为学生就业或谋求较低一级职业做准备，文科中学注重古典人文学科，主要为学生升入大学做准备。故答案为B。

第四节　美国教育的发展

一、单项选择题

1.【答案】A　【解析】1913年，美国全国教育协会成立了"中等教育改组委员会"，重新研究中等教育的职能和目的问题，以提高中等教育的社会效益。该委员会于1918年提出了

《中等教育的基本原则》的报告,指出美国教育的指导原则应当是民主的原则,应当使每一个成员通过为他人和为社会服务的活动来发展他的个性。《中等教育的基本原则》不仅肯定了六三三学制和综合中学的地位,而且提出了中学是面向所有学生并为社会服务的机构的思想。故答案为 A。

2.【答案】D 【解析】"八年研究"的研究议题包括:(1)教育目的:通过实验,人们认识到,高中除了升学外,学校教育的目的主要是实现个人的发展并有效地协调个人与社会的关系。(2)教育管理:许多学校都采用不同的方式来安排课程和方法,但最有效的方式是全体教师共同参与对教学大纲的计划评价和再计划。(3)课程、方法的选择和安排:围绕生活单元进行课程的安排,成为实验的主要内容;在方法上则重视学生的反省思维和学生与教师间的协作。(4)评估工作:新的实验设计了许多对教育过程和目标的测验,形成了评定学生的标准,主要有知识能力、文化发展、实际判断、生活哲学、品格训练、情感和谐、社会适应、对社会问题的敏感性和身体健康等。故答案为 D。

3.【答案】B 【解析】1892 年,芝加哥大学校长哈珀率先提出把大学的四个学年分为两个阶段的设想。第一阶段的两年为"初级学院",第二阶段的两年为"高级学院";同时也把大学的课程分为两部分,前一阶段的课程类似于中等教育,后一阶段的课程类似于专业教育或研究生教育。19 世纪末至 20 世纪初兴起的初级学院运动,是这一时期美国高等教育发展中的一次具有重要意义的革新运动。它所创立的一种新的教育形式,有力地促进了美国高等教育的普及和发展。故答案为 B。

4.【答案】B 【解析】20 世纪以后,由于急需大批有文化和懂技术的熟练工人,美国的职业教育更受重视。1917 年,美国国会通过了由史密斯和休斯联合提出的议案,史称《史密斯—休斯法》。《史密斯—休斯法》的颁布对美国普通教育和职业教育的发展产生了重要影响,它使得普通教育开始由单一的升学目标,转向升学和就业的双重目标,加强了普通教育与社会的联系。同时,它也为美国职业教育的发展提供了有利的条件。故答案为 B。

5.【答案】A 【解析】1957 年,苏联人造卫星上天,美国举国震惊,开始反思自身的教育问题,并将教育提高到保卫国家的国防高度,要求对教育进行改革。在此背景下,于 1958 年颁布了《国防教育法》。故答案为 A。

6.【答案】A 【解析】《国防教育法》内容如下:(1)加强普通学校的自然科学、数学和现代外语("新三艺")的教学。为提高这些学科的教学水平,要求大力更新教学内容,设置实验室、视听设备、计算机等现代教学手段,提高师资的质量。(2)加强职业技术教育。要求各地区设立职业技术教育领导机构,有计划地开展职业技术训练。(3)强调"天才教育"。鼓励有才能的学生完成中等教育,攻读考入高等教育机构所必需的课程并升入该类机构,以便培养拔尖人才。(4)增拨大量教育经费。联邦政府拨款八亿多美元作为对各级学校的财政援助。故答案为 A。

7.【答案】B 【解析】20 世纪 60 年代,在中小学课程方面,美国进行了一次以布鲁纳结构主义为指导思想的教育改革,相关总结报告以《教育过程》为名发表。其主要观点是用结构主义教育思想指导编制课程结构;强调早期教育;逐级下放科学技术课程等。故答案为 B。

8.【答案】C 【解析】20 世纪 60 年代,美国的教育改革主要在三个方面进行:一是中小学的课程改革;二是继续改善教育机会不平等问题;三是发展高等教育,提高高等教育质量。

故答案为 C。

9.【答案】A 【解析】20 世纪 60 年代，为了继续改善教育机会不平等问题，美国进行了教育改革，1965 年，通过了《中小学教育法》。法案的主要内容为：(1) 提出中小学的教育目标：小学目标是加强普通文化科学知识的教育，为将来接受专业教育打好基础；中学目标是使学生学习各种科学知识技能，学会钻研科学的方法，为培养未来的学者、专家打基础。(2) 要求政府拨款奖励推动黑人和白人学生合校的工作，规定凡自动而认真合并的学校可以领取大量的补助费。(3) 制定了一系列对处境不利的儿童的教育措施和帮助政策。该法案对于中小学教育质量的提高和教育公平的实现具有重要作用。故答案为 A。

10.【答案】C 【解析】"返回基础"是美国 1976 年开始实施的，主要针对中小学校基础知识教学和基本技能训练薄弱的问题而开展。"返回基础"教育运动实质上是美国的一种恢复传统教育的思潮，否定了进步教育运动的基本主张，强调严格管理，提高教育质量。但是这一教育运动遭到了许多指责，认为它过分赞赏和重振传统教育，所以"返回基础"的呼声在 20 世纪 80 年代以后逐渐消沉。故答案为 C。

11.【答案】D 【解析】1983 年，美国中小学教育质量调查委员会提出《国家处在危险之中：教育改革势在必行》的报告。该报告建议：(1) 加强中学五门"新基础课"的教育。中学必须开设数学、英语、自然科学、社会科学、计算机课程，这些课程是现代课程的核心。(2) 提高教育标准和要求。小学、中学、学院和大学都要对学生的学业成绩和行为表现采取更严格的和可测量的标准。(3) 改进师资培养。提高教师的专业素质和专业能力、社会地位和物质待遇。(4) 各级政府应加强对教育改革的领导和实施。各级政府、学生家长及全体公民都要为实现教育改革的目标提供必要的财政资助。故答案为 D。

12.【答案】D 【解析】1991 年 4 月 18 日，美国总统布什签发《美国 2000 年教育战略》。《美国 2000 年教育战略》在分析美国教育存在问题的基础上，明确指出未来美国教育改革的基本目标包括：

(1) 所有美国儿童入学时乐意学习；(2) 中学毕业率将至少提高到 90%；(3) 每所学校要保证所有儿童具有应对挑战的能力，合理用脑，成为有责任感的公民，并为进一步学习和胜任富有创造性和挑战性的职业做好准备；(4) 美国学生在自然科学和数学方面的成绩要在世界上名列前茅；(5) 每个成年美国人将能读书识字，并掌握参与全球经济竞争的本领；(6) 每所美国学校将根绝毒品和暴力，为学生提供一个秩序井然的良好学习环境。故答案为 D。

二、简答题

1.【参考答案】19 世纪末至 20 世纪初兴起的初级学院运动，是这一时期美国高等教育发展中的一次具有重要意义的革新运动。它所创立的一种新的教育形式，有力地促进了美国高等教育的普及和发展。

(1) 初级学院运动内容：

1892 年，芝加哥大学校长哈珀率先提出把大学的四个学年分为两个阶段的设想。第一阶段的两年为"初级学院"，第二阶段的两年为"高级学院"；同时也把大学的课程分为两部分，前一阶段的课程类似于中等教育，后一阶段的课程类似于专业教育或研究生教育。

同年，加利福尼亚大学也对学校体制进行了改革，建立了"初级证书"制度。这种制度设想把大学的四年分为两个阶段，各为两年。学生在读完第一阶段并取得"初级证书"后，才能继续下一阶段的学习。

（2）实质和特点：

美国初级学院是一种从中等教育向高等教育过渡的教育。

① 招收高中毕业生，传授比高中稍广一些的普通教育和职业教育方面的知识。

② 初级学院由地方社区以及私人团体和教会开办，不收费或收费较低。

③ 学生就近入学，可以走读，无年龄限制，也无入学考试。

④ 初级学院课程设置多样，办学形式灵活，学生毕业后可直接就业，也可以转入四年制大学的三年级继续学习。

评价：美国初级学院运动的产生和发展是高等教育适应美国社会政治、经济和文化需要的产物。初级学院成为美国高等教育体系中的一个重要层次。第二次世界大战以后，美国初级学院发展速度加快。

2.【参考答案】 1957年，苏联卫星上天，美国朝野上下震惊，开始反思自身的教育问题，并将教育提高到保卫国家的国防高度，要求对教育进行改革。在此背景下，1958年颁布了《国防教育法》。

（1）加强普通学校的自然科学、数学和现代外语（"新三艺"）的教学。为提高这些学科的教学水平，要求大力更新教学内容，设置实验室、视听设备、计算机等现代教学手段，提高师资质量。

（2）加强职业技术教育。要求各地区设立职业技术教育领导机构，有计划地开展职业技术训练。

（3）强调"天才教育"。鼓励有才能的学生完成中等教育，攻读考入高等教育机构所必需的课程并升入该类机构，以便培养拔尖人才。

（4）增拨大量教育经费。1959—1962年联邦政府每年拨款8亿多美元作为对各级学校的财政援助。

《国防教育法》认识到教育在国际竞争中的重要性，教育与国家的安危和前途命运息息相关。它的颁布与实施有利于美国教育的发展，有利于教育质量的提高，有利于培养科技人才。

三、分析论述题

【参考答案】 20世纪60年代，美国的教育改革主要在三个方面进行：一是中小学的课程改革；二是继续改善教育机会不平等问题；三是发展高等教育，提高高等教育质量。

（1）中小学教育改革。

① **背景**：继1958年《国防教育法》颁行之后，美国对中小学教育质量表现出前所未有的关注。1959年9月，美国科学院邀请35位科学家、教育家、心理学家会商中小学课程改革问题。这次会议为20世纪60年代美国中小学课程改革指出了方向。

② 心理学家布鲁纳以《教育过程》为名发表了报告。该报告的基本思想是：强调早期教育，发掘儿童智力潜力；逐级下放科学技术课程，缩短高级知识与初级知识的

距离；用结构主义教育思想作指导，编制结构课程，并使之与教学过程结构和儿童的智力发展结构相适应，成为儿童可掌握的内容；鼓励学生用探索的发现式方法学习。

③**评价**：这次会议之后，关键的工作是编制教材，新教材编出后，在试用过程中暴露出一些问题，例如，教材知识艰深，只有少数教师经过训练才能使用，所以并未达到预期效果。

（2）教育机会平等。

①**背景**：20世纪60年代，为了继续改善教育机会不平等问题，美国进行了教育改革，于1965年通过了《中小学教育法》。

②**法案的主要内容包括**：

一是提出中小学的教育目标：小学目标是加强普通文化科学知识的教育，为将来接受专业教育打好基础；中学目标是使学生学习各种科学知识技能，学会钻研科学的方法，为培养未来的学者、专家打基础。

二是要求政府拨款奖励推动黑人和白人学生合校的工作，规定凡自动而认真合并的学校可以领取大量的补助费。

三是制定了一系列对处境不利的儿童的教育措施和帮助政策。

③**评价**：该法案对于中小学教育质量的提高和教育公平的实现具有重要作用。

（3）高等教育。

①**背景**：20世纪60年代，美国高等教育在联邦政府《高等教育设施法》《高等教育法》和《高等教育法修正案》等法案的指导下获得长足发展。

②**内容**：这些法律的精神实质与1958年的《国防教育法》如出一辙，强调大力培养科技人才，促进科技进步，增加对高等院校拨款，更新高校的教学和科研设施，提高学生的贷款和奖学金数额，改革课程和教学，提高教学质量。

③**评价**：高等教育的这些改革内容，对美国科学、技术、国防产生了促进作用，极大地增强了美国的综合国力及其在世界上称霸的实力。

第五节　日本教育的发展

单项选择题

1.【答案】D　【解析】1890年《教育敕语》的颁布，表明日本教育开始把儒家伦理道德规范与日本民族意识的培养结合起来，反映了日本政府统一思想和规范教育的要求。从此，日本各级教育的发展被纳入以强调民族主义和加强国家对教育控制的轨道。故答案为D。

2.【答案】C　【解析】为了适应社会对高级人才的需要，日本政府于1918年颁布了《大学令》。其主要内容有：(1)大学教育的目的是通过传授国家所需要的思想和知识，培养高水平的人才；(2)除国立大学外，允许设立私立大学和地方公立大学；(3)大学可以由几个学部组成，也可以设立单科大学，修业年限为3~4年；(4)大学招生对象主要是预科或高级中学高等部的毕业生，经过考核以后方可录取。《大学令》的颁布极大地促进了日本各类大学的发展。故答案为C。

3.【答案】B　【解析】1947年3月31日，日本国会公布了《教育基本法》和《学校教育法》，否定了战时军国主义教育政策，为二战后教育指明了发展方向。《教育基本法》提出的教育目标与战前法西斯军国主义教育政策截然不同，对二战后日本教育发展有积极意义，这是日本教育史上划时代的教育文献。故答案为 B。

4.【答案】D　【解析】《学校教育法》的内容包括：（1）在教育管理上，废除中央集权制，实行地方分权，新设教育委员会管理各地学校行政事务。（2）在学校制度上，采用六三三四制单轨学制，延长义务教育年限，从六年延长到九年。儿童 6 岁入学，男女儿童教育机会均等，一律实行男女同校制度。（3）在高级中学的教育目的上，高级中学以施行普通教育和专门教育为目的。高中按课程设置情况分为单科高中制和综合制高中两类。单科制高中又称职业高中，提供专门教育；综合制高中提供普通教育。（4）在高等教育机构类型上，将原来多种类型的高等教育机构为单一类型的大学。大学以学术为中心，传授和研究高深学问，培养学生研究和实验的能力。《学校教育法》是《教育基本法》的具体化，使二战后日本教育系统有了法律保障。但有些条款还不完善，后来经过多次修订和补充。故答案为 D。

5.【答案】A　【解析】1984 年日本国会成立的"临时教育审议会"和 1987 年文部省成立的"教育改革推进本部"，成为 20 世纪 80 年代以来日本教育改革的领导机构。"临时教育审议会"提出要培养青年一代具有广阔的胸怀、强健的体魄和丰富的创造力，具有自由、自律的品格和公共精神，成为面向世界的日本人；要重视个性原则、国际化原则、信息化原则和向终身教育体制过渡的原则。同时，在措施上，全面修订中小学的教学大纲，建立新的教科书制度，建立包括六年制中等学校、学分制高中在内的学习年限弹性化的后期中等教育结构，振兴学前教育和残疾人教育。故答案为 A。

6.【答案】A　【解析】在 20 世纪 90 年代后期，推动"国立大学法人化"则是日本高等教育管理体制改革的一部"重头戏"。"国立大学法人化"就是改变国立大学的性质，使其从政府直接下属的机构转变成具有法人资格的独立机构。作为独立法人的国立大学在学校办学、运营方面获得了许多超出作为政府下属机构的国立大学所拥有的自主权。故答案为 A。

第六节　苏联教育的发展

一、单项选择题

1.【答案】A　【解析】苏维埃政权建立初期（1917—1930 年），苏联所进行的教育改革是在"把学校从资产阶级的阶级统治工具变为彻底消灭阶级划分的工具""变为社会的共产主义改造的工具"的思想指导下进行的。重大措施有：（1）建立无产阶级的教育领导机构，实行民主化、非宗教化的国民教育原则；（2）建立新的学校教育制度——统一劳动学校；（3）改革教学内容和方法，编写新教材；（4）团结、教育和改造教师；（5）开展大规模的扫盲运动。故答案为 A。

2.【答案】B　【解析】十月革命后，从地主、资产阶级手中夺回教育的领导权，彻底改革教育管理体制，成了苏维埃政府的首要任务。1917 年 10 月，苏联教育人民委员部建立，并成立了国家教育委员会作为全苏联教育的领导机构。同时颁布法令，提出"教会与国家分离，学校与教会分离"，禁止在任何学校中讲授宗教教义和举行宗教仪式，取得了一定成效。故答案为 B。

3.【答案】B 【解析】1918年,国家教育委员会制定了《统一劳动学校规程》和《统一劳动学校基本原则》(又称《统一劳动学校宣言》),旨在建立一种各阶层居民都能入学的统一劳动学校,以完成普遍教育的任务。这是苏联教育史上第一个重要的教育立法,在世界教育史上第一次贯彻了非宗教的、真正民主的、社会主义的教育原则。故答案为B。

4.【答案】A 【解析】建立统一劳动学校、开展大规模的扫盲运动是苏维埃政权初创时期的任务之一。解决升学与就业的矛盾是第二次世界大战以后教育改革的任务之一。改革普通学校的教学内容和教学方法是20世纪20年代苏维埃政权教育改革的中心议题。1920年颁布的教学计划,删除宗教教学,加强物理、化学等自然科学的教学,将苏俄宪法等社会历史学科放在重要地位,对于体育和美育也给予极大的重视。1923年,又公布了《综合课教学大纲》(也称《单元教学大纲》),与此同时,苏联的学校相应地改变了教学方法,开始采用"劳动教学法"。主张废除教科书,广泛推行"工作手册""活页课本"等。故答案为A。

5.【答案】D 【解析】1921—1925年,国家学术委员会的科学教育组编制并正式公布了《国家学术委员会教学大纲》(通称综合教学大纲或单元教学大纲)。在知识编排上,它完全取消学科界限,将指定要学生学习的全部知识,按自然、劳动和社会三个方面的综合形式来编排,并以劳动为中心。故答案为D。

6.【答案】A 【解析】1931年,联共(布)中央和苏联政府颁布了《关于小学和中学的决定》。这个决定可以说是20世纪30年代苏联改革和发展国民教育的纲领性文件。该《决定》对学校的基本任务、教学方法、中小学的物质基础以及学校管理等方面提出了明确的要求和具体的改进措施,强调系统知识和传统的教学方法。故答案为A。

7.【答案】D 【解析】集体主义教育是马卡连柯教育思想的核心。在社会主义社会里,每一个人都不能离开集体而单独存在,同时每一个人的创造性和力量也只有在集体中才能得到充分发挥。苏维埃教育的任务只能是培养集体主义者,而要培养集体主义者就必须在集体中通过集体并为了集体来进行教育。马卡连柯反复强调,个人对个人的影响是一种狭隘的、有限的因素,只有通过统一的和有影响的集体,才能在儿童意识中唤起强大的舆论力量,形成调节和约束学生行为的因素,充分发挥他们的聪明才智,逐步形成集体主义者的思想、信念和行为习惯。故答案为D。

8.【答案】B 【解析】良好的纪律是通过正确合理的教育产生的。纪律首先不是教育的手段,而是教育的结果,当纪律形成后才成为教育的手段。那么,在什么基础上进行纪律教育?马卡连柯主张,严格要求与尊重相结合。他明确提出,"要尽量多地要求一个人,同时也要尽可能地尊重他"。马卡连柯纪律教育的方法主要有:诱导(鼓励)、督促、惩罚,但不许体罚。故答案为B。

9.【答案】C 【解析】克鲁普斯卡娅是俄国第一位马克思主义教育家,是苏联著名的社会主义教育理论家和组织者,是苏维埃教育学的奠基人之一,其主要代表作有《国民教育和民主主义》等。故答案为C。

10.【答案】A 【解析】赞科夫是苏联著名的心理学家和教育家。其主要的代表作有《和教师的谈话》《教学与发展》等。赞科夫把当时苏联侧重于知识传授和技能训练的小学教学体系称之为传统教学体系,把他的着眼于学生的一般发展的实验教学体系称之为小学教学的"新体系"。他认为,对这种传统的小学教学体系必须进行根本的改革,而实现这种改革的教学论核心是:教学过程要使学生的一般发展取得成效。故答案为 A。

11.【答案】C　【解析】赞科夫的"发展教学论",其中以高难度进行教学的原则,在实验教学体系中起决定性的作用。难度的含义是要求学生通过努力克服障碍。(1)在教学内容上,它要求增加系统的理论知识的分量,使儿童"能认识现象的相互依赖性及其内在的本质联系";(2)在教学方法上,要尽力使学生过紧张的甚至是沸腾的精神生活,学会独立思考和推理,独立地探求问题的答案;(3)高难度并不意味着越难越好,困难的程度要控制在学生的"最近发展区"的范围内。故答案为 C。

12.【答案】C　【解析】巴班斯基是苏联著名的教育家,教学论专家,苏联教育科学院院士。20 世纪 70 年代,为了克服学生普遍存在的留级、学习成绩不佳的现象,苏联教育家巴班斯基提出,要对学校教学进行整体优化。教学过程的最优化是指在一定的教学条件下寻求合理的教学方案,使教师和学生花最少的时间和精力获得最好的教学效果,使学生获得最好的发展。故答案为 C。

13.【答案】A　【解析】苏霍姆林斯基认为,学校教育的理想是培养全面和谐发展的人。针对当时苏联学校教育的弊端,他提出和谐教育的思想。他认为,没有也不可能有抽象的学生,每个孩子都是一个世界——完全特殊的、独一无二的世界。和谐的教育要求不要以分数取人,不要只用一把尺子去衡量学生,不要让上课、评分成为人的精神生活的唯一内容。为了培养全面和谐发展的人,就必须深入地改善整个教育过程。故答案为 A。

二、分析论述题

【参考答案】(1)20 世纪 20 年代的学制调整和教学改革实验。

① **综合教学大纲**。

1921—1925 年,国家学术委员会的科学教育组编制并正式公布了《国家学术委员会教学大纲》(通称"综合教学大纲"或"单元教学大纲")。新大纲的主要特点有:完全取消学科界限,将指定要学生学习的全部知识,按自然、劳动和社会三个方面的综合形式来编排,并以劳动为中心;按照生活中所遇到的重要事件,如季节、节日等划分成若干个单元,逐单元地组织教学。新大纲试图打破学科界限,加强教学内容同生活的联系,其出发点是好的,但综合教学大纲实际上破坏了各门学科之间的内在逻辑,曲解了教学活动与现实生活之间的联系,因而削弱了学校中系统的基础理论知识学习和基本的读、写、算能力的训练。

② **劳动教学法**。

1923 年,在实施综合教学大纲的同时,苏联的学校相应地改变了教学方法,采取了"劳动教学法"。劳动教学法是在自然环境中,在劳动和其他活动中进行教学;主张废除教科书,甚至提出"打倒教科书"的口号,广泛推行"工作手册""活动课本""杂志课本"等;主张取消班级授课制,实行道尔顿制和设计教学等。

(2)20 世纪 30 年代教育的调整、巩固和发展。

1931 年,苏联政府颁布了《关于小学和中学的决定》。这个决定可以说是 20 世纪 30 年代苏联改革和发展国民教育的纲领性文件。具体内容包括:① 立刻组织对教学大纲进行马克思主义的科学研究工作,保证在教学大纲中有范围明确的各种系统知识;② 要求在学校中采取有助于培养主动的、积极的社会主义建设参加者的各种新的教学方法,坚决反对轻率鲁莽的教学法上的空洞计划;③ 反对大规模地传播没有预先在实践中检验过的方法;④ 要求学生的一切社会生产劳动必须服从于学校的教育和教学目的;⑤ 强调在苏维埃学校中必须坚持共产主义教育,反对向儿童灌输反无产阶级的思想意识;⑥ 要求各加盟共和国的教育人民委员部必须保证实现学校管理方面的"一长负责制"。

该《决定》对克服苏联普通学校工作中存在的缺点,进一步改进学校教学、教育工作,提高教学质量,使之更加适合于社会主义建设的需要具有极其重要的意义,因而被认为是"党的最重要的决定""它使全党的注意力转向了学校问题"。但在实际执行这一决定的过程中,却过分强调对学生的知识教育,结果导致学校工作走上了另一极端,即忽视学生的劳动教育。

第十一章　现代欧美教育思想

大纲考点导图

①改造主义教育　②要素主义教育　③教育的性质永恒不变　④教育目的是培养基督教徒和有用的公民　⑤教育目的使学生实现"自我完成"　⑥提倡发现法和发现学习　⑦教育目标是培养完整的人

考点演练

第一节　杜威的教育思想

一、单项选择题

1.【答案】A　【解析】杜威创办的是芝加哥实验学校；哥伦比亚大学师范学院是美国进步教育运动的中心；皮肯希尔学校是英国哲学家、教育家罗素和妻子朵拉开办的；"生活学校（隐修学校）"是比利时教育家、心理学家德可乐利创办的。故答案为A。

2.【答案】A　【解析】杜威认为，教育无目的。他反对外在的、固定的、终极的教育目的。他认为，外在的教育目的不能顾及儿童的兴趣和需要；固定的目的呆板僵化，不具灵活性，不能适应变化了的具体情况；终极的目的是一种理论上的虚构，因为世界是不断变化的。杜威所希求的是过程内的目的，这个目的就是"生长"。杜威主张以生长为教育的目的主要意旨：反对外在因素对儿童发展的压制；要求教育尊重儿童愿望和要求，使儿童从教育本身中，从生长过程中得到乐趣。故答案为A。

3.【答案】C　【解析】杜威反对教育为固定的成人生活做准备。杜威认为，教育是生活的过程，而不是将来生活的预备。他强调的生活是现在的、儿童的生活，要求教育重视儿童现在生活的内在价值，使儿童从目前的生活中得到乐趣，而不仅仅将现在的生活视为为另一种生活做准备的工具与手段。杜威提出的"教育即生活"有两个方面的基本含义：一是要求学校与社会生活结合；二是要求学校与儿童的生活结合。这两个方面实际上是要求改革不合时宜的学校教育，使学校生活成为社会生活与儿童生活的契合点，从而既合乎社会需要亦合乎儿童需要。故答案为C。

4.【答案】B　【解析】杜威提倡反省思维，是指对某个经验情境中的问题进行反复的、严肃的、持续不断的思考，其功能在于求得一个新情境，把困难解决、疑虑排除、问题解答。因此，反省思维是一种解决经验中存在的问题的方法，一种使人明智的经验与行动的方法。故答案为 B。

5.【答案】A　【解析】杜威认为,道德教育的任务是协调个人与社会的关系,培养民主品格。在个人与社会关系上,他反对个人至上论和社会至上论,反对将社会和个人割裂开来,认为个人的充分发展是社会进步的必要条件,社会的进步又可以为个人的发展提供更好的基础。他反对过分强调个人自由和竞争的旧个人主义,而提倡强调人与人之间的合作。故答案为 A。

二、辨析题

1.【参考答案】错误。

杜威的"教育无目的说"并不是说教育真的没有什么目的,教育当然有其目的。杜威的原意是教育除自身之外无目的,教育无目的就是这个缩略的说法。

杜威区分了教育过程以内的目的和教育过程以外的目的。前者主要指由儿童的本能、冲动、天性和兴趣等决定教育历程的目的;后者主要指家长或教师给予儿童以教育目的,从外部硬性介入教育历程。所以,杜威所言的教育无目的说,主要是指教育历程以外无目的,真正的教育目的内在于教育历程。它和历程合而为一。因此,杜威的教育无目的论是对于传统教育目的论(即脱离儿童由成人决定教育目的)的一种纠正。在他看来,教育有内在的目的。故题干表述错误。

2.【参考答案】错误。

直接经验是指亲身参加实践而获得的知识,间接经验通常指从书本或他人的实践活动中获得的知识。

杜威的"从做中学""从经验中学"并没有把个人直接经验与人类间接经验对立起来,他并不反对间接经验本身,而是反对传统教育中那种不顾儿童接受能力的直接灌输、生吞活剥式的获得间接经验的方式。他看到了个人直接经验的局限性,强调使儿童最终获取较系统的知识而同时又能在学习过程中考虑到儿童的心理水平。故题干表述错误。

三、简答题

1.【参考答案】杜威"教育即生活"的基本内涵是:

(1)**教育是生活**过程。杜威认为,教育是生活的过程,学校是社会生活的一种形式,即学校生活也是生活的一种形式。

(2)**理想的学校生活**。杜威认为,① 学校生活应与儿童自己的生活相契合,满足儿童的需要和兴趣,使儿童在现实的学校生活中得到乐趣;② 学校生活应与学校以外的社会生活相契合,适应现代社会变化的趋势,并成为推动社会发展的重要力量。

2.【参考答案】杜威的思维五步法(五步探究教学法)包括:

第一,学生要有一个真实的经验的情境——要有一个对活动本身感兴趣的连续的活动。

第二,在这个情境内部产生一个真实的问题,作为思维的刺激物。

第三,通过观察、搜集事实材料并联系实际,提出解决疑难问题的各种假设。

第四,判断哪一种假设能解决问题。

第五,通过进一步的观察和实验,用行动检验假设。

这五个阶段的顺序不是固定的,在实际思维过程中,并不是按一定的次序逐个地出现,有时两个阶段可以合二为一。

四、分析论述题

【参考答案】 杜威是20世纪美国著名的哲学家、社会学家和教育家,美国实用主义教育理论和进步教育运动的主要代表人物。主要著作有《民主主义与教育》《我的教育信条》《学校与社会》等。

（1）论教育的本质。

一是教育即生活。 杜威认为,教育是生活的过程,学校是社会生活的一种形式;学校生活应与儿童自己的生活相契合,满足儿童的需要和兴趣;学校生活应与学校以外的社会生活相契合,适应现代社会变化的趋势,并成为推动社会发展的重要力量。

二是学校即社会。 "学校即社会"意在使学校生活成为一种经过选择的、净化的、理想的民主社会生活,使学校成为一个合乎儿童发展的雏形的社会。而要将此落到实处,就必须改革学校课程,即从分科课程转变为活动课程。

三是教育即生长。 "教育即生长"实质上是在提倡一种新的儿童发展观和教育观。杜威针对当时的教育无视儿童天性,消极地对待儿童,不考虑儿童的需要和兴趣的现象,提出"教育即生长",要求一切教育和教学要适合儿童的心理发展水平和兴趣、需要的要求。

四是教育即经验的不断改造。 "教育即经验的改造"是指构成人的身心的各种因素在外部环境和人的主动经验过程中统一的全面改造、全面发展、全面生长的连续过程。这也是教育无目的、做中学、五步探究教学法的思想基础。

（2）论教育的目的。

一是教育无目的。 杜威反对外在的、固定的、终极的教育目的,杜威所希求的是过程内的目的,这个目的就是"生长"。教育的过程,在它自身以外没有目的,它就是它自己的目的。

二是教育的社会性目的是民主,教育为社会进步服务、为民主制度完善服务。 教育是社会改良和进步的基本方法。在民主社会中,个人发展与社会的进步是统一的。教育要培养具有良好公民素质、民主理想和民主生活能力的人。

（3）论课程与教材。

一是"做中学"。 在经验论的基础上,杜威要求从做中学、从经验中学,要求以活动性、经验性的主动作业来取代传统书本教材的统治地位。这种活动性、经验性课程包括园艺、烹饪、印刷、纺织、油漆、绘画、唱歌等形式。

二是"教材心理化"。 教材心理化是指把各门学科的教材或知识的各部分恢复到它被抽象出来之前的原来的经验,也就是把间接经验转化为直接经验,即直接经验化。之后再把直接经验组织化,从而形成能提供给有技能的、成熟的人的教材形式。

（4）论思维与教学方法。

一是反省思维。 杜威提倡反省思维,是指对某个经验情境中的问题进行反复的、严肃的、持续不断的思考,其功能在于求得一个新情境,把困难解决、疑虑排除、问题解答。

二是五步教学法(五步探究教学法)。 杜威根据科学的实验主义探究方法和反省思维方式,提出了五步教学法:创设疑难的情境;确定疑难所在;提出解决问题的种种假设;推断哪个假设能解决问题;验证这个假设。

(5)论道德教育。

一是道德教育的任务是协调个人与社会的关系,培养民主品格。 他认为,个人的充分发展是社会进步的必要条件,社会的进步又可以为个人的发展提供更好的基础。他提倡强调人与人之间的合作、强调社会责任的和理智作用的新个人主义。

二是道德教育的途径。 教育的道德性和教育的社会性是相通的,道德教育应该在社会性的情境中进行。学校生活、教材、教法是道德教育的重要途径。

三是道德教育的方法。 杜威将道德教育的原理分为社会方面和心理方面。前者决定应当做什么,后者决定应当如何做。

评价: 杜威是西方现代教育派的理论代表。他对传统教育的整个理论体系进行了挑战,奠定了现代教育的理论大厦的基石。他的教育思想对现代教育产生了广泛而深远的影响。

第二节　现代欧美教育思潮

一、单项选择题

1.【答案】C　【解析】改造主义教育形成于20世纪30年代,是实用主义教育的一个分支。改造主义教育是一种把"社会改造"作为教育的主要目的和强调学校成为"社会改造"的主要工具的教育思潮。代表人物为康茨、拉格、布拉梅尔德。改造主义教育认为,教师的主要职责是劝说教育。改造主义教育家反对灌输式的教育和学习,强调教师应该通过民主的讨论和劝说教育,培养学生的"社会一致"的精神。故答案为C。

2.【答案】B　【解析】永恒主义教育也称"新古典主义教育",产生于20世纪30年代,是现代欧美国家一种强调理性训练以及人的理性和教育基本原则的永恒性的教育思潮。代表人物是美国教育家赫钦斯、阿德勒,法国教育家阿兰,英国的利文斯通等。强调教育的性质永恒不变。永恒主义把教育理解为是对人之所以为人的永恒不变的理性、道德和精神力量的培养,并试图从人类历史文化遗产中选择永恒的学科内容,发展人的理性也是教育永恒不变的原则。故答案为B。

3.【答案】D　【解析】1938年在美国成立"要素主义者促进美国教育委员会",从此要素主义教育形成。要素主义教育强调教师在教育和教学中的核心地位,认为应该把教师放在整个教育体系的中心,充分发挥教师的核心地位的作用,确立教师的权威。教师必须具有一流的头脑和渊博的知识,精通所教的科目,了解学生在学习过程中的心理,具有很强的传授知识的能力,并能全心全意地献身于自己的工作。故答案为D。

4.【答案】C　【解析】要素主义教育强调教学过程必须是一个严格的训练智慧的过程。真正的教育就是智慧的训练,因此,学校要提高智力标准,注重思维能力的严格训练。学校还要注意"天才"的发掘和培养,发现最有能力的学生,激发他们最大的潜力。故答案为C。

5.【答案】B 【解析】新托马斯主义教育是现代欧美国家一种以托马斯·阿奎那宗教神学理论为思想基础的、提倡基督教教育和希望培养"真正的基督徒"的教育思潮。20世纪30年代产生于意大利、法国等西欧国家,二战后也在美国流行,代表人物是法国教育家马里坦。新托马斯主义认为,教育应该以宗教为基础,以神性为最高原则。如果学校排除宗教教育,那就违背了教育的最高原则。故答案为B。

6.【答案】C 【解析】永恒主义教育也称"新古典主义教育",产生于20世纪30年代,是现代欧美国家一种强调理性训练以及人的理性和教育基本原则的永恒性的教育思潮。其认为应当把阅读古典名著作为最好的学习材料,通过阅读名著可以探索其所蕴含的人类重大问题和原理,使人的心灵获得见解和领悟力。故答案为C。

7.【答案】D 【解析】结构主义教育是现代欧美国家一种强调认知结构的研究和认知能力的发展的教育思潮。它以结构主义心理学为理论基础,侧重研究课程教学改革问题,对西方教育界有很大的影响。代表人物为美国心理学家布鲁纳。结构主义教育的主要观点包括:(1)教育应重视学生的认知能力发展;(2)注重掌握各门学科的基本结构;(3)尽早教授学科的基础知识;(4)倡导发现法和发现学习;(5)教师是结构教学的主要辅助者。故答案为D。

8.【答案】B 【解析】存在主义教育是以存在主义哲学为基础的一种教育思想。存在主义哲学是一种以人的存在为研究对象的哲学。存在主义教育的目的在于使学生实现"自我完成"。认为教育应该使学生通过"自我表现""自我肯定"而意识到自我的存在,并能作为一个自由的人更好地生活下去,实现"自我完成"。故答案为B。

9.【答案】A 【解析】终身教育是现代欧美国家一种强调把教育贯穿人的一生的教育思潮。它源于20世纪20年代中期的英国,50年代中期兴起于法国,60年代后在世界上得到广泛的传播。终身教育现已成为一种被视为未来教育战略的国际性教育思潮。故答案为A。

10.【答案】D 【解析】人本主义教育思潮是20世纪70年代后在美国盛行的、以人本主义心理学为理论基础的一种现代教育思潮,把人本主义心理学直接应用于教育领域。试图通过挖掘人类理智与情感诸方面的整体潜力来确立人的价值。代表人物是马斯洛、罗杰斯、弗洛姆。人本主义教育主张课程人本化,提出"一体化"课程,主张课程内容应建立在学生需要、生长的自然模式和个性特征基础上,体现出思维、情感和行动之间的相互渗透和相互作用。故答案为D。

11.【答案】D 【解析】新传统教育派教育思潮是20世纪30年代在欧美国家出现的。它与"现代教育"派教育思潮(实用主义教育、新教育、进步主义教育)相对立,而坚持传统教育派的观点。最为典型的是永恒主义教育、要素主义教育和新托马斯主义教育,这三者统称为新传统教育思潮。故答案为D。

12.【答案】A 【解析】新行为主义教育的观点有:① 教育就是塑造人的行为;② 按照程序进行教学;③ 让学生在学习中运用教学机器;④ 教育研究应该以教和学的行为作为研究的对象。故答案为A。

13.【答案】A 【解析】多元文化教育思潮的观点有:① 尊重文化的多元与平等;② 强调文化的整合互动;③ 追求全纳教育的公平与正义;④ 提倡个性化教育。故答案为A。

二、分析论述题

1.【参考答案】（1）简介：改造主义教育形成于20世纪30年代，是实用主义教育的一个分支。改造主义教育是一种把"社会改造"作为教育的主要目的和强调学校成为"社会改造"的主要工具的教育思潮。代表人物为康茨、拉格、布拉梅尔德。

（2）主要观点。

① **教育应当以"改造社会"为目标**。改造主义教育是"危机时代"的教育理论，危机时代的教育目的就是要改造社会，旨在通过教育为社会成员建设社会新秩序和实现人们共同生活的理想社会。

② **教育应当重视培养"社会一致"的精神**。"社会一致"的精神是指消除彼此之间的分歧，培养人们的群体意识和集体心理，形成人们共同的理想、信念及习惯，使之在口头上和行动上表现一致，最终实现一个民主的富裕社会。

③ **教育工作应当以行为科学为依据**。行为科学使教育和文化新目的的确定成为可能。行为科学革命要求教育重新考察它的整个结构，并考虑编排教材的新方法、组织教学过程与学习过程的新途径、确定学校与社会的目的的新方法。

④ **课程教学应当以社会问题为中心**。教学内容应当突出科学、工艺，还包括一些重要的课题，如贫困与种族歧视、环境污染、战争等。通过对这些问题的分析，培养学生关心社会的积极态度和解决社会问题的能力。

⑤ **教师的主要职责是劝说教育**。改造主义教育家反对灌输式的教育和学习，强调教师应该通过民主的讨论和劝说教育，培养学生的"社会一致"的精神。

（3）评价：改造主义虽然在教育理论上有一定影响，但因为与美国的社会性质不符，在美国教育实践中影响不大。20世纪60年代后受到冷落和批评，其根本原因就在于它往往停留在空泛的理论上，没有提出切实可行的方案。

2.【参考答案】（1）简介：要素主义教育是20世纪30年代末作为实用主义教育和进步教育的对立面出现的。1938年在美国成立的"要素主义者促进美国教育委员会"是要素主义教育形成的标志。代表人物是巴格莱、贝斯特、科南特。

（2）主要观点。

① **学校课程的核心是人类文化遗产的"共同要素"**。在人类的文化遗产中，存在着永恒不变的、共同的、超时间和空间的要素，它们是种族文化和民族文化的基础。教育的最重要功能就是尽可能高水平地保持共同的文化。要素主义教育家特别强调"新三艺"，即数学、自然科学和外语。

② **教学过程必须是一个严格的训练智慧的过程**。真正的教育就是智慧的训练，因此，学校要提高智力标准，注重思维能力的严格训练。学校还要注意"天才"的发掘和培养，发现最有能力的学生，激发他们最大的潜力。

③ **学生在学习上必须刻苦和专心**。对学生的学习应该坚持严格的学业标准，促使学生刻苦和专心地学习。因为只有强调"努力"，才能实现最有价值的学习。如果学生对学习"共同

要素"不感兴趣,那就要强迫他们学习。

④ **强调教师在教育和教学中的核心地位**。应该把教师放在整个教育体系的中心,充分发挥教师的核心地位的作用,确立教师的权威。教师必须具有一流的头脑和渊博的知识,精通所教的科目,了解学生在学习过程中的心理,具有很强的传授知识的能力,并能全心全意地献身于自己的工作。

（3）评价:要素主义主张系统知识的学习和传授,强调学习内容的逻辑性、连贯性、顺序性,反对任凭儿童兴趣放任自流的所谓"做中学",这对于匡正进步主义教育所带来的弊端、提高教育质量、培养合格人才具有积极意义。

3. 【参考答案】（1）简介:在现代欧美教育思潮中,终身教育是一种在国际上具有重要影响的教育理论。20世纪50年代中期产生于法国,60年代后在世界上得到了广泛传播。主要代表人物是法国的朗格朗,其著作《终身教育引论》被公认为终身教育思想的代表作。

（2）终身教育的含义。

终身教育包括教育的各方面的、各项内容,从一个人出生的那一刻起一直到生命终结时为止的不间断的发展,也包括了在教育发展过程中的各个阶段之间的紧密而有机的内在联系。简言之,终身教育是指持续一生的教育过程,也指正规和非正规教育的总和,还意味着社会应为受教育者提供各种可供选择的教育机会。

（3）终身教育思潮主要观点。

① **将教育贯穿于人的一生的各个阶段**。终身教育是指持续一生的教育过程,也指正规和非正规教育的总和。

② **主张教育的社会整体性**,即打破家庭教育、学校教育、社会教育之间彼此隔离的状态,把人生各个阶段影响人的发展的各种因素有机地结合起来。

③ **终身教育的目标在于实现更美好的生活**,在于使人过一种更和谐、更充实和符合生命真谛的生活。具体目标是培养新人,实现教育民主化。

④ **终身教育没有固定的学习内容,强调人要"学会学习"**,即养成学习的习惯和获得继续学习所需的各种能力,更好地应对新的挑战。

⑤ **终身教育的实施原则是使教育成为使人成功履行生活职责的工具**。终身教育是未来教育发展的战略。终身教育对于实现教育机会均等和建立学习化社会具有积极意义。

（4）终身教育的特点与影响。

① **终身教育现已成为一种具有广泛影响的国际性教育思潮**。其主要特点有三:一是注重人的终身学习和教育的整体性;二是强调教育的民主化;三是凸显出国际性。

② **终身教育思潮自20世纪60年代兴起以后在教育领域引起了深刻而广泛的革命**,并成为建立学习化社会的象征。《终身教育引论》曾被译为17种文字而广泛流传。世界上许多国家也将终身教育作为国家教育改革和发展的战略重点。旨在学会生存、学会学习、学会关心的终身教育理论和模式必将改变未来教育的面貌。

第四部分　教育心理学

第一章　教育心理学概述

①学习心理　②理解和说明　③客观性原则　④实验法　⑤定性分析和定量分析相结合

第一节　教育心理学的研究对象和研究任务

单项选择题

1.【答案】D　【解析】教育心理学研究正是围绕教与学的相互作用过程而展开的,包括学习心理、教学心理、学生心理和教师心理四大部分内容。故答案为D。

2.【答案】D　【解析】教育心理学的研究任务：描述和测量、理解和说明、预测和控制。故答案为D。

第二节　教育心理学的历史发展

单项选择题

1.【答案】A　【解析】1903年,美国心理学家桑代克出版了《教育心理学》,使教育心理学成为一门独立学科,标志着教育心理学的正式诞生,桑代克也因此被誉为"教育心理学之父"。故答案为A。

2.【答案】A　【解析】桑代克出版的《教育心理学》,是西方第一本以教育心理学命名的专著,标志着教育心理学的诞生,属于教育心理学的初创时期,而不是发展时期。故答案为A。

3.【答案】A　【解析】俄国教育家乌申斯基于1867年出版的《教育人类学(第一卷)》不仅在俄国教育心理学发展史上有重大意义,而且对于世界各国研究教育心理学发展史的工作都是不可忽视的一部重要著作。俄国教育家卡普捷列夫撰写的《教育心理学》一书于1877

年出版,这是迄今为止最早正式以"教育心理学"来命名的一部教育心理学著作。故答案为 A。

4.【答案】B 【解析】1924 年,廖世承编写了我国第一本《教育心理学》教科书,该书主要参考了桑代克等人的教育心理学著作,结合了我国当时的实验材料。故答案为 B。

第三节 教育心理学研究的原则与方法

单项选择题

1.【答案】B 【解析】在进行教育心理研究时,研究的选题、使用的方法和程序不应损害被试(即被研究者)的身心发展,而应该符合教育性原则。特别是当被试是儿童时,由于其身心正处在发展阶段,认识能力较差,而且善于模仿,研究者更要注意这个问题。故答案为 B。

2.【答案】A 【解析】调查法是通过各种途径,如问卷、访谈等,间接了解被调查者心理活动的一种研究方法。调查法总体上易于进行,但在调查的过程中往往会因为被调查者记忆不够准确等原因使调查结果的可靠性受到影响。故答案为 A。

第二章 心理发展与教育

①感知运动阶段 ②形式运算阶段 ③0~1.5岁 信任感对怀疑感 ④12~18岁 角色同一对角色混乱 ⑤9~15岁 习俗水平 ⑥微观系统 ⑦时间纬度(历时系统)

第一节 心理发展一般规律与教育

单项选择题

1.【答案】D 【解析】心理发展是指个体从胚胎期经由出生、成熟、衰老一直到死亡的整个生命过程中所发生的持续而稳定的内在心理变化过程。心理发展反映的是个体心理随年龄的增长而出现的持续而稳定的系列变化过程,主要包括认知发展和人格发展两大方面。故答案为D。

2.【答案】A 【解析】认知是指人们获得知识、应用知识的过程,或信息加工的过程。这是人的最基本的心理过程。认知包括感觉、知觉、记忆、思维、想象和语言等。人脑接受外界输入的信息,经过头脑的加工处理,转换成内在的心理活动,进而支配人的行为,这个过程就是信息加工的过程,也就是认知过程。而情感和态度属于人格的内容,人格体现在一个人的思想、情感、性格、意志力、动机、兴趣、价值观、世界观等方面。故答案为A。

3.【答案】C 【解析】人格主要是指人所具有的与他人相区别的独特而稳定的思维方式和行为风格,它是具有一定倾向性的和比较稳定的心理特征的总和。人格具有独特性、统合性、功能性和稳定性等特征。人格体现在一个人的思想、情感、性格、意志力、动机、兴趣、价值观、世界观等方面。感觉、知觉属于认知。故答案为C。

4.【答案】C 【解析】人格决定一个人的生活方式,甚至决定一个人的命运,因而是人生成败的根源之一。当面对挫折与失败时,坚强者能发奋拼搏,懦弱者会一蹶不振。这就是人格功能的表现。故答案为C。

A项:独特性:一个人的人格是在遗传、环境、教育等因素的交互作用下形成的。不同的遗传、生存及教育环境,形成了各自独特的心理特点,所谓"人心不同,各有其面",这就是人格的独特性。

B项:统合性:人格是由多种成分构成的一个有机整体,具有内在统一的一致性,受自我意识的调控。人格统合性是心理健康的重要指标。当一个人的人格结构在各方面彼此和谐统一时,他的人格就是健康的。

D项:稳定性:个体在行为中偶然表现出来的心理倾向和心理特征并不能表征他的人格。俗话说,"江山易改,禀性难移",这里的"禀性"就是指人格。当然,强调人格的稳定性并不意味着它在人的一生中是一成不变的,随着生理的成熟和环境的变化,人格也有可能产生或多或少的变化,这是人格可塑性的一面,正因为人格具有可塑性,才能培养和发展人格。人格是稳定性与可塑性的统一。

5.【答案】B 【解析】人格是由本能的本我、现实的自我和道德化的超我三部分组成的。本我处于人格结构的最底层,是最原始的、与生俱来的无意识的结构部分。它由先天的本能、基本欲望组成,包括各种生理需要。本我是无意识、非理性、非社会化和混乱无序的。自我是从本我中逐渐分化出来的,位于人格结构的中间层。自我的作用主要是调节本我与超我之间的矛盾,它一方面调节着本我,一方面又受制于超我。超我处于人格结构的最高层,是道德化的自我,是人格中最后形成的而且是最文明的部分。题干中的表述代表处于自我的阶段。故答案为B。

第二节　认知发展理论与教育

一、单项选择题

1.【答案】A 【解析】认知(或智力)的实质是适应,即儿童的认知是在已有图式的基础上,通过同化、顺应和平衡,不断从低级向高级发展。故答案为A。

图式是指儿童用来适应环境的认知结构,是一个有组织的、可重复的行为或思维模式。

同化是指新知识纳入原有的认知结构(图式)而引起认知结构(图式)发生量变的过程,它不能引起图式的质变,但影响图式的生长。

顺应是指儿童通过改变已有图式或形成新的图式来适应新刺激的认知过程。顺应是图式发生质变的过程。通过顺应,儿童的认知能力达到一个新的水平。

平衡是个体通过自我调节机制使认知的发展从一个平衡状态向另一个较高平衡状态过渡的过程。当已有图式不能解决面临的问题情境时,就产生了不平衡状态。

2.【答案】A 【解析】皮亚杰认为心理结构涉及图式、同化、顺应、平衡四个概念。其中,同化是指在有机体面对一个新的刺激情境时,把刺激整合到已有的图式或认知结构中,即把环境因素纳入已有的图式中,使之成为自身的一部分,从而加强和丰富原有图式。故答案为A。

B项:创造新图式的认知过程属于顺应。

C项:通过改变已有图式来适应新刺激的过程属于顺应。

D项:图式是儿童用来适应环境的认知结构,是指有组织的、可重复的行为或思维模式。

3.【答案】C 【解析】顺应是指当有机体不能利用原有图式接受和解释新刺激时,其认知结构发生改变来适应新刺激的影响,即改变原有图式,以适应环境。题干中,儿童发现用筷子无法夹汤,后来学会用勺子舀汤,这是一个顺应的过程。故答案为C。

4.【答案】D 【解析】影响认知发展的因素：（1）成熟：它是指机体的成长，特别是大脑神经系统和内分泌系统的成熟。成熟为认知发展提供生理基础。（2）练习与习得经验：它是认知发展的必要条件。它包括物理经验（个体作用于物体，抽象出物体的特性）和逻辑—数理经验（个体作用于物体，目的在于理解动作间相互协调的结果）。（3）社会性经验：它包括社会生活、文化教育和语言在内的各种因素，指社会相互作用和社会信息相互交换的过程。社会经验也是认知发展的一个必需而重要的因素，但不是决定性因素。（4）平衡化：它是心理发展的决定性因素。平衡化具有自我调节的作用，通过调节同化和顺应的关系，使个体的认知不断发展。故答案为D。

5.【答案】D 【解析】皮亚杰认为儿童的认知发展将经历感知运动阶段（0～2岁）、前运算阶段（2～7岁）、具体运算阶段（7～11岁）和形式运算阶段（11岁至成人）四个阶段。

形式运算阶段是指对抽象的假设或命题进行逻辑转换。这一阶段儿童的思维最大的特点是已经摆脱了具体可感知事物对思维的束缚，使形式从内容中解脱出来。具体运算阶段和形式运算阶段的最大差别即为思维过程中是否需要借助于具体事物或具体情境的帮助。题干中指明赵明能进行逻辑推理，且没有指出赵明是在有具体可感知事物的辅助下进行该推理，因此判断赵明进行的是抽象的逻辑推理，处于形式运算阶段。故答案为D。

A项：感知运动阶段的儿童认知发展的主要特征是感觉和动作的分化。儿童只有动作层面上的智慧，语言和表象尚未产生。

B项：前运算阶段的儿童和上一阶段的儿童相比，思维有了质的飞跃，但极易受到事物表面特征的影响。一切以自我为中心，思维具有单向性，不能理解守恒原理、不可逆性和静止性的特点。

C项：具体运算阶段的儿童认知能力能够摆脱知觉的局限，获得概念的稳定性，达到守恒。可以说，"守恒"概念是这一阶段出现的标志，即儿童认识到客体尽管在外形上发生了变化，但其特有的属性不变。此阶段他们形成概念、发现问题、解决问题都必须与他们熟悉的物体或场景相联系，还不能进行抽象思维。

6.【答案】B 【解析】守恒指物体不论其形态如何变化，其物质总量是恒定不变的。处于前运算阶段的儿童还未形成守恒概念，而处于具体运算阶段的儿童已获得守恒概念。由题干可知，小红还未形成守恒概念，因此其处于前运算阶段；而小乐已经能够解决守恒问题，因此其处于具体运算阶段。故答案为B。

7.【答案】C 【解析】形式运算阶段（11岁以后）是儿童思维发展趋于成熟的阶段。本阶段的儿童已经具有抽象逻辑推理的能力，能够理解符号的意义、隐喻和直喻，能对事物做一定的概括，思维以命题形式进行，思维发展水平已接近成人的水平。题干中，学生能够计算概率问题，这说明其具有逻辑判断和推理能力，具备较强的抽象逻辑思维，因此其处于形式运算阶段。故答案为C。

8.【答案】B 【解析】前运算阶段的儿童能运用语言或较为抽象的符号来表达他们经历过的事物。此阶段表现有：

（1）泛灵论（万物有灵论）：儿童不能把自己与外部世界区分开来，并且认为外界的一切事物都是有生命的。例如，儿童会说："你踩在小草身上，它会疼哭的"。

（2）自我中心：儿童认为别人眼中的世界和他所看到的一样，以为世界是为他而存在的,一切都围绕着他转。例如,儿童会想:"我一走路,月亮就跟我走""花儿开了,因为它想看看我"。

（3）集体独白:在自我中心的影响下,在儿童群体中,每个儿童都热情地谈论着,但彼此之间没有任何真实的相互作用或交谈。

（4）不可逆性:思维只能前推,不能后退。例如,儿童学会了3+4=7,但是7-3=？就无法倒推出来。

（5）刻板性:在注意事物的某一方面时,往往忽略其他方面。例如,儿童错将白兔当成绵羊,是因为儿童只注意到了白兔与绵羊在颜色上的相近性,而忽视两者在体积等方面的差异性。

（6）尚未获得守恒:守恒是指不论物体形态如何变化,其质量是恒定不变的。例如,两杯等量的水,其中一杯倒入高杯中,守恒儿童不会认为水变多。故答案为B。

9.【答案】C 【解析】维果茨基从种系和个体发展的角度分析了心理发展的实质,提出了文化历史发展理论。维果茨基区分了两种心理机能:一种是作为动物进化结果的低级心理机能;另一种则是作为历史发展结果的高级心理机能,即以符号系统为中介的心理机能。高级心理机能的实质是以心理工具为中介,受到社会历史发展规律的制约。维果茨基提到的工具有两个层次:物质生产的工具和精神生产的工具（语言符号系统）。低级心理机能是人和动物共有的,而高级心理机能是人类所独有的。故答案为C。

10.【答案】B 【解析】维果茨基认为,在内化过程中,语言发展中的自我中心言语起着至关重要的作用。自我中心言语实际上是由外部言语向内部言语转化的一种过渡形式,是由言语的交际机能向言语的自我调节机能转化的一种过渡形式。故答案为B。

11.【答案】B 【解析】维果茨基认为学生有两种发展水平:一种是学生现有的发展水平,另一种是即将达到的发展水平。维果茨基把这两种水平之间的差异称为"最近发展区",即学生独立解决问题的真实发展水平和在成人指导下或与他人合作情况下解决问题的潜在发展水平之间的差距。故答案为B。

A项:教学支架是指教师或其他助学者通过和学习者共同完成某种活动,为学习者参与该活动提供外部支持,帮助他们完成独自无法完成的任务,随着活动的进行,逐步减少外部支持,使共同活动让位于学生的独立活动。

C项:先行组织者是指先于学习任务本身呈现的一种引导性材料,它要比学习任务本身有更高的抽象、概括和综合水平,并且与认知结构中原有的观念和新的学习任务相关联。

D项:交互式教学是教师通过示范传授知识与技能的一种方法。交互式教学重视学习者之间的相互支持和促进。其特点:一是着眼于培养学生特定的、具体的以促进理解的策略;二是以教师和学生之间对话为背景。

二、辨析题

1.【参考答案】错误。

同化是指新知识纳入原有的认知结构而引起认知结构发生量变的过程,它不能引起图式的质变,但影响图式的生长。顺应是指儿童通过改变已有图式或形成新的图式来适应新刺激的认知过程。顺应是图式发生质变的过程。通过顺应,儿童的认知能力达到一个新的水平。故题干表述错误。

2.【参考答案】正确。

皮亚杰认为,前运算阶段的儿童能运用语言或较为抽象的符号来表达他们经历过的事物,具体表现为:泛灵论(万物有灵论)、自我中心、集体独白、不可逆性、刻板性、尚未获得守恒。故题干表述正确。

三、分析论述题

1.【参考答案】(1)根据实验结果分析,材料中儿童的认知阶段。

① 材料中3~6岁的儿童,处于前运算阶段。该阶段的儿童思维具有如下特点:

一是不可逆性:思维只能前推,不能后退。材料中3~6岁儿童在做出判断时,不能将细高杯子中的水在心理上倒回原来的杯子中,表现出思维的不可逆性。

二是尚未获得守恒:守恒是指不论物体形态如何变化,其质量是恒定不变的。材料中3~6岁的儿童大多数回答细高杯子中的水比较多,说明思维还没有获得"守恒"。

② 材料中7岁以上的儿童,处于具体运算阶段。该阶段的儿童思维具有如下特点:

获得守恒概念:已经获得长度、体积、重量和面积等的守恒,守恒概念的获得就表示儿童具备了合格运算的3个特征,即同一性、可逆性、补偿性。材料中7岁以上的儿童在做出判断时,认为杯子中的水倒入细高的杯子,总量是不变的,表现出思维的可逆性和守恒。

(2)皮亚杰的认知发展阶段理论在教学上的应用。

① 教育应当适合儿童当前的发展阶段。

皮亚杰不主张教给儿童那些明显超出他们发展水平的材料,但是,过于简单的知识对于儿童的认知发展也没有多大作用。

教师应仔细观察儿童解决问题的思维过程,正确判断儿童所处的思维发展水平,相应地调整教学,使之与儿童的发展水平相适应。

② 教育应当促进儿童内部的积极主动建构的过程。

皮亚杰反对那种教师主动教而学生却处于消极状态的教学活动。教师也许可以教给儿童某种知识,但是如果儿童不能将它同化到自己已有的认知图式之中,那么这种知识很快会被遗忘。只有在儿童积极参与建构时同化才有可能发生。

教师应该为学生提供丰富的环境,引导学生主动探索,亲自参加社会实践活动,促进他们建构知识,发展自己的认知结构。教师还需要提供一定的难度水平,制造认知矛盾,促进学生同化和顺应的过程。

③ 教育应当确定个体的发展水平差异。

根据皮亚杰的认知发展阶段理论,不同认知发展阶段的儿童的年龄差异较大,处于同一认知发展阶段的儿童年龄差异也可能很大。

每一个班学生的认知发展水平和已有知识经验都有很大差异,教师要通过观察学生在解决问题时的表现来确定不同学生的认知发展水平,以保证所实施的教学与学生的认知水平相匹配。

2.【参考答案】（1）"最近发展区理论"是著名心理学家维果茨基提出的。

他认为学生有两种发展水平：一种是学生现有的发展水平，另一种是即将达到的发展水平。他把这两种水平之间的差异称为"最近发展区"，即学生独立解决问题的真实发展水平和在成人指导下或与他人合作情况下解决问题的潜在发展水平之间的差距。

因此，在教学中，要让学生站在"学生的现有水平"上，跳一跳摘到"桃子"。学生跳起来的空间就是"最近发展区"，而"桃子"就是"学生可能达到的发展水平"，教师通过教学不断地将"可能达到的发展水平"转化为"学生的现有水平"，使全部教育和教学工作走在学生发展的前面，使学生的认知最终跨越"最近发展区"而达到新的发展水平。

（2）上述教学材料通过运用"最近发展区理论"实施有效教学，值得我们学习和借鉴，材料中的教师具体是从以下几个方面入手的：

① **创设学习情境，引导有效教学**。在材料一中，该教师以故事背景提出问题，让学生对学习内容产生浓厚的兴趣，并由"鱼的呼吸"联想到人类呼吸的原理。该材料中的教师将教学中的问题情境建立在学生浓厚的兴趣上，必能使学生以愉快的心情探索问题的答案，激发思维的灵活性，并且在这种活跃的氛围中设置问题，能使学生由惊奇转入积极的思维状态，让学生展开想象的翅膀，思考问题的答案。该教师的教学手段值得我们学习和借鉴。

② **准备恰当的垫脚石，帮助学生建构知识体系**。在课堂教学过程中，教师的教应以满足学生的学为前提，但一味地主张学生的主体性，又会使教学陷入另一种窘境。因此，我们可以学习材料二中教师的做法，一边调动学生"放出"问题，一边又引领学生"收回"问题，在宽松的对话、沟通中进行教学。即在教学中，教师要适时地提供恰当的垫脚石，帮助学生顺利地建构知识体系，明确学习目标，直至到达"可能的发展水平"。

③ **组织实践活动，探究获取真知**。在材料三中，教师鼓励学生进行观察实验，让学生探究"土壤中有什么"。该教师的做法真正落实了学生在学习中的主体地位，使得学生既学会了知识、方法与技能，又提高了能力，较好地促进了学生实践素养的形成。因此，在教学中，我们应学习该教师的做法，将实践探究活动与教学目标、教学内容有机地结合起来，把教学内容与学生生活有关，但又存在难点的部分作为教学的"探究点"，让学生在探究中获取真知。

第三节 社会化与人格发展理论与教育

一、单项选择题

1.【答案】D 【解析】根据艾里克森的心理社会发展理论，学龄期（6~12岁）儿童的发展任务是获得勤奋感而克服自卑感，体验着能力的实现。因此，能力是学龄期的儿童所形成的积极人格特征。希望是0~1.5岁儿童的积极人格特征，意志是1.5~3岁儿童的积极人格特征，目标是3~6岁儿童的积极人格特征。故答案为D。

2.【答案】D 【解析】艾里克森将人格的整个发展过程划分为八个阶段。其中，青年期

(12~18岁)发展障碍者的心理特征是生活无目的、无方向感,时而感到彷徨迷失,面对的冲突是同一性对角色混乱。该阶段人格发展的任务是建立同一性,防止角色混乱。题干中,中学生小刚内心的矛盾说明他缺乏对自我同一性的认识,当前他的主要发展任务是建立同一性。故答案为D。

3.【答案】C 【解析】科尔伯格的道德发展阶段理论包括三种水平、六个阶段。其中,第三阶段为"好孩子"定向阶段或人际和谐的定向阶段,处在该阶段的儿童以人际和谐为准则,儿童心目中的道德行为就是取悦于他人。他们希望被人看作是好人,判断道德行为好坏的主要依据是看是否被人赞许。故答案为C。

4.【答案】D 【解析】科尔伯格把道德认识划分为三种水平六个阶段。其中,习俗水平包括寻求认可的定向阶段和维护权威或秩序的定向阶段。处于维护权威或秩序的道德定向阶段的个体服从权威,遵守公共秩序,接受社会习俗,尊重法律权威,有责任感和义务感。他们认为,只要行为违反了规则,并给他人带来伤害,不论何种动机,都是不道德的;相反,凡是维护权威和社会准则的行为,就是好的、正确的。题干中,王明认为出租车司机违反了交通法规,理应受到处罚,这说明其处于维护权威或秩序的道德定向阶段,属于习俗水平。故答案为D。

A项:前习俗水平包括惩罚与服从定向阶段和相对功利主义定向阶段。其中,惩罚与服从道德定向阶段的儿童服从权威或规则只是为了避免惩罚;相对功利主义定向阶段的儿童的道德价值主要来自对自己需要的满足,评定行为的好坏主要看是否符合自己的利益。

B项:科尔伯格采用道德两难故事法进行研究,把道德认识划分为前习俗水平、习俗水平和后习俗水平三个不同的发展水平。不存在中习俗水平,为干扰项。

C项:后习俗水平的特点是个体不只是自觉遵守某些行为规则,还认识到法律的人为性,并在考虑全人类的正义和个人尊严的基础上形成某些超越法律的普遍原则,分为社会契约定向阶段和普遍道德原则的定向阶段。

5.【答案】B 【解析】布朗芬布伦纳认为,影响儿童心理发展的生态环境有微观系统、中间系统、外层系统、宏观系统。其中,微观系统是儿童成长中直接接触和产生体验的环境,家庭和学校都是儿童成长的微观系统环境。中间系统是指两个或多个微观系统环境之间的相互关系和彼此作用,即它是由多个微观系统环境所组成的系统。题干中,学校和家庭、家庭与邻居之间的相互关系属于中间系统。故答案为B。

6.【答案】B 【解析】布朗芬布伦纳认为影响儿童心理发展的生态环境分别是:微观系统、中间系统、外层系统、宏观系统。其中,中间系统是指两个或多个微观系统环境之间的相互关系和彼此作用,即它是由多个微观系统环境所组成的系统。故答案为B。

A项:微观系统是儿童成长中直接接触和产生体验的环境,家庭和学校都是儿童的微观系统环境。

C项:外层系统是指个体并未参与其中,但对其成长产生影响的那些环境以及这些环境的联系和相互影响,比如父母的工作环境。

D项:宏观系统是最外层的系统,指个体所处的整个的社会组织、机构和文化、亚文化背景,包括存在于以上三个系统中的文化、亚文化和社会环境。

二、分析论述题

【参考答案】（1）材料中学生的问题表现。

艾里克森认为人格发展是一个逐渐形成的过程，必须经历八个顺序不变的阶段。年龄在12~18岁的学生处于自我同一性对角色混乱阶段，本阶段的发展任务是培养自我同一性。

自我同一性是指个体组织自己的动机、能力、信仰及活动经验而形成的有关自我的一致性形象。自我同一性的形成要求谨慎地选择和决策，尤其体现在职业定向、性别角色分化等方面。如果青少年不能整合这些方面和各种选择，或者根本无法在其中进行选择，就会导致角色混乱。

材料中的学生对自己的未来感到迷茫，不知道为谁学习，害怕即将到来的中考，是因为没有建立自我同一性，不知道自己将来要做什么，产生了角色混乱，从而陷入无所适从的境地。

（2）帮助学生解决这个问题。

① **分阶段、有层次地培养**。对于中学阶段（12~18岁）的学生，初中一年级刚入校，适应陌生的一切是最重要的。班主任可开展主题班会，让学生多参与各种活动，并使其从中感受到各种正能量的存在。初中二年级的重心应该放在学业上，教师要为他们的自我和学业提供现实的反馈。初中三年级学生要面临毕业，所以制定完整的生涯发展规划是很重要的。只有目标层次分明，学生才可以针对性地去完成每个阶段的任务，并在过程中提高其完善角色同一性的能力，减少与角色混乱的冲突。

② **善用教师的期待效应**。有的学生之所以自暴自弃，把不理想的自己呈现在人们面前，可能是因为害怕受到伤害。所以，教师不必着急去改变他们，可以善用期待效应，多给予正确、肯定的眼神，让学生感受到老师对他的期待，从而使他逐渐地从人生的瓶颈中走出来，消除发展中可能出现的心理障碍，完成角色同一性。

③ **重视学生的心理延缓偿付期**。对于那些没有完成自我同一性的年轻人，允许他们有一段拖延的时期，给他们一些时间去准备。教师抓住了学生的心理延缓偿付期，并及时给予正确引导和指向，学生就能够较容易地度过，从而确立完善的角色同一性。

第四节 心理发展的差异与教育

一、单项选择题

1.【答案】C 【解析】性别差异主要表现在以下几个方面：（1）男女智力的总体水平大致相等，但男性智力分布的离散程度比女性大，即很聪明的男性和很笨的男性都比女性多，智力中等的女性比男性多；（2）男性和女性在一般智力上没有差别；（3）男女的智力结构存在差异，各具优势领域。故答案为C。

2.【答案】D 【解析】智力差异的表现在：（1）智力类型上的差异；（2）智力发展水平上的差异；（3）智力发展速度上的差异；（4）智力由于性别差异也有所不同，但无高低之分。故答案为D。

3.【答案】C　【解析】心理学家根据智力发展水平把儿童分成三个等级,即超常儿童、常态儿童、低常儿童。智力的发展是呈正态分布的,即智力超常和智力低常的人数极少,智力偏高和智力偏低的人数次之,智力中等的人数最多。故答案为C。

4.【答案】B　【解析】场依存型的人倾向于以外在参照物作为信息加工的依据,他们易受环境或附加物的干扰,常不加批评地接受别人的意见,应激能力差;场独立型的人不易受外来事物的干扰,习惯于更多地利用内在参照即自己的认识,他们具有独立判断事物、发现问题、解决问题的能力,而且应激能力强。故答案为B。

5.【答案】D　【解析】气质的类型包括胆汁质、多血质、黏液质、抑郁质。黏液质的气质特点表现为思维较迟缓,反应速度慢,性格内向,不善于表达,不喜欢交际,多愁善感,但注意力集中,兴趣稳定,能够深入思考,能够坚持。题干中,王明同学性格沉静,情感发生缓慢,不外露、忍耐力强、注意力集中,但不够灵活,表明王明同学安静,但具有内倾性,有些死板,缺乏生气。故答案为D。

A项:多血质的气质类型特点是反应迅速,有朝气,活泼好动,情感丰富外露但不稳定,擅长交际,但感情浅薄,缺乏耐心。

B项:胆汁质的气质类型特点是精力旺盛、情绪体验强烈,思维灵活,却粗枝大叶,表里如一、刚强,易感情用事。

C项:抑郁质的气质类型特点是情绪体验深刻、细腻持久,情绪抑郁,多愁善感,想象力丰富。行为举止缓慢,优柔寡断。

二、辨析题

1.【参考答案】错误。

认知方式体现了人们在信息加工时具有不同的特点,不同的认知方式虽有其优点,也有其缺陷,但无优劣之分。

场独立型认知方式是指对客观事物作判断时,倾向于利用自己内部的参照,不易受外来因素影响和干扰,在认知方面独立于周围的背景,倾向于在更抽象和分析的水平上加工,独立对事物作出判断。场依存型认知方式是指对物体的知觉倾向于以外部参照作为信息加工的依据,难以摆脱环境因素的影响。

场独立型认知方式的学生一般偏爱自然科学、数学,并且成绩较好,他们的学习动机往往以内部动机为主;场独立型的学生易于给无结构的材料提供结构,比较适合结构不严谨的教学方法。场依存型学生一般比较偏爱社会科学,他们的学习更多地依赖外在反馈,他们对人比对物更感兴趣;场依存者偏爱非分析的、笼统的或整体的知觉方式,他们难以从复杂的情境中区分事物的若干要素或组成成分,他们喜欢有严密结构的教学。故题干表述错误。

2.【参考答案】正确。

气质是心理活动表现在强度、速度、灵活性与指向性等方面的一种稳定的心理特征,即我们平时所说的脾气、秉性。各种气质类型都有积极的一面,也有消极的一面,对某一活动既可能产生积极促进作用,也可能产生消极阻碍作用,因此气质无好坏之分。故题干表述正确。

三、简答题

【参考答案】（1）认知方式差异的不同类型：

① 知觉方式的差异。根据产生知觉时分析和综合所占的比重，知觉类型可以分为分析型、综合型与分析综合型。根据知觉受外界环境影响的程度，知觉类型可以划分为场依存型与场独立型。

② 记忆类型的差异。根据记忆过程中的知觉偏好，记忆类型可以分为视觉型、听觉型、动觉型与混合型。

③ 思维方式的差异。根据思维的概括性，思维可以分为艺术型、思维型与中间型。根据学习策略的差异，可分为整体型与序列型。

④ 认知反应类型的差异。根据认知反应和情绪反应的速度，认知反应可划分为冲动型与沉思型。

（2）针对认知方式差异的教育：

① **教师必须帮助学生识别自己的认知类型**。教师对学生认知类型的识别不仅仅在于调整自己的教学方法，还应该帮助学生分析和认识自己的认知类型。

② **教师要明确适应认知类型的两类教学策略**。适应认知方式的教学策略可以分成两类：一类是采取与学习者认知风格一致的教学策略，即匹配策略；另一类是采取对学习者缺乏的认知风格进行弥补的教学策略，即失配策略。

③ **教师要调整自己的教学风格，提供多模式教学**。学生认知方式的多样性要求教师必须改变自己单一的教学风格，采用各种教学方法，组织多样化的教学活动来满足和弥补不同学习者不同层次的需要。

第三章　学习及其理论解释

大纲考点导图

①学习水平分类　②学习性质分类　③学习结果分类　④经典性条件作用说　⑤操作性条件作用说　⑥社会(观察)学习理论　⑦布鲁纳的认知—发现说　⑧奥苏伯尔的有意义接受说　⑨信息加工学习理论　⑩认知建构主义学习理论与应用

考点演练

第一节　学习的一般概述

一、单项选择题

1.【答案】D　【解析】学习是指经由反复经验而导致有机体的行为或行为潜能的相对持久的变化过程。需要注意的是并非所有的行为变化都是由学习产生的,如生理成熟、疲劳、药物等因素也可引起行为的变化。D 项属于学习现象。A、C 两项属于本能反应,B 项是由疲劳引起的,均不属于学习现象。故答案为 D。

2.【答案】C　【解析】根据学习材料与学习者原有知识的关系,可将学习分为机械学习和有意义学习。其中,机械学习是指当前的学习没有与已有知识建立某种有意义的联系。根据学习进行的方式,可将学习分为接受学习和发现学习。其中,接受学习是指将学生要学习的概念、原理等内容以结论的方式呈现在学生面前,教师传授,学生接受。题干中,学生不理解数的概念,对于乘法口诀,只去死记硬背,属于机械的接受学习。故答案为 C。

3.【答案】D　【解析】加涅根据学习的繁简程度将学习分为八种水平:(1)信号学习:学习者对某种信号做出某种反应,其过程是刺激—强化—反应。(2)刺激—反应学习:在一定情境下,个体做出反应,然后得到强化,其过程是情境—反应—强化。(3)连锁学习:一系列刺激—反应学习的联合。(4)言语联想学习:由言语单位所联结的一系列刺激—反应的联合。(5)辨别学习:学习者识别多种刺激的异同并对其做出不同的反应。(6)概念学习:学习者对刺激进行分类时,学会对一类刺激做出同样的反应,也就是对事物的抽象特征做出反应。(7)规则学习:了解两个或两个以上概念之间的关系。(8)解决问题的学习:在各种情况下,使用所学规则去解决问题。故答案为 D。

4.【答案】B　【解析】概念学习是学习者对刺激进行分类时,学会对一类刺激做出同样的反应,也就是对事物的抽象特征做出反应。题干中,学生将"杏花""梨花""月季花"等概括成

"花"的学习,是明确"花"这一类事物的共同关键特征的过程,这属于概念学习。故答案为 B。

5.【答案】C 【解析】加涅按照学习结果把学习分成了五类,即言语信息、智慧技能、认知策略、态度、动作技能的学习。其中,言语信息的学习,即掌握以言语信息传递的内容,学习结果是以言语信息的形式表现出来的,帮助学生解决"是什么"的问题。题干中,学会陈述观点的能力属于言语信息的学习。故答案为 C。

6.【答案】A 【解析】智慧技能是指个体运用符号与环境相互作用的能力,解决"怎么做"的问题。学生的学习结果是将学过的知识进行运用,主要侧重动脑来解决外部问题。智慧技能可分为五个小类:辨别、具体概念、定义概念、规则、高级规则。故答案为 A。

7.【答案】C 【解析】认知策略是个体调节控制自己的注意、学习、记忆、思维等内部心理过程的技能。认知策略就是控制过程,它能激活和改变其他的学习过程。题干中,"记住表中的单词""对单词进行归类组织"等,都属于支配学习、记忆和思维的有内部组织的才能,属于认知策略。故答案为 C。

二、分析论述题

【参考答案】(1)加涅根据学习的繁简程度将学习分为八种水平。

① **信号学习**。即经典性条件作用,学习者对某种信号做出某种反应,其过程是刺激—强化—反应。

② **刺激—反应学习**。即操作性条件作用,在一定情境下,个体做出反应,然后得到强化,其过程是情境—反应—强化。

③ **连锁学习**:一系列刺激—反应学习的联合。

④ **言语联想学习**:由言语单位所联结的一系列刺激—反应的联合。

⑤ **辨别学习**:学习者识别多种刺激的异同并对其做出不同的反应。

⑥ **概念学习**:对刺激进行分类时,学习对一类刺激做出同样的反应,也就是对事物的抽象特征的反应。

⑦ **规则学习**:了解两个或两个以上概念之间的关系。

⑧ **解决问题的学习**:在各种情况下,使用所学规则去解决问题。

材料中小学数学学习基本上就是在辨别学习、概念学习、规则学习、解决问题学习。例如借助长方体的六个面让学生直观理解"同一平面"这个概念;让孩子探究画在同一平面内的两条直线会有怎样的位置关系时选取出六组直线,进而分类引出相交和不相交的概念,这是辨别学习;通过变换两条直线的方向、画出的长短等非本质属性,直逼"平行"的本质,这是规则学习。从在相交中找特殊以及自学书本的方式理解垂直的本质,即两条直线相交成直角,这是解决问题的学习。

(2)对教学的启示。

① 加涅的学习水平分类理论认为学习是累积的,较高一级的学习是以较低一级的学习为基础的,较低一级学习是较高一级学习的前提,学习是具有连续性和层次性的,所以教师在教学时要循序渐进。

② 教师在教学中应该掌握关于学生学习水平的知识,懂得学生学习具体达到了什么水

平,根据不同学生的不同特点,有计划、有步骤、针对性地开展教学活动,不可揠苗助长。

③ 要保证教学高效地开展,教师不能只关注当下的学习任务,更不能简单地重复教学。教师应了解每个知识点的学习所需要的前提知识和技能,让学生有基础、有准备地学,这样效果更好。

第二节 行为主义学习理论

一、单项选择题

1.【答案】A 【解析】分化是指通过选择性强化,使有机体学会对条件刺激和与条件刺激相似的刺激做出不同的反应。小狗学会只对圆形光圈做出反应而不理会椭圆形光圈是刺激分化过程。故答案为A。

泛化是指人和动物一旦学会对某一特定的条件刺激做出条件反应以后,其他与该条件刺激相类似的刺激也能诱发相同的条件反射。

获得是指将条件刺激和无条件刺激同时或近乎同时地多次呈现而建立的联系。

消退是指经典条件作用形成后,如果反复呈现条件刺激,却不呈现无条件刺激,则条件反应的强度逐渐减弱,甚至消失。

2.【答案】D 【解析】条件反射的形成过程涉及两种信号系统:第一信号系统和第二信号系统。第一信号系统指直接作用于各种感官的具体刺激,第二信号系统以语言符号为信号刺激。A、B、C三项描述的是由具体的刺激情境引起的反应,属于第一信号系统活动。D项是指在谈到老虎时脸色大变,即以语言为中介引起了条件反射,属于第二信号系统活动。故答案为D。

3.【答案】A 【解析】华生认为组成行为的基本单元是刺激—反应(S-R)。刺激指的是外界环境中的任何东西以及各组织所起的种种变化;反应,指的是有机体所做的任何动作。刺激—反应之间的联系是直接的,不存在心理、意识的中介。学习就是以一种刺激替代另一种刺激建立条件作用的过程。人类出生时只有几个反射(如打喷嚏、膝跳反射)和情绪反应(如爱、怒、惧等),所有其他行为都是通过条件作用建立新刺激—反应联结而形成的。学习的实质在于形成习惯,学习的过程乃是形成习惯的过程,即刺激与反应间牢固联结的过程。习惯的形成遵循频因律和近因律。故答案为A。

4.【答案】A 【解析】准备律是指在进入某种学习活动之前,如果学习者做好了与相应的学习活动相关的预备性反应(包括生理和心理的),学习者就能比较自如地掌握学习的内容。题干中,"桑代克丢进去的猫,必须是饿猫",这属于生理上的准备,符合准备律。故答案为A。

5.【答案】B 【解析】斯金纳认为,人和动物的行为有两种:应答性行为和操作性行为。应答性行为是由特定刺激所引起的,是经典性条件作用的研究对象。操作性行为又称工具性行为,它不与任何特定刺激相联系,是有机体自发做出的随意反应,是操作性条件作用的研究对象,操作性行为主要受强化规律的制约。故答案为B。

6.【答案】D 【解析】惩罚是指当有机体做出某种反应后,呈现一个厌恶刺激(又称惩罚物),以消除或抑制此类反应发生的过程。惩罚又分为正惩罚和负惩罚。题干中,当小明出现"不完成作业"的行为时,为了降低该行为发生的概率,妈妈采取了"不准出去玩"的措施,撤销了一个愉快刺激,运用了惩罚。故答案为 D。

7.【答案】B　【解析】负强化是指当厌恶刺激或不愉快情境出现时,若有机体做出某种反应,从而避免了厌恶刺激或不愉快情境(负强化物的移去或取消),则该反应在以后的类似情境中发生的概率便增加了。题干中,学校通过撤销对何同学的处分来提高其进步行为出现的概率,采用的行为矫正方法属于负强化。故答案为 B。

正强化是指个体在做出某种反应之后,给予愉快刺激,从而提高其类似行为出现的概率。正惩罚是通过呈现厌恶刺激来降低反应频率。负惩罚是通过撤销愉快刺激来降低反应频率。

8.【答案】A　【解析】消退是指有机体做出以前曾被强化过的反应时,如果在这一反应之后不再有强化物相伴,那么,此类反应在将来发生的概率便会降低。消退是一种无强化的过程,是减少不良行为、消除坏习惯的有效方法。题干中,老师和同学对小伟扮鬼脸的行为不予理睬是不给予他任何强化,体现了消退原理。故答案为 A。

负强化是指个体在做出某种反应之后,令其摆脱厌恶刺激,从而提高其类似行为出现的概率。

惩罚是指当有机体做出某种反应以后,呈现一个厌恶刺激或撤销一个愉快刺激,那么以后在类似情境或刺激下,该行为的发生概率就会降低甚至受到抑制。

正强化是指个体在做出某种反应之后,给予愉快刺激,从而提高其类似行为出现的概率。

9.【答案】D　【解析】强化的条件作用类型包括逃避条件作用与回避条件作用。逃避条件作用是指当厌恶刺激出现时,有机体做出某种反应,从而逃避了厌恶刺激,则该反应在以后的类似情境中发生的概率便增加。题干中,出现垃圾堆和烟味这样的厌恶刺激后,个人通过绕行和离开来逃避,属于逃避条件作用。故答案为 D。

10.【答案】B　【解析】普雷马克原理,即用高频活动作为低频活动的强化物,或者用学生喜爱的活动去强化学生参与不喜爱的活动。题干中,用林林喜欢的做手工作品活动作为不喜欢的弹钢琴活动的强化物,运用了普雷马克原理。故答案为 B。

蝴蝶效应是指在一个动力系统中,初始条件下微小的变化能带动整个系统的长期的巨大的连锁反应。

踢猫效应是指对弱于自己或者等级低于自己的对象发泄不满情绪,而产生的连锁反应。"踢猫效应",描绘的是一种典型的负面情绪的传染。

心理暗示是指人接受外界或他人的愿望、观念、情绪、判断、态度影响的心理特点。这是人们日常生活中最常见的心理现象。

11.【答案】C　【解析】系统脱敏是指当某些人对某事物、某环境产生敏感反应(害怕、焦虑、不安)时,我们可以在当事人身上发展起一种不相容的反应,使其对本来可以引起敏感反应的事物,不再产生敏感反应。它包括以下几个步骤:(1)建立焦虑刺激等级表:焦虑等级评定以受辅导学生的主观感受为标准,排在最前面的是仅能引起最弱程度焦虑的刺激。(2)进行全身放松训练。(3)焦虑刺激与松弛活动相配合。题干中,教师引导学生逐渐面对一个人、小组、几十个人的班级作报告,使学生最终能够在公共场合下演讲,体现了系统脱敏法在不同焦虑等级下训练的特点。故答案为 C。

肯定性训练也叫"自信训练""果敢训练",其目的是促进个人在人际关系中公开表达自己的真实情感和观点,维护自己的权益也尊重别人的权益,发展人的自我肯定行为。自我肯定行为主要表现在三个方面:(1)请求。请求他人为自己做某事,以满足自己合理的需要。(2)拒绝。拒绝他人的无理要求而又不伤害对方。(3)表达。真实地表达自己的意见和情感。

12.【答案】D 【解析】班杜拉认为影响观察学习中注意过程的因素主要有以下三种:(1)榜样行为的特性。榜样行为的显著性、复杂性、普遍性和实用价值等影响着观察学习的速度和水平。(2)榜样的特征。在年龄、性别、兴趣爱好、社会背景等方面与观察者越相似的榜样,越易引起观察者的注意。(3)观察者的特点。观察者本身的信息加工能力、情绪唤醒水平、知觉定势、人格特征和先前经验等也影响到观察学习。选项中,强化是影响动机过程的因素,不属于影响注意过程的因素。A、B、C三项均属于影响注意过程的因素,D项不属于影响注意过程的因素。故答案为D。

13.【答案】D 【解析】负向强化是指个体在做出某种反应之后,令其摆脱厌恶刺激,从而提高其类似行为出现的概率。间隔强化是指间隔一定时间或比例给予的强化。自我强化是指观察者依照自己的标准对自己的行为作出判断后进行的强化。替代强化是指观察者因看到榜样受强化而受到强化。题干中,李红表现出助人行为,是因为李红观察到王强的助人行为受到了强化(表扬),这属于替代强化。故答案为D。

14.【答案】D 【解析】社会促进效应是指通过观察促进新的学习或加强原先习得的行为。题干中,教师对学生表现出尊重、礼貌以及宽容等,使学生受到提示、激励,也表现出这些行为。这些行为并不是学生学到的"新行为",而是学生原本就会的行为,只是受到教师的影响,从而引发或表现出来,体现了社会促进效应。故答案为D。

习得效应是指学生通过观察榜样行为习得了一种新的反应、新的认知过程、新的评判标准或者新的行为规则等。

去抑制效应是指个体看到榜样因做出自己原来抑制的行为而受到奖励时,加强这种反应的倾向。对于学生的一些受到抑制的良好行为,教师需要利用去抑制效应。

抑制效应是指个体由于看见榜样得到惩罚的结果而引起的反应倾向减弱。对于学生的有些不良行为,教师需要利用抑制效应。

15.【答案】A 【解析】观察学习包括注意、保持、动作再现和动机四个子过程。其中,注意过程是观察者注意并知觉榜样情境的过程。如果人们对榜样行为的重要特征不加注意,就无法通过观察进行学习。一般而言,榜样行为越流行,越容易被模仿,比如各种大众传播媒介中广泛传播的榜样行为极易成为"时尚",尤其是有影响力的明星的行为更容易成为学习的对象。题干中,公益广告请有影响力的明星制作是为了引起大家的注意,关注的是注意过程。故答案为A。

二、辨析题

【参考答案】错误。

负强化是通过厌恶刺激的排除,来增加反应在将来发生的概率。惩罚是通过厌恶刺激的呈现,来降低反应在将来发生的概率。

两者的区别:① 目的不同,惩罚的目的是阻止不良行为的发生,负强化则是激励良好的行为;② 实施的方式不同,惩罚是当个体表现不良时使用,负强化是在个体表现好时使用;

③ 后果不同,惩罚的结果是不愉快的,而负强化的结果是愉快的。

惩罚并不能使行为发生永久性的改变,只能暂时抑制行为而不能根除行为。因此,惩罚的运用必须慎重,日常生活中纠正不良行为时,要尽量避免单独运用惩罚,应该把惩罚和负强化结合起来,方能取得预期的效果。故题干表述错误。

三、分析论述题

【参考答案】(1)根据班杜拉的观察学习理论判定三个材料分属的强化类型。

材料 A 中学生所受到的强化属于直接强化,即观察者因表现出观察行为而受到强化;材料 B 中学生所受强化属于替代强化,即观察者因看到榜样的行为被强化而受到强化;材料 C 中小雯的强化属于自我强化,即对自己表现出的符合或超出标准的行为进行自我奖励。

(2)教育教学工作的积极影响。

① 班杜拉的观察学习模式,为教育上解释学习行为的自律问题提供了依据。教师应把学习刻苦、自觉守纪、品德优良的学生典范确立为其他学生学习的榜样,使学生沉浸在一种良好的氛围中,从而使学生自觉向好的方向发展。

材料 B 中,教师通过对关心集体这种行为的鼓励,为学生确立了好的榜样,使学生能自觉地进行积极的行为方式。

② 按照班杜拉的观点,自我奖惩标准是在个人成长过程中逐步确立起来的。个体可以通过模仿父母、同伴或权威人物的示范行为获得评判标准,内化其他长者的评价指标。

材料 A 中,教师鼓励学生向老师请教的这种行为,使得该学生将此行为内化为自己的积极行动方式,克服了害怕的心理。

③ 个体也可凭借榜样作用,学习怎样借助道德的要求或论点为自己的标准提供合理的依据。

材料 B 中,教师通过对好的行为进行表扬和奖励,对不好行为进行批评与惩罚,引导了学生对良好行为的模仿与学习,对不好行为的避免。

④ 教师在儿童自我奖惩标准确立的过程中应起到方向标的作用,指引他们前进的方向。使得他们能够像小雯一样自主确立奖惩标准。

第三节 学习的认知理论

一、单项选择题

1.【答案】D 【解析】认知派的学习理论认为:学习不是在外部环境的支配下被动地形成 S-R 联结,而是主动地在头脑内部构建认知结构,是以意识为中介的,即 S-O-R 联结。认知主义学习理论主要包括苛勒的完形—顿悟说、托尔曼的符号学习理论、布鲁纳的认知结构学习理论、奥苏伯尔的有意义接受学习、学习的信息加工论观点等。D 项属于认知主义学习理论,A、B、C 三项属于行为主义学习理论。故答案为 D。

2.【答案】B 【解析】苛勒认为学习的实质在于构造完形。完形是一种心理结构,是在机能上相互联系和相互作用的整体结构,是对事物的关系的认识。学习的过程就是一个不断构建完形的过程。故答案为B。

3.【答案】C 【解析】学习是对完形的认知,是形成认知地图(位置学习)。托尔曼认为,有机体在达到目的的过程中,会遇到各式各样的环境条件。个体只有认知这些环境条件,才能克服困难,达到目的。学习不是简单地、机械地形成运动反应,而是学习达到目的的符号,形成"认知地图"。所谓认知地图是动物在头脑中形成的对环境的综合表象,包括路线、方向、距离,甚至时间关系等信息。故答案为C。

4.【答案】A 【解析】布鲁纳提出掌握学科基本结构的教学原则包括:动机原则、结构原则、程序原则、强化原则。其中,动机原则指的是所有学生都具有内在的学习愿望,内在动机是维持学习的基本动力。学生具有三种最基本的内在动机,即好奇内驱力(求知欲)、胜任内驱力(成功的欲望)和互惠内驱力(人与人之间和睦共处的需要)。题干所述体现了好奇内驱力,即动机原则。故答案为A。

5.【答案】B 【解析】布鲁纳提倡发现学习,认为学生掌握学科的基本结构的最好方法是发现法。发现学习是指学生在学习情境中,经过自己探索寻找,从而获得问题答案的一种学习方式。布鲁纳所说的发现不只限于寻求人类尚未知晓事物的行为,也包括用自己的头脑亲自获取知识的一切形式。故答案为B。

6.【答案】C 【解析】先行组织者是先于学习任务本身呈现的一种引导性材料,它要比学习任务本身有更高的抽象、概括和综合水平,并且与认知结构中原有的观念和新的学习任务相关联。先行组织者为新知识的学习提供观念上的固着点或认知框架,增强新旧知识之间的可辨别性,促进学习的迁移。"组织者"不仅可以先行,也可以放在学习材料之后呈现。故答案为C。

7.【答案】A 【解析】学生能否习得新信息,主要取决于他们认知结构中已有的有关概念。学习者接受知识的心理过程就是概念同化的过程,即有意义学习就是新知识与学生认知结构中已有的观念发生相互作用而发生的,这种相互作用导致了新旧知识的有意义的同化。故答案为A。

8.【答案】B 【解析】根据学习进行的方式,可将学习分为接受学习和发现学习。其中,接受学习是在教师的指导下,学习者接受事物意义的学习。在接受学习中,所要学习的内容大多是现成的、已有定论的、科学的基础知识,通过教科书或教师的讲述,用定义的方式直接向学习者呈现,使学习者接受这些已有的知识,掌握它们的意义。所以,接受学习有时也称讲授教学。故答案为B。

9.【答案】A 【解析】奥苏伯尔认为,有意义学习就是将符号所代表的新知识与学生认知结构中已有的适当观念建立非人为的和实质性的联系。如果学习者并未理解符号所代表的知识,只是依据字面上的联系,记住某些符号的词句或组合,则是一种死记硬背式的机械学习。实质性联系是指非字面的联系,是新的符号或观念与学习者认知结构中已有的表象、已经有意义的符号、概念或命题的联系。非人为联系是指有内在联系而不是任意的联想或联系,是新知识与原有认知结构中有关的观念建立以某种合理的逻辑为基础的联系。故答案为A。

10.【答案】A 【解析】按照新旧观念的概括水平及其联系方式的不同,奥苏伯尔提出三种认知同化过程,即下位学习、上位学习、并列学习。

下位学习也叫类属学习,是将概括程度较低或包容范围较窄的新概念或命题,归属到认知结构中原有的概括程度较高或包容范围较广的适当命题或概念之下,从而获得新概念或新命题的意义。

上位学习也叫总括学习,是新概念、新命题具有广泛的包容面或较高的概括水平,将一系列已有观念包含于其下而获得意义。

并列学习也叫组合学习,新旧知识既无上位关系,又无下位关系,它们之间可能存在组合关系。这种只能凭借组合关系来理解意义的学习就是并列学习。

题干中,先学习正方体和长方体的体积计算公式,再学习一般立方体的体积计算公式,是一种自下而上的学习,属于上位学习。故答案为A。

11.【答案】C 【解析】加涅根据现代信息加工理论提出了学习过程的基本模式,他认为学习的过程就是对获取的信息进行加工的过程。这一模式展示了学习过程中的信息流程,在这个信息加工过程中,重要的结构就是"执行控制"和"期望"这两个部分。"执行控制"即已有的经验对现在学习过程的影响,"期望"即动机系统对学习过程的影响,整个学习过程都是在这两个结构的作用下进行的。故答案为C。

二、辨析题

【参考答案】错误。

奥苏伯尔的认知接受学习论与布鲁纳的认知发现学习论虽然存在着差异,但两者又紧密相连、相互制约、相互促进。

(1)**两者的区别**:

① 布鲁纳的发现学习法强调学生用自己的头脑去获取知识;奥苏伯尔的接受学习法强调原有的认知结构和同化作用。

② 布鲁纳的发现学习法强调归纳过程,让学生由特殊发现一般;奥苏伯尔的接受学习法强调演绎的过程,从一般到特殊。

③ 布鲁纳的发现学习法是学生通过参与探究活动发现基本的原理和规则;奥苏伯尔则认为发现学习法可以是有意义的,也有可能是机械的。

④ 布鲁纳反对教师在教学中的系统讲解,主张学生自行发现其中的道理;奥苏伯尔则认为,有意义的讲解式教学应该是教学的主要模式。

⑤ 布鲁纳强调教师作用在于帮助学生形成一种能够独立探究的情境,而不是提供现成的知识;奥苏伯尔强调在教师的指导下,教师将现成的、已有定论的、科学的基础知识直接呈现给学生。

(2)**两者的联系**:

① 二者都重视学生认知结构的构建。学生发现新知识,是以认知结构中原有的适当知识作为基础。学生同化新知识也并非被动接受教师所传授的知识,而是通过自己的头脑积极主动地去形成认知结构。

② 发现学习法和接受学习法是学生最常见的获取知识的两种途径。学生既可以通过接受的方式来获得,也可以通过发现的方式来获得。当某种知识完全由教师讲述时,它是接受式教学;当某种知识由学生在探究问题的过程中获得时,它就成为发现式学习。故题干表述错误。

三、分析论述题

【参考答案】（1）"提取""编码""预期"的含义。

"提取"指从长时记忆中激活或回忆知识的过程。长时记忆是永久性的信息储存库，使用信息时需经过检索、激活或回忆。陈述性知识的提取可使知识在工作记忆中活跃起来，激活的速度比较慢，是一个有意的过程，需要学习者对有关事实进行再认或再现；程序性知识是一种自动化了的信息变形的活动，提取可使某些行为自动执行，激活速度很快。

"编码"当信息从工作记忆进入长时记忆时，信息发生了关键性转变，经过了编码过程，即用各种方式将信息组织起来存储在长时记忆中，包括对信息进行精细加工与组织。

"预期"指精细加工与组织。精细化加工是指通过把所学的新信息和已有的知识联系起来，寻求字面背后的深层次意义，或者以此增加新信息的意义，从而帮助学习者将信息储存到长时记忆中去。组织是指发现信息之间的层次关系或其他关系，以某种符合逻辑的方式将信息按一定的层次关系组织起来，以促进学习和记忆。

（2）加涅信息加工学习理论在教学中的应用。

① **提供合理的信息量**。人类加工信息的能量是有限的，教师在教学中不能在同一时间向学生（尤其是低年级的学生）呈现过多的信息量，同时要适当地给学生留有心理加工或思考的时间。

② **提高学生的注意力**。进入感觉记忆（瞬时记忆）的信息只有通过注意才能进入短时记忆，教师在教学中需要采用多种有效方式随时唤起学生的注意；同时，学生自己也要通过各种方式来提高自己的注意力，否则势必会影响教学与学习效果。

③ **呈现有条理的教材**。记忆取决于信息编码，回忆取决于提取线索，这意味着影响有效学习的因素主要包括外部输入的信息的组织方式。为了提高教学效率，呈现给学生的教材就要有条理；同时，学生自己也要善于将脑海中的知识组织得有条理。

④ **组织有效的复习**。短时记忆的信息通过复述进入长时记忆，教师帮助学生组织有效的复习，必能提高学习效果。

⑤ **给予有效的反馈**。有效的反馈能够提高学习效率，教师要经常将学生的学习进展情况以适当的方式反馈给学生。

⑥ **调控学生的学习**。心理预期在调控个体的信息加工过程中扮演着重要角色，在实际教学过程或学习过程中，教师和学生都要充分运用心理预期的作用来调控学习，以便充分发挥学习作用。

第四节 建构主义学习理论

一、单项选择题

1.【答案】B 【解析】建构主义对知识的客观性和确定性提出了质疑，强调知识的动态性和情境性。

（1）知识的动态性：知识并不是对现实的准确表征，它只是一种解释、一种假设，处在不断发展中，并不是问题的最终答案。

（2）知识的情境性：知识并不能精确概括世界的法则，在具体问题中需要针对具体情境进行再创造。

（3）知识的建构性：不同的学习者对同一命题会有不同的理解，理解是由个体基于自己的知识经验背景而建构起来，取决于特定情境下的学习历程。

不能无视学习者的已有知识经验，这属于建构主义的学生观内容。故答案为B。

2.【答案】C　【解析】建构主义学生观强调学生并不是空着脑袋进入教室，他们在日常生活、学习中，已经形成丰富的经验。教学不能无视学生已有的经验，而是要把学生已有的知识经验作为新知识的增长点，引导学生从原有的知识经验中"生长"出新的知识经验。故答案为C。

3.【答案】D　【解析】个人（认知）建构主义是以皮亚杰的思想为基础发展起来的，与认知学习理论（布鲁纳、奥苏伯尔的理论）有更大的连续性。它关注个体是如何建构某种认知（如知识理解、思维技能）或者情感（如信念态度、自我概念），基本观点是：学习是一个意义建构过程，是一个通过新旧经验的相互作用而形成、丰富和调整自己认知结构的过程，表现为同化和顺应的统一。故答案为D。

社会建构主义是在维果茨基思想的基础上发展起来的，同时也受到了当代科学哲学、社会学和人类学等的影响。它关注学习和知识建构背后的社会文化机制，基本观点是：学习是一个文化参与过程，学习者通过借助一定的文化支持参与某个学习共同体的实践活动来内化有关的知识，掌握有关的工具。

4.【答案】D　【解析】认知建构主义学习理论的内容包括激进建构主义、生成学习理论、认知灵活性理论。认知建构主义学习理论的应用有探究性学习、随机通达教学。

社会建构主义学习理论的内容是社会建构主义和社会文化取向的建构主义。社会建构主义学习理论在教学中的应用主要以情境性教学和支架式教学为典型代表，此外还有抛锚式教学、合作学习、认知学徒制、交互式教学等。情境性教学属于社会建构主义学习理论。故答案为D。

5.【答案】C　【解析】合作学习是指通过讨论、交流、观点争论，相互补充和修正，共享集体思维成果，完成对所学知识的意义建构的过程。在合作学习模式中，两个学生一组，一节一节地彼此轮流向对方总结材料，当一个学生主讲时，另一个学生听着，纠正错误和遗漏。然后，两个学生交换角色，直到学完所学材料为止。这种学习形式比独自总结或单纯地读材料，其学习和保持都有效得多。合作性讲解的两个参与者都能从这种学习活动中受益，而主讲者比听者获益更大。题干所述为合作学习模式。故答案为C。

抛锚式教学是一种情境性教学模式，将学习活动与某种有意义的大情境挂钩，让学生在真实的问题情境中进行学习。

支架式教学是指教师或其他助学者通过和学习者共同完成某种活动，为学习者参与该活动提供外部支持，帮助他们完成独自无法完成的任务，随着活动的进行，逐步减少外部支持，使共同活动让位于学生的独立活动。

交互式教学是指教师通过示范传授知识与技能的一种方法。交互式教学重视学习者之间的相互支持和促进。

6.【答案】A　【解析】抛锚式教学也称情境性教学或实例式教学。它的主要目的是使学生在一个完整、真实的问题背景中产生学习的需要,并通过学习共同体中成员间的互动、交流,凭借自己的主动学习、生成学习,亲身体验从识别目标到提出和达到目标的全过程。题干中,李老师先呈现真实案例,再引导学生,最后完成知识的意义建构,符合抛锚式教学的定义。故答案为 A。

二、简答题

【参考答案】探究性学习是指学生仿照科学研究的过程来学习科学内容,体验、理解和应用科学研究方法,获得科学研究能力的一种学习方式,也是学习者通过发现问题和解决问题而建构知识的过程。探究性学习的具体模式是基于项目式学习,基本环节如下:

① **提出驱动性问题**:教师向学生提出驱动性的问题。例如,在我们周围的水中都有什么? 它们是从哪里来的? 这种有意义的驱动性问题为学生提供了一个宽而明确的探究框架,其中包含丰富的可能性,使学生可以在真实情境之中开展探究活动。

② **形成具体的探究问题和探究计划**:学生必须形成自己要探究的具体问题,设计规划探究活动,并对探究计划的可行性进行评价。在规划探究活动时,学生通常需要确定分工与合作方式。教师可以观察各个小组对探究问题的分析和对探究过程的规划,提供适当的建议。

③ **实施探究过程**:一旦学生决定进行某种探究活动,他们就要付诸实施,包括做背景性研究、搜集数据、分析数据、形成结论等。在此过程中,学生常常需要与其同伴、指导教师以及社区中有知识经验的相关人士进行合作和交流;教师可以为学生提供探究策略的指导。

④ **形成和交流探究结果**:探究活动的结果通常体现为各种人工制品(如采集的水样、测量结果、统计图表等)和产品(如研究报告、多媒体演示、档案资料等)。

⑤ **反思评价**:教师和学生一起对任务的完成过程进行反思,分享经验,结合活动过程和结果表现作出综合评价。

三、分析论述题

【参考答案】(1)建构主义强调学习者本身已有的经验结构,认为学习者在学习新信息、解决新问题时往往可以基于相关的经验,依靠其认知能力形成对问题的解释。

材料中小鱼形成"鱼牛"的形象是基于自己已有的知识经验。因此,教师在教学中要注重学生已有的知识经验,把儿童现有的知识经验作为新知识的生长点,引导儿童从原有的知识经验中发展出新的知识经验。

(2)建构主义认为,学习具有主动建构性,是指学生能够主动地对已有知识经验进行综合、重组和改造,从而用以解释新信息,并最终建构属于个人意义的知识内容。

材料中小鱼对"牛"的学习是在听青蛙的讲解中主动加工形成的,而不是被动接受的。因此在教学过程中除了传统知识的传授,还应当充分发挥学生的主体地位,强调学生的自主性和能动性,在学习过程中能够主动发现、分析和解决问题。

（3）建构主义认为，学习具有社会互动性。学习任务是通过各成员在学习过程中的沟通交流、共同分享学习资源完成的。

材料中小鱼和青蛙沟通交流，了解到外面世界的情况，形成了"鱼牛"的形象。因此在教学过程中教师应多创造机会，让学生之间多进行互动交流、小组合作。

（4）建构主义认为，学习具有情境性。学习是学习者在一定社会文化环境下进行的，并且知识是不可能脱离活动情境而孤立存在的。

材料中小鱼根据自身所处环境，并结合青蛙的描述，形成了"鱼牛"的形象。因此，人的学习应该与情境化的社会实践活动相联系，通过对某种社会实践的参与而逐渐掌握有关的社会规则并形成相应的知识。

第五节　学习的人本主义理论

单项选择题

1.【答案】D　【解析】人本主义心理学的学习理论从全人教育的视角阐释了学习者整个人的成长历程，以发展人性、注重启发学习者的经验和创造潜能，引导其结合认知与经验，肯定自我，进而自我实现。"学习是寻求潜力的充分发挥"体现了人本主义教育中注重启发学习者的经验和创造潜能。故答案为D。

2.【答案】D　【解析】罗杰斯提倡有意义的自由学习。有意义学习不是指那种仅仅涉及事实积累的学习，而是一种使个体的行为、态度、个性以及在未来选择行动方针时发生重大变化的学习。这不仅是一种增长知识的学习，而且是一种与每个人各部分经验都融合在一起的学习。故答案为D。

3.【答案】A　【解析】促进学习的心理气氛因素：(1)真诚一致。学习的促进者是一个表里如一、真诚、完整而真实的人。(2)无条件的积极关注。学习的促进者关心学生的各个方面，尊重学生的情感和意见，接纳其价值观念和情感表现。(3)同理心。学习的促进者能了解学生的内在反应，了解其学习过程，为其设身处地，使其感同身受。题干中，教师作为促进者去了解学生的内在反应、学习过程，这属于运用同理心来营造课堂心理气氛。故答案为A。

4.【答案】A　【解析】罗杰斯提倡有意义的自由学习。有意义学习不是指那种仅仅涉及事实积累的学习，而是指一种使个体的行为、态度、个性以及在未来选择行动方针时发生重大变化的学习。这不仅仅是一种增长知识的学习，而且是一种与每个人各方面经验都融合在一起的学习。自由学习指的是学习者所做出的一种自主、自觉的学习，学习者能够在相当大的范围内自行选择学习材料，安排适合自己的学习情境。罗杰斯所倡导的学习原则的核心就是让学生自由学习。题干中，学生通过触摸冰块知道冷的意思，根据罗杰斯的观点，这属于有意义的自由学习。故答案为A。

第四章　学习动机

①内部学习动机和外部学习动机　②认知内驱力、自我提高内驱力和附属内驱力　③近景的直接性动机和远景的间接性动机　④学习动机的人本主义理论　⑤需要层次理论　⑥自由学习理论　⑦学习动机的认知理论　⑧成败归因理论　⑨自我价值理论　⑩自我决定理论

第一节　学习动机的实质及其作用

一、单项选择题

1.【答案】A　【解析】根据学习动机的动力（诱因）来源，可将学习动机分为内部动机和外部动机。其中，外部动机是指人们由外部诱因引起，与外部奖励相联系的动机。题干中，亮亮好好学习是为了让爸妈高兴，这是一种明显的外部动机。故答案为 A。

2.【答案】C　【解析】根据动机与学习活动的关系，可将学习动机分为直接动机和间接动机。直接动机与学习活动本身直接相关联，表现为对所学习的学科内容或学习活动的直接兴趣和爱好。间接动机与社会意义相联系，是学生内化了社会观念、父母意愿以及教师期望的结果。根据动机作用与学习活动关系的远近，可将学习动机分为远景性动机和近景性动机。远景性动机是与长远目标相联系的一类动机。近景性动机是与近期目标相联系的一类动机。直接近景性动机与学习活动直接相连，来源于对学习内容或学习结果的兴趣。题干中，萌萌喜欢上历史课，是因为对郭老师的讲课方式和内容产生兴趣，与学习活动直接相关，而且来源于对学习内容或学习结果的兴趣，故属于直接近景性动机。故答案为 C。

3.【答案】A　【解析】奥苏伯尔将学校情境中的学业成就动机分为认知内驱力、自我提高内驱力和附属内驱力。

认知内驱力是指向学习任务本身，即为了获得知识，是一种内部动机。后天产生，有赖于特定的学习经验。在有意义学习中，认知内驱力是一种最重要和最稳定的动机。故答案为 A。

自我提高内驱力是个体在通过胜任某些活动而获得他人尊敬的需要的基础上产生的一种内驱力，其目标是赢得某种地位或名次。

附属内驱力又称交往内驱力,个体在希望获得或保持他人认可、赞许、关心、支持或友谊的需要的基础上产生的一种内驱力,也是一种外部动机。

4.【答案】B　【解析】耶克斯—多德森定律表明动机强度的最佳水平会随学习活动的难易程度而有所变化。一般来说,从事比较容易的学习活动,动机强度的最佳水平点会高些,而从事比较困难的学习活动,动机强度的最佳水平会低些。学习动机存在一个最佳水平,即在一定范围内,学习效率随学习动机强度增大而提高,直至达到学习动机最佳强度而获得最佳,之后则随学习动机强度的进一步增大而下降。故答案为 B。

5.【答案】A　【解析】美国心理学家耶克斯和多德森认为,中等程度的动机水平一般最有利于学习效果的提高。同时,他们还发现,最佳的动机水平与任务难度密切相关:任务较容易,最佳动机水平较高;任务难度中等,最佳动机水平也适中;任务越困难,最佳动机水平越低。这便是有名的耶克斯—多德森定律,简称倒 U 形曲线。因此,学生解决困难和复杂的任务时,中等偏下的动机水平最有利。故答案为 A。

二、辨析题

【参考答案】错误。

学习动机强度与学习效果之间呈倒 U 形曲线关系。

学习动机强度存在一个最佳水平,即在一定范围内,学习效果随学习动机强度增大而提高,直至达到学习动机最佳强度而获得最佳效果,之后则随着学习动机强度的进一步增大而下降。一般来说,中等程度的动机水平最有利于学习效果的提高。故题干表述错误。

三、分析论述题

【参考答案】(1)任务难度、学习效率与学习动机水平的关系。

耶克斯和多德森认为,最佳的动机水平与作业难度密切相关:任务较容易,最佳动机水平较高;任务难度中等,最佳动机水平也适中;任务越困难,最佳动机水平越低。

学习动机强度与学习效果之间不是一种线性关系,而是倒 U 形曲线关系,中等强度的动机是最有利于任务的完成,一旦动机强度高于这个水平,对行为具有阻碍作用。因为过分强烈的学习动机往往使学生处于一种紧张的情绪状态之下,注意力和知觉范围变得狭窄,由此限制了学生正常的智力活动,降低了思维效率。

(2)班主任老师的做法存在的问题。

材料中班主任老师的初衷是好的,但是做法欠妥,并没有达到预期的效果,反而影响了谢同学的身心健康。按照耶克斯—多德森定律,随着任务难度的变化,动机水平与效果之间是倒 U 形关系。在较复杂或困难的任务中,保持较低水平的动机反而有助于提高学习效果。

材料中班主任老师向谢同学表达大家对他的期望,以此想激励谢同学,加上谢同学自身也暗下决心,形成外界和内在的双重压力,在较强的学习动机推动下,这些压力给谢同学的身心带来不利影响,不仅成绩下降,也出现一些躯体症状。

(3)要改善谢同学的状况,我认为可以从以下几方面入手:

① 适当降低学习动机,保持中等强度的动机比较好。

学习动机与学习效果并不是总成正比关系,根据耶克斯—多德森定律,最佳的动机水平与作业难度密切相关。中等程度的动机水平最有利于学习效果的提高。在学习较容易、较简单的课题时,尽量使学生集中注意力,紧张一点儿;而在学习较复杂、困难的课题时,则尽量创造轻松自由的氛围。

② 劳逸结合,适当参加非学习活动,缓解紧张情绪。

例如适当参加社会实践或者课外活动,让学生在做中学,在交往中学,缓解学习的紧张情绪。而且,课外活动能激发学生的积极性,形成互助友爱、团结合作、遵守规则的良好品德。

③ 树立正确的成败观,分散谢同学对考试结果的注意力。

一方面,要引导学生找出成功或失败的真正原因,即进行正确归因;另一方面,教师也应根据每个学生过去一贯的成绩的优劣差异,从有利于今后学习的角度进行积极归因。积极归因训练对于谢同学的转变具有重要意义。

④ 家长和老师给予谢同学宽松的心理环境,减轻谢同学的心理负担。

家长和老师应给予学生宽松的心理环境和学习环境,减轻学生的心理负担。另外,课堂中的合作与竞争环境无疑是影响学习动机的一个重要的外部因素。合作型目标结构能最大限度地调动学习积极性,更有利于激励学生的学习动机和改善同伴关系。

第二节　学习动机的主要理论

一、单项选择题

1.【答案】D　【解析】强化理论的主要观点是人的学习行为倾向完全取决于某种行为与刺激因强化而建立的稳固关系,受到强化的行为比没受到强化的行为更倾向于再次出现。因此,不断强化可以使这种联结得到加强和巩固。该观点认为强化能够促进学习动机。题干中,通过表扬、称赞等方式给予学生正强化,从而激发学生的学习动机,激励学生更多地表现出进步行为,这符合强化理论的内容。故答案为D。

2.【答案】B　【解析】人本主义心理学家马斯洛认为,个体行为的动机都是在需要发生的基础上才被激发起来的,各种需要之间又有先后顺序和高低层次之分。需要由低到高可分为七个层次:生理需要、安全需要、归属和爱的需要、尊重需要、认识和理解的需要、审美需要、自我实现的需要。其中较高的三个层次的需要是成长需要。故答案为B。

3.【答案】C　【解析】马斯洛按性质将需要由低到高分为七个层次:生理需要、安全需要、归属和爱的需要、尊重需要、认识和理解的需要、审美需要、自我实现的需要。其中安全需要是受保护与免遭威胁、获得安全感的需要。归属和爱的需要是被人接纳、爱护、关注、鼓励、支持的需要。尊重需要是希望被人认可、关爱、赞许等维护个人自尊心的需要。认识和理解的需要是探索、摆弄、试验、阅读、询问等,个体对不理解的东西寻求理解的需要,学习动机正来源于这种需要。故答案为C。

4.【答案】A　【解析】成就动机是个体追求成就的内在心理倾向。人们在追求成就时存在两种倾向:一种是力求成功的倾向,另一种是避免失败的倾向。也就是说,成就行为体现了趋向成功或避免失败两种倾向的冲突。故答案为A。

5.【答案】C　【解析】阿特金森把个体的成就动机分成两类：一类是力求成功的动机，另一类是避免失败的动机。避免失败者倾向于选择非常容易或非常困难的任务，当成功概率大约是50%时，他们会回避这项任务，以防止自尊心受损和产生心理烦恼。故答案为C。

6.【答案】D　【解析】韦纳将人的成败归为六种原因，即能力、努力程度、工作难度、运气、身心状况和外界环境。这六种因素又分别被纳入因素来源、稳定性和可控制性三个维度之中。能力、努力程度及身心状况三项属于内部因素，工作难度、运气及外界环境三项属于外部因素。能力和工作难度两种因素相对比较稳定，而其余四种因素都不够稳定。努力程度是受意志支配的、可控的，其余各种因素都是不可控的。因此，运气属于外部、不稳定、不可控的因素。故答案为D。

7.【答案】A　【解析】韦纳认为人们倾向于将活动成败的原因归结为能力、努力程度、工作难度、运气（机遇）、身心状态、外界环境六个因素。同时，韦纳认为这六个因素可归为稳定归因和不稳定归因（稳定性）、可控归因和不可控归因（可控性）、内部归因和外部归因（因素来源）三个维度。其中，努力程度属于不稳定的、可控的内部归因。故答案为A。

8.【答案】B　【解析】自我效能感指人们对自己是否能够成功地从事某一成就行为的主观判断。当一个人自我效能感高的时候，说明他相信自己有能力胜任此事，他会把成功归因于能力。故答案为B。

9.【答案】D　【解析】影响自我效能感的因素有直接经验、间接经验、言语信息、情绪唤起等。其中，直接的成败经验是影响自我效能感最重要的因素。一般来说，成功的学习经验会提高学生的自我效能感；相反，失败的学习经验则会降低学生的自我效能感。故答案为D。

10.【答案】D　【解析】班杜拉在他的动机理论中指出，人的行为受行为的结果因素与先行因素的影响。结果因素即强化，强化可分为直接强化、替代性强化和自我强化。先行因素就是通常所说的期待（期望）。期待（期望）包括结果期待和效能期待。

结果期待是指人对自己某种行为会导致某一结果的推测。如果个体预测到某一特定行为会导致某一特定的结果，那么，这一行为就可能被激活和被选择。例如，学生认识到只要上课认真听讲，就会获得他所希望的好成绩，那他就很可能认真听课。

效能期待是指个体对自己能否完成某项活动的能力的推测或判断。当个体确信自己有能力进行某一活动时，他就会产生高度的自我效能感，并实施活动。例如，学生认识到注意听课能带来理想的成绩，并且感到自己有能力听懂老师讲的内容，才会真正认真听课。题干中，李伟通过判断认为自己能听懂老师讲述的知识，就会在课堂上认真听课，这种情况属于效能期待。故答案为D。

11.【答案】B　【解析】自我效能感形成的影响因素：(1)直接经验。学习者的亲身经验对效能感的影响最大，成功的经验会增强自我效能感，多次失败的经验会削弱自我效能感。(2)间接经验。学习者通过观察榜样的行为而获得的间接经验对自我效能感的形成也具有重要影响。学习者看到与自己的水平差不多的人取得了成功，就会增强自我效能感，反之就会降低自我效能感。(3)言语说服。他人的建议、劝告和解释以及对自我的引导也有助于改变个体的自我效能感。然而，依靠这种方法形成的自我效能感不持久，一旦面临令人困惑或难于处理的情境，就会迅速消失。(4)情绪唤起。班杜拉认为情绪和生理状态也影响自我效能的形成。在充满紧张、危险的场合或负荷较大的情况下,情绪易于唤起,而高度的情绪唤起和紧张的生理状态会妨碍行为操作,降低个体对成功的预期水准。故答案为 B。

12.【答案】A 【解析】高趋低避型:拥有无穷的好奇心,对学习有极高的自我卷入水平。他们通过不断的刻苦努力发展自我。这样的学生在课后的几乎所有时间里都在学习。他们通常表现得自信、机智。题干中,小红通过做难题来不断提高自身的能力,说明其属于高趋低避型的学生。故答案为 A。

低趋高避型:逃避失败要比对成功的期望更加重要,他们并不一定存在学习问题,只是对课程的兴趣不高,被称为"逃避失败者"。

高趋高避型:这种学生同时感受到成功的诱惑和失败的恐惧,他们对某一项任务表现出既追求又排斥的突出情绪,兼具了前两种类型学生的特点,被称为"过度努力者"。

低趋低避型:他们没有对成功自豪的期望,对失败也不感到丝毫恐惧或羞愧,被称为"失败接受者"。

13.【答案】D 【解析】德韦克将成就目标划分为以下两类:一种是能力实体观,持这种观点的人认为能力是固定的、不可控的。这种学生倾向建立表现目标,学习是为了做给别人看,证明自己的能力。另一种是能力增长观,持这种观点的人认为能力可以通过努力增长提高。这类学生更多设置掌握目标,寻求那些能真正锻炼自己的能力、提高自己的技能的任务,学习是为了个人的成长。题干中,某学生认为学业求助是自己缺乏能力的表现,羞于向别人求助,这是因为其认为学业求助无法证明或表现自己的能力,属于持能力实体观的个体的特点,其倾向于确立表现目标。故答案为 D。

14.【答案】A 【解析】德韦克将成就目标划分为两类:一类是能力实体观,另一类是能力增长观。持能力实体观的人认为能力是固定的、不可控的。这种学生倾向于建立表现目标,学习是为了做给别人看,证明自己的能力。持能力增长观的人认为能力可以通过努力增长提高。这类学生更多设置掌握目标,寻求那些能真正锻炼自己的能力、提高自己的技能的任务,学习是为了个人的成长。题干中,"如果某人相信能力是稳定的、难以改变的",那么他持有的能力观是实体观。故答案为 A。

15.【答案】D 【解析】自我决定理论的基本需要:(1)胜任需要:指个人与社会环境的交互作用中,感到自己是有效的,有机会去锻炼自己和表现自己的才能。(2)归属需要:指感觉到关心他人并被他人关心,有一种从属于其他个体和团体的安全感,与别人建立起安全和愉快的人际关系。(3)自主需要:指个体能感知到做出的行为是出于自己的意愿的,是由自我来决定的,即个体的行为是自愿的且能够自我调控的。故答案为 D。

二、辨析题

1.【参考答案】错误。

德维克认为,人们对能力持有不同的内隐观念。一种是能力实体观,持这种观点的人认为能力是稳定的、不可改变的特质。根据这个观点,有些人会比另一些人更加聪明,但是每个人的能力的量是固定的。另一种是能力增长观,认为能力是不稳定的,是可以控制的,是可以随着知识的学习、技能的培养而加强的。持能力实体观的学生倾向建立表现目标,从而避免被别人看不起。而持能力增长观的学生更多的是设置和掌握目标,并寻求那些能真正锻炼自己的能力、提高自己的技能的任务。因此,具有表现目标的学生认为个人的能力是固定不变的,他们会选择不需要花费太多的精力而且成功可能性很大的工作,以最好的成绩表现他们聪明的一面。故题干表述错误。

2.【参考答案】错误。

斯金纳使用强化理论对学习本身的论述就是对学习动机的论述。个体的行为因受到强化而发生的概率增加就是动机增强,个体的行为因受到惩罚而发生的概率降低就是动机减弱。

当个体缺失学习动机时,使用强化原理对学生的学习行为进行强化,可增强学生的学习动机。当个体具有强大的内在学习动机时,使用强化原理奖励学生的学习行为,可能使学生的学习与强化物联系起来,会削弱学生的内在学习动机。故题干表述错误。

三、分析论述题

1.【参考答案】(1)刘亮将自己学习成绩不好的原因归为自身能力,认为自己反正学不好,就不再花费时间和精力学习了。一个总是失败并把失败归于内部的、稳定的和不可控的因素(即能力低)的学生会形成一种习得性无助的自我感觉。材料所述刘亮即出现了习得性无助,认为自己做什么也不会有什么改变,因此也不想努力学习。

(2)刘亮出现无力感的原因是将自己学习不好归为自身能力问题。面对因在学习上多次失败而变得自暴自弃产生无力感的刘亮,教师可以采取以下措施来减轻或消除他的无力感症状,提高他的学习积极性。

① **使学生获得成功经验,打破失败不可避免的思维禁锢**。无力感的产生通常是在屡遭失败之后,感到无法控制结果,并对以后的成功不抱期望。如果使他们获得成功的体验,便打破了失败的连续,使学生感到失败并非不可避免,成功也是可能的,这样,无力感便会减轻或消除。

② **改变学生的消极归因**。改变无力感学生的消极归因,对他们进行归因训练,从而减轻或消除无力感。

③ **转移学生对失败的注意力**。无力感学生失败后产生焦虑和消极的自我关注,寻找失败的借口,从而分散了对学习任务的注意力,使学习受到破坏。因此,当学生在学习上失败后,教师通过口头指导,减轻学生对失败的紧张焦虑,把学生的思维从对失败的消极关注上转移到有关的学习任务上,对减轻或消除无力感是很必要的。

2.【参考答案】(1)材料中小宇存在的问题是:因为失误带来的打击导致自我效能感越来越低,缺乏信心,甚至开始怀疑自己的能力。自我效能感理论是班杜拉最早提出,指人们对自己是否能够成功地从事某一成就行为的主观判断,可以理解为做事的自信心。

产生的原因:

① **自身的成败经验**。材料中,小宇失败的经历导致他表现平平,失去信心,自我效能感降低。

② **情感状态**。材料中,小宇一提到参加运动会就"十分消极","怀疑自己",会"不由自主"地认为自己做不好,这些都是一些负面情绪,不利于自我效能感的建立。

③ **不正确的归因和评价方式**。在平时的体育课上,小宇都表现不错,也很努力,可他依旧觉得自己能力不够,这是一种错误的归因方式和消极的评价观的体现。

④ **动机水平过高,影响任务效果**。小宇之前的表现都很好,也希望每次都能取得好成绩。当想要每次取得好成绩的这种"高动机"和实际不太理想的成绩这种"低成效"相遇时,就容易降低自我效能感,且二者容易形成恶性循环。

(2)如果我是小宇的班主任,我会通过以下几点来帮助小宇。

① **进行积极的言语劝说,引导他进行恰当归因,改善自我认知**。我会与小宇进行深入的交谈,引导其认识到自己的优势与不足,对自己的失败进行正确归因,将成败归因于努力和运气("因失误而摔倒")而非能力,以避免习得性无助,从而增强其比赛的自信心。

② **树立成功的榜样,提供正面的替代性经验**。一般来说,当个体看到与自己的能力水平相当的人取得成功时,会增强自我效能感。因此,我会运用替代强化,给小宇提供与其水平相近的榜样事例,增强其比赛动力。

③ **设定合理的目标,创造条件使其再次获得成功的体验**。一般来说,成功的经验会提高学生的自我效能。我会帮助小宇设定具体的、有一定挑战性并且可以通过努力实现的目标,帮助、引导他一步步实现目标,获得成功体验,从而逐渐相信自己的能力。

④ **给予及时的反馈与评价,增加其行为的坚持性**。适当的表扬和批评,特别是表扬,能激发学生的上进心。我会对小宇的努力给予明确的、及时的反馈,充分利用评价的激励作用,恰当运用表扬,让小宇获得积极的情感体验,增强其自我效能感。

第三节 学习动机的培养与激发

分析论述题

【参考答案】(1)这几名学生各自体现的学习动机。

① 外部学习动机是指诱因来自学习者外部的某种因素,即在学习活动以外由外部的诱因激发出来的学习动机。故学生 A 体现了外部学习动机。

② 把学习看成猎取个人名利的手段,则是低级的学习动机。故学生 B 体现了低级的学习动机。

③ 内部学习动机是指诱因来自学习者本身的内在因素,即学生因对活动本身发生兴趣而产生的动机。故学生 C 体现了内部学习动机。

④ 附属内驱力是指个体为了获得长者们(如家长、教师)的赞许或认可而表现出把工作、学习做好的一种需要。故学生 D 体现了附属内驱力。

⑤ 近景的直接性学习动机是指由活动的直接结果所引起的对某种活动的动机,它是与学习活动直接相连的,来源于对学习内容或学习结果的兴趣。例如,学生的求知欲、成功的愿望、对某门学科的浓厚兴趣,以及教师生动形象的讲解、教学内容的新颖等都直接影响到学生的学习动机。故学生 E 体现了近景的直接性学习动机。

（2）如果我是老师，我将从以下几个方面激发和培养学生的学习动机。

① 学习动机的培养。

一是成就动机的培养。成就动机的训练过程分为六个阶段：意识化、体验化、概念化、练习、迁移、内化。训练不仅能够提高学生的成就动机水平，而且能够提高学生的成绩。

二是成败归因训练。改变他们的归因倾向，让他们将失败归因于缺乏努力，而不是缺乏能力；引导学生把成败归因于学习方法；增强学生学习的信心和积极性，把学生引导到努力学习和讲究学习方法上去。

三是自我效能感的培养。引起和增强学生的自我效能感，有利于培养学习动机，我们要做好三方面：直接经验训练，间接经验训练，说服教育。

② 学习动机的激发。

一是外部学习动机的激发。设置明确、具体、适当的学习目标，及时反馈学习结果，进行积极的评价。

二是内部学习动机的激发。创设问题情境，竞赛与合作，学习动机的迁移。

三是外部学习动机和内部学习动机的相互交替、转化。在学生没有学习动机时，应创设外部条件，以激发学生的学习动机；当学生有了一定的外部学习动机之后，应当有目的、有计划地培养其内部学习动机；当学生有了强烈而持久的内部学习动机之后，仍然要不断激发其外部学习动机，使内部学习动机和外部学习动机共同推进学习活动。

激发学生学习动机的方法【第2种参考答案】

① 创设问题情境，实施启发式教学。创设问题情境是指提供能使学生产生疑问、渴望从事活动、探究问题的情境，经过一定的努力能成功地解决问题的学习材料、条件或实践。

② 设置合适的目标。教师要帮助学生设定一个既具有挑战性又具有现实性的目标，并表扬学生对目标的设定及实现。这种目标确立策略能够提高学生的学习成绩和自我效能感。

③ 表达明确的期望。学生在某个任务上的失败通常是由于不知道自己到底要做什么。教师应把期望明确地传达给学生。

④ 根据作业难度，恰当控制动机水平。在学习较容易、较简单的课题时，教师应使学生集中注意力，使学生尽量紧张一些；在学习较复杂、较困难的课题时，教师应尽量创造轻松自由的课堂气氛；在学生遇到困难或出现问题时，教师要尽量心平气和地引导，避免学生过度紧张和焦虑。

⑤ 充分利用反馈信息，妥善进行奖惩。它包括提供明确的、及时的、经常性的反馈，合理运用外部奖赏，有效地运用表扬，进行适当的批评。

⑥ 正确指导结果归因，促使学生继续努力。教师应引导学生进行"努力归因"和"现实归因"。这种归因训练的好处在于，学生在做"努力归因"时又联系现实，在做"现实归因"时又强调努力。

⑦ 对学生进行竞争教育，适当开展学习竞争。竞争可以极大地激发学生的好胜心和求知需要，增强学生的学习兴趣和克服困难的毅力，但过度竞争也会带来不良影响。因此，要适当开展学习竞争，努力创设一种既有竞争又有合作的学习环境。

第五章　知识的建构

①根据知识与语言的关系　②陈述性知识　③程序性知识　④结构良好领域知识　⑤结构不良领域知识　⑥形式训练说　⑦概括化理论　⑧横向迁移（水平迁移）与竖向迁移（垂直迁移）　⑨相似性、已有经验的概括水平、学习态度和定势、个体的智力水平

第一节　知识及知识建构

一、单项选择题

1.【答案】D　【解析】根据知识反映事物的深浅，可将知识分为感性知识和理性知识。（1）感性知识：个体通过感觉器官直接获得，是对事物的外部特征与外部联系的反映，可分为感知和表象两种水平。（2）理性知识：个体通过思维活动间接获得，是对事物的本质特征与内部联系的反映，可分为概念和命题两种形式。

根据知识的状态和表现方式，可将知识分为陈述性知识和程序性知识。（1）陈述性知识。陈述性知识也叫描述性知识，主要反映事物的形态、内容及变化发展的原因，说明事物"是什么""为什么""怎么样"等问题，一般可用言语进行清楚的陈述。（2）程序性知识。程序性知识也叫操作性知识或过程性知识，用于具体情境的算法或一套操作步骤，说明"做什么""怎么做"的问题，与实践操作有密切联系，解决的是个体从不会做到会做到熟能生巧的过程。故答案为D。

2.【答案】B　【解析】陈述性知识也叫描述性知识，是个人有意识地提取线索，因而能够直接加以回忆和陈述的知识，主要用来说明事物的性质、特征和状态，用于区别和辨别事物。这类知识主要解决"是什么"的问题，具有静态性。江苏是省份的名称，因此属于陈述性知识。故答案为B。

3.【答案】D　【解析】根据知识的表现形式，可将知识划分为显性知识和隐性知识。其中，隐性知识指的是不能用语言充分表达，只能意会的内隐经验类知识，如观念、表象。波兰尼的著名命题"我们知晓的比我们能说出的多"说的就是隐性知识。故答案为D。

4.【答案】C　【解析】陈述性知识主要是以概念、命题、命题网络、表象和图式来表征的，程序性知识主要以产生式和产生式系统进行表征。故答案为C。

5.【答案】B　【解析】根据知识及其应用的复杂多变程度,可将知识分为:(1)结构良好领域知识:由明确的事实、概念和规则构成的结构化的知识,即有固定答案的知识,例如需要背诵的课文中的语言知识。(2)结构不良领域知识:关于知识被灵活应用的知识。生活中比较复杂的知识,例如听一次讲座后,受到鼓舞,将讲师的方法运用到自己的课堂中,就要处理大量带有不良结构特征的情境和知识。故答案为B。

根据知识的来源,可将知识分为:(1)直接经验知识:个体通过亲身实践活动而获得,如学生通过参观访问、调查或实验所获得的知识。(2)间接经验知识:个体通过书本和大众传媒等途径而获得的知识。

二、简答题

【参考答案】(1)含义:陈述性知识也叫描述性知识,主要反映事物的形态、内容及变化发展的原因,说明事物"是什么""为什么""怎么样"等问题,一般可用言语进行清楚的陈述。程序性知识也叫操作性知识或过程性知识,用于具体情境的算法或一套操作步骤,说明"做什么""怎么做"的问题,与实践操作有密切联系,解决的是个体从不会做到会做再到熟能生巧的过程。

(2)不同点:陈述性知识是静态的,容易获得,也容易遗忘,获得机制是同化和顺应。程序性知识是动态的,不易获得,也不易遗忘,获得机制是产生式。

(3)联系:① 陈述性知识可以为执行某个实际操作程序提供必要的信息。反之,程序性知识的掌握也会促进陈述性知识的深化;② 学生学习从陈述性知识的获得开始,然后把陈述性知识与具体的任务目标联系起来,去解决一个又一个问题,变成可以灵活、熟练应用的程序性知识。

第二节　知识的理解

单项选择题

1.【答案】D　【解析】加涅把陈述性知识看作言语信息,把它由简到繁分为:(1)符号:各种事物的名称或标记;(2)事实:表明两个或两个以上事物之间关系的言语陈述;(3)知识群(有组织的知识):由多个事实联结成的整体,如学生形成的关于我国地形地貌特点的知识。故答案为D。

2.【答案】A　【解析】符号学习,又称表征学习,指学习单个符号或一组符号的意义,或者说学习它们代表什么。符号学习的主要内容是词汇学习。符号不仅仅限于语言符号,也包括非语言符号。符号学习还包括地理位置、地形地貌、历史事件、历史人物等事实性知识的学习。题目中属于对历史事件的学习,因此属于符号学习,也叫表征学习。故答案为A。

B项:概念学习,即掌握以符号代表的同类事物共同的本质特征。

C项:命题学习,实质上是学习若干概念之间的关系,或者说掌握由几个概念联合所构成的复合意义。

D项：发现学习是指学生要学习的概念、原理等内容不直接呈现，需要学生通过独立思考、探索、发现而获得。

3.【答案】D 【解析】影响知识理解的因素：(1)客观因素：学习材料的内容、学习材料的形式、教师言语的提示和指导。(2)主观因素：原有的知识经验背景、认知结构的特征、学生的能力水平、主动理解的意识与方法。故答案为D。

第三节　概念的转变

一、单项选择题

1.【答案】B 【解析】概念形成是指在日常生活中逐渐积累经验，从而获得概念的过程。概念的同化指在已有概念的基础上，以定义的方式直接传授概念的特征。故答案为B。

2.【答案】A 【解析】学生在课堂学习之前已经对于要学习的内容形成了自己的看法和解释，从而建构了大量的自发概念。这些概念有些与科学概念相冲突，被称为"错误概念"。教学的主要任务就是要使这些错误概念转变为科学概念，这就是概念转变。故答案为A。

3.【答案】B 【解析】概念转变中主要涉及的是原有的学习对于新的学习产生不利的影响，这属于负迁移。在概念转变的过程中还涉及逆向迁移，当概念转变之后，实际上就是新的学习内容对于原有学习产生了影响，这属于逆向迁移。故答案为B。

二、简答题

1.【参考答案】（1）影响概念转变的因素：

① **学习者的形式推理能力。**为克服错误概念，学习者需要理解新的科学概念，能意识到证明新概念有效性的证据，看到事实材料是如何支持科学概念而违背原有错误概念的。所有这些都依赖于学习者的形式推理能力。

② **学习者的先前知识经验。**学习者先前知识的三个特征：强度（丰富程度）、一致性（是否能对先前经验提供解释）和坚信度（个人对自身先前观念的坚信程度），它们影响转变的可能性。

③ **学习者的元认知能力。**学习者在新情境里激活、联想起已有的知识经验，并试图对新旧经验进行对照、整合。只有在这种积极的认知活动中，学习者才能促进概念转变。

④ **学习者的动机以及对知识和学校的态度。**目标取向、自我效能感、控制点、兴趣与学科态度。

（2）概念转变的条件：

波斯纳提出，一个人原来的概念要发生转变（顺应）需要满足以下条件：

① **对原有概念的不满。**只有当学习者发现自己相信的概念已经不起作用时，他们才会愿意去改变这种概念。

② **新概念的可理解性。**学习者需要懂得新概念的真正含义，这不仅仅是字面的理解，而是对新概念形成整体的理解和深层的表征。

③ **新概念的合理性**。学习者感到新概念看起来是合理的,需要新概念与个体所接受的其他概念、信念相互一致,可以被整合,而非相互冲突。

④ **新概念的有效性**。学习者需要看到新概念对自己的价值,能解决用其他概念难以解决的问题,并且能向个体展示新的可能和方向,具有启发意义。有效性意味个体把新概念看作解释某种问题更好的途径。

2.【参考答案】(1)**转变本质**:概念转变的本质就是学习,即学生原有概念改变、发展和重建的过程,是学生由前科学概念向现科学概念的转变过程。

(2)**教学环节**:① 揭示、洞察学生原有的概念;② 引发认知冲突;③ 通过讨论分析,使学生调整原来的看法。

(3)**教学注意点**:

① **创设开放的、相互接纳的课堂气氛**。只有创设开放的、相互接纳的课堂气氛,学生才能大胆面对不同的观点、事实之间的冲突,才能理智地思考、分析问题。

② **倾听、洞察学生的经验世界**。在教学的开始,教师应该首先保留自己的或者书本中的见解,先去充分了解学生相关学科的原有知识经验背景,了解学生有哪些错误概念。

③ **引发认知冲突**。可以让学生意识到与原有概念相对立的事实或观点,这是转变学生错误概念的基本途径。教师引导学生投入到积极的思维活动中,对当前问题进行分析、推理,这是引发认知冲突的重要条件。

④ **鼓励学生交流讨论**。在认知冲突的情境中,教师要进一步引导学生去思考,组织学生进行讨论,交流各自的看法,不同观点的交锋能更好地引发学生的思维活动,促进学生对问题的深层理解。

第四节 知识的整合与应用

一、单项选择题

1.【答案】A 【解析】干扰说认为遗忘是在学习和回忆之间受到其他刺激的干扰所致。干扰说可用前摄抑制和倒摄抑制来说明。前摄抑制是指先学习的材料对识记和回忆后学习的材料的干扰作用。倒摄抑制是指后学习的材料对保持和回忆先学习的材料的干扰作用。题干中,丽丽对前面一组材料的回忆效果不如后面一组好,是因为后学习的材料对先学习的材料有干扰作用,体现了倒摄抑制。分化抑制和延缓抑制是条件抑制的两种类型,在本题中为干扰项。故答案为 A。

2.【答案】C 【解析】艾宾浩斯遗忘曲线表明,遗忘在学习之后立即开始,最初的遗忘速度很快,随着时间的推移,遗忘的速度逐渐下降,过了相当的时间后,几乎不再遗忘。由此看出,遗忘的进程是不均衡的,其规律是先快后慢,呈负加速型。故答案为 C。

3.【答案】B 【解析】近因效应是指最后呈现的材料最易回忆、遗忘最少的现象。题干中,学生的学习结果表明,对最后呈现的单词记忆效果更好,体现了近因效应。故答案为 B。

首因效应是指最先呈现的材料较易回忆、遗忘较少的现象。例如,背诵了某篇文章,一个月后只记得开头几句了。

前摄抑制是指先学习的材料对识记和回忆后学习的材料的干扰作用。例如,先学习汉语可能会干扰后面英语语法的学习。

倒摄抑制是指后学习的材料对保持和回忆先学习的材料的干扰作用。例如,学完分数的乘除法,面对以前学过的分数加减法的题目,忘记了通分就直接将分子分母各自互相加减。

4.【答案】D　【解析】根据迁移的性质和结果,即迁移的影响效果,可将迁移分为正迁移、负迁移和零迁移。其中,零迁移是指两种学习间不存在直接的相互影响。故答案为 D。

5.【答案】B　【解析】负向迁移是指一种学习对另一种学习产生消极的阻碍作用。顺向迁移是指先前学习对后继学习产生的影响。垂直迁移是指在抽象性和概括性上处于不同水平的两种学习或经验间的相互影响。逆向迁移是指后继学习对先前学习产生的影响。题干中,"促进"表明两种概念之间的影响是积极的,排除 A 项。先前对"物理平衡"的学习对之后"化学平衡"的学习产生的影响属于顺向迁移。B 项正确,排除 D 项。"物理平衡"的概念与"化学平衡"的概念属于同一水平,排除 C 项。故答案为 B。

6.【答案】B　【解析】根据迁移内容的不同抽象和概括水平,迁移分为横向迁移和纵向迁移。横向迁移也称水平迁移,是指在抽象性和概括性上处于同一水平的两种学习或经验间的相互影响。"锐角三角形"和"钝角三角形"是同一水平的两个概念,题干中,小军掌握不好"锐角三角形"的知识影响到了对"钝角三角形"的学习的现象属于横向迁移。故答案为 B。

纵向迁移是指在抽象性和概括性上处于不同水平的两种学习或经验间的相互影响。

顺应迁移是指将原有认知经验应用于新情境时,需调整原有的经验或对新旧经验加以概括,形成一种能包容新旧经验的更高一级的认知结构,以适应外界的变化。

重组迁移是指重新组合原有认知系统中某些构成要素或成分,调整各成分间的关系或建立新的联系,从而应用于新情境。

7.【答案】B　【解析】一般迁移,又称非特殊迁移、普遍迁移,是指在一种学习中习得的一般原理、方法、策略和态度对另一种具体学习内容的影响,即将原理、方法、策略和态度具体化,并运用到具体的事例中去。小阳的审题态度及审题方法属于在数学中习得的一般方法、策略、态度,将其迁移到化学、物理的学习中,这种学习迁移属于一般迁移。故答案为 B。

特殊迁移,又称具体迁移。某一领域或课题的学习直接对学习另一领域或课题产生影响。例如,数学学习对物理学习的影响;已学会写"木"这个字,有助于写"森"字。

8.【答案】A　【解析】重组性迁移是指重新组合原有认知系统中某些构成要素或成分,调整各成分间的关系或建立新的联系,从而应用于新情境。在重组过程中,基本经验成分不变,但对各成分间的结合关系进行了调整或重新组合。菲菲将学过的体操动作进行调整组合,这属于重组性迁移。故答案为 A。

同化性迁移是指不改变原有的认知结构,直接将原有的认知经验应用到与其本质特征相同的一类事物中去。例如,举一反三、闻一知十。

顺应性迁移是指将原有认知经验应用于新情境中时,须调整原有的经验或对新旧经验加以概括,形成一种能包容新旧经验的更高一级的认知结构,以适应外界的变化。例如,入乡随俗,即去了他乡,就改变了自己原来的习俗,而顺应了他乡的习俗。

9.【答案】A 　【解析】根据迁移范围的不同,可将迁移分为自迁移、近迁移、远迁移。(1)自迁移是指个体所学的经验影响着相同情境中的任务操作,表现为原有经验在相同情境中的重复。(2)近迁移是指把所学的经验迁移到与原来的学习情境比较相似的情境中。(3)远迁移是指个体能将所学的经验用到与原来情境极不相似的情境中。题干中,"教师先教学生写《记我的妈妈》,等学生掌握了写作技巧后,可以把技巧迁移到《记我的老师》《记我的同学》等作文的写作当中",这是相似情境之间的迁移,即近迁移。故答案为A。

10.【答案】C 　【解析】根据迁移时发生的自动化程度不同,可将迁移分为:(1)低通路迁移:反复练习的技能自动化的迁移,迁移时不需要或很少需要思维的参与。例如,驾驶不同类型的汽车。(2)高通路迁移:有意识地将在某一情境下习得的抽象知识运用到新的情境中。例如,利用做笔记策略来阅读文章。题干中,小刘在日常生活中能够驾驶自己的汽车和其他不同型号的小轿车,是技能自动化迁移,不需要反省性思维,属于低通路迁移。故答案为C。

11.【答案】B 　【解析】共同要素说认为,两种学习活动有共同要素(相同成分)时,迁移才能发生。共同要素越多,迁移的程度越高;共同要素越少,迁移的程度越低。题干中的观点属于迁移的共同要素说。故答案为B。

形式训练说以官能心理学为基础,主张迁移要经历一个"形式训练"过程才能产生。它把训练和改进心智的各种官能作为教学的重要目标,也就是提高各种能力,认为学习的内容不重要,重要的是所学材料对官能训练的价值,所学材料越难越好。

苛勒用"小鸡啄米"实验证明了关系转换的学习迁移理论。在该实验中,苛勒先让小鸡学会辨别浅灰色纸和深灰色纸(在浅灰色纸上放谷粒,在深灰色纸上不放,两种纸常常交换位置,重复多次后,小鸡学会在浅灰色纸上寻找谷粒),之后将深灰色纸换成更浅灰色纸,结果发现大多数小鸡会去更浅灰色纸上寻找谷粒,这说明小鸡学会的是两种颜色纸之间的相对关系,由此苛勒认为迁移是由于学习者突然发现了两个学习经验之间存在关系。

贾德的概括化理论又称经验类化说,强调概括化的经验或原理在迁移中的作用。该理论认为先前的学习之所以能迁移到后来的学习中,是因为在先前的学习中获得了一般原理,这种一般原理可以部分或全部被应用于前后两种学习中。

12.【答案】D 　【解析】美国心理学家奥苏伯尔提出的认知结构迁移理论认为,任何有意义的学习都是在原有学习的基础上进行的,学生原有的认知结构是实现学习迁移的最关键因素。题干中,教师上课前先引导学生温习上节课所学知识,是重视学生原有认知结构对学习迁移的影响,遵循的是认知结构迁移理论。故答案为D。

13.【答案】A 　【解析】影响迁移的因素包括:(1)相似性;(2)已有经验的概括水平;(3)学习态度和定势;(4)个体的智力水平。其中,相似性包括:①学习材料之间的共同要素或者相似性;②学习目标与学习过程的相似性;③学习情境的相似性。题干中,"对中国人而言,学日语往往有较大的优势,因为不少日文词汇的写法与中国的汉字大同小异,并且在语音和使用上也有共通之处",这是受到了学习材料的相似性的影响。故答案为A。

二、分析论述题

【参考答案】（1）影响学生知识迁移的主要因素：

① **相似性**。相似性包括客观因素的相似，也包括主观因素的相似。学习材料的相似性属于客观相似，除此之外，个体加工学习材料的过程是否相似也影响着迁移的发生。加工过程的相似性可视为主观相似性。

② **已有经验的概括水平**。学习迁移实际上是已有经验的具体化或新旧经验的协调过程，因此，已有经验的概括水平对迁移的效果有很大影响。

③ **学习态度和定势**。一般来说，定势对学习能够起促进作用，但是有时候也会起阻碍作用，明显的表现就是功能固着，即把某种功能、作用赋予某种物体的心理倾向。

④ **个体的智力水平**。这是影响迁移效果非常重要的主观因素之一。

除此之外，诸如年龄、学习者的态度、教学指导、外界的提示与帮助等因素，都在不同程度上影响着迁移的产生。

（2）为了促进学生知识的迁移，李老师可从以下几方面入手：

① **整合学科内容**。李教师可以鼓励学生把在某一门学科中学到的知识运用到其他学科中去。注意把各独立的教学内容整合起来，注意各门学科的横向联系。

② **加强知识联系**。李老师应培养学生重视简单的知识技能与复杂的知识技能、新旧知识技能之间的联系，使学生利用已有知识来理解新知识，这就是所谓的纵向迁移。

③ **强调概括总结**。李老师在教学中应注意启发学生对所学内容进行概括总结，培养和提高学生概括总结的能力，在讲解原理、原则时尽可能用丰富的举例，让学生正确把握其内涵和外延。

④ **重视学习策略**。李老师有意识地教学生学会如何学习，帮他们掌握概括化的认知策略和元认知策略。认知策略和元认知策略是可教的，教师教授学习策略，可以促进学习的迁移。

⑤ **培养迁移意识**。李老师通过反馈和归因控制等方式使学生形成关于学习和学校的积极态度，鼓励学生大胆地进行迁移，将知识灵活应用。

⑥ **避免消极迁移**。李老师要结合学生的年龄特点，创设和改造学校的环境和气氛，增加学校对学生的吸引力，避免不良情绪、反应定势等消极心态产生的消极迁移。

这些教学原则提供了一种"为迁移而教"的思路，以帮助李老师树立在教学中和日常生活中都注意促进学生学习积极迁移的概念。

第六章 技能的形成

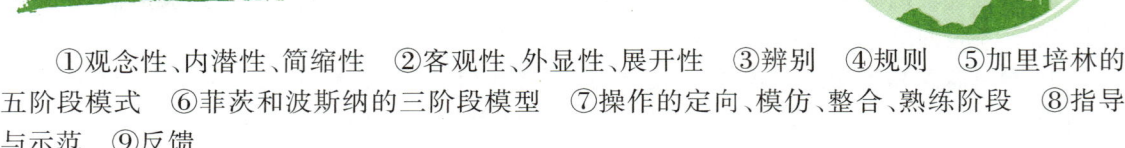

①观念性、内潜性、简缩性 ②客观性、外显性、展开性 ③辨别 ④规则 ⑤加里培林的五阶段模式 ⑥菲茨和波斯纳的三阶段模型 ⑦操作的定向、模仿、整合、熟练阶段 ⑧指导与示范 ⑨反馈

第一节 技能及其作用

一、单项选择题

1.【答案】C 【解析】技能是通过练习而形成的合乎法则的活动方式。它具有以下几个基本特点:(1)技能是通过不断的练习而逐步完善的,不同于先天的本能行为;(2)技能是一种活动方式,是由一系列动作及其执行方式构成的,属于动作经验,不属于认知经验的知识;(3)技能中的各动作要素及其执行顺序要体现活动本身的客观法则的要求,不是一般的习惯动作。选项中,走路是一种通过后天练习而形成的动作经验,同时走路还需要遵循一定的规则,因此属于一种操作技能。故答案为C。A项:望梅止渴属于条件反射。B项:吃酸东西皱眉属于本能行为。D项:儿童去医院看见穿白大褂的就哭属于态度的学习。

2.【答案】C 【解析】操作技能也叫动作技能、运动技能,是指以肌肉、骨骼运动实现的程序化、自动化和完善化的外显动作方式,如骑车、绘画、体操、吹拉弹唱等。故答案为C。心智技能,也称智力技能或智慧技能,是一种借助于内部语言在头脑中进行的认知活动方式,如默读、心算、写作、观察和分析等技能。学生在观察、记忆和解决问题时所采用的策略也是心智技能的不同形式。

3.【答案】B 【解析】心智技能也叫智力技能、认知技能,是人借助内部言语在头脑中完成的智力活动方式,是通过学习而形成的合乎法则的心智活动方式,如默读、心算、写作、观察和分析等技能。B项,撑竿跳属于动作技能,不属于心智技能。本题为选非题,故答案为B。

4.【答案】A 【解析】心智技能的特点:(1)动作对象的观念性:对象是客观事物在人脑中的主观映像;(2)动作执行的内潜性:在头脑内部进行;(3)动作结构的简缩性:内部言语是可以合并、简化的,如默读、心算、写作等。其中,结构具有简缩性是指心智活动不像操作活动那样必须将每一个动作实际做出,也不像外部言语那样必须把每个字词一一说出,而是不完全的、片段的,是高度省略和简化的。故答案为 A。

5.【答案】C　【解析】心智技能与操作技能既有区别也有联系。(1)两者区别:① 活动对象的不同。操作技能属于实际操作的范畴,其对象是物质的、具体的,表现为外显的骨骼和肌肉的操作。心智技能的对象是头脑中的观念范畴,具有主观性和抽象性,是外部难以察觉的思维活动。② 活动结构的不同。操作技能是系列动作的连锁,因而动作必须从实际出发,符合实际,不能忽略。心智技能是借助于内部语言实现的,可以高度省略、简缩。③ 活动要求不同。操作技能必须掌握"刺激—反应"联结,心智技能必须掌握正确的思维方法,即获得产生式系统。(2)两者联系:心智技能是操作技能的调节者和必要的组成部分,操作技能又是心智技能形成的最初依据和外部体现的标志。两者是相辅相成、互相制约、互相促进的。故答案为 C。

二、简答题

【参考答案】 操作技能也叫运动技能、动作技能,是指由一系列的外部动作以合理的程序组成的操作活动方式,如书写、体操、骑自行车等技能。心智技能也称智力技能或智慧技能,是一种借助于内部语言在头脑中进行的认知活动方式,如默读、心算、写作、观察和分析等技能。

(1)**两者的区别:**

① **活动对象不同**。操作技能属于实际操作的范畴,其对象是物质的、具体的,表现为外显的骨骼和肌肉的操作。心智技能的对象是头脑中的观念范畴,具有主观性和抽象性,是外部难以察觉的思维活动。

② **活动结构不同**。操作技能是系列动作的连锁,因而动作必须从实际出发,符合实际,不能忽略。心智技能是借助于内部语言实现的,可以高度省略、简缩。

③ **活动要求不同**。操作技能必须掌握"刺激—反应"联结,心智技能必须掌握正确的思维方法,即获得产生式系统。

(2)**两者的联系:**

心智技能是操作技能的调节者和必要的组成部分,操作技能又是心智技能形成的最初依据和外部体现的标志。两者相辅相成、相互制约、互相促进。

第二节　心智技能的形成与培养

一、单项选择题

1.【答案】D　【解析】加涅根据学生在学习后所获得的各种能力,把学习结果分为五类,即言语信息的学习、智慧技能的学习、认知策略的学习、态度的学习、运动技能的学习。其中智慧技能的学习按不同的学习水平及其所包含的心理运算的不同复杂程度依次分为辨别(区分事物之间的不同点)、具体概念(识别具有共同特征的同类物体,不能通过下定义,只能从具体的实际例子中学)、定义概念(运用概念的定义特征对事物分类,能够通过下定义揭示其正例的共同本质属性的概念)、规则(运用单一规则办事)、高级规则(同时运用几条规则办事)五个亚类。故答案为D。

2.【答案】A 【解析】加涅按不同的学习水平及其所包含的心理运算的复杂性程度把智慧技能划分为五类:(1)辨别:辨别技能是最基本的智慧技能,指的是能识别各种刺激特征的异同并做出不同的反应。(2)具体概念:识别同类事物的能力。例如,从大量餐具中识别"碗"和"杯子",从大量动物中识别"马"。具体概念一般不能下定义,其本质特征是人们在日常生活中逐渐发现并归纳出来的。故答案为A。(3)定义概念:运用概念定义对事物分类的能力。(4)规则:当原理或定律指导人的行为,而人又按原理或定律办事时,原理或定律就变成了规则。(5)高级规则:也叫作问题解决,是指应用规则或规则组合去解决问题。

3.【答案】C 【解析】练习是形成各种动作技能必不可少的关键环节。题干中,"见者易,学者难"的意思是:在旁边看别人做觉得很容易,一旦真正自己做起来就感觉很难。"见"相当于观察示范,"学"相当于模仿练习,这句话强调"学者难",即强调动作技能形成中练习的重要性。故答案为C。

4.【答案】C 【解析】我国学者冯忠良将心智技能的形成划分为原型定向、原型操作、原型内化三个阶段。其中,原型内化是指心智活动的实践模式(实践方式)向头脑内部转化,由物质的、外显的、展开的形式变成观念的、内在的、简缩的形式的过程。原型内化阶段是心智技能形成的高级阶段。故答案为C。

5.【答案】B 【解析】加里培林将心智动作的形成分为五个阶段:(1)活动的定向阶段(准备阶段);(2)物质活动或物质化活动阶段;(3)出声的外部言语活动阶段;(4)无声的外部言语活动阶段;(5)内部言语活动阶段。其中,在物质活动或物质化活动阶段,物质活动是指借助实物进行活动,物质化活动是指借助实物的模型、图片、样本等代替物进行活动。题干中,"儿童做加法时会数手指、数苹果等实物或者借助小木棒等教具",说明其处于加里培林智力技能发展理论的物质或物质化活动阶段。故答案为B。

二、简答题

1.【参考答案】 智慧技能的学习帮助学生解决"怎么做"的问题,用以对外界的符号、信息进行处理加工,故又称过程知识。加涅按不同的学习水平及其所包含的心理运算的复杂程度把智慧技能划分为:辨别、具体概念、定义概念、规则、高级规则(解决问题)等。

(1)**辨别**:辨别技能是最基本的智慧技能,指的是能识别各种刺激特征的异同并作出不同的反应。

(2)**具体概念**:是指识别同类事物的能力。

(3)**定义概念**:是指运用概念定义对事物分类的能力。

(4)**规则**:当原理或定律指导人的行为,而人又按原理或定律办事时,原理或定律就变成了规则。

(5)**高级规则(解决问题)**:是指应用规则或规则组合去解决问题。

2.【参考答案】 (1)认知阶段。在该阶段,要了解问题的结构,即问题的起始状态、目标状态以及从起始阶段到达目标状态中间的步骤,从而形成最初的问题表征。

（2）**联结阶段**。在该阶段,学习者将某一领域的描述性知识转化为程序性知识,应用具体的方法来解决问题。知识的转化是使一系列的条件与行动能快速、流畅执行的一种程序性表征过程,其间将出现两个子过程：合成与程序化。

（3）**自动化阶段**。在该阶段,学习者操作某一技能所需的有意识的认知投入较少,且不易受到干扰,但高度自动化的程序可能使学习者的反应变得刻板。

三、分析论述题

【参考答案】（1）该课堂上出现的情景体现了心智技能的加里培林五阶段理论。

① **活动的定向阶段**。这是心智活动的准备阶段。在该阶段,学生在头脑中构成对活动本身和活动结果的表象,进而对活动进行定向。教师根据学生的基础水平,将活动分解成学生能够理解,并且能够做到的操作程序,建立起学生对活动原型的定向预期。

② **物质活动或物质化活动阶段**。这个阶段是借助于实物或实物的模型、图表、标本等进行学习。材料中学生借助纸、笔勾画进行运算或者利用掰手指进行运算体现了这一点。

③ **出声的外部言语活动阶段**。本阶段是外部的物质活动向心智活动转化的开始,是心智活动在形式上发生质变的重要阶段。材料中学生算算数时念念叨叨体现了这一点。

④ **无声的外部言语活动阶段**。该阶段的特点在于心智活动的完成是以不出声的外部言语来进行的,这种言语形式要求学生进行专门的练习。

⑤ **内部言语活动阶段**。这是心智活动完成的最后阶段。其主要特点是心智活动的压缩和自动化,心智活动似乎不需要意识的参与,脱离了自我观察的范围,在言语的结构与机制上都发生了重大变化。

（2）心智技能的培养方法。

① **心智技能的原型模拟**。确立心智技能的操作模型；检验并修正模型。

② **遵循智力活动按阶段形成的理论**。在培养学生形成心智技能时应遵循这一理论,积极创造条件,帮助他们从外部的物质活动向内部的智力活动转化。

③ **根据心智技能的种类选择方法**。对于那些复杂的由多种智力活动方式组成的心智技能,如写作技能、解题技能等,可以采用部分到整体的训练方法。而对于那些简单的心智技能,如加减运算、字形笔画分析等,宜采用整体方法来训练。

④ **积极创造应用心智技能的机会**。教师必须积极创设问题情境,让学生的心智技能在解决问题的练习中得到锻炼。此外,教师还应该加强指导,帮助学生正确运用心智技能来解决有关问题。

⑤ **注重思维训练**。教师在教学过程中要重视学生的思维训练,培养他们思维的独立性与批判性、敏捷性与灵活性、流畅性与逻辑性以及敏感性等良好品质,养成认真思考的习惯。

第三节 操作技能的形成与训练

> 一、单项选择题

1.【答案】D 【解析】菲茨与波斯纳把动作技能的形成分成三阶段,分别为认知阶段、联系形成(联结)阶段、自动化阶段。其中,在联系形成阶段,局部动作虽然已经形成了联系,但动作之间的联系尚不够紧密、牢固,在实现动作转换时,常常出现短暂的停顿现象。题干中,"乐乐在学习篮球的过程中,运球动作和上篮动作常常互相干扰"说明乐乐掌握了局部动作,但动作结合得不紧密,因此乐乐的篮球技能处于动作技能形成阶段中的联系形成阶段。故答案为D。

2.【答案】A 【解析】操作技能的形成过程可以分为操作定向、操作模仿、操作整合与操作熟练四个阶段。其中,操作熟练是操作技能掌握的高级阶段,这个阶段形成的动作方式对各种变化的条件具有高度的适应性,动作的执行达到高度的程序化、自动化和完善化。题干中,冰球运动员能够熟练地越过障碍物滑行到指定地点,并将冰球准确地射入球门中,说明冰球运动员的操作技能处于操作熟练阶段。故答案为A。

3.【答案】C 【解析】练习是形成各种操作技能所不可缺少的关键环节,通过对它的应用可以使个体掌握某种技能,任何技能不通过练习都难以达到熟练。故答案为C。

4.【答案】D 【解析】高原现象:在学生动作技能的形成中,练习到一定阶段往往会出现进步暂时停顿的现象,称为高原现象。它表现为练习曲线保持在一定的水平而不再上升,甚至有所下降。但是,在高原期后,练习曲线又会上升,即表现为练习成绩又可以有所进步。产生原因:(1)当练习成绩达到一定水平时,继续进步需要改变现有的活动结构和完成活动的方式方法,而代之以新的活动结构和新的方式方法。(2)经过较长时间的练习,学生的练习兴趣有所下降,甚至产生厌倦情绪,或者由于身体疲劳等原因而导致练习成绩出现暂时停顿的现象。D项:"提高练习强度"是不可取的,因为"高原现象"产生的原因之一就是心理和生理上的疲劳,这时盲目提高练习强度只会加强疲劳,适得其反。故答案为D。

5.【答案】A 【解析】练习曲线的特点表现在:(1)开始进步快;(2)中间有一个明显的、暂时的停顿期,即高原期;(3)后期进步较慢;(4)总趋势是进步的,但有时会出现暂时的退步。故答案为A。

> 二、简答题

1.【参考答案】(1)含义:在学生动作技能的形成中,练习到一定阶段往往会出现进步暂时停顿的现象,称为高原现象。它表现为练习曲线保持在一定的水平而不再上升,甚至有所下降。但是,在高原期后,练习曲线又会上升,即表现为练习成绩又可以有所进步。

(2)原因:① 当练习成绩达到一定水平时,继续进步需要改变现有的活动结构和完成活动的方式方法,而代之以新的活动结构和完成活动的新的方式方法。

② 经过较长时间的练习,学生的练习兴趣有所下降,甚至产生厌倦情绪,或者由于身体疲

劳等原因而导致练习成绩出现暂时停顿的现象。

2.【参考答案】练习是操作技能形成的基本条件。各种操作技能形成的进程不尽相同,但它们具有一般的发展规律。通常,练习进程以练习曲线来表示。练习进程的一般规律是:

（1）练习成绩逐步提高。具体表现为三种形式：练习的进步先快后慢；练习的进步先慢后快；练习的进步前后比较一致。

（2）有高原现象。在学生动作技能的形成中,练习到一定阶段往往会出现进步暂时停顿的现象。它表现为练习曲线保持在一定的水平而不再上升,甚至有所下降。但是,在高原期后,练习曲线又会上升,即表现为练习成绩又可以有所进步。

（3）练习曲线有个别差异。不同的学生在学习同一技能,或同一个学生在学习不同技能时,其练习进程又表现出明显的个别差异。

（4）练习成绩的起伏现象。在动作技能的练习曲线中,我们可以看到练习成绩时而提高、时而下降、时而停顿的现象,这就是练习成绩的起伏现象。

第七章　学习策略及其教学

①认知策略、元认知策略和资源管理策略　②精细加工策略　③记忆术　④利用记忆规律　⑤心理倾向、态度和兴趣　⑥列提纲、做图解、做表格　⑦计划策略　⑧资源管理策略及其教学　⑨时间管理策略

第一节　学习策略及其结构

单项选择题

1.【答案】A　【解析】学习策略是指学习者在学习活动中,为了达到有效的学习目的而采用的规则、方法、技巧及其调控方式的综合。它既可以是内隐的规则系统,也可以是外显的操作程序与步骤。题干所述属于学习策略。故答案为 A。

2.【答案】D　【解析】根据学习策略覆盖的成分,迈克卡等人将学习策略分为认知策略、元认知策略、资源管理策略。根据学习策略所起的作用,丹瑟洛把学习策略分为基本策略和辅助性策略两类。奥克斯福德认为,学习策略包含以下五个层面:元认知策略、情感策略、社会策略、记忆与认知策略、补偿性策略。故答案为 D。

第二节　认知策略及其教学

单项选择题

1.【答案】C　【解析】精加工策略是一种将新学材料与头脑中已有知识联系起来,从而增加新信息的意义的深层加工策略。它包括记忆术、做笔记、提问、生成性学习、利用背景知识、PQ4R 法等。题干中,编歌诀属于精加工策略中的记忆术。故答案为 C。

2.【答案】B　【解析】比较流行的记忆术有位置记忆法、缩略词法、首字联词法、谐音联想法、视觉想象、关键词法等。其中,关键词法就是将新词或概念与相似的声音线索词,通过视觉表象联系起来。题干中,将"tiger"记忆为"泰山上的一只虎","泰"是该英文单词的发音线索词,"虎"是该单词的含义,这样既学习了它的读音,又学习了它的语义,使用了关键词法。

故答案为 B。

3.【答案】B 　【解析】认知策略包括注意策略、复述策略、精加工策略和组织策略。其中,复述策略是指为了在记忆中保持所学信息而对信息进行重复识记的策略。常见的复述策略有以下几种:(1)无意识记和有意识记;(2)排除相互干扰;(3)整体识记和分段识记;(4)多种感官参与;(5)反复阅读与尝试背诵相结合;(6)复习形式多样化;(7)画线。B项"为了记住要点,看书时画出关键词"是一种画线的方式,属于认知策略中的复述策略。故答案为 B。

4.【答案】D 　【解析】复述策略是在工作记忆中为了保持信息,运用内部语言在大脑中重现学习材料或刺激,以便将注意力维持在学习材料上的策略。常用的复述策略包括诵读、背诵、抄写、画线等。题干中,李利一遍一遍地背诵英文单词就是在大脑中反复呈现学习材料的过程,这种学习策略属于复述策略。故答案为 D。

监控策略是在认知活动进行的实际过程中,根据认知目标及时评价、反馈认知活动的结果与不足,正确估计自己达到认知目标的程度、水平,并根据有效性标准评价各种认知行动、策略的效果。阅读时对注意加以跟踪、对材料进行自我提问、考试时监视自己的速度和时间等都属于监控策略。

组织策略是整合所学新知识之间、新旧知识之间的内在联系,形成新的知识结构的策略。归类、列提纲、画关系图等都是常见的组织策略。

计划策略是根据认知活动的特定目标,在一项认知活动之前计划各种活动,预计结果、选择策略、想出各种解决问题的方法,并预估其有效性。计划过程包括设置学习目标、浏览阅读材料、产生待回答的问题及分析如何完成学习任务等。

5.【答案】D 　【解析】组织策略是整合所学新知识之间、新旧知识之间的内在联系,形成新的知识结构的策略。常用的组织策略有归类策略和纲要策略。其中,纲要策略主要包括主题纲要法和符号纲要法。主题纲要法是指先对材料进行系统地分析、归纳和总结,然后按材料中的逻辑关系,用简要的词语写下主要和次要观点,即以金字塔的形式呈现材料要点的策略。符号纲要法即做关系图,是指采用图解的方式体现知识的结构,主要包括画系统结构图、概念关系图、流程图、模式或模型图、网络关系图等。题干中,学生画示意图的方式就属于符号纲要法,是一种组织策略。故答案为 D。

6.【答案】A 　【解析】复述策略是在工作记忆中为了保持信息,运用内部语言在大脑中重现学习材料或刺激,以便将注意力维持在学习材料上的方法。常用的复述策略包括诵读、背诵、抄写、画线等。题干中,林琳以画线的方式在书上做标记的学习策略属于复述策略。故答案为 A。

7.【答案】A 　【解析】前后所学的信息之间的消极影响称为抑制。当后面所学的信息干扰了先前所学信息在记忆中的保存时,这种现象叫作倒摄抑制;当先前所学的信息干扰了后面信息的学习时,就出现前摄抑制。

前后所学的信息之间有些也是积极的。学习某件事常常有助于学习类似的事,这种现象叫前摄促进;反之,后面所学的信息有助于先前信息的巩固,这叫倒摄促进。故答案为 A。

8.【答案】C 　【解析】过度学习是指在达到掌握水平之后,继续进行过度学习,有助于加强记忆的保持。过度学习就是指对学习材料达到背诵之后,再继续学习一段时间。故答案为 C。

9.【答案】A　【解析】产生对人的错觉或偏差的原因包括首因效应、刻板印象、近因效应、光环效应、投射效应等。首因效应指在总体印象形成上最初获得的信息比后来获得的信息影响更大的现象。故答案为A。

B项：刻板印象指对一群人的特征或动机加以概括，把概括得出的群体的特征归属于团体的每一个人，认为他们每个人都具有这种特征，而无视团体成员中的个体差异。

C项：光环效应指当我们认为某人具有某种特征时，就会对他的其他特征做相似判断。

D项：近因效应是指在总体印象形成上，新近获得的信息比原来获得的信息影响更大的现象。

第三节　元认知策略及其教学

单项选择题

1.【答案】D　【解析】元认知策略包括计划策略、监控策略和调节策略三种。计划策略是根据认知活动的特定目标，在一项认知活动之前计划各种活动、预计结果、选择策略、想出各种解决问题的方法，并预估其有效性。监控策略是在认知活动进行的实际过程中，根据认知目标及时评价、反馈认知活动的结果与不足，正确估计自己达到认知目标的程度、水平，并根据有效性标准评价各种认知行动、策略的效果。监控策略包括阅读时对注意加以跟踪、对材料进行自我提问、考试时监控自己的速度和时间等。调节策略是指对认知活动结果进行检查，如发现问题，则采取相应的补救措施，根据对认知策略的效果的检查，及时修正、调整认知策略。题干中，小力有意识地对自己的学习活动进行检查与监控，他所运用的学习策略属于元认知策略。故答案为D。

2.【答案】C　【解析】元认知策略包括计划策略、监控策略和调节策略。其中，调节策略是指对认知活动结果进行检查，发现问题、遇到困难或偏离目标时，采取相应的补救措施，根据对认知策略的效果的检查，及时修正、调整认知策略。题干中，教师所说的"遇到不会的题先放一边，先做会的题"，体现了采用补救措施及时调整活动顺序，属于调节策略。故答案为C。

3.【答案】D　【解析】元认知是个人自己认知过程的知识和调节这些过程的能力，是对思维和学习活动的认知和控制。简单地说，元认知就是"对认知的认知"。组成：(1)元认知知识：关于个体的认知活动以及影响这种认知活动的各种因素的知识。(2)元认知体验：伴随认知活动而产生的认知体验和情感体验。(3)元认知监控：在认知活动过程中，对自身认知活动所进行的积极的、自觉的监视、调节与控制。故答案为D。

第四节　资源管理策略及其教学

一、单项选择题

1.【答案】D　【解析】资源管理策略是指辅助学生管理可用的环境和资源的策略，具体包括时间管理策略、环境管理策略、努力管理策略、学业求助策略。其中，环境管理策略强调学习环境可影响学生学习时的心境,从而影响学习的效率。因此,为学生学习创设适宜的环境很重要。首先,要注意调节自然条件,如流通的空气、适宜的温度、明亮的光线以及和谐的色彩等;其次,要设计好学习的空间,如空间范围、室内布置、用具摆放等。故答案为D。

2.【答案】D　【解析】资源管理策略包括时间管理策略、环境管理策略、努力管理策略和学业求助策略。其中,时间管理策略包括:统筹安排时间;高效利用最佳时间;灵活利用零碎时间。题干中,学生上课认真听讲,回家积极完成作业,能够高效利用时间,运用的是资源管理策略中的时间管理策略。故答案为D。

3.【答案】B　【解析】资源管理策略包括时间管理策略、环境管理策略、努力管理策略和学业求助策略。其中,学业求助策略包括以下两种:(1)学习工具的利用:善于利用参考资料、电脑与网络、工具书、图书馆、广播电视等。(2)社会性人力资源的利用:善于利用老师的帮助以及通过同学间的合作与讨论来加深对内容的理解。题干中,学习遇到问题,向同学求教,这种学习策略属于资源管理策略中的学业求助策略。故答案为B。

4.【答案】C　【解析】努力管理策略是指为了使学生维持自己的意志努力,需要不断地鼓励学生进行自我激励,包括激发内在动机、树立为了掌握而学习的信念、选择有挑战性的任务、调节成败的标准、正确认识成败的原因和自我奖励等。题干中,小明给自己设立目标,当达到学习目标时,就会给自己留点时间打一会儿游戏,这属于自我奖励,运用了努力管理策略。故答案为C。

二、分析论述题

【参考答案】(1)**复述策略**是指在工作记忆中为了保持信息,运用内部语言在大脑中重现学习材料或刺激,以便将注意力维持在学习材料上的方法。它是短时记忆的信息进入长时记忆的关键。材料中,学生一采用画线的方式来提高记忆效果,属于认知策略中的复述策略。

(2)**精加工策略**是指把新信息与头脑中的旧信息联系起来从而增加新信息意义的深层加工策略。材料中,学生二通过编歌谣助力记忆,这属于精加工策略中的记忆术。

(3)**组织策略**是指将经过精加工提炼出来的知识点加以构造,形成更高水平的知识结构的信息加工策略。组织策略主要有两种:一种是归类策略,另一种是纲要策略。材料中,学生三采用思维导图的方式进行复习,就是通过图解来体现知识点之间的联系,因此属于认知策略中的组织策略。

(4)**学习的元认知策略**是指个体为实现最佳的认知效果而对自己的认知活动所进行的调节和控制。主要包括计划策略、监控策略和调节策略。材料中,学生四制订学习目标、浏览阅读材料、分析该如何完成学习任务的做法属于典型的计划策略。

(5)**资源管理策略**主要包括:时间管理策略、环境管理策略、努力管理策略和学业求助策略。学业求助策略指当学生在学习上遇到困难时,向他人请求帮助的行为。材料中,学生五在遇到学习困难时,善于向老师和同学请教,属于社会性人力资源的利用,运用了学业求助策略。

第八章　问题解决能力与创造性的培养

大纲考点导图

①流体智力和晶体智力理论　②多元智力理论（加德纳）　③结构良好问题、结构不良问题　④理解和表征问题阶段　⑤执行计划或尝试某种解答阶段　⑥相关的知识经验　⑦思维定势与功能固着　⑧创造性人格品质　⑨知识；智力；个性；动机；情绪；家庭、学校及社会环境

第一节　智力的基本理论

一、单项选择题

1.【答案】A　【解析】多元智力理论是美国心理学家加德纳提出的。智力的内涵是多元的，人类至少存在八种智力，分别是语言智力、逻辑数理智力、空间智力、音乐智力、肢体动觉智力、内省智力、社交智力、自然观察智力。每一种智力代表着一种区别于其他智力的独特思考模式，但这些智力之间是相互依赖、相互补充的。题干中，学生的几何成绩很好，说明其具有较高的空间智力。故答案为A。

2.【答案】D　【解析】美国心理学家卡特尔等人认为，一般智力因素包含流体智力和晶体智力。流体智力是基本与文化无关的、非言语的心智能力，如空间关系认知、反应速度、记忆力以及计算能力等。流体智力建立在脑发育的基础上，受遗传因素的影响较大。流体智力大多是先天的，不大依赖于学习。故答案为D。

晶体智力是指应用从社会文化中习得的解决问题的方法的能力，是在实践（学习、生活和劳动）中形成的能力，如在学校学习获得的计算能力和操作能力等。晶体智力是经验的结晶，这种智力在人的一生中都在增长，因为它包括习得的技能和知识。晶体智力依赖于后天的学习和经验。

3.【答案】B　【解析】卡特尔将人的智力分为流体智力和晶体智力两种不同的形态。流体智力是一个人生来就能进行智力活动的能力，即学习和解决问题的能力，它依赖于先天的禀赋。晶体智力是一个人通过其流体智力所学到的并得到完善的能力，是通过学习语言和其他经验而发展起来的。流体智力的发展与年龄有密切的关系。一般人在20岁后，流体智力的发展达到顶峰，30岁以后随着年龄的增长而降低。晶体智力与教育、文化有关，因知识经验的累积,晶体智力随年龄增长而升高。故答案为 B。

4.【答案】D 【解析】美国心理学家吉尔福特否认 G 因素的存在,坚持智力因素的独立性。他认为,任何一项智力活动都不过是对一定内容(对象)进行操作产生一定产品(结果)的过程,对智力结构的分析应该从智力活动的内容、操作和产品三个维度去考虑。故答案为 D。

5.【答案】A 【解析】美国耶鲁大学的斯滕伯格提出了智力的三元理论(成功智力理论)。他认为,人的智力是由分析能力、创造能力、实践能力三种相对独立的能力组成的。智力的这三个方面分别对应着不同的成分亚理论、经验亚理论、情境亚理论。(1)分析能力,是指抽象思维、信息处理的能力以及语言能力。成分亚理论解释影响智力水平的基本信息加工过程或成分(元成分、操作成分、知识获取成分)。(2)创造能力,是指阐明新思想、联合非相关事实的能力和自动提出新的解决方案的创新能力。经验亚理论将智力与经验关联起来,解释与信息加工成分相关的不同水平的已有经验(相对新异情境和自动化)。(3)实践能力,是指适应改变了的环境的能力;改造环境以最大限度利用机会的能力;在特殊情境中解决问题的能力。情境亚理论将智力与个体日常生活情境联系起来,解释个体与周围环境相互作用的基本方式(适应、塑造和选择环境)。故答案为 A。

二、辨析题

【参考答案】错误。

流体智力是基本与文化无关的、非言语的心智能力,如空间关系认知、反应速度、记忆力以及计算能力等。流体智力建立在脑发育的基础上,受遗传因素的影响较大。这种智力在青少年之前一直都在增长,在 30 岁左右达到顶峰,随后随着年龄的增长而逐渐衰退。流体智力大多是先天的,不大依赖于学习。

晶体智力是指应用从社会文化中习得的解决问题的方法的能力,是在实践(学习、生活和劳动)中形成的能力,如在学校学习获得的计算能力和操作能力等。晶体智力是经验的结晶,这种智力在人的一生中都在增长,因为它包括习得的技能和知识。晶体智力依赖于后天的学习和经验,是长期学习的结果,受文化教育的影响较大。故题干表述错误。

第二节 问题解决的实质与过程

单项选择题

1.【答案】B 【解析】按照目标清晰度和问题的结构程度,可将问题分为结构良好问题(界定清晰的问题)和结构不良问题(界定含糊的问题)。其中,结构不良问题是指已知条件与要达到的目标都比较模糊,问题情境不明确,各种影响因素不确定,不易找出解答线索的问题。题干中,"'怎样创造性地执行上司交给你的任务?'"这一问题的已知条件和要达到的目标都不明确,属于结构不良问题。故答案为 B。

2.【答案】D 【解析】结构良好问题是指那些具有明确的初始状态、目标状态以及解决方法的问题。学生在学科学习中遇到的绝大多数问题是结构良好问题。几何证明题的已知条件、要达到的目标和操作都非常明确,所以属于结构良好问题。故答案为D。

3.【答案】C 【解析】问题解决是指为了从问题的初始状态达到目标状态,而采取一系列具有目标指向性的认知操作的过程。问题解决具有目的性、认知性、序列性三个特点。目的性是指问题解决总是要达到某个特定的目标状态。认知性是指问题解决活动是通过人的内在的心理加工实现的。序列性是指问题解决包含一系列的心理活动,如分析、联想、比较、推论等。选项中,"用一个词语造句"符合问题解决的特征,属于问题解决。故答案为C。"记住一个人的名字"属于记忆,且未体现序列性,不属于问题解决。"幻想成为'蜘蛛侠'"是想象,不需要序列性,不属于问题解决。"荡秋千"没有目的性及序列性,也不需要认知的参与,不属于问题解决。

4.【答案】A 【解析】问题解决的一般过程包括理解和表征问题阶段、寻求解答阶段、执行计划或尝试某种解答阶段、评价结果阶段。其中,理解问题就是把握问题的性质和关键信息,摒弃无关因素,并在头脑中形成有关问题的初步印象,即形成问题的表征。题干中,当一个人用画图表、线路图等具体形式表征问题时,表明他处于解决问题的理解问题阶段。故答案为A。

5.【答案】D 【解析】问题解决的策略一般包括两种:算法式和启发式。其中,算法式就是把解决问题的方法一一进行尝试,最终找到解决问题的答案。题干中,糖糖的爸爸让糖糖把所有数字一个个尝试,直到找到密码为止,使用的策略是算法式。故答案为D。

6.【答案】C 【解析】启发式策略包括手段—目的分析法、爬山法、逆向反推法、类比思维等。当面对某种问题情境时,个体可以运用类比思维,先寻求与此有些相似的情境的解答。题干中,"研究蝙蝠如何在黑夜中飞行的动物学问题促成了军用声呐的发明",运用的就是类比思维。故答案为C。

第三节　问题解决的训练

一、单项选择题

1.【答案】A 【解析】思维定势,也称"惯性思维",是指人用某种固定的思维模式去分析问题和解决问题,这种固定的模式是已知的,事先有所准备的。它能够影响后继活动的趋势、程度和方式。题干中,学生在做数学题时,由于前面的数字都是相加,导致把最后的"减17"算成"加17",体现了思维定势。故答案为A。

功能固着是指一种特殊类型的消极定势,是把某种功能赋予某种物体的倾向,使个体想到某个物体的惯常用途后,往往很难想出其他新用途。

原型启发就是通过与假设的事物具有相似性的东西,来启发人们解决新问题的途径。能够起到启发作用的事物叫作原型,原型通常来源于生活、生产和经验。

酝酿效应又称直觉思维,也有助于问题解决。酝酿效应是指在反复探索一个问题而无结果时,把问题暂时搁置几小时、几天或几个星期之后,由于某种契机突然产生灵感,使百思不得其解的问题迎刃而解,是一种"积之在平时,得之在俄顷"的现象。

2.【答案】B　【解析】功能固着是指人们把某种功能赋予某物体的倾向。也就是说,当一个人熟悉了某种物体的常用或典型的功能时,就很难看出该物体所具有的其他潜在功能。题干中,只知道杯子是喝水用的,却想不到杯子的其他功能,属于功能固着的体现。故答案为B。

3.【答案】D　【解析】酝酿效应是指有人反复探索一个问题的解答而毫无结果时,把问题暂时搁置几个小时、几天或几个星期,再回过头来解决,这时常常可以很快找到解决方法。故答案为D。

4.【答案】B　【解析】原型启发是指从其他事物或现象中获得的信息对解决当前问题的启发。其中具有启发作用的事物或现象叫作原型。题干中爱迪生在认真总结前人制造电灯的失败经验后,成功发明电灯的过程中并没有从其他事物或现象中获得启发,不属于原型启发。故答案为B。

A项:牛顿看到苹果掉到地上,发现了万有引力定律,是受苹果掉落的启发,属于原型启发。

C项:瓦特受水开时蒸汽把壶盖顶起来的启发发明了蒸汽机,属于原型启发。

D项:科学家受狗鼻子构造的启发,发明了比狗鼻子更灵敏的电子嗅觉器,属于原型启发。

5.【答案】A　【解析】专家与新手在解决问题时的差异,可以归纳为以下几点:(1)有意义的知觉模式的差异(观察力);(2)短时记忆和长时记忆的差异(记忆力);(3)技能执行速度的差异;(4)用于表征问题的时间差异;(5)表征的深度差异(陈述性知识);(6)自我监控技能的差异(元认知)。例如,在有意义的知觉模式差异方面,专家型教师能知觉较大的、有意义的刺激模式,新手型教师则不具备这样的能力。格拉泽和齐曾经以优秀的儿童棋手与成人新手、儿童新手进行对比实验,结果表明,优秀的儿童棋手比成人新手有更大的棋子的知觉模式。这一研究表明,年龄不是决定棋子的知觉模式的关键因素,关键因素是专门知识的水平。故答案为A。

二、辨析题

【参考答案】正确。

思维定势,也称"惯性思维",是指人用某种固定的思维模式去分析问题和解决问题,这种固定的模式是已知的,事先有所准备的。它能够影响后继活动的趋势、程度和方式。构成思维定势的因素主要是认知的固定倾向。在问题情境不变的条件下,思维定势能使人应用已掌握的方法迅速解决问题。而在问题情境发生变化的情况下,思维定势就会妨碍人采用新的解决方法。因此,思维定势对问题解决的影响可能是积极的,也可能是消极的。故题干表述正确。

三、简答题

【参考答案】**专家与新手在解决问题时的差异,可以归纳为以下几点:**

(1)**有意义的知觉模式的差异(观察力)**。专家能知觉较大的有意义的刺激模式,新手则不具备这样的能力,其中关键的影响因素是专门知识的水平。

(2)**短时记忆和长时记忆的差异(记忆力)**。专家的短时记忆内容比新手更多,并在熟悉的领域具有较优越的长时记忆能力。这是因为专家善于利用原有知识将新信息组成较大组块的记忆策略,来扩充短时记忆的内容;长时记忆决定于对新知识的加工程度,加工程度决定于采取的策略,策略的适当性又与个人专门领域的基础知识密切相关。

（3）技能执行速度的差异。专家解决问题的速度比新手快。这是因为某一领域的专家对基本技能的掌握已达到高度熟练的程度,有的已达到自动化的程度。在解决复杂问题时,由于这些基本技能自动执行,便减轻了他们的短时记忆负担,可以把精力集中于运用策略,完成需要高水平思维方面的任务。

（4）用于表征问题的时间差异。在解决问题时,专家比新手快,但在解决困难的新问题时,专家用于表征问题的时间比新手要长一些。这是因为专家有更多可以利用的知识,他们需要思考与当前问题最有关的知识是什么,新手则思考较少,用于表征问题的时间少。

（5）表征的深度差异(陈述性知识)。当遇到一个新问题时,专家能很快抓住问题的实质,根据问题的内在结构表征问题。

（6）自我监控技能的差异(元认知)。专家倾向于更频繁地检查自己对问题的解答,而且这种检查的效果比新手更好。

四、分析论述题

【参考答案】（1）上述实验主要说明思维定势与功能固着影响问题的解决。

思维定势,也称"惯性思维",是指人用某种固定的思维模式去分析问题和解决问题,这种固定的模式是已知的、事先有所准备的。

功能固着是指一种特殊类型的消极定势,是把某种功能赋予某种物体的倾向,使个体想到某个物体的惯常用途后,往往很难想出其他新用途。

该实验结果对教学的启示。

培养学生创造性思维和发散性思维,培养学生的创造性,提高创造能力;注意培养学生解决问题的能力;完善学生的知识结构;教授与训练解决问题的方法与策略,提供多种练习的机会,培养思考问题的习惯。

（2）问题解决除了受思维定势与功能固着的影响,还受以下因素影响。

① 知识经验。知识经验能促进问题解决者对问题的表征和解答,主要是通过数量和质量两方面制约问题解决效率。

② 个体的智能与动机。智能水平是影响问题解决的重要因素,不同的动机水平直接影响着问题解决的效果。中等强度的动机水平有利于问题的解决。

③ 问题情境与表征方式。问题情境中各素材元素的空间集合方式直接影响问题的解决。问题的呈现方式也会影响问题解决的过程。对问题的表征是否恰当,会直接影响问题解决的难度和速度。

④ 原型启发和酝酿效应。原型启发就是通过与假设的事物具有相似性的东西,来启发人们解决新问题的途径。酝酿效应又称直觉思维,也有助于问题解决。

（3）培养学生问题解决能力的措施。

① 充分利用已有经验,形成知识结构体系。问题解决的前提在于学生掌握了足够数量的知识,并在自身内部形成合理的知识结构体系,即知识掌握的高效化。这就要求教师既要督促

学生广泛阅读、汲取知识，同时也要注意引导学生按照知识本身的内在逻辑准则塑造知识结构体系。

② **分析问题的构成，把握问题的解决规律**。分析问题的构成是解决问题的基础。因此，在教学中教师要帮助学生系统地思考问题，养成系统分析的习惯，教给学生一些通用的解决问题的方法和思维策略，把握问题解决的规律。同时，教师不能让学生盲目尝试错误练习，更不能把结论直接告诉学生。

③ **开展研究性学习，发挥学生的主动性**。探究是学生了解和认识世界的重要途径，而研究性学习能够极大地激发学生的好奇心和求知欲，促使学生从个人兴趣出发，主动积极地去探索未知的世界。

④ **教授问题解决策略，灵活变换问题**。帮助学生习得多种解决问题的策略，是培养学生解决问题能力的有效方式，其中启发式策略最能有效地提高解决问题的效率。

⑤ **允许学生大胆猜想，鼓励实践验证**。教师应让学生了解思维定势、功能固着、酝酿效应等对学生问题解决有什么影响，以及发挥这些因素的积极作用和克服其阻碍作用的有效策略等。让学生打开思路，从多种角度提出问题解决的策略，并鼓励学生进行积极的尝试和实验，在实践中验证自己的猜想。

第四节 创造性及其培养

一、单项选择题

1.【答案】B 【解析】影响创造性发展的主要因素：知识、智力、个性、动机、情绪、家庭、学校及社会环境。故答案为B。

2.【答案】D 【解析】智力与创造性的关系并非简单的线性关系。二者既有独立性，又在某种条件下具有相关性。其基本关系表现为：(1)低智商者不可能具有高创造性；(2)高智商者可能有高创造性，也可能有低创造性；(3)低创造性者的智商可能高，也可能低；(4)高创造性者必须有高于一般水平的智商。由上述关系可知，高创造性需要以一定的智力为基础。故答案为D。

3.【答案】A 【解析】创造性思维是创造性认知品质的核心，是用超常规方法重新组织已有知识经验，产生新方案和新成果的心理过程。它的主要特征有：(1)流畅性，是指在给定时间内能产生、联想起更多的观念，反映了思维的敏捷性。创造性高的人，能在短时间内想出数量较多的观念，即反应迅速且众多。(2)变通性，即灵活性，是指能超越习惯的思考方式，在更广阔的视角下开创各种不同的思路，展示众多的思考方向，体现了思维的广度。例如，让学生"尽可能多地举出报纸的用途"，学生说出"折玩具""包东西"等，学生思维经训练后则范围更加广泛，变通性更大。(3)独特性，即独创性，是指善于对信息加以重新组织，产生不同寻常、与众不同的见解。例如，司马光砸缸体现的就是独创性。一般人的思路是"人离开水"，而司马光是让"水离开人"。除以上三点之外，创造性思维的特点还有：综合性，指创造性思维是各种思维的综合，是抽象思维与形象思维、发散思维与聚合思维、逻辑思维与非逻辑思维相互作用而出现的整体思维功能。突发性，指创造性思维往往在时间上以一种豁然开朗标志着某一突破的获得,表现出一种非逻辑性的特征。这是长期量变基础上的质的飞跃,主要表现形式是灵感和顿悟。故答案为 A。

4.【答案】C 【解析】人们倾向于用发散思维的特征来代表创造性的主要特征,其三个主要特征分别是流畅性、变通性、独创性。其中,独创性是指个人面对问题情境时,能想出不同寻常的、超越自己也超越前辈的意见,具有新奇性。对同一问题所提意见越新奇独特者,其独创性越高。题干所述句子的意思是能够知道别人不知道的,能够看见别人看不见的,体现的是创造性独创性的特征。故答案为 C。

5.【答案】C 【解析】分合法是戈登于 1961 年提出的一套团体问题解决的方法,主要是运用类比和隐喻的技术来帮助学生分析问题,形成不同观点。故答案为 C。

脑激励法(大脑风暴法)。基本做法是:教师先提出问题,然后鼓励学生寻找尽可能多的答案,不必考虑该答案是否正确,教师也不做评论,一直到所有可能想到的答案都提出来了为止。

联想技术。联想技术包括定向联想和自由联想两种。定向联想指对联想的方向给出了规定,是有限制的联想方法。自由联想技术,即教师提供一个刺激,让学生以不同的方式自由反应。学生从已学知识、已有经验出发,运用联想技巧,去寻找并建立事物间新奇而富有意义的联系。

6.【答案】B 【解析】目前,理论界主要是把人的发散思维作为创造性的核心体现。故答案为 B。

二、辨析题

【参考答案】 错误。

智力包括多个方面,如观察力、记忆力、想象力、分析判断能力、思维能力、应变能力等。智力的高低通常用智力商数来表示,用以标示智力发展水平。

高智力是高创造性的必要条件,但不是充分条件。创造性与智力的关系表现为:高智力可能有高创造性,也可能有低创造性;低智力不可能具有高创造性;低创造性者的智力水平可能高,也可能低;高创造性者必须有高于一般水平的智力。故题干表述错误。

三、简答题

【参考答案】(1)知识。一般而言,知识与创造性发展呈正相关。那些具备了条件化、结构化、自动化和策略化表征的知识,才是高质量的知识,才能促进创造性的发挥。

(2)智力。智力包括多个方面,如观察力、记忆力、想象力、分析判断能力、思维能力、应变能力等。智力的高低通常用智力商数来表示,用以标示智力发展水平。

(3)个性。创造性与个性之间具有互为因果的关系。高创造性者一般具有以下个性特征:有幽默感;有抱负和强烈的动机;能够容忍模糊与错误;喜欢幻想;具有强烈的好奇心;具有独立性。

(4)动机。内部动机对创造力的正向作用已形成共识。外部动机如"预期奖励、预期贬值、监督和限制性选择"的作用,则表现出一定的争议。

（5）情绪。积极的情绪对创造性有调节和组织作用,消极的情绪对创造性具有干扰和破坏作用。适度的紧张和焦虑能促使人积极地思考和解决问题。

（6）家庭、学校及社会环境。环境对创造力的形成作用是潜移默化的。环境包括了一系列的宏观和微观环境,如家庭、学校及社会环境。促进创造力提高的重要的总体环境特征是气氛和谐、宽容、有节制以及提供资源丰富的条件支持。

四、分析论述题

【参考答案】（1）这位教师的教学优点主要有以下几个方面：

① **运用了启发式教学**。启发式教学为学生创设一种有趣、充满想象的情境,激发了学生思考的兴趣和动机,并引发学生的创造性思维。

② **在教学中注重培养学生的自信心**。老师让学生把自己的画作贴在班级后面布置好的"苹果园"上,很快"苹果园"里贴满了各式各样的苹果。这一举动提升了学生在课堂中的参与度,并且学生看到自己的作品在全班展示,自信心得到较大的提升。

③ **在教学中采用了新课改倡导的发展性评价,应用了教师期望效用**。发展性评价关注个体差异,立足过程,促进发展。教学中教师对画"方苹果"的同学说"老师相信你,你努力学习,长大后一定会培育出与众不同的方苹果",这给了学生莫大的鼓励和期待,这种发展性评价和教师的期望效用将会激励学生好好学习。

（2）根据材料,教师在培养学生的创造性思维方面可从以下几点进行：

① **创造意识形成**。创造意识是人们在创造活动体验、经验和创造认识基础上形成的对创造的高度敏感性和自觉、自发进行创造活动的一种心理准备状态。

② **开发创造性思维**。创造性思维是创造性的核心要素。引导学生掌握创造性思维策略以发展其创造性思维能力,将有助于他们创造性的提高。例如脑激励法（大脑风暴法）、分合法、联想技术。材料中的老师让学生把画贴在班级后面布置好的"苹果园"上,很快"苹果园"里贴满了各式各样的苹果——大的、小的、红的、圆的、椭圆的,这可以很好地培养学生的发散思维。

③ **发展批判性思维**。批判性思维是敢于质疑的创造性思维,是在主动思维中对已知或结论等积极辨析判断,并能有根据地作出肯定接受或否定质疑的断定,在评判中形成主观结论较为全面的思维。

④ **培养创造性个性及独创精神**。创造性个性品质是指具有创造的意向、创造的情感、创造的意志和创造的性格等独特的心理品质。

⑤ **激发创造动机**。创造动机是个体激发和维持创造行为的内在动力。材料中有个学生画了方苹果,老师说"听你这么一说,连老师都觉得方苹果不错。当然,现在世界上还没有方苹果,老师相信,你努力学习,长大后一定会培育出与众不同的方苹果",正确地评价了学生的创造性。

⑥ **营造鼓励创造的环境**。营造有利于学生创造性发展的学校环境是促进青少年创造性发展的必要条件。材料中的老师创造了一个良好的课堂情境,充分调动了学生的积极性。

⑦ **培养创造型的教师队伍**。要培养富有创造力的学生,则需要创造型教师。首先,要转

变教师的教育教学观念,使教师能够理解并鼓励学生创造。其次,要教给教师必要的创造技法和思维策略。最后,教师应不断学习关于创造性的心理学知识,用心理学的理论指导自己的实践。

⑧ **开设创造课程,教给创造技法**。开设创造性课程已成为国内外开发创造性的有效途径。促进创造性发展的主要创造技法有系统探求法、组合创新法、对立思考法、转换思考法。

第九章 态度与品德的学习

①认知成分、情感成分和行为成分　②道德认知、道德情感、道德意志和道德行为　③提供榜样法　④家庭环境、学校集体、社会化　⑤角色扮演法、案例研究法、价值辨析法、给予适当的奖励与惩罚、树立良好的榜样　⑥醒悟、转变、自新阶段

第一节　态度与品德的性质

一、单项选择题

1.【答案】D　【解析】态度的结构包含态度的认知成分、情感成分和行为成分。(1)态度的认知成分：指个体对态度对象所具有的带有评价意义的观念和信念。这是态度得以形成的基础。对于同一对象，不同个体的态度中的认知成分是不同的，有些态度是基于正确的信息和信念的，而有些可能基于错误的信息和信念。(2)态度的情感成分：指伴随着态度的认知成分而产生的情绪或情感体验，是态度的核心成分，对态度起着调节和支持作用，表现为人对态度对象的喜爱或憎恶、亲近或冷漠等。(3)态度的行为成分：指准备对某对象做出某种反应的意向或意图。它构成态度的准备状态，制约着行为的方向性，表现为接近或回避、赞成或反对等倾向。行为意向不等于行为本身，有行为意向也并不等于一定会发生实际行为。故答案为D。

2.【答案】A　【解析】态度是通过学习而形成的影响个人行为选择的内部准备状态或反应的倾向性。态度的概念可以从以下几个方面来理解：(1)态度是一种内部准备状态，而不是实际反应本身；(2)态度不同于能力，虽然二者都是内部倾向，能力决定个体能否顺利完成任务，态度则决定个体是否愿意完成任务，即决定行为的选择；(3)态度是通过学习形成的，不是天生的。故答案为A。

3.【答案】B　【解析】品德的心理结构包括道德认知、道德情感、道德意志和道德行为。其中，道德认知是一种对道德行为的是非、善恶、美丑及其执行意义的认识。题干中，孙某认为自己应该热爱集体、团结同学，这是对自身道德行为的认识，反映了品德结构中的道德认知。道德情感是指人们对客观事物做是非、善恶、美丑判断时引起的内心体验，表现为人们对客观事物的爱憎、好恶的态度。道德意志是指人们自觉地确定道德行为的目的，积极调节自己的行为,克服各种困难,以实现既定目的的心理过程。道德行为是指个体遵照道德规范所采取的言论和行动。故答案为B。

4.【答案】D 【解析】道德行为是指个体遵照道德规范所采取的言论和行动,它是实现道德动机的手段,是道德认知和道德情感的具体表现和外部标志,是衡量道德水平高低的根本标志。故答案为D。

5.【答案】B 【解析】道德情感是人的道德需要是否得到实现所引起的一种内心体验,也就是人在心理上所产生的对某种道德义务的爱憎、喜恶等情感体验。它是产生道德行为的内部动力,是实现知行转化的催化剂。题干中,小芳产生的厌恶感是一种内心的体验,属于道德情感。故答案为B。

二、辨析题

【参考答案】错误。

道德认识与道德行为有一定的相关性,但道德认识与道德行为并不总是一致的。要形成道德行为,除了需要有正确的道德认识外,还需要道德情感的催化、道德意志的调节。道德意志薄弱或缺乏的主体,即使其道德认识再深刻,也不会出现正确的道德行为。除此之外,道德行为的出现还与道德主体对认识的内化程度有关。故题干表述错误。

第二节 态度的形成与改变

单项选择题

1.【答案】B 【解析】角色扮演是使个人暂时置身于他人的社会位置,并按照这一位置所要求的方式和态度行事,以增进个人对他人社会角色及自身原有角色的理解,从而更有效地履行自己的角色。题干中,学校通过让学生扮演不同行业的角色,引发学生对人生价值和祖国命运的思考,运用了角色扮演的方法。故答案为B。

A项:榜样示范法是指用榜样人物的高尚思想、模范行为、卓越成就来影响学生的思想、情感和行为的方法。用来示范的榜样主要有家长和教师、同学、英雄人物、革命领袖、历史伟人和文艺形象。

C项:品德评价法是指通过对学生品德进行肯定或否定的评价而予以激励或抑制,促使其品德健康形成和发展。它包括奖励、惩罚、评比和操行评定。

D项:价值辨析是指一种观念要真正成为个人的道德价值观,需经历三个阶段和七个子过程。(1)选择阶段:① 自由选择;② 从多种可选范围内选择;③ 充分考虑各种选择的后果之后再进行选择。(2)赞赏阶段:① 喜爱自己的选择并感到满意;② 愿意公开承认自己的选择。(3)行动:① 按自己的选择行事;② 作为一种生活方式加以重复。

2.【答案】C 【解析】态度与品德的形成过程经历了从外到内的转化过程。它是社会规范的接受和内化过程,这种内化过程经历了三个阶段,依次为依从、认同、信奉。信奉是内化的最高阶段,学习者对社会规范及其价值原则有了深刻的理解,并持有积极的情感体验,使之成为自己的一种信念,与原有的价值观念一体化,构成一个完整的价值体系。对规范的信奉具有高度的自觉性、主动性和坚定性,因而形成稳定的品德。表现为"富贵不能淫,贫贱不能移,威武不能屈"。故答案为C。

A项:模仿是指仿照一定榜样做出类似动作和行为的过程。

B项:依从包括从众和服从两种。依从即表面上接受规范,按照规范的要求来行动,但对规范的必要性和根据缺乏认识,甚至有抵触情绪。

D项:认同是在思想、情感、态度和行为上主动接受他人的影响,使自己的态度和行为与他人相接近。

3.【答案】D 【解析】影响态度形成与改变的条件可分为主观条件和客观条件。(1)主观条件:对态度对象的认识、认知失调、有形成或改变态度的意向、对教育者的信任度。(2)客观条件:所传递信息的可信度、榜样人物的选择、外部强化。故答案为D。

4.【答案】A 【解析】态度是通过学习而形成的、影响个体行为选择的内部准备状态或反应的倾向性。关于态度,可以从以下几个方面来理解:① 态度是一种内部准备状态,而不是实际反应本身。② 态度是一种稳定的心理倾向。它不同于能力,能力决定个体能否顺利完成任务,态度决定个体完成任务的意愿。③ 态度是通过学习而形成的,不是天生的,具有明显的社会性。故答案为A。

第三节 品德的形成与培养

一、单项选择题

1.【答案】B 【解析】皮亚杰把儿童的道德认知发展划分为自我中心阶段(前道德阶段/无律阶段)、权威阶段、可逆阶段和公正阶段。其中,处于权威阶段的儿童绝对地尊敬和顺从外在权威,把人们规定的准则看作固定的、不可变更的。同时,他们只根据行为的后果来判断对错,而不考虑行为的动机。题干中,欣怡用规则约束自己的行为,绝对服从规则。这说明欣怡的道德发展水平处于权威阶段。故答案为B。

处于自我中心阶段的儿童虽然已经能够接受外界的规则,但在游戏中总是自己玩自己的,按照自己的想象去执行规则,这是因为他们还不能把自己同外在环境区别开来,而把外在环境看作是自身的延伸,规则对他们来说不具有约束力。

处于可逆阶段的儿童已经不把规则看作不可改变的,而把它看作同伴间共同约定的。

处于公正阶段的儿童的公正观念由可逆的道德认知而来。公正观念出现后,儿童开始倾向于主持公正、平等,与成人的关系也从权威性过渡到平等性,儿童开始从关心和同情出发进行判断。

2.【答案】D 【解析】皮亚杰利用讲述故事向儿童提出道德方面的难题,利用这种难题测定儿童是依据对物品的损坏结果还是依据主人公的行为动机做出道德判断。由于皮亚杰每次都是以成对的故事测试儿童,因此他对道德认知的研究方法被称为对偶故事法。故答案为D。

3.【答案】B 【解析】他律是指早期儿童的道德判断只注意行为的客观效果,不关心主观动机,是受自身以外的价值标准所支配的道德判断,具有客体性。自律则是指儿童自己的主观价值、主观标准所支配的道德判断,具有主体性。故答案为B。

4.【答案】D 【解析】价值辨析是良好态度与品德的培养的方法之一,是通过对有意义事件的价值分析,使个体认识多种价值水平,并形成正确的价值取向。价值辨析的核心是提出适合学生的价值问题,引导学生进行讨论,在认知碰撞中体悟价值观,形成价值信念。故答案为D。

5.【答案】C 【解析】群体约定是指教师利用集体讨论后做出的集体约定来改变学生的态度。群体成员共同讨论规定、原则,具体可按如下程序操作:(1)清晰而客观地介绍问题的性质;(2)唤起班集体对问题的意识,使学生明白只有改变态度才能更令人满意;(3)清楚而客观地说明要形成的新态度;(4)引导集体讨论改变态度的具体方法;(5)使全体学生一致同意把计划付诸实施,每位学生都承担执行计划的任务。题干中利用的方法即为群体约定。故答案为C。

6.【答案】B 【解析】教师经常应用言语来说服学生改变态度,在说服的过程中,教师要向学生提供某些论据或信息,以支持或改变学生的态度。对于理解能力有限的低年级学生,教师最好只提供正面论据;对于理解能力较强的高年级学生,教师可以考虑提供正反两方面的论据,使学生产生客观、公正的感觉,从而相信教师所言,改变态度。当说服的任务是解决当务之急的问题时,应只提出正面观点,以免延误时间;当说服的任务是培养学生长期稳定的态度时,应提出正反两方面的材料。故答案为B。

7.【答案】A 【解析】科尔伯格采用"道德两难故事法"进行研究,即让儿童对道德价值上相互冲突的两难情境故事做出判断,并解释做出这种判断的理由,然后确定被试道德认识的发展水平。科尔伯格使用的一系列两难推理故事中,最典型的是"海因兹偷药"的故事。故答案为A。

8.【答案】A 【解析】移情就是对事物进行判断和决策之前,将自己处在他人位置,考虑他人的心理反应,理解他人的态度和情感的能力。在道德培养的过程中,移情是最具有动力特征的因素。移情是亲社会行为的动机基础,能激发与促进亲社会行为的发展。故答案为A。

9.【答案】D 【解析】常用的品德培育的方法主要有以下几种:条件反应法、自我强化法、价值辨析法、群体讨论法、移情训练法和习惯养成法。其中,条件反应法是利用经典性条件反应和操作性条件反应的原理来进行品德培育的方法。借助经典性条件反应,在教学中,可以把"助人为乐""热爱集体"等类似道德要求与教师的赞许、同伴的羡慕、父母的疼爱联系起来,使学生形成对这些道德要求的积极态度。在操作性条件反应方面,教师通常可用的技术是适当地对学生的行为进行强化。当学生对某一对象做出了具体的积极行为时,教师应给学生适当的奖励以增加该行为再次出现的可能性。故答案为D。

10.【答案】D 【解析】学生不良品德的转化过程分为三个阶段:醒悟阶段、转变阶段和自新阶段。其中,醒悟阶段是指当事者开始认识到自己的错误,从而产生改过自新的意向。题干中,小强在刘老师的教导之下,下定决心改掉自己这个缺点,说明其开始认识到自己的错误,产生了改过自新的意向,但还没有在行为上发生转变,因此处于醒悟阶段。故答案为D。

二、分析论述题

【参考答案】（1）小强形成这种态度的原因可以从以下几方面分析：

① **不正确的家庭教养方式**。放任型的家庭教养方式对待子女过分放任,容易使孩子产生不良的、敌对的行为。材料中,小强的妈妈告诉他只要学习好,其他的事情都不用管,这样对孩子过于溺爱,不去用权威或规则来管束孩子,会使孩子缺乏一种积极的责任感,所以会逃避班级劳动。

② **受学校同伴群体的影响**。个体会使自己的言行态度与同伴群体保持一致,个体的道德认知、道德情感与道德行为在很大程度上受到他们所归属的同伴群体的行为准则和风气的影响。材料中,小强受班里其他同学不做教室卫生工作的影响,所以也不去做教室的卫生工作。

③ **受个体道德认知水平的影响**。品德的形成取决于个体头脑中已有的道德准则以及对规范的理解水平和掌握程度,即取决于个体已有的道德判断水平。材料中,小强并没有认识到参与教室卫生工作是作为班级一份子的责任与义务,所以会逃避班级劳动。

（2）有效的说服是培养学生良好态度与品德的方式之一,用言语说服学生需要一些技巧,主要有以下几种：

① 精准有效地利用正反论据。

第一,对于理解能力有限的低年级学生,教师最好只提供正面论据；对于理解能力较强的高年级学生,教师可以考虑提供正反两方面的论据,使学生产生客观、公正的感觉,从而相信教师所言,改变态度。材料中,小强之所以轻视劳动,是因为没有树立正确的劳动观念。为此,教师可从纠正小强认为只要学习好就可以不劳动的这一认识出发,帮助小强认识到劳动在树德、增智、强体、育美等方面的价值。

第二,当学生没有相反的观点时,教师应只呈现正面观点,不宜提出反面观点,以免转移学生的注意力,误导学生怀疑正面观点；当学生原本就有反面观点时,教师应主动呈现两方面的观点,以增强学生对错误观点的免疫力。材料中,对于班级劳动的看法,小强存在反面观点。一方面在于对劳动和学习的认识偏颇,另一方面在于受他人影响。为此,教师可呈现劳动的积极作用和逃避劳动不好的影响两方面的观点,培养学生正确的劳动观。

第三,当说服的任务是解决当前紧急的问题时,应只提出正面观点,以免延误时间；当说服的任务是培养学生长期稳定的态度时,应提供正反两方面的材料。材料中,从小强的反映中可以发现,还有其他同学同样存在不爱参加班级劳动的现象。对此,老师可以采取主题班会的形式,引导全班集体讨论,从而明晰劳动的重要性。

② 发挥情感的作用,不仅要以理服人,更要以情动人。

一般而言,说服开始时,富于情感色彩的说服内容容易引起学生的兴趣,然后再用充分的材料进行说服论证,比较容易产生稳定的、长期的说服效果。相对而言,在说服的时候,对低年级学生可以多一些情感因素,而高年级学生,则可以多一些理性因素。当然,如果能够把情与理结合起来,做到动之以情,晓之以理,可能效果会更好。

③ **考虑原有态度的特点,逐步提高要求。**

若原有的态度与教师所希望达到的态度之间的差距较大,教师不要急于求成,不要提出过高的不切实际的要求,否则将难以改变态度,而且还容易产生对立情绪。材料中的小强原有的态度与教师所希望达到的态度之间的差距较大,教师应该以学生原有的态度为基础,逐步提高要求。

第五部分 教育研究方法

第一章 教育研究概述

大纲考点导图

①定量研究与定性研究 ②境域性 ③客观性原则 ④选题阶段

考点演练

第一节 教育研究的界说

一、单项选择题

1.【答案】D 【解析】教育研究是以发现或发展学科知识体系为导向,以探索并揭示教育规律为目的,通过对教育现象的解释、预测和控制,以促进一般化原理、原则的发展,最终致力于解决一定的教育科学问题。教育研究由三个要素组成:客观事实、科学理论和方法技术。故答案为D。

2.【答案】A 【解析】对教育研究类型的划分,主要有三个维度:(1)根据研究的内容和性质不同,将教育研究分为价值研究和事实研究。(2)根据研究目的、功能、作用不同,将教育研究分为基础研究和应用研究。(3)根据研究资料的性质、分析方法、研究范式的不同,将教育研究分为定量研究和定性研究。故答案为A。

3.【答案】B 【解析】教育事实研究是对事物、事件、关系相互作用等进行描述、观察、计数和测量,回答"是什么""在什么时候""到什么程度"的问题。它以教育中的客观事实问题为研究对象,强调研究的客观性,要求研究者把尊重客观实际放在首要位置,排除主观因素的干扰,是一种"实然"研究,也称教育实证研究。故答案为B。

4.【答案】C 【解析】基础研究主要目的在于发展和完善理论,通过研究寻找新的事实,阐明新的理论或重新评价原有理论,回答"为什么"的问题,可以为现有学科的知识体系增添新的东西。应用研究主要用于应用或检验理论,评价其在解决教育实际问题中的作用,目的是解决当下的、实际的问题。目前绝大多数教育研究是应用研究。基础研究与应用研究的划分有时是相对的,常常互为补充。基础研究提供解决教育问题的理论,应用研究提供事实材料去支持和完善理论,或促进新理论的产生。应用研究常常依据基础研究的成果进行探讨,而应用研究的成果也有利于完善基础研究。故答案为C。

5.【答案】D 【解析】定量研究是指研究者使用某些经过检测的工具对事物的可量化部分进行测量和分析,以检验研究假设或得出结论的方法,用数字或量度表述研究结果,包括调查、测验、实验、结构化观察等方式,并对假设进行检验的一种研究范式。定性研究基于人文主义范式(解释主义范式),是以研究者本人为研究工具,运用理论或逻辑思维对所收集的资料进行分析、综合、比较、归纳,解释教育现象中的本质及某些规律的一种研究范式。根据题干表述,问卷调查属于定量研究,故答案为D。

二、简答题

【参考答案】**定性研究与定量研究的区别:**

(1)**含义不同**。定性研究是运用理论或逻辑思维对所收集的资料进行分析、综合、比较、归纳,解释教育现象中的本质及某些规律;定量研究是研究者使用某些经过检测的工具对事物的可量化部分进行测量和分析,以检验研究假设或得出结论的方法。

(2)**理论基础不同**。定性研究建立在解释学、现象学和建构主义理论等人文主义的方法论基础上;定量研究建立在实证主义的方法论基础上。

(3)**特性不同**。① **研究情境**:定性研究可在自然情境中进行;定量研究需要操纵和控制。② **研究本质**:定性研究是归纳;定量研究是演绎。③ **注重方面**:定性研究注重研究过程;定量研究注重研究结果。④ **研究方法**:定性研究采用描述分析法;定量研究采用统计分析法。⑤ **研究目的**:定性研究理解教育现象;定量研究确定关系、影响、原因。⑥ **研究结果**:定性研究较主观;定量研究更客观。

(4)**研究设计上的不同**。定性研究事前没有明确的研究方案和研究假设;定量研究在研究开始时就有明确的研究假设和问题。

定性研究与定量研究的联系:

(1)两者的区别不是绝对的,实际上是一个统一体,各有优缺点,在具体研究中相辅相成、相互补充,二者反映客观事物的质与量的辩证关系。

(2)不能片面追求定性或定量,需要使定量研究与定性研究有机结合。

(3)应该看到教育研究从定性向定性和定量相结合的方向发展,体现了教育研究科学化的要求。

第二节 教育研究的历史、现状和发展趋势

单项选择题

1.【答案】A 【解析】从古希腊至16世纪,在近代科学产生以前,教育研究方法论是在朴素唯物论基础上的直觉观察时期。中西方古代的学者都体现了直觉观察时期的特点,即教育研究主要依靠不充分的直觉观察,对教育经验进行总结并直观地认识教育现象,带有朴素性和自发性的特点。昆体良的《雄辩术原理》从研究方法上看,是经验描述。故答案

为 A。

2.【答案】B 【解析】教育研究的发展历程包括四个阶段：直觉观察时期、以分析为主的方法论时期、形成独立学科时期、教育研究的变革时期。以分析为主的方法论时期的代表人物有：培根、笛卡尔、康德、夸美纽斯。故答案为 B。

3.【答案】D 【解析】以分析为主的方法论时期的具体表现：(1)把教育作为一个发展过程来研究，从经验的描述上升到理论的概括，不仅描述现象的特点，而且着重揭露现象间的联系和发展历程。(2)教育研究方法论与认识论糅合在一起，初步形成了不同哲学理论指导的两种不同的研究方式和研究风格，即归纳法和演绎法。(3)心理学思想开始成为教育科学研究方法论的理论基础。(4)反对权威专断，主张教育要适应自然，并从自然科学中移植"实验方法"。故答案为 D。

4.【答案】D 【解析】教育研究的发展历程有直觉观察时期、以分析为主的方法论时期、形成独立学科的时期以及教育研究的变革时期。其中形成独立学科时期的代表人物有杜威、梅伊曼和拉伊等。故答案为 D。

5.【答案】D 【解析】教育研究的发展受到不同国家、不同民族文化传统和思维方式的影响，表现出文化上的差异。与西方教育研究相比较，我国从古至今形成的教育研究基本模式呈现出的特征有：(1)重经验描述，轻理论概括。(2)遵循历史传统，看重权威。(3)教育研究停留在理论阶段，与科学技术发展和实践研究脱节，没有建立起系统的科学实验的研究方法。(4)思维方式整体直观、整齐划一，缺乏批判性。故答案为 D。

第三节 教育研究的对象及其特点

单项选择题

1.【答案】A 【解析】教育研究以教育现象为研究对象，目的在于揭示教育现象背后的规律。教育研究是认识和理解教育现象、发现和解决教育问题的活动。这些教育现象赖以存在、教育问题赖以产生的人、物、活动，就是教育研究的对象。故答案为 A。

2.【答案】B 【解析】教育研究对象的特点：(1)境域性。教育研究者重视提高研究结果的可应用性和普遍适用性，强调教育研究应有较高的内部效度、外部效度和生态效度，充分发挥研究对象、研究背景真实、自然的优势，得出更为客观、自然、真实的结论。教育研究将普适性研究与个案研究相结合，具有情境性和不可复制性。(2)整合性。整合性是指在教育研究活动中，研究者剖析任何一个问题，都很难将其简单地归于理论问题或实践问题、历史问题或现实问题。当前的教育改革研究越来越倾向于学者、教师和行政人员三方面的协作研究，倾向于多学科专家的共同参与，这正是教育问题的整合性特征的反映。(3)模糊性。教育研究的研究者和研究对象都是人，人是有意识、有思想情感和性格的主体，这些因素都会影响教育研究，教育研究的效果既取决于认知因素，又取决于情意因素。因此，教育研究对象具有模糊性，教育研究必须将量化研究与质性研究相结合。故答案为 B。

第四节　教育研究的基本原则

一、单项选择题

1.【答案】D　【解析】进行教育研究,方法的选择和运用应予以充分的重视,具体应遵循:客观性原则、创新性原则、公共性原则、操作性原则、检验性原则、伦理性原则、理论联系实际原则。故答案为D。

2.【答案】B　【解析】任何一种教育研究方法都有其自身的内在规律,都有一定的科学原理,有特定的研究程序。任何一种教育研究方法的选用都应遵循其内在的规律和基本的原则。在教育研究过程中,我们必须按照程序和要求去研究客观现实,不能随意更改和省略。这是教育研究所应遵循的客观性原则。故答案为B。

3.【答案】B　【解析】教育研究者在从事教育研究工作时,必须具有专业的伦理道德。不重视伦理的研究者即使研究做得再好,也会失去研究的意义和价值。要避免研究过程中对对方身心的伤害,不给受试者不恰当的压力。这是教育研究所应遵循的伦理性原则。故答案为B。

4.【答案】A　【解析】该研究之所以会出现理论基础的悬置,是因为研究者没有遵循理论联系实际原则。故答案为A。

5.【答案】B　【解析】创新性原则是指教育研究应当具有高度的创造性。该原则直接关系到教育研究本身的价值,重复他人已经做过的研究,不仅研究本身毫无意义和价值,同时也会造成教育研究中的巨大浪费,是研究者必须予以摒弃的。因此,要在教育研究中发现新问题,提出新观点,得出新结论,不要简单重复前人的研究和结论。题干中的研究者对前人的研究成果中符合自己研究内容的部分进行了照抄照搬,违背了教育研究中的创新性原则。故答案为B。

6.【答案】C　【解析】公共性原则是指研究者在表达教育研究的研究程序、方法和成果时要用明确、清楚的文化符号,以保证同行专家了解整个研究过程。一方面,研究者要把握追踪学术发展的脉络、立足相关领域的前沿,注意在交流中辨析相关的概念定义,把握学者们形成的共识;另一方面,对于一些尚有争议或语义模糊的概念,在研究报告中应做出自己认可的定义并将该定义贯彻到底。故答案为C。

7.【答案】A　【解析】操作性原则是指研究者在教育研究中所使用的概念术语要有明确的可操作的语义规定,以便对其进行定性或定量的考察。从理论上讲,任何事物和现象都可以构造出操作性定义,即描述出被定义事物的可观测到的具有独特性的特征。不过,在教育研究中,人的种种复杂因素使得研究者不易给某些概念下操作性定义,这就需要研究者结合实际情况做出更多的创造性努力。故答案为A。

8.【答案】D　【解析】检验性原则是指同行专家在相同的研究条件下,依照相同的程序和方法重新进行研究,应能得到相同或相近的结果。虽然教育研究不可能像自然科学研究那样准确地重复操作并验证结果,但教育研究在相似的情境下,可以得到大体相似的结论。所以,为了检验教育研究成果,研究者应该尽量全面而清楚地交代所在情境的关键特征。故答案为D。

二、简答题

【参考答案】 伦理性原则是指在教育研究过程中所采用的方法必须符合当前的道德伦理，不能造成对被试权利的侵犯和身心健康的伤害等。伦理性原则对研究的可行性起着决定性作用，是教育研究中必须遵循的基本原则，因为教育研究的对象是"人"。伦理性原则的具体内容如下：

（1）**评估研究的伦理可接受性。**
① 研究设计是否对研究对象的权利具有直接或间接的伤害。
② 这些损害对研究对象的身心健康与生活幸福的不利影响可能达到何种程度，能否在短时间内予以消除。
③ 研究目的与研究结果的用途是否只限于增进人类幸福，而非反对某个人、某些人。
④ 在研究设计中，是否已经为保护研究对象采取了特别的措施。

（2）**充分认识并尊重研究对象的权利。**
① 尊重研究对象的研究意愿。研究对象有权决定自己是否参加某项研究。
② 研究对象有随意退出研究的自由。
③ 知情权。研究对象有权了解研究目的、方法、研究结果之用途等各项有关情况。
④ 研究对象有权拒绝对某些或全部问题做出回答。
⑤ 尊重隐私权。研究对象有权决定与其个人有关的资料可否以某种形式公布。
⑥ 年龄不满18周岁的研究对象，上述权利由其监护人代理，须征得研究对象及其监护人的同意。

（3）**研究者承担对研究对象负责的义务。**
① 研究者在实施研究之前，应先对研究对象说明其在研究过程中享有的各项权利，并在实施过程中为研究对象实现各项权利提供方便。
② 在确定研究对象后，应根据研究对象的身心特点，判断其在研究中受到伤害的可能性及严重程度，进而采取防范措施，甚至取消针对该对象的研究。
③ 在研究进行中，研究者应当监控研究对象的状态，并在必要时调整研究进程，采取保护措施，甚至终止研究。
④ 如果研究目的等有关信息在研究前不便于告知研究对象，则在研究收集素材完毕后，研究者应当向其解释，澄清误解。
⑤ 在研究结束后，研究者应当通过观察、询问等方式了解研究对象是否在研究过程中受过某种伤害，如感到不安、焦躁或疲劳。
⑥ 对于研究对象因研究活动而受到的任何形式的不良影响，研究者必须负责采取措施，在尽量短的时间内予以消除。
⑦ 对研究对象的个人资料保密，只公布被研究群体的总体资料。

第五节　教育研究的一般过程

> 简答题

【参考答案】教育研究的一般过程：

（1）**选题阶段**。选题既是进行教育研究的第一步，也是教育研究的重要环节。选定和确定一个恰当的可行的问题，决定了研究的价值与意义以及研究的主要方向。

（2）**研究设计阶段**。教育研究设计是研究问题与方法的具体化、程序化的过程，包括提出明确的研究假设、确定具体的研究对象、选择恰当的研究方法等，最终形成完整的可行的研究方案。

（3）**搜集资料阶段**。为了完成研究课题，需要运用多种方法收集资料，具体方法可根据研究者的研究对象、研究目的等进行选择和组合。用来搜集资料的主要方法有问卷、访谈、观察等。

（4）**整理与分析资料阶段**。根据研究目的，对获取的研究资料进行鉴别、分类、汇总、补充和评价，从而使资料能系统地、准确地、完整地反映教育现象或问题的过程，对整理后的材料进行细致而深入的量化分析或质性分析。

（5）**撰写研究报告阶段**。在上述各个环节的基础上，按照规范形式撰写研究报告或者科学论文，用文本的形式向大家展示研究成果。

（6）**总结与评价阶段**。总结与评价是研究活动的最后一个环节。对研究成果的学术水平和应用价值进行鉴定和科学评价，有利于促进教育科学研究的发展，提高教育科研的质量。

第六节　教育研究方法及其层次

> 单项选择题

1.【答案】A　【解析】任何教育研究方法论都脱离不了一定的哲学方法论。哲学方法论是教育研究中最高级、最抽象、最普遍的方法论层次，它有助于其下各层次方法论知识的形成。哲学方法论取决于世界观，有什么样的世界观就有什么样的方法论。故答案为A。

2.【答案】B　【解析】"人数""标准均分"属于对事物的属性进行数量上的分析，从而判定事物的性质"教学质量"，因此，属于定量研究。故答案为B。

3.【答案】B　【解析】历史研究法是指借助于对相关社会历史过程的史料，从事物发生和发展的过程中去进行考察，以弄清它的实质和发展规律的一种研究方法。历史研究法包括文献研究法和内容分析法。故答案为B。

4.【答案】D　【解析】经验总结法是指将大量丰富多彩的教育经验提升为教育理论的方法，是在不受控制的自然状态下，依据教育实践所提供的事实，按照科学研究的程序，分析概括教育现象，揭示其内在联系与规律，使之上升到教育理论的高度，促进人们由感性认识上升为理性认识的一种教育研究方法。故答案为 D。

5.【答案】B 【解析】民族志,又称人种志、俗民志,是人类学的一种研究方法。其本义是通过参与真实场景和理解事件的文化脉络,用研究者的个人视野来获得对研究对象的认识,强调人或事的文化分析,以及对文化中的人或事的分析。民族志既指研究的过程,即进行田野工作、做田野笔记的过程以及在这一过程中所使用的方法,又指研究的结果,即通过田野工作而得出的书面研究报告。教育民族志是一种文化描述学的新概念,实际上是在力图对教育中人与人之间的社会沟通性质进行准确描述和解释的一种描述性工作。民族志是一种定性的研究方法,教育民族志也是。故答案为 B。

6.【答案】C 【解析】扎根理论是一种定性研究的方法,其宗旨是在经验资料的基础上建立理论。这是一种自下而上建立理论的方法,即在系统收集资料的基础上,寻找反映社会现象的核心概念,然后通过在这些概念之间建立联系而形成理论。优点有:① 不对研究者自己事先设定的假设进行逻辑推演,而是从资料入手进行归纳分析;② 较好地将理论与实践相"联姻",破除了传统研究的"二分法";③ 为研究者提供了一个高度结构化、步骤清晰的系统化程序来检验、提炼和发展他们的观点;④ 深入现场,能够获得真实生动的一手资料。故答案为 C。

7.【答案】C 【解析】质的研究是人文主义教育研究范式的主要特征之一,以研究者本人作为研究工具,在自然情境下采用多种资料收集方法(如深度访谈、开放式观察、实物分析等)对社会现象进行整体性探究,使用归纳法分析资料和形成理论,通过与研究对象互动对其行为和意义建构获得解释性理解的一种活动。故答案为 C。

8.【答案】D 【解析】混合式研究是定量和定性研究方法、方式或其他范式特征的混合。在混合式研究中,研究者在一项单一研究或一系列相关研究中,混合或结合使用定量与定性的方法、手段或概念。在研究中,定性和定量研究可能会同时进行(大约在同一时间开展两个部分)或是先后进行(先开展一个部分,再开展另一部分),用以回答一个研究问题或一系列相关问题。故答案为 D。

第二章 教育研究的选题与设计

①社会发展中产生的教育问题 ②问题研究有可行性（可行性） ③归纳假设、演绎假设和研究假设 ④自变量、因变量和无关变量 ⑤可检验性 ⑥取样的随机性 ⑦分层随机取样 ⑧问题的提出或研究的背景

第一节 选题的主要来源

单项选择题

1.【答案】A 【解析】选题的主要来源:(1)社会发展中产生的教育问题。(2)学科理论深化、拓展或转型中产生的问题。(3)教育实践变革中产生的问题。故答案为A。

2.【答案】C 【解析】选题的最根本来源是个人在教育实践中的观察和思考。教育研究者特别是一线教师应善于把自己在教育教学实践中遇到的问题转化为教育研究的课题。研究者既可以通过丰富的教育教学实践经验进行理论总结,使其上升为普遍性的规律,也可以对实践中存在的困惑与矛盾进行探索,寻找困惑与矛盾背后的原因。故答案为C。

第二节 选题的基本要求

单项选择题

1.【答案】D 【解析】选题的基本要求:(1)问题有研究价值;(2)问题提出有现实性;(3)问题表述具体明确;(4)问题研究有可行性。本研究选题具有一定的研究价值,也具有一定的事实依据,表述也较为清楚。但作为攻读教育硕士学位的中学教师,选题关注"××省校园安全问题研究",不符合其自身的主客观条件。故答案为D。

2.【答案】C 【解析】选定的问题一定要明确、具体,界限要清晰,内容范围宜小,不能太笼统。选题是否具体适度往往影响教育研究全局的成败。大而空、笼统而模糊、针对性不强的选题通常科学性较差。具体要求:① 明确显示可操作或测量的变量。② 使用意义明确的概念,避免产生歧义。③ 语言表述符合逻辑。高考改革研究是当前需要解决的问题之一,但读者不能从"高考改革研究"六个字中解读出作者所要研究的问题。本选题的缺点就是过大、过于笼统。故答案为C。

3.【答案】D 【解析】选定的问题应是前人未曾解决或尚未完全解决的问题,通过研究应有所创新,有新意和时代感。研究的创新性首先来源于对文献的把握,要从已有的文献中对已有研究进行具有科学高度的评判性分析,并在此基础上,重新确定自己的研究着眼点。选题的创新性主要表现在三方面:① 课题所涉及的问题在内容上是前人未触及或探讨不深入的;② 课题中不同问题的组织框架与线索是新颖的,即研究的角度不同于前人;③ 课题在研究方法上有所创新。故答案为D。

4.【答案】B 【解析】选题的基本要求:(1)问题有研究价值;(2)问题提出有现实性;(3)问题表述具体明确;(4)问题研究有可行性。故答案为B。

5.【答案】D 【解析】选题的价值性是指选定的问题不仅要有内部价值,即在理论上有新突破,实践上有重要的指导作用;还要有外部价值,即对其他相关领域,如心理学、哲学等有高的外部价值。具体要求:① 应用价值:所选择的问题是否符合社会发展、教育事业发展的需要,是否有利于提高教育质量,强调课题应具有重要的应用价值。② 学术价值:所选择的问题根据教育科学本身发展的需要,为检验、修正、创新和发展教育理论,建立科学的教育理论体系的需要,强调课题应具有重要的学术价值。D项是问题的具体性。故答案为D。

第三节 研究的设计

一、单项选择题

1.【答案】D 【解析】假设的作用主要在于它是理论的先导,起着纲领性作用。首先,假设能够集中反映前期探索的成果,有助于后期研究工作的顺利进行。其次,假设为研究活动指明了方向。假设能帮助研究者明确研究目的,限定研究数据的收集范围,有利于研究者对变量进行有效控制,避免研究的盲目性,保证研究结果的质量。最后,研究假设可以提高研究活动的新颖度和预见性,因为研究假设在一定程度上也是对研究结果的预测。故答案为D。

2.【答案】D 【解析】假设的主要类型:① 依据假设的形成所作的分类——归纳假设、演绎假设、研究假设;② 依据假设的性质和复杂程度所作的分类——描述性假设、解释性假设、预测性假设;③ 依据假设的方向性或倾向性所作的分类——方向性假设和非方向性假设。故答案为D。

3.【答案】D 【解析】假设涉及的主要变量是自变量、因变量、无关变量。自变量又叫实验变量、刺激变量或输入变量。因变量又叫效果变量、结果变量或输出变量。无关变量也称为无关因素、干扰变量、控制变量。故答案为D。

4.【答案】A 【解析】自变量又叫实验变量、刺激变量或输入变量。它是由研究者主动操纵而变化的变量,是能独立地变化并引起因变量变化的条件、因素或条件的组合。它是研究者所选择的,也是由研究者所设计的,实验前假定存在的因果联系中的原因变量。任何一个教育实验研究中都至少包含一个或一个以上的自变量,如教材、教学方法、学习内容等都可以是自变量。故答案为 A。

5.【答案】C　【解析】因变量又叫效果变量、结果变量或输出变量。它是由自变量的变化引起被试行为或有关因素、特征的相应反应的变量,是研究中需要观测的指标。它是实验前假定存在的因果联系中的结果变量,是通过自变量的作用而产生变化的结果因素,如教学效果、教学质量。故答案为 C。

6.【答案】B　【解析】假设表述的规范性要求要以陈述句的形式说明研究假设,避免含糊不清的陈述句形式以及疑问句形式。故答案为 B。

7.【答案】C　【解析】总体即研究对象的全体。凡是在某一相同性质上结合起来的许多个别事物的集体,当它成为统计研究对象时,就叫作总体,是一定时空范围内研究对象的全部总和。抽样设计的基础是对研究总体的明确界定。只有对总体做了明确而有意义的限制,才能保证样本的代表性。研究的目的、课题的性质决定总体的范围和内涵。同时结合研究目的,兼顾研究的外部效度和可行性,在两者之间寻求一个恰当的平衡。故答案为 C。

8.【答案】D　【解析】影响样本容量的因素:研究的不同类型;预定分析的精确程度;允许误差的大小;总体的同质性;研究者的时间、人力和物力;取样的方法;研究目的。故答案为 D。

9.【答案】B　【解析】系统随机取样也叫等距抽样、机械抽样,是简单随机取样方法的一种改进,是指先将总体各个单位按某一标志顺序排列编号并分成数量相等的组,使组数与取样相同,然后从每组中依事先规定的机械次序抽取对象,一般在样本总体数目较大时使用。适合大样本。故答案为 B。

10.【答案】C　【解析】抽样的基本方法包括:① 简单随机取样,包括抽签法、随机数目表抽样法。② 系统随机取样,又称等距抽样、机械抽样。③ 分层随机取样。④ 整群随机取样。其中分层随机取样是指按照某些特征,先将总体分成若干层次或类别,然后根据事先确定的样本大小及其各层在总体中所占的比例提取一定数目的样本单位。适用于总体成分复杂,各成分间差异较大的情况。故答案为 C。

11.【答案】D　【解析】整群随机取样与分层随机取样的区别:整群抽样要保证各层间的同质性,而分层随机抽样要保证各层间的异质性;整群抽样的对象是群,即组或层只有一个或多个群被抽取,且被抽取的全体成员均为样本,而分层取样的对象是群内的个体,即每个群内的成员都有一部分被抽到。故答案为 D。

二、辨析题

【参考答案】　错误。

样本容量是指研究中所使用的样本数量的大小。一般来说,样本容量与样本的代表性呈正相关,大的样本更具有代表性,其研究结果更有一般性;但从实际操作来看,要考虑实际操作中收集资料的可能性。样本容量太大,会给研究带来许多困难与不便,也可能造成更大的研究误差。在取样研究中,应根据研究对精确程度的要求和研究者在时间、人力和物力上的可能性,确定合理的样本容量,而不是一味追求样本容量的增大。故题干表述错误。

三、简答题

1.【参考答案】（1）**科学性**：假设要有一定的科学根据或经验根据，不能主观臆断。

（2）**推测性**：假设是在不完全或不充分的经验事实基础上推导出来的，是有待实践检验的，因而与正确的理论不同，它对一定的行为、现象或事件的出现作试验性的、合理的解释，因而具有一定的推测性。

（3）**明确性**：要以陈述句的形式说明研究假设，避免含糊不清的陈述句形式以及疑问句形式。

（4）**可检验性**：研究假设应当是可以检验的，检测推测的正确程度和可靠性。

（5）**简洁性**：研究假设应当简洁明了、言简意赅。

2.【参考答案】（1）**明确界定总体**。抽样设计的基础是对研究总体的明确界定。只有对总体做了明确而有意义的限制，才能保证样本的代表性。研究的目的、课题的性质决定总体的范围和内涵。同时结合研究目的，兼顾研究的外部效度和可行性，在两者之间寻求一个恰当的平衡。

（2）**取样的随机性**。尽可能使总体中的每个个体都具有均等的机会，即被抽取的任何个体与个体之间是彼此独立的，在选择上没有联系。

（3）**取样的代表性**。每一种抽样方法都有各自的特点和适用的条件。要尽可能使抽取的样本能代表总体，取样的偏差将导致研究结论的无效。因此，研究者要对取样误差进行正确估计。

（4）**确定合理的样本容量**。确定合理的样本容量，既要满足统计学上的要求，又要考虑实际收集资料的可能性，还要最低限度地减少抽样误差。一般来说，样本容量与样本代表性呈正相关，大的样本更具有代表性，研究结果更具有一般性和可信性。

第四节　研究方案的基本内容

简答题

【参考答案】（1）**问题的提出或研究的背景**。这部分主要说明研究课题的目的和意义，即"为什么选定该研究课题"。一般要从理论和实践两个方面去阐述其研究价值，还要阐明所选课题涉及的领域在学术研究与社会应用中的地位，指出本课题研究的迫切性与针对性。

（2）**相关研究文献综述**。这部分通常是对该研究课题相关的国内外研究已经达到什么程度，已得出哪些结论，有何争论，存在着哪些亟待解决的问题的论述，以表明开展进一步研究的必要，进而说明该课题将从哪些方面入手，预计可能在哪些方面有所突破。

（3）**研究的基本思路和主要内容**。这部分需要列出进行研究的基本思路的框架，用以说明研究的主要内容、如何开展课题研究以及课题具体将从哪些方面进行研究。

（4）**研究的方法与步骤**。这部分主要说明"如何开展，怎样才能达到研究目的"的问题，即采用何种具体的教育研究方法和途径，如何控制研究的过程，研究进度如何安排等。

（5）**研究的可行性或条件**。这部分主要说明该课题理论、事实依据及限制、研究的可能性及研究者已有的研究基础和完成课题的保障条件。

（6）**研究的预期成果**。这部分需要在系统的综合分析基础上写出简洁、明确、具体、概括的论证报告，内容包括在进行课题研究后，拟取得什么形式的阶段研究成果和最终研究成果。成果形式有调查报告、实验报告、研究报告、论文、经验总结、测试量表、课件、教学设计、录像光碟等多种形式。

第三章　教育文献检索

大纲考点导图

①二次文献　②教育档案类　③搜索阶段　④引文查找法　⑤检索要全面,即全面性

考点演练

第一节　教育文献概述

1.【答案】D　【解析】教育文献不仅包括纸质材料,还包括电子信息、专家询问和非文字资料。故答案为D。

2.【答案】B　【解析】教育文献在教育研究中的作用:(1)全面正确地掌握研究问题的情况,帮助研究人员确定研究课题和研究方向。(2)为教育研究提供科学的论证依据和研究方法。(3)避免重复劳动,提高科学研究的效益。故答案为B。

第二节　教育文献的种类

单项选择题

1.【答案】D　【解析】一次文献是以作者本人的实践为依据而创作的原始文献,是直接记录事件经过、研究成果、新知识、新技术的文献,具有创造性和很高的参考价值,但它储存分散,不够系统。一次文献一般包括专著、论文、调查报告、档案材料等。专题研究报告属于三次文献。故答案为D。

2.【答案】D　【解析】二次文献又称检索性文献,是对原始文献进行加工整理,使之系统、条理化的检索性文献,具有报告性、汇编性和简明性的特点,是对一次文献的认识,是检索工具的主要组成部分。二次文献一般包括题录、书目、索引、提要和文摘等。故答案为D。

3.【答案】B　【解析】三次文献又称参考性文献,是在利用二次文献基础上对某一范围内的一次文献进行广泛深入的分析研究之后,综合浓缩而成的参考性文献。这类综合性文献全面,浓缩度高、覆盖面宽、信息量大、内容新颖,具有综合性、浓缩性和参考性等特点。三次文

献一般包括动态综述、专题述评、数据手册、进展报告、年度百科大全以及专题研究报告等。其中调查报告属于一次文献。故答案为B。

4.【答案】A　【解析】教育文献的主要分布:(1)书籍,包括名著要籍、教育专著、教科书、资料性工具书(如教育辞书、百科全书)及科普通俗读物等,是教育科学文献中品种最多、数量最大、历史最长的一种情报源。(2)报刊,即报纸和期刊,是定期或不定期的连续出版物,如《教师报》《中国教育报》,期刊主要有全文型期刊、摘要型期刊和索引型期刊三类。(3)教育档案类,包括教育年鉴、教育法规集、教育统计、教育调查报告、学术会议文件、资料汇编、名录、表谱以及地方志、墓志、碑刻等。(4)专家询问。(5)电子文献,可供教育研究者使用的最常用的数据库主要有中文社会科学引文索引(简称CSSCI)、社会科学引文索引(简称SSCI)和科学引文索引(简称SCI)等。(6)非文字资料,包括校舍、遗迹、绘画、出土文物、歌谣等。故答案为A。

5.【答案】C　【解析】教育档案包括教育年鉴、教育法规集、教育统计、教育调查报告、学术会议文件、资料汇编、名录、表谱以及地方志、墓志、碑刻等。故答案为C。

第三节　教育文献检索的基本过程及主要方法

单项选择题

1.【答案】A　【解析】顺查法是指按时间范围,以课题研究的发生时间为检索始点,按事件发生、发展时序,由远及近、由旧到新的顺序查找。这种方法多用于范围较广泛、项目较复杂、所需文献较系统全面的研究课题以及学术文献的普查。故答案为A。

2.【答案】B　【解析】教育文献检索的主要方法:顺查法、逆查法、引文查找法(又称跟踪法)、综合查找法。因为逆查法与顺查法相反,逆查法是按由近及远、由新到旧的顺序查找。这种方法多用于新文献的搜集和新课题的研究。因为新课题大都需要最近一个时期的较新的论文、专著等文献,逆查法不太关注历史渊源和全面系统,易漏检。故答案为B。

3.【答案】C　【解析】引文查找法又称跟踪法,是以已掌握的文献中所列的引用文献、附录的参考文献作为线索,查找有关主题的文献。文献涉及范围比较集中,获取文献资料方便迅速,并可不断扩大线索。这种回溯过程往往会找出有关研究领域中重要的、丰富的原始资料。查得的文献资料受原作者引用资料的局限性及主观随意性影响,资料往往比较杂乱,没有时代特点。因此,要注意文献的可靠性。故答案为C。

4.【答案】A　【解析】文献计量分析是指以文献体系和文献计量特征为研究对象,用数学、统计学等计量方法,定量地分析研究文献情报的分布结构、数量关系、变化规律和定量管理,并进而探讨科学技术的某些结构、特征和规律的方法。文献计量分析注重量化。文献计量分析包括文献计量特征选择和统计以及文献计量特征数量分布与变化规律的描述或解释。文献计量分析的主要统计特征有出版物(如图书、期刊、报纸、专利等文献物理载体)、科学术语(如主题词、关键词)、著者、引证文献和被引证文献(引文分析)、读者、文献利用情况(如文献的阅读数、借阅数等)。故答案为A。

5.【答案】B　【解析】内容分析法是一种对传播内容进行客观、系统和定量描述的研究方法。因此,内容分析法比文献法更侧重于定量研究。故答案为B。

6.【答案】D 【解析】教育文献检索的基本过程包括分析和准备阶段、搜索阶段、加工阶段。分析和准备阶段包括分析课题、明确自己准备检索的课题要求与范围,确定所需文献的作者、文献类号和所属类目,进而选定检索工具,确定检索途径。搜索与所研究问题有关的文献,然后从中选择重要的和确实可用的资料,按适当顺序加以阅读,并以文章摘录、资料卡片、读书笔记等方式记录搜集到的材料。要从搜集到的大量文献中摄取有用的情报资料,就必须对文献做一番去粗取精、去伪存真、由表及里的加工工作,主要包括剔除假材料和评价资料的适用性。故答案为D。

第四节 教育文献检索的要求

一、单项选择题

1.【答案】A 【解析】文献综述是文献分析报告的重要形式,是对某一学科、某一研究领域或某一研究问题在一定时期内的研究状况进行较全面、系统的综合概括与评论。它反映了作者对已有研究及未来研究的认识与判断,是作者利用大量文献对有关研究历史发展、现状与趋势之见解的论证。文献综述不仅是对文献的综合,还包括对文献的评价。故答案为A。

2.【答案】A 【解析】检索要全面,即全面性。通过浏览,不仅要广泛查阅在特定范围内的国内外有关研究成果,而且要把视野放宽,广泛浏览特定范围以外的有关研究成果等,以便及时掌握最新的研究资料和动向。特别是要着力搜集第一手资料,以保证研究的客观全面。这名研究生违反了检索的全面性原则。故答案为A。

3.【答案】B 【解析】检索要认真细致,即准确性。通过细读,掌握若干年来所研究的领域内讨论过哪些问题,有哪些分歧意见,有哪些代表人物及其主要著作、主要观点,要认真推敲观点和论据,并做好记录。在实践中常常发生因疏忽而形成的论据失误,表现为:由解引申,主观臆断;只知其一,不知其二;或突出其一,忽略其二,断章取义;脱离实际,追赶时尚。某研究者在研究大学生的"创业教育"问题时,只查阅了倡导学校应该开展"创业教育"的文章,违背了检索的准确性原则。故答案为B。

4.【答案】B 【解析】外审法也称外部评论、外部考证,是判定文献资料的形式和外表的真伪或完整性的方法。内容主要包括确定文献的真正作者、成书年代和地点、写作或创作的背景、原版还是修订版等。故答案为B。

5.【答案】A 【解析】内审法又称内部考证,是对文献的具体内容进行分析判断、确定文献本身的意义,评判其正确性与可靠程度的方法。内审法主要涉及以下内容:著者的学识能力,著者的偏见和动机,文献的客观性、公正性、准确性与全面性,资料的一致性程度等。故答案为A。

6.【答案】C 【解析】文献综述的格式与内容没有统一的要求,但应该主要包括以下四个方面:问题的提出、研究方法、正文部分、主要文献目录。撰写文献综述参照格式与内容:第一部分是绪论。主要包括查阅文献资料的目的及研究问题的提出、综述撰写的学术背景、目的、意义与基本内容。故答案为C。

二、简答题

1.【参考答案】（1）**检索要全面，即全面性**。通过浏览，不仅要广泛查阅在特定范围内的国内外有关研究成果，而且要把视野放宽，广泛浏览特定范围以外的有关研究成果等，以便及时掌握最新的研究资料和动向。特别是要着力搜集第一手资料，以保证研究的客观全面。

（2）**检索要认真细致，即准确性**。通过细读，掌握若干年来所研究的领域内讨论过哪些问题，有哪些分歧意见，有哪些代表人物及其主要著作、主要观点，要认真推敲观点和论据，并做好记录。在实践中常常发生因疏忽而形成的论据失误，表现为：曲解引申，主观臆断；只知其一，不知其二；或突出其一，忽略其二，断章取义；脱离实际，追赶时尚。

（3）**勤于积累**。我们应养成不断学习、善于积累的好习惯，并有意识地培养自己读书治学的能力，掌握查阅文献的方法，逐步积累自己所需要的资料目录等。

（4）**善于思索**。文献是在一定的历史条件下产生的，带有时代和个人的局限性，因此，需要对文献做进一步的分析综合，去粗取精，去伪存真，舍弃成见，在理论联系实际的基础上锻炼和提高对资料真伪和价值的判断力和敏感性，进行创造性的理论思维。

2.【参考答案】 文献综述主要包括两方面内容：一是阐述已有研究的历史发展与现状，二是综述者对已有研究的评价、建议或预测。

（1）**已有研究的历史发展与现状**。

① **研究的缘起**。

② **研究的历史发展过程**。包括分阶段系统梳理研究问题的历史发展过程，说明该课题已经研究的重要问题、取得的重要进展以及尚未涉及的问题等。

③ **研究现状**。重点阐明该课题范围内当前研究的重点和热点问题、研究思路、研究方法及研究成果，在一些主要问题上争论不同的观点，代表性著作及事件等方面。

（2）**综述者对已有研究的评价、建议或预测**。

① 综述者对该领域研究价值的认识以及对该领域历史研究的评价。

② 综述者对当前研究的现状和不足的分析。

③ 在回望历史、结合现状的基础上，提出有待研究的重要问题以及研究发展趋势。

④ 研究改进设想，包括新的研究内容、研究思路、研究设计、对方法的改进措施等。

第四章 教育观察研究

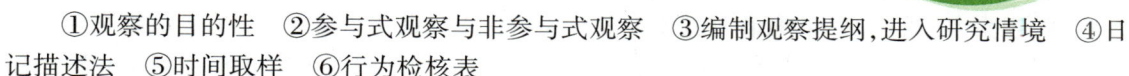

①观察的目的性 ②参与式观察与非参与式观察 ③编制观察提纲,进入研究情境 ④日记描述法 ⑤时间取样 ⑥行为检核表

第一节 教育观察研究概述

单项选择题

1.【答案】D 【解析】教育观察法属于科学观察,是指研究者根据一定研究目的,借助一定仪器设备对处于自然状态的教育现象进行有计划的考察和探究,从而获取教育事实、探索教育规律的研究方法,是教育研究中最常用的一种研究方法。观察法分为广义观察(一般日常观察)和狭义观察(科学观察)两种。日常观察带有一定的自发性、偶然性,是科学研究观察的基础和初级形式。科学观察是研究者有目的、有计划地考察和探究。教育观察研究的特点有:① 观察的目的性。② 观察的客观性。③ 观察的能动性。④ 观察记录的翔实性。故答案为 D。

2.【答案】A 【解析】教育观察研究的优点:(1)通过全面、深入和细致的观察获得对事物的最直接的认识,有利于教育科学理论的提出,也是总结研究教育经验的基本方法之一。(2)观察研究也是检验教育科学理论观点是否正确的重要途径。教育研究假设所推导出来的关于未知事实的结论,只有通过观察到的科学事实加以检验时才是科学的。(3)观察有助于研究课题的选择和形成。通过观察可直接导致形成某些新课题,发现某些新观点、新理论,为教育研究开拓新的方向和领域。(4)观察方便易行,不必使用特殊设计的复杂仪器设备,不需要特殊条件,适用于广大的研究范围。观察法不妨碍被观察者的日常学习、生活和正常发展,因此不会产生不良后果。教育观察研究不能判断"为什么"这一类因果关系的问题,只能说明"有什么"和"是什么"问题。故答案为 A。

第二节　教育观察研究的基本类型

一、单项选择题

1.【答案】C　【解析】按观察的情境条件,将教育观察研究划分为自然情境中的观察与实验室观察;按观察的方式(是否借助媒介),将教育观察研究划分为直接观察与间接观察;按观察者是否直接参与被观察者所从事的活动,将教育观察研究划分为参与式观察与非参与式观察;按观察实施的方法,将教育观察研究划分为结构式观察与非结构式观察。故答案为C。

2.【答案】A　【解析】参与式观察又称局内观察,是指研究者直接参加到所观察对象的群体和活动中去,但不暴露研究者的真实身份,在参与活动中进行隐蔽性的研究观察。优点是不影响和破坏观察对象的原有结构和内部关系,能够获得较深层的结构和关系的材料。缺点是易受观察者的主观因素影响,影响观察的客观性。故答案为A。

3.【答案】C　【解析】结构式观察是指观察者根据事先设计好的观察提纲并严格按规定的内容和计划所进行的可控性观察。结构观察主要有行为事件取样观察和时间取样观察等。优点是有明确目标、问题和范围,有详细的观察计划、合理的步骤设计,能获得大量确切和翔实的观察资料,并可对观察资料进行定量分析和对比研究。一般用于对研究对象有较充分了解的情况下,是观察法中最严格的一种。缺点是结构式观察缺乏弹性,且耗时。故答案为C。

4.【答案】B　【解析】教育观察研究的基本类型根据分类方法的不同而不同,按照观察数据是在自然条件下取得还是在人为干预和控制条件下取得,可以将观察分为自然情景中的观察和实验室观察。题干中王老师是在自然条件下开展观察。故答案为B。

5.【答案】B　【解析】教育观察研究按照观察的方式(是否借助媒介),可将观察研究分为直接观察和间接观察。故答案为B。

6.【答案】C　【解析】非结构式观察是指对研究问题的范围目标采取弹性态度,不预先确定观察内容项目和观察步骤,也无具体记录要求的非控制性观察。最为典型的是有关儿童心理发展的观察日记。优点是具有灵活性,缺点是获取的资料耗时费力,不够系统完整;观察者的主观选择性会影响客观的观察结果。多用于探索性研究,对观察对象不甚了解的情况下。故答案为C。

7.【答案】C　【解析】王老师在自然条件下的学校里进行观察,属于自然情境下的观察;王老师直接参与到学生的活动中去,属于参与式观察。故答案为C。

二、简答题

1.【参考答案】根据观察者在观察中是否参与研究对象的活动,教育观察研究可分为参与式观察与非参与式观察。

（1）**参与式观察**。

参与式观察又称局内观察,是指研究者直接参加到所观察对象的群体和活动中去,但不暴露研究者的真实身份,在参与活动中进行隐蔽性的研究观察。

优点:不影响和破坏观察对象的原有结构和内部关系,能够获得较深层的结构和关系的材料。

缺点:易受观察者的主观因素影响,影响观察的客观性。

（2）**非参与式观察**。

研究者不参与观察对象的任何活动,而是以"旁观者"或者"局外人"的身份,采取公开或秘密的方式进行观察。

优点:研究人员与观察对象不直接接触,其结论通常比较客观、公正。

缺点:仅靠眼睛观察获得的信息较为表面,不易获得深层次的信息材料。

2.【参考答案】根据观察实施的方法,教育观察研究可分为结构式观察与非结构式观察。

（1）**结构式观察**。

结构式观察是指观察者根据事先设计好的观察提纲并严格地按规定的内容和计划所进行的可控性观察。结构观察主要有行为事件取样观察和时间取样观察等。

优点:有明确目标、问题和范围,有详细的观察计划、合理的步骤设计,能获得大量确切和翔实的观察资料,并可对观察资料进行定量分析和对比研究。一般用于对研究对象有较充分了解的情况下,是观察法中最严格的一种。

缺点:结构式观察缺乏弹性,且耗时。

（2）**非结构式观察**。

非结构式观察是指对研究问题的范围目标采取弹性态度,不预先确定观察内容项目和观察步骤,也无具体记录要求的非控制性观察。最为典型的是有关儿童心理发展的观察日记。

优点:具有灵活性。

缺点:获取的资料耗时费力,不够系统完整;观察者的主观选择性会影响客观的观察结果。多用于探索性研究,对观察对象不甚了解的情况下。

第三节　教育观察研究的实施程序

一、单项选择题

1.【答案】D　【解析】教育观察研究的记录方法包括描述记录法、取样记录法、行为检核表。其中描述记录法包括日记描述法、轶事记录法、连续记录法。取样记录法有时间取样、事件取样、活动取样。故答案为D。

2.【答案】B　【解析】轶事记录法是指对儿童的某种有价值的行为进行记录的观察记录方法。它不受任何时间和条件的限制,可以随时记录感兴趣的问题,事先也不需要做特别的编码分类。故答案为B。

3.【答案】B　【解析】事件取样法是以个人或群体为单位,观察者根据事先确定的观察目的对事件从头到尾地进行观察的取样记录法。它注重特定行为或事件的特征和全过程,关心的是行为如何发生、如何变化、结果如何等问题。观察时要事先对所观察的行为事件进行归类,制成便于使用的表格。如果分类的概念不统一,就会影响效度。在进行观察时,根据预先

4.【答案】B　【解析】日记描述法是以观察日记的方式记录有关儿童发展的情况,对儿童自然发展进行描述的一种记录方法。这种方法比较适用于长期跟踪观察研究和个案研究,是研究儿童的一种主要方法。最早使用这种方法的是瑞士教育家裴斯泰洛齐(《一个父亲的日记》),我国最早使用日记描述法的是教育家陈鹤琴。故答案为B。

5.【答案】C　【解析】教育观察研究的记录方法有描述记录法、取样记录法和行为检核表。其中描述记录法包括日记描述法、轶事记录法、连续记录法。连续记录法是对学生行为做更详细、更完善的记录,即要求在较长时间内连续记录被观察对象的行为,例如苏霍姆林斯基对帕夫雷什中学的记录。故答案为C。

6.【答案】D　【解析】时间取样记录法是以时间作为选择标准,专门观察和记录在特定时间内所发生的行为的一种记录方法,旨在对这一时间内发生的行为做较全面的记录,主要包括行为出现或发生与否、行为出现或发生的频率、行为持续的时间等。优点是省时省力,可在短时间内获得大量资料;观察资料容易量化,统计分析方便。故答案为D。

7.【答案】B　【解析】事件取样法记录的形式有两种:一种只记录行为的出现与否;另一种记录限定在一段时间内行为出现的次数。可事先确定要记录的项目,根据预先确定的项目,记录某种行为是否发生,或有何特征。故答案为B。

8.【答案】D　【解析】行为检核表是指在观察前依据所需观察的目标,确定观察内容,而制定一个观察核对表,观察者根据观察到的事件或行为,对照观察核对表中的各个项目逐步检核,在符合的条目上做记号(画"√")。它主要是用来核对重要行为的呈现与否,不提供行为性质的材料。故答案为D。

二、简答题

【参考答案】教育观察研究实施的程序:

(1)**界定研究问题,明确观察目的和意义**。观察中必须明确观察的内容、对象、范围和方法等,以及研究者在观察中要了解什么情况、收集哪方面事实材料、观察什么、为何而观察等问题。

(2)**编制观察提纲,进入研究情境**。对观察客体单位要进行明确分类,对所观察的事物要确定最主要的方向,观察提纲要有一定的灵活性和变通性,防止有效资料被遗漏。

(3)**实施观察,收集、记录资料**。实施有计划、有步骤、全面而系统地观察。在观察记录中,要做到"能记尽记",注意记录的完整性和丰富性(首要要求),此外记录时要做到及时记录,最好是同步记录。观察者在观察时要力求专注、敏锐,对研究进行详细、客观的记录。

(4)**分析资料,得出研究结论**。研究者需要在科学理论的指导下,正确运用科学的思维方法,对资料进行深入挖掘,寻找隐藏在现象背后的原因以及现象之间的相互联系,并通过客观的描述和解释来呈现结论。

第五章　教育调查研究

大纲考点导图

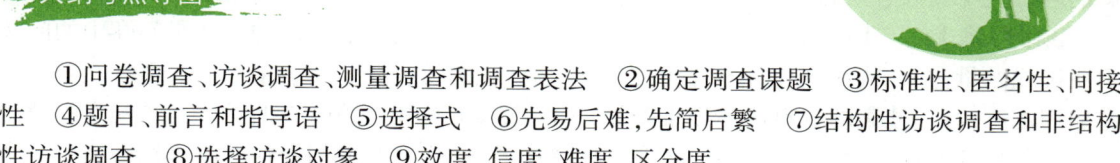

①问卷调查、访谈调查、测量调查和调查表法　②确定调查课题　③标准性、匿名性、间接性　④题目、前言和指导语　⑤选择式　⑥先易后难,先简后繁　⑦结构性访谈调查和非结构性访谈调查　⑧选择访谈对象　⑨效度、信度、难度、区分度

考点演练

第一节　教育调查研究概述

1.【答案】D　【解析】根据调查对象的选择范围,教育调查研究分为普遍调查、抽样调查和个案调查。故答案为D。

2.【答案】D　【解析】按照调查研究的目的,教育调查研究分为现状调查、相关调查、发展调查和预测调查。按照调查采用的方式方法,教育调查研究分为问卷调查、访谈调查、测量调查和调查表法。故答案为D。

3.【答案】C　【解析】教育调查研究是指在教育理论的指导下,通过运用观察、列表、问卷、访谈、个案研究以及测验等科学方式,搜集关于教育问题的资料,从而对教育现状做出科学分析,并提出具体工作建议的一整套实践活动。故答案为C。

4.【答案】A　【解析】现状调查,是指对某一教育现象或教育对象的现状进行调查,时间特征是"现在"或"当前",是进行"现在状况""当前情况"的调查。题干中的某研究生开展的就业状况调查是一个现状调查。故答案为A。

5.【答案】C　【解析】按照调查对象的选择范围,可以将调查分为普遍调查、抽样调查和个案调查;按照调查研究的目的,可分为现状调查、相关调查、发展调查和预测调查;按照调查采用的方式方法,可分为问卷调查、访谈调查、测量调查和调查表法。"量表"属于测量调查。故答案为C。

6.【答案】C　【解析】按照调查对象的选择范围,可以将调查分为普遍调查、抽样调查和个案调查。常模调查是干扰项。个案调查是指对被调查的教育现象或教育对象进行具体分析的基础上有意识地从其中选择某个教育现象或教育对象进行调查与描述。故答案为C。

第二节　问卷调查

一、单项选择题

1.【答案】A　【解析】问卷应用范围较广,搜集的资料往往浮于表面,不能深入了解被试的内心世界。故答案为A。

2.【答案】C　【解析】问卷调查的缺点有:(1)结果的代表性问题。如果问卷中的问题不明确或题量过大,或被调查者不合作,都会影响结论的代表性。(2)结果的表面性问题。问卷应用范围较广,搜集的资料往往浮于表面,不能深入了解被试的内心世界。(3)问卷的效度问题。若部分调查对象不作答,难以知道不回答的原因,也会影响问卷的效度。调查结果完全取决于被调查者的合作态度和实事求是的科学精神。教学名师成长机制的研究选题,更适合通过访谈了解教师专业发展过程中关键事件对其专业发展的影响,这说明了问卷的效度问题。故答案为C。

3.【答案】C　【解析】问卷的构成有标题、前言和指导语、问题和答案、结束语,其中问卷的标题是对问卷的目的和内容最简洁的反映。前言主要向被调查者介绍和说明调查者的身份,对调查目的、调查内容进行简要说明,同时要提供关于研究必要性、保密原则等方面的说明。指导语是对如何填写问卷、如何回答问题的说明,告诉被调查者如何作答,通常以一两道题作示范。小李编订的问卷的指导语部分缺少"回答问题的方式"的介绍。故答案为C。

4.【答案】A　【解析】问卷设计是问卷编制中最为关键的一环,它直接关系到问卷本身的质量,关系到所获得研究结果的科学性、真实性、可靠性。故答案为A。

5.【答案】C　【解析】问题设计的基本要求:(1)正面肯定提问。不要用假设句,更不要用反问句、否定句或双重否定句。(2)问题的内容符合该课题研究目的和假设的需要。(3)问题的数量要适度。问题的数量应该适度,以防因题量太多,使作答者产生厌倦情绪,导致敷衍塞责,甚至根本不予作答;或因题量太少,不能得到有关研究的基本事实材料而影响研究结论。一份问卷的作答时间一般以30~40分钟为宜。(4)问题的文字表达要简明扼要,通俗易懂,容易回答。每题只能包括一个清晰而明确的问题,切忌一题多问和模糊不清。(5)问题的排列顺序要分类清楚、层次分明、合乎逻辑。(6)客观严谨。提问时不应该用倾向性或引导性的口气,避免询问有关社会禁忌和个人隐私的问题,也不宜过问敏感或刺激性的问题。(7)明确问题范围。要弄清楚问卷是用于小范围的典型调查还是大范围的统计调查;究竟是了解人们思想态度的意向性问题,还是主要了解过程方面的事实材料性问题。(8)应避免问题中隐含的心理因素而导致的负面影响。属于社会科学的调查问卷,常常不可避免地要涉及一些敏感问题,因此,问题的设计要格外谨慎。故答案为C。

6.【答案】D　【解析】问题的形式有三种,即开放式问题、封闭式问题、综合型问题。综合型问题也称半开放式或半封闭式问题。等级式问题是从问题答案的格式角度划分的。故答案为D。

7.【答案】C　【解析】问卷答案的格式有是否式、选择式、排序式、等级式、表格式、定距式、填空式。这里比较难区分的是等级式、定距式。其中,等级式是指选项为多种等级,要求被试权衡之后作出选择。等级可以是频率上的不同,也可以是程度上的差异,也可以是某种特质变化的连续体,常用的有7个等级或5个等级。定距式是指选择不是一个点而是一个区间。故答案为C。

8.【答案】D 【解析】合理的问题顺序,必须符合一定的内在逻辑,一般按照先易后难、先简后繁、先一般、后敏感、先封闭、后开放、先总括、后特定的原则进行,而不是随意排列。故答案为D。

二、简答题

1.【参考答案】问卷一般包括标题、前言和指导语、问题和答案、结束语几个部分。

(1)**标题、前言和指导语**。① 问卷的标题,是对问卷的目的和内容最简洁的反映。② 前言主要向被调查者介绍和说明调查者的身份,对调查目的、调查内容进行简要说明,同时要提供关于研究必要性、保密原则等方面的说明。③ 指导语是对如何填写问卷、如何回答问题的说明。

(2)**问题和答案**。这是问卷设计最为关键的一环,也是问卷的核心部分。问题必须具体、清晰、客观、可操作、通俗易懂。问题设计的好坏,直接影响到问卷质量的高低。

(3)**结束语**。结束语是问卷的最后一部分。结束语主要有以下几种方式:① 答谢词,以及关于不要漏填与复核的请求。② 对问卷回收方法的说明,即填答者完成填写后,用什么方法将问卷返还给调查者。③ 提出本次调查中的一个或两个重要问题,以开放式问题的形式放在问卷的结尾。④ 征询被调查者关于本次调查的形式与内容方面的感受和意见。

2.【参考答案】问卷答案的格式:

(1)**是否式**。每个问题均提供两种答案,即是或否,由被调查者从中选择一个作答,又叫肯定式、正误式或二择一式。

(2)**选择式**。设计者给每个问题设计几种可能的答案,让被调查者从中选出一项或几项符合其情况的答案,又称菜单式。

(3)**排序式**。让被调查者根据自己的情况和态度按某种标准给提供的答案排序,又称编序式、评判式。

(4)**量表式**。将答案根据某种标准分成一定等级由被调查者进行评定,并要求其用某种方式标示出自己所在的等级,又称等级式或等级评判式。

(5)**表格式**。将有等级区别的问题和答案编成表格,让被调查者用填表的方式来回答问题。

(6)**定距式**。答案选择不是一个点,而是一个区间。

(7)**填空式**。常用于那些对被调查者来说既容易回答又填写方便的问题,通常是填写数字。非结构型问卷由自由作答的题目组成,是非固定应答题,可以是填空式的,也可以是问答式的。

三、分析论述题

1. 【参考答案】（1）应采取分层随机抽样法。

抽取样本的步骤为：

第一种方法：

第一步，确定抽样比率，140/1 400＝1/10。

第二步，计算各校抽取的人数。即职业高中 200/10＝20（人）；中等职业院校 400/10＝40（人）；普通高中 800/10＝80（人）。

第三步，各校随机抽取。

第二种方法：

第一步，计算各校学生在总体中的比例，分别是：职业高中，200/1 400＝1/7；中等职业院校，400/1 400＝2/7；普通高中，800/1 400＝4/7。

第二步，计算各校抽取的人数，职业高中：140×1/7＝20（人）；中等职业院校：140×2/7＝40（人）；普通高中：140×4/7＝80（人）。

第三步，各校按人数随机抽取。

（2）问卷指导语示例。

亲爱的同学，你好！

我们是"谁念职校——高中生职业教育价值观的调查研究"课题组的研究人员（说明调查者身份），正在开展一项关于本地区高中阶段"谁念职校"的调查研究，旨在了解本地区的职业教育价值观，寻求相应的对策，以便更好地帮助你（调查的目的和意义）。请你根据自己的实际情况和真实感受答题。你的回答不存在对错，因此不要有任何顾虑。回答的客观性和真实性是最重要的，它将直接影响研究的质量和价值（告知回答问题无所谓对错，说明客观真实地回答问题对调查质量的重要性）。

本问卷不记名，为你的资料保密是我们最为关切的事情，请放心回答（承诺保密）。

真诚感谢你对本研究的大力支持！（表达谢意）

"谁念职校"课题组

（3）访谈提纲示例。

第一，您认为什么孩子会选择职业院校？职业院校对孩子成长的价值是什么？

第二，在学生就业的过程中，职业院校会给学生哪些帮助？

第三，在学生升学的过程中，职业院校会给学生哪些帮助？

第四，您会让您的孩子选择职业院校吗？

第五，您认为发展职业院校，最需要做的是什么？

第六，您认为发展职业院校，最需要解决的问题是什么？

2. 【参考答案】（1）问卷指导语应包括：① 应说明进行该调查的组织或个人的身份；② 要说明调查的目的、意义和用途；③ 要交代清楚回答问题的要求和规则，避免由于被调查者不清楚回答方式而出现差错；④ 如果问卷中有被调查者不愿直言或者答案不宜公开的问题，在指导语中应说明问卷仅为科研所用，或答卷者不必署名，调查者负责对答案保密等；⑤ 文字表达上应简明扼要,措辞恰当,笔调亲切。

（2）① 在发放方式上,王教授应该在发放问卷之前严格筛选合格的调查员,召开调查员会议,进行发放问卷过程的培训,说明注意事项,确保问卷有效地发放与回收。

② 调查员应该向被调查者积极地介绍研究目的和意义,促使被调查的中学生积极配合,保证多数人能够有效地完成问卷。

③ 问卷回收以后,王教授应该随机抽查完成的问卷,看看有效问卷的数量是否足够,如果有效问卷数量不足,要在调查结束之前及时进行补充调查。

（3）① 填空式。你的年龄:(　　　)岁

特点:这种形式常用于那些对回答者来说既容易回答又方便填写的问题。

② 是否式。你认为看书时眼睛酸涩是正常的吗?　　A. 是　　B. 否

特点:这种形式的优点是回答简单明确,界限划分分明;缺点是得到的信息量太少,类别太广,不能更深入地了解和分析回答者的实际情况与真实想法。

③ 多项单选式。眼睛健康对自己的生活很重要。

A. 非常同意　　　　　　　　　B. 比较同意

C. 不确定　　　　　　　　　　D. 比较不同意

E. 非常不同意

④ 多项限选式。你通常从哪些途径得到眼睛健康知识？（限选3项）

A. 学校　　　　　　　　　　　B. 父母及亲戚

C. 朋友　　　　　　　　　　　D. 电视

E. 网络　　　　　　　　　　　F. 报纸、杂志

G. 其他

⑤ 开放式问题。你对于眼睛健康有什么想法?

第三节　访谈调查

一、单项选择题

1.【答案】A　【解析】根据研究者对访谈过程进行控制与否,访谈过程中是否使用经过严格设计的问卷或提纲,可分为结构性访谈调查和非结构性访谈调查。故答案为A。

2.【答案】B　【解析】集体访谈又称团体访谈或座谈,是指由一名或数名访谈员亲自召集一些调查对象就访谈员需要调查的内容征求意见的调查方式。通过集体座谈的方式进行调查,可以集思广益、互相启发、互相探讨;能在较短的时间里搜集到较广泛、较全面的信息。缺点是访谈对象之间会互相干扰,对敏感性的话题不能进一步展开;对访谈者的专业水平要求较高。故答案为B。

3.【答案】C　【解析】重复性访谈又称跟踪访谈或纵向型访谈,是指多次搜集固定研究对象有关资料的跟踪访谈,即对同一样本进行两次或两次以上的访谈以搜集资料的方式。纵

向访谈是一种深度访谈,可以对问题展开由浅入深的调查,探讨深层次的问题。纵向访谈常用于个案研究、验证性研究及质的研究。缺点是需耗费大量时间、人力、物力、财力,适用于小范围的调查研究。故答案为C。

4.【答案】B 【解析】根据研究者对访谈过程进行控制与否,访谈过程中是否使用经过严格设计的问卷或提纲,将访谈分为结构性访谈和非结构性访谈。非结构性访谈又称自由式访谈,访谈过程无控制,与结构性访谈相比,它事先不设计具体的访谈问题、程序,只给访谈者一个主题,让访谈者和被访者进行自由交谈,对被访者的回答也没有任何限制。质性研究、心理咨询和治疗常采用非结构性访谈。题干中研究者运用的是非结构性访谈。故答案为B。

5.【答案】D 【解析】访谈调查的缺点:(1)样本量小,费时费力,效率低,不经济。(2)标准化程度低,不易量化,难以统计。(3)无法控制主试和被试的种种影响。干扰因素、不可控因素较多,诸如访谈者的偏见、访谈对象的情绪状态、访谈地点等。(4)访谈法一般在调查对象较少的情况下采用,且常与问卷、测验等方法结合使用。故答案为D。

二、简答题

1.【参考答案】(1)访谈调查的优点:

① **较强的灵活性**。访谈员可以根据访谈过程灵活控制问题的选择、重复和解释。访谈者可以根据不同访谈对象准备相适应的问题。

② **访谈提纲的复杂性**。访谈员可以通过编制复杂的访谈提纲,了解比较复杂的问题。

③ **所获信息和资料的直接性和可靠性**。访谈调查是调查者和被调查者的面对面交谈,进而获得可靠有效的资料;调查者可以评估访谈资料的真实性,如果评估结果认为资料不真实,可以进一步访谈或者通过调换访谈对象的方式重新搜集资料。

④ **较强的理解性和回答率**。访谈调查是调查者和被调查者之间的口语交流,因此不受书面语言的影响,被试思想观点的表达一般不受文化水平的限制,彼此之间更容易理解和沟通。

⑤ **访谈的深入性**。访谈调查可以通过追问的方式对某一问题进行深入调查,让访谈对象对自己的回答做出解释、补充或者澄清,从而获得深入的资料。

(2)访谈调查的缺点:

① 样本量小,费时费力,效率低,不经济。

② 标准化程度低,不易量化,难以统计。

③ 无法控制主试和被试的种种影响。干扰因素、不可控因素较多,诸如访谈者的偏见、访谈对象的情绪状态、访谈地点等。

④ 访谈法一般在调查对象较少的情况下采用,且常与问卷、测验等方法结合使用。

2.【参考答案】访谈调查的过程为:

(1)**选择访谈对象**。在访谈调查中,被访者的选择是重要的一环,因为访谈调查的信息资料是由被访者提供的,因此,它与访谈最终的结果有着最直接的关系。

(2)**准备访谈提纲和访谈计划**。访谈提纲或计划主要包括:访谈目的,访谈主题,访谈的具体问题,访谈的时间、地点,访谈人员和访谈对象;访谈资料的记录和分类方法;准备访谈有关资料、证件和记录设备;等等。

（3）**正式访谈**。尽快接近被访者，建立融洽的访谈气氛，按计划进行访谈，认真做好访谈记录。

　　（4）**访谈资料的整理与分析**。访谈资料的整理与分析应该随时进行，而不应该等到所有的访谈全部结束后才进行，最好是当天整理。访谈资料的分析是对原始资料的阅读，资料的录入，寻找"本土概念"，编码和归档。

　　（5）**完成访谈调查报告**。对访谈资料进行整理与分析之后，要完成访谈报告的撰写。具体格式包括报告标题、摘要、访谈背景、报告的主体（包括访谈目的、访谈对象、资料分析、访谈结果）、讨论或建议、参考文献、附录（附访谈提纲）等。

第四节　测量调查

单项选择题

　　1.【答案】A　【解析】定名测量又称类别测量、定类测量，是对事物的性质或类别的鉴别，用数字表示事物的属性或者特征，用以区别事物之间的不同。这里的数字仅代表事物，没有数量上的大小含义。学生的性别、学号、车牌号等属于定名测量。如男生用1表示，女生用2表示。故答案为A。

　　2.【答案】B　【解析】定序测量又称等级测量或顺序测量，是对测量对象的等级或顺序的鉴别，比定名测量高一级水平，量表中的数字已有数量等级的含义，数字代表等级或顺序位置，能够进行大小比较，但定序测量既无绝对零点，又无相等单位，因此不能进行加减乘除的运算。例如，把一个人的工作能力分为"优""中""差"三个等级，同时相应地用数字"3""2""1"来表示。在这种情况下，数值3、2、1之间的距离（或单位）不相等，不能做加减乘除运算。故答案为B。

　　3.【答案】D　【解析】比率测量又称等比测量，是对测量对象之间的比例和比率关系的测量，是测量的最高水平。除了含有类别、等级和等距测量的特征之外，还有绝对的零点，量尺上的单位是相等的，可以进行加减乘除四则运算。年龄和结婚次数等可以用比率测量。故答案为D。

　　4.【答案】C　【解析】定距测量又称区间测量、等距测量，是对测量对象之间的数量差别或间隔距离的鉴别。这是比定序测量高一级的测量水平，在定距测量中，数字有大小之分，且有相等单位。这里的数值不仅可以表示分类、等级，也表示事物之间的差距是相等的。它没有绝对零点，但有人为的参照点，如摄氏度、时间量表。由于等距量表中的数字有相等单位，因此，可以进行加减运算，但因没有绝对零点，所以不能进行乘除运算。它适用的统计方法有平均数、标准差以及相关系数、t检验和F检验等。故答案为C。

　　5.【答案】D　【解析】根据测量的内容，可将测量分为学业成就测量、智力测量、能力倾向测量、人格测量四种。而标准参照测量则是根据揭示测量结果或评价结果的参照点的分类，在这一分类下还有常模参照测量、个体关联测量。故答案为D。

　　6.【答案】A　【解析】效度是测量的准确性和有效性，也就是测量的结果与所要达到的目标两者之间相符合的程度。测量的效度与测量的目标有密切关系，效度就是指测验本身所能达到目标的有效程度。故答案为 A。

7.【答案】B 　【解析】信度是指根据测验工具所得到的结果的一致性或稳定性,反映被试特征真实程度的指标。一般而言,两次或两个测验的结果越是一致,则误差越小,所得的信度越高。故答案为 B。

8.【答案】C 　【解析】区分度是指测验项目对所测验的心理特征的区分程度或鉴别能力。故答案为 C。

9.【答案】A 　【解析】区分度是指测验项目对所测验的心理特征的区分程度或鉴别能力。通常情况下,用于选拔和鉴定分等的测验,需要有较高的区分度,即能最大限度地区分或鉴别出个体在所测量的心理品质上的水平差异。相反,目的主要是为了评价学生是否掌握了规定的知识、技能的测验,对区分度的要求不高。故答案为 A。

10.【答案】B 　【解析】问卷调查不能赋分,但可以测量态度。测量调查能直接进行对比研究,但通常是间接测验。故答案为 B。

第六章 教育实验研究

大纲考点导图

①教育实验的准备阶段(教育实验研究的设计) ②前实验、准实验与真实验 ③主试因素 ④测验与处理的交互作用效应 ⑤给自变量规定操作定义 ⑥规定好反应变量的操作定义 ⑦消除法

考点演练

第一节 教育实验研究概述

一、单项选择题

1.【答案】D 【解析】教育实验研究的基本要素：自变量与因变量、实验组与控制组、前测与后测。故答案为D。

2.【答案】D 【解析】教育实验是一种科学实验活动，具有科学实验活动的基本特点：因果关系的探讨、自变量的操作、控制无关变量。故答案为D。

3.【答案】C 【解析】对实验中取得的资料数据进行处理分析，属于教育实验的总结推广阶段。故答案为C。

4.【答案】D 【解析】教育实验设计要遵循的三条原则：随机化原则、可控制原则、可重复原则。故答案为D。

二、简答题

【参考答案】教育实验研究的基本程序为：

（1）**教育实验的准备阶段**。教育实验成功与否，很大程度上取决于实验前的准备工作，即进行教育实验设计。

① **教育实验研究设计的内容和步骤**：陈述研究问题并提出研究假设；确定实验处理；列举群体、样本、实验单位、抽样方法及样本大小；选择因变量及适当的测量手段，并决定采用什么样的统计方法，以明确评价因变量的指标；判定实验要控制的无关因素，选择控制方法，设计控制过程和预测控制程度；选择合适的实验设计，并提出伴随这个设计的统计假设。

② **教育实验设计要遵循的三条原则**：随机化原则；可控制原则；可重复原则。

（2）**教育实验的实施阶段**。此阶段需要按照实验设计进行教育实验，采取一定的变革措施（实验处理），观测由此而产生的效应，并记录实验所得到的资料、数据等。

（3）**教育实验的总结推广阶段**。对实验中取得的资料数据进行处理分析，确定误差的范围，并对研究假设进行检验，进而得出科学结论。最后，在实验结果分析的基础上，写出实验报告，并加以推广。

第二节　教育实验的基本类型

单项选择题

1．【答案】A　【解析】教育实验研究的划分维度有四个：根据实验进行的场所，可以将教育实验划分为实验室实验和自然实验；根据教育实验的性质和目的，可将教育实验分为探索性实验与验证性实验；根据自变量因素的多少，可将教育实验研究划分为单因素实验与多因素实验；根据实验变量的控制程度，可将教育实验研究划分为前实验、准实验与真实验；根据研究分组设计类型的不同，教育实验分为单组实验、等组实验、不等组实验与轮组实验。故答案为A。

2．【答案】D　【解析】真实验是指能随机分派被试，能有效控制实验中的自变量、因变量和无关变量，能系统地操作实验因素，从而使内外在效度都很高的实验。故答案为D。

3．【答案】A　【解析】根据教育实验的性质和目的，教育实验可分为探索性实验与验证性实验。故答案为A。

4．【答案】A　【解析】轮组实验，又称循环组实验，是把两个（或两个以上）实验因子轮流在两个（或两个以上）组施行，然后求每个实验因子的变化与效果的总和，并加以比较。由于各个实验因子轮换施行于各组，因而其发生影响的机会均等，同时抵消了非实验因子的影响。B、C、D三项是分组实验的共性。故答案为A。

5．【答案】D　【解析】探索性实验包括有预测作用的超前实验。它是以认识某种教育现象或受教育者个性发展规律为目标，通过揭示与研究对象有关的因果关系及问题的解决，来尝试创建某种理论体系，所以具有较强的创新性。探索性实验主要研究教育理论体系中的根本性问题，具有重要的理论意义和实践指导意义。此类实验以专门研究人员为主进行。探索性实验追求内部效度，而验证性实验则追求外部效度。故答案为D。

6．【答案】D　【解析】前实验是一种自然描述，用来识别自然存在的临界变量及其关系，可以进行观察和比较，但缺乏控制无关干扰因素的措施，从而无法验证实验使用的因素同实验结果之间的因果关系，也很难将实验结果推论到实验以外的其他群体或情境，是内外效度都很低的实验。准实验是用在真实的教育情境中，不能用真正的实验设计来控制无关变量，不能采用随机方法分派被试，无法像真实验那样完全控制误差来源，只是尽可能予以控制的实验。准实验是在教育的实际情境中进行的，因而具有一定的外在效度，教育实验大多属于准实验。真实验是指能随机分派被试，能有效控制实验中的自变量、因变量和无关变量，能系统地操作实验因素，从而使内外在效度都很高的实验。所以，前实验没有控制组。故答案为D。

第三节　教育实验研究的效度

单项选择题

1.【答案】D　【解析】影响内在效度的因素有历史、成熟、测验、工具、统计回归、被试的选择、被试的缺失、统计回归。其中统计回归现象是指受试者的测量分数在第二次测量时，有向团体平均数回归的倾向。换言之，高分组的受试者在第二次测量时，其分数由于向平均数回归而有降低的趋势，但低分组的受试者，其分数却有升高的趋势。这种变化不是以是否施以实验处理为转移。因此，在有前后测的实验设计中，若以极端分数的学生为对象，统计回归现象就容易产生。故答案为D。

2.【答案】D　【解析】影响外在效度的因素有：① 测验与处理的交互作用效应。② 选择与实验处理的交互作用效应。③ 实验安排的反作用效果，即霍桑效应。④ 多重实验处理的干扰。影响内在效度的因素有历史、成熟、测验、工具、统计回归、被试选择、被试的缺失、统计回归等。被试的缺失是影响内在效度的因素。故答案为D。

3.【答案】C　【解析】内在效度是指自变量与因变量的因果联系的真实程度，即研究的结果。因变量的变化，确实由自变量引起，是操作自变量的直接成果，而非其他未加控制的因素所致。内在效度表明的是因变量Y的变化在多大程度上取决于自变量X——有效性。没有内在效度的实验研究是没有价值的，因为内在效度决定了实验结果的解释。故答案为C。

4.【答案】C　【解析】被试的缺失是指实验过程中种种原因使较多被试中途退出或死亡，导致研究者因为样本太小或组间被试不均衡无法对结果做出正确的解释。这样，即使两组都是经由随机抽样和分配而来的，但是不同比例的被试从实验中退出，所剩样本可能有异于原来无偏差的样本。故答案为C。

5.【答案】D　【解析】提高外在效度的根本措施在于使被试取样具有代表性，使实验情境与教育教学环境尽量接近，可以在各种不同条件下进行重复性实验。故答案为D。

6.【答案】B　【解析】实验内在效度和外在效度的关系：(1) 实验效度是每一个实验必须考虑的问题，实验效度只是程度的问题，效度不会全有或全无，也就是说一个实验是有效度的，只不过是效度高低的问题。实验的内在效度愈高，其结果越能认为是由实验处理所导致的；而实验的外在效度越高，其结果的推论范围就愈大。(2) 内在效度是外在效度的基础、必要条件：内在效度高不一定就有很高的外在效度，即没有内在效度，就没有外在效度；内在效度高，外在效度不一定高。(3) 内、外在效度有时会互相影响，想要有较高的外在效度，可能会降低实验的内在效度。因此，实验设计必须重视内在效度和外在效度。但是，在实际情形中，要同时兼顾二者是很难做到的。一般说来，基础研究比较重视内在效度，而应用研究则比较重视外在效度。故答案为B。

第四节　教育实验的变量控制

单项选择题

1.【答案】D　【解析】控制,在教育实验中主要含有以下三层含义:一是研究对于外部因素和实验情境的控制能力,包括对各种无关因素的控制;二是研究对于实验所操纵的自变量的控制程度;三是研究实验设计过程中的控制成分,即研究如何通过实验的设计控制无关变量。被试的选择是影响教育实验研究的内在效度的因素之一。故答案为D。

2.【答案】D　【解析】教育实验无关变量控制的主要方法有消除法、平衡法、抵消法、恒定法、随机法、盲法、统计控制法。故答案为D。

3.【答案】B　【解析】均衡法(平衡法)是指当无关变量无法消除,也不能保持恒定时,就要采用均衡的方法控制这些无关变量。通过设置控制组和实验组,让无关变量产生的作用对实验组和控制组都一致,都保持平衡。即实验组和控制组在实验条件上都相同,只是实验组接受实验处理,控制组不接受实验处理。均衡控制与恒定控制有相似之处,只是控制手段不同,采用恒定控制时,无关变量在组内以及组间都没有变化;采用均衡控制时,无关变量在组内有变化,但是变化所产生的作用在各组间是相等的。故答案为B。

4.【答案】B　【解析】盲法是指采用隐蔽手段,控制实验参与者的偏差或期待的一种控制变量的方法。在实验中,如果被试不知道自己在参与实验或正在接受某种实验处理称为"单盲";如果主试和被试都不知道哪些人接受实验处理,哪些人没有接受实验处理,也不知道实验设计者的真实意图,称为"双盲"。故答案为B。

5.【答案】C　【解析】双盲法是主试和被试都不知道哪些人接受实验处理,哪些人没有接受实验处理,也不知道实验设计者的真实意图。这可以在一定程度上控制主试的态度,消除"霍桑效应"。故答案为C。

第五节　教育实验设计的主要格式

一、单项选择题

1.【答案】C　【解析】随机分派控制组前后测设计,也称实验组、控制组前后测设计。这是一种最基本、最典型的实验设计,其特点是随机分组;仅实验组接受实验处理,控制组则不给予实验处理;两组均进行前后测。故答案为C。

2.【答案】D　【解析】所罗门四组设计是把实验组、控制组前后测设计与只有后测的设计加以组合(a与b),将有无前测这一变量纳入实验设计之中,将其变量所造成的差异数部分从总变异数中排除出去,以检验实验处理所产生的影响是否显著。所罗门四组设计内外在效度较高,是一种较理想的实验设计。故答案为D。

3.【答案】A　【解析】可结合前实验设计、准实验设计、真实验设计的特点进行选择。前实验设计不能控制无关变量;准实验设计不能随机分配被试,对无关变量有一定控制;真实验设计严格地分配被试,严格控制无关变量。故答案为 A。

二、分析论述题

1. 【参考答案】(1)抽样方法是:整体随机抽样法。
   (2)本实验的研究假设是:该种写作方法能够促进学生作文成绩的提高。
   (3)该实验设计的名称是单组前后测设计,格式为:O_1 X O_2。
   (4)可能存在的问题与改进方案。
   ① 可能存在的问题:
   第一,由于没有控制组做比较,不能控制历史、成熟及统计回归。第二,前测可能影响后测(处理效果),产生实验误差。一般有两种情况:一是前后测相距时间如果很短,被试可能由于前测产生的练习效应,对后测内容敏感以及疲劳效应等而影响实验的结果;二是如果前后测相距时间过长,那么会出现保持和遗忘的个别差异的问题,致使不易分辨出确实是由自变量引起的反应变量,还是受无关变量干扰的结果。
   ② 改进方案:
   在这个学校抽取一个前测成绩与实验班相同的班级,作为对照组。将对照组的成绩与实验组的成绩形成对比。

2. 【参考答案】(1)该实验设计类型是非随机分派控制组前后测设计。
   基本格式为:实验组　O_1　X　O_2
   　　　　　　控制组　O_3　　　O_4
   本研究中设计了实验组和控制组,实验组和控制组不是通过随机抽样和随机分配获得的,因此,实验组和控制组并不等组,而在实验前对两组都进行了前测,因此,该实验设计是非随机分派控制组前后测设计。
   (2)研究假设:通过网上语文课程学习可以有效地提高学生的语文成绩。
   (3)该研究设计存在的问题:
   ① 不是随机取样分组,选择与成熟交互作用可能会降低实验的内在效度。② 前后测的交互作用。
   (4)实验设计中的自变量、因变量和无关变量:
   ① 自变量:学习方式。
   ② 因变量:语文成绩。
   ③ 无关变量:学生的学习习惯和学习能力;学生先前的语文成绩。

3. 【参考答案】(1)最好选用所罗门四组实验设计。其格式为
   实验组1:O_1　X　O_2
   控制组1:O_3　C　O_4
   实验组2:　　X　O_5
   控制组2:　　C　O_6
   因为本研究要采用真实验的方式,被试要采用随机分配的方式形成实验组和控制组,而被

试又分为两类,每一类被试都要形成一个实验组和一个控制组,整个实验就要有四组被试,此时,最适合的实验设计类型就是所罗门四组实验设计。

（2）实验班和控制班的产生方式：

从有英语基础的学生中随机抽取30人作为实验组1,随机抽取30人作为控制组1,这两组被试都要有前测和后测,实验组1采用多媒体教学的方法,控制组1采用传统教学的方法。

从无英语基础的学生中随机抽取30人作为实验组2,随机抽取30人作为控制组2,这两组被试只有后测,实验组2采用多媒体教学的方法,控制组2采用传统教学的方法。

（3）所罗门四组实验设计的优点和缺点：

① 优点：可以将前测的反复效应分离出来,综合以上两种设计的优点,克服二者的缺点；实验者等于重复做了四个实验,可以作出四种比较；可采用 2×2 方差分析来处理该四组实验数据。

② 局限性在于很难找到四组同质的被试；被试的数目多时,数据分析比较困难。因此一般不适用于探索性实验,而适用于决断性实验。

第七章　教育行动研究

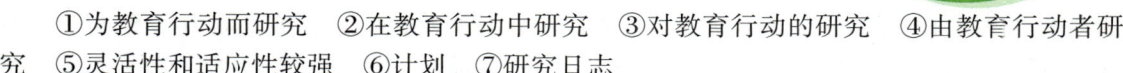

①为教育行动而研究　②在教育行动中研究　③对教育行动的研究　④由教育行动者研究　⑤灵活性和适应性较强　⑥计划　⑦研究日志

第一节　教育行动研究概述

单项选择题

1.【答案】D　【解析】教育行动研究的特点可以概括为：(1)研究目的：为教育行动而研究。(2)研究情境和方式：在教育行动中研究。(3)研究对象：对教育行动的研究。(4)研究主体：由教育行动者研究。故答案为D。

2.【答案】D　【解析】教育行动研究的特点可以概括为：为教育行动研究、在教育行动中研究、由教育行动者研究、对教育行动的研究。总之，教育行动研究的目的是以解决教育实践中遇到的问题为主；研究者的主体是教育实践工作者；研究的应用者是行动研究者；研究的过程重视协同合作；问题的解决具有即时性和立即应用性。故答案为D。

3.【答案】C　【解析】教育行动研究的优点有：① 行动研究克服了教育理论与教育实践相脱节的弊端。② 教育行动研究有利于突破科学实验的种种限制，比较简便易行，容易为广大教育实践工作者所接受。③ 有利于改进学校工作，提高教育教学质量。④ 有利于提高教师的教育理论水平和教育教学能力，促进教师的专业发展。⑤ 有利于学校与社会的沟通。故答案为C。

4.【答案】A　【解析】教育行动研究的缺点：(1)以具体实际情境为限，研究的样本有限，不具代表性，更适合小规模的微观教育实践活动。(2)自变量的控制成分很少，内外部效度都显得有些脆弱，缺乏科学性的严格要求。(3)教师受自身教育理论素养和研究视野的限制，如若不具有积极主动性和负责任的态度，研究会有流于形式的可能性。(4)行动研究强调实际工作者与研究人员相互合作，而两者在实践中协调工作难度很大。故答案为A。

第二节　教育行动研究的基本步骤

一、单项选择题

1. 【答案】A　【解析】教育行动研究通常遵循"计划—行动—观察—反思"的过程。故答案为A。

2. 【答案】D　【解析】反思是一个螺旋圈的终结,又是过渡到另一个螺旋圈的中介,目的在于寻找教师行动或实践的合理性。反思以研究问题为基点,以研究计划为参照,以教师行动为对象,以改进实践为归宿。这一环节包括:整理和描述、评价解释、写出研究报告。故答案为D。

二、分析论述题

【参考答案】（1）徐老师针对这个问题,选择教育行动研究是合适的。因为:教育行动研究的特点就是为教育行动而研究、在教育行动中研究、由教育行动者研究。即研究的情境是在真实的教育教学生活过程中,由教师根据日常教学生活中发现的问题开展的以解决教育中的实际问题为旨归的研究。

其优点在于: 克服了教育理论与教育实践相脱节的弊端,有利于突破科学实验的种种限制,简便易行,易为广大中小学生所接受;有利于改进学校工作,提高教育教学质量。

（2）教育行动研究计划:

第一步:计划。 与同伴及学术专家交流讨论此现象,确定研究的切入点,即家访。通过家访了解小强在校外的表现。实施家访,并与同伴进行第二次交流和讨论,形成行动研究计划。研究问题:消除学生小强对学校生活胆怯以及对家长无礼的行动研究。

研究计划: 从协调小强与同学、教师的关系入手,消除小强对同学、教师的胆怯心理。在日常教学生活中观察小强并有意识地调查小强所乐于参与的活动,引导他走入集体。观察小强在校表现,家访小强在校外的表现,做记录,做研究反思,然后进行第二轮的干预。

第二步:行动即实施研究计划。 有目的、负责任、按计划的行动过程。

第三步:观察。 在实施研究计划过程中观察小强的表现,是否向积极方向发展。

第四步:反思。 目的在于寻找教师行动或实践的合理性。

第八章 教育叙事研究

大纲考点导图

①以教育叙事为手段 ②确定研究问题 ③撰写研究文本

考点演练

第一节 教育叙事研究概述

单项选择题

1.【答案】B 【解析】教育叙事研究是指教育工作者用叙事、讲故事的方式来表达其对教育教学的理解与思考的一种研究方法,它以质的研究作为方法论基础。故答案为 3。

2.【答案】D 【解析】自我叙事是指研究者对自己的教育教学活动进行内省和反思,以改进教育教学行为的研究。自我叙事研究中,故事主角和研究者为同一人。故答案为 D。

3.【答案】B 【解析】生活叙事是对教育之外的生活事件的叙事研究,如教师的人际交往故事、普通人的教育经历回顾。生活叙事就是通过对普通人生活事件的研究,拓宽教育叙事的视野,从那些平民的、平凡的故事中寻找教育的本质。故答案为 B。

4.【答案】A 【解析】教育叙事研究的特点之一是深度且生动描述故事。深度描述指不仅要列出事实,而且要描述行动的意图和情景,分析行为背后的动机。此外,应生动描述故事情节,使读者可以融入故事,更好地理解研究结论。故答案为 A。

第二节 教育叙事研究的一般步骤

单项选择题

1.【答案】A 【解析】确定研究问题是进行研究的前提。教育叙事研究的过程始于聚焦一个值得探究的内隐教育问题的教育现象。尽管教育叙事研究感兴趣的现象是"故事",但故事本身必须包含某一需要关注和探究的问题。故答案为 A。

2.【答案】D 【解析】教育叙事研究的对象应该是研究对象总体中有代表性的样本。此外,除了样本具有代表性之外,叙事研究的对象选择一般还强调以下几个条件:研究对象对研究的合作态度、研究对象具有研究的热情、研究对象是易于交往的。故答案为 D。

3.【答案】C　【解析】叙事研究者一般把这些资料或"田野笔记"叫作现场文本。现场文本是研究者和参与者共同创建的代表事件各方面面貌的文本,包括访谈笔记、观察记录、口述史以及诸如日记、照片、作业、书信之类的实证材料等。所以,教育叙事研究的资料收集,构建现场文本可以有以下策略和途径:(1)访谈,访谈包括结构性访谈和开放性访谈。(2)参与式观察。(3)实物收集:① 正式的官方资料,② 照片、个人档案、纪念品,③ 日记或教学日记,④ 书信,⑤ 自传或传记。故答案为C。

第九章 教育研究资料的整理与分析

①平均数 ②差异量数 ③相关系数 ④参数估计 ⑤方差分析 ⑥归纳分析

第一节 教育研究资料的整理

单项选择题

1.【答案】C 【解析】研究所收集到的资料形式多样,根据主要表现形式可以分为文字资料和数据资料。教育研究资料整理的步骤为审核、分类、汇总。故答案为C。

2.【答案】A 【解析】审核是对研究资料进行审查与核实,目的在于保证资料的客观性、准确性和完整性。故答案为A。

第二节 教育研究资料的定量分析

单项选择题

1.【答案】D 【解析】定量分析是采用一定的数学方法(主要是数理统计分析),对获得的资料和研究结果进行统计、分析和处理,以揭示所研究事物和现象的数量关系,掌握数量特征和数量变化,进而确定事物和现象的本质及其发展规律。内容有:① 对得到的数据资料进行统计分类,掌握数据分布形态和特征;② 对数据资料的分析处理,通过统计检验,解释和鉴别研究的结果;③ 通过总体参数的估计,从局部去推断总体的情况。故答案为D。

2.【答案】D 【解析】数据描述,主要用于特征分析,是通过一些概括性量数来反映数据的全貌和特征。用来描述数据的有:(1) 集中量数:是描述数据集中趋势的量数,如平均数、中位数、众数;(2) 差异量数:是反映数据间彼此差异程度的量数,如全距、平均差、方差、标准差;(3) 地位量数:是反映原始数据在所处分布中地位的量数,如百分等级分数、标准分数、T分数等。(4) 相关系数:是表明变量之间相关程度的量数,如积差相关、等级相关、质量相关(点二列相关、双二列相关)等。而假设检验是用于推论数据的。故答案为D。

3.【答案】B 【解析】假设检验是先对研究总体的参数作出某种假设,然后通过对样本的观察,运用统计方法,判断假设是否成立。一般来说,进行假设检验是检验总体之间是否有显著差异。假设检验主要基于样本统计量的抽样分布、反证法和小概率事件原理逐一展开。故答案为B。

4.【答案】C 【解析】加权平均数是不同比重数据(或平均数)的平均数。本题的加权平均数=(75×3+85×7)/(3+7)=82。故答案为C。

5.【答案】B 【解析】一组按大小顺序排列的数据居中间位置的数据称为中位数,又称中点数或中值,用符号 Md 表示。若数据个数为奇数,就以位于中间的数据作为中位数;若数据个数为偶数,以最中间的两个数据的算术平均数作为中位数。本题中数据个数为奇数,15位于最中间即是中位数。故答案为B。

6.【答案】A 【解析】标准差定义为方差的算术平方根,反映组内个体间的离散程度。标准差越大,代表大部分数值和其平均数之间差异越大,说明组内个体离散程度较高,也就说明平均数的代表性程度低;标准差越小,说明个体与平均数的差异越小,组内个体离散程度较小,也就说明平均数的代表性程度高。四个选项中最小的标准差是选项A,因而其平均数的代表性最高。故答案为A。

7.【答案】A 【解析】标准分数,又称Z分数,是以标准差为单位表示一个原始分数在团体中所处位置的相对位置量数。标准分数的公式是 $Z=(x-\mu)/\sigma$(其中 x 为某一具体分数,μ 为平均数,σ 为标准差)。因此题干中小李的语文科目的标准分数是1.5。故答案为A。

8.【答案】A 【解析】用来描述两个变量相互之间变化方向及密切程度的数字特征量叫作相关系数,一般用 r 表示。相关系数的取值范围为 −1 到 +1,绝对值在0.7及以上的为高度相关,在0.3~0.7的为中度相关,在0.3以下的为低度相关。故答案为A。

9.【答案】C 【解析】相关系数的取值范围为 −1 到 +1,数值前的正负号表示相关的方向,"+"表示正相关,"−"表示负相关。相关系数的值表示相关强度,相关系数为0时,称零相关;相关系数为 +1 时,即完全正相关,表示两列变量的变化趋势完全一致;相关系数为 −1 时,即完全负相关,表示两列变量的变化趋势完全相反。故答案为C。

10.【答案】D 【解析】Z检验用于检验正态样本均值是否等于某个假设值,不过需要事先知道总体方差,得到的统计量服从正态分布。t 检验与Z检验相似,但 t 检验不需要知道总体方差,它用样本方差替代总体方差,得到的统计量服从 t 分布。F 检验主要用于方差分析,对一系列原因是否会产生某一结果做出检验。X^2 检验主要为了检验某个样本是否服从某种分布,是一种样本分布检验。根据经验,儿童的身高分布是正态的,现已知两个总体的标准差,因此可使用Z检验考察该地区10岁儿童的身高是否具有性别差异。故答案为D。

11.【答案】B 【解析】区间估计指用数轴上的一段距离表示未知数可能落入的范围,它虽不能指出总体参数等于什么,但能指出总体的未知参数落入某一区间的概率有多大。题干中研究者用100名同学的平均学习时间来得到一个估计的范围,这样的推断统计方法为区间估计。故答案为B。

第三节　教育研究资料的定性分析

单项选择题

1.【答案】B　【解析】定性分析是对事物质的规定性的认识,它是运用各种逻辑思维方法,对经过归类整理的大量的数据、文献和事实材料进行去粗取精、去伪存真,得出科学结论的分析。特点:① 定性分析注重对整体发展的分析。② 定性分析的对象是质的描述性资料。③ 定性分析的研究程序具有一定弹性。④ 定性分析的方法是对所搜集资料进行归纳的逻辑分析。⑤ 定性分析中的主客观因素影响及对背景的敏感度。故答案为 B。

2.【答案】D　【解析】定性分析的主要方法有因果分析、归纳分析、比较分析、系统分析。故答案为 D。

3.【答案】D　【解析】系统分析是要把解决的问题、要分析的资料作为一个系统,综合运用因果分析、归纳分析和比较分析,对系统要素进行综合分析。故答案为 D。

4.【答案】A　【解析】在资料阅读后,在运用归纳分析、因果分析、比较分析、系统分析前,研究者应先对研究资料进行编码,甚至是通过不断降维的编码来整理资料。即编码是资料整理过程中的一种方法。而后才能依据定性分析的方法对资料进行分析。寻找本土概念则是在编码过程中需要运用的一种手段。故答案为 A。

第十章　教育研究报告的撰写

①标题　②参考文献和附录　③讨论　④引文注释与参考文献　⑤在科学求实的基础上创新

第一节　教育研究报告的主要类型

单项选择题

1.【答案】B　【解析】教育调查研究报告包括标题、前言、正文、结论和建议、落款、附录。其中需要交代清楚调查目的、意义、任务和方法的是前言部分。故答案为B。

2.【答案】A　【解析】前言部分包括三部分：简要说明调查的问题、选题缘由和背景；主要的调查内容；国内外同类课题的研究概况以及此次调查的意义和价值，即平常所说的文献综述。故答案为A。

3.【答案】D　【解析】题目需要一句点题，能够反映出主要研究的问题；正文部分是调查内容；附录是把调查工具或部分原始资料附在报告后面。访谈提纲属于调查研究的工具，因此，要放在附录中。故答案为D。

4.【答案】D　【解析】教育实验研究报告中的方法是要阐明教育实验研究所使用的研究方法。基本内容包括：（1）研究课题中出现的主要概念的定义和阐述。（2）被试的条件、数量、取样方法。（3）实验的设计，包括实验组与控制组情况，研究的自变量因素的实施及条件控制等。（4）实验的程序，通常涉及实验步骤的具体安排、研究时间的选择等。（5）资料数据的搜集和分析处理，实验结果的检验方式。结构应周密，条理要清楚，用词要准确明白。故答案为D。

5.【答案】D　【解析】一个好的学术论文的题目要符合三个要求：一是准确概括论文内容，能反映研究方向、范围和深度；二是文字简练，具有新颖性；三是便于分类，即不仅使人从题目上能判断研究属于什么学科范畴，而且能抓住该课题在这一领域有关问题研究发展过程中的位置及特点。故答案为D。

6.【答案】B　【解析】根据分论点之间的关系，分为平列分论式、层递推论式、平列层递结合式三种方法。平列分论式是指围绕课题的中心论点设立若干个分论点，这些分论点与中心论点是垂直关系,分别论证中心论点,而各分论点之间呈平列关系。层递推论式是指把论点分为若干层次,论证时层层展开,步步深入,直到最后得出结论,文章中各层次之间呈递进关系。平列层递结合式则是综合上述两种形式的特点来论证。故答案为B。

第二节　教育研究报告撰写的基本要求

> 单项选择题

1.【答案】C　【解析】在独立思考的基础上借鉴吸收是指能够正确处理好借鉴别人研究成果与自己独立思考之间的关系。既不能故步自封,无视前人与他人的研究成果;更不能全盘照搬,为引用而引用,这都无益于科学研究。对于所引用的观点,首先,要搞清楚作者的原意、文献内容的价值,从中挖掘出实质性的问题,将其与论证联系起来,加强论证的针对性。其次,要善于从众多研究成果和文献中选择最典型的、富有说服力的材料,不能简单地大量堆砌。故答案为C。

2.【答案】D　【解析】撰写研究报告和论文的语言文字要准确、鲜明、生动。既不可以用日常生活用语代替科学术语,也不可以生造词语造成读者理解上的歧义。小张在撰写教育研究报告时没有使用学术语言,不符合撰写教育研究报告的基本要求。故答案为D。

郑重声明

高等教育出版社依法对本书享有专有出版权。任何未经许可的复制、销售行为均违反《中华人民共和国著作权法》，其行为人将承担相应的民事责任和行政责任；构成犯罪的，将被依法追究刑事责任。为了维护市场秩序，保护读者的合法权益，避免读者误用盗版书造成不良后果，我社将配合行政执法部门和司法机关对违法犯罪的单位和个人进行严厉打击。社会各界人士如发现上述侵权行为，希望及时举报，我社将奖励举报有功人员。

反盗版举报电话　（010）58581999　58582371
反盗版举报邮箱　dd@hep.com.cn
通信地址　北京市西城区德外大街4号
　　　　　高等教育出版社知识产权与法律事务部
邮政编码　100120

读者意见反馈

为收集对教材的意见建议，进一步完善教材编写并做好服务工作，读者可将对本教材的意见建议通过如下渠道反馈至我社。

咨询电话　400-810-0598
反馈邮箱　gjdzfwb@pub.hep.cn
通信地址　北京市朝阳区惠新东街4号富盛大厦1座
　　　　　高等教育出版社总编辑办公室
邮政编码　100029

防伪查询说明

用户购书后刮开封底防伪涂层，使用手机微信等软件扫描二维码，会跳转至防伪查询网页，获得所购图书详细信息。

防伪客服电话　（010）58582300